国际电力发展概览

国家电网有限公司国际合作部　中国电力科学研究院有限公司　组编

朱光超　主编

中国水利水电出版社
www.waterpub.com.cn
·北京·

内 容 提 要

为贯彻落实我国"碳达峰""碳中和"承诺，推动构建国内国际相互促进的新发展格局，更好地服务和参与"一带一路"建设，增强国际业务服务力、竞争力、风险控制力和品牌影响力，建设具有中国特色国际领先的能源互联网企业，本书对全球40个主要国家的能源资源与电力工业、电力市场概况以及主要电力机构进行了全面的调研梳理和分析。本书采用国内外能源研究相关的权威机构所发布的最新数据，有助于从事能源互联网相关的企业更好地研判全球能源发展趋势。

图书在版编目（CIP）数据

国际电力发展概览 / 朱光超主编；国家电网有限公司国际合作部，中国电力科学研究院有限公司组编. --北京：中国水利水电出版社，2021.1
ISBN 978-7-5170-9420-3

Ⅰ.①国… Ⅱ.①朱… ②国… ③中… Ⅲ.①电力工业－工业发展－概况－世界 Ⅳ.①F416.61

中国版本图书馆CIP数据核字(2021)第029414号

书　　名	国际电力发展概览 GUOJI DIANLI FAZHAN GAILAN
作　　者	国家电网有限公司国际合作部　中国电力科学研究院有限公司　组编 朱光超　主编
出版发行	中国水利水电出版社 （北京市海淀区玉渊潭南路1号D座　100038） 网址：www.waterpub.com.cn E-mail:sales@waterpub.com.cn 电话：（010）68367658（营销中心）
经　　售	北京科水图书销售中心（零售） 电话：（010）88383994、63202643、68545874 全国各地新华书店和相关出版物销售网点
排　　版	中国水利水电出版社微机排版中心
印　　刷	涿州市星河印刷有限公司
规　　格	210mm×285mm　16开本　26.5印张　693千字
版　　次	2021年1月第1版　2021年1月第1次印刷
印　　数	0001—1500册
定　　价	**220.00元**

凡购买我社图书，如有缺页、倒页、脱页的，本社营销中心负责调换
版权所有·侵权必究

本书编委会

主   编 朱光超
副 主 编 于 军 李 鹏
参   编 李 明 吴福保 彭佩佩 马海洋 张 虎
              陈 宁 赵 亮 张 义 牛晨晖 居蓉蓉

序言
PREFACE

  进入 21 世纪，世界能源需求呈现出强劲增长势头，同时由于气候和环境问题日益突出，能源安全成为当前国际政治、经济领域的热点问题。加速能源结构转型，构建以清洁能源为主的能源系统，推动能源清洁低碳、安全高效利用，成为世界能源发展的趋势。

  2013 年，我国提出"一带一路"建设倡议，希望各国加强政策沟通、设施联通、贸易畅通、资金融通和民心相通，得到国际社会广泛认同和支持，7 年来取得了丰硕成果，正逐步成为全球各国人民共同繁荣、共同发展之路。能源电力是世界各国重要的基础设施，在服务当地经济社会发展和保障民生方面发挥着重要作用，能源电力基础设施互联互通是"一带一路"建设的重点领域，有着广阔的发展空间和合作潜力。

  作为关系国家能源安全和国民经济命脉的特大型国有重点骨干企业，国家电网有限公司高度重视"一带一路"建设，充分发挥国有企业"六个力量"，落实"四个革命、一个合作"能源安全新战略，成功投资运营了巴西、菲律宾、葡萄牙、澳大利亚、意大利、希腊、阿曼、智利和中国香港 9 个国家和地区的骨干能源网，是中央企业"走出去"的成功典范。近期，国家电网有限公司确立了建设"具有中国特色国际领先的能源互联网企业"战略目标，明确了"八大战略重点工程"，制定发布了《国际拓展工程实施方案》，涵盖七大工作举措三十项重点工作，力争实现资产质量、运营管理、绿地开拓、技术装备和业绩指标"五个国际领先"。下一步，国家电网有限公司将继续以服务和参与"一带一路"建设为核心，以提高对党和国家工作服务力、增强国际业务市场竞争力、加强国际业务风险控制力和提升品牌国际影响力为重点，积极推进国际业务高质量发展，建设具有中国特色国际领先的能源互联网企业。

为更好地服务和推进"一带一路"建设，国家电网有限公司国际合作部会同中国电力科学研究院有限公司新能源研究中心，立足全球视野分析世界能源格局的发展与演变，对全球40个国家的电力行业及67家电力公司的发展情况进行调研，编写了《国际电力发展概览》。

本书详细梳理了全球主要国家，特别是"一带一路"沿线国家能源与电力发展的最新情况，涉及的数据均采用国内外能源研究相关的权威机构所发布的最新数据，具体包括国际能源署（IEA）、英国石油公司（BP公司）的《BP世界能源统计年鉴》，以及日本海外电力调查会、美国能源署（EIA）等国内外电力协会或机构、各国统计机构的相关数据，有助于从事能源互联网相关的企业更好地研判全球能源发展趋势。

鉴于此，我特向读者推荐《国际电力发展概览》。

中国工程院院士
中国电力科学研究院有限公司名誉院长
2020年10月30日

前言
PREFACE

  为贯彻落实我国"碳达峰""碳中和"承诺，推动构建国内国际相互促进的新发展格局，更好地服务和参与"一带一路"建设，增强公司国际业务服务力、竞争力、风险控制力和品牌影响力，建设具有中国特色国际领先的能源互联网企业，国家电网有限公司国际合作部会同中国电力科学研究院有限公司，对全球40个主要国家的电力行业以及67家电力公司开展了全面的调研梳理和分析，编写了《国际电力发展概览》。

  本书针对每个国家的内容主要分为三个部分，第一部分为能源资源与电力工业情况。主要分析该国的一次能源资源、电力工业、电力管理体制和电力调度机制。第二部分为电力市场概况。主要分析了该国的电力市场运营模式和电力市场监管模式。第三部分为主要电力机构情况。主要分析介绍了该国主要电力机构的公司概况、历史沿革、组织架构、经营业绩、国际业务和科技创新等情况。

  本书涉及的信息资料主要来自有关国际组织、各国电力公司官方网站、年度报告等渠道。受信息披露程度及数据更新及时性的限制，本书有关信息资料的详略程度和数据更新时间不尽相同，敬请谅解。由于时间和水平有限，本书疏漏与不足之处，恳请批评指正！

编者
2020 年 12 月

目录 CONTENTS

序言
前言

第1篇 亚 洲

第1章 阿联酋 2
1.1 能源资源与电力工业 2
    1.1.1 一次能源资源概况 2
    1.1.2 电力工业概况 2
    1.1.3 电力管理体制 3
    1.1.4 电力调度机制 4
1.2 电力市场概况 5
    1.2.1 电力市场运营模式 5
    1.2.2 电力市场监管模式 5
1.3 主要电力机构 6
    1.3.1 阿布扎比电力及水务局 6

第2章 阿曼 9
2.1 能源资源与电力工业 9
    2.1.1 一次能源资源概况 9
    2.1.2 电力工业概况 9
    2.1.3 电力管理体制 10
    2.1.4 电力调度机制 11

2.2 电力市场概况 11
    2.2.1 电力市场运营模式 11
    2.2.2 电力市场监管模式 13
2.3 主要电力机构 14
    2.3.1 阿曼输电公司 14

第3章 巴基斯坦 16
3.1 能源资源与电力工业 16
    3.1.1 一次能源资源概况 16
    3.1.2 电力工业概况 16
    3.1.3 电力管理体制 17
    3.1.4 电力调度机制 18
3.2 电力市场概况 18
    3.2.1 电力市场运营模式 18
    3.2.2 电力市场监管模式 20
3.3 主要电力机构 21
    3.3.1 卡拉奇电力公司 21
    3.3.2 国家输配电公司 24

第4章 菲律宾 26
4.1 能源资源与电力工业 26
    4.1.1 一次能源资源概况 26
    4.1.2 电力工业概况 26
    4.1.3 电力管理体制 29

  4.1.4 电力调度机制……………………31
 4.2 电力市场概况……………………………31
  4.2.1 电力市场运营模式……………31
  4.2.2 电力市场监管模式……………32
 4.3 主要电力机构……………………………34
  4.3.1 菲律宾国家电网公司…………34
  4.3.2 马尼拉电力公司………………37

第5章 格鲁吉亚……………………………40
 5.1 能源资源与电力工业…………………40
  5.1.1 一次能源资源概况……………40
  5.1.2 电力工业概况…………………40
  5.1.3 电力管理体制…………………42
  5.1.4 电力调度机制…………………43
 5.2 电力市场概况……………………………43
  5.2.1 电力市场运营模式……………43
  5.2.2 电力市场监管模式……………44
 5.3 主要电力机构……………………………44
  5.3.1 格鲁吉亚国家电网公司………44
  5.3.2 格鲁吉亚输电公司……………45

第6章 韩国……………………………………48
 6.1 能源资源与电力工业…………………48
  6.1.1 一次能源资源概况……………48
  6.1.2 电力工业概况…………………48
  6.1.3 电力管理体制…………………49
  6.1.4 电力调度机制…………………50
 6.2 电力市场概况……………………………50
  6.2.1 电力市场运营模式……………50
  6.2.2 电力市场监管模式……………52
 6.3 主要电力机构……………………………53
  6.3.1 韩国电力公司…………………53

第7章 蒙古……………………………………57
 7.1 能源资源与电力工业…………………57
  7.1.1 一次能源资源概况……………57
  7.1.2 电力工业概况…………………57
  7.1.3 电力管理体制…………………58
  7.1.4 电力调度机制…………………59
 7.2 电力市场概况……………………………59
  7.2.1 电力市场运营模式……………59
  7.2.2 电力市场监管模式……………60

 7.3 主要电力机构……………………………60
  7.3.1 蒙古国家电网公司……………60

第8章 日本……………………………………62
 8.1 能源资源与电力工业…………………62
  8.1.1 一次能源资源概况……………62
  8.1.2 电力工业概况…………………62
  8.1.3 电力管理体制…………………64
  8.1.4 电力调度机制…………………66
 8.2 电力市场概况……………………………67
  8.2.1 电力市场运营模式……………67
  8.2.2 电力市场监管模式……………68
 8.3 主要电力机构……………………………69
  8.3.1 东京电力公司…………………69
  8.3.2 关西电力公司…………………72

第9章 沙特阿拉伯…………………………76
 9.1 能源资源与电力工业…………………76
  9.1.1 一次能源资源概况……………76
  9.1.2 电力工业概况…………………76
  9.1.3 电力管理体制…………………78
  9.1.4 电力调度机制…………………79
 9.2 电力市场概况……………………………79
  9.2.1 电力市场运营模式……………79
  9.2.2 电力市场监管模式……………80
 9.3 主要电力机构……………………………80
  9.3.1 沙特阿拉伯国家电力公司……80

第10章 泰国……………………………………83
 10.1 能源资源与电力工业…………………83
  10.1.1 一次能源资源概况……………83
  10.1.2 电力工业概况…………………83
  10.1.3 电力管理体制…………………85
  10.1.4 电力调度机制…………………85
 10.2 电力市场概况……………………………86
  10.2.1 电力市场运营模式……………86
  10.2.2 电力市场监管模式……………87
 10.3 主要电力机构……………………………87
  10.3.1 泰国国家电力公司……………87
  10.3.2 大都会电力局…………………88
  10.3.3 泰国地方电力局………………90

第 11 章　土耳其 92

11.1 能源资源与电力工业 92
11.1.1 一次能源资源概况 92
11.1.2 电力工业概况 92
11.1.3 电力管理体制 94
11.1.4 电力调度机制 95

11.2 电力市场概况 95
11.2.1 电力市场运营模式 95
11.2.2 电力市场监管模式 96

11.3 主要电力机构 97
11.3.1 土耳其输电公司 97

第 12 章　新加坡 100

12.1 能源资源与电力工业 100
12.1.1 一次能源资源概况 100
12.1.2 电力工业概况 100
12.1.3 电力管理体制 102
12.1.4 电力调度机制 103

12.2 电力市场概况 104
12.2.1 电力市场运营模式 104
12.2.2 电力市场监管模式 105

12.3 主要电力机构 106
12.3.1 新加坡能源集团 106

第 13 章　印度 110

13.1 能源资源与电力工业 110
13.1.1 一次能源资源概况 110
13.1.2 电力工业概况 110
13.1.3 电力管理体制 113
13.1.4 电力调度机制 113

13.2 电力市场概况 114
13.2.1 电力市场运营模式 114
13.2.2 电力市场监管模式 115

13.3 主要电力机构 116
13.3.1 塔塔电力公司 116
13.3.2 印度国家电网公司 118

第 14 章　越南 120

14.1 能源资源与电力工业 120
14.1.1 一次能源资源概况 120
14.1.2 电力工业概况 120
14.1.3 电力管理体制 122
14.1.4 电力调度机制 123

14.2 电力市场概况 124
14.2.1 电力市场运营模式 124
14.2.2 电力市场监管模式 125

14.3 主要电力机构 126
14.3.1 越南电力集团 126

第 2 篇　非　洲

第 15 章　阿尔及利亚 130

15.1 能源资源与电力工业 130
15.1.1 一次能源资源概况 130
15.1.2 电力工业概况 130
15.1.3 电力管理体制 131
15.1.4 电力调度机制 131

15.2 电力市场概况 132
15.2.1 电力市场运营模式 132
15.2.2 电力市场监管模式 132

15.3 主要电力机构 133
15.3.1 阿尔及利亚国家煤气电力公司 133

第 16 章　埃及 135

16.1 能源资源与电力工业 135
16.1.1 一次能源资源概况 135
16.1.2 电力工业概况 135
16.1.3 电力管理体制 137
16.1.4 电力调度机制 138

16.2 电力市场概况 138
16.2.1 电力市场运营模式 138
16.2.2 电力市场监管模式 139

16.3 主要电力机构 139
16.3.1 埃及电力控股公司 139

第 17 章　埃塞俄比亚 141

17.1 能源资源与电力工业 141
17.1.1 一次能源资源概况 141
17.1.2 电力工业概况 141
17.1.3 电力管理体制 143
17.1.4 电力调度机制 143

17.2 电力市场概况 144

17.2.1 电力市场运营模式...............144
17.2.2 电力市场监管模式...............144
17.3 主要电力机构..............................144
17.3.1 埃塞俄比亚电力公司.......................144

第18章 肯尼亚..............................146
18.1 能源资源与电力工业.....................146
18.1.1 一次能源资源概况...............146
18.1.2 电力工业概况.......................146
18.1.3 电力管理体制.......................147
18.1.4 电力调度机制.......................148
18.2 电力市场概况..............................148
18.2.1 电力市场运营模式...............148
18.2.2 电力市场监管模式...............150
18.3 主要电力机构..............................151
18.3.1 肯尼亚电力和照明公司.......151

第19章 摩洛哥..............................154
19.1 能源资源与电力工业.....................154
19.1.1 一次能源资源概况...............154
19.1.2 电力工业概况.......................154
19.1.3 电力管理体制.......................156
19.1.4 电力调度机制.......................157
19.2 电力市场概况..............................157
19.2.1 电力市场运营模式...............157
19.2.2 电力市场监管模式...............158
19.3 电力主要机构..............................159
19.3.1 摩洛哥国家电力水利局.......159

第20章 南非..................................163
20.1 能源资源与电力工业.....................163
20.1.1 一次能源资源概况...............163
20.1.2 电力工业概况.......................163
20.1.3 电力管理体制.......................164
20.1.4 电力调度机制.......................165
20.2 电力市场概况..............................166
20.2.1 电力市场运营模式...............166
20.2.2 电力市场监管模式...............166
20.3 主要电力机构..............................167
20.3.1 南非国家电网公司...............167

第21章 尼日利亚..........................169

21.1 能源资源与电力工业.....................169
21.1.1 一次能源资源概况...............169
21.1.2 电力工业概况.......................169
21.1.3 电力管理体制.......................170
21.1.4 电力调度机制.......................170
21.2 电力市场概况..............................171
21.2.1 电力市场运营模式...............171
21.2.2 电力市场监管模式...............171
21.3 主要电力机构..............................172
21.3.1 尼日利亚国家电网公司.......172

第22章 突尼斯..............................174
22.1 能源资源与电力工业.....................174
22.1.1 一次能源资源概况...............174
22.1.2 电力工业概况.......................174
22.1.3 电力管理体制.......................175
22.1.4 电力调度机制.......................176
22.2 电力市场概况..............................176
22.2.1 电力市场运营模式...............176
22.2.2 电力市场监管模式...............177
22.3 主要电力机构..............................177
22.3.1 突尼斯国家电力和天然气公司.........177

第3篇 欧 洲

第23章 德国..................................182
23.1 能源资源与电力工业.....................182
23.1.1 一次能源资源概况...............182
23.1.2 电力工业概况.......................182
23.1.3 电力管理体制.......................184
23.1.4 电力调度机制.......................185
23.2 电力市场概况..............................185
23.2.1 电力市场运营模式...............185
23.2.2 电力市场监管模式...............188
23.3 主要电力机构..............................188
23.3.1 意昂公司...............................188
23.3.2 莱茵能源公司.......................193
23.3.3 巴登－符腾堡州能源公司...............197
23.3.4 大瀑布公司...........................199
23.3.5 50赫兹公司..........................203

第 24 章 俄罗斯 ... 206
24.1 能源资源与电力工业 ... 206
  - 24.1.1 一次能源资源概况 ... 206
  - 24.1.2 电力工业概况 ... 206
  - 24.1.3 电力管理体制 ... 209
  - 24.1.4 电力调度机制 ... 211
24.2 电力市场概况 ... 211
  - 24.2.1 电力市场运营模式 ... 211
  - 24.2.2 电力市场监管模式 ... 214
24.3 主要电力机构 ... 215
  - 24.3.1 联邦电网公司 ... 215

第 25 章 法国 ... 218
25.1 能源资源与电力工业 ... 218
  - 25.1.1 一次能源资源概况 ... 218
  - 25.1.2 电力工业概况 ... 218
  - 25.1.3 电力管理体制 ... 221
  - 25.1.4 电力调度机制 ... 221
25.2 电力市场概况 ... 222
  - 25.2.1 电力市场运营模式 ... 222
  - 25.2.2 电力市场监管模式 ... 224
25.3 主要电力机构 ... 225
  - 25.3.1 法国电力公司 ... 225
  - 25.3.2 法国电力传输运营公司 ... 230

第 26 章 芬兰 ... 234
26.1 能源资源与电力工业 ... 234
  - 26.1.1 一次能源资源概况 ... 234
  - 26.1.2 电力工业概况 ... 234
  - 26.1.3 电力管理体制 ... 235
  - 26.1.4 电力调度机制 ... 236
26.2 电力市场概况 ... 236
  - 26.2.1 电力市场运营模式 ... 236
  - 26.2.2 电力市场监管模式 ... 237
26.3 主要电力机构 ... 238
  - 26.3.1 芬兰国家电网 ... 238

第 27 章 葡萄牙 ... 241
27.1 能源资源与电力工业 ... 241
  - 27.1.1 一次能源资源概况 ... 241
  - 27.1.2 电力工业概况 ... 241
  - 27.1.3 电力管理体制 ... 243
  - 27.1.4 电力调度机制 ... 243
27.2 电力市场概况 ... 243
  - 27.2.1 电力市场运营模式 ... 243
  - 27.2.2 电力市场监管模式 ... 244
27.3 主要电力机构 ... 244
  - 27.3.1 葡萄牙国家能源网公司 ... 244
  - 27.3.2 葡萄牙电力公司 ... 246

第 28 章 乌克兰 ... 248
28.1 能源资源与电力工业 ... 248
  - 28.1.1 一次能源资源概况 ... 248
  - 28.1.2 电力工业概况 ... 248
  - 28.1.3 电力管理体制 ... 250
  - 28.1.4 电力调度机制 ... 250
28.2 电力市场概况 ... 250
  - 28.2.1 电力市场运营模式 ... 250
  - 28.2.2 电力市场监管模式 ... 251
28.3 主要电力机构 ... 252
  - 28.3.1 乌克兰国有电力公司 ... 252

第 29 章 西班牙 ... 255
29.1 能源资源与电力工业 ... 255
  - 29.1.1 一次能源资源概况 ... 255
  - 29.1.2 电力工业概况 ... 255
  - 29.1.3 电力管理体制 ... 256
  - 29.1.4 电力调度机制 ... 257
29.2 电力市场概况 ... 257
  - 29.2.1 电力市场运营模式 ... 257
  - 29.2.2 电力市场监管模式 ... 258
29.3 主要电力机构 ... 258
  - 29.3.1 西班牙电网公司 ... 258

第 30 章 希腊 ... 260
30.1 能源资源与电力工业 ... 260
  - 30.1.1 一次能源资源概况 ... 260
  - 30.1.2 电力工业概况 ... 260
  - 30.1.3 电力管理体制 ... 262
  - 30.1.4 电力调度机制 ... 263
30.2 电力市场概况 ... 264
  - 30.2.1 电力市场运营模式 ... 264
  - 30.2.2 电力市场监管模式 ... 265

30.3	主要电力机构	266
30.3.1	希腊国家电网公司	266
30.3.2	希腊公共电力公司	268

第31章 意大利 ... 271

- 31.1 能源资源与电力工业 ... 271
  - 31.1.1 一次能源资源概况 ... 271
  - 31.1.2 电力工业概况 ... 271
  - 31.1.3 电力管理体制 ... 275
  - 31.1.4 电力调度机制 ... 276
- 31.2 电力市场概况 ... 276
  - 31.2.1 电力市场运营模式 ... 276
  - 31.2.2 电力市场监管模式 ... 279
- 31.3 主要电力机构 ... 282
  - 31.3.1 意大利国家输电公司 ... 282
  - 31.3.2 意大利国家电力公司 ... 285

第32章 英国 ... 289

- 32.1 能源资源与电力工业 ... 289
  - 32.1.1 一次能源资源概况 ... 289
  - 32.1.2 电力工业概况 ... 290
  - 32.1.3 电力管理体制 ... 292
  - 32.1.4 电力调度机制 ... 293
- 32.2 电力市场概况 ... 293
  - 32.2.1 电力市场运营模式 ... 293
  - 32.2.2 电力市场监管模式 ... 296
- 32.3 主要电力机构 ... 297
  - 32.3.1 英国国家电网公司 ... 297

第4篇 北美洲

第33章 加拿大 ... 302

- 33.1 能源资源与电力工业 ... 302
  - 33.1.1 一次能源资源概况 ... 302
  - 33.1.2 电力工业概况 ... 302
  - 33.1.3 电力管理体制 ... 303
  - 33.1.4 电力调度机制 ... 305
- 33.2 电力市场概况 ... 305
  - 33.2.1 电力市场运营模式 ... 305
  - 33.2.2 电力市场监管模式 ... 306
- 33.3 主要电力机构 ... 307
  - 33.3.1 魁北克水电公司 ... 307

第34章 美国 ... 312

- 34.1 能源资源与电力工业 ... 312
  - 34.1.1 一次能源资源概况 ... 312
  - 34.1.2 电力工业概况 ... 312
  - 34.1.3 电力管理体制 ... 314
  - 34.1.4 电力调度机制 ... 316
- 34.2 电力市场概况 ... 316
  - 34.2.1 电力市场运营模式 ... 316
  - 34.2.2 电力市场监管模式 ... 318
- 34.3 主要电力机构 ... 319
  - 34.3.1 杜克能源公司 ... 319
  - 34.3.2 美国电力公司 ... 321
  - 34.3.3 道明尼能源公司 ... 324
  - 34.3.4 第一能源公司 ... 326
  - 34.3.5 纽约电力局 ... 329
  - 34.3.6 美国太平洋天然气与电力公司 ... 330

第35章 墨西哥 ... 333

- 35.1 能源资源与电力工业 ... 333
  - 35.1.1 一次能源资源概况 ... 333
  - 35.1.2 电力工业概况 ... 333
  - 35.1.3 电力管理体制 ... 335
  - 35.1.4 电力调度机制 ... 336
- 35.2 电力市场概况 ... 336
  - 35.2.1 电力市场运营模式 ... 336
  - 35.2.2 电力市场监管模式 ... 337
- 35.3 主要电力机构 ... 337
  - 35.3.1 联邦电力委员会 ... 337

第5篇 南美洲

第36章 阿根廷 ... 342

- 36.1 能源资源与电力工业 ... 342
  - 36.1.1 一次能源资源概况 ... 342
  - 36.1.2 电力工业概况 ... 342
  - 36.1.3 电力管理体制 ... 345
  - 36.1.4 电力调度机制 ... 346
- 36.2 电力市场概况 ... 346
  - 36.2.1 电力市场运营模式 ... 346

36.2.2 电力市场监管模式……………………347
36.3 主要电力机构……………………………348
  36.3.1 阿根廷国家输电公司………………348

第 37 章 巴西……………………………352
37.1 能源资源与电力工业……………………352
  37.1.1 一次能源资源概况…………………352
  37.1.2 电力工业概况………………………352
  37.1.3 电力管理体制………………………355
  37.1.4 电力调度机制………………………356
37.2 电力市场概况……………………………357
  37.2.1 电力市场运营模式…………………357
  37.2.2 电力市场监管模式…………………359
37.3 主要电力机构……………………………360
  37.3.1 巴西国家电力公司…………………360
  37.3.2 国家电网巴西控股公司……………363
  37.3.3 巴西 CPFL 公司……………………364

第 38 章 智利……………………………368
38.1 能源资源与电力工业……………………368
  38.1.1 一次能源资源概况…………………368
  38.1.2 电力工业概况………………………368
  38.1.3 电力管理体制………………………370
  38.1.4 电力调度机制………………………371
38.2 电力市场概况……………………………371
  38.2.1 电力市场运营模式…………………371
  38.2.2 电力市场监管模式…………………373
38.3 主要电力公司……………………………374
  38.3.1 智利输电公司………………………374
  38.3.2 切昆塔集团公司……………………375

第 6 篇 大洋洲

第 39 章 澳大利亚………………………380
39.1 能源资源与电力工业……………………380
  39.1.1 一次能源资源概况…………………380
  39.1.2 电力工业概况………………………380
  39.1.3 电力管理体制………………………382
  39.1.4 电力调度机制………………………384
39.2 电力市场概况……………………………385
  39.2.1 电力市场运营模式…………………385
  39.2.2 电力市场监管模式…………………386
39.3 主要电力机构……………………………387
  39.3.1 国网澳大利亚资产公司……………387
  39.3.2 澳网公司……………………………389
  39.3.3 南澳输电网公司……………………392
  39.3.4 澳大利亚电联公司…………………393
  39.3.5 澳大利亚越网公司…………………396

第 40 章 新西兰…………………………399
40.1 能源资源与电力工业……………………399
  40.1.1 一次能源资源概况…………………399
  40.1.2 电力工业概况………………………399
  40.1.3 电力管理体制………………………401
  40.1.4 电力调度机制………………………402
40.2 电力市场概况……………………………402
  40.2.1 电力市场运营模式…………………402
  40.2.2 电力市场监管模式…………………403
40.3 主要电力机构……………………………403
  40.3.1 新西兰输电公司……………………403

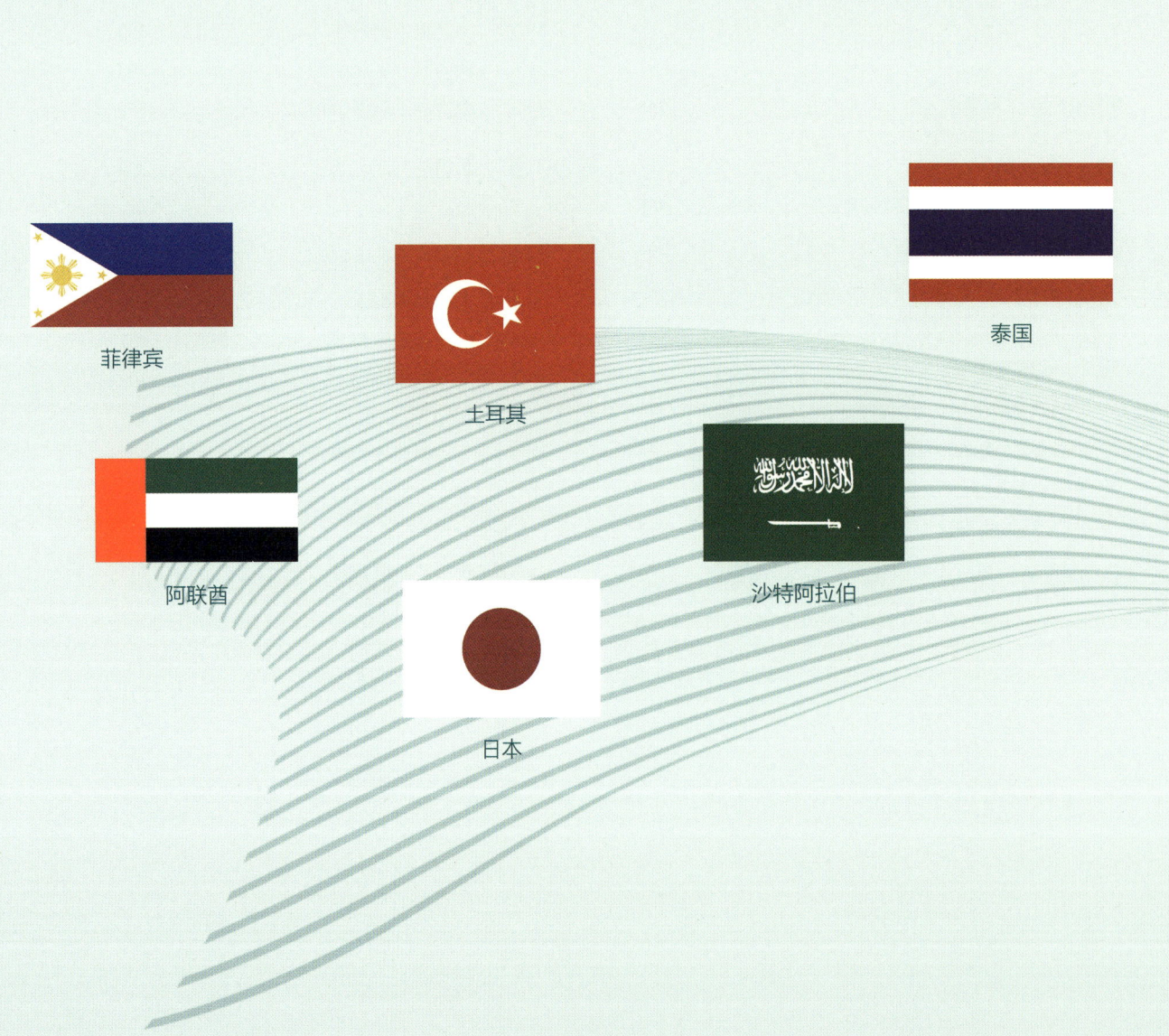

第1篇
亚洲

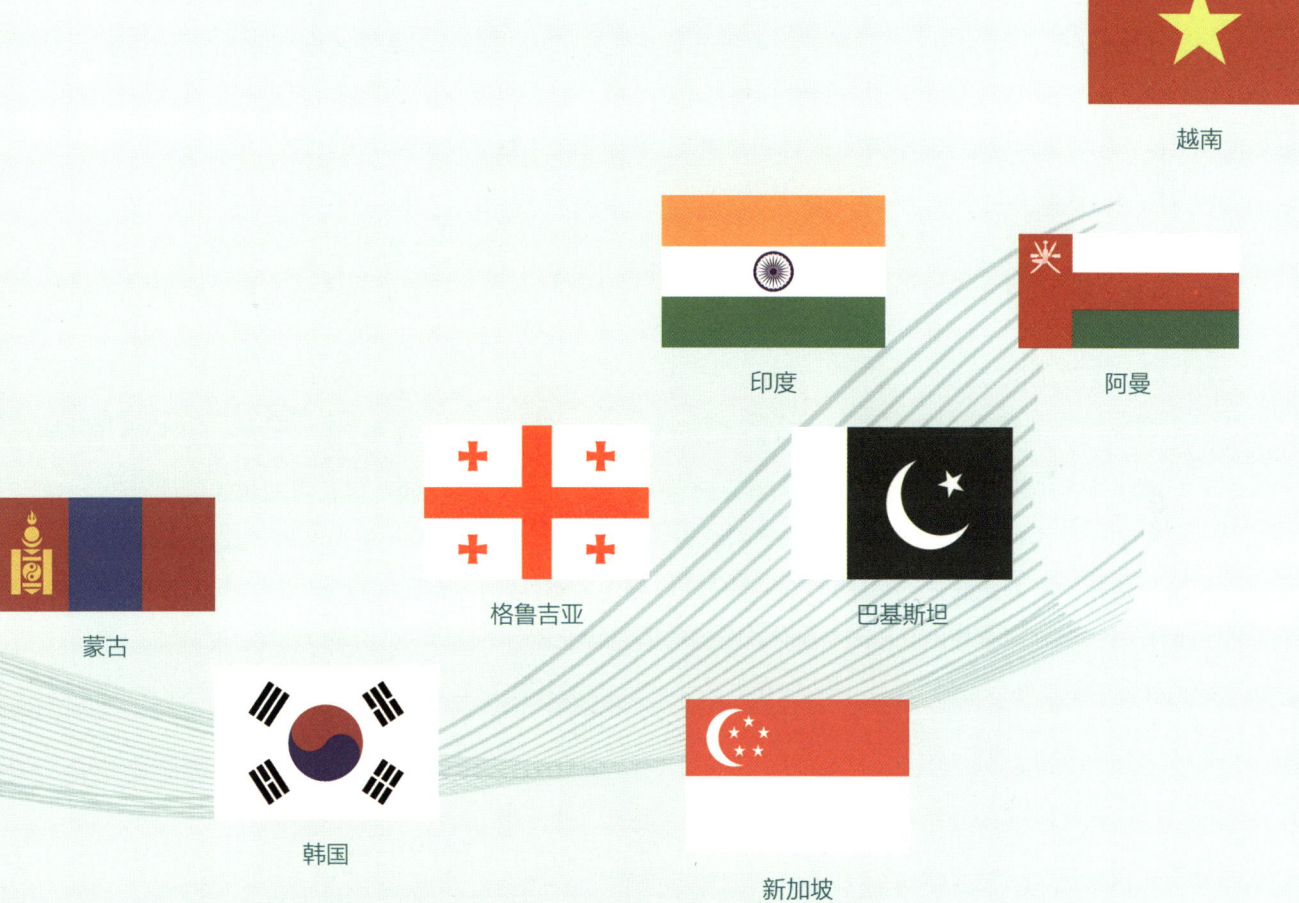

第1章 阿联酋

1.1 能源资源与电力工业

1.1.1 一次能源资源概况

石油和天然气是阿联酋最重要的能源资源，其中 95% 以上位于阿布扎比。目前已探明储量的石油共计 133.4 亿 t，占世界石油总储量的 9.5%，居全球第 6 位；天然气储量为 6.06 万亿 m^3，居全球第 5 位。此外，阿联酋的其他矿产资源还包括硫黄、镁、石灰岩等。在太阳能方面，阿联酋终年日照充沛，每平方米年均太阳辐射量高达 2.2MWh，日照甚至比撒哈拉沙漠还要强烈，开发利用条件得天独厚。根据 2019 年《BP 世界能源统计年鉴》，阿联酋 2018 年一次能源消费量达到 1.122 亿 t 油当量，其中石油消费达到 4510 万 t 油当量，天然气消费达到 6580 万 t 油当量，煤炭消费达到 110 万 t 油当量，可再生能源消费达到 20 万 t 油当量。

1.1.2 电力工业概况

1.1.2.1 发电装机容量

阿联酋实行酋长国制，主要分为阿布扎比酋长国、迪拜酋长国、沙迦酋长国和联邦酋长国四大行政区域，相关电力及水务局也依此行政区域进行划分，其中阿布扎比电力及水务局自 2018 年年底开始并入国家能源部。根据阿联酋统计局出具的数据，2018 年阿联酋合计电力装机容量为 30.371GW，其中阿布扎比酋长国和迪拜酋长国的电力装机容量占比最大，分别为 55% 和 34%，合计接近 90%。此外，这两个酋长国也是阿联酋未来发展太阳能及核能的重点区域。阿联酋 2018 年各酋长国发电装机容量见图 1-1。

资料来源：阿联酋统计局官网。

图 1-1 阿联酋 2018 年各酋长国发电装机容量

未来，按照阿联酋能源战略规划，到2050年能源构成将包括44%的可再生能源、38%的天然气、12%的清洁燃料及6%的核电，并且计划投资1630亿美元用于可再生能源项目。

1.1.2.2 发电量及构成

根据阿联酋统计局出具的数据，2018年阿联酋的总发电量为131TWh，同比增长3.0%。具体到四大行政区域中，阿布扎比酋长国和迪拜酋长国的发电量分别61.7TWh和43.8TWh，占比分别为47%和34%，合计达81%；此外，沙迦酋长国和联邦酋长国的发电体量相当。阿联酋2018年各酋长国发电量及占比见图1-2。

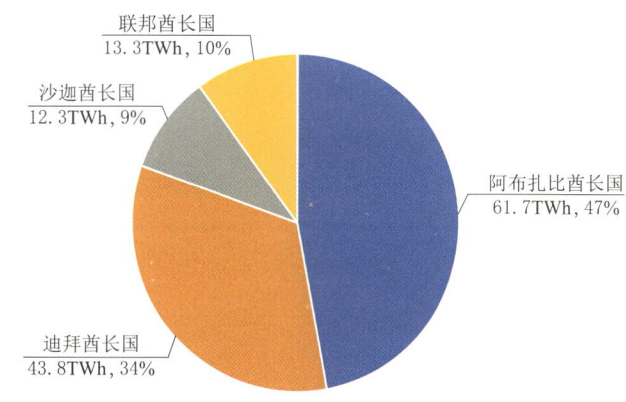

资料来源：阿联酋统计局官网。

图1-2 阿联酋2018年各酋长国发电量及占比

1.1.2.3 电网结构

阿联酋电力工业发展较晚，但现今连接所有酋长国的电网系统建设已非常完善，整体电能传输效率较高，损耗较低。此外，阿联酋已实现同埃及和沙特电网互通，总输电能力达3GW，该电网不仅可以满足埃及与沙特之间用电峰值时的电力共享，同时也使海湾合作委员会的成员从更广的电力交换网中获得相应的电力交换和电能交易。目前，阿联酋正在积极参与价值约10亿美元的海湾合作委员会区域电网项目，项目建成后电网可跨境连接其他海湾国家。预计在基础设施投资方面，未来10年海湾地区至少需要投资1200亿美元以满足市场需求。

阿联酋主要电压等级包括132kV、33kV、22kV、11kV和0.4kV，总输配电网络长达6.4万km，其中11kV和0.4kV合计长达5.2万km，占比80%以上。此外，132kV/22kV、132kV/11kV、33kV/11kV为主要的输电网，变电容量分别为5360MVA、6400MVA、13358MVA；22kV/0.4kV、11kV/0.4kV为配电网，变电容量分别为2960MVA、32601MVA。阿联酋输配电网变电容量见图1-3。

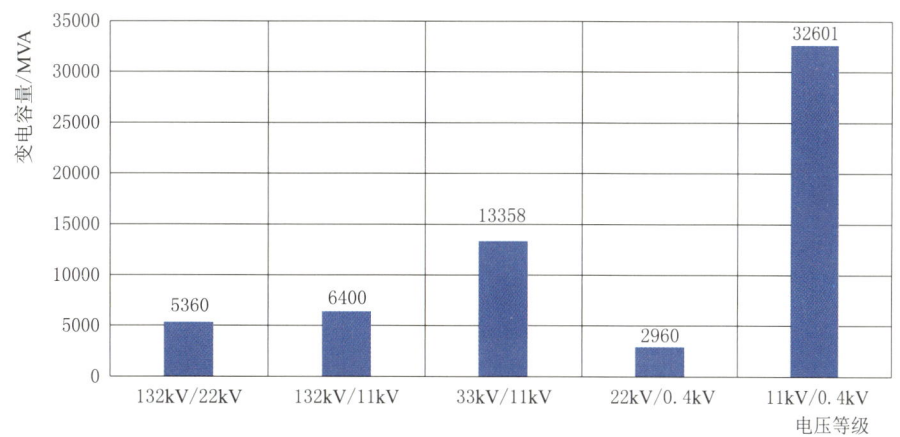

资料来源：阿联酋能源局年报。

图1-3 阿联酋输配电网变电容量

1.1.3 电力管理体制

1.1.3.1 机构设置

阿联酋能源部（The Department of Energy，DoE）统管全国电力事务，负责全国统一输电网络的管理和运营，各成员国在紧急用电时可以互送电力。但是，由于其独特的政治体系，具体事务主要由四大行政区域酋长国的有关机构分别负责，各辖区内的电力市场也因不同酋长国的政治特征展现出不同的面貌。从占全国领土80%以上的阿布扎比酋长国来看，其电力市场是寡头模式，阿布扎比电力及水务局（ADWEA）通过下属的各类全资子公司统管全境的电力运营，包括阿布扎比电力及水务公司（ADWEC）、阿布扎比传输公司（TRANSCO）、阿布扎比电力分配公司（ADDC）和阿莱茵电力分配公司（AADC）等。除阿布扎比之外，由于领土面积较小，另外三个行政区域内的电力事务均由其电力及水务局负责管辖，包括迪拜电力及水务局（DEWA）、沙迦电力及水务局（SEWA）、联邦电力及水务局（FEWA）。

1.1.3.2 职能分工

能源部是阿联酋最高的电力管理部门，由能源部长及阿布扎比电力及水务局局长领导，主要负责境内及跨国能源战略的规划和推广，以提升阿联酋能源环境的安全性和多样性，实现经济、环境和社会的可持续发展。由于全国主要的电力输配网络基本都归阿布扎比电力及水务局旗下的阿布扎比电力分配公司、阿莱茵电力分配公司管理，为更好地协调全国的电力资源，2018年年底阿布扎比电力及水务局并入能源部。此外，在发电环节，主要由各大行政区域内的电力及水务公司统筹，而在输电、配电以及售电环节，主要的电力网络基本集中于阿布扎比电力及水务局下属的全资子公司阿布扎比电力分配公司和阿莱茵电力分配公司，其传输、分配并销售的电力资源均由阿布扎比传输公司从各大电站收购而来。

1.1.4　电力调度机制

在电力管理体制的基础上，阿联酋的电力调度主要由能源部和阿布扎比酋长国负责。其中，总体规划由国家能源部出具，具体的执行由阿布扎比电力及水务局统筹，迪拜、沙迦、联邦电力及水务局协同调度。

目前阿联酋的电力传输主要由阿布扎比电力分配公司（ADDC）和阿莱茵电力分配公司（AADC）承担，总容量分别为19638MVA和5480MVA。其中阿布扎比电力分配公司囊括了所有高电压等级的输电网络，阿布扎比电力分配公司输配电网容量及线路数量见图1-4；而阿莱茵电力分配公司主要承担较低电压等级的电力输送，阿莱茵电力分配公司输配电网容量及线路数量见图1-5。

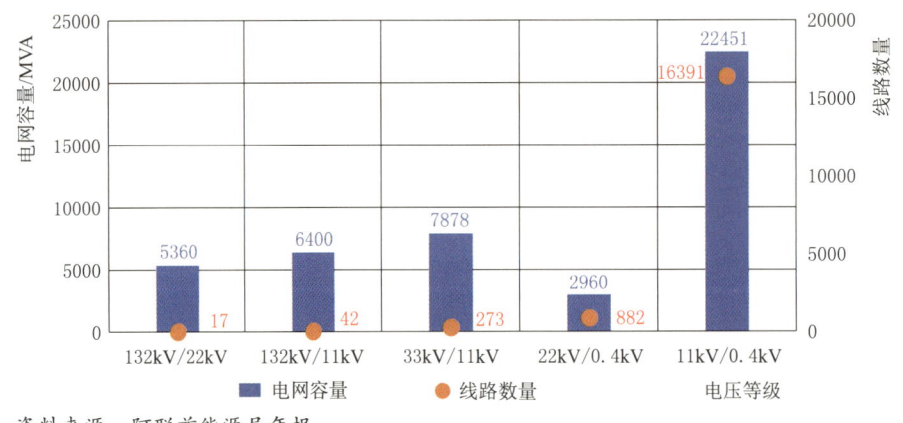

资料来源：阿联酋能源局年报。

图1-4　阿布扎比电力分配公司输配电网容量及线路数量

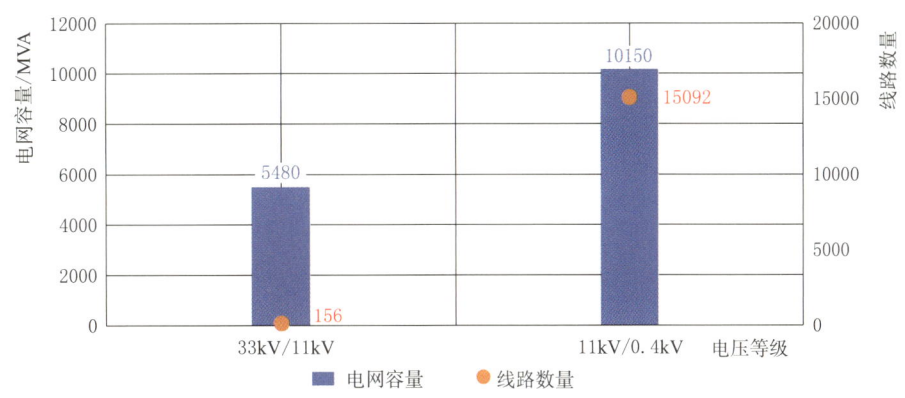

资料来源：阿联酋能源局年报。

图 1-5　阿莱茵电力分配公司输配电网容量及线路数量

与输电网络相似，阿联酋的配电网络业务主要由阿布扎比电力分配公司和阿莱茵电力分配公司承担，总容量分别为 25411MVA 和 10150MVA，其中阿布扎比电力分配公司的容量占比达 72%。

1.2　电力市场概况

1.2.1　电力市场运营模式

除发电以外，阿联酋的电力市场主要由阿布扎比电力及水务局旗下全资子公司阿布扎比电力分配公司和阿莱茵电力分配公司垄断，并拥有全国电网的定价权。其中，在发电和输配售电之间主要通过阿布扎比电力及水务公司旗下另一家全资子公司阿布扎比传输公司来连接。

阿联酋电力结算主要集中在阿布扎比电力及水务公司，并拥有最终解释权。

阿联酋国内的电力价格主要由阿布扎比电力分配公司和阿莱茵电力分配公司制定，并以每年的消费者价格指数为基准，受价格控制系统 "CPI-X" 制约，以期为阿联酋企业及居民提供最为合适的价格。阿联酋电价见表 1-1。（1 阿联酋迪拉姆 ≈ 0.27 美元）

表 1–1　　　　　　　　　　　阿 联 酋 电 价　　　　　单位：阿联酋迪拉姆 /kWh

公寓外籍居民日用电量		别墅外籍居民日用电量		工业用电	
<20kWh	>20kWh	<200kWh	>200kWh	<1MW	>1MW
0.268	0.305	0.268	0.305	0.268	高峰期 0.366，低谷期 0.27

资料来源：中国驻阿联酋大使馆经商参赞处。

1.2.2　电力市场监管模式

阿联酋的电力监管机构是能源部内部设置的监管委员会（Regulation and Supervision Bureau），负责阿联酋国内包括电力全产业链在内的能源领域相关法规制定及修改、政策的推行及监督、电价监管及协调、争议及仲裁等。

监管委员会在电力行业方面的主要监管对象包括各酋长国电力及水务局及其下属公司，以及国家核能监管局。

监管委员会对电力市场的监管内容主要包括全国各酋长国内的电站建设及发电情况，发电厂电力资源销售情况，电力输配售情况，电力交易许可证的审核和发放、法律听证及争议仲裁等。

1.3 主要电力机构

1.3.1 阿布扎比电力及水务局

1.3.1.1 公司概况

1. 总体情况

阿联酋最主要的电力公司是阿布扎比电力及水务局，其旗下包含两家子公司阿布扎比电力分配公司和阿莱茵电力分配公司，基本垄断了全国的输、配、售电业务。此外，这两家子公司也协助阿布扎比电力及水务局负责全国水务相关的事宜，这两家子公司性质均属于国营企业。两家公司的业务内容大致相同，包括电力输配网络的维护和运营、电力交易市场运营、电网扩建项目的规划和执行等。不同的是，两家公司所服务区域不存在交叉重叠，其中阿莱茵电力分配公司主要负责阿莱茵及其周边城市的电网运营，即阿布扎比东部地区，除此之外的地区均归阿布扎比电力分配公司统辖。

2. 经营业绩

根据能源部公布的统计数据，2018年阿布扎比电力分配公司和阿莱茵电力分配公司共服务50万用户，其中阿布扎比电力分配公司用户数为35万，占比为71%；总电力销售量为7932MW，其中阿布扎比电力分配公司电力销售量为5766MW，占比73%。阿布扎比电力分配公司和阿莱茵电力分配公司经营业绩概况见图1-6。

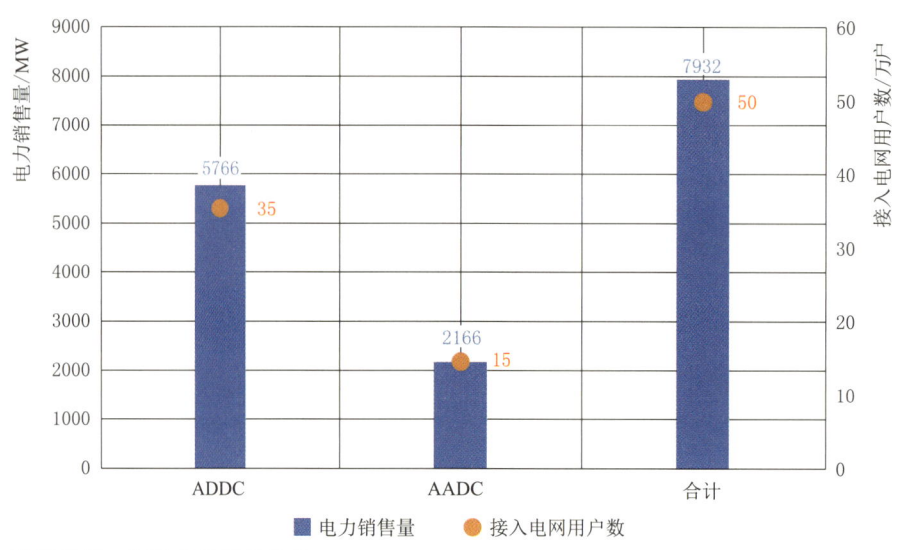

资料来源：阿联酋能源局年报。

图1-6 阿布扎比电力分配公司和阿莱茵电力分配公司经营业绩概况

1.3.1.2 历史沿革

阿布扎比电力分配公司和阿莱茵电力分配公司成立于1999年，成立之初即为阿布扎比电力及水务局全资子公司。从2018年年底开始，跟随阿布扎比电力及水务局并入阿联酋能源部。

1.3.1.3 组织架构

阿布扎比电力及水务局由董事会领导，其中设董事会主席一名，董事四名，其中一名董事来自于政府，一名董事由总工程师担任。董事会以下设置9大部门，分别为法规部、公关部、消费者服务理事会、财务部、人力部、市场部、战略规划部、健康安全与环境三位一体管理体系（Health-Safety-Environment，HSE）、执行理事会，在执行理事会下再设置电力运营及管理理事会、水务运营及管理理事会、项目执行处、资产管理理事会四个部门。阿布扎比电力及水务局组织架构见图1-7。

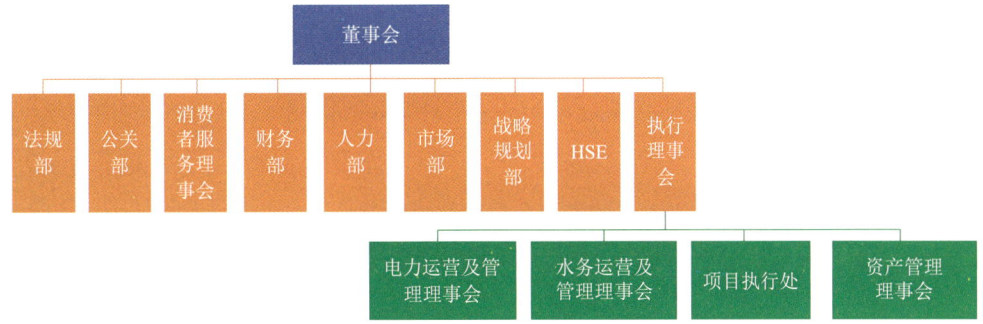

资料来源：阿布扎比电力及水务局官网。

图1-7　阿布扎比电力及水务局组织架构图

1.3.1.4　业务情况

阿布扎比电力及水务局的主要作用是通过与生产商签订的长期需求预测、发电规划、电力和水购买协议以及与电力分配公司的年度批量供应关税协议确保有足够的生产能力满足所有合理的用电需求。除发电业务以外，阿布扎比电力及水务局在电力价值链上的其他业务均有涉及，核心业务包括输电、配电以及售电。此外，在阿联酋能源部的统筹下，近年来阿布扎比电力及水务局开展了一系列太阳能发电项目。

1.3.1.5　国际业务

阿布扎比电力及水务局主要参与的国际业务包括阿联酋与埃及、沙特电网互通项目，海湾合作委员会区域电网项目等。

1.3.1.6　科技创新

阿联酋致力于发展可再生能源，目前所关注的项目有光热电站项目和光伏光热联合发电项目。

1. 光热电站项目

2018年7月20日，中国的丝路基金同迪拜电力及水务局签订了与沙特国际电力及水务公司共同投资迪拜光热电站项目的协议。迪拜光热电站位于迪拜阿勒马克图姆太阳能园，合计发电容量700MW，是目前全球规模最大的光热电站项目，是迪拜"清洁能源战略"的重要组成部分。丝路基金以股权方式投资该项目，上海电气集团股份有限公司为项目EPC总承包商。丝路基金投资迪拜光热电站项目，有助于"一带一路"建设与阿联酋能源发展战略有效对接，推动中阿双方在"一带一路"框架下的深入合作，助力我国电力企业转型升级并开拓国际市场。

2. 光伏光热联合发电项目

阿联酋迪拜Mohammed bin Rashid Al Maktoum太阳能园区共有四期：园区一期为一个装机容量13MW的光伏电站，于2013年年底竣工，由First Solar公司交付；二期为装机容量200MW的光伏电站，于2017年3月投运，由沙特水电公司ACWA与西班牙工程公司TSK组成的联合体共同交付；三期为装机容量800MW的光伏电站，由法国项目开发商EDF（法国电力公司）承建，其中200MW的光伏项目已于2018年5月投运，另外两个300MW的光伏项目则分别于2019年和2020

年投运，三期项目彼时的中标电价 2.99 美分 /kWh 刷新了光伏的最低价纪录；四期 700MW 光热发电综合体项目宣布扩容至 950MW。四期项目配备世界上最大的储热能力，每年能够为迪拜 270000 多家住户提供清洁电力，每年减少 140 万 t 碳排放量。其中 3 个 200MW 的槽式电站将配备 12h 熔盐储能系统。2018 年 11 月，迪拜电力及水务局与此前中标 Mohammed bin Rashid Al Maktoum 太阳能园区第四期 700MW 光热发电项目的 ACWA Power 和上海电气联合体签署了关于该项目的购电协议（PPA）修订案。修订案内容包括增加 250MW 的光伏装机容量，协议光伏电价刷新世界最低光伏电价 2.4 美分 /kWh。这使得 Mohammed bin Rashid Al Maktoum 太阳能园区第四期的项目构成由原先的单一光热电站变为光伏 + 光热混合电站，其 700MW 光热电站的签约 PPA 电价为世界最低光热电价 7.3 美分 /kWh。该项目创下了光伏和光热两个世界最低电价的纪录。

第 2 章 阿 曼

2.1 能源资源与电力工业

2.1.1 一次能源资源概况

阿曼于 20 世纪 60 年代开始开采石油。截至目前，阿曼已探明石油储量约 7 亿 t（54 亿桶），当年产量约 0.49 亿 t（3.44 亿桶），日均产量约 97.1 万桶。已探明天然气储量约 0.7 万亿 m^3，年产量 323 亿 m^3。除石油和天然气外，阿曼境内发现的矿产资源还有铜、金、银、铬、铁、锰、镁、煤、石灰石、大理石、石膏、磷酸盐、石英石、高岭土等。具体情况为：铜矿储量约 1500 万 t，铬矿储量约 250 万 t，铁矿储量约 1.2 亿 t，锰矿储量约 150 万 t，煤矿储量约 1.2 亿 t，石灰石储量约 3 亿 t，大理石储量约 1.5 亿 t，石膏储量约 12 亿 t 等。根据 2019 年《BP 世界能源统计年鉴》，2018 年阿曼一次能源消费量达到 3070 万 t 油当量，其中石油消费达到 920 万 t 油当量，天然气消费达到 2140 万 t 油当量，煤炭消费达到 10 万 t 油当量。

2.1.2 电力工业概况

2.1.2.1 发电装机容量

阿曼电力市场是由三个独立的细分市场组成：阿曼北部的主要互联系统、佐法尔电力系统和农村电力系统。截至 2018 年年底，总装机容量为 8262MW，其中阿曼北部的主要互联系统占比最大，为 87%，装机容量为 7155MW；佐法尔电力系统占比第二，为 8%，装机容量为 702MW；农村电力系统占比 5%，装机容量为 405MW。阿曼 2014—2018 年发电装机容量见图 2-1。

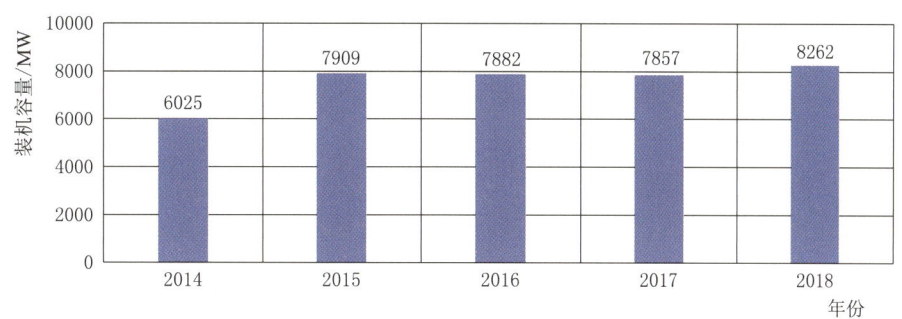

资料来源：阿曼电网公司。

图 2-1 阿曼 2014—2018 年发电装机容量

2.1.2.2 发电量及构成

截至 2018 年年底，阿曼总发电量为 36.126TWh，其中主要互联系统的发电量占比为 88%，发电量为31.784TWh；佐法尔电力系统的发电量占比为9%，发电量为3.304TWh；农村电力系统的发电量占比为3%，发电量为1.038TWh。依据国际能源署资料，阿曼全国用电覆盖率达98%，发电能源主要为天然气。阿曼2015—2018年发电量构成见图2-2。

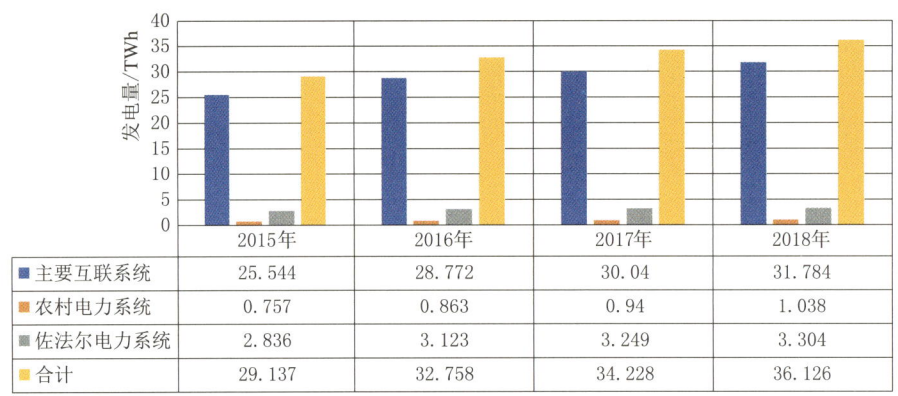

图2-2 阿曼2015—2018年发电量构成

2.1.2.3 电网结构

到2018年年底，阿曼的输电网络总长约5824.64km，电网容量约34512MVA，电压等级包括132kV、220kV和400kV。2006—2018年，线路长度和电网容量分别以7.5%和14.3%的复合年增长率增长。

除了国内输电网络外，阿曼的电网通过从玛德哈变电站到阿布扎比的220kV线路与阿拉伯联合酋长国（阿联酋）的输电网络相互连接。阿曼还通过海湾合作委员会互联管理局的电网互联系统与其邻国连接，该系统促进了6个国家的相互连接，即科威特、沙特阿拉伯、卡塔尔、巴林、阿联酋和阿曼。

2.1.3 电力管理体制

2.1.3.1 机构设置

阿曼电力市场的管理主要由电力监管局、电力和水务公共管理局、农村电力公司、阿曼水电采购公司以及阿曼输电公司组成。

2.1.3.2 职能分工

电力监管局主要负责制定电力和水务部门的规定，基于皇家法令并根据《电力和相关水部门管理和私有化法》（简称《电力法》）第19条于2004年成立。电力监管局的职责是确保在阿曼提供电力和供水服务。以下活动通过电力监管局的许可进行管理：发电、输电、配电、电力出口、电力进口或供电；海水淡化的发电；中央调度；国际互联系统的发展和运营。此外，电力监管局负责执行国家的一般政策，并协调该部门各部委、组织和利益相关方之间的活动。

电力和水务公共管理局提供饮用水和电力服务，是一个政府机构，根据皇家法令于2007年9月9日成立，并符合两项皇家法令的要求。在战略、政策和研究总局下设可再生能源部门，负责阿曼可再生能源战略和试点项目的规划。

农村电力公司为全国客户提供电力，根据第78/2004号皇家法令及《电力法》于2005年成立。该公司根据电力监管局颁发的许可证负责发电、输电、配电和供电以及海水淡化的发电。皇家法令

79/2004 还发布了电气化资金，该资金用于为偏远地区提供电力。根据世界银行的数据，阿曼的电力供应量达到 98.0%。

阿曼水电采购公司是该国电力供应的规划机构，负责确保该国的电力和水的生产能力，以及所有电力和水的单一购买者的项目。在每 7 年发布一次的声明中，概述新的电力和水力项目，由私营部门进行竞争性招标和开发。

阿曼输电公司成立于 2005 年，负责该国的输电网络。

2.1.4　电力调度机制

负荷调度中心是阿曼输电公司运营协调和调度活动的集中部门。该部门由主要控制中心组成。备用控制中心正在不同的位置进行建设。塞拉莱的区域控制中心负责与佐法尔地区有关的活动。这些控制中心共同构成了重要的基础设施，以确保阿曼输电公司实现安全、可靠和经济的电力传输和调度目标，并为实现阿曼输电公司的愿景和使命做出贡献。

活动主要包括以下内容：

（1）运营协调。协调传输系统中的各种运营，从规划阶段到实际运营，包括维护和处理任何相关的突发事件。

（2）调度。实时平衡系统负载与发电的主要功能。此活动从负荷预测、发电维护计划、电力调度和水量调度开始，实时发出调度指令。

（3）通信和数据采集与监视控制系统。通信和计算机基础设施的规划、实施和维护，促进业务协调和上述的调度功能。

（4）发布与系统性能相关的运营报告。

（5）收集和发布能源结算报告，用于该部门的公司间结算。

2.2　电力市场概况

2.2.1　电力市场运营模式

2.2.1.1　市场构成

阿曼没有单一的互联电网，主要有三个供电系统：主要互联系统，满足阿曼北部的需求；佐法尔电力系统；由农村电力公司运营的农村电力系统。

作为重组计划的一部分，在发电领域，阿曼政府成立了阿曼国家电力控股公司，该公司为一家专门进行发电公司控股的国有公司。阿曼政府通过该控股公司直接持有并控制两家发电公司。另外，在输配电和电力交易领域，阿曼政府通过政府金融部门，以电力部为主体，持有三家配电公司的大部分股权，并控制阿曼输电公司（负责阿曼国内的输电业务）、阿曼电力及水资源采购公司（负责阿曼国内的电力及水资源交易活动）、佐法尔电力系统运营商以及农村电力系统运营商（负责佐法尔和农村地区电力系统的运营活动）。阿曼电力市场和交易详情见图 2-3。

2.2.1.2　结算模式

电力监管局主要根据输电与配电成本来制定电价。

输电成本的确定主要根据《电力传输和调度许可证条件》第 20 条，阿曼输电公司须每年进行

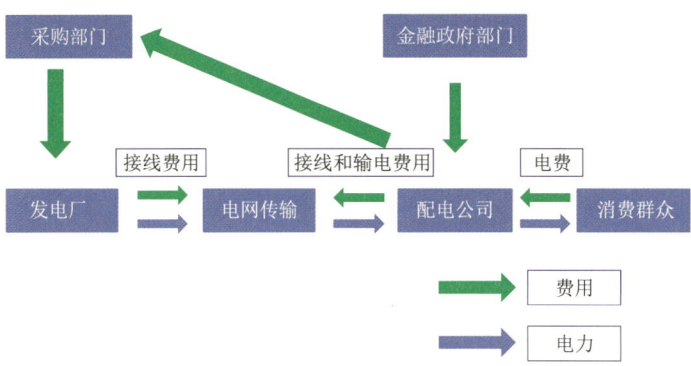

图2-3 阿曼电力市场和交易详情

公告并列出相关成本,包括建设成本、输电线维护保养成本、相关设备采购成本以及相关系统建设成本等。另外,阿曼输电公司可在该成本的基础上加收一定费用且范围合理的溢价作为其资本投入的回报。

对于配电系统,其成本的确定根据《分销及供应许可证条件》第30条,持牌配电公司须每年发出声明,列明系统收费的分配用途,包括配电系统的建设、维护、保养、电表安装等成本。另外,持牌配电公司可在该成本的基础上加收一定费用且范围合理的溢价作为其资本投入的回报。

批发电价主要通过电力批发许可方的成本来进行确定,各电力批发的许可方应按照自身行业的标准来进行电力成本核算,同时提交管理局进行成本批准。在电力方面,电力管理局每年需批准大系统的批发电价,包括电力互联系统以及佐法尔电力系统的批发电价。而批量供应费用涉及被许可方对大量供电或淡化水征收的许可方费用,应按被许可方各自的许可和行业法的规定计算,并且必须得到管理局的批准。管理局每年批准四项批量供应费用:主要互联系统电力批发费用、佐法尔电力系统电力批发费用、阿曼电力及水资源采购公司水批发费用和农村电力公司水的批发费用。根据《电力法》第74条和《电力和水力采购许可证条件》第21条,阿曼电力及水资源采购公司必须向许可供应商大量供电并向水部门大量供应淡化水。此外,所有的批量供应费用需电力监管局批准。

2.2.1.3 价格机制

阿曼对于不同行业的电价是有区别的。除了商业和国防部门及苏丹特种部队的电价是统一电价以外,工业行业根据不同月份的电费价目产生变化,而其他行业的电价是根据不同电力消费量而产生不同的价格。阿曼电力价格分类见表2-1。

表2-1 阿曼电力价格分类

不同分类	电 价 结 构			
	除了佐法尔以外的所有地区				佐法尔地区
工业	9—4月的价格:12Bz/kWh				8—5月的价格:12Bz/kWh
	5—8月的价格:25Bz/kWh				4—7月的价格:24Bz/kWh
商业	统一价格:20Bz/kWh			
国防部和苏丹特种部队	统一价格:20Bz/kWh			
住宅	0~3000kWh	3001~5000kWh	5001~7000kWh	7001~10000kWh	>10000kWh
	10Bz/kWh	15Bz/kWh	20Bz/kWh	25Bz/kWh	30Bz/kWh

续表

不同分类	电价结构				
政府	0~3000kWh	3001~5000kWh	5001~7000kWh	7001~10000kWh	>10000kWh
	10Bz/kWh	15Bz/kWh	20Bz/kWh	25Bz/kWh	30Bz/kWh
农业&渔业	0~7000kWh			>7000kWh	
	10 Bz/kWh			20Bz/kWh	
旅游业	0~3000kWh	3001~5000kWh	5001~7000kWh	>7000kWh	
	10Bz/kWh	15Bz/kWh	20Bz/kWh	20Bz/kWh	

注 1000派沙(Bz)=1阿曼里亚尔=2.6美元。

2.2.2 电力市场监管模式

2.2.2.1 监管制度

电力监管局负责监管电力部门和水部门相关工作。根据2004年8月1日第78/2004号皇家法令颁布并经皇家法令59/2009和47/2013修订的《电力法》第19条所确定。电力监管局具有法人资格，享有财务和行政自主权。因此，电力监管局直接向部长理事会报告。

2.2.2.2 监管对象

电力监管局在《电力法》中的使命是保护电力客户、电力公司和政府三个主要利益相关者的利益。通过监管和促进电力及相关水业的发展，确保向客户提供高质量的电力服务。

2.2.2.3 监管内容

阿曼电力监管局主要由经济和金融事务局、许可和法律事务局、技术事务局和客户事务局四个主要部门组成，不同部门监管不同事务。

经济和金融事务局主要监管内容包括监督和确保遵守现在垄断实体运作的价格上限类型的价格控制。该部分还涉及计算每年的电力补贴金额、电力批发的价格制定和批准、电网接入和使用费用标准的制定以及未来电费标准的制定。其他职责包括为农村地区电气化提案做出贡献，对进一步市场自由化的范围进行年度审查，其他经济和金融事项。

许可和法律事务局是电力监管局和电力监管局成员的内部法律顾问。理事会行使两种不同的职能：许可和法律事务。许可：许可和法律事务局负责处理许可证和豁免申请，提供必要的指导并监督许可证持有者和豁免持有人遵守皇家法令颁布的《电力法》的规定（皇家法令78/2004）以及许可或豁免的条件。法律事务：该局负责处理诉讼案件，并在司法机构面前代表电力监管局。它提供法律建议和草案法规，法律意见和其他监管文件。此外，它还支持其他董事会采取的监管行动和措施。它还与其他主管当局就法律和监管事宜进行协调。

技术事务局主要负责批准技术标准并确保公司遵守行业规则、规划和操作标准，阿曼电气标准以及健康、安全和环境安全法规。技术事务局代表管理局电网规范和分配代码审查小组。该局在确定部门实体之间以及实体与其客户之间的技术性争议方面发挥着重要作用。

客户事务局的任务是确保消费者的利益，监督消费者延迟付款实施守则的实施，对有特殊需求的消费者和退休人员考虑给予适当的优先权。该局与投诉的客户联络，确定有关电力问题的纠纷，促进有效使用电力。

2.3 主要电力机构

2.3.1 阿曼输电公司

2.3.1.1 公司概况

1. 总体情况

阿曼输电公司于 2005 年 5 月成立,由阿曼电力监管局颁发许可证,公司有权开展以下活动:传输电力,资助、开发、拥有和维护其传输系统;开发和运营与其传输系统相连的相关生产设施的中央调度系统或连接到其传输系统的系统;在《行业法》和本许可证允许的范围内,设计、拥有、运营和维护电网连接;根据《电力法》第 88 条和本许可证获得农村电力公司的某些资产;履行《电力法》赋予的其他职能。

阿曼输电公司在阿曼电力部门中发挥着至关重要的作用,拥有并运营阿曼主要输电网络以及佐法尔的输电网络。阿曼主要输电网络电压等级在 132kV 及以上。通过该网络电力从发电厂传输到阿曼各省负荷中心。作为阿曼经济调度责任的一部分,阿曼输电公司承担阿曼经济调度的责任,确保发电和负荷需求的平衡。

2. 经营业绩

截至 2018 年年底,阿曼输电公司的总收入约 26 亿美元,其中输电业务的收入为 1.978 亿美元,配电业务收入为 5.824 亿美元,其他收入为 401.96 万美元。

2.3.1.2 组织架构

阿曼输电公司下属三个独立且不同的细分市场:阿曼北部的主要互联系统、农村电力系统和佐法尔电力系统。主要互联系统和佐法尔电力系统的交易主要受阿曼输电公司监管。农村电力系统是一个垂直整合的实体,经其许可证授权,可以向其授权区域内的客户提供淡化水和发电、输电、配电、供电服务。

2.3.1.3 业务情况

阿曼输电公司运营主要互联系统、佐法尔电力系统。通过网络将电力从发电厂传输到阿曼各省的配电负荷中心,维持每天每时的发电和需求平衡。

(1)发电:截至 2018 年年底,阿曼总输出电量为 32TWh,其中主要互联网络系统的发电量为 29TWh,佐法尔发电量为 3TWh。

(2)输电:截至 2018 年年底,总输电长度 5824.64km。其中 220kV 输电线路总长度为 1591km;132kV 输电线路总长度为 3337.78km;220kV 地下电缆总长度为 63.94km;132kV 地下电缆总长度为 147.92km;400kV 线路总长度为 684km。目前已有 50 座变电站和 47470MVA 的变电容量,系统可靠性达到 99.78%。阿曼输电公司输电线路长度见表 2-2。

表 2-2　　　　　　　　　　阿曼输电公司输电线路长度　　　　　　　　　　单位:km

名　　称	长　　度
220kV 输电线路总长度	1591
132kV 输电线路总长度	3337.78
220kV 地下电缆总长度	63.94
132kV 地下电缆总长度	147.92
400kV 线路总长度	684

2.3.1.4 国际业务

2019 年 12 月 15 日，中国国家电网有限公司已与阿曼输电公司达成协议，在该协议中，中国国家电网有限公司将获得阿曼输电公司 49% 的股权，这也是中东地区非产油国历史上最大的一笔并购案，同时也是中国企业对阿曼单笔金额最大的投资项目。该项目是中国国家电网有限公司服务"一带一路"建设取得的又一新突破，对深化中阿战略伙伴关系，推动两国电力能源合作再上新台阶具有重要意义。

2.3.1.5 科技创新

展望未来，阿曼输电公司计划通过建设更多的天然气电站、太阳能电站和风电场来扩大阿曼的发电能力。

计划在 2019—2021 年增加装机容量 3920MW。即将开展的主要项目包括将在主要互联系统地区投入使用的 940 MW 伊卜里独立发电厂，以及将在佐法尔地区投入运营的 438MW 塞拉莱独立发电厂。主要互联系统地区还计划在 2021 年建造一个装有 1GW 装机容量的联合循环发电厂——米斯法独立发电厂。

新一代细分市场的发展很好地推动了阿曼的国家能源战略，预计 2025 年之前阿曼的发电组合中约有 10% 由可再生能源生产，主要是陆上风能和太阳能。因此，阿曼未来几年的投资计划中，可再生能源产能将大量增加。为此，阿曼正在塞迈里地区开发一个 50MW 的风电场，计划于 2020 年投入运营。该风电场将连接到佐法尔的传输系统。

为了适应新一代发电容量，结合现有发电厂退役产生的电力变化并满足未来电力需求，电网运营商（OETC）宣布到 2021 年计划开发约 685km 的新输电线路、251MVA 的变压器容量和 18 个新的变电站。

为了适应发电容量和电力需求的预期增长，OETC 还致力于开发新的变电站以及现有变电站的扩建。一些主要的变电站工程将于 2021 年进行，包括建设 400kV 的苏哈尔自有变电站，400kV/132kV 的 Qabel 变电站（1000MVA），400kV/132kV 的 Khaborah 变电站（1000MVA）和 132/33kV 的 Uwaynat 变电站（500MVA），并将鲁赛勒工业变电站升级至 400kV。

第3章 巴基斯坦

3.1 能源资源与电力工业

3.1.1 一次能源资源概况

巴基斯坦的地质构造比较复杂，其矿产资源比较丰富，已探明的矿产地有1000处以上。尽管目前在巴基斯坦尚未发现具有世界意义的重大矿床，但从其成矿地质环境看潜力比较大。已探明的矿藏中，天然气、煤炭、石油、铁矿、铝土、大理石、铬、铜、花岗岩、宝石等矿藏量较大。其中：天然气储藏量达到4920亿 m^3，煤炭的储量为1850亿 t，石油储量为1.84亿桶，铁矿4.3亿 t，铝土7400万 t，大理石储量为1.6亿 t，铬的储量约为1000万 t，铜的储量约为5亿 t，花岗岩的储量为1万亿 t，宝石储量为160万~200万克拉。天然气、铬和大理石开采得最多，品质也较高，铜矿也开始进入开采阶段。近几年来，由于巴基斯坦加大了对矿物的勘探力度，还相继发现了金、银、铅、锌等矿藏。

根据2019年《BP世界能源统计年鉴》，巴基斯坦2018年一次能源消费量达到8500万 t油当量，其中石油消费达到2430万 t油当量，天然气消费达到3750万 t油当量，煤炭消费达到1160万 t油当量，核能消费达到20万 t油当量，水电消费达到810万 t油当量，可再生能源消费达到120万 t油当量。

3.1.2 电力工业概况

3.1.2.1 发电装机容量

2018年，巴基斯坦的总装机容量为34051MW，其中大约31167MW与巴基斯坦国家电网（NTDC）系统相连，另有大约2884MW与K-Electric Limited（KEL）系统相连。相较2017年，巴基斯坦全国新增装机容量约7800MW。根据最新信息显示，巴基斯坦国家电网计划在2025年将入网装机容量提升至60183MW，非入网的连接至KEL系统的装机容量也计划在2023年达到5300MW。但是该目标可能无法实现，因为包括水电项目在内的一些电力项目需要大量的技术和财务基础才能完成。巴基斯坦2017—2018年主要能源发电装机容量见图3-1。

3.1.2.2 发电量及构成

2018年，巴基斯坦全国总发电量为133668GWh，其中92086GWh（68.89%）来自火力发电；其次为水力发电，总发电量为28069GWh，占比21.00%；第三为核能发电，总发电量约9050GWh，占比6.77%；可再生能源总发电量为3907GWh，占比2.92%；另外还有554GWh的电力从伊朗进口，占总发电量的0.41%。2018年巴基斯坦全国发电量较2017年（120621GWh）上升了13047GWh，增长率达10.8%。巴基斯坦2018年主要能源发电量占比见图3-2。

资料来源:《巴基斯坦工业情况报告 2018》。

图 3-1 巴基斯坦 2017—2018 年主要能源发电装机容量

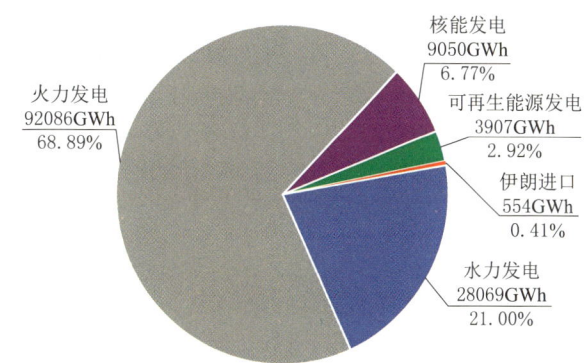

资料来源:《巴基斯坦工业情况报告 2018》。

图 3-2 巴基斯坦 2018 年主要能源发电量占比

3.1.2.3 电网结构

巴基斯坦全国输电网络分别以巴罗塔水电站、拉瓦特(首都附近)、拉合尔、木扎法戈(木尔坦附近)、卡拉奇为中心,向周边地区辐射分布,总体呈"东密西疏"的格局,但输电线路建设缓慢,北部吉尔吉特·巴蒂斯坦区域至今未被覆盖。巴基斯坦电网由巴基斯坦国家输配电公司负责运营。截至目前,公司共计运营和维护 16 个 500kV 和 43 个 220kV 变电站,长 5893km 的 500kV 输电线路和长 10963km 的 220kV 输电线路。巴基斯坦电网的电损率在 20% 以上,每年的线损达 200 亿 kWh。因此,巴基斯坦正在积极对外寻求双边和多边援助,建设高压线路,改造电网。

3.1.3 电力管理体制

3.1.3.1 机构设置

巴基斯坦电力管理机构主要包括巴基斯坦水电部、原子能委员会以及巴基斯坦国家电力监管委员会(简称电监会)。其中前两者负责对电力行业的运行进行管理,后者负责对行业内电力企业的行为进行监督。

3.1.3.2 职能分工

巴基斯坦电力行业由水电部和原子能委员会进行政府行业管理,由国家电监会监督,地方政府也发挥相应的行政管理职能。巴基斯坦水电部下设四个有较大自主权的独立机构。其中,水电发展署(WAPDA)主要分为水、财务和电力三个系统。水系统负责全国水资源规划、开发;财务系统负责水电发展署财务管理和大众服务;电力系统掌管全国水电的规划、开发、发电和经营。原隶属水电发展署的火力发电、输送电、配电等其他经营业务已全部公司化。根据改革计划，新组建的巴基斯坦电力公司（Pakistan Electric Power Company，PEPC），将作为接班人替代水电发展署对电力系统进行经营管理。巴基斯坦电力监管系统见图3-3。

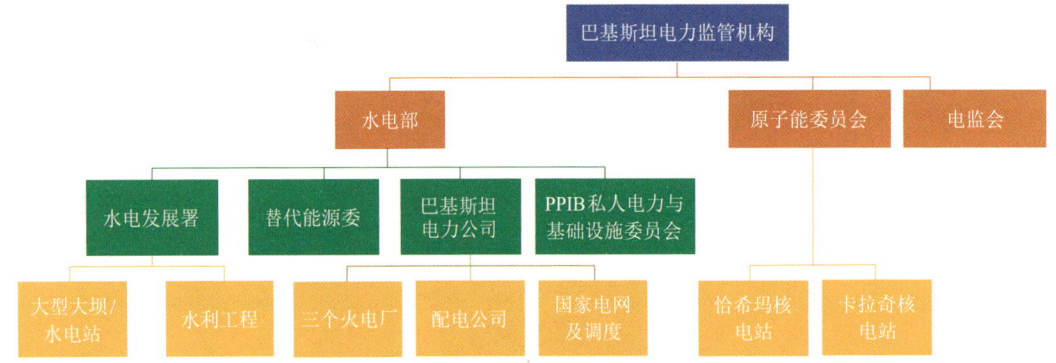

图3-3　巴基斯坦电力监管系统示意图

3.1.4　电力调度机制

巴基斯坦的电力调度由巴基斯坦国家输配电公司（NTDC）负责。

国家输配电公司通过初级EHV将电力从水电厂的发电机组与负载中心输送到全国各地，并负责管理该传输网络。国家输配电公司的核心业务包括：传输网络运营（规划新型500kV/220kV系统，设计、施工、运维系统，并对该系统进行加强与升级）；系统操作（包括安排非歧视性、非优惠性经济调度，确保安全可靠的电力供应）；电线业务（主要包括传输规划、施工设计、项目开发以及输电资产的运维）和系统操作与发货等。

3.2　电力市场概况

3.2.1　电力市场运营模式

3.2.1.1　市场构成

巴基斯坦电力市场分为10个区域电力分销网络，由10个电力供应公司运营。这10个供电公司分别如下：

（1）拉合尔供电公司（LESCO）。范围包括拉合尔、卡苏尔、奥卡拉以及谢赫普拉等地区，下又细分为北拉合尔、中央拉合尔、东拉合尔、东南拉合尔、奥卡拉、谢赫普拉六个操作环，一个构造环和一个GSO环。该公司主要面向民用用户。

（2）卡拉奇电力公司（KESC）。卡拉奇电力公司于1913年9月13日注册成立。该公司已经在卡拉奇、拉合尔和伊斯兰堡证券交易所上市。巴基斯坦政府在1952年通过获得多数股权来控制公司。公司经营范围遍布整个卡拉奇及其郊区、信德省的Dhabeji和Gharo以及俾路支省的Hub、Uthal、Vindhar和Bela等区域，覆盖的总面积约为6000km。该公司主要面向工业、商业、农业以及城市居民用户。

（3）费萨拉巴德供电公司（FESCO）。费萨拉巴德供电公司取得了国家电力监管局授予的分销许可，向其服务区内约200万用户供电，受众超过1550万人。1997年NEPRA法案规定：

FESCO 的地理服务区域包括 Faisalabad、Sargodha、Mianwali、Khushab、Jhang、Bhakker 和 T.T Singh 地区。费萨拉巴德供电公司在运营绩效方面是巴基斯坦最好的供电公司之一，分销损失程度低，且收费率高。它的主要服务区域费萨拉巴德地区，因其发达的纺织工业而被称为巴基斯坦的曼彻斯特。

（4）木尔坦供电公司（MEPCO）。木尔坦供电公司是水电发展署下属最大的分销公司之一，职责章程是调查计划，并在其管辖范围负责电力的传输和分配。其管辖范围横跨信德省与俾路支省，从 Sahiwal 延伸到 D.G.Khan。

（5）伊斯兰堡供电公司（IESCO）。伊斯兰堡供电公司于 1998 年 4 月 25 日注册成立，并于 1998 年 6 月 1 日根据 1984 年 "公司条例" 中的第 146（2）条获得营业证书。公司经营目标是负责接收巴基斯坦水电开发局在伊斯兰堡地区的业务、资产与责任。伊斯兰堡供电公司的营业范围由伊斯兰堡地区的几个行政区划组成，拥有 78 个子电网，总容量为 1950MVA，并通过 581 个馈线分配电力。

（6）古杰兰瓦拉供电公司（GEPCO）。古杰兰瓦拉供电公司（GEPCO）成立于 20 世纪 80 年代初创建的电气化网络领域。其经营范围包括 Gujranwala、Hafizabad、Sialkot、Narowal、Gujrat 和 Mandi Bahauddin 等地区。

（7）海得拉巴供电公司（HESCO）。海得拉巴供电公司的成立是为了接管与收购原属巴基斯坦水电发展署（WAPDA）的海得拉巴地区电力局的所有项目、资产和负债。该公司于 1998 年 4 月 23 日注册成立，并于 1998 年 7 月 1 日根据 1984 年《公司条例》中的第 146（2）条从 NEPRA 获得了营业证书。

（8）奎达供电公司（QESCO）。奎达供电公司成立于 1928 年，起初只是一家小型电力公司，负责为奎达当地的小部分地区提供有限的电力。该公司在 1970 年时仅为约 13500 名消费者供电。1971 年，为了应付当地供不应求的电力压力，水电发展署接管了奎达供电公司以及俾路支省的所有电力设备，并对俾路支省的电力基础设施进行了修缮与增加，而奎达供电公司则成为了水电发展署在当地的分销公司。然而到了 20 世纪末期，水电发展署自身面临巨额亏损，在此基础上，政府对水电发展署进行拆分，新的奎达供电公司于 1998 年 7 月 1 日根据 1984 年《公司条例》注册成立。

（9）白沙瓦供电公司（PESCO）。白沙瓦供电公司位于白沙瓦，为巴基斯坦开伯尔普图什省所有民用地区的 200 多万消费者提供配电服务。白沙瓦供电公司拥有并维护着开伯尔普图什省的配电网络，通过 132kV/66kV/33kV 输电线路、变电站和 11kV 及 440V 低压线路，为当地的家庭或企业提供电力。全世界电力工业的环境和结构正在发生巨大变化，电力资源正在从国家垄断走向私有化，从一体化走向解体。为了跟上这一变化，巴基斯坦政府于 1994 年批准了一项战略计划，将水电发展署的权力部门分拆为 12 家公司，用于发电、输电和配电。白沙瓦供电公司由白沙瓦地区电力委员会重组而来，成为一个为了实现商业化并最终实现私有化的实体公司。

（10）西北部落地区供电公司（TESCO）。西北部落地区供电公司是水电发展署最大的分销公司之一，它覆盖了该国的整个西北部落地区且是该地区唯一一家供电公司。西北部落地区供电公司的运行维护与其他电力分销公司不同，其主要靠 11kV 输电线路和 132kV/66kV 线路进行供电。

3.2.1.2 结算机制

电监会（NEPRA）于 2014 年 6 月 26 日颁布了《关于巴基斯坦政府提出的重新考虑燃煤发电项目预定电价的决定》。文件规定采用两部制电价结构，针对不同装机容量的机组制定了相应的容量电价和电量电价，制定原则是如果投资商可将建造运维成本等边界条件控制在以上决议规定的范围之内，则资本金内部收益率至少可达到17%；电价机制实行煤电联动、照付不议政策。

3.2.1.3 价格机制

巴基斯坦电价分为基础电价和附加电价。

1. 基础电价

$$基础电价 = 容量电价 + 电量电价$$

（1）容量电价。容量电价用于覆盖投资及固定成本，采取照付不议制结算电费。容量电价包括非偿债部分电价及偿债部分电价两部分。

1）非偿债部分电价的计算公式为

$$非偿债部分电价 = (固定运维成本 + 保险费 + 营运资本 + 资产收益) \times 可用容量$$

2）偿债部分电价的计算公式为

$$偿债部分电价 = (偿还的债务 + 利息) \times 可用容量$$

（2）电量电价。电量电价用于涵盖可变成本，根据实际上网电量进行结算。电量电价包括可变部分电价及固定部分电价两部分。

1）可变部分电价的计算公式为

$$可变部分电价 = (燃料可变成本 + 除灰成本 + 石灰石成本 + 可变运维成本 + 水费) \times 净电力输出量$$

2）固定部分电价的计算公式为

$$固定部分电价 = 燃料固定成本 \times 可用容量$$

2. 附加电价

巴基斯坦电力市场的附加电价主要包括预期商业运行期间的电量电价、测试电量电价、启动价用和转移成本，目前电监会指导文件中尚未有预期商业运行期间电量电价、测试电量电价和启动费用的定义及计算公式。

除了基础电价和附加电价之外，巴基斯坦电力市场中还存在补充电价这一特殊电价机制。补充电价主要指当巴基斯坦国内发生政治不可抗力事件或者法律变化不可抗力事件时，电力项目投资方恢复正常发电所产生的合理、必要的电力费用。

3.2.2 电力市场监管模式

3.2.2.1 监管制度

巴基斯坦电力管理机构为电监会（NEPRA），设立于1992年，其主要职责是对各电力部门进行监管，通过基于商业透明原则所制定的各项决策来保护投资者和用户的利益，并促进该行业的合理竞争，以确保未来可协调、可靠、充足的电力供应。

3.2.2.2 监管对象

电监会的监管对象主要包括发电公司、输电公司和配电公司三部分。在发电侧，除4个国有发电公司、1个水电公司以及卡拉奇电力公司外，另有约30个主要的独立发电商；在输电侧，共有3家输电公司，卡拉奇电力公司负责卡拉奇地区输电业务，其他地区则由国家输配电公司（NTDC）和中央购电局（"CP-PA"）共同负责；在配电侧，仍由卡拉奇电力公司负责卡拉奇地区，其他地区由另外 10 个配电公司分别负责。

3.2.2.3 监管内容

电监会根据职能分工主要下辖四个职能部门，分别负责许可证授予、电价确定、绩效标准的规定及执行以及行业的监督和执行。

1. 许可证授予

电监会专门负责授予该国电力部门以发电、输电或配电许可证。若无经电监会颁发的许可证授权，任何人不得建造，拥有或经营发电、输电或配电设施。许可证的授予受 1999 年许可发电规则和 1999 年分销规则的约束，而所有许可均受上述规定的条款和条件的约束。

2. 电价确定

电价是按照《电价准则及程序规则》（1998 年《电价细则》）的规定确定的。通过关键利益相关方的参与，实施透明程序，并进行尽职调查，以评估持有人的适当费用水平和回报率。

3. 绩效标准的规定及执行

电监会通过颁布《业绩标准（发电）规则》（2009 年）、《业绩标准（输电）规则》（2005 年）和《业绩标准（配电）规则》（2005 年），以确保下属各电力公司的服务质量和可靠性。为确保遵守质量而对各公司采取的措施有实地考察、准备绩效评估报告和针对违法者的法律诉讼。

4. 行业的监督和执行

监督和执行是监管的重要组成部分，可以确保被许可人按照许可条件运作并确保消费者的利益得到保护。对被许可人的监控是根据相应许可的条款进行的，用于对其绩效进行批判性分析，并对违约者进行处罚和罚款。《发电、输电和配电性能标准规则》规定了用于监控被许可方的标准。

3.3 主要电力机构

3.3.1 卡拉奇电力公司

3.3.1.1 公司概况

1. 总体情况

卡拉奇电力公司（K-Electric，KE）是一家已为卡拉奇地区提供电力长达一百多年的电力公司。公司通过覆盖 6500km^2 区域的电网，为该范围内的一切民用、商业、工业和农业用户供电，涵盖整个卡拉奇及其郊区、信德省的 Dhabeji 和 Gharo 以及俾路支省的 Hub、Uthal、Vinder、Bela 等地的 250 多万用户。卡拉奇电力公司是巴基斯坦唯一一家垂直整合的电力公用事业公司，这意味着该组织管理生产和向消费者提供能源的方式涵盖了所有三个关键领域，即发电、输电和配电。

2. 经营业绩

2016 财年，卡拉奇电力公司销售收入为 11.76 亿美元，比 2015 财年减少 496 万美元，降幅为 0.4%。公司净利润为 2.03 亿美元，比 2015 财年增加 2790 万美元，增幅达 15.9%。公司总资产达 21.2 亿美元，比 2015 财年下降 6820 万美元，其中流动资产为 7.34 亿美元，比 2015 财年下降 1.27 亿美元；固定资产为 13.86 亿美元，比 2015 财年增加 5952 万美元。公司每股收益为 0.74 美分，比 2015 财年增加了 0.1 美分。卡拉奇电力公司 2011—2016 年经营业绩见图 3-4。

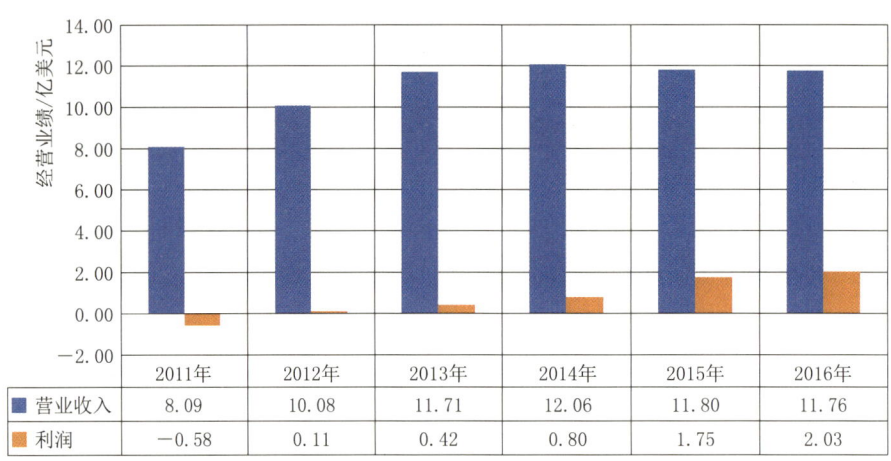

图 3-4　卡拉奇电力公司 2011—2016 年经营业绩

3.3.1.2　历史沿革

1913 年 9 月 13 日，卡拉奇电力公司成立，其设立的最初目的是满足卡拉奇这座港口小城的电力需求。此后的 30 年间，公司为各类消费者提供服务，并随着城市的成长而迅速发展起来。

1947 年，巴基斯坦独立，卡拉奇作为当时巴基斯坦的首都，大量人口涌入，迅速成为拥有庞大居民、商业和工业规模的大都市。卡拉奇电力公司面对迅速增长的电力需求，面临着巨大的挑战。

1952 年巴基斯坦政府将卡拉奇电力公司国有化，以促进对其基础设施建设的急需投资。其后的近 50 年间，为了满足不断增长的工业、商业和住宅用电需求，公司先后增加了 8 个总容量为 513MW 的新发电厂。1981—2000 年，卡拉奇电力公司花了约 20 年的时间终于建成了核心发电站 Bin Qasim Power Station 1（BQPS 1）。卡拉奇电力公司最初隶属水电发展署，后来巴基斯坦军队接管了公司的管理层。

2005 年卡拉奇电力公司被私有化，政府保留了大约 26% 的股份，而 71% 被转移到外国财团 Abraaj 手中。截至 2017 年，Abraaj 集团和 Aljomaih / NIG 持有卡拉奇电力公司 66.4% 的股份，巴基斯坦政府持股比例为 24.36%。

3.3.1.3　组织架构

除独立的财务委员会与人力资源委员会之外，卡拉奇电力公司共设有五大业务部门，分别为发电事业部、输电事业部、配电事业部、技术支持部以及战略规划部。卡拉奇电力公司组织架构见图 3-5。

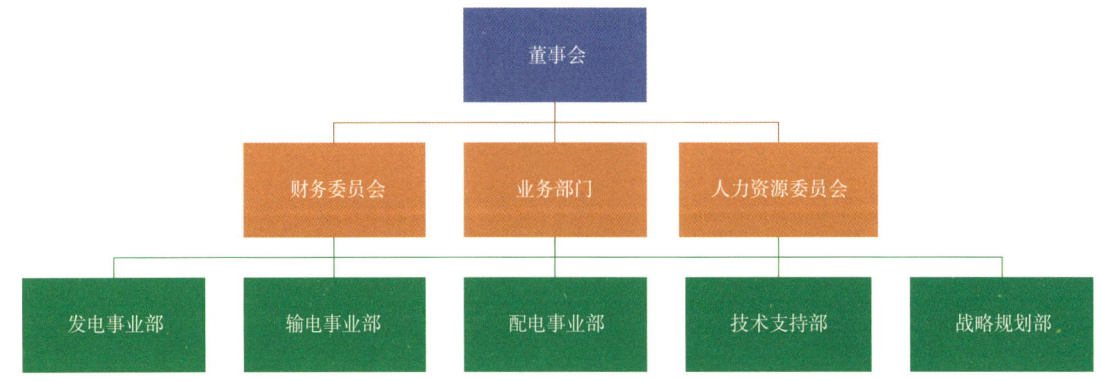

图 3-5　卡拉奇电力公司组织架构

3.3.1.4 业务情况

1. 发电业务

卡拉奇电力公司是巴基斯坦唯一的垂直整合电力公用事业公司。它通过自己的发电机组发电，装机容量为2267MW，此外还与外部电力生产商签订了1162MW的电力，其中包括来自国家电网的650MW。卡拉奇电力公司2009—2018年发电效率见图3-6。

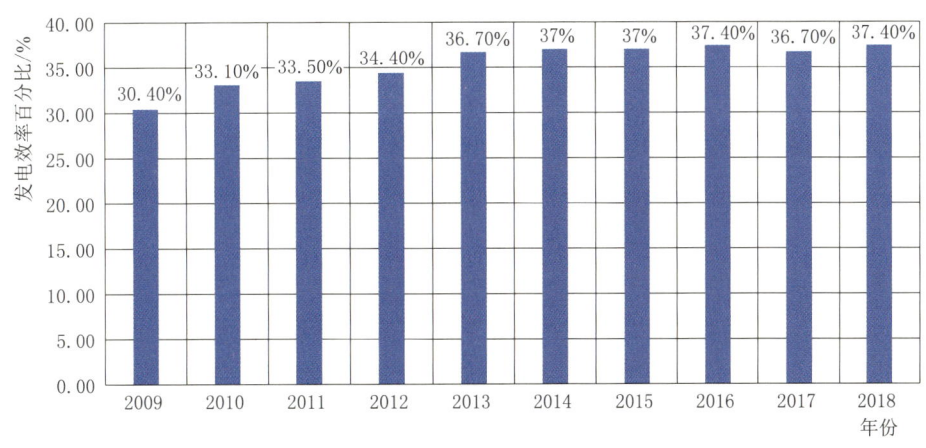

图3-6 卡拉奇电力公司2009—2018年发电效率

在2009—2018年的10年间，公司对发电业务的总投资超过了10亿美元，使公司发电容量提高了1057MW，发电效率从2009年的30.40%提高到2018年的37.40%，所有的燃气发电机均实现了联合循环运行。

2. 输电业务

自2009财年以来，卡拉奇电力公司已先后投资5亿美元用于输电线路的扩建和维护。目前公司的输电系统包括了总长度约1253.9km的220kV、132kV和66kV输电线路，分属于64个变电站以及148个电力变压器。近年来，公司相继采取一系列重大举措，以提高转型能力和可靠性。

3. 配电业务

卡拉奇电力公司拥有的配电网络是世界上最大的配电网络之一，通过电力线、变电站和杆式变压器为用户提供服务。目前公司的配电网络分为4个区域和29个配送中心。

由于技术和商业原因，在公司向消费者配送电力的过程中存在电力损失。其中技术损失是由能量消耗造成的，这是任何系统都固有的，但可以通过技术投资降低到最低水平。商业损失主要是由盗窃或非法抽取电力造成的。在过去几年中，通过不断的努力，公司成功地减少了卡拉奇几个地区的电力损失并提高了回收率。公司仍然致力于通过不断改进流程来进一步改善这种状况，并正在探索若干试点项目。截至2016财年公司年度输配电损失率为22.20%，比2009年下降了13.70%。卡拉奇电力公司2009—2016年输配电损失率见图3-7。

3.3.1.5 科技创新

1. 发电方面

卡拉奇电力公司已经开始开发最高装机容量达500MW的嵌入式发电厂。项目计划采用双燃料技术开发，以便通过132kV网络直接在该区域输送电力。目前公司正在与Orient Power合作，在Baldia的IPP结构下建造一座装机容量200MW的嵌入式发电厂，预计到2020年中期可投入使用。此外，公司还与西部电气有限公司合作，计划建立一个装机容量200~250MW的嵌入式发电厂，在2021年投入使用。

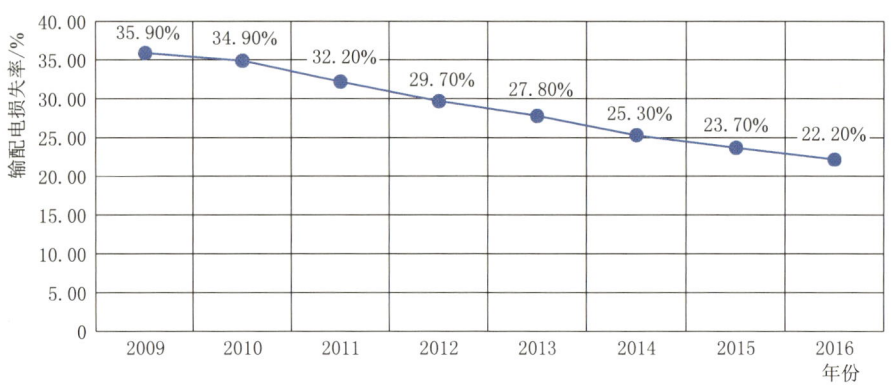

图3-7 卡拉奇电力公司2009—2016年输配电损失率

2. 输电方面

为满足需求增长和服务增容,卡拉奇电力公司对其输电基础设施进行了升级和扩张,TP-1000项目就是其中之一。公司在该项目上投入4.5亿美元,使输电网络容量增加1000MVA,电源可靠性和电压稳定性得到提升。目前该项目输电线路设计已获政府批准,并且已经通过了220kV和13kV的电缆试验。

3. 配电方面

卡拉奇电力公司公布了智能电网计划。该计划涉及客户所在地的远程智能电表监控以及受IT系统支持的变压器,精确地监控电流以及网络运行情况能够将电力损失减到最小限度从而提高生产率。此外,公司还对用电用户的连接程序进行了简化,用户可通过在线支付的方式进行交易。

3.3.2 国家输配电公司

3.3.2.1 公司概况

国家输配电公司(National Transmission and Despatch Co. Ltd,NTDC)的成立是为了接管220kV和500kV电网和变电站。公司的愿景是通过其出色的电力输送,成为巴基斯坦公共部门的商业模范,并支持该国的经济增长。公司的宗旨是致力于成为电力生产商、分销公司和最佳电力服务提供商,满足发电机和最终用户的输电服务要求,为巴基斯坦提供可靠、高效、稳定的输电网络和调度服务,最大限度地回报利益相关者。

3.3.2.2 历史沿革

国家输配电公司是在巴基斯坦政府对水电发展署的分拆后形成的。

1998年11月6日根据《公司条例》(1984年)[现为《公司法》(2017年)]成立公共有限公司,其总部设在拉合尔。在获得商业营业证书后,于1999年3月1日开始商业运营。

电监会于2002年12月向国家输配电公司授予传输许可,可从事独家的电力传输与调度业务,有效期30年。

目前,国家输配电公司从事能源资源和传输网络等业务。

3.3.2.3 组织架构

国家输配电公司主要是由董事会来主导整个公司管理,常务董事协助董事会处理事务,内部审计主要负责监督公司内部财务。旗下有资产开发与管理部、电力规划与工程部、人力资源部、财务部、信息系统部、行政部、媒体与公关部。具体组织架构见图3-8。

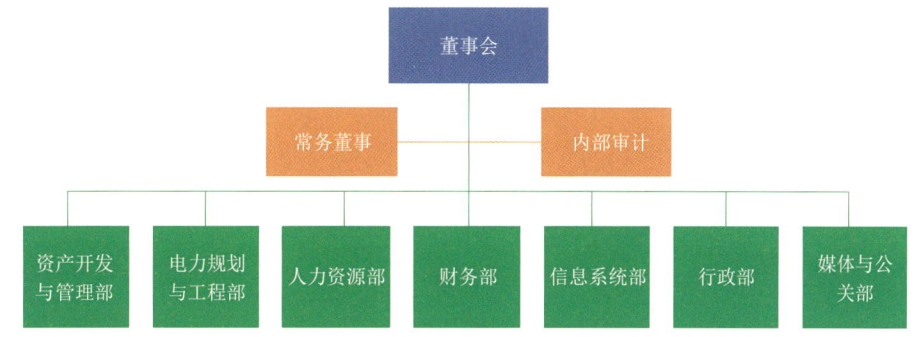

图 3-8 国家输配电公司组织架构

3.3.2.4 业务情况

国家输配电公司的电网分布从北向南延伸,水力发电主要在北部地区,热力发电主要在南部地区,大型负荷中心远离主要电源。发电量随季节性变化:夏季,大量电力从北部流向中部;冬季,大量电力从南部流向中部和北部。国家输配电公司的业务情况见表 3-1。

表 3-1　　　　　　　　　　　国家输配电公司的业务情况

电压等级 /kV	电站数量 / 个	输电线路长度 /km	变电站容量 /MVA
500	16	5970	22350
220	45	11322	31060
总计	61	17292	53410

500kV 的变电站主要分布在伊斯兰堡(2 个)、拉合尔(5 个)、木尔坦(4 个)、海得拉巴(5 个)地区,220kV 的变电站主要分布在伊斯兰堡(11 个)、拉合尔(19 个)、木尔坦(5 个)、海得拉巴(5 个)和奎达(5 个)等地区。

第4章 菲律宾

4.1 能源资源与电力工业

4.1.1 一次能源资源概况

菲律宾拥有许多世界级的高品质矿藏，矿产资源储量巨大、分布广泛，拥有48个金属矿和61个非金属矿。根据2018年菲律宾国家矿业局公布的报告数据，菲律宾金属矿储量总价值约1219.4亿菲律宾比索，约合23.17亿美元。

菲律宾吕宋岛北部、维萨亚群岛中部、巴拉望岛以及棉兰老岛南部等地都是重要的矿产区。金属矿藏方面，按单位面积矿产储量计算，菲律宾金矿储量居世界第三，铜矿储量居世界第四，镍矿储量居世界第五，铬矿储量居世界第六，另外菲律宾还拥有世界上最大的镁矿。非金属矿藏方面，菲律宾的石灰石储量较大，占非金属矿藏储量的57%；其他主要的非金属矿藏还有大理石、煤炭、磷矿和硅矿等。除此之外，菲律宾还有约合20.9亿桶原油标准能源的地热资源和约3.5亿桶的石油储量。

根据2019年《BP世界能源统计年鉴》，菲律宾2018年一次能源消费量达到了4700万t油当量，其中石油消费量达到2200万t油当量，天然气消费量达到350万t油当量，煤炭消费量达到1630万t油当量，水电消费量为210万t油当量，可再生能源消费量达到320万t油当量。

4.1.2 电力工业概况

4.1.2.1 发电装机容量

菲律宾发电装机容量从2017年的22.73GW增加到2018年的23.815GW，增长了4.8%。在新增装机容量方面，2018年菲律宾新增1085MW，其中主要包括燃煤发电（795MW），石油发电（138MW），地热发电（28MW），水力发电（74MW）和生物质发电（34MW）。就电网份额而言，吕宋岛电网占新增发电装机容量的71%（770.35MW），棉兰老岛电网占29%（314.65MW）的新增发电装机容量，而维萨亚群岛电网则未提供任何新增装机容量。菲律宾2017—2018年主要能源发电装机容量见图4-1。

4.1.2.2 发电量及构成

2018年菲律宾全国总发电量为99.765TWh，比2017年的94.37TWh增长了约5.7%。其中的大部分来源于吕宋岛电网，贡献率为72.9%，维萨亚群岛电网和棉兰老岛电网分别贡献了14.3%和12.8%的份额。发电类型方面，煤炭仍居主导地位，占比从2017年的49.6%提升至2018年的52.1%。煤炭发电量的增加归因于吕宋岛和棉兰老岛电网中新燃煤电厂的投产。此外，由于水力发电量下降，可再生能源的总发电量占比下降至23.4%。天然气发电贡献率为21.4%，而石油发电的贡献率最低，为3.2%。菲律宾2018年主要能源发电量见图4-2。

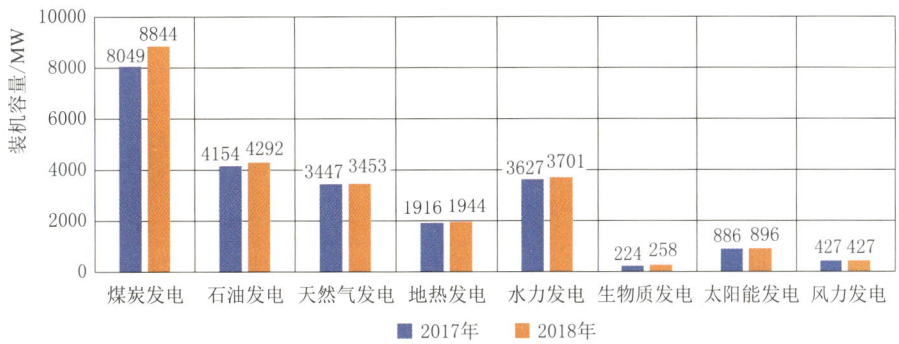

资料来源：《菲律宾电力情况报告2018》。

图4-1 菲律宾2017—2018年主要能源发电装机容量

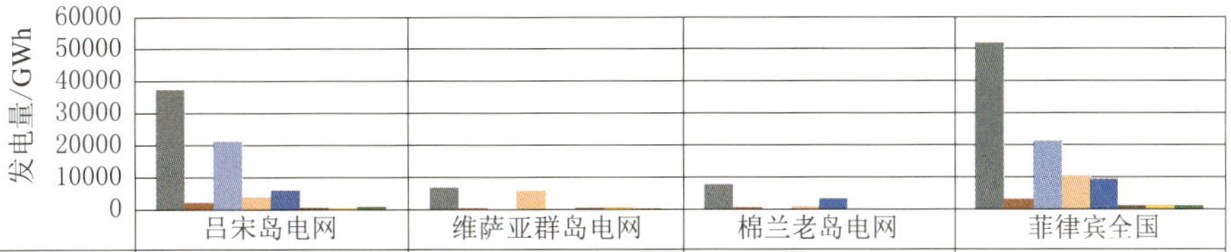

	吕宋岛电网	维萨亚群岛电网	棉兰老岛电网	菲律宾全国
煤炭发电	37382.192	6791.092	7789.7	51962.984
石油发电	2181.84	356.675	638.5	3177.015
天然气发电	21309.304	0	0	21309.304
地热发电	3854.584	5735.334	830.05	10419.968
水力发电	5963.696	71.335	3371.28	9406.311
生物质发电	581.824	442.277	76.62	1100.721
太阳能发电	509.096	656.282	89.39	1254.768
风力发电	945.464	228.272	0	1173.736

资料来源：《菲律宾电力情况报告2018》。

图4-2 菲律宾2018年主要能源发电量

三大电网中，吕宋岛电网的总发电量在2018年达到72.728TWh，增长率为6.2%。燃煤发电继续主导吕宋电网的发电量，占比达51.4%；其次是天然气发电占比29.3%；可再生能源发电占比16.3%，其中地热发电占比5.3%、水力发电占比8.2%、生物质发电占比0.8%、太阳能发电占比0.7%、风力发电占比1.3%；石油发电占比最小，为3.0%。

维萨亚群岛电网2018年的总发电量为14.281TWh。该电网中可再生能源发电继续维持主导地位，占比50%，其中地热发电占40.2%，太阳能发电占4.6%，生物质发电占3.1%，风力发电占1.6%，水力发电占0.5%。非可再生能源发电中，煤炭发电仍然是占比最大的发电方式，占47.5%，而石油发电量占比为2.5%。

棉兰老岛电网2018年的总发电量达到12.795TWh。由于该电网增加了150MW的SMC Malita煤炭发电机组，使得煤炭发电量占比上升至60.9%，并且随着2019年GN Power Kauswagan燃煤电厂上线，该比重预计还将继续上升。同时，可再生能源发电贡献了34.1%的份额，包括地热发电占6.5%，水力发电占26.3%，生物质发电占0.6%和太阳能发电占0.7%。与吕宋岛和维萨亚群岛的电网类似，以石油发电提供的贡献率最低，为5%。据了解，目前，菲律宾的电力损耗率为总电力消耗的9%，通电率为83%，这意味着大约1600万菲律宾人无法获得电力保障。

2018年菲律宾的电力销售和消费继续表现出明显的弹性。尽管通胀率从2017年的2.9%急剧上升至 2018 年 11 月的 5.2%，但菲律宾的电力销售和消费增速仍然从 2017 年的 3.9% 上升至 2018 年的 5.7%。电力销售和消费的增长主要受工业用电强劲增长的推动，后者的增速从 2017 年的 6% 上升至 2018 年的 7.9%。菲律宾 2017—2018 年用电结构见图 4-3。

资料来源：《菲律宾电力情况报告 2018》。

图 4-3　菲律宾 2017—2018 年用电结构

（1）工业用电。由于政府积极推动"Build-Build-Build"计划，建筑活动大幅增加，使得工业用电在 2018 年电力消费总量中贡献了 27.1%。

（2）居民用电。居民用电的电力销售增长率从 2017 年的 4.5% 增长至 2018 年的 5.5%。居民用电的电力销售增长可能是由于居民因气温升高而大量使用空调。

（3）商业用电。商业用电的电力消费量增速从 2017 年的 4.6% 适度增长至 2018 年的 5.5%。

（4）其他用电。其他用电主要指的是公共、农业以及其他未分类行业用电。2018 年其他用电的电力消费量从 2017 年的 2670GWh 增加到 2753GWh，增幅达到 3.1%。

除此之外，配电总体系统损耗为 9007GWh（9%），而配电公用事业公司自己用于办公室和电站的用电量从 2017 年的 8316GWh 下降到 2018 年的 8141GWh，降幅为 2.1%。

4.1.2.3　电网结构

截至 2018 年 6 月，菲律宾国家电网公司（NGCP）共计管理有 33486MVA 容量的变电站以及 21180km 的电路。由于 NGCP 的变压器更换计划，2018 年变电站总容量较 2017 年有所减少。菲律宾电网概况见表 4-1。

表 4-1　　　　　　　　　　　菲律宾电网概况

变电站总容量 /MVA		
地区	2017 年	2018 年
菲律宾全国	34007	33486
吕宋岛地区	25887	25687
维萨亚群岛地区	4474	4178
棉兰老岛地区	3646	3621
电网总长度 /km		
地区	2017 年	2018 年
菲律宾全国	20849	21180

续表

地区	电网总长度 /km	
	2017 年	2018 年
吕宋岛地区	9795	9912
维萨亚群岛地区	4973	5027
棉兰老岛地区	6081	6241

资料来源：《菲律宾电力情况报告2018》。

菲律宾电网由吕宋岛电网、维萨亚群岛电网、棉兰老岛电网三部分组成。受地理条件限制，除马尼拉地区电网有环网外，其他地区的电网呈放射状，主要岛屿之间的输电由交、直流海底电缆联络线相连。菲律宾电网中交流电压等级分为500kV、230kV、138kV/115kV、69kV，直流电压等级为350kV/250kV。菲律宾电网有以下特点：一是一次设备标准高，但运行年限较长，平均在20年以上；二是菲律宾尚未实现全国联网，骨干网架较为薄弱。

（1）吕宋岛电网被细分为3个部分，即北方电网、马尼拉电网和南方电网，覆盖整座吕宋岛。吕宋岛大部分发电装机位于北部和南部地区，而吕宋岛的电力需求53%集中在马尼拉。所以，传输主干线路（500kV）需要有足够的容量，将大部分用电容量从吕宋岛电网的北部和南部地区传输到马尼拉地区。此外，吕宋岛电网和维萨亚群岛电网之间电力交换容量高达400MW，两者间通过高压直流输电线路连接。

（2）维萨亚群岛电网分为5个不同的电力子系统或子网，即班乃岛子网（Panay）、内格罗斯岛子网（Negros）、宿务岛子网（Cebu）、薄荷岛子网（Bohol）和莱特—萨马岛子网（Leyte-Samar）。维萨亚群岛电网的子网通过海底交流电缆连接，各子网间传输容量分别为：莱特—萨马岛与宿务岛之间 2×185MW；宿务岛与内格罗斯岛之间 2×190MW；内格罗斯岛与班乃岛之间 1×185MW；莱特—萨马岛与薄荷岛之间 1×90MW。从萨马岛的Allen变电站一直延伸到班乃岛的Nabas变电站的输电线路构成了维萨亚群岛电网的主干线。宿务岛子网是维萨亚群岛电网的负荷中心，2015年宿务岛的电力需求占到了维萨亚群岛电网总需求的52%。

（3）棉兰老岛电网的大部分装机容量来自该岛北部地区，而东南和西南地区则是该电网的负荷中心，占到整个电网电力需求的一半。鉴于这种供需特点，整个电网通过Baloi-Tagoloan-Maramag-Kibawe电网和Baloi-Villanueva-Maramag-Bunawan电网将大部分电力从北部地区输送到负荷中心。该电网主干路电压等级设计为230kV。

除了上述现有的三个地区电网外，为了加强三大电网之间的联系，扩大电力批发现货市场的规模，在吕宋岛电网与维萨亚群岛电网已经互联的基础上，菲律宾国家电网公司提出了传输主计划，准备着手建设维萨亚群岛电网与棉兰老岛电网之间的联络线。

4.1.3 电力管理体制

菲律宾采用多部委联合监管的电力管理体制。监管部门包括能源部、电力监管委员会、国家电力管理局、菲律宾投资署以及环境和自然资源部等机构。

4.1.3.1 机构设置

电力监管委员会（Energy Regulatory Commission, ERC）是在电力产业改革法案（EPIRA）的框

架之下建立的，作为独立的、半司法性的官方监管机构，负责监管整个菲律宾电力行业。其主要职责是负责电力行业所有相关的规章制度的建立和调整，行业发展的规划，项目的审批以及市场运行的监督。在菲律宾的电力行业里，电力监管委员会是最重要、最关键的职能机关，几乎所有的项目建设和开发所涉及的审批过程，都需要电力监管委员会的直接或间接参与。电力监管委员会的机构设置见图4-4。

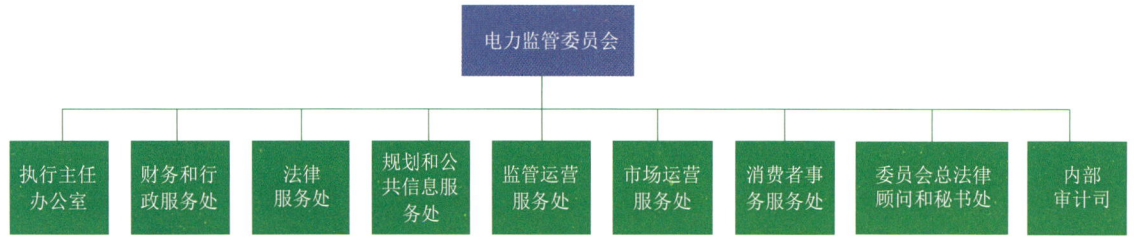

资料来源：菲律宾电力监管委员会官网。

图4-4　电力监管委员会机构设置

4.1.3.2　职能分工

电力监管委员会各部门职能分工具体如下：

（1）执行主任办公室。负责执行经委员会批准的政策、决定、命令和决议。

（2）财务和行政服务处。负责就预算、财务和管理事项向主席提供咨询和协助，并向委员会提供高效的服务和保管工作。该处下辖会计部门、预算司、总务科和人力资源管理司等机构。

（3）法律服务处。负责向委员会提交的诉讼程序中的所有业务单位提供法律援助和代理以及保管委员会法律部门所处理的合规案件的所有法律文件。该处下辖合规案件部、费率案件部和非费率案件部等机构。

（4）规划和公共信息服务处。负责制订短期、中期和长期计划，用以开展持续的技术政策研究和开发研究；为主席和会员提供及时、准确的报告和实时决策中的数据信息；以及向公众传播信息。该处下辖信息数据管理司、信息系统管理司、规划科和新闻司等机构。

（5）监管运营服务处。负责制定和执行影响电力行业的标准、规则和法规，以及电力监管委员会处理事务时所采用的原则和标准；负责定期和非定期的调查和执法活动，以确定公用事业公司和发电公司之间利益分配的合规性；颁布适用于该行业的规则、法规。该处下辖仲裁机构、配电公用事业部门、发电公司部门、标准司和税率部门等机构。

（6）市场运营服务处。负责管理合规证书、电力供应商许可证、可竞争市场、批发现货市场、以及反竞争行为的研究等；负责促进可再生能源的开发、利用和商业化。该处下辖可竞争部门、市场许可监督司、可再生能源部门、现货市场部门等机构。

（7）消费者事务服务处。负责处理消费者投诉并保障消费者利益，确保电力监管委员会管辖范围内所有配电公用事业公司使用的电度表的准确性；为维萨亚群岛和棉兰老岛消费者服务部门提供服务业务。该处下辖仪表部、维萨亚地区行动司和棉兰老岛地区行动司等机构。

（8）委员会总法律顾问和秘书处。为电力监管委员会提供法律咨询和协助，并行使秘书处职能。下设中央记录处，负责管理电力监管委员会的进出文件，案件收据的对接和监控状态，可充当传入和传出的通信、裁决、命令的中央存储库以及维护记录管理系统，实时跟踪和监控文档上的操作状态。

（9）内部审计司。协助为电力监管委员会的业务系统和程序开展审计活动和内部控制服务。

4.1.4 电力调度机制

菲律宾电力调度由国家电力调度中心（NCC）负责管理。国家电力调度中心下设 3 个区域调度中心，因此调度关系实际上是国家、地方两级。其中吕宋岛区域调度中心名义上作为国家调度中心，另外两个分别为维萨亚群岛区域调度中心和棉兰老岛区域调度中心（RCC），3 个区域调度中心共下辖 13 个地区调度中心。国家电力调度中心实际上只面对吕宋岛大区的调度中心，其余两大区域调度中心均为独立运作。

调度中心的主要职责如下：

（1）运行控制电力系统，调频调压、事故处理，确保系统安全、电力稳定可靠。

（2）编制和实施发电调度计划（针对电力市场的，仅实施发电调度计划），编制（与输电公司一起）电网运行检修计划。

（3）开展电网运行分析，确定运行极限，避免电网发生不稳定问题，包括处理由多重故障所引发的紧急状态。

（4）负责安排提供各种辅助服务。

（5）向市场运营者提供实时信息。

NCC 与 RCC 下均设四个处：调度处（Network Operation）、计划处（Planning）、保护处（Protection）、自动化通信处（EMS & Telcom）。其中调度处负责保障电网实时运行；计划处负责计算分析、运行方式编制、检修申请批复；保护处负责继电保护装置和安全自动装置的管理；自动化通信处负责自动化通信和通信设备的管理，包括通信自动化设备的规划制订。

4.2 电力市场概况

4.2.1 电力市场运营模式

4.2.1.1 市场构成

菲律宾自 2001 年 6 月启动电力工业改革，是目前东盟 10 国中仅有的 2 个成功设立并运作电力现货市场的国家之一。菲律宾电网规模较小且结构相对简单，跨区交易少，为体现公平性，菲律宾基本照搬了新西兰的电力市场改革模式，采用调、输一体模式，即调度机构（System Operator，SO）隶属于输电公司，市场运营商（Market Operator，MO）则独立运行。同时打破了垂直一体化的管理模式，把整个电力工业拆分为发、输、配、售 4 个环节，并在吕宋和维萨亚建立起了统一的电力批发现货市场（Wholesale Electricity Spot Market，WESM）。

WESM 主要由 MO、SO 以及交易参与者（Trade Participants，市场运营商 MOTPs）3 类主体构成，SO 负责向 MO 提供与系统状况相关的数据，例如，系统快照（包括网络拓扑结构、电网参数、机组运行参数、有功潮流、无功潮流、开关状态等信息），停电计划等，以及为满足 $N-1$ 标准预先定义的事故清单；输电和安全（断面）限额；根据 WESM 规则、电网导则、电力监管委员会相关指令实时调度所有的发电设施和连接的负荷；为所有能提供辅助服务的发电商和用户提供测试；并为合格发电商和用户颁发辅助服务合格证书；根据辅助服务采购协议与辅助服务供应商签订辅助服务双边购销合同等。MO 负责定义和维护市场网络模型；预测系统负荷；制定并向 SO 发送实时发电调度计划（Real-time Dispatch，RTD）和发电优先顺序表、开展交易的计费和结算；按照 WESM 规则发布市场信息。TPs 负责遵守 WESM 注册要求，参与发电竞价，提交双边合同数据，遵守调度指令。菲律宾电力市场构成见图 4-5。

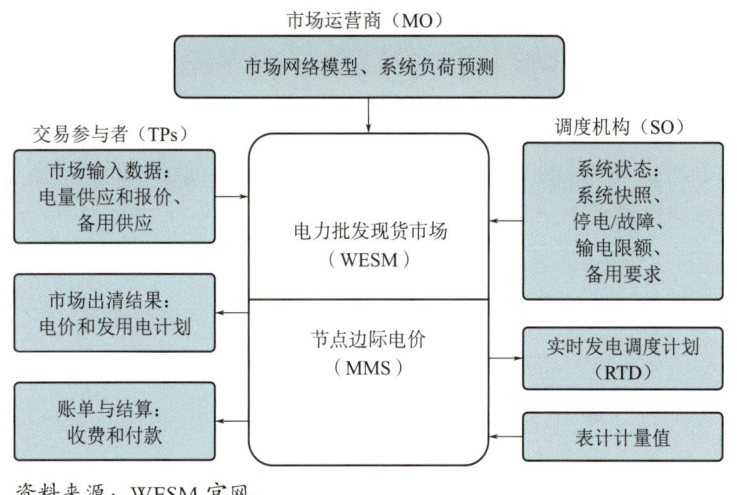

资料来源：WESM 官网。

图 4-5　菲律宾电力市场构成

4.2.1.2　结算机制

菲律宾电力市场采用净额结算机制。电力市场仅结算总电量与合同电量的差额部分，而合同电量由合同双方自行结算。因此，电厂的收入结算机制由两部分组成：双边合同结算收入和电力市场结算收入，即发电收入 = 双边合同结算收入 + 电力市场结算收入 = 合同电价合同电量 + 市场价格。

4.2.1.3　价格机制

菲律宾电力市场采用全电量竞价价格机制。市场竞价时间间隔为 1h，1 天分为 24 个交易时段，第 1 个交易时段为 0:00—1:00，后 1 个交易时段为 23:00—24:00。电力市场提前 2h 终止交易时段的报价（如 14:00 终止 16:00—17:00 交易时段的报价）。电厂交易员可将发电容量分为 10 个区段（可不相等），每一区段报出不同的价格，但价格必须随容量增大而上升。电力市场将发电容量按出价由低到高的顺序排列，直到满足预测的系统需求为止，后一台满足系统需求的机组为边际机组，其报价为市场出清价。电力市场必须在交易时段前 5min 公布发电计划和电价，并提交调度中心和电厂遵照执行。菲律宾目前仅实行发电竞价的价格机制，尚未推行负荷竞价的价格机制。

4.2.2　电力市场监管模式

4.2.2.1　监管制度

能源部和电力监管委员会为电力市场政府管理部门。能源部负责筹建电力市场，制定和修改电力市场规则；电力监管委员则侧重电价监管，各电力市场定价规则均由电力监管委员会举行公开听证程序后确定，同时还要负责监督电力市场有效运作，并对反竞争或滥用市场力的行为进行惩罚。

4.2.2.2　监管对象

电力监管委员会的监管对象主要包括吕宋岛地区、维萨亚群岛地区、棉兰老岛地区的发电企业、输电企业、配电企业、电力合作社、售电企业以及大用户等。

（1）发电企业主要包括独资发电企业（NPC）、合资发电企业（NPC-IPPs）、配电商所有的发电企业和独立发电企业（IPPs）。

（2）输电企业主要是指菲律宾电力资产和负债管理总公司旗下的子公司 National Transmission Corporation（Transco）。2009 年，Transco 通过招标，将整个电网的高压输电业务的特许运营权（25 年+25 年）授予私营联合体（National Grid Corporation of Philippine，NGCP），中国国家电网有限公司在 NGCP 占有 40% 股份，其余 60% 股份由当地两家企业各占 30%。

（3）配电企业主要分为私营配电公司（Private Distribution Utility，PDU）和电力合作社（Electricity Cooperative，EC）。电力合作社主要指一些偏远地区的个体用户共同组建和拥有的配电机构，主要定位是满足自身用电需要。电力合作社一般都是在菲律宾国家电气化局（NEA）和电力监管委员会组织和支持下成立，目前全国有 112 家。大多数电力合作社是非营利机构，仅为电力消费者服务所有权也属于消费者，运营资金全部来自电力客户，如有营利也将退还客户。但由于其公司的特殊性质，其运营和管理能力会存在很多问题，特别是债务隐瞒行为，因此农村电力合作社长期被视为高风险部门，以至于极少有商业信贷投向这个领域。有鉴于此，2011 年开始，NEA 对电力合作社建立了风险评级制度，一定程度上有助于规范合作社经营行为，促使其改进管理和服务。

（4）售电企业方面，菲律宾主要有三类售电公司：配电企业的售电公司、发电企业的售电公司和纯个人或实体成立的售电公司，其中前两类在菲律宾称为会员零售电力供应商，三类统称为零售电力供应商（RES）。另外，配电企业可在竞争市场上仅向其特许经营区内的大用户开展售电业务，此时配电企业可充当零售电力供应商的身份，被称为当地零售电力供应商。根据菲电力法规定，零售电力供应商必须取得电力监管委员会发放的准可证才可以经营，而当地零售电力供应商属于非管制业务，不需要电力监管委员会的批准。零售电力供应商和当地零售电力供应商只能将电力卖给 750kW 以上大用户，他们获取电量的方式和 DU 是一样的，可以通过 WESM 上的现货交易（Spot Marketing），也可以和发电厂签订长期供电协议 PSA。目前菲全国共有 30 家零售电力供应商和 25 家当地零售电力供应商。

（5）大用户方面，菲律宾电力监管委员会根据用户用电功率的不同，将用户分为 1~750kW 用户，750kW~1MW 用户和 1MW 以上用户三个等级。其中，第一类用户称为配电公司的俘获性用户，只能从所在辖区的配电公司被动购电，没有选择权和议价权；后两类用户统称为大用户，也称为可竞争用户，既可以从所在辖区的配电公司购电，也可自行选择售电公司并与之谈判购电电量和电价。根据菲律宾电改的方向，在未来，大用户只能从售电公司购电，不能再从配电公司购电。当大用户无法签到售电公司时（即市场上售电公司没有足额电力供应时），大用户可以从最后零售电力供应商（ORT）购电。截至 2019 年 1 月，菲律宾全国登记在册的大用户一共 1880 家。

4.2.2.3 监管内容

电力监管委员会对菲律宾电力市场的监管内容如下：

（1）制定规则和法规，对零售竞争和开放获取进行市场监督；评估零售市场的表现并建议降低门槛水平；准备并发布定期市场报告；协调菲律宾分销规范标准。

（2）负责发布电力行业参与者的所有许可证；发布指导方针，监督合规情况并与电网管理委员会等机构就此事进行适当协调；检查发电厂的房地账簿记录以确保符合标准。

（3）负责 RA-9513 计划的制定、实施、监测和审查，包括审查离网计划和离网可再生能源工厂现金奖励框架；实现 RA-9153 提供的其他功能。

（4）审批所有 WESM 定价方法和市场费率；制定及更新市场竞争规则；进行密集的市场监督，

制止市场的反竞争行为；分析参与者行为和市场运行结果，并定期准备市场报告。

4.3 主要电力机构

4.3.1 菲律宾国家电网公司

4.3.1.1 公司概况

菲律宾国家电网公司（National Grid Corporation of the Philippines，NGCP）于 2009 年 1 月 15 日正式接管运营菲律宾国家输电网，由中国国家电网有限公司作为技术合作伙伴与菲律宾蒙特罗公司（Monte Oro Grid Resources Corporation，MOGRC）和卡拉卡公司（Calaca High Power Corporation，CHPC）按照菲律宾法律联合运营。菲律宾国家电网公司坚持应用国际标准，加强国际交流，推进技术进步，建立了具有世界先进水平、覆盖全国范围的调度自动化系统，建成了灾害应急指挥中心，并形成了完备的防台风、防火、防洪水安全体系。在科研及标准制定、智能电网发展和可再生能源接入方面，NGCP 也取得长足进步。

4.3.1.2 历史沿革

2001 年，菲律宾的 RA-9136 号电力工业改革法案规定了菲律宾国内发电、输电、配电各环节实现分业经营，同时鼓励发电领域私有化，这也是菲律宾国家电网公司成立的最重要的背景。

2007 年，中国国家电网有限公司、菲律宾蒙特罗公司和菲律宾卡拉卡公司组成的联合经营团队在竞标中胜出，并获得菲律宾国家电网 25 年的特许经营权。

2009 年，菲律宾国家电网公司成立，并被菲律宾国会授予了 50 年的特许经营权，拥有了运营、经营、维护、建设、发展菲律宾输电系统及相关设施的权利。

2014 年，在中国国家电网的主导下，菲律宾国家电网公司编制了菲律宾电力行业历史上第一套完整电网技术标准，在提高电网可靠性，提升电网规划建设水平，加强设备运行维护，降低电网运营成本等方面，发挥了积极作用。

4.3.1.3 组织架构

菲律宾国家电网公司董事会是公司最高的管理机构，由董事会内部决定对公司主席的选拔及任命。NGCP 组织架构见图 4-6。

内审部门及秘书处是直属于董事会的独立机构，负责公司内部的业务审计，并执行独立的监管工作。

主席负责公司实际的业务管理，并直接管理三大部门，分别有设施运行及管理部门、合同管理及法务部门以及内部行政部门，其中设施运行及管理部门负责对菲律宾国家电网的运营、维护以及建设工作。

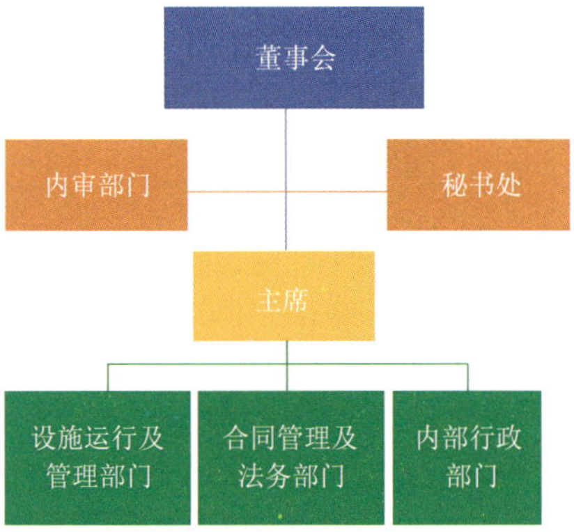

图 4-6 NGCP 组织架构

4.3.1.4 业务情况

1. 经营区域

菲律宾国家电网公司主要在菲律宾吕宋岛、维萨亚群岛以及棉兰老岛区域经营业务。

吕宋岛由马尼拉大都会、北吕宋岛和南吕宋岛组成，该区域的电力需求占菲律宾总电力需求的

74%。菲律宾国家电网公司吕宋岛服务区域情况见表4-2。

表4-2　　　　　　　　　菲律宾国家电网公司吕宋岛服务区域情况

北 吕 宋 岛		
区	区 域	服 务 区
1	伊罗戈斯	Ilocos Norte、Ilocos Sur、Abra 和 La Union
2	山省	Mt. Province 和 Benguet
3	中原	Pangasinan
4	卡加延河谷	Nueva Vizcaya、Quirino、Ifugao、Isabela、Cagayan、Kalinga 和 Apayao
5	中西部平原	Bataan 和 Zambales
6	中南部平原	Pampanga 和 Tarlac
7	北塔加路语	Bulacan、Rizal
南 吕 宋 岛		
区	区 域	服 务 区
1	西南塔加路族	Batangas、Cavite 和马尼拉大都会南部
2	东南塔加路族	Laguna 和 Quezon
3	比科尔	Camarines Norte、Camarines Sur、Albay 和 Sorsogon

Cebu、Negros、Panay、Leyte、Samar 和 Bohol 相互连接的岛屿电网组成了维萨亚群岛电网。该地区的电力需求占菲律宾电力总需求的14%。菲律宾国家电网公司维萨亚群岛服务区域情况见表4-3。

表4-3　　　　　　　　菲律宾国家电网公司维萨亚群岛服务区域情况

区	区 域	服 务 区
1	西	Samar 和 Leyte
2	中央	Cebu 和 Bohol
3	东	Negros Island
4	内格罗区	Panay Island

棉兰老岛位于菲律宾群岛最南端，其重要的战略位置使其成为东盟东部地区之间的贸易中心和主要转运点，特别是针对东印度尼西亚、马来西亚和文莱达鲁萨兰国。该区域的电力需求占总电力需求的12%。菲律宾国家电网公司棉兰老岛服务区域情况见表4-4。

表4-4　　　　　　　　菲律宾国家电网公司棉兰老岛服务区域情况

区	区 域	服 务 区
1	西北部	Zamboanga Del Norte、Zamboanga Del Sur 和 Misamis Occidental
2	拉瑙	Lanao Del Norte 和 Lanao Del Sur
3	中北部	Bukidnon 和 Misamis Oriental
4	东北部	Agusan Del Norte、Agusan Del Sur、Surigao Del Norte 和 Surigao Del Sur
5	东南部	Davao、Davao Del Norte、Davao Del Sur、Compostella Valley 和 Davao Oriental
6	西南部	North Cotabato、South Cotabato、Sultan Kudarat、Maguindanao and Sarangani

2. 业务范围

输电是菲律宾国家电网公司唯一的业务，主要包括输电系统的运营及维护、输电系统的操作与调度以及输电系统的规划及建设。

在运营及维护方面,菲律宾国家电网公司的主要任务是确保电网在最优的情况下运营,安全、可靠、高效地为菲律宾全国输送电力。另外,公司还负责在灾后第一时间组织并进行菲律宾国家电网及相关设施的紧急抢修工作。

在操作与调度方面,菲律宾国家电网公司负责密切监控国家电网运行情况,制定预案并对任何干扰进行响应。公司同时还充当了系统运营商的角色,负责维持网内外的电力供需平衡。

在规划及建设方面,每十年公司会进行十年建设规划,并对未来的发电及输电容量进行预测,以指导未来菲律宾国家电网的建设工作。

菲律宾国家电网公司管理并运营菲律宾国内总计2.05万km的输电线路,电压等级以500kV、350kV、230kV、138kV、115kV以及69kV为主,并将其分为四大区域进行管理,其中首都马尼拉所在的北吕宋岛输电线总长度为5626.24km;南吕宋岛区域输电线总长度3820.99km;维萨亚地区输电线总长度5378.52km;棉兰老岛地区输电线总长度5678.93km。公司管理配电站总容量为34851.5MVA,其中北吕宋岛地区共14780MVA、南吕宋岛11817.5MVA、维萨亚地区4874MVA、棉兰老岛地区3380MVA。

菲律宾国家电网公司在菲律宾Zambales省Baliwat村开展扶贫电力项目——"光明乡村计划"。该项目于2019年1月24日举行了启动仪式,中国国家电网有限公司、菲律宾电气化管理局及当地电力合作社签署了三方合作协议。仪式结束后中国企业还向当地学生捐赠了书包、电脑、手机、文具等学习用品。该项目主要由中国国家电网有限公司建设的两套光伏微电网系统组成,项目总装机容量约76kW,并配备有一个容量为432kWh的储能电池,采取集中供电的方式进行供电,能够满足当地1000余人,两所小学共108名学生的用电需求。

项目由中国国家电网所属国网国际发展有限公司和驻菲律宾办事处负责组织实施,中国国家电网所属南瑞集团承担建设,于2019年1月24日开工,6月27日正式竣工并移交给当地电力合作社。项目投运后,中国国家电网有限公司还将提供两年的免费运维及长期质保和技术支持服务。除电力覆盖外,华为菲律宾公司也将为学校和附近村民提供手机信号和网络的全面覆盖。"光明乡村计划"项目不仅是中菲民心相通的具体体现,也是中菲友谊的生动写照。

4.3.1.5 科技创新

在科研及标准制定、智能电网发展和可再生能源接入方面,NGCP取得长足进步。2019年6月,公司审议并颁布了《NGCP施工质量和工艺标准》。该工艺标准是在中国国家电网有限公司大力支持,公司驻菲律宾NGCP高管团队协同配合下,通过组织召开中菲双方技术交流会,对标准工艺进行专题研讨,协调多名专家赴菲律宾宣贯中国国家电网有限公司标准工艺,并全程协助NGCP完成编审工作等各种手段,最终成功实现了《国家电网公司输变电工程标准工艺》在菲律宾的成果输出。

《NGCP施工质量和工艺标准》充分借鉴和参考了中国国家电网有限公司输变电工程标准工艺成果,结合NGCP自身发展需求和菲律宾电网建设管理实际情况,对工艺事项进行删补和采纳,内容涵盖了输电线路、变电站土建和变电站电气三个专业,共计8个章节,108项工艺标准(包括305项基本工艺单元)。

《NGCP施工质量和工艺标准》实现了对NGCP公司输变电工程质量管理、工艺设计、施工工艺和施工技术的重新整合和优化,弥补了菲律宾现行输变电工程标准中关于工艺标准的空白。新的标准将在存量合同以及在规划输变电工程的设计、采购、施工和验收环节开展广泛应用，在未来有效提升菲律宾输变电工程质量方面，保障菲电网安全可靠运行方面，为中国国家电网在菲投资电网资产的健康稳定运营和良性循环发展方面提供有力支撑。该标准将首先在中菲重点产能合作项目之一的棉兰老岛-维萨亚直流联网项目上进行推广和使用。

菲律宾国家电网公司还与中国国家电网有限公司进行电网技术合作，通过中方主导的技术将菲律宾国内的电网的总体传输损耗率从2013年的2.61%降至2019年的2.19%。

4.3.2 马尼拉电力公司

4.3.2.1 公司概况

马尼拉电力公司（Meralco）是菲律宾最大的配售电公司，也是马尼拉大都会唯一的电力分销商，拥有36个城市和75个直辖市的配电特许经营权，区域包括整个国家首都地区以及在此基础上形成的大马尼拉地区，其特许经营面积超过9685km²。Meralco是Manila Electric Railroad And Light Company的首字母缩写，于1919年成为该公司正式名称。

4.3.2.2 历史沿革

1903年马尼拉电气铁路和轻型公司成立，为马尼拉及其郊区提供电力以及电动街道铁路系统。在之后的四十年间，马尼拉电力公司为马尼拉提供了菲律宾第一个带电动有轨电车的现代化大众公共交通系统。在第二次世界大战期间该交通系统遭到摧毁。1948年马尼拉电力公司放弃了运输业务，转而专注于提供电力。电力服务为战后菲律宾这个独立于1946年的年轻共和国的恢复和早期工业化提供了动力。

1961年，由企业家Eugenio Lopez Sr.领导的一群菲律宾投资者从美国所有者那里购买了马尼拉电力公司，这是美国第一家被"菲律宾化"的重要企业。在接下来的十年中，新的菲律宾管理层以前所未有的速度建造了发电和配电设施，以满足其特许经营区域内经济蓬勃发展的电力需求。马尼拉电力公司还是第一家在华尔街美国金融市场成功发行抵押信托契约债券的菲律宾公司。

1969年，马尼拉电力公司成为菲律宾第一家亿比索级的公司，更令人瞩目的是该公司的大部分营收都是在不依靠政府担保的情况下实现的。1970年，马尼拉电力公司将发电厂出售给国家电力公司，从而电力分销成为其核心业务。事实上，在20世纪80年代上半期，马尼拉电力公司的特许经营区面积从2678km²猛增到9337km²，足足增加了两倍，这主要是因为省级消费者更倾向于选择马尼拉电力公司的价格和服务。1980年，根据政府的要求，马尼拉电力公司在Baclaran和Caloocan之间架构并运营了国内首个在马尼拉的高架轻轨（LRT）系统。1990年，马尼拉电力公司将此有效运作的系统交给了政府。

1995年，马尼拉电力公司的管理层比以往任何时候都更倾向于如何使该组织能够灵活应对其所经营的不断变化的结构和环境，尽管它仍然是菲律宾最古老和最大的公司之一。2009年，马尼拉电力公司与另外两家菲律宾大型企业集团PLDT和San Miguel集团合作并成功上市。这些协同合作伙伴关系不仅增加了商业机会和降低了成本，而且还提供了大量新的、扩展的和更实惠的服务。

4.3.2.3 组织架构

马尼拉电力公司董事会下设七个常设委员会，分别是执行委员会、提名与治理委员会、审计委员会、风险管理委员会、薪酬与领导发展委员会、财务委员会、关联交易委员会。各委员会均已参照批准章程，各自明确了职责范围。具体组织架构见图4-7。

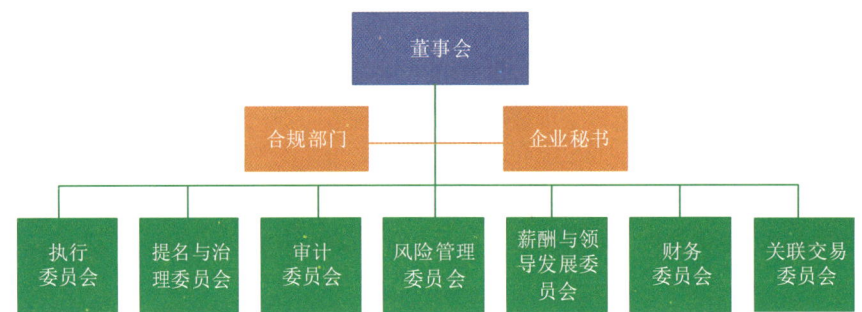

资料来源：马尼拉电力公司官网。

图4-7 马尼拉电力公司组织架构

（1）执行委员会由5名董事组成，其中一名是独立董事。执行委员会可以通过其所有成员的多数投票，就董事会职权范围内的具体事项达成决议，或可以根据章程授权给董事会，在董事会多数投票的情况下达成决议，但须在不违反公司规定的前提下进行。

（2）提名与治理委员会负责选举董事时筛选合格的被提名人、评估董事的独立性、改进董事会组织和程序、建立董事会和管理层绩效评估机制并为董事会的继续教育提供计划等工作。

（3）审计委员会由2名独立董事和1名成员组成，他们都在会计、财务、财务控制和信用风险管理领域拥有20多年的经验。审计委员会由1名独立董事担任主席。

（4）风险管理委员会由两名独立董事组成，负责协助董事会在风险管理流程中发挥监督作用。

（5）薪酬与领导发展委员会（前身为薪酬与福利委员会）根据董事会批准的理念和预算，协助董事会制定公司的整体薪酬和退休政策计划。

（6）财务委员会负责审查公司的财务运作以及公司的收购、投资等项目事宜。

（7）关联交易委员会由6名董事组成，其中两名为独立董事。主要任务是审查公司的所有重要报告。

4.3.2.4 业务情况

1. 经营区域

马尼拉电力公司服务于马尼拉大都会，它是马尼拉大都会唯一的电力分销商，附近的一些省份，如Bulacan、Cavite、Laguna、Batangas、Rizal和Quezon、Bulacan、Cavite和Rizal也完全由马尼拉电力公司服务，但还有一些省份，马尼拉电力公司仅服务于一部分区域，如Laguna、Batangas和Quezon，其余地区由当地电力合作社提供服务。

2. 经营业绩

马尼拉电力公司2016—2018年利润及净收入见图4-8。

截至2018年年底，公司利润为3044.54亿比索，约合57.85亿美元，比2017年增长7.8%。其中，电力方面销售利润达2953.89亿比索，约合56.12亿美元，比2017年增长7.35%，其他服务方面销售利润90.65亿比索，约合1.72亿美元，比2017年增长22.8%。2018年公司净利润为231.02亿比索，约合4.39亿美元，比2017年增长12.7%。其中母公司持有人利润为230.17亿比索，约合4.37亿美元，比2017年增长12.9%。马尼拉电力公司2018年分销电力结构见图4-9。

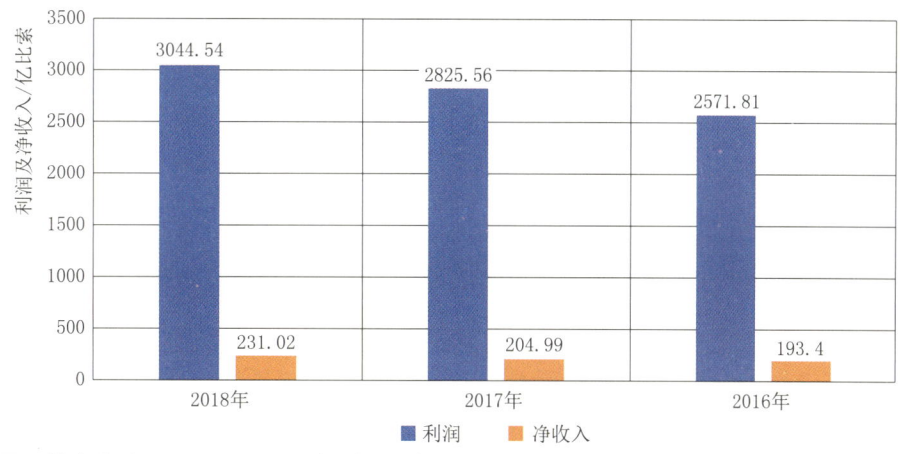

图 4-8 马尼拉电力公司 2016—2018 年利润及净收入

2018 年度公司共有消费者账户 661.5 万个，其中居民账户 608.6 万个，商业账户 51.4 万个，工业账户 1 万个，市政照明账户 5 千个，居民账户与商业账户分别比 2017 年增加了 27.4 万个和 1.4 万个。公司 2018 年分销电量达到 44313GWh，比 2017 年增加了 2211GWh，增幅达 5.25%。其中居民用电量 13555GWh，商业用电量 17463GWh，工业用电量 13156GWh，市政照明用电量 139GWh，均比 2017 年有所增加。

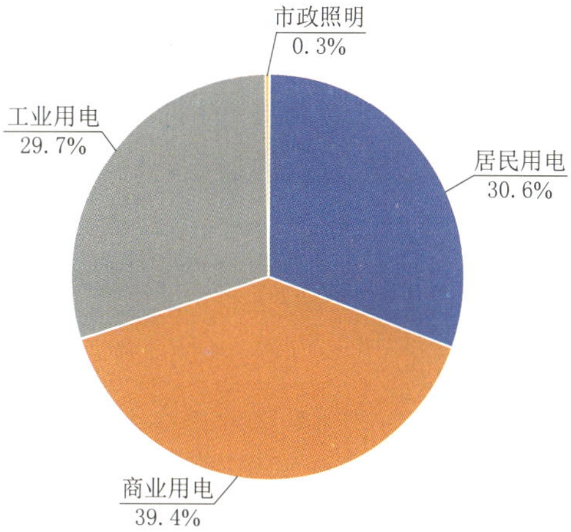

4.3.2.5 科技创新

马尼拉电力公司在 2017 年标准普尔全球普拉茨全球能源奖（S & P Global Platts Global Energy Awards）中赢得两项入围奖项，将能源行业的领导力和创新项目带入全球前沿，该奖项被广泛认为是能源行业的奥斯卡奖。公司是唯一一家获得行业（电力）领导力类别提名的菲律宾公司。马尼拉电力公司因其系统损耗管理计划（SLMP）的成功实施而获得认可，该计划在 2016 年创造了历史最佳系统损耗水平。马尼拉电力公司的系统损耗水平与澳大利亚、英国等发达国家的配电公司相当。

资料来源：马尼拉电力公司 2018 年年报。

图 4-9 马尼拉电力公司 2018 年分销电力结构图

第 5 章

格鲁吉亚

5.1 能源资源与电力工业

5.1.1 一次能源资源概况

格鲁吉亚此前被认为属于资源贫瘠型国家,但近年来,在格鲁吉亚西部、东部和黑海地区陆续发现了储量可观的石油和天然气资源,石油资源储量约为5.8亿t,其中3.8亿t在陆上,2亿t在黑海,天然气1520亿m^3,但开采难度较大,因此格鲁吉亚目前尚未有相关油气资源的生产计划。

5.1.2 电力工业概况

5.1.2.1 发电装机容量

2018年格鲁吉亚境内主要发电站共计76座,总装机容量约4112.59MW。其中,水电站70座,装机容量共3166.7MW,使用石油/天然气发电的火电站共5座,装机容量共925.3MW,小型风电场1座,仅20.6MW。格鲁吉亚2018年各类型电装机容量及占比见图5-1。

5.1.2.2 电力消费情况

2018年格鲁吉亚全国共消费电力11.8TWh,其中商业和公共服务业消费量最多,共4202.0GWh,占比35%;其次为居民用电,共3532.7GWh,占比30%;钢铁行业则排名第三,共2092.5GWh,占比18%。格鲁吉亚2018年各领域电力消费量见图5-2。

格鲁吉亚近年来的电力消费量呈现逐年高速上升的趋势,三年增长率均不低于10%。2018年格鲁吉亚电力消费量相较2015年上升了1493GWh,增长率为14%。格鲁吉亚近年电力消费量及增长率见图5-3。

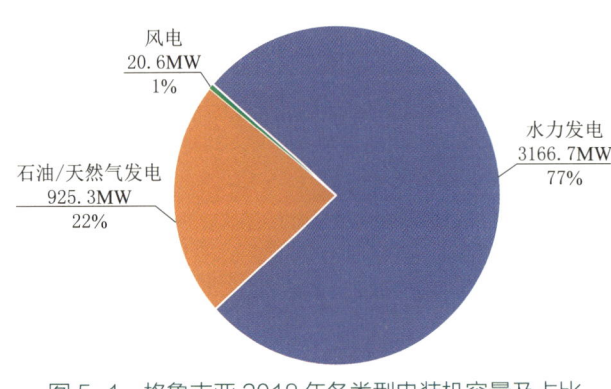

图 5-1 格鲁吉亚2018年各类型电装机容量及占比

5.1.2.3 发电量及构成

据统计,2018年,格鲁吉亚全年发电量约为11TWh,较2015年上升723.24GWh,其中水力发电占据绝大多数,共发电9.98TWh,占比为80.4%。据了解,格鲁吉亚供电较为困难。格鲁吉亚近年各电源发电量见图5-4。

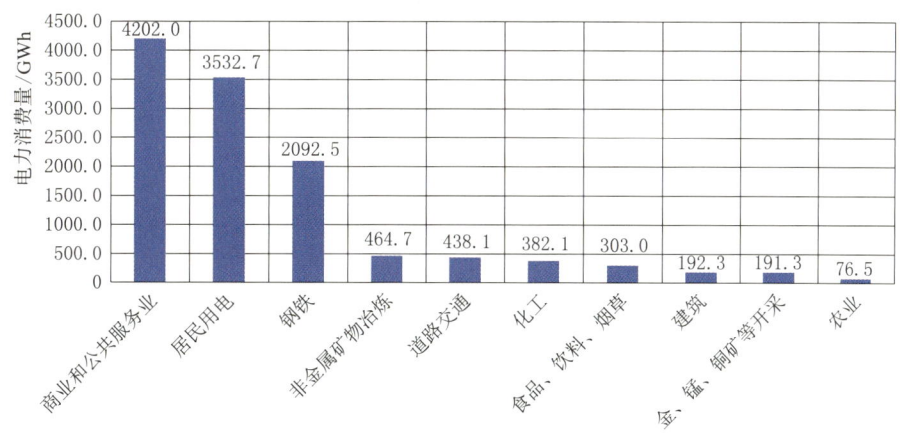

图 5-2 格鲁吉亚 2018 年各领域电力消费量

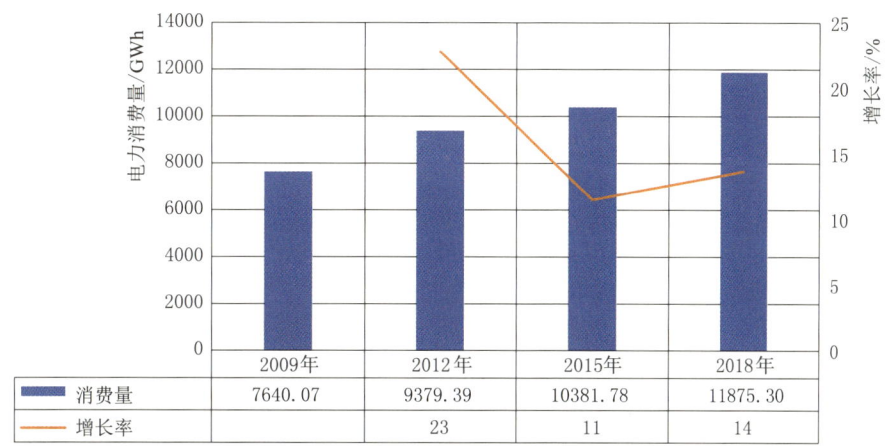

图 5-3 格鲁吉亚近年电力消费量及增长率

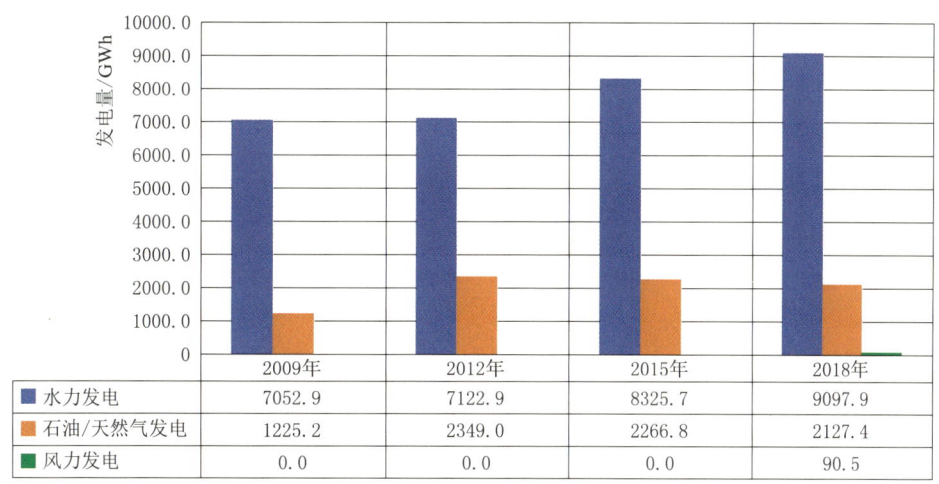

图 5-4 格鲁吉亚近年各电源发电量

虽然格鲁吉亚目前发电量能够满足一定的用电需求，但由于格鲁吉亚大部分发电能源依赖水电，因此在枯水季节需要依靠电力进口来缓解缺口。据统计，2018 年，格鲁吉亚电力进口量为 1497GWh，电力出口量为 686GWh，电力贸易逆差约为 811GWh。其中主要电力出口国家为俄罗斯（38%）、土耳其（42%）以及亚美尼亚（20%）；主要电力进口国家为俄罗斯（30%）、阿塞拜疆（61%）、亚美尼亚（9%）。格鲁吉亚近年电力进出口量见图 5-5。

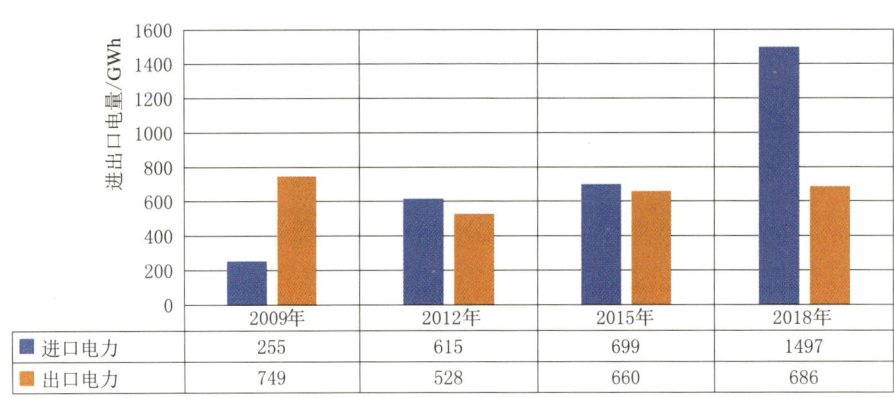

图 5-5　格鲁吉亚近年电力进出口量

5.1.2.4　电网结构

格鲁吉亚电网不设分区，共有六个电压等级电网，分别为 500kV、400kV、330kV、220kV、110kV 以及 35kV。截至 2018 年，格鲁吉亚全国电网总长为 4310km，其中 500kV 电网长度 1149.7km；400kV 电网长度 32.2km；330kV 电网长度 21.1km；220kV 电网长度 1625.09km；110kV 电网长度 915.45km；35kV 电网长度 567km。值得注意的是，受制于国土面积，格鲁吉亚已多年未新建电网，未来电网建设重点将集中在提升电压等级、提高输电效率上。格鲁吉亚近年各电压等级电网长度见图 5-6。

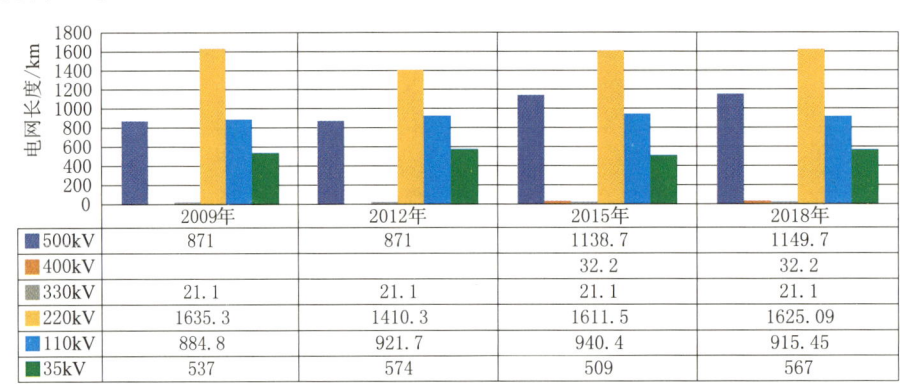

图 5-6　格鲁吉亚近年各电压等级电网长度

5.1.3　电力管理体制

5.1.3.1　机构设置

格鲁吉亚的电力管理体制根据《格鲁吉亚电力和天然气法》《电力市场规则》确定，主管部门为能源部，下设能源和水资源监管委员会、能源协调委员会、国家电网公司和系统商业营运商，实行发、输、配分业监管的模式。

5.1.3.2　职能分工

格鲁吉亚电力管理机构设置见图 5-7。

（1）能源部。负责制定电力政策和发展战略，审批电力市场规则，调整年度全国电量平衡，确定并批准由系统商业营运商必须购买电量的新建电站名单和必须购买的电量（部分或全部）。

（2）能源和水资源监管委员会。负责能源和水资源法律的起草工作，消费者权益维护工作，电费制度起草及修订工作。

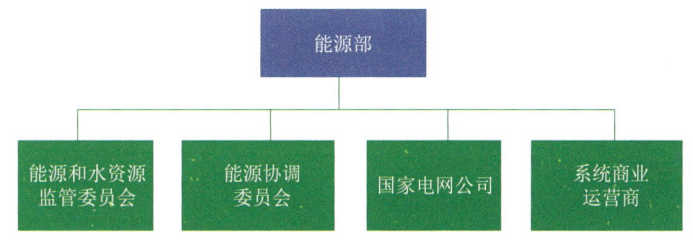

图 5-7 格鲁吉亚电力管理机构设置

（3）能源协调委员会。负责颁发发电许可，审核并批准电价（发电、用户电价等）。调解纠纷。

（4）国家电网公司。负责审批并注册直供电协议、富余电量协议、备用电量协议（标准条件）。确保电量供需平衡，确保电量符合有关标准，确保系统的稳定可靠和可持续的运行。

（5）系统商业营运商。负责对参与电力批发交易的企业是否合格进行审批，并对通过审核的企业给予注册，以及取消企业参与电力批发交易的注册，负责富余电量的购买和销售，负责提供备用容量（与电站签署备用容量购买协议），确认电量的买卖双方及其实际电量，负责计费电表的统一注册和监管。

5.1.4 电力调度机制

格鲁吉亚采取国家统一调度制度，不设分区调度，全国电网调度包括进出口均由格鲁吉亚国家电网公司负责。

格鲁吉亚国家电网公司（Georgian State Electrosystem，GSE）是格鲁吉亚国内唯一的电力调度公司，除国内电力调度外，GSE 还负责格鲁吉亚电力进出口的调度工作。

5.2 电力市场概况

5.2.1 电力市场运营模式

5.2.1.1 市场构成

格鲁吉亚电力市场由格鲁吉亚电网公司（含调度）、系统商业营运商、发电企业、供电公司、直接用户和电力进出口商组成。电量买卖主要通过发电企业、电力进口企业与供电公司、电力出口企业和直接用户签订直供协议为主，电网富余电量和备用电量由系统商业营运商负责经营。供电公司和系统商业营运商均拥有电力进出口权并实际经营电力进出口业务。

5.2.1.2 结算模式

装机容量在 13MW 以上的所有发电企业的发电电价、电网过网电价、调度电价、供电公司零售电价、系统商业营运商进出口电价均需通过格鲁吉亚能源协调委员会审批。装机容量在 13MW 以下的电站（含 13MW）的电价已解除管制，可自行协商定价。此外，为了鼓励新建电站，2008 年 10 月 28 日格鲁吉亚能源部部长签署第 92 号部长令，对 2008 年 8 月 1 日之后建设的电站（装机容量不限）价格解除管制，即在这以后新建的电站可自由定价。

5.2.1.3 价格机制

格鲁吉亚针对非居民用电，根据电压等级来区分收费，针对居民用电根据用电等级来区分收费。格鲁吉亚 2018 年电价见表 5-1。

表 5-1　　　　　格鲁吉亚 2018 年电价（1 格鲁吉亚拉里 =34 美分）

电压等级	用电等级	电价/[拉里/kWh（美分/kWh）]
220kV /380kV 非居民用电		0.14（4.76）
220kV /380kV 居民用电	<100kWh	0.08（2.72）
	101~300kWh	0.11（3.74）
	>300kWh	0.15（5.10）
6~10kV		0.13（4.42）
35~110kV		0.07（2.38）

5.2.2　电力市场监管模式

格鲁吉亚政府通过格鲁吉亚能源和水资源监管委员会实现对整个电力市场的监管，该委员会负责对发电、输电、配电等各环节进行监督，依法授发许可证、制定政策和上网电价等。

电力市场的监管对象主要以售电公司为主，由于最近几年格鲁吉亚政府大力推行私有化，在电力行业尤其突出，国内最大的售电公司泰拉斯公司便由俄罗斯 Inter Rao 公司所控股。

目前格鲁吉亚共有三家售电公司，占全国电力消费总量的 70%。格鲁吉亚售电公司见表 5-2。

表 5-2　　　　　　　　　　格鲁吉亚售电公司

公司名称	管理者	负责市场
泰拉斯公司（Telasi）	俄罗斯 Inter Rao 公司	第比利斯
卡赫季售电公司	—	卡赫季州
Energy Pro 公司	捷克公司	除以上两地外格鲁吉亚其他地区电力销售

5.3　主要电力机构

5.3.1　格鲁吉亚国家电网公司

5.3.1.1　公司情况

1. 总体情况

格鲁吉亚国家电网公司（GSE）是一家电网传输系统运营商和调度机构。公司在格鲁吉亚全国拥有并经营着 3350km 的输电线路和 90 个变电站，负责管理国家调度中心、全国各区电网维护、电网新建等工作。GSE 还管理与邻国互连的跨境输电线路，包括俄罗斯、土耳其、亚美尼亚和阿塞拜疆。

2. 经营业绩

公司目前正处于高速发展期，2018 年总营收 1.33 亿拉里，约合 0.45 亿美元，较上一年增长 11%，约是 2014 年的 2.2 倍。格鲁吉亚国家电网公司 2014—2018 年总营收和增长率见图 5-8。

5.3.1.2　历史沿革

格鲁吉亚国家电网公司成立于 2002 年，由 JSC Electrogadatsema 和 JSC Electrodispetcherizatsia 公司合并而成。

2003 年，格鲁吉亚国家电网公司运营权交给俄罗斯公司 ESBI International 运营。

2007 年，格鲁吉亚政府收回了格鲁吉亚国家电网公司的全部运营权。

2011 年，格鲁吉亚国家电网公司完成改制，格鲁吉亚政府收购了所有中小股东股权，成为公司

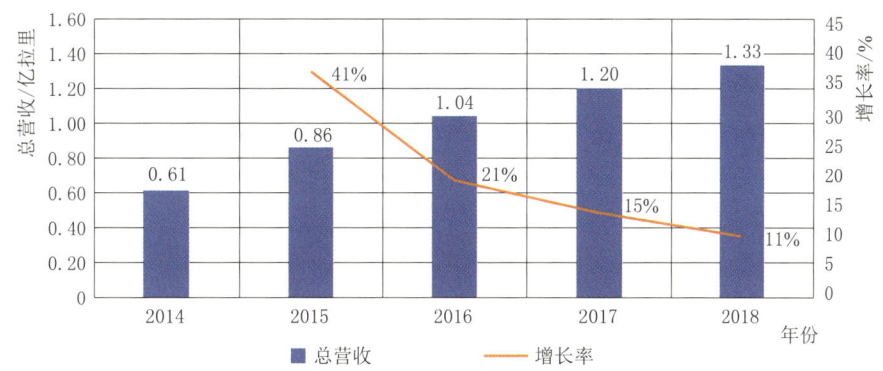

图 5-8 格鲁吉亚国家电网公司 2014—2018 年总营收和增长率

100%股权的股东。

2015 年，格鲁吉亚国家电网公司发布了未来十年的格鲁吉亚电网规划计划，计划中包括新增电网线路、提升输电效率、引入智能电网技术等一系列工作。

5.3.1.3 组织架构

格鲁吉亚国家电网公司下设有财务部门、采购部门、技术部门、调度运营部门、商业运营部门以及电网安全部门，其中后三者与电网业务直接相关。格鲁吉亚国家电网公司组织架构见图 5-9。

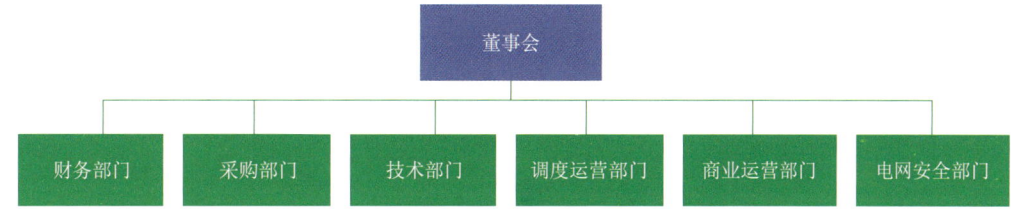

图 5-9 格鲁吉亚国家电网公司组织架构

（1）调度运营部门。负责国家电力调度工作，同时还涉及电力进出口调度、电力需求分析、预测等工作。

（2）商业运营部门。负责新建电网线路，对现有电网线路的运营、维修等工作。

（3）电网安全部门。负责国家电网的整体安全工作，包括日常安全检查、紧急事件响应等。

5.3.1.4 业务情况

格鲁吉亚国家电网公司负责管理格鲁吉亚国内约 3710km 长的电网，主要电压等级覆盖了 500kV、330kV、220kV 以及 110kV。

目前公司正在开展一项电网提升计划，预计在 2023 年完成，总体投入约 2.34 亿欧元。计划旨在提升格鲁吉亚国内电网传输效率，增加与邻国电力互联的规模，以弥补国内在枯水季节的电力短缺问题。

除此以外，公司还提出了未来十年发展计划，预计到 2028 年，公司将总共新建长度约 1300km 的输电线路，届时国内输电线路总长将增加 35%。另外，还将新建 22 座配套变电站，总容量达 3200MVA。

5.3.2 格鲁吉亚输电公司

5.3.2.1 公司概况

格鲁吉亚输电公司（JSC UES Sakrusenergo）成立于 1996 年，是在格鲁吉亚政府和俄罗斯统一电力公司的共同协商的基础上建立的。JSC 的股东是格鲁吉亚政府，由格鲁吉亚经济和可持续发展部以及俄罗斯统一电力公司 JSC 联邦电网公司（FGS UES）共同代表。

5.3.2.2 历史沿革

格鲁吉亚输电公司成立于 1996 年 5 月 27 日，由格鲁吉亚政府与俄罗斯政府联合成立，格鲁吉亚经济和可持续发展部及俄罗斯 JSC 联邦电网公司双方各占 50% 的公司股份。公司实际运营由格鲁吉亚方负责。公司主要职责是管理格鲁吉亚周边，包括与俄罗斯、土耳其、阿塞拜疆、亚美尼亚等国边界的相关输电线路。

5.3.2.3 组织架构

格鲁吉亚输电公司主要是由总干事负责整个公司管理，旗下有工程部、财务部、科技服务部、科技安全部和维修部。格鲁吉亚输电公司组织架构见图 5-10。

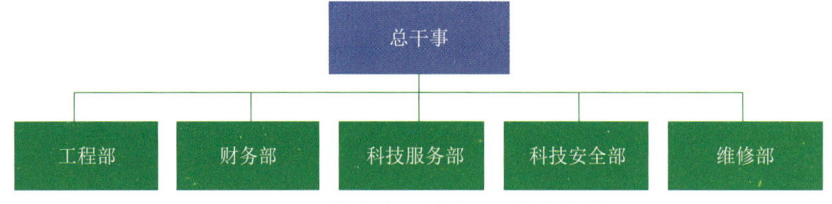

图 5-10　格鲁吉亚输电公司组织架构

5.3.2.4 业务情况

目前，格鲁吉亚输电公司通过 500kV、400kV、330kV、220kV 输电线路与俄罗斯、土耳其、阿塞拜疆、亚美尼亚等国进行电力交换，其主要业务是将电力线保持在工作状态，要求公司永久性进行不同的预防、重建、修复和恢复活动。

（1）Imereti 500kV 输电线路。通过 Zestephoni 变电站将 Enguri 生产的电力输送到佐治亚州东部并用于出口。它与 Enguri HPP 一起于 1978 年开始运营，其长度为 128km，极限载荷 900MW。

（2）Kartli-1 500kV 输电线路。连接 Ksani 和 Gardabani 变电站，于 1968 年投入运营，其长度为 91km，极限载荷 850MW。

（3）Kartli-2 500kV 输电线路。连接 Zestaphoni- 和 Ksani 变电站，于 1968 年投入运营，其长度为 164km，极限载荷 850MW。

（4）Asureti 500kV 输电线路。连接 Ksani 和 Mukhrani 变电站，于 2016 年投入运营，其长度为 56km，极限载荷 600MW。

5.3.2.5 国际业务

格鲁吉亚输电公司拥有并经营 500kV、330kV 和 220kV 输电线路，包括如下线路：

Kavkasioni 500kV 输电线路与俄罗斯能源系统并行运行，输电容量 600MW，Kavkasioni 连接了 Enguri 水电站和 Centralnaya 的变电站。线路总长 405km，该线路于 1984 年投入运营。Gardabani 330kV 输电线路和 Mukhrani Veli 500kV 输电线路，与阿塞拜疆的能源系统并行运行，输电容量高达 900MW。Gardabani 330kV 线路和 Mukhrani Veli 500kV 线路，连接 Gardabani 变电站和 Aghstaph、Samukh 变电站。Gardabani 330kV 线路于 1958 年开始运营，Mukhrani Veli 500kV 线路于 1987 年开始运营。

根据格鲁吉亚电力传输系统发展的十年计划，格鲁吉亚输电公司的任务是建造和运营连接格鲁吉亚和亚美尼亚能源系统的 Marneuli-Airum 和 Stephantsminda-Mozdok 输电线路（500kV）。格鲁吉亚境内的 Marneuli-Airum 输电线路长度为 37km，包括现有的 Marneuli-500 变电站至 M42hran 的 N42 塔以及格鲁吉亚—亚美尼亚边境 18km 长的新段。至于 Stephantsminda-Mozdok 500kV 线路，它可能成为 Kavkasioni 500kV 输电线路的替代品，其长度达到 130km。上述项目实施后，从俄罗斯到亚美尼亚和伊朗通过格鲁吉亚可以传输大约 1GW。Markuli-Airum 500kV 电力线将用于 Mozdok-Kazbegi-Ksani 的电力运输，这将保证格鲁吉亚能源系统的稳定性和安全性，并提高俄罗斯—格鲁吉亚和亚美尼亚—伊朗之间输电能力的可靠性。

邻国之间的输电线路在夏季为格鲁吉亚多余能源提供了出口机会，并在冬季格鲁吉亚电力系统供应不足时保障了补给。

第6章 韩 国

6.1 能源资源与电力工业

6.1.1 一次能源资源概况

韩国是能源资源极度贫乏的国家，几乎没有任何化石能源储量，水能等可再生能源的可开发量亦十分有限，煤炭、石油、天然气几乎都依赖进口。为了提高本国能源自给能力，韩国政府日益注重发展核电。

据2019年版《BP世界能源统计年鉴》统计，韩国已探明煤炭储量约32600万t油当量，煤炭产量约60万t油当量。2018年，一次能源消费量达到3.01亿t油当量，其中石油能源消费量占主导地位，达到1.289亿t油当量，占比超过42.5%；煤炭消费量8820万t油当量，占比为29.3%；天然气消费量为4810万t油当量，占比15.8%；核能消费量3020万t油当量，占比约9.97%；可再生能源消费量为360万t油当量，水电消费量为70万t油当量，占比非常小。

由于这些资源几乎都来自进口，因此韩国是全球最重要的能源贸易国之一。以液化天然气为例，2017年韩国液化天然气（LNG）进口量达到513亿m^3（其中超过一半来自中东地区），是仅次于日本的全球第二大LNG进口国，占全球LNG贸易量的13%。

6.1.2 电力工业概况

6.1.2.1 发电装机容量

截至2018年年底，韩国全国装机容量达到116.908GW。其中火电占比最大，为67%，装机容量达到78.662GW。在火电的装机容量中以天然气装机容量最多，为37.838GW；烟煤装机容量36.109GW；石油装机容量4.115GW；无烟煤装机容量0.6GW。核能装机容量达到22.529GW，占比为19%。非水电的可再生能源装机容量为9.187GW，水电装机容量为6.489GW。韩国2018年各类型发电装机容量占比见图6-1。

6.1.2.2 发电量及构成

截至2018年年底，韩国全国发电量为553.468TWh。其中火力发电量占比最大，为67%，发电量为370.118TWh。在火力发电量中，烟煤发电量为235.86TWh，天然气发电量为123.232TWh，石油发电量为8648GWh，无烟煤发电量为2378GWh。核能发电量为148.427TWh，占比27%。可再生能源发电量位于第三位，发电量为27.928TWh，占比为5%。水电发电量为6994GWh。据了解，韩国供电可靠率达99.8%。韩国2018年各类型发电量占比见图6-2。

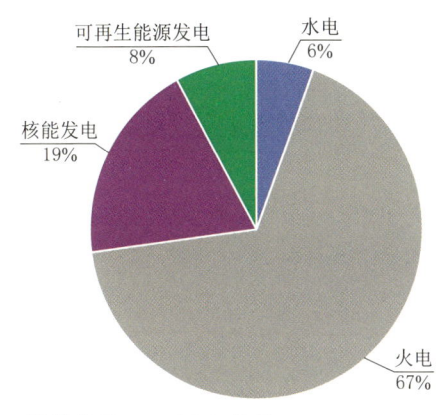

资料来源：KEPCO 年报。

图 6-1 韩国 2018 年各类型发电装机容量占比

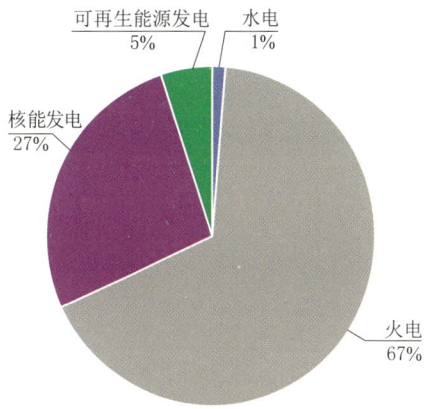

资料来源：KEPCO 年报。

图 6-2 韩国 2018 年各类型发电量占比

6.1.2.3 电网结构

韩国一次能源匮乏，没有石油、天然气资源储备，只有少量煤炭资源，煤炭、石油和天然气几乎都依赖进口，能源进口导向型特点使得韩国发电站大多集中于港口工业区。首尔是韩国的电力负荷中心，全国的电网均集中向首尔供电，使得韩国电网呈现出蛛网结构特征。

6.1.3 电力管理体制

6.1.3.1 电力改革

韩国电力改革从 2004 年至今几乎陷入停滞状态。1999 年《电力工业重组方案》的颁发正式标志着韩国启动电力市场改革。当时国有控股的韩国电力公司控制着全国 94% 的发电装机总量和全部电力输送销售市场。按照当时的规划，电力市场改革分三个阶段逐步推行。

第一阶段是计划从 1999 年至 2002 年，主要任务是打破韩国电力的垂直经营一体化，引入竞争机制。

第二阶段是计划从 2003 年至 2008 年，推行批发竞争，剥离韩国电力公司的配电及零售业务；推行私有化，组建地区性配电公司。输电网对所有市场成员开放，在输配分开的基础上，采取双向报价的电力库模式定价，使得大用户购电时拥有选择权，小用户和居民用户则由地方配电公司统一供电。

第三阶段是计划从 2009 年开始，逐步推行零售竞争，赋予每个用户自由选择供电商的权利。

可以说，韩国电力改革实施之初，进展比较顺利。然而，随着 2003 年北美大停电事故发生，以及其他国家电力市场化改革挫折不断涌现，促使韩国重新审视原先的电力市场化改革方案。加之恰逢韩国国内面临经济萧条和政局不稳，政府开始担心发电公司私有化不能带来预期的收益，而且输变电分离也会给市场带来风险，最终导致韩国政府在 2004 年宣布推迟发电公司私有化和原定开展的第二阶段改革计划，韩国电力市场化从此陷入停滞状态。迄今为止，韩国并没有出台进一步推进电力改革的举措。

6.1.3.2 职能分工

韩国主要的电力监管机构为产业通商资源部。此外，科技部负责核工业的审批、立法和监督。韩国天然气公司管理接收经由码头进口的天然气，并将天然气运到电力公司和私营的城镇天然气公司。韩国电力公司负责电力的生产、输送和分配。韩国电力研究所是韩国电力技术开发的主力。

6.1.4 电力调度机制

韩国电力交易所(KPX-Korea Power Exchange)是集电力运营机构、产学研研究机构于一身的组织。KPX除了承担调度和电力交易职能外,还需要反馈市场参与者多样的意见,参与制定基本的电力计划,举办听证会,最终修订完成的电力计划由政府同意执行。韩国政府以每两年为周期,制定新的长期电力供需基本规划。

6.2 电力市场概况

6.2.1 电力市场运营模式

6.2.1.1 市场构成

电力是实时生产和实时消费的特殊商品,无法经济地储存,因此必须确保适当水平的备用设施以获得稳定的电力供应。由于韩国严重依赖能源进口(约97%),如何能够稳定地获取能源,就成了维持电力市场稳定的重要因素。另外电力生产基本集中在南方省份,消费却集中在大都市区,电力的长途运输至关重要,在这种状况下,难以利用市场机制来控制需求,需要大量投资建设电力设施,以确保供应能力。

目前,韩国国内电力工业中有6家发电公司,独立电力生产商和社区能源系统可以生产电力,而韩国电力公司(KEPCO)通过输配电网运输从韩国电力交易所购买的电力,并销售给一般客户。

6.2.1.2 结算模式

电力交易市场的价格机制,是韩国参考英国早期以成本为基础的电力库(POOL)制度制订的。由韩国电力交易所根据全部发电机组提供的可供发电容量及发电成本查核值,决定优先调度哪些发电机组发电,并据以决定系统边际价格,目的在于精确掌控既有发电机组的发电成本,整个过程受韩国工商能源部监管。

6.2.1.3 价格机制

韩国的电价是由韩国电力公司提出申请,再由电价委员会进行审议,经过韩国工商能源部与财政经济部协商之后确定的,由基本电价和从量电价两部分组成。在此基础上,按照不同用途和不同电压等级分为居民用电和工业用电。低压用户电价是指协议用电容量为3kW及以下的用户。低压居民用电电价见表6-1。

表6–1　　　　　　　　低压居民用电电价(1 韩元 =0.08 美分)

需求费/(韩元/家庭)		能源费/(韩元/kWh)	
100kWh 及以下	390	100kWh 及以下	57.3
101~200kWh	860	101~200kWh	118.4
201~300kWh	1490	201~300kWh	175
301~400kWh	3560	301~400kWh	258.7
401~500kWh	6670	401~500kWh	381.5
501kWh 及以上	12230	501kWh 及以上	670.6

高压用户电价是指协议用电容量在3kW以上的用户。对于月用电量超过1350kWh的大型住宅供应的居民客户,需要另外缴纳101~200kWh用户应缴的能源费,但是从第二个月起,如果月用量

在一年内均不超过该上限,则不会额外征收费用。高压居民用电电价见表6-2。

表6-2　　　　　　　　　　　　　　高压居民用电电价

需求费/(韩元/家庭)		能源费/(韩元/kWh)	
100kWh及以下	390	100kWh及以上	54.5
101~200kWh	690	101~200kWh	93.0
201~300kWh	1190	201~300kWh	137.8
301~400kWh	2950	301~400kWh	200.2
401~500kWh	5580	401~500kWh	300.4
501kWh及以上	10170	501kWh及以上	543.1

对于从事矿业、制造业以及其他工业用途的客户,有以下电价分类。协议用电容量在4kW以上且不足300kW的其工业电价见表6-3。

表6-3　　　　　协议用电容量在4kW以上且不足300kW的工业电价

分类		需求费/(韩元/kWh)	能源费/(韩元/kWh)		
			夏季(7—8月)	春、秋季(3—6月、9—10月)	冬季(11月至次年2月)
低压电源		4900	71.4	53.8	69.1
高压(A)	选择Ⅰ	5530	75.3	57.0	74.7
	选择Ⅱ	6370	71.4	53.0	69.7
高压(B)	选择Ⅰ	5120	74.4	56.0	73.5
	选择Ⅱ	5890	70.4	52.0	68.4

协议用电容量为300kW以上的工业电价见表6-4。

表6-4　　　　　　　　协议用电容量为300kW以上的工业电价

分类		需求费/(韩元/kWh)	能源费/(韩元/kWh)			
			时间	夏季(7—8月)	春、秋季(3—6月、9—10月)	冬季(11月至次年2月)
高电压(A)	选择Ⅰ	6880	非高峰负荷	52.3	52.3	57.7
			中等负荷	98.4	72.5	96.8
			高峰负荷	167.9	98.3	144.4
	选择Ⅱ	7930	非高峰负荷	47	47	52.4
			中等负荷	93.1	67.2	91.5
			高峰负荷	162.6	93	139.1
高电压(B)	选择Ⅰ	6330	非高峰负荷	50.8	50.8	56.1
			中等负荷	96.2	70.8	94.6
			高峰负荷	164.8	96.1	141
	选择Ⅱ	7040	非高峰负荷	47.2	47.2	52.5
			中等负荷	92.6	67.2	91
			高峰负荷	161.2	92.5	137.4

续表

分类		需求费/(韩元/kWh)	能源费/(韩元/kWh)			
			时间	夏季(7—8月)	春、秋季(3—6月、9—10月)	冬季(11月至次年2月)
高电压(B)	选择Ⅲ	7810	非高峰负荷	45.7	45.7	51
			中等负荷	91.1	65.7	89.5
			高峰负荷	159.7	91	135.9
高电压(C)	选择Ⅰ	6290	非高峰负荷	50.6	50.6	55.7
			中等负荷	96.4	70.9	94.4
			高峰负荷	164.5	96.3	141.1
	选择Ⅱ	7180	非高峰负荷	46.1	46.1	51.2
			中等负荷	91.9	66.4	89.9
			高峰负荷	160	91.8	136.6
	选择Ⅲ	7710	非高峰负荷	45	45	50.1
			中等负荷	90.8	65.3	88.8
			高峰负荷	158.9	90.7	135.5

工业电力时间段见表6-5。

表6-5　　　　　工业电力时间段

分类	春、夏、秋季	冬季
非高峰负荷	23:00—09:00	23:00—09:00
中峰值负荷	09:00—11:00 12:00—13:00 17:00—23:00	09:00—10:00 12:00—17:00 20:00—22:00
峰值负荷	11:00—12:00 13:00—17:00	10:00—12:00 17:00—20:00 22:00—23:00

工业用户电压分类见表6-6。

表6-6　　　　　工业用户电压分类

分类	电压范围
低压电源	110~380V
高压电源A	3.3~66kV
高压电源B	154kV
高压电源C	345kV及以上

6.2.2　电力市场监管模式

韩国电力监管的对象是包括整个韩国电力市场主体和相关电力企业，以及全部相关的电力用户等。

韩国电气委员会是隶属于产业通商资源部的二级机构，其主要监管的内容是：委员会和专业委员会的运作；对委员会工作的初步审查；电力事业的许可审查；电力事业的转让以及法人的分割、合并的认定；对于有关违反电力市场，电力用户和电力系统运行规则的行为进行调查和处罚的事项；关于与电力市场，电力用户和电力系统运营相关的金融市场的事实调查和监管的实施。

6.3 主要电力机构

6.3.1 韩国电力公司

6.3.1.1 公司概况

1. 总体情况

韩国电力公司（Korea Electric Power Corporation，KEPCO）是韩国唯一的电力公司，也称为韩国电力公社，或韩国国有电力，总部位于全罗南道罗州市，是韩国最大的电力公司，财富世界500强企业中排名271。韩国93%的电力都由韩国电力公司供应。1961年7月，3个地区电力公司合并，成立了韩国电力公司。1981年7月1日，Korea电力公司、Seoul电力公司、South Korea电力公司3个电力公司合并为1个公司，更名为韩国电力公司，该公司致力于各种开发电力资源的项目的建设。1982年1月1日，该公司成为国有集团公司。1989年，韩国为了将该企业发展成为一个良好的公共事业企业，将公司21%的股份向社会出售，走出了公司民营化的第一步。韩国电力公司是韩国唯一的从事发、输、配、售电业务的股份公司，服务区域不仅覆盖整个韩国，还在北京、中国香港、巴黎、纽约等地设立了海外办公机构。总部原本位于首尔市最繁华的江南区，因配合政府迁移公营机关的政策，把总部迁移到了罗州。

韩国政府加上韩国政府所拥有的韩国产业银行，合计拥有韩国电力公司51%的股份。韩国电力公司还是世界能源理事会、世界核能协会和世界核电运营者协会的成员。

2. 经营业绩

截至2018年年底，韩国电力公司销售总收入为457.28亿美元，其中销售给居民用户59.34亿美元，销售给公共设施服务的有1634.29亿美元，销售给工业用户有234.52亿美元。在韩国总共拥有2286万用户。

6.3.1.2 历史沿革

韩国电力公司的雏形成立于1898年1月26日，当时称Seoul电气公司。之后，朝鲜半岛电气事业开始在各地域设立小规模电力会社。

1961年，朴正熙政权下实行电力统合政策，朝鲜、京城、南鲜3个电力会社合并为韩国电力株式会社。

1978年，韩国最早的核能发电厂古里原子力发电所开始运行。

1982年，国有化命名成立韩国电力公司。

1989年，韩国电力公司发行股票，在韩国证券交易所（现韩国交易所）上市。

1994年，韩国企业第一次在纽约证券交易所上市。同年10月，韩国放送公社电视授权委托征收开始。

1998年，作为亚洲金融危机后构造改革的一环，公司决定开始进入民营化的阶段。

2001年，电力自由化，发电部门6社（水力发电、核能发电子公司与其他5个火力发电子公司）进行分割。

2005年6月，韩国政府推动行政机关往地方转移政策，韩国电力公司表示总公司将会转移到光州广域市，转移预计于2012年实施。

2014年12月，总公司转移到全罗南道罗州市。

6.3.1.3 组织架构

韩国电力公司（KEPCO）是国家垄断性经营的公用事业公司，该公司社长由政府任命，社长直接领导的机构有五个本部，即规划和研究部、一般事务部、市场部、输电部以及海外事业发展部。其职能主要负责电力公司的企划管理、经营情报、电源计划、人事劳动、财务管理、材料燃料供应及技术质量等。公司组织架构见图6-3。

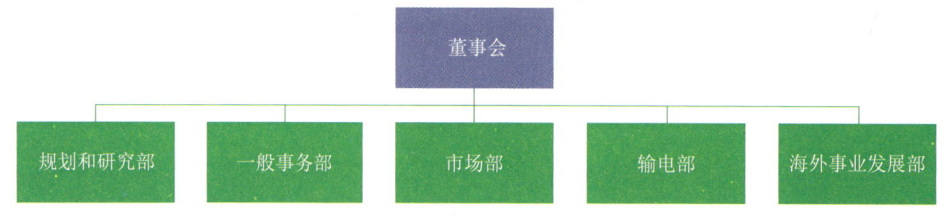

图6-3 KEPCO公司组织架构

（1）规划和研究部：主要负责管理、信息、财务、合作计划等，韩国电力研究院（KEPRI）归属此部门。

（2）一般事务部：主要负责人力资源、教育等，下辖包括韩国电力中心教育研究院（CEI）在内的6个机构。

（3）市场部：主要负责电力销售、需求侧管理、配电管理等业务，下设190个地区办公室。

（4）输电部：韩国765kV输变电工程的主要业务均由此部门全权负责，包括输变电管理、输变电建设管理、电力生产计划、通信系统和网络，下辖地区输变电部门（包含11个地区供电部门和3个建设单位）。

（5）海外事业发展部：主要负责海外工程管理、KEDO（朝鲜半岛能源开发组织）工程等，下设7个分部。

6.3.1.4 业务情况

韩国电力公司服务区域不仅覆盖整个韩国，还在北京、中国香港、巴黎、纽约等地设立了海外办公机构。业务范围包括发电业务和输配电业务。

1. 发电业务

截至2018年年底，韩国电力公司（KEPCO）总装机容量为117GW，其中火电装机容量占比最大，达到67%，装机容量为79GW；核能装机容量位于第二，达到23GW；可再生能源装机容量为9GW；水电装机容量为6GW。公司2018年各类型发电量占比见图6-4。

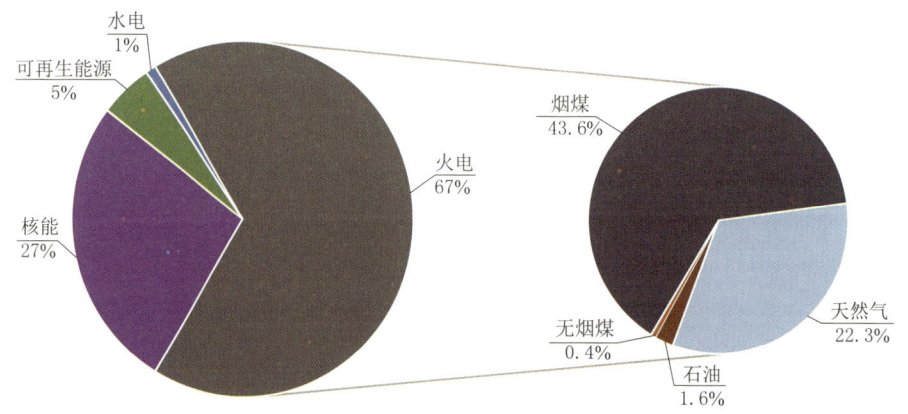

图6-4 KEPCO 2018年各类型发电量占比

韩国国内能源资源贫乏，能源需求的绝大部分依赖进口，为减少能源对经济的制约，韩国的能源发展战略是大力发展核能，重视新能源投资，逐步提高新能源的投入，进一步促进能源生产结构多样化，降低石油在能源消费中的比重。

2018年韩国电力公司发电量为553.468TWh。其中火电发电量占比67%（烟煤发电量占比43.6%，天然气发电量占比为22.3%，石油发电量占比为1.6%，无烟煤发电量占比为0.4%）；核能发电量占比为27%；可再生能源发电量占比为5%；水电发电量占比为1%。

2. 输配电业务

截至2018年年底，韩国电力公司总传输线达到33955km，其中765kV的线路长达1019km，345kV的线路长达9746km，154kV线路长达22831km，66kV及以下的线路长达128km，直流电180kV的传输线达231km。地下传输线路长度达到4039km。总变电容量为311869MVA，共有710座变电站。公司2014—2018年输电线路长度见表6-7。

表6-7　　　　　　　KEPCO 2014—2018年输电线路长度　　　　　　　单位：km

线路分类	2014年	2015年	2016年	2017年	2018年
765kV	835	835	1016	1016	1019
345kV	9005	9228	9674	9674	9746
154kV	21976	22357	22587	22587	22831
66kV及以下	201	144	127	127	128
直流电180kV	231	231	231	231	231
总计	32248	32795	33635	33635	33955

资料来源：KEPCO官网。

6.3.1.5　国际业务

韩国电力公司通过变化与改革，发展多种经营，并积极推进国际合作。1989年8月，韩国电力公司股票在韩国股市上市，向社会公众出售了21%的股份，成为部分私有化公司。1994年10月，韩国电力公司股票在纽约股市上市。1993年海外事业推进组成立以来，与中国和菲律宾的电力部门签定了技术合作协议。韩国电力公司国际合作的重点项目之一是与中国核电方面的合作。1993年12月与中国广东核电合营有限公司签订了核电维修技术服务协议，根据此协议，韩国技术人员到广东大亚湾核电站作了维修咨询工作。依靠其先进的技术和良好的信誉，曾担任中国广东核电站1组、2组的技术顾问，并负责对中国金山核电站的员工进行培训。

1995年5月，与菲律宾电力公司签订了Malaya火电厂（650MW）的ROM契约，已经在当地设立了公司，正在经营发电事业。自1995年以来，KEPCO在亚洲、中东、中南美洲、北美洲、非洲和大洋洲分别与27个国家开展了41个海外项目，内容涵盖热能、核能、可再生能源发电厂的能源输配和资源开发。

截至2019年3月，公司在海外总共装机容量达到25141MW，其中火力装机容量12392MW，核电装机容量为5600MW，可再生能源的装机容量达到1367MW。海外销售额达到436.79亿美元，净利润为4.08亿美元。与1995年相比，装机容量增加了18倍，销售额增加548倍。海外工作人员达到625名。

KEPCO从事的热电和核电站的建设和运营，是其现有国际业务的主要收入来源，除此之外还希望积极应对长期的大趋势，正在转向新能源企业，努力建立一个"KEPCO全球能源带"，通过确定新的能源融合业务模式并关注全球新能源业务市场，引领第四次工业革命，向全世界提供全面能源解决方案服务。

6.3.1.6 科技创新

凭借开箱即用的思维和致力于推动融合，KEPCO 正在创造新的价值，寻求通过发电、运输、消费和 ICT 的融合来最大限度地提高能源效率。作为智能能源创造者，不断挑战自我，创造更清洁、更便利的能源。目前公司的科技创新技术如下：

（1）洁净煤技术（超超临界一氧化碳/富氧燃料电厂），采用超超临界二氧化碳/氧气代替高温高压蒸汽发电。

（2）碳捕获、利用和储存技术，使用胺类或固体吸附剂捕获/冷凝燃料燃烧前后排放的二氧化碳。

（3）海上风力发电和高压直流输电。

（4）新的动力设备材料，可以感知裂缝并恢复的石墨烯材料，用于高效能量转换/存储系统，以及具有增强光学吸收的太阳能电池。

（5）超导技术，大容量、高效率和环保的超导输电线路/变电站，旨在克服电力行业未来变化之前现有电网的局限性。

（6）智能电网，通过将 ICT 集成到现有电网中，实现最佳能效的下一代电网。

（7）信息通信技术，电力（发电、输配电、销售和消费）与信息通信技术（智能电表、大数据和信息安全）之间的融合，以建立新的增长业务。

第 7 章 蒙 古

7.1 能源资源与电力工业

7.1.1 一次能源资源概况

煤炭是蒙古最为重要的一次能源，截至 2018 年，蒙古全国已探明的煤炭储量约 25 亿 t，潜在储量约 1700 亿 t。但目前蒙古煤矿年总产量不足 3000 万 t，所产煤炭大部分供蒙古内的热电厂进行发电，少量出口至我国北方地区。

7.1.2 电力工业概况

7.1.2.1 发电装机容量

截至 2018 年，蒙古全国装机容量约 1134MW，其中煤炭发电占绝大多数，共 997.9MW，占比为 86%；其余的包括太阳能和风力发电（68.0MW，6%）、水力发电（22.7MW，2%）以及柴油发电（68.0MW，6%）。蒙古 2018 年各类发电装机容量及占比见图 7-1。

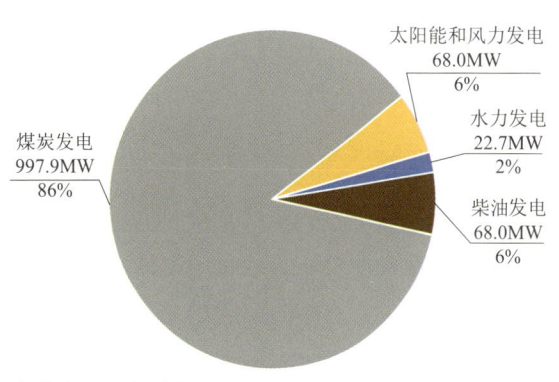

资料来源：彭博数据终端。

图 7-1 蒙古 2018 年各类发电装机容量及占比

7.1.2.2 电力消费情况

蒙古仅有两类用电部门，分别为居民用电和工商业用电。2018 年，蒙古国内总用电量 8308 GWh，其中工商业用电 6065GWh，占全国用电量的 73%；居民用电 2243GWh，占全国用电量的 27%。

从地区上来看，蒙古国内绝大多数用电量来自首都乌兰巴托所在的中央电网。据统计，2018 年，中央电网的用电量为 7660.2GWh，占全国用电总量的 92%，是其他地区用电量之和的十倍之多。蒙古各地用电情况见图 7-2。

7.1.2.3 发电量及构成

蒙古极为依赖煤炭发电，2018 年，蒙古全国发电量为 6624.6GWh，其中煤炭发电量为 6152 GWh，占全部发电总量的 92.8%；其余的为柴油发电 3.8GWh、太阳能发电 51.1GWh、水力发电 78.7GWh 以及风力发电 339GWh。值得注意的是，蒙古的太阳能与风力发电量正在逐步提高，2014 年蒙古太阳能发电量仅为 0.6GWh，风力发电量 125.4GWh，四年后，蒙古太阳能发电量提高了 85 倍，风力发电量提高了2.7倍。目前蒙古尚不能满足国内电力自给自足,部分电力需从中国和俄罗斯进口。蒙古的电力供应主要由中部、西部、东部区的电力系统组成,仍有2个省、40多个县未接入中央电网。蒙古是电力进口国家,全国近20%的电力需求需要通过进口电力来满足。2018年全国进口电力总额为1683.6GWh,主要来自俄罗斯。蒙古2014—2018年各类型电力发电量见图7-3。

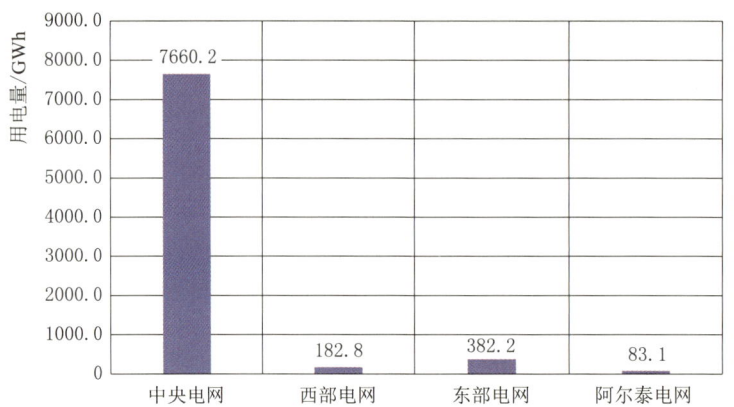

资料来源:彭博数据终端。

图7-2 蒙古各地用电情况

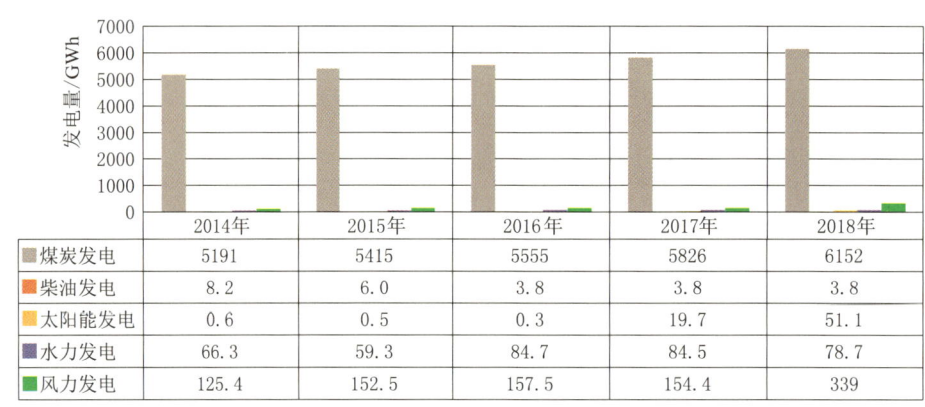

资料来源:彭博数据终端。

图7-3 蒙古2014—2018年各类型电力发电量

7.1.2.4 电网结构

蒙古全国共分为四大电网区域,分别为西部电网、阿尔泰电网、中部电网以及东部电网。全国电网共分为4个电压等级,分别为220kV、110kV、35kV以及15kV。全国电网长度共约14300km,其中35kV线路总长为6921km(48%),110kV线路总长为4240km(30%),15kV线路总长为2112km(15%),220kV线路总长1044km(7%)。蒙古各电压等级线路长度见图7-4。

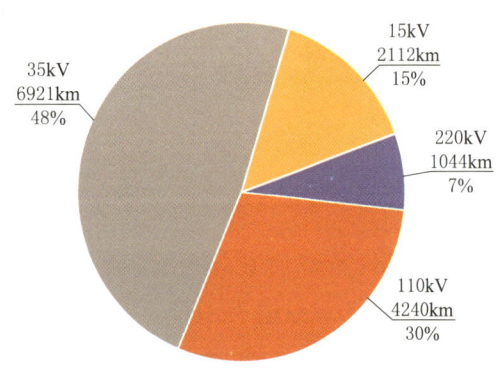

资料来源:蒙古国家电网公司。

图7-4 蒙古各电压等级线路长度

7.1.3 电力管理体制

7.1.3.1 机构设置

蒙古电力监管机制基于颁布于2001年的《能源法》,蒙古能源监管委员会是蒙古电力工业的主要监管机构。蒙古在发电和售电环节采取市场化竞争，允许私人和外国投资者进行投资，并由蒙古能源监管委员会为其颁发从业许可证书。

7.1.3.2 职能分工

蒙古能源监管委员会成立于 2011 年，由蒙古能源监管局改组而来，是蒙古国内唯一的电力工业相关监管机构，负责电力及能源工业各个环节的监管工作。

能源监管委员会涉及电力相关的职能主要如下：

（1）设置企业获得从业许可的条款和条件。

（2）为被许可人制定运营和许可条款和要求，监督对这些条款的遵守情况。

（3）制定电价方法，审查和批准被许可人的电价，为消费者设定销售电价，实施电价指数化。

（4）建立定价制度，以尽可能低的成本提供能源，并确保电力市场参与者足够的回报率。

（5）批准设定用于发电的燃料价格的方法，并进行审查。

（6）审查被许可人的投资计划。

（7）解决被许可人之间或被许可人与消费者之间的争议。

（8）向政府提交有关电费减免的补贴建议，以减轻消费者的负担。

7.1.4 电力调度机制

由于蒙古国内地广人稀，因此蒙古采用分区电网的调度机制，分为西部电网、阿尔泰电网、中部电网以及东部电网四个分区。各电网相对独立，且互不相连，均采用独立调度的机制，负责各地区的电网调度。

目前随着蒙古经济的发展，全国用电需求逐步提升，因此政府开始主导各地区电网的互联互通工程，并实现全国电网统一管理。目前中部电网已和南部电网实现了完全联网，并已将南部电网完全合并交由中部电网来进行运营。

蒙古各地电网均有相应的电网公司，并直接由电网公司负责该地区电网的调度工作。电网公司均为国有企业，分别如下：

（1）西部电网公司：负责西部电网的运营、维护、建设和调度工作。

（2）阿尔泰电网公司：负责阿尔泰电网的运营、维护、建设和调度工作。

（3）东部电网公司：负责东部电网的运营、维护、建设和调度工作。

（4）国家电网公司：由中部和南部电网合并而成，负责中部电网的运营、维护、建设和调度工作，并下设有国家电网协调办公室，专项负责各地电网的合并工作。

7.2 电力市场概况

7.2.1 电力市场运营模式

7.2.1.1 市场构成

蒙古在发电和售电环节采取市场化竞争模式，允许私人对发电和售电环节进行投资。目前，蒙古共有 33 家发电环节相关持牌机构，26 家售电环节的相关持牌机构，其中大部分为国有或者国家控股企业。

7.2.1.2 结算模式

蒙古设有三种主要的电力结算模式，分别为单一买家模式、电力现价模式以及电力拍卖模式。

（1）单一买家模式。买方以约定价格按照合同从发电厂购买电力，并将其出售给配电公司。

（2）电力现价模式。买方实时地一对一地以现价从发电厂购买电力，并进行实时出售。

（3）电力拍卖模式。数个买方通过竞标的方式从发电厂购买电力，价低者可以对购得的电力进行出售。

7.2.1.3 价格机制

目前蒙古电价由发输配售各环节成本来确定，2018年蒙古平均上网电价为155.85图格里克/kWh（约5.85美分/kWh）。

7.2.2 电力市场监管模式

蒙古能源监管委员会是蒙古国内唯一的电力监管机构，负责电力市场价格、准入、市场公平等各方面的监管，监管一切蒙古国内的电力行业市场参与者以及潜在市场参与者。

7.3 主要电力机构

7.3.1 蒙古国家电网公司

7.3.1.1 公司概况

蒙古国家电网公司（Transco），是蒙古国内四家电网公司中最大的一家，负责管理蒙古中部及南部电网。其管理、运营、维护的电网线路占全国电网线路的80%以上。公司将于未来逐步与其他地区电网进行联网，并实现统一调度和运营。

7.3.1.2 历史沿革

蒙古国家电网公司成立于1967年，当时的主要职责在于管理蒙古国内第一条110 kV输电线路。

1990年，公司所管理的输电线路已覆盖乌兰巴托市所有地区。

2000年，公司进行改制，更名为国家电力公司，并负责中部电网的运行。

2000—2010年，公司陆续与其他电网之间建立了互联线路，为电网合并计划打下了基础。

2015年，蒙古开始电网合并计划，公司于同年合并了南部电网。

7.3.1.3 组织架构

蒙古国家电网公司组织架构见图7-5。董事会是公司的最高管理机构，下设有工程技术部、项目计划部、电网运营部、资讯科技部以及行政部。

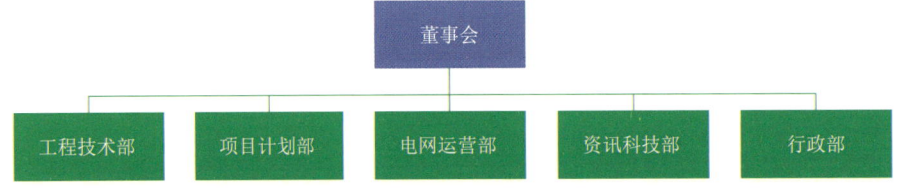

资料来源：蒙古国家电网公司官网。

图7-5 蒙古国家电网公司组织架构

工程技术部负责对其他各部门提供技术支持，主要职责还包括电网系统的日常维护、紧急抢修等工作；项目计划部负责计划并实施公司电网的新建和规划工作；电网运营部负责公司电网的调度工作，下设有电网协调办公室，专项负责国家电网的合并工作。

7.3.1.4 业务情况

蒙古国家电网公司所负责的业务范围为全国的 80% 地区，并且包括了乌兰巴托的电网输送及维护管理等。

目前，公司的总电网长度达到 4867.77km。其中，220kV 的电力线路为 1034.59km；110kV 的电力线路为 3825.68km；35kV 的电力线路为 7.5km。变电站总数为 74 座，其中 220kV 的变电站 7 座；110kV 的变电站 66 座；35kV 的变电站 1 座。

第 8 章 日 本

8.1 能源资源与电力工业

8.1.1 一次能源资源概况

日本是个能源极其匮乏的国家，尤其是天然气和石油，能源消费基本依赖于进口。天然气进口量达到 1139 亿 m^3，成为世界第二天然气进口国。日本原油进口量达到 1.625 亿 t，油品进口量达到 0.421 亿 t。根据 2019 年《BP 世界能源统计年鉴》，日本已探明煤炭储量 3.5 亿 t，煤炭产量 80 万 t。日本 2018 年一次能源消费量达到了 4.541 亿 t 油当量，其中石油达到 1.882 亿 t 油当量，天然气达到 0.99 亿 t 油当量，煤炭达到 1.17 亿 t 油当量，核能 0.11 亿 t 油当量，水电 0.183 亿 t 油当量，可再生能源达到 0.25 亿 t 油当量。

8.1.2 电力工业概况

8.1.2.1 发电装机容量

日本 2018 年发电装机容量构成见图 8-1。截至 2018 年年底，日本发电总装机容量达到 298.353GW。在总装机容量中，火电装机容量 193.91GW，占比最大，达到 65%；其次是水电装机容量 50.058GW，占比为 16.8%；核能装机容量为第三，占比达到 14%，装机容量为 41.482GW。日本 2018 年各类型发电装机容量构成见图 8-2。

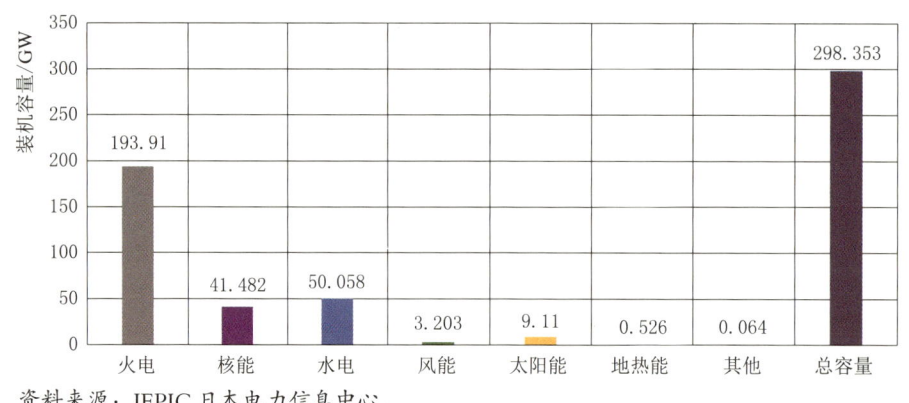

资料来源：JEPIC 日本电力信息中心。

图 8-1 日本 2018 年各类型发电装机容量构成

8.1.2.2 发电量及构成

2017 年日本全国总发电量约为 1020TWh。天然气和煤炭发电是最主要的电能来源，其中天然气发电量达 401.5TWh，占总发电量的 39%；其次为煤炭，发电量约为 342.5TWh，占比约 34%；可再生能源发电排名第三，发电量约为178.1TWh，占比约为19%。日本2017年发电量构成及占比见图8-3。

从2010年至今，可再生能源的发电量逐年递增，其中特别是太阳能发电呈现了明显的增长趋势。2017年的可再生能源总发电量为178.1TWh，其中首先是水电发电量为85TWh，其次是太阳能发电量为55TWh，生物能发电量位于第三，约为22TWh。据了解，日本供电可靠率达99.9%以上。与2016年相比，2017年总发电量增加了7TWh，其主要原因是可再生能源和核能发电量的增加，而天然气和石油发电量相比2016年共减少了24TWh。日本2010—2017年各类可再生能源发电量见图8-4。

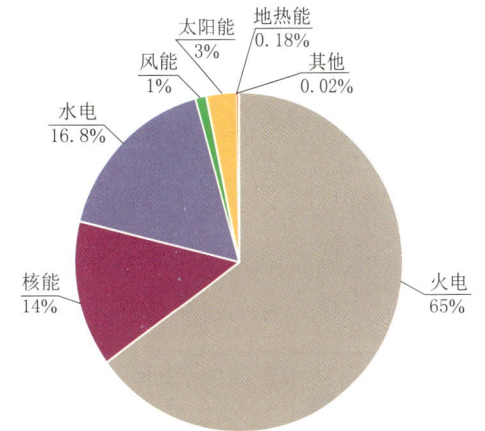

数据来源：JEPIC日本电力信息中心。

图8-2　日本2018年各类型发电装机容量占比

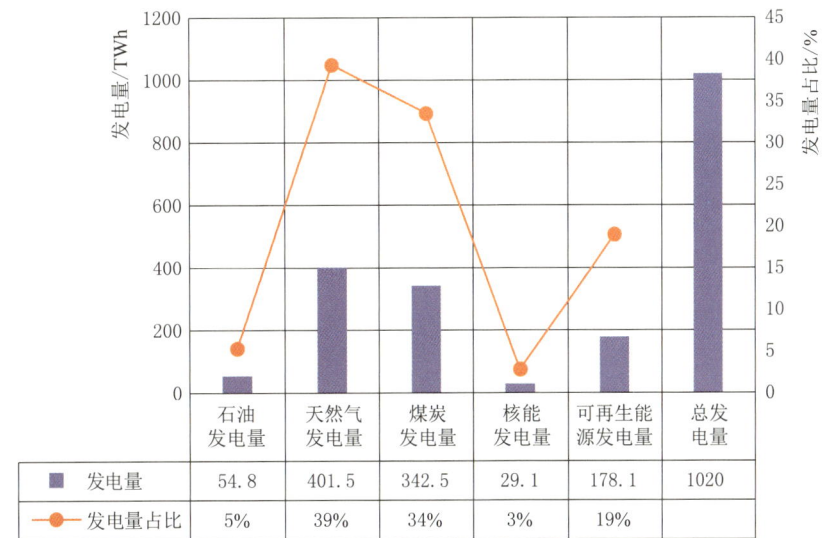

	石油发电量	天然气发电量	煤炭发电量	核能发电量	可再生能源发电量	总发电量
发电量	54.8	401.5	342.5	29.1	178.1	1020
发电量占比	5%	39%	34%	3%	19%	

资料来源：METI／ANRE❶《总能源统计》。

图8-3　日本2017年发电量构成及占比

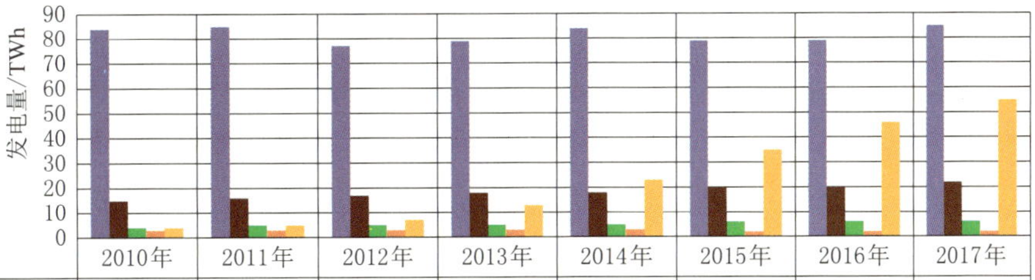

	2010年	2011年	2012年	2013年	2014年	2015年	2016年	2017年
水能发电	84	85	77	79	84	79	79	85
生物能发电	15	16	17	18	18	20	20	22
风能发电	4	5	5	5	5	6	6	6
地热能发电	3	3	3	3	3	2	2	2
太阳能发电	4	5	7	13	23	35	46	55

资料来源：METI／ANRE《总能源统计》。

图8-4　日本2010—2017年各类可再生能源发电量

---

❶ METI（日本经济产业省），ANRE（日本资源能源厅）。

8.1.2.3 电网结构

日本电网结构较为特别。全国电网因供电频率不同被分为东、西两大电网，这与世界上大多数国家电网统一供电频率不同。西日本电网供电频率为 60Hz，由中部电力、北陆电力、关西电力、中国电力、四国电力和九州电力 6 家电网公司，以及冲绳电力公司组成；东日本电网供电频率以 50Hz 为主，由东京电力、东北电力、北海道电力 3 家电力公司组成，其中北海道电力以 600MW、25kV 高压直流（HVDC）海底电缆与架空输电线所组成的"北本连线"跟本州岛的东北电力系统连接。

日本电网由 10 家电力公司组成，其中冲绳电力公司独立运营，另外 9 家电力公司电网与其相邻地区电力公司的电网相连。日本的电网东部和西部是间接通过一个背靠背换流站连接不同频率的东西两大电网。这种方式的联网有明显的缺陷，导致两大电网之间的互相支持能力只有 1.2GW。

8.1.3 电力管理体制

8.1.3.1 历史沿革

1990 年以来，日本电力体制改革的主要内容主要有以下方面。

1. 第一轮电力体制改革：放松发电领域管制

1995 年日本修订了《电气事业法》（1964 年版），并于 1995 年 12 月开始执行。新的《电气事业法》的主要内容有：放开发电侧，在电力工业中引进竞争，原则上取消发电领域进入许可制度，允许独立电厂（Independent Power Producer，IPP）进入市场，参与电力市场批发业务。但独立发电商所发的电，只能趸售给具有区域独占特性、发输配售垂直一体化的通用电力公共事业公司。由于独立发电公司被允许可以自由进入发电领域，从而实现了发电供应主体多样性，对降低整个电力市场的电价起到了积极作用。另外还有剩余电量收购制度，该制度是指原有垄断电力公司，可以采取招标方式收购其他发电公司的电量。其最初目的就是放开发电侧，在发电领域引入竞争机制。但该制度的弊病就是导致了原有通用电力公司与独立发电商在竞争地位上极不平等。因此，20 世纪 90 年代的电力体制改革，并没有解决原有垄断电力公司与新进入发电公司之间的不公平竞争问题。

2. 第二轮电力体制改革：放松售电业务管制

1999 年，日本政府第 2 次修订《电气事业法》，并于 2000 年 3 月执行。修订的主要内容是：有条件放开部分电力零售侧；重新修订电价制度。这两项主要内容的目的，都是逐步实现电力批发市场自由竞争。2000 年，日本放开 20kV 大型工厂用户，对签约电力在 2MW 以上的大用户解除限制，允许其参与一直由电力公司垄断的售电业务。由国外引入特定规模电力公司（Power Producer and Supplier，PPS），引进代输规范，这些电力公司发输配会计完全独立。

3. 第三轮电力体制改革：进一步放松售电业务管制

2003 年，日本政府再次修订《电气事业法》，2004 年部分先期施行，于 2005 年 4 月正式全面施行。此次修订的主要内容是增加了用户拥有选择电力供应商权利的条款。2003 年 11 月 28 日日本成立趸售电力部分的日本电力交易所（Japan Electric Power Exchange，JEPX）。2004 年，约占 500kW 以上部分高压用户（约占 40%）的范围内实现了售电市场化；2005 年 4 月在 50kW 以上部分高压用户（约占 62%）的范围内实现了售电市场化。推动输配电的公平性与透明性，引入行为规制，并于 2004 年 2 月 10 日设置中立机构——电力系统利用协议会（Electric Power System Council of Japan，ESCJ），负责制定电力系统运用规则、处理纷争等。

4. 第四轮电力体制改革：稳定供应、竞争有效

在对电力零售市场化范围扩大的利弊、趸售电力市场竞争环境的改善、同时同量不平衡制度、代输费率制度、确保电力稳定供应、适合环保、输电价格制度等议题进行了广泛讨论的基础上，日本政府再次对《电气事业法》进行修订，并于2008年开始执行。本次改革的目标是"稳定供应""适合环保"和"竞争有效"。本次修订的内容主要有：①建立针对不同电力供应商的调度机制，以保证电网的公平接入，但输电系统仍然保持国家垄断；②建立促进电力市场可持续发展的体制机制，但仍保持通用电力公共事业公司的垄断；③在全日本电力交易与配售机制中引入环保要求。然而通过对居民电力零售市场市场化扩大的影响的评估，认为在当时条件下扩大售电市场范围（即50kW以下用户），将对居民用户产生不利影响，因而决定将推迟全面放开电力零售市场的改革。

日本福岛核电厂事故使得日本再一次进行电力市场的改革，主要分为三个阶段。第一阶段的电力市场改革：成立负责统筹日本全国电力跨区输电调度的"电力广域的运营推进机关（OCCTO）"，扩大广域系统运用，在更大范围内配置电力资源。OCCTO已于2015年正式启动。第二阶段的电力市场改革：完全放开电力零售市场，实现全面市场化。自2016年4月起，日本放开发电侧和售电侧，鼓励天然气、炼油、通信等其他行业公司积极参与发电业务，鼓励其借助电网直接向家庭用户售电。目前已进入实质运作。第三阶段的电力市场改革：输配电系统法定分离，确保电网的中立性。2020年4月进行实施了本次改革，并建立中立的输配电平台，让各家发电公司公平竞争上网；取消电价管制，实现零售电价由市场决定。

8.1.3.2 机构设置

日本管理电业的政府部门主要由经济产业省负责（原为通产省），该省设有大臣办公室、经济产业政策局、通商政策局、贸易经济协力局、产业技术环境局、制造产业局、商务情报政策局7个部门，同时设有资源能源厅、特许厅和中小企业厅3个直属局，以及日本贸易振兴机构、经济产业研究所、产业技术综合研究所等11个直属事业单位。其中管理电业的具体工作由经济产业省下的资源能源厅负责，类似于中国的发展改革委，主要是依据电力事业法负责颁发电厂建设许可证，制定电力管理规章和制度，审批电价调整方案，协调燃料供应和电力平衡问题等。经济产业省资源能源厅组织架构见图8-5。

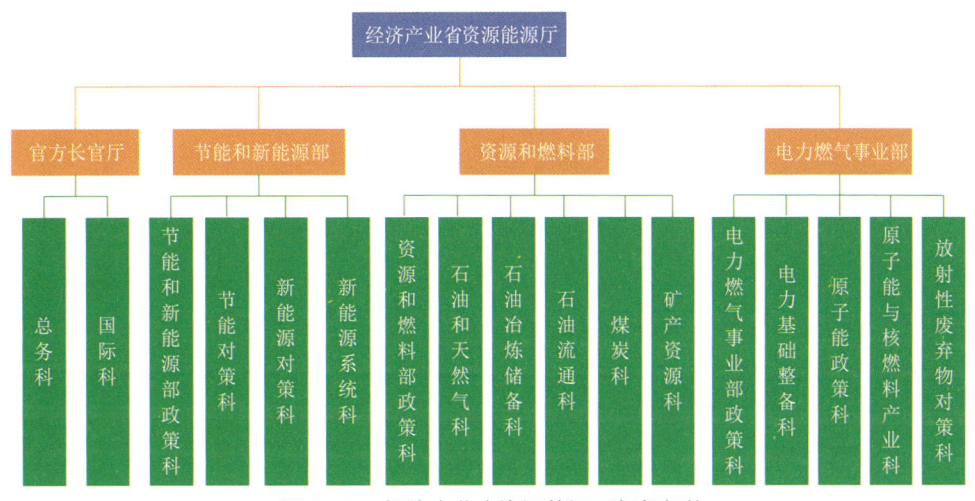

图8-5 经济产业省资源能源厅组织架构

此外，日本经济产业省还下设审查电力新工程的电力审议会、协调9大电力公司和其他公司之

间关系的中央电力协议会、管理电力公司联网调度的电力广域的运营推进机关（OCCTO）、日本电气事业联合会、日本电力调查委员会、海外电力调查会、日本核能产业会议等部门，分别行使一定的电力管理职能。总而言之，日本政府对电力行业实行多部门协调有效管理。

8.1.3.3 职能分工

日本电力管理机构主要有经济产业省下的资源能源厅电力市场科、电力审议会、日本电气事业联合会（EEPC）、日本电力系统利用协会（ESCJ）四个主要机构。其主要职能如下：

（1）经济产业省下的资源能源厅电力市场科。主要职能是规划和推广确保稳定及有效地供应电力、燃气和热能的基本政策；实施与电力和电力业务相关业务（电力市场开发办公室和电力基础设施发展部门除外）；实施天然气和天然气相关业务（不包括天然气市场维修部门）；实施供热以及供热相关业务。

（2）电力审议会。审查各电力公司新建工程。

（3）日本电气事业联合会（EEPC）。电力业务知识的传播、启发和宣传，收集和分发有关电力业务的材料和信息，创建电力业务的研究和统计，表达对电力业务的意见，实现协会目的所需的其他事项。其主要成员为十大"一般事业电力企业"，是为了进行电力行业统一管理而成立的。

（4）日本电力系统利用协会（ESCJ）。制定电力系统各种规则和提供有效监管。

8.1.4 电力调度机制

8.1.4.1 调度特点及历史

日本调度机构与输电（电网）自成一体，和电力交易机构（日本电力交易所JEPX）是单独分开的。

日本的调度机构已经形成了统一调度、分级管理的调度管理模式。随着"大范围运行"的政策推行设立了国家级调度，即以电力广域的运营推进机关（OCCTO）作为"融通"的调整、指示、连接系统监督等的实务机构，与各区域电力公司的调度之间设有上下级调度关系，而各区域电力公司大部分设置了三级调度机构，从而形成了十分完整的统一调度、分级管理的调度管理模式。

日本电网调度现有格局的形成有着深远的历史原因。在电力工业方面，日本于1948年2月废除了国家管电的有关法令，对日本电力工业进行重组，管理体制也因此由国家统一管理解体为分散式管理。显然，这是以削弱日本军事的经济基础为目的的。

日本新电法于1962年正式颁布施行，从此日本的电力工业逐渐形成了区域垄断的格局。实践表明，这种区域垄断并没有任何市场竞争优势，终端电价居高不下就是有力例证，相反地，这种区域垄断却成了全国范围内能源资源优化配置的主要障碍。为此，日本开始推行"大范围运行"政策，但因当时并没有形成全国统一调度的管理模式，"融通"也因此收效甚微。

8.1.4.2 调度机构

电力广域的运营推进机关（OCCTO）于2015年正式启动，主要负责统筹日本全国电力跨区域输电调度，并且监督电力代输、系统运转。其主要功能有：一是汇编与检查各电力公司的电力供需计划与电网建设计划，并可命令各电力公司更改计划，例如互联线路的建设等；二是当电力供应紧急时，可命令各电力公司强制发电并输送。

该组织是根据《电力商业法》（第170号法）而成立的。其主要业务内容如下：

（1）监测与会员经营的电力业务有关的电力供需情况。

（2）确保工程开发及经营活动中各方能够积极配合。

（3）制定业务指南，如传输和分配。

（4）发电公司在进行供电计划修改时须立即上报经济产业省。

（5）通过实施投标和其他方法维护和运营发电厂；促进为招聘人员的商业和其他发电设施安装；开展电力投标等业务。

（6）顺利实施输配电工作等，确保稳定供电；为电力供应商提供指导、建议和其他服务。

（7）处理电力供应商关于输配电业务和争议解决方案的投诉，作出决定。

（8）提供有关情报并协调传输和分配职责。

（9）除了前面各项所列的内容外，须履行其他相关法律规定的职责。

8.2 电力市场概况

8.2.1 电力市场运营模式

8.2.1.1 市场构成

日本电力市场是一个典型的区域垄断型市场。在日本，按区域划分，各区域各自建立一个集发电、输配电于一身的通用电力公共事业公司，即东京电力、东北电力、北海道电力、中部电力、北陆电力、关西电力、中国电力、四国电力、九州岛电力和冲绳电力等电力公司。各电力公司垄断辖区内电力供应，形成了"地区垄断"格局。在日本，这10家公司被称为通用电力公共事业公司，简称通用电力公司。

日本的整个电力产业主要也是由这十家大型电力公司组成，分别为位于东日本的北海道电力、东北电力以及东京电力三家公司（50Hz），位于西日本的中部电力、北陆电力、关西电力、中国电力、四国电力、九州电力六家公司（60Hz），以及位于日本冲绳地区的冲绳电力公司（60Hz）。这些公司作为私有的、独立性的区域电力公司，共同成立了日本电气事业联合会（FEPC），以促进电力行业的协调运行。

8.2.1.2 结算模式

日本电力交易所（JEPX）成立于2003年11月28日，主要分为日前现货市场、远期合约市场和自由合约市场三种。

（1）日前现货市场。是对第二天要交割的电量以每30min为一个单位进行交易，每天可划分为48个时间带，也就是说48种商品进行交易。现货市场的交易方法采取的是单一价格竞价的方式，优点是能够及时响应每天电力雪球的波动，维持供需平衡。

（2）远期合约市场。是以此后一年内、以月为单位的电能为交易对象的市场。以一个月为单位的电能商品还分为"月内全时型"和"月内日间型"两种。月内全时型是指某月一个月期间的不分日期时段的电量交易类型；月内日间型是指某月内除周六、周日外8:00—22:00的电量交易类型。此两种类型商品在一年的交易期间内形成24种电能交易品种，交易方式为双方议价的方式。

（3）自由合约市场。是一个自由市场，JEPX的交易成员可通过互联网在JEPX提供的电子公示板上自由地发布和获取买卖信息，买卖双方将交割日期、电量、价格等信息发布在电子公示板上，相应地看到这类信息并感兴趣的交易者就可以直接同信息发布者联系。JEPX不对买卖方的谈判进行干涉,只对公告牌上发布的信息进行管理。

8.2.1.3 价格机制

日本的电价制度主要由基本电价制度和特定电价制度构成。

（1）基本电价制度有3种。

1）容量电价制,此种电价只适用于用电极少,不值得为收取电费而装表和抄表的小用户。

2）表价制（也叫表底费制）,用户按其用电量支付电费。

3）两部电价制,按合同容量、电流或负荷确定的容量电费和按用电量计算的电量电费。日本大多数用户采用两部电价制。

（2）特定电价制度主要是指分段电价制、季节电价制和分时电价制。

1）分段电价制是用户用电量分为三段：第一段为120kWh/月,这一段的电价被认为是生活必需的用电,电价最低；第二段为121~250kWh/月,其电价与电力平均成本持平；第三段为250kWh/月以上,电价最高,反映电力边际成本的上涨趋势,用以促进能源的节约。

2）日本在1980年提出了季节电价制,目的是要缓解夏天高峰负荷时供电压力。冬季高峰负荷时,公用电力公司对商业低压、高压和高压动力用户也采用季节电价制。

3）分时电价制主要是针对工业动力和特高压动力用户制定的。各通用电力公司对不同用电时间段有自主定价权。

由于日本的资源匮乏,发电燃料主要依赖进口,电价也随着燃料费的变化而上下浮动。从2009年5月开始,日本的电力公司开始以月为单位来调整零售电价,以此来反映它们进口燃料的价格。此前,日本零售电价是以季度为单位来调整的。

8.2.2 电力市场监管模式

8.2.2.1 监管制度

经济产业省（Ministry of Economy Trade and Industry, METI）（前身是通商产业省）和在电力改革过程中成立的中立输电系统组织共同对日本电力行业进行监管,监管的法律依据来自《电力事业法》,是电力企业进行会计核算、编制财务会计报表和报送其他财务会计信息时的法律依据。

根据国家要求,电力企业在进行财务信息的记录时,应当根据服务类型对其业务进行分类。具体来讲,日本对电力企业的财务监管主要包括电力投资、会计核算和电价制定,目的在于避免消费者利益因为电力垄断而受到损害、保证供电的可靠性、允许电力企业得到合理的投资回报。

8.2.2.2 监管对象

监管对象包括通用电力公共事业公司（GEU）、特定规模电力公司（PPS）、独立发电商（IPP）以及批发电力公用事业公司。

（1）通用电力公共事业公司。提供区域性的发、输、配、售电的垂直一体化的电力公司。东京、关西电力等十大通用电力公司均为上市公司。

（2）特定规模电力公司。不同于东京电力、关西电力等通用电力公共事业公司,没有自己的输配电设备。但可以经营售电业务,其电力来源或是企业、工厂自发电的剩余电力,或是从趸购市场、独立发电商处购电,再通过通用电力公共事业公司输配电,最终将电力销售给拥有自由选择权的电力终端用户。

（3）独立发电商。是有经营自备电厂经验的钢铁、炼油等企业投资的发电公司。

（4）批发电力公用事业公司。也称趸售电公司，是由政府和通用电力公共事业公司合资成立的电力公司。

8.2.2.3 监管内容

《电力事业法》对电力行业的会计核算制度进行了详细的规定，规定范围主要包括会计科目类别、会计核算的基本原则以及相关财务报表的内容与格式。电力企业应当按照经产省的规定，确定其年度会计科目并对会计科目进行分类，对固定资产的取得、计量、资本性支出进行合理划分，同时将相关科目细化。

《电力事业法》规定，电力企业的服务类型包括三种：满足一般规模需要提供的电力服务、满足特殊规模需要提供的电力服务和其他电力服务。对不同类型的服务必须进行不同的会计核算。企业还需将固定资产分为公用事业和非公用事业两种。在企业利润表中，企业应当区分其收入和费用是否来自电力行业，重点监管电力行业部中对固定资产的计提折旧或计提准备。电力企业应当根据预定标准，将员工的工资津贴、社会福利、补助等，分职务、分类别计入业务经费、相关业务经费、业务外经费、固定资产项目中，此外，利息费应当单列。

8.3 主要电力机构

8.3.1 东京电力公司

8.3.1.1 公司概况

1. 总体情况

东京电力控股株式会社（Tokyo Electric Power Company Holdings, Inc.），简称东京电力、东京电力HD、东电或TEPCO，是日本十大电力公司之一，也是世界上最有名的电力公司之一。公司成立于1951年，原名东京电力株式会社，2016年4月1日因日本实施电力自由化而转型并改为现名，是一家集发电、输电、配电于一体的巨型电力企业，资产总额达0.13万亿美元，员工人数4万余人，服务范围为关东地方1都7县与静冈县东部。

东电旗下发电厂以火力发电为主，水力与再生能源为辅，此外还拥有2座核能发电厂，但在2011年东日本大震灾后这两座核电厂全部停止运转。根据《财富》杂志，它曾是日本收入最高的电力公司（2005年共500亿美元），2018年世界财富500强排名186名。日本大震灾时，发生严重事故的福岛第一核电厂即为东电所有。

截至2017年12月31日，东电电网拥有4万km的输电线路，1572个变电站。此外，它还参与天然气销售业务，为电力设施提供咨询服务等。

2. 经营业绩

截至2018年，日本东京电力公司总收入63840亿日元，约合600.1亿美元，其中营业收入60990亿日元，约合573.31亿美元，其他收益2850亿日元，约合26.79亿美元。

8.3.1.2 历史沿革

东京电力成立于1951年，其前身是1883年创立的东京电灯。

2003年4月，在发现虚假的安全文件后日本政府命令东京电力关闭所有核反应堆以进行安全检查，这起爆出的丑闻导致该公司的高层辞职，随之而来的是国家被迫减慢对核燃料循环利用技术的推进进度。

2007年1月31日，东京电力公司在向经济产业省提交的调查报告书中承认，从1977年起在对下属福岛第一核电站、福岛第二核电站和柏崎刈羽核电站的13座反应堆总计199次定期检查中，存在着曾篡改数据、隐瞒安全隐患的行为。

福岛第一核电厂事故后，东京电力接受了新成立的核能损害赔偿机构出资。2012年，在东京电力发行特别股之后，核能损害赔偿机构成为东京电力表决权过半数的最大股东。2014年，此机构改名为"核能损害赔偿、废炉等支援机构"。由于该机构由日本政府出资成立，因此拥有过半股权之后，东京电力实际上属于国营企业。

2016年4月22日，东京电力、中部电力合资成立JERA公司，合并旗下火力发电的燃料业务和液化天然气（LNG）采购以及海外发电业务。

8.3.1.3　组织架构

作为一家大型集团企业，东京电力公司还拥有若干子公司，业务范围涉及设备维护、燃料供应、设备材料供应、环保、不动产、运输、信息通信等行业。在2016年4月1日转型为控股公司后，将其大部分业务分拆到三家新成立的子公司。东京电力公司组织架构见图8-6。

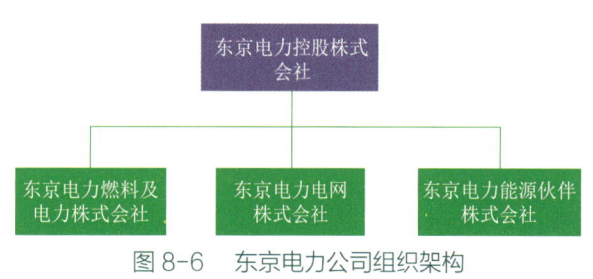

图8-6　东京电力公司组织架构

东京电力燃料及电力株式会社（東京電力フユエル＆パワー株式会社，简称东电FP）负责火力发电与燃料调度。

东京电力电网株式会社（東京電力パワーグリッド株式会社，简称东电PG）负责输电与配电。

东京电力能源伙伴株式会社（東京電力エナジーパートナー株式会社，简称东电EP）负责售电业务，并涉足家用瓦斯供应。

8.3.1.4　业务情况

1. 经营区域

东京电力公司服务范围为关东地区1都7县与静冈县东部，在东京都、栃木、群马、茨城、埼玉、千叶、神奈川、山梨县、静冈都设有电力公司。截至2017年12月31日，东京电力公司供电区域39575m²，约占日本十大电力公司供电区域总面积的10%，供电人口4503万，约占日本十大电力公司的35%，年售电量233.1TWh，约占31.9%。

2. 业务范围

（1）发电业务。截至2017年年底，东京电力公司拥有发电装机容量63694.63MW。其中水电装机容量9871MW，约占15%；火电装机容量41159.96MW，约占65%；核电装机容量为12612MW，占比是20%；风电新能源占比非常小，装机容量为51.67MW。

在发电量中，火电占比最高为65%；其次是核能，占比是20%；水电位于第三，占比15%。

（2）输配电业务。截至2017年年底，东京电力公司输电线路回路长度共计21162km。其中架空线路长度14766km，地下线路长度6396km，分别占70%和30%。变电站1612座，变电容量

273.34GVA。东京电力公司各电压等级输电线路长度见表8-1。

表8-1　　　　　　　　　东京电力公司各电压等级输电线路长度

电压等级 /kV	架空线路		地下线路	
	电力线路长度 /km	延长线 /km	电力线路长度 /km	延长线 /km
500	2453	4520	40	79
275	1165	2311	402	1145
154	2950	5996	306	756
66	7707	14973	3580	6750
55 及以下	491	533	2068	3602
合计	14766	28333	6396	12332

注　输电线路指电压等级在 20kV 以上的线路。

资料来源：东京电力公司官网。

为了满足东京都电力需求，东京电力公司建设了由新潟线至山梨县的南北线（由南新潟干线与西群马干线组成）和由福岛县至群马县的东西线（南磐城干线与北栃木干线组成）的两条（四段）1000kV 线路，目前这些线路均以 500kV 降压运行。东京电力公司 1000kV 输电线路详情见表 8-2。

表8-2　　　　　　　　　东京电力公司 1000kV 输电线路详情

名称	西群马干线	南新潟干线	东群马干线	南磐城干线
区间	西群马开关站—东山梨变电站	柏崎刈羽核电站—西群马开关站	西群马交换站—东群马变电站	南岩城开关站—东群马变电站
长度	137.7km	110.8km（61.2km）	44.4km	195.4km
电压和回路线	1000kV 设计双回西线	1000kV 设计双回西线（部分 500kV）	1000kV 设计双回西线	1000kV 设计双回西线
电线	钢芯铝绞线 610mm²，810mm²×8 导体	钢芯铝绞线 610mm²，810mm²×8 导体（810mm²×4 导体）	钢芯铝绞线 610mm²，810mm²×8 导体 低噪声钢芯铝绞线 960mm²×8 导体	钢芯铝绞线 610mm²，810mm²×8 导体 低噪声钢芯铝线 940mm²，960mm²×8 导体
塔基数	217 个平均高度 111m	201 个（114 个）平均高度 97m（89m）	70 个平均高度 115m	335 个平均高度 119m
开工	1988 年 9 月	1989 年 3 月	1992 年 9 月	1995 年 11 月
投运	1992 年 4 月	1993 年 10 月	1999 年 4 月	1999 年 7 月

注　括号内为 500kV 段线路数据。

资料来源：东京电力公司官网。

（3）售电业务。截至 2018 年年底，东京电力公司税前收益达到 3278 亿日元（约合 30.81 亿美元），电费收入为 45740 亿日元（约合 429.96 亿美元）。电力销售额达到 240TWh，较 2016 年下降 8TWh。其中公共照明销售量达到 82TWh，功率计销售量达到 17TWh，具体规模需求达到了 141TWh。

8.3.1.5　国际业务

近年来，在国内市场日益饱和的情况下，东京电力公司致力于将业务扩展到海外，希望国际业务能够成为新的利润增长点。东京电力公司的国际业务包括海外咨询和海外投资业务。凭借众多的电力技术专家及长年在电力业务管理方面的经验，东京电力公司向包括亚洲、欧洲、美洲在内的多个国家提供技术培训和技术咨询服务。截至2017年年底，东京电力公司海外咨询服务遍及全球19个国家和地区，2017年海外咨询营业收入共856万美元。

东京电力公司的海外投资项目主要集中在发电和能源方面，目前在中国台湾、越南、印尼、菲律宾、泰国、韩国、澳大利亚、美国及欧洲的一些国家都有投资项目。截至2017年年底，东京电力公司共投资全球23个国家，按照所持股份计算，权益装机容量达到5100MW。

8.3.1.6 科技创新

东京电力公司的研发部门为管理技术与战略研究所，主要通过知识产权战略负责公司技术的开发，为了增强公司核心技术实力而设立的。该部门分为规划、管理、市场、工程计划、质量安全管理5个小组和知识产权中心。

研发重点主要包括三个重要方面：开发下一代基础设施，发展环境、能源和安全以及发展土木工程和建筑的技术。

（1）开发下一代基础设施，主要包括对远程多用途水下检测机器人、表面电流传感器诊断设备、ACM传感器对大气环境的腐蚀性等基础设施的研究和开发。

（2）发展环境、能源和安全，主要包括对海上风电、川崎电池监测站、退役设备腐蚀评价与相应对策技术研究等，再结合当地社区和当下的全球环境与安全来促进技术发展。

（3）发展土木工程和建筑的技术，主要包括针对座椅式无线传感器、输电塔基础加固方式、受电弓式地震控制系统对烟囱的抗震加固等新建筑方法以及其耐久性诊断等技术开发。

8.3.2 关西电力公司

8.3.2.1 公司概况

1. 总体情况

关西电力公司是日本最大的能源公司之一，为整个大阪、京都、奈良、和歌山辖区以及岐阜等部分辖区供电，供电面积达到28700km^2，最大输电1579.91GWh。

关西电力公司成立于1951年5月1日，日本电力工业组织也成立于同一年。2000年由于日本修改电气事业法，公司也开始电力的小部分自由化，并于2012年在财富世界500强中排名第301位。公司下设许多分支集团，其中包括与能源相关的集团、信息技术集团、生命周期集团、商业支持集团、其他商业集团等。

同时，关西电力公司也非常着重于培养雇员的责任感与使命感，并努力为雇员创设一个能够激发雇员的激情和目标的环境，使雇员能够更自由的进行选择，发挥潜能，根据付出的努力来获得回报。因此，关西公司采用的是自动管理的系统，即不同办公室自己设定目标，采取行动，总结经验教训，这大大提高了公司与其雇员的可靠性和创造性。

2. 经营业绩

截至2018年年底，关西电力公司电力销售额达到310.93亿美元，其中电气事业业绩250.82亿美元，天然气及其他能源业绩19.82亿美元，信息沟通业务业绩20.47亿美元，其他19.82亿美元。

8.3.2.2 历史沿革

1951年5月1日，日本关西电力公司正式成立。

1956 年 7 月，Kurobegawa 4 号电站（奥马哈线路）开工建设。

1957 年，为研究开发原子能发电，设立原子能部。

1961 年，鸣门海峡横渡送电成功。

1963 年，Kurobegawa 4 号电站历时七年竣工。

1970 年，关西电力公司最初的原子能发电所——美浜发电所的 1 号机组正式运行。

1981 年，最先把全面质量控制（TQC）引入电力行业。

2000 年 3 月，关西电力公司进行了部分电力零售市场的变革。经过近半个世纪的发展，关西电力公司通过不断提供高质量的电力供应，对地方经济发展起到了重要促进作用。同时公司还积极参与全国范围的公共事业，提供保证能源安全、改善全球环境问题的服务。

2003 年 7 月，关西电力公司得到了 Ecoleaf 的环保认证。

2012 年 12 月，公司下属的阿瓦吉风力发电厂正式投入使用。

2015 年 6 月，公司支持了大阪妇女的游行活动并且于 7 月提高了部分电价。

目前，关西电力公司最大的任务是满足市场需求，供应稳定电力。关西电力公司的一项经营管理原则，就是以赢得顾客和社会的信任，以共同发展的原则为基础，提高顾客的满意度。这项原则对于公司未来的发展也是非常有用的。公司仍将坚持"顾客第一"的经营管理原则，适应能源市场的竞争，提高公司各项业务的竞争能力。

从公司成立开始，经过半个多世纪的发展，关西电力公司能够持续提供高质量的电力供应，对地方的经济发展起到了重要作用。关西电力公司对全国范围的公共事业也非常支持，提供能源安全保证、改善全球环境问题的服务，公司利用核工业的发电量大约占到了全部发电量的 50%。

未来关西电力公司将能源供应作为核心业务，成为所在领域客户满意度第一的企业。

8.3.2.3 组织架构

日本关西电力公司主要由董事会，监察员协会与各下属办公室组成。董事会作为最高领导部门管理着整个公司，而监察委员协会则独立存在，监督着关西电力公司的发展。除此之外，关西电力公司拥有着 24 个自动管理的下属办公室，包括基建办公室、管理办公室、电力技术中心、职业技能发展中心、内部监察办公室等。关西电力公司组织架构见图 8-7。

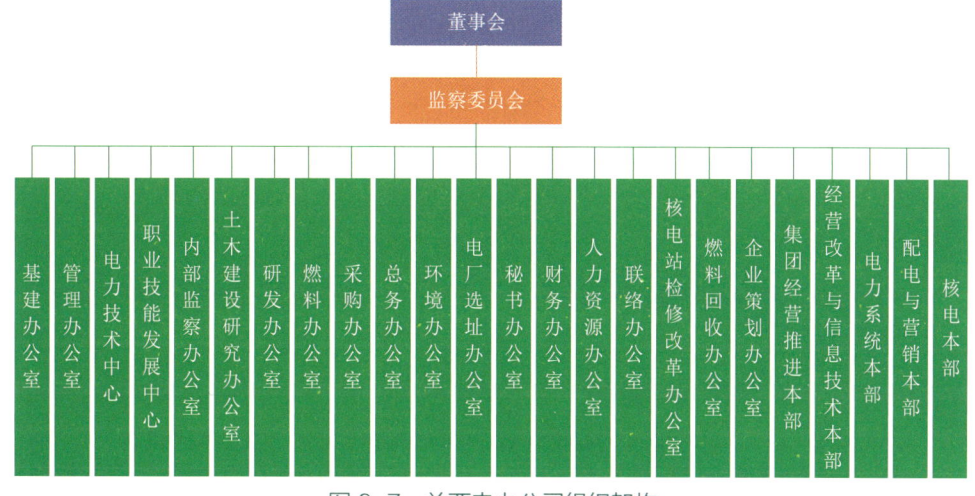

图 8-7 关西电力公司组织架构

8.3.2.4 业务情况

1. 经营区域

关西电力公司主要经营发电、输电、配电业务,负责对日本关西地区的9个县(府)供电,为整个大阪、京都、奈良和歌山辖区以及岐阜,供电面积达到28700km²。

2. 业务范围

(1)发电业务。截至2018年年底,日本关西电力公司装机容量共计34270MW。

其中,天然气装机容量最大,达到10180MW,占比是30%;其次是水电装机容量达到8230MW,占比24%;燃油发电装机容量第三,为7470MW,占比为22%;核能装机容量位于第四,为6580MW,占比19%;煤炭装机容量为1800MW,占比5%;新能源装机容量非常小,约为10MW。

2018年,关西电力公司发电量共计104.88TWh。其中天然气发电量占比最大,发电量为49.5TWh,占比47%;核能发电量为30.1TWh,占比为29%;位于第三的是水电,发电量为13.5TWh,占比是13%;煤炭位于第四,发电量为10.5TWh,占比10%;石油和新能源发电量非常小。

(2)输配电业务。关西电力公司以500kV输电路线为主网架,主要电源点直接与500kV或275kV输电线路相连。主要负荷集中在大阪市区。500kV输电线路围绕负荷中心形成钳形供电网。西部与日本中国电力公司、四国电力公司电网相连,东部与日本北陆电力公司、中部电力公司电网相连。

日本关西电力公司输电电压等级分为500kV、275kV、66kV,还有少量的187kV线路,供电频率均为60Hz。截至2018年年底,关西电力公司电力传输线共计18803km,输配电线路长度共计132137km,变电站共有1596座。

(3)售电业务。截至2018年年底,关西电力公司电力总销售达到132.6TWh,包括了零售和跨区域与其他电力合作。其中零售销售达到117.8TWh,跨区域和其他销售公司的销售额达到1480.6TWh。

8.3.2.5 国际业务

日本关西电力公司的国际业务主要包括了海外发电业务、海外咨询以及国际合作活动三个业务。

(1)海外发电业务。关西电力公司于1998年参加圣罗克水电项目,成为日本首个海外发电项目(IPP项目)。目前,与菲律宾、泰国、中国台湾、新加坡、澳大利亚、老挝、印度尼西亚、美国、爱尔兰的13个项目正在开发中,发电装机容量约为2570MW。

(2)海外咨询。在菲律宾的San Roque水力发电厂,关西电力公司主要负责该工厂的运营和维护咨询服务。通过咨询以改进San Roque的技术,以便当地员工更加方便可靠地操作和维护发电厂。自2006年该电厂开始运营之后三年,关西电力提供了多次的培训、实习和讲座。

2013年6月至2014年12月,关西电力公司提供中长期的电力最优的开发规划,以战略性地开发电力供应和传输系统以解决缅甸自2011年以来电力供应短缺问题。

(3)国际合作活动。通过全球可持续电力伙伴关系(GSEP),主要在亚洲国家开展技术合作以及接受各种培训计划等,积极参与国际合作和贡献活动,应对全球电力业务挑战和促进可持续发展。

2016年,关西电力公司在马尔代夫安装了由太阳能发电设备,以及根据岛上的需求安装了主要行业捕鱼所需的制冰机。当太阳能发电量增加时,制冰机可以平衡太阳能发电量和电力消耗量,以此调整电力供应和需求,另外制冰机的引入可降低用于运输鱼的购买冰的成本和频率,以及减少

CO_2 的释放量。

关西电力公司在图瓦卢开展太阳能发电项目，安装 40kW 的太阳能发电设施，为太平洋岛国提供可再生能源电力。项目于 2007 年 10 月施工，2008 年 2 月完工。

关西电力公司在不丹非电气化村建立了一个小规模的水力发电厂，2004 年 6 月建设开工，2005 年 8 月完工。

8.3.2.6　科技创新

为保持公司可持续发展能力，关西电力公司一直致力于改进并研发新的技术，也一直施行大力推广科技研发力度的政策。

截至目前，关西电力公司主要的科技研发方向包括：电力系统控制、智能电表、碳捕捉与封存、土壤净化、有害物质检测等环保技术；下一代电力电子元器件；高效燃料电池；电力热泵设备；液态氢移动发电站等。

关西电力公司决定在山形县酒田市进行生物质发电事业，并且于 2017 年 7 月 3 日，向山形县知事、酒田市长提交了环境影响评价方法书。同时公司在福岛县岩木市也开展了生物质发电事业，并计划于 2022 年 4 月营业。关西电力公司致力于在 2030 年使其在国内外的可再生能源的设备装机容量达到 6GW。

根据统计，进入 2001 年后，关西电力公司平均每年获得的专利数都保持在 200 件以上。通过加大科技研发力度，关西电力公司积累了技术储备，为公司发展提供了后劲。

第 9 章 沙特阿拉伯

9.1 能源资源与电力工业

9.1.1 一次能源资源概况

根据统计，截至 2018 年，沙特阿拉伯一次能源储量十分丰富，以石油和天然气资源为主，其中全国石油储量达 366 亿 t，位居全球第一，占全球探明储量的 20%；天然气储量达约 8 万亿 m^3，位居全球第六。除此以外，沙特阿拉伯其他自然资源十分贫瘠，并未有相关煤炭和矿藏储量记录，因此沙特阿拉伯也是全球一次能源储量种类最为单一的国家。根据 2019 年《BP 世界能源统计年鉴》，沙特阿拉伯 2018 年一次能源消费量达到了 2.592 亿 t 油当量，其中石油达到 1.626 亿 t 油当量，天然气达到 9640 万 t 油当量，煤炭达到 10 万 t 油当量。

9.1.2 电力工业概况

9.1.2.1 发电装机容量

由于沙特阿拉伯石油产量极为丰富，发电成本极低，因此沙特阿拉伯全国发电站均为石油或天然气发电站，并且沙特阿拉伯主要按照发电方式对装机容量进行分类。据统计，截至 2018 年，沙特阿拉伯全国总装机容量共 88.6GW，蒸汽轮机与燃气轮机占比较高，分别为 40.6% 与 39.5%，联合循环电站则排名第三，共 17.2GW，占比 19.4%。沙特阿拉伯 2018 年发电装机容量见图 9-1。

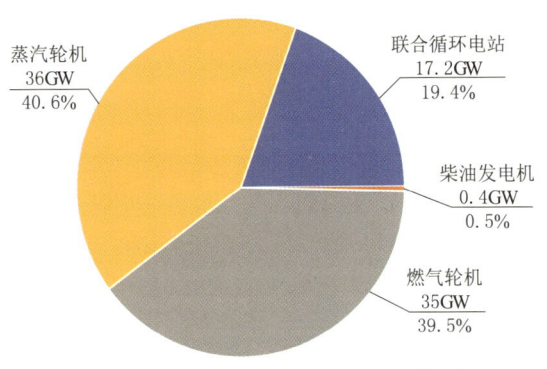

图 9-1 沙特阿拉伯 2018 年发电装机容量

从历史数据上看，沙特阿拉伯全国装机容量实现稳步增长，2018 年全年实现装机容量 89GW，较上一年提升 1GW，较 2013 年提升 18GW。另外，值得注意的是，沙特阿拉伯正逐步提高更加环保的蒸汽轮机在装机容量中的比例，占比从 2013 年的 36.5% 提升至了 2018 年的 41%，并且已经超过燃气轮机。沙特阿拉伯 2014—2018 年各类型发电电源装机容量见图 9-2。

9.1.2.2 电力消费情况

沙特阿拉伯共有四大用电部门，分别为居民用电、工业用电、公共事业用电以及商业用电。截至 2018 年，沙特阿拉伯全国用电量为 297.9TWh，其中居民用电 143.1TWh，占比 48%；商业用电

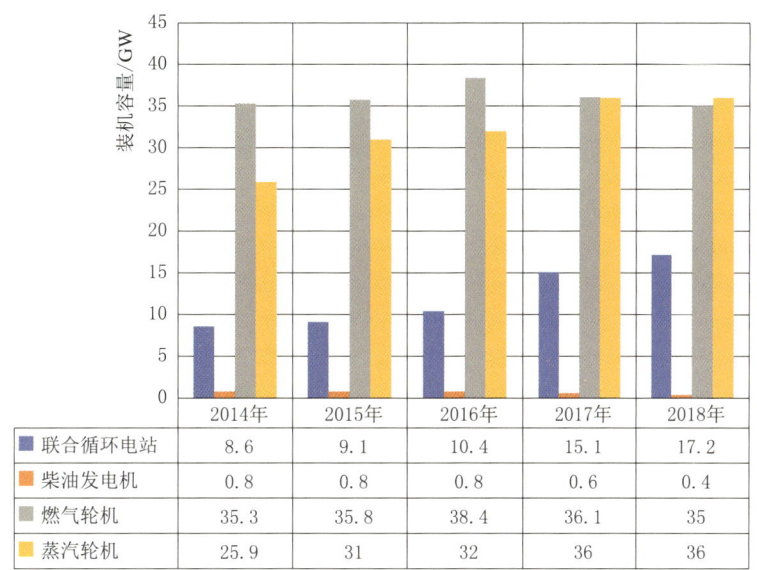

图9-2 沙特阿拉伯2014—2018年各类型发电电源装机容量

48.4TWh，占比16%；工业用电54.9TWh，占比19%；公共事业用电38.7TWh，占比13%；其他用电13.0TWh，占比仅4%。沙特阿拉伯2018年用电量结构见图9-3。

9.1.2.3 发电量及构成

据统计，2018年全年沙特阿拉伯国内发电量为318TWh，较2015年上升78.8TWh。据了解，城市用电接近普及，但农村地区普及率仍然停留在大约80%，总共约有3600万人无电可用。沙特阿拉伯历年发电量见图9-4。

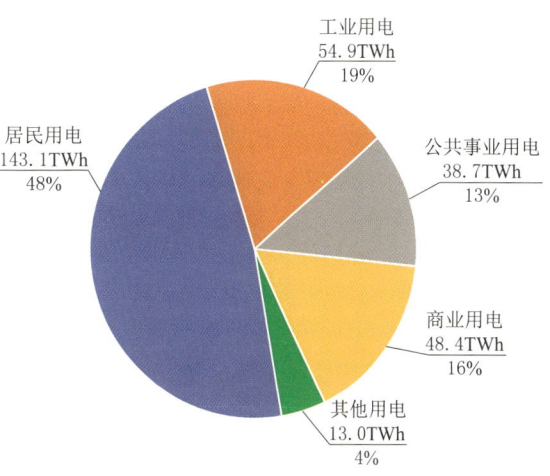

图9-3 沙特阿拉伯2018年用电量结构

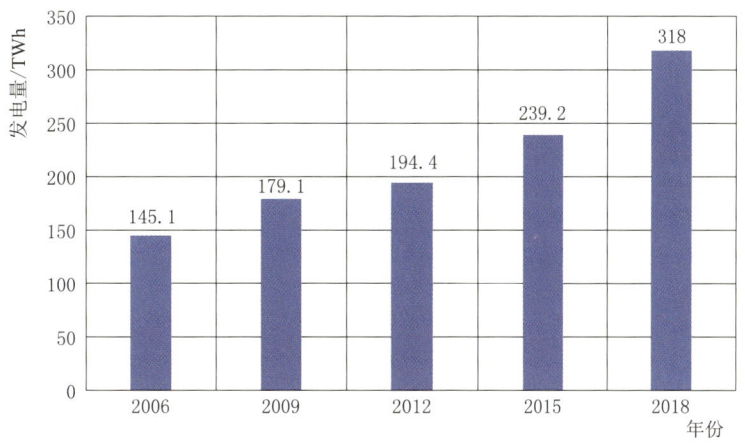

图9-4 沙特阿拉伯历年发电量

9.1.2.4 电网结构

沙特阿拉伯全国输电网共分为西部、中部、东部及南部四大区域，电压等级分别为380kV、230kV、132kV、115kV以及110kV。截至2018年，沙特阿拉伯全国输电线路长度约76323km，其中380kV输电线路长度34114km，230kV输电线路长度4388km，132kV输电线路长度24752km，

115kV 输电线路长度 5102km，110kV 输电线路长度 7967km。沙特阿拉伯各电压等级输电线路长度见图 9-5。

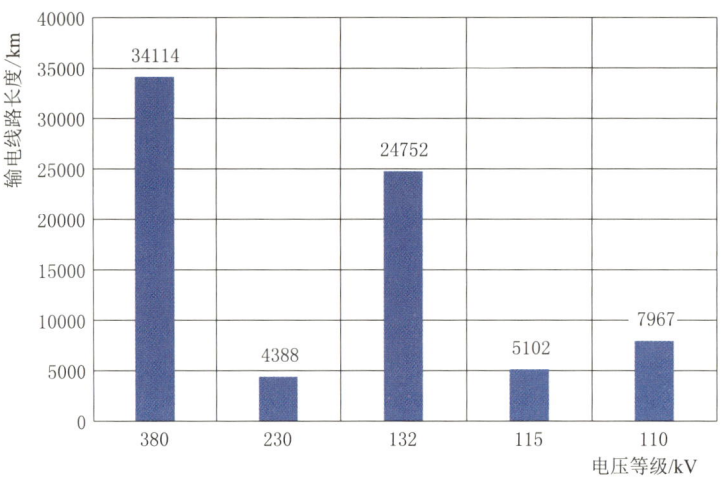

图 9-5　沙特阿拉伯各电压等级输电线路长度

9.1.3　电力管理体制

9.1.3.1　机构设置

沙特阿拉伯属于王国体制，电力行业一切环节都属于国家所有。沙特阿拉伯于 2005 年对《电力法》进行了修订，规定沙特阿拉伯电力和热电监管局（The Electricity & Cogeneration Regulatory Authority，ECRA）为沙特阿拉伯最高的电力监管机构。

9.1.3.2　职能分工

1. 沙特阿拉伯电力和热电监管局（ECRA）

沙特阿拉伯电力和热电监管局是沙特阿拉伯主要的能源和电力监管部门，负责沙特阿拉伯电力和能源行业的立法、监管等工作。

2. 沙特阿拉伯能源效率中心

沙特阿拉伯能源效率中心是个独立组织，负责沙特阿拉伯国内电力系统研究，旨在提高沙特阿拉伯能源利用效率，包括可再生能源开发和发电输电技术研究等。

3. 沙特阿拉伯国家电力公司（SEC）

沙特阿拉伯国家电力公司是沙特阿拉伯国内最大的电力公司，负责沙特阿拉伯国内大部分的发电站、输电线以及配电站的管理和运营工作。

4. Marafiq 电力公司

Marafiq 电力公司是沙特阿拉伯国内第二大的电力公司，是一家私营企业，业务范围涵盖了发输配电各环节的业务。沙特阿拉伯电力行业监管部门机构设置见图 9-6。

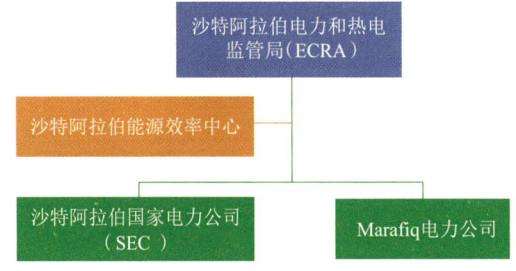

图 9-6　沙特阿拉伯电力行业监管部门机构设置

9.1.4 电力调度机制

沙特阿拉伯采取全国调度的机制，不设地方电网，电力统一由沙特阿拉伯国家电力公司来进行调度，沙特阿拉伯国家电力公司负责沙特各省市的电力调度事务。

9.2 电力市场概况

9.2.1 电力市场运营模式

9.2.1.1 市场构成

目前沙特阿拉伯电力市场的主要机构为沙特阿拉伯国家电力公司（SEC），SEC 及其子公司拥有全国绝大部分的输电线路以及配电线路，并垄断了全国 70% 的发电量。在未来，沙特阿拉伯的电力市场将进一步整合，小型发电公司以及发电系统的运营公司将并入 SEC 的发电部门进行管理，以简化监管程序，提高电力系统运作效率。沙特阿拉伯当前电力市场结构见图 9-7。

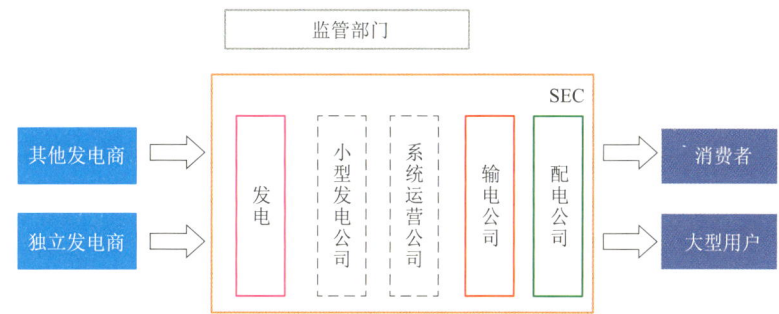

图 9-7　沙特阿拉伯当前电力市场结构

9.2.1.2 结算模式

由于沙特阿拉伯采取发输配电一体化的管理体制，沙特阿拉伯电价由沙特阿拉伯国内各电力公司根据自身的盈利情况自行制定，并最终由沙特阿拉伯电力和热电监管局（ECRA）进行审核并颁布全国统一电价。统一电价一般为各电力公司的平均过审报价。由于沙特阿拉伯石油产量较高，因此沙特阿拉伯本国的发电成本极低，整体发电成本仅占平均电价的 25%。

9.2.1.3 价格机制

沙特阿拉伯并未采用多级阶梯的价格机制，电价差异主要体现在不同的用途之中，阶梯仅设 6000kWh 一级。沙特阿拉伯电价机制见表 9-1。

表 9-1　　　　　　　　　　　　　沙特阿拉伯电价机制

用　途	阶梯/（kWh/月）	电价/（美元/kWh）
居民用电	1~6000	0.05
	>6000	0.08
商业用电	1~6000	0.05
	>6000	0.08
公共事业用电		0.09
工业用电		0.05
农业用电	1~6000	0.04
	>6000	0.05
私人医院和学校用电		0.05

9.2.2 电力市场监管模式

沙特阿拉伯国内电力市场主要受到沙特阿拉伯电力和热电监管局（ECRA）监管，市场监管主要体现在电价监管。

沙特阿拉伯国家电力公司是沙特阿拉伯国内唯一的受监管对象。

9.3 主要电力机构

9.3.1 沙特阿拉伯国家电力公司

9.3.1.1 公司概况

1. 总体情况

沙特阿拉伯国家电力公司（Saudi Electricity，SEC）是海湾地区最大公用事业电力公司，于 2000 年 5 月 4 日成立，在《福布斯》2014 年全球企业 2000 强中位居第 492 位。

2. 经营业绩

沙特阿拉伯国家电力公司 2018 年营业收入 170.8 亿美元，毛利 15.8 亿美元，毛利率 9.2%。总体营业收入较上一年大幅上涨，增加约 35.6 亿美元，涨幅约 26.4%。营业收入的增长主要得益于沙特国内的政策支持，使公司能够对电力市场进行垂直整合，有效提升了公司的营业收入。沙特阿拉伯国家电力公司 2015—2018 年经营业绩见图 9-8。

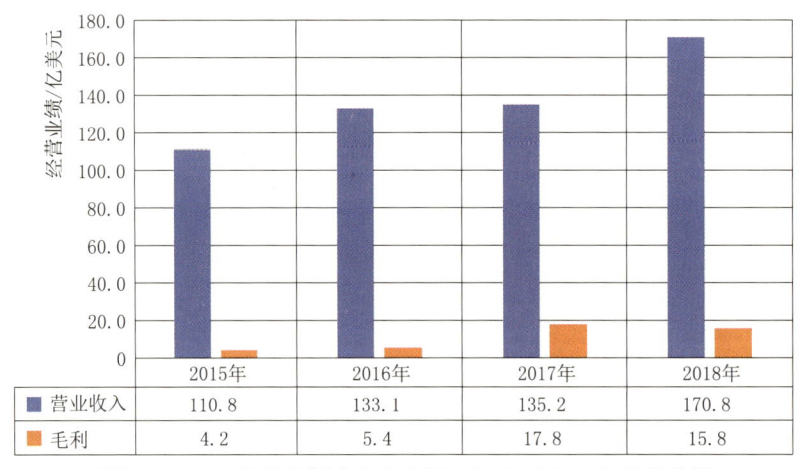

图 9-8　沙特阿拉伯国家电力公司 2015—2018 年经营业绩

9.3.1.2 历史沿革

沙特阿拉伯国家电力公司成立于 2000 年，由沙特阿拉伯中部、东部、西部及南部电力公司合并而成，当时沙特阿拉伯国家电力公司仅负责沙特阿拉伯国内的发电和配售电业务，而沙特阿拉伯国内的电网运营工作则由沙特阿拉伯国家电网公司负责。

2012 年，公司在沙特阿拉伯政府的推动下，完成了对沙特阿拉伯国家电网公司的整合，由此沙特阿拉伯国家电力公司成为了沙特国内集发、输、配、售一体的国有垄断公司。

2014 年，沙特阿拉伯国家电力公司开展了能源交易及投资业务，以支持公司开展对沙特阿拉伯国内的小型发电企业进行进一步整合和对外投资业务。

9.3.1.3 组织架构

沙特阿拉伯国家电力公司采取事业部制的组织架构，分别设有发电事业部、输配电事业部、能源投资事业部以及战略发展中心。沙特阿拉伯国家电力公司组织架构见图 9-9。

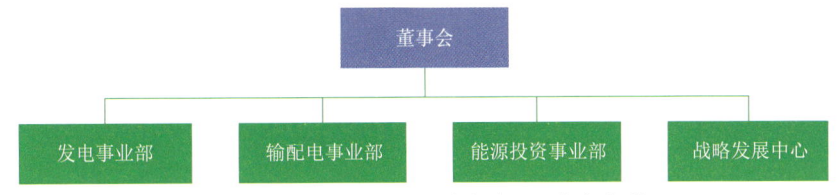

图 9-9 沙特阿拉伯国家电力公司组织架构

（1）发电事业部负责管理、运营、维护公司旗下的发电设备，并负责电站的新建、规划、设计等工作。

（2）输配电事业部主要负责公司输电线路的运营、维护及管理工作，同时负责新的输电线路的规划事务。

（3）能源投资事业部主要负责公司的对外投资和收购事宜。

（4）战略发展中心负责公司未来发展战略计划的起草和制定。

9.3.1.4 业务情况

1. 发电业务

沙特阿拉伯国家电力公司管理和运行共约 789 座发电机组，其中燃气轮机数量为 507 座，蒸汽轮机 124 座，联合循环机组 122 座，柴油发电机组 36 座。总装机容量 58GW，占全国装机容量的 65%。沙特阿拉伯国家电力公司发电机组数量分布见图 9-10。

2. 输电业务

沙特阿拉伯国家电力公司共管理约 76023km 的输电线路，其中 380kV 等级线路占绝大多数，共 34028km；其次为 132kV 等级线路，共 24752km；110kV 等级线路长度为 7967km；115kV 等级线路长度为 4888km；230kV 等级线路长度为 4388km。

3. 配电业务

沙特阿拉伯国家电力公司 2018 年共有客户 904.8 万户，其中居民客户占绝大多数，共 708.9 万户；其次为商业客户，约 156.8 万户；公共事业客户排名第三，共 26.8 万户；工业客户最少，仅 1.1 万户。沙特阿拉伯国家电力公司客户数量分布见图 9-11。

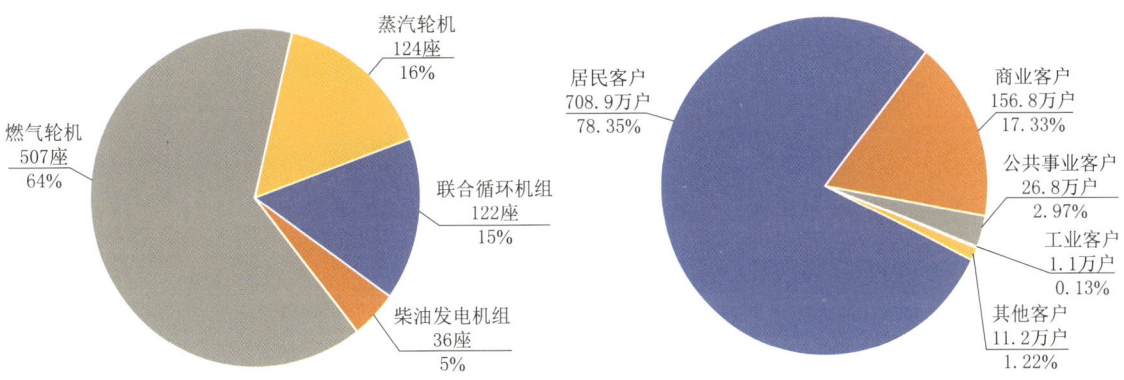

图 9-10 沙特阿拉伯国家电力公司发电机组数量分布　　图 9-11 沙特阿拉伯国家电力公司客户数量分布

9.3.1.5 科技创新

沙特阿拉伯国家电力公司十分重视能源创新工作,旗下共设立了四大实验中心和一个创新能源孵化器。

(1)达兰科技谷传输与数字仿真研究中心。该中心负责最新的电网及变电设施的研究,共有44个数字处理单元实验室,是世界上最大的模拟电网之一。

(2)利雅得可再生能源研究中心。该中心与沙特阿拉伯国王大学合作,重点攻克可再生能源,特别是太阳能的先进发电技术的研究。

(3)智能电网研究中心。该中心专门负责进行电网自动化和分布式电网技术的研究。

(4)阿卜杜拉国王科技大学发电和燃油效率研究中心。该中心是与阿卜杜拉国王科技大学合作成立的研究中心,旨在进行提高火力发电装置燃油效率,增强燃油灵活性,减少有害气体排放的研究。

(5)创新能源孵化器。该中心成立于2017年,由沙特阿拉伯国家电力公司设立专项基金来支持电力相关行业的创新研究的项目。

第10章 泰国

10.1 能源资源与电力工业

10.1.1 一次能源资源概况

泰国一次能源储量较少，截至2018年，泰国全国石油储量约4000万t，天然气储量约2000亿m^3，煤炭储量仅10亿t。根据2019年《BP世界能源统计年鉴》，泰国2018年一次能源消费量达到了1.33亿t油当量，其中石油达到6580万t油当量，天然气达到4290万t油当量，煤炭达到1850万t油当量，水电消费170万t油当量，可再生能源400万t油当量。

10.1.2 电力工业概况

10.1.2.1 发电装机容量

泰国电力很大程度上依赖化石燃料，据泰国发电署统计，截至2018年，泰国全国发电装机容量为16000MW，其中天然气、煤炭等化石燃料占据绝大多数，共77%，而水力和其他可再生能源的比例合计不超过25%。泰国2018年发电装机容量见图10-1。

泰国全国总装机容量已多年未实现显著增长，据统计，2018年泰国全国装机容量较上一年下降380MW，主要原因在于发电设施的老化，且常年处于未经维护的状态，导致了需要较长时间来进行停机检修甚至改造的情况。泰国2015—2018年各类型发电装机容量见图10-2。

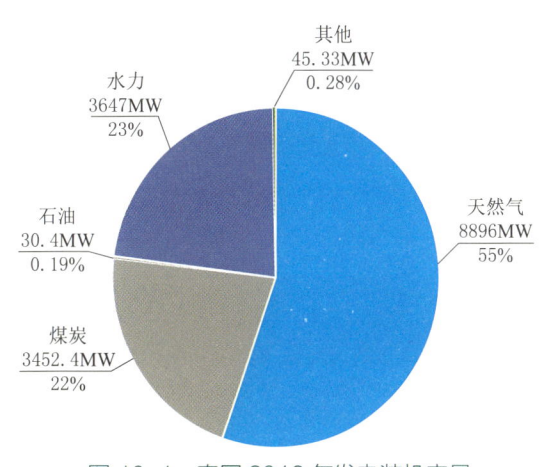

图10-1 泰国2018年发电装机容量

10.1.2.2 电力消费情况

泰国属于电力进口国，其电力按照城镇消费、农村消费、出口至老挝、出口至马来西亚、出口至柬埔寨和大客户消费来进行统计。据统计，2018年泰国大部分电力消费为农村消费，共130.24TWh，占全国电力消费的70%，而城镇消费量为52.65TWh，占全国电力消费的28%。泰国2014—2018年电力消费情况见图10-3。

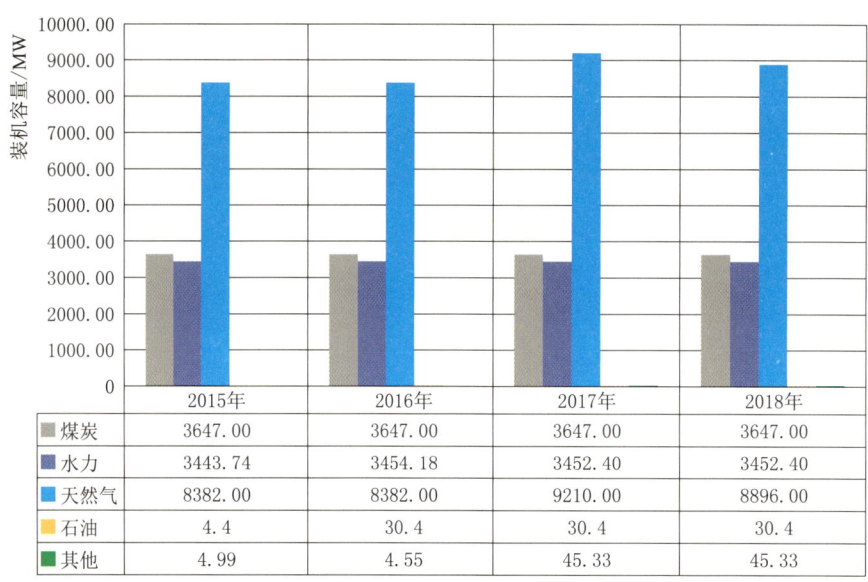

图 10-2　泰国 2015—2018 年各类型发电装机容量

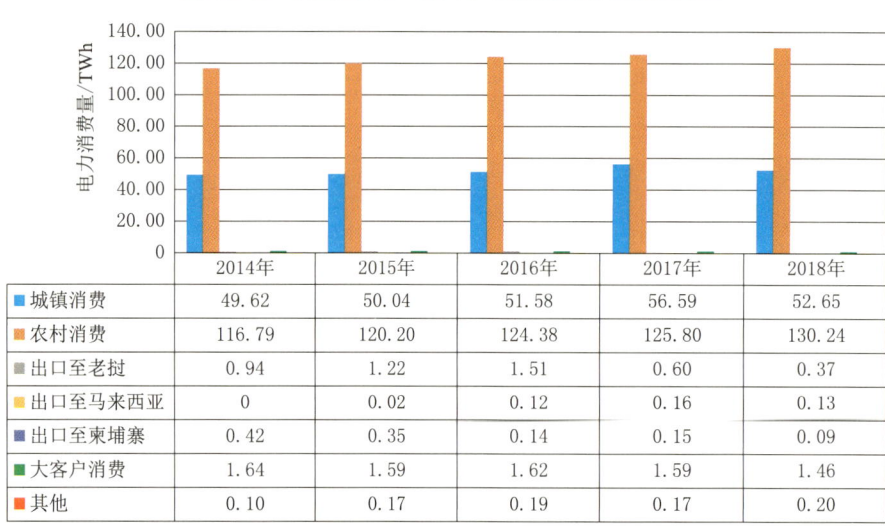

图 10-3　泰国 2014—2018 年电力消费情况

10.1.2.3　发电量及构成

据统计，2018年全年泰国电力需求188.93TWh，其中有50%为进口电力，而本土发电量仅占50%。本土发电量中天然气与煤炭占比最多，分别为39.53TWh和49.72TWh，合计占比47%。由此可见，泰国全国本土电力需求缺口极大。据了解，泰国的电力覆盖率达到82%。泰国2018年发电量见图10-4。

10.1.2.4　电网结构

泰国电网共分为六个电压等级，分别为69kV、115kV、132kV、230kV、300kV以及500kV。据统计，截至2018年，泰国全国电网总长为33000km，其中230kV与115kV电网最长，分别为15000km与13000km，分别占42.68%与39.06%。值得注意的是，泰国的电网发展几乎停滞，国内电网老化问题严重，全国电网长度已经多年未出现明显增长。泰国2014—

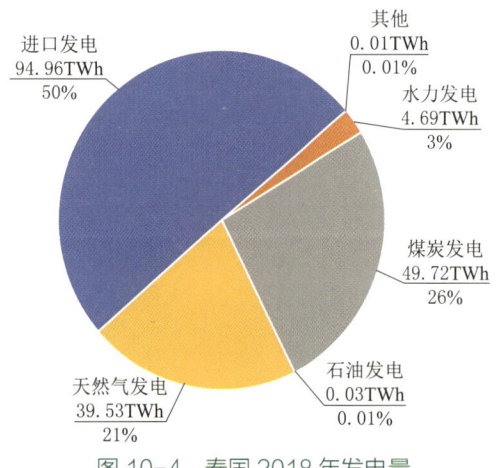

图 10-4　泰国 2018 年发电量

2018 年各电压等级电网长度见图 10-5。

	2014年	2015年	2016年	2017年	2018年
69kV	19.00	19.00	18.80	18.80	18.80
115kV	13660.65	13703.93	13812.65	13497.32	13088.64
132kV	8.71	8.70	8.71	8.71	8.71
230kV	14505.65	14605.12	14142.75	14793.65	14423.13
300kV	23.07	23.07	23.07	23.07	23.07
500kV	4167.17	4167.17	4987.72	5,025.34	5,830.84

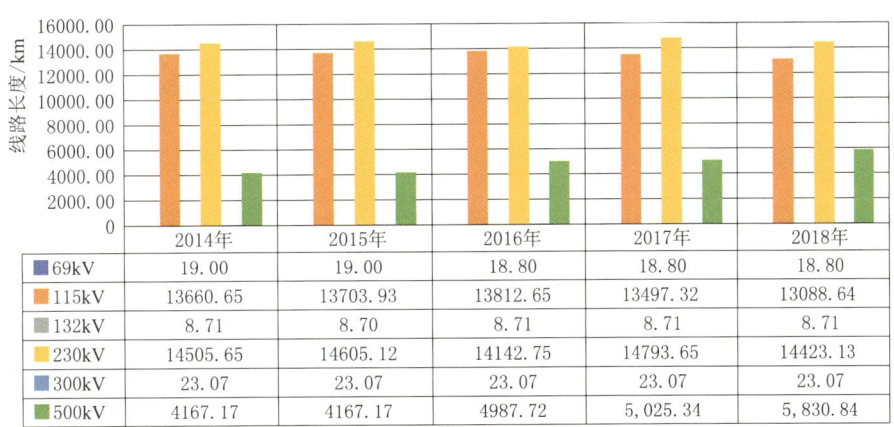

图 10-5 泰国 2014—2018 年各电压等级电网长度

从变电站容量上来看，230kV 变电站容量居多，共 63.5GVA；其次为 500kV 变电站，总容量为 36.9GVA；115kV 变电站则排名第三，共 15.0GVA。变电站容量见图 10-6。

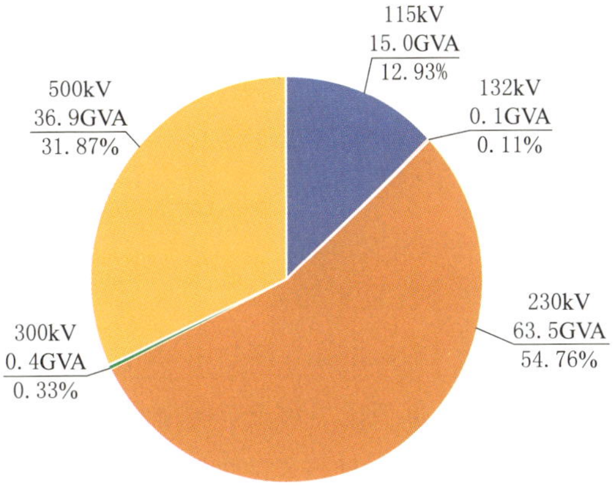

图 10-6 变电站容量

10.1.3 电力管理体制

泰国能源部是泰国最高的电力管理机构，下属三部门、一个办公室和一家公司。泰国能源部机构设置见图 10-7。

（1）泰国能源部。泰国最高的电力管理机构，负责泰国国家电力规划、政策制定、发输配各环节的监督工作。

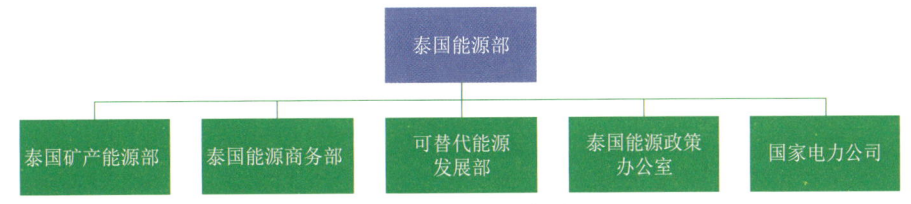

图 10-7 泰国能源部机构设置

（2）泰国矿产能源部。负责泰国一次能源的开采计划和能源进出口政策的制定。

（3）泰国能源商务部。负责泰国国内外电力相关投资的招商引资等事宜。

（4）可替代能源发展部。负责泰国国内的可再生能源及可替代能源管理的政策研究和计划制定等工作。

（5）泰国能源政策办公室。负责推荐国家能源政策和计划，包括能源有关的措施和可持续发展计划等。

（6）国家电力公司。负责发输配售一体的国有企业，负责泰国国内一切电力工业事宜。

10.1.4 电力调度机制

泰国国家电网采取统一调度的模式，不设分区，由泰国国家电力公司（Electricity Generating

Authority of Thailand，EGAT）统一调度，同时也负责电网运营、维护以及调度工作。

10.2 电力市场概况

10.2.1 电力市场运营模式

10.2.1.1 市场构成

泰国电力部门从发电到输配电的整个过程很大程度上都由国家控制。泰国电力市场包括三大系统，一是发电系统，共三大参与者，分别为泰国国家电力公司、独立电力生产商以及进口电力；二是输电系统，泰国国家电力公司是输电系统中最大的国有企业；三是配电系统，包括首都电力管理局和外府电力管理局，前者负责首都的配电业务，后者负责除首都外的配电业务。

10.2.1.2 结算模式

电价管制方法由泰国能源部确定，但泰国国家电力公司和政府内阁有最终决策权。泰国的电价结构旨在：①反映经济成本，促进电力的使用效率；②保障泰国三大国有电力企业的财务健康；③减少电力用户之间的交叉补贴；④通过灵活、自动的机制调整电价。

泰国电价结构可拆分为基础电价和变动电价两部分。基础电价本质是趸售电价，它是由泰国国家电力公司向首都电力局及其地方子公司收取的售电费和电力局及其地方子公司在每一个管制期间向电力消费者收取的固定零售电价构成。影响确定基础电价的因素通常包括：①对电力需求的预测；②燃油价格；③发电、输电、配电费用；④国家电力公司的资本性支出以及投资资本回报率。

变动电价是一种自发的机制，它的引入是为了转移来自电力运营商和电力消费者的不可控成本。该不可控成本包括：①有别于预测成本的发电环节的燃油价格波动；②汇率变动及通货膨胀所导致的成本；③非常规和非计划性政策变化导致的额外成本。变动电价每4个月调整一次。

10.2.1.3 价格机制

泰国电价共有七大用途，并在部分用途中使用阶梯电价收费。泰国电价见表10-1。

表10-1　　　　　　　　泰国电价（1泰铢=0.032美元）

用途	等级/kWh	电价/（泰铢/kWh）	备注
居民用电	0~15	2.35	
	15~25	2.98	
	25~35	3.2	
	35~100	3.6	
	100~150	3.7	
	150~400	4.2	
	>400	4.4	
小型用电	0~150	3.24	小型商店、工厂等设施
	150~400	4.2	
	>400	4.4	
大中型用电		3.1	大中型商店、工厂等设施
特殊用电		4.1	酒店、旅馆等设施
非营利机构用电		3.5	

续表

用　途	等级/kWh	电价/(泰铢/kWh)	备　注
农业用电	0~100	2	
	>100	3.2	
临时用电		6.8	建筑、施工、场馆等临时大量用电

10.2.2　电力市场监管模式

泰国能源部是泰国主要的电力市场监管主体，前身是泰国能源局（Bureau of Energy）。后依据2002年颁布的《政府组织重组法例》（Restructuring of Government Organization Act），在泰国进行政府机构改革时，能源局升级为能源部，成为泰国政府的内阁部门之一。能源部拥有能源采购、规划和管理能源的职权，它有权提案和实施所有与能源有关的政策，包括电力、可再生能源和能源效率政策。

监管对象包括泰国国家电力公司、大都会电力局以及泰国地方电力局等。

10.3　主要电力机构

10.3.1　泰国国家电力公司

10.3.1.1　公司概况

1. 总体情况

泰国国家电力公司（EGAT）参与发电、输电和电力系统运营，是泰国最大的发电企业，拥有和运营着遍布40个地区、不同类型和规模的发电厂，截至2018年的总装机容量为16GW。泰国的电力供应是基于国有的单一买方体制，在这一体制下，泰国国家电力公司作为买方跟国内独立发电厂和邻国进行大宗电力交易，然后再将电力出售给泰国两大配售电国有企业和若干法律事先授权许可的直接购电用户，同时也从事向邻国出口电力的业务。泰国国家电力公司是泰国唯一的电力系统运营商，通过国家控制中心和五个地区性的控制中心进行管理和控制电力调度，并拥有覆盖全泰国的、包括输电线和不同电压等级的高压变电站等在内的全部电力传输网络。

2. 经营业绩

泰国国家电力公司近四年未实现营收增长，2018年公司营业收入为4941亿泰铢（约合158.112亿美元），较上一年下降0.5%。泰国国家电力公司2015—2018年经营业绩见图10-8。

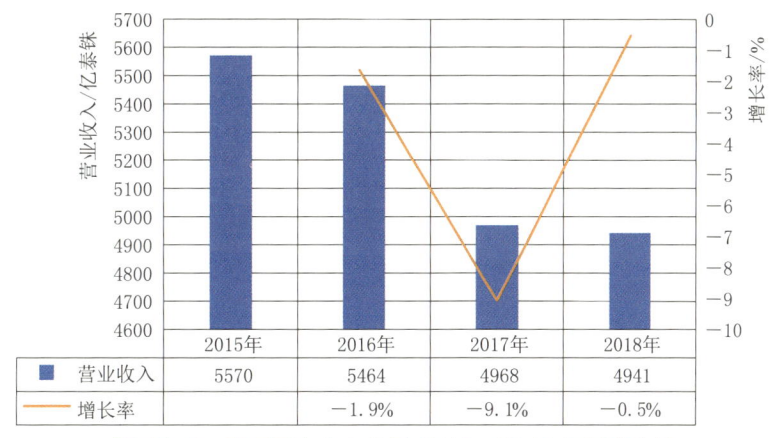

图10-8　泰国国家电力公司2015—2018年经营业绩

10.3.1.2 历史沿革

泰国国家电力公司成立于 1969 年 5 月，由三家美资遗留企业合并而成。

1970—1980 年，公司经历了高速发展期，建成了数座火力发电厂，为泰国电力行业的发展打下了基础。

20 世纪 90 年代中叶，泰国国家电力公司发起了需求侧管理项目，该项目旨在制定泰国未来 20 年的电力需求发展模型，并为电力建设提供指导性意见。

21 世纪，公司开始打破常规布局，向私人购买电力，并通过对私营部门进行投资来扩大小型电站在发电领域的作用。

10.3.1.3 组织架构

泰国国家电力公司采用分业务部门的组织架构，下设有独立的审计委员会负责公司财务审计；除财务部外，还设有政策制定部，负责相关政策研究以及政策意见的提出；发电事业部负责电站的管理、运营、建设、维护工作；输配电事业部负责电网及变电站的运营、管理、建设、维护工作；战略发展事业部负责公司未来战略发展计划的制订。泰国国家电力公司组织架构见图 10-9。

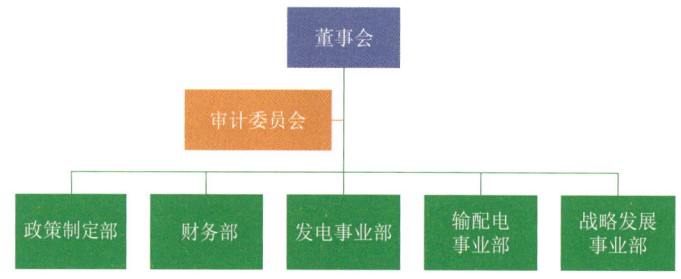

图 10-9　泰国国家电力公司组织架构

10.3.1.4 业务情况

1. 发电业务

泰国国家电力公司共管理有 38 座大型发电厂，其中 15 座为火力发电厂，23 座水电站，总装机容量 16GW。同时，公司还有 7 个火电项目正在开发，预计完工日期在 2020—2035 年，总装机容量达 8800MW，公司表示，这些项目能够帮助缓解泰国目前对进口能源的依赖。

2. 输电业务

泰国国家电力公司目前正在建设 20 条输电线路，总长度约 13.7 万 km，将陆续于 2020—2022 年竣工。

10.3.1.5 科技创新

泰国国家电力公司设立了研发管理委员会，制造支持和鼓励公司和泰国其他研究机构开展电力相关研究项目。主要领域包括可替代能源技术、材料和设备，高效输电技术，新能源发电技术，火电去污染技术。

10.3.2　大都会电力局

10.3.2.1 公司概况

1. 总体情况

大都会电力局（MEA）是泰国内政部下属的一家国有企业，负责曼谷直辖市、暖武里府和沙没巴干府的电力供应。覆盖面积3192km^2。它于1958年8月1号根据《1958年大都会电力管理局法案》成立。

2. 经营业绩

大都会电力局（MEA）已实施改善和扩大配电系统的计划。随着配电系统的建设、改造和扩建，已适应不断增长的电力需求和电气系统的可靠性需求，并继续发展现代技术的配电系统提高供电可靠性，累计停电次数（SAIFI）等于1.199次/（人·年），停电时间（SAIDI）累计为31.754min/（人·年）。

10.3.2.2 历史沿革

泰国第一次大规模用电是在1884年9月20日朱拉隆功国王（拉玛五世）诞辰之际照亮大皇宫的时候。国王对电力特别是街道的灯光非常感兴趣。曼谷的第一座发电厂由德国公司AEG建造，它于1913年12月20日开始发电。

Siam Electricity Company Limited是一家早期的电力公司，1939年更名为泰国电力公司有限公司。

1950年，泰国电力有限公司的特许权到期，由政府接管，并更名为曼谷电力局，在内政部的支持下运作。

1958年8月1日，曼谷电力局合并曼谷电力工程和公共工程部电气部门，成立大都会电力局（MEA），负责在曼谷、暖武里府和北榄府的电力供应。

10.3.2.3 组织架构

大都会电力局主要是由州长来制定公司日常决策，内部审计主要是负责监督公司内部财务，总务处主要是协助州长处理公司日常决策。州长旗下由不同的副州长负责9个主要部门即技术和材料管理部、分配部、企业部、社会可持续发展部、运营部、战略组织发展部、财务部、商务部以及信息和科技交流部。大都会电力局组织架构见图10-10。

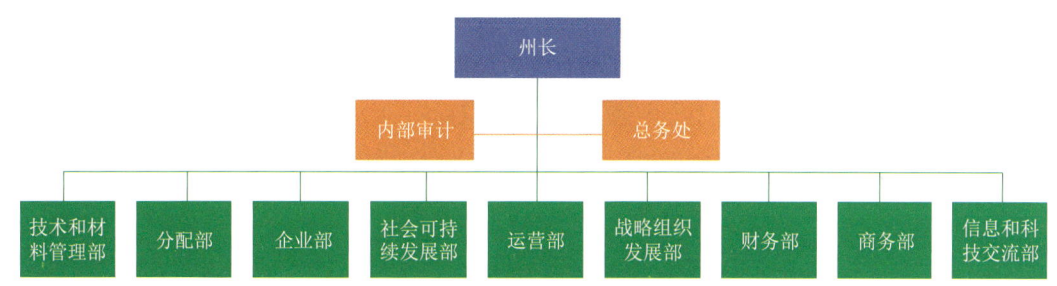

图10-10 大都会电力局组织架构

10.3.2.4 业务情况

大都会电力局的核心业务包括向曼谷、暖武里府和北榄府三个区域供电，覆盖3192km^{2}的分布区域，这是大都会电力局建立的关键任务和目的。公司的核心业务收入相当于总收入的99.96%。

其他相关业务包括更好地维护服务和电能质量，通过设计和采购设备，完成后交付给用户以满足特定用户的服务和电能质量，包括给用户提供电力分配系统和相关的业务服务等方面。相关业务产生的收入占其总收入的0.04%。

10.3.2.5 科技创新

大都会电力局目前正在制定能源发展及能源转型的规划，其目标是减少对天然气发电的依赖，通过清洁煤炭技术增加煤炭发电比例、从邻国进口电力以及发展可再生能源来提高电力系统的可靠性。此外，该计划旨在发展输电和配电系统，以支持可再生能源和东盟经济共同体的发展。大都会电力局同时也在制定泰国智能电网发展规划，为泰国智能电网的整体发展制定政策、方向和框架。根据智能电网规划，在目前和不久的将来可再生能源将迅速增加到主电网中。中国南方电网有限责任公司也有智能电网建设的发展规划。近年来，双方高层领导定期互访，在工作层面成立了联合工作组，围绕智能电网等课题开展了紧密的交流与合作。

10.3.3 泰国地方电力局

10.3.3.1 公司概况

泰国地方电力局（PEA）是泰国内政部下属的一家国有企业，负责发电、输配电及售电业务。泰国地方电力局也负责提供标准化的电力服务和相关业务，以达到用户的满意度，其经营范围覆盖了除曼谷直辖市、暖武府和沙没巴干府之外的其他74个府。泰国地方电力局是地区的领先组织，致力于提供高效、可靠的电力服务及相关业务，以提高人民生活质量，保障经济和社会的可持续性。

10.3.3.2 历史沿革

1954年3月6日颁布的皇家法令规定，泰国地方电力局将从国家电力局中独立拆分为单独的运营组织。同年，泰国政府公报中规定，政府公共部门和市政部门的负责人需成为该公司董事会成员，负责公司日常管理和运作。

泰国地方电力局注册资本最初为500万泰铢，并负责全国117个地方电力机构的运营，之后随着泰国国内电力产业的发展，公司于1960年9月28日在新法案下成立了省级电力局，并通过省级电力局管理各地方电力局。

10.3.3.3 组织架构

泰国地方电力局在曼谷设有主要办事处，负责制定政策和工作计划，为区域分局提供建议以及采购材料和设备，并由州长、副州长和州长助理组成管理代表团。泰国地方电力局主要是由董事会负责公司重大事项的决策，内部审计负责监督审查公司内部财务。公司部门高管协助州长管理公司内部日常事务的运作，并受董事会监督管理。公司共有12个主要事业部，分别是业务发展部、电力规划和系统开发部、企业战略部、电力部、工程部、项目建设和管理部、信息通信部、运营维护部、企业服务部、会计财务部、人力资源部和企业社会责任部。泰国地方电力局组织架构见图10-11。

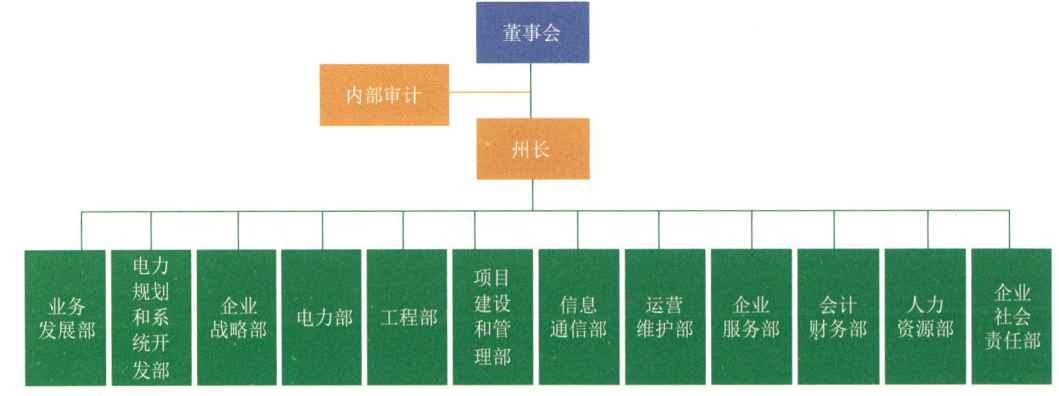

图10-11 泰国地方电力局组织架构

10.3.3.4 业务情况

泰国地方电力局的主要业务是为公众、企业和各个行业生产、采购、交付、分配和提供电力服务，满足用户需求，并在质量和服务方面提高用户满意度。电力服务是通过不断发展具有企业社会责任的组织来实现的。泰国地方电力局负责泰国 74 个省的电力分配，除了曼谷、暖武里府和沙没巴干府（在大都会电力局的责任区）的 99% 的泰国地区，面积为 51 万 km^2，涉及约 1936 万用户。

其他的相关业务主要是以提供与主要业务有关的额外服务的形式进行，包括电力系统建设工作、电力系统维修和保养工作、系统检查、测试和分析工作、人员培训和开发工作、电力系统咨询和设计工作、租赁工作以及其他工作。

第 11 章 土耳其

11.1 能源资源与电力工业

11.1.1 一次能源资源概况

土耳其矿物资源丰富，主要包括硼、铬、铁、铜、铝矾土及煤等。三氧化二硼和铬矿储量均居世界前列。土耳其森林面积广大，凡湖盛产鱼和盐，安纳托利亚高原有广阔的牧场。由于水力资源亦较丰富，因此，在主要河流的峡谷上筑水坝和建水库，大力发展水电和灌溉事业。土耳其境内有生产石油及天然气的企业，但产量不足以自足，必须从国外进口，北安那托利亚黑海沿岸东色雷斯伊斯肯德伦湾及南安那托利亚地区近叙利亚及伊拉克边境发现油田，有望使土耳其石油及天然气的自给率提高。根据 2019 年《BP 世界能源统计年鉴》，土耳其 2018 年一次能源消费量达到了 1.535 亿 t 油当量，其中石油达到 4860 万 t 油当量，天然气达到 4070 万 t 油当量，煤炭达到 4230 万 t 油当量，水电消费 1350 万 t 油当量，可再生能源 850 万 t 油当量。矿物资源中，硼矿探明储量 33 亿 t，居世界第一位。土耳其 2008—2017 年能源进口量见图 11-1。

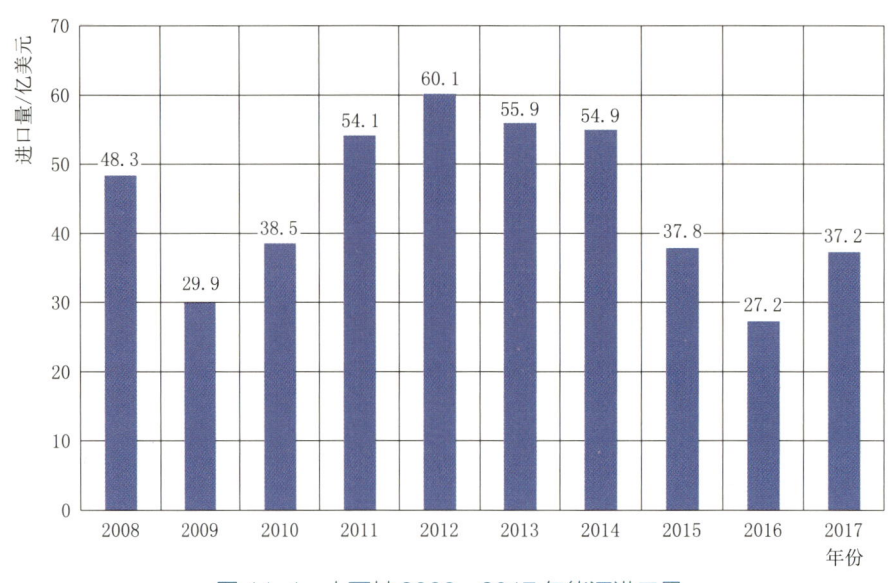

图 11-1 土耳其 2008—2017 年能源进口量

11.1.2 电力工业概况

11.1.2.1 发电装机容量

土耳其 2010—2018 年发电量及装机容量见图 11-2。2018 年，土耳其新增加了发电装机容量

4.0255GW，到 2018 年年底，发电装机容量已增加到 88.551GW 左右，与 2017 年相比增长 1.11%。截至 2018 年年底，土耳其发电总装机容量中，天然气发电装机容量占比 37.10%，煤炭发电装机容量占比 34.18%，水电装机容量占比 20.20%，其他包括风能、生物质能及地热能等发电装机容量占比 8.52%。土耳其 2018 年各类发电装机容量构成占比见图 11-3。

资料来源：地中海能源管理局（MedReg）。

图 11-2 土耳其 2010—2018 年发电量及装机容量

11.1.2.2 发电量及构成

2018 年土耳其的总用电量为 300TWh。其中，23.5% 来自煤炭，30.9% 来自天然气，34% 来自水电，0.9% 来自液态燃料，10.7% 来自可再生能源。据了解，土耳其供电较不稳定。土耳其 2005—2018 年各类电源发电量占比见图 11-4。

11.1.2.3 电网结构

土耳其电网共分为 9 个区域电网：安塔利亚（西北、西部、中央、东南、东部）、色雷斯、地中海（东部、西部）和黑海。九大区域的控制中心和位于安卡拉的国家控制中心共同组成了土耳其电网。

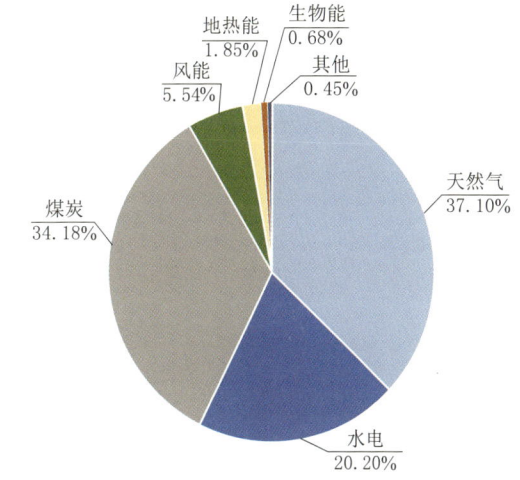

资料来源：地中海能源管理局（MedReg）。

图 11-3 土耳其 2018 年各类发电装机容量构成占比

土耳其的输电线路电压等级主要包括 400kV、220kV、154kV 和 66kV，总长度达到 53725km，其中，400kV 线路为 16027km，154kV 线路为 32920km，220kV 线路为 85km，66kV 线路为 509km。土耳其全国变电站总数 619 座，其中 400kV 变电站 78 座，220kV 变电站 2 座，154kV 变电站 526 座。此外，土耳其电网与 8 个国家外联，西部与希腊和保加利亚通过 400kV 线路互联，东部通过 220kV 线路与亚美尼亚连接，通过 154kV 线路与阿塞拜疆和伊朗连接，通过 400kV 线路与格鲁吉亚、伊拉克及叙利亚连接。

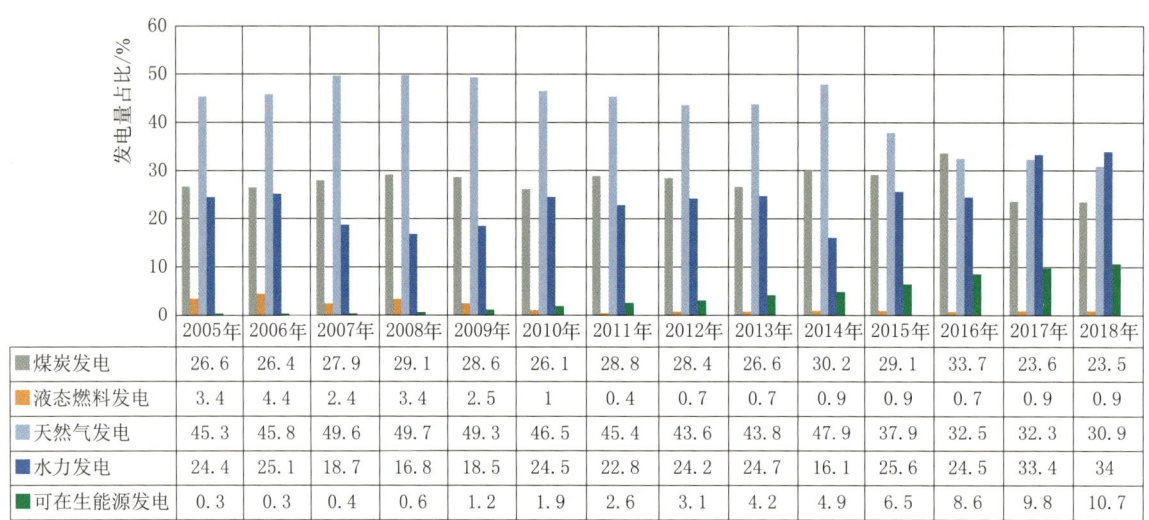

图 11-4　土耳其 2005—2018 年各类电源发电量占比

	2005年	2006年	2007年	2008年	2009年	2010年	2011年	2012年	2013年	2014年	2015年	2016年	2017年	2018年
煤炭发电	26.6	26.4	27.9	29.1	28.6	26.1	28.8	28.4	26.6	30.2	29.1	33.7	23.6	23.5
液态燃料发电	3.4	4.4	2.4	3.4	2.5	1	0.4	0.7	0.7	0.9	0.9	0.7	0.9	0.9
天然气发电	45.3	45.8	49.6	49.7	49.3	46.5	45.4	43.6	43.8	47.9	37.9	32.5	32.3	30.9
水力发电	24.4	25.1	18.7	16.8	18.5	24.5	22.8	24.2	24.7	16.1	25.6	24.5	33.4	34
可在生能源发电	0.3	0.3	0.4	0.6	1.2	1.9	2.6	3.1	4.2	4.9	6.5	8.6	9.8	10.7

资料来源：土耳其能源资源部、土耳其能源市场监督局。

2006年，欧洲互联电网土耳其项目组（PGT）正式成立，着手制定符合欧洲互联电网标准的互联技术标准。2011年6月，土耳其电网与欧洲电网开始进行商业电力交换，在满足相关技术要求的前提下，逐步增加交换容量。试运营后，土耳其电网与欧洲电网系统形成永久连接。2016年1月，土耳其输电公司（TEIAS）正式签约成为欧洲互联电网（ENTSO-E）的观察员运营商。

11.1.3　电力管理体制

11.1.3.1　历史沿革

随着土耳其经济的高速发展，土耳其电力市场正成为土耳其经济发展最快的领域之一。土耳其电力产业可分为四个垂直分工的部门，分别为发电、输电、配电和售电。在土耳其，目前除了输电环节仍完全由国有的土耳其输电公司控制外，其他环节均引入了私营企业。

在土耳其电力工业的发展初期，曾有外国企业参与，之后由地方公共团体运营。1950年以后，私营企业逐渐参与。1970年10月，根据国家第1312号法令，设立土耳其电力局，垄断性的经营发电、输电和配电业务。根据土耳其3096号法令，从1984年开始，允许私营部门进入电力市场。1994年，一贯垄断经营发电、输电和配电的土耳其国家电力公司被分割成一家发输电公司和一家配电公司。

2001年，土耳其发输电公司拆分为土耳其发电公司、土耳其输电公司和土耳其配电公司，这三家公司的主营业务分别是发电、输电和配电。2005年，土耳其配电领域的私有化开始，土耳其配电公司被21家私营配电公司所取代。

11.1.3.2　机构设置

电力仅由能源市场监管局（Enerji Piyasası Düzenleme Kurumu，EPDK/EMRA）监管。能源市场监管局是市场监管机构，它是一个自治的公共法律实体，拥有行政和财务权力，负责监管和监控电力、天然气、石油和液化石油气市场。能源市场监管局由能源市场监管委员会管理。能源市场监管局可以创建和批准关税水平，颁发许可证，建立优质服务标准，并解决其他问题，例如由于电源质量不足或中断而导致的管理问题和消费者投诉。能源市场监管局经常与土耳其竞争管理局合作，可以向行政法院提出上诉。能源市场监管局拥有广泛的监管市场的权力，包括建立立法框架，确保可靠、优质、稳定和低成本的电力服务；授予、修改或取消许可；批准和修改关税；建立和执行关联公司之间关系的标准和规则，以促进竞争；对不遵守法律、许可证或能源市场监管局决定中规定的条款和条件的违规者征收行政罚款和制裁。能源市场监管局拥有财务和行政自主权。但是，能源市场监管局的所有活动和交易都要经过土耳其法院的审计。

11.1.3.3 职能分工

根据2013年《电力市场法》的规定，土耳其电力市场监管体系主要由三方面组成：能源资源部、能源市场监管局和国有电力企业。三个部门的职能分别为：

（1）能源资源部。能源市场监管和调控的最高权力机构，负责制定所有能源及自然资源领域的宏观政策，并致力于确保土耳其国内能源资源有效、安全及环保的利用。

（2）能源市场监管局。最主要的电力市场监管机构，主要负责颁发企业在电力行业从事相关活动需要的牌照，并制定和批准各类电价收费标准。此外，能源市场监管局还起草拟定相关法律文件，解决市场纠纷并对违规者采取相关惩罚措施。

（3）国有电力企业。在参与电力市场交易、运行的同时，行使部分监管职能。主要的三家国有公司包括土耳其发电公司、土耳其输电公司、土耳其配电公司。

11.1.4 电力调度机制

土耳其电力调度工作全部由土耳其输电公司（TEIAS）负责。TEIAS前身是土耳其发输电公司。TEIAS作为唯一在土耳其拥有电力调度传输许可证的电力公司，主要承担了以下责任：电力传输系统更新和扩建投资、电力系统管理、电力传输系统运行和维护、开展国际互联研究以及电力金融市场运营。此外，TEIAS作为欧洲电力互联网络第五大电源，每年为整个欧洲电网提供242GWh的电力供应。根据电力市场法，土耳其输电公司（TEIAS）是唯一有权开展输电业务的公司，其目前持有的土耳其能源市场监管局（EMRA）颁发的输电许可有效期至2052年。土耳其输电公司在开展输电业务时遵循：

（1）符合土耳其能源市场监管局（EMRA）颁发的输电许可规定的条件。

（2）接受与许可持有人的并网申请，并在45日内向土耳其能源市场监管局（EMRA）提供意见。

（3）根据发电许可持有人的申请，与其签订并网协议，许可持有人符合并网条件，土耳其输电公司不能拒绝签订协议。

11.2 电力市场概况

11.2.1 电力市场运营模式

11.2.1.1 市场构成

随着2001年《电力市场法》（4628号）、后续2013年《电力市场法》（6446号）以及相关配套法律法规的出台，除输电之外的发电、配电和售电等活动已基本开放，任何主体向能源市场监管局（EMRA）申请取得相应电力许可后即可进行。土耳其电力市场构成见图11-5。

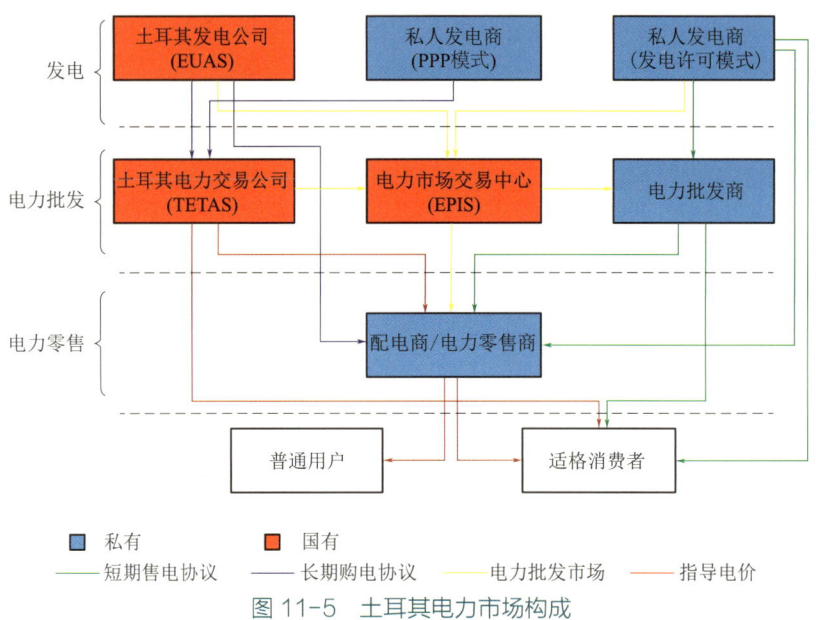

图 11-5 土耳其电力市场构成

土耳其电力分销网络分为 21 个分销区域，其中 20 个由原土耳其配电公司（TEDAS）拥有，另一个由私人方（开塞利地区）拥有。在将土耳其配电公司纳入私有化计划后，土耳其配电公司拥有的 20 个分销区域各自成立了一家独立的分销公司。

11.2.1.2　结算模式

经过大刀阔斧的电力市场改革，电力交易行为主要通过（满足特定用电量标准）与消费者签署短期双边售电协议，以及在日前市场和日间市场组成的电力批发市场进行。

在日前市场买卖双方在每日预先将下一日每小时时段的需求电量、可发电量、购电报价和售电报价提交至电力市场交易中心，并通过市场机制形成具体成交价格；日前市场交易每天进行，每小时一次。交易参与者可以在前一天市场中的特定时间段内提交报价。清算价格主要有两种：市场清算价格是前一交易日中的平均价格；系统边际价格是在平衡电力市场范围内，根据相应的指令获得的报价。

日间市场则是对日前市场的补充，目的在于应对每日的突发用电需求，以确保当日电力市场的供需平衡，极大地促进了电力市场的可持续性，减少日前市场价格差异过大对当日市场的冲击。日间市场目前普及率较低，仅占总交易量的 1%。

电力批发市场是通过签署短期双边售电协议来完成交易的，短期双边售电协议主要由发电商和消费者直接协商和签署，其合同价格的形成也体现了充分的市场竞争。

11.2.1.3　价格机制

能源市场监管局每年会根据土耳其输电公司的提议，决定本年度输电业务的收费费率。该费率会是一个列明 14 个不同费率区间的费率表，适用于输电系统使用人和发电公司，作为本年度的收费依据。2018 年土耳其输电公司提供的输电业务收费金额市场平均价格在 26.86 美元 /MWh。

11.2.2　电力市场监管模式

11.2.2.1　监管制度

土耳其发电公司（EUAS）的批发关税由土耳其发电公司申报给能源市场监管局批准。应该注意的是，此关税仅适用于土耳其发电公司向授权供应公司提供的，需供应给非合格客户和最后客户的电力供应部分，对于最终供应给符合条件的消费者的部分，土耳其发电公司可以自由协商销售价格，并确定与交易对手的最终销售价格。私营批发公司（供应公司）可以通过双边协议向符合条件的消费者出售电力。此外，他们也可以在日前和日内市场上出售电力。

11.2.2.2 监管对象

土耳其所有分销公司的私有化进程已经完成。在私有化的制度下，分销公司能够自主进行零售活动。然而，自 2013 年 1 月 1 日起，分销公司将分销和零售活动分拆为各自独立的法人实体，由此类分拆而建立的零售公司被称为"授权供应商"。EML 规定，分销公司不得从事除分销以外的任何活动，也不得成为从事除电力市场外任何其他市场活动的法人实体的直接股东。然而，EML 允许配送公司提供市场外活动，因为能源市场监管局认为这些活动将提高配电活动的效率。根据 EML，分销公司有义务在其业务和交易中独立行事，不受其他任何控制相关分销公司的法人的干涉。在配电公司担任副总经理或以上级别的董事会成员和高级管理人员，不得在与配电公司同等控制的发电和授权供应公司中任职，这些管理人员也不得在控制公司的董事会或类似机构或控制公司所属的其他公司任职。有组织的工业区也有权在其相应范围内开展电力分销活动，条件是他们已获得该有组织的工业区分销许可。

11.2.2.3 监管内容

由于土耳其电力市场正处于私有化的改革过程中，电力市场的法律法规不断更新。其中目前最为主要的法律是 2013 年 3 月生效的《电力市场法》（6446 号），规定了包括发电、输电、配电、批发、零售、进口、出口电力在内的所有电力市场参与主体的权利和义务。

对比以前，新颁布的《电力市场法》一大亮点是对原来的能源批发交易市场进行了改革。土耳其能源市场原由市场金融调解中心运作，而根据新电力市场法规定，需要设立能源市场运作公司进行市场运作，该公司的职责包括运作电力批发市场和进行与电力批发市场相关的金融调解。能源市场运作公司进行的所有市场运作应获得电力市场监管局的许可，其大股东为土耳其两大输电公司 TEIAS 和 Borsa Istanbul，他们各占 30% 股份，剩余股份由多家股东分散持有。

根据《电力市场法》，土耳其电力市场主体主要包括发电、输电、配电、批发、零售以及进口、出口电力的参与主体。各市场主体都应遵循相关法律法规，履行相应的义务，以保证土耳其电力市场的正常稳定运行。

11.3 主要电力机构

11.3.1 土耳其输电公司

11.3.1.1 公司概况

1. 总体情况

土耳其输电公司（TEİAŞ）成立于 2001 年，总部位于土耳其的安卡拉，主要负责土耳其国内的输电及配电相关工作。公司在 2003 年 3 月 13 日获得由能源市场监管局颁发的"输电许可证"，规定公司可以在土耳其境内开展相关输配电项目的安装、运营、调度、维护等工作。

2. 经营业绩

2018年年底，土耳其输电公司总资产达到245.48亿美元，总营收11.28亿美元，国内市场营收9.95亿美元。

11.3.1.2　历史沿革

1993年8月13日，根据土耳其新的电力法修正案，土耳其电力局被拆分为土耳其发输电公司和土耳其配电公司。

2001年3月2日，土耳其发输电公司被进一步拆分为三大公司，分别为土耳其输电公司，负责土耳其国内的输电及配电业务；土耳其发电公司，负责土耳其国内的发电业务；以及土耳其的电力交易和承包公司（TETAŞ），负责土耳其国内的电力交易相关业务。

2003年3月13日，电力市场监管局授予土耳其输电公司输电行业经营许可证。至今，此公司为土耳其国内唯一一家获得相关许可，可以开展电网相关设计、监督、运营、维护和调度等业务的单位。

11.3.1.3　组织架构

土耳其输电公司在总经理下设有独立的监察委员会，以及四位副总经理，分管法律顾问部门、内部审计部门和其他15个部门。土耳其输电公司组织架构见图11-6。

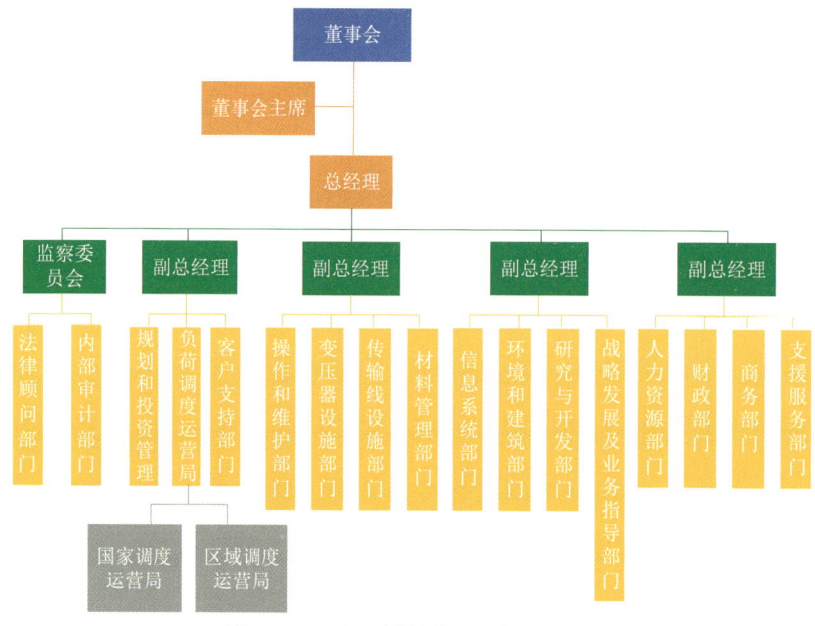

图11-6　土耳其输电公司组织架构

11.3.1.4　业务情况

1. 经营区域

在《电力市场法》（6446号）的框架内土耳其输电公司还是国内唯一获得许可的输电系统运营商。在公司内部，这项任务由负荷调度运营局下辖的国家负荷调度运营局和区域负荷调度运营局执行。国家负荷调度运营局负责管理国家主电网的调度工作，而区域负荷调度运营局则负责管理安卡拉的国家控制中心和九大区域电网的电力调度工作，分别为：安塔利亚（西北、西部、中央、东南、东部）、色雷斯、地中海（东部、西部）和黑海。

2. 业务范围

土耳其输电公司的主要业务是负责将电力传输到将电力分配给消费者的输配电网，负责全国输电网项目的安装、运营、维护以及调度工作。

公司 2018 年接受政府拨款共 4.25 亿美元，其中 3.69 亿美元用于投资输电系统，余下的 5600 万美元用于投资企业、机械设备和车辆集团。2018 年增加 81 条 400kV 输电线路，共 591km；1 条 380kV 海底电缆，共 4.5km；214 条 154kV 输电线路，共 4593km；84 个 400kV 变电站，共 17.275GVA；251 个 154kV 变电站，共 13.9GVA。

11.3.1.5 国际业务

2015 年 4 月 14 日签署"包含操作手册中的标准和义务"的《长期协议》之后，欧洲互联电网与土耳其输电公司于 2016 年 1 月 16 日签署了观察员会员协议，土耳其输电公司成为欧洲互联电网的第一个也是唯一的观察员。

土耳其输电公司还与邻国建立了长期的输电协议，并建设了相应的互联输电网络，包括保加利亚、希腊、格鲁吉亚、亚美尼亚、阿塞拜疆、伊朗以及叙利亚。

11.3.1.6 科技创新

由于土耳其目前的能源资源不足以满足需求，因此必须增加发电设施的数量，实现能源资源、技术和基础设施的多样化。由于地理位置优越，土耳其拥有水能、风能和太阳能等可再生能源，公司也将大力发展这些可再生能源。据估计，到 2030 年，土耳其能源产业需要投资超过 2600 亿美元，以满足其不断增长的需求。

第 12 章

新加坡

12.1 能源资源与电力工业

12.1.1 一次能源资源概况

新加坡矿产资源极其贫乏，仅在岛中部的武吉知马山分布有锡矿、辉钼矿和绿泥石等小矿藏，其他矿产均需进口，锡矿也已很早被采尽。新加坡水资源也曾经极度匮乏，连淡水也主要依靠从国外引入。为了防止因水而受制于人，新加坡在水资源的开发利用方面一直不遗余力。如今，通过一系列水务技术上的创新，新加坡正逐渐成为水资源能够自给自足的国家，当前可满足国内 60% 以上的用水需求。

据 2019 年《BP 世界能源统计年鉴》，新加坡的原油加工产能达到 15.14 亿 t，原油进口总量 5220 万 t，油品进口量 1.16 亿 t。新加坡 2018 年的一次能源消费量达到 8760 万 t 油当量，其中石油消费量为 7580t 油当量，天然气消费量为 1060 万 t 油当量（123 亿 m^3），煤炭消费量为 90 万 t 油当量，可再生能源的消费量为 30 万 t 油当量。

12.1.2 电力工业概况

12.1.2.1 发电装机容量

新加坡的发电装机容量从 2017 年的 13611.9MW 略微增长至 2018 年的 13614.4MW，新增加的装机容量主要是光伏发电。在所有发电装机容量中天然气发电、热电联产发电和生物质发电占比 77.2%（10508.2MW），汽轮机发电占 18.8%（2554.6MW）。开放式循环燃气轮机发电、废物能源发电和光伏发电分别占 1.3%（180.0MW），1.9%（256.8MW）和 0.8%（114.8MW）。近年来，新加坡将汽轮机发电厂并入更高效的燃气发电厂、热电联产发电厂和第三代生物质发电厂中，导致汽轮机发电厂的许可发电容量从 2005 年的 4640MW 下降到 2018 年 3 月底的 2554.6MW。新加坡 2018 年发电装机容量结构见图 12-1。

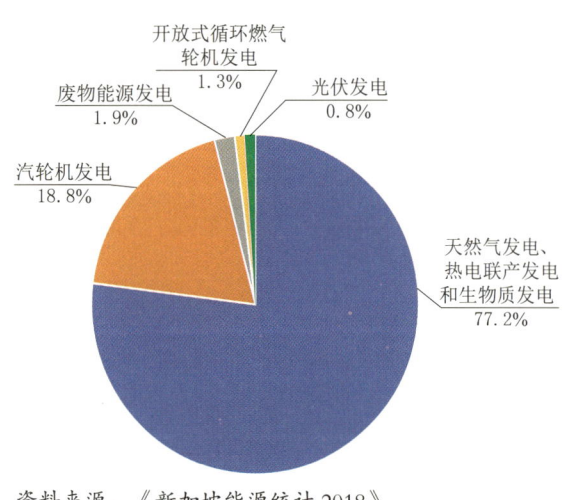

资料来源：《新加坡能源统计 2018》。

图 12-1　新加坡 2018 年发电装机容量结构

12.1.2.2 发电量及构成

2017年，新加坡发电量52.2TWh，比2016年的51.6TWh增长了1.2%。天然气在总发电中的占比为95.2%。新加坡2015—2017年主要能源发电量见图12-2。

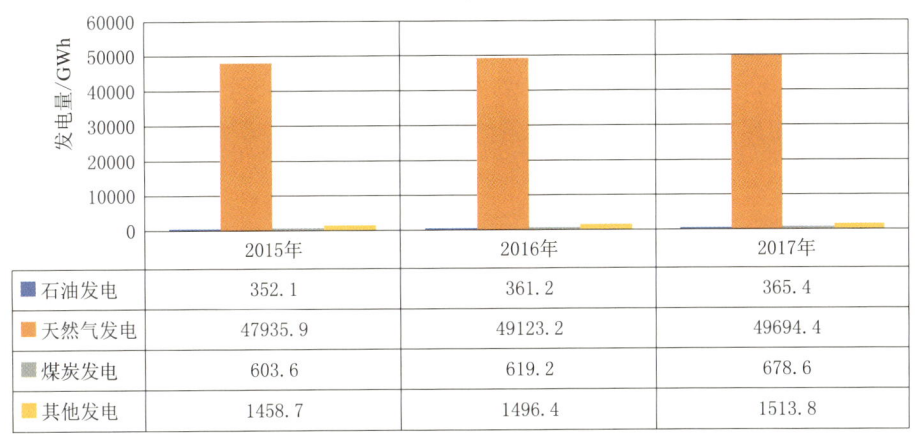

资料来源：《新加坡能源统计2018》。

图12-2 新加坡2015—2017年主要能源发电量

12.1.2.3 电力消费情况

新加坡的总电力消费量从2016年的48.6TWh至2017年的49.6TWh，上升了2.1%。

新加坡的电力消费中，可竞争消费者（CCs）占2017年总消费量的76.3%，其余来自非可竞争消费者。大多数可竞争消费者中工业相关领域占总量的55.1%（20.9TWh），其次是商业和服务相关领域占37.8%（14.3TWh）。非可竞争总消费者中家庭消费占总量的62.1%（7.3TWh），而商业和服务相关部门的消费占29.8%（3.5TWh）。新加坡的供电可靠率为99.9%。新加坡近年主要用电量构成见图12-3。

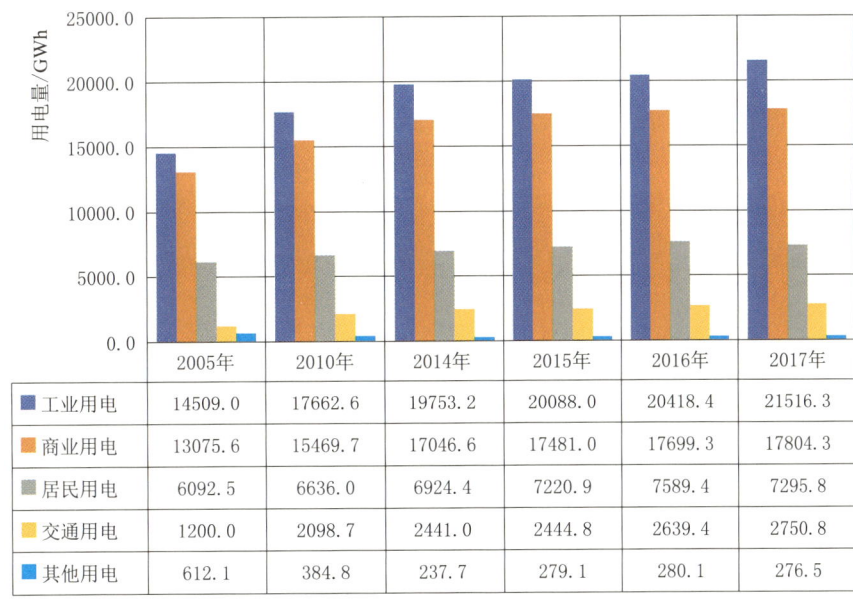

资料来源：《新加坡能源统计2018》。

图12-3 新加坡近年主要用电量构成

12.1.2.4 电网结构

新加坡坚强可靠的网架结构是其高可靠性供电的基础，辅以配电自动化技术可以使故障定位、隔离及非故障段恢复供电时间缩短至秒级,从而进一步提高供电可靠性。目前,新加坡已经形成了66kV及以上电压等级电网"网状"连接,22kV电压等级配电网"梅花状"连接,各电压等级实现$N-1$设计、重要用户实现$N-2$设计的网架结构。新加坡电网实现一、二次设备同步建设,目前已经全面实现了配网自动化系统。

新加坡目前电压等级分为400kV、230kV、66kV、22kV、6.6kV和400V/230V等,其中66kV及以上电压等级为输电网,22kV及以下电压等级为配电网。各电压等级线路全部采用地下电缆,全户内配电装置。

新加坡66kV/22kV电压等级配电网采用"梅花状"网架结构,变电站每2回馈线构成一个环,闭环运行,不同变电站的每2个环网又相互连接,闭环运行,互为备用,每个花瓣状配电网的负载率均控制在不超过50%。新加坡城市电网扩展见图12-4。

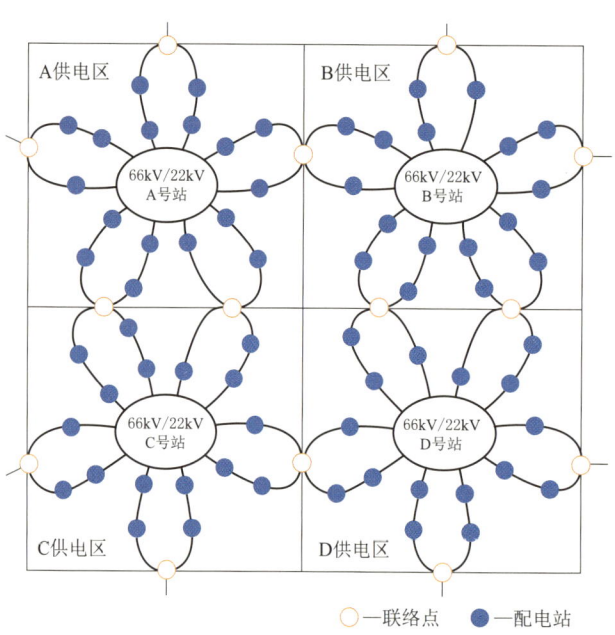

资料来源:黄河,田浩. 新加坡电网高可靠性供电方案分析[J]. 电力建设,2015(11).

图12-4 新加坡城市电网扩展图

12.1.3 电力管理体制

12.1.3.1 机构设置

能源市场管理局(EMA)是新加坡贸易和工业部下属的法定委员会,其主要目标是确保可靠和安全的能源供应,促进能源市场的有效竞争,并在新加坡发展充满活力的能源部门,为确保经济稳定增长打造一个积极的能源格局。

能源市场管理局主要有三个方面作用:作为电力系统运作方,负责运营为家庭、企业、工厂等供电的关键性基础输电设备;作为产业监管方,监管新加坡的电力和天然气行业以及区域供冷等各项公共服务以促进公平竞争,同时保护消费者的利益;作为产业开发者,通过提升人力资源,推动创新和建立思想领导力,在发展该行业方面发挥积极作用。

12.1.3.2 职能分工

新加坡能源市场管理局下辖五个部门:企业服务集团、经济管理司、能源规划和发展司、产业管理司和电力系统运营司。新加坡能源市场管理局组织结构见图 12-5。

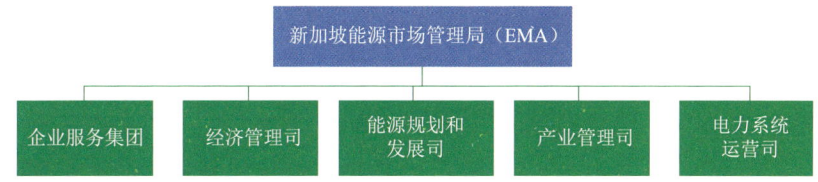

资料来源：新加坡能源市场管理局官网。

图 12-5 新加坡能源市场管理局组织结构

（1）企业服务集团负责构建新加坡能源市场管理局内部的统一协调性。通过与新加坡能源市场管理局的各个部门合作，企业服务集团确保所有部门尽可能高效、有效地运作。

（2）经济管理司主要监管电力和天然气行业。其主要职责是通过对能源市场发展的监督，以及市场参与者的经济监管和派发许可，促进竞争以及保障市场行为公平有效。

（3）能源规划和发展司成立于 2007 年 9 月，当时由于新加坡能源市场管理局的任务范围扩大，除了传统的监管和电力系统运营职能外，还新增了能源开发机构。成立该公司的主要目的在于负责监督新加坡能源市场管理局在能源开发领域的规划和发展工作。

（4）产业管理司通过制定对整个能源市场各种监管要求（如业务守则和业绩标准），对电力、城市燃气和天然气等行业进行监管，以确保能源供应系统的充足性和可靠性。

（5）电力系统运营司属于电力系统运营商性质，负责安排新加坡电力系统的安全运行，并确保向消费者供电的安全性。

12.1.4 电力调度机制

新加坡的电力调度由电力系统运营机构（PSO）负责，而电力系统运营机构是新加坡能源市场管理局的组成部分。电力系统运营机构的职责是为消费者提供可靠的电力供应，以及保障新加坡电力系统的正常运营。电力系统控制中心（PSCC）是发电和输电系统的神经中枢，掌控发电站的输电系统和发电机，它们还可以全天候确保系统安全运行。由于天然气系统和电力系统紧密相连，电力系统运营机构还需要监督天然气输送系统的运行。另外，为确保未来的发电和输电能力保持充足和可靠，电力系统运营机构也同步开展电力系统研究，它还要评估新建发电厂对电力市场造成的影响以及审定电力和燃气输送许可证持有者的扩张计划。

1. 基本系统

新加坡的电力供应和输送使用最先进的关键任务系统进行监控，其基本系统包括能源管理系统、气体监测系统、可中断负载监控系统和分布式发电机监控系统。

2. 系统规划

PSO 通过详细的系统规划，以确保新加坡的电力系统安全可靠。系统规划中包括对大型集中和小型分布式发电厂、输电网络、控制和通信设施等各种电力设施的科学性规划。

3. 系统操作

PSD 系统操作员团队对发电、输电系统以及气体传输系统实行全天候监控和控制，每班工作 8 小时，由经验丰富的控制经理领导，并由四名技术主管协助。电力系统运行程序和新加坡电力应急计划规划了行业参与者必须遵守的作业标准和程序，用以维护安全可靠的电力系统。

4. 市场活动

PSD 与所有电力市场参与者合作，确保其遵守市场运营标准和义务。这些活动包括设施注册、调度指示、合规监控、充足性和安全性评估以及争议管理等。

5. 预算费用

PSD 需要公布连续五个财年的预算和实际支出费用，包括主要的运营支出，如人力、租赁、公用事业、系统维护、设备折旧和企业服务。根据"市场规则"，如果在每个财政年度结束时发生不足或过度恢复，则必须公布修订后的支出和收入要求以及当前五年财政期间剩余时间的费用表，并应该在合理的情况下尽快实行。

6. 运营统计

PSO 对电力系统运行的关键统计数据进行审查，包括系统需求、工厂混合、燃料混合、发电、发电厂可用性、传输系统可用性、可中断负载和负载中心需求等。

12.2 电力市场概况

12.2.1 电力市场运营模式

12.2.1.1 市场构成

新加坡电力市场包括电力批发市场和电力零售市场。电力批发市场方面，规定发电公司必须以半小时为单位在电力批发市场上竞标出售电力。根据电力需求和供应情况，电力批发市场的电价每半小时变化一次。电力零售商从电力批发市场批量购买并向消费者出售电力。

自 2001 年以来，能源市场管理局（EMA）逐步开放零售电力市场以进行竞争。这是为了让消费者在购买电力时享受更多选择和灵活性。这样消费者将享受更有竞争力的价格和创新优惠，在享受不变的电力供应同时。开放电力市场标志着市场进入自由化的最后阶段，新加坡的所有消费者都可以自由选择他们想要购买的电力。

当前新加坡电力市场成员主要包括能源市场管理局（EMA）、市场交易中心（EMC）、调度中心（PSO）、输配电运营商（目前是 SP Power Assets 公司）、发电商、市场服务商（目前是 SP Services Ltd，即新能源服务有限公司，而且是唯一的）、电力零售商（MRP）、客户。其中，SP Power Assets 和 SP Services Ltd 是同属于 SP（Singapore Power）的两个独立子公司。对终端客户而言，为他们提供营销服务的主要有三个市场成员，即输配电运营商、市场服务商和电力零售商。

在电力市场份额方面，新加坡电力市场有三大主要供电商（MPP），即圣诺哥（Senoko Energy）、西拉雅（YTL PowerSeraya）和大士（Tuas Power）。三大供电商在 2005 年时合计占新加坡电力市场总额的 83%，但近年来随着其他小型供电商的扩大以及新供电商（主要是 PacificLight Power 及 Tuaspring）的进入，电力市场竞争日益激烈从而导致三大供电商的电力市场份额大幅下降，目前三大供电商合计近占市场总额的 55%（2017 年度数据）。新加坡 2017 年电力市场份额结构见图 12-6。

12.2.1.2 结算机制

自 2019 年 5 月 1 日起，新加坡电力市场正式迎来全面开放的局面，全岛约 140 万个家庭和商业电力用户都能自行买电，选择最符合自家需求的配套方案。电力用户可以通过定制价格配套方案向电力零售商购电，或者选择通过新能源服务有限公司（传统供电公司）间接向电力批发市场购电，或者直接在电力批发市场购电，还可以继续以管制定价向新能源服务有限公司购电。

12.2.1.3 价格机制

新加坡全面开放电力市场后，新加坡的电力定价方案相应分为两类：家庭用户定价方案及商业用户定价方案。

家庭用户定价方案又可以分为两种：固定价格方案及管制定价折扣方案。固定价格方案的具体内容为：在整个合约期内，用户按固定费率支付电费。由于有关部门每季度都会审查并确定新的市场电费，因此在合同期限内，用户实际承担的电费可能高于或低于市场价；管制定价折扣方案的具体内容为：在整个合约期内，用户将持续享有管制定价电费打折的优惠（例如5%的折扣）。新加坡能源集团会在每一个季度调整电费的管制定价，不过最终的定价必须获得新加坡能源市场管理局的批准。

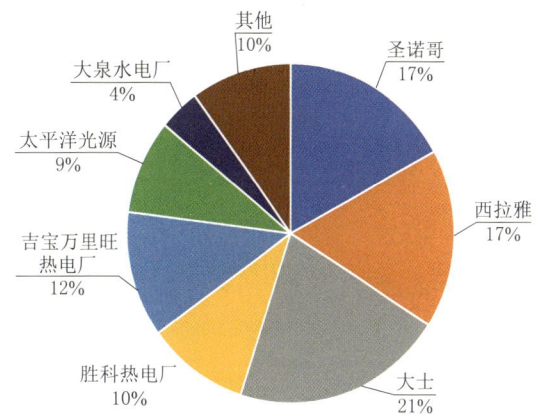

资料来源：新加坡能源市场管理局官网。

图12-6 新加坡2017年电力市场份额结构

商业用户定价方案与家庭用户定价方案一样也分为固定价格方案与管制定价折扣方案两种，具体内容与家庭用户定价方案相类似。

在上述两种方案外，零售商还可以提供非标准的价格方案。这些方案中的电费可能不是一成不变的，并且可能在合同期限内根据合同中约定的条款或条件而变化。它们还可能包括经常性费用，零售商可以灵活决定定价结构和合同期限。此外，在管制定价折扣方案中，零售商还可以提供奖励以及捆绑服务和产品作为其标准价格计划的一部分。总的来说，电力零售商所推出供用户选择的电力配套种类繁多，用户可根据自己的需求与偏好进行选择。

12.2.2 电力市场监管模式

12.2.2.1 监管制度

批发电力交易始于2003年，电力每半小时通过批发电力市场[称为新加坡国家电力市场（NEMS）]进行交易，市场交易中心负责管理市场规则。市场规则规定了新加坡国家电力市场的运营的各个方面，包括市场公司和市场参与者的活动，以确保透明和有竞争力的交易环境。

国家电力市场辖三个监管机构：规则变更小组、市场监督合规小组、争议解决顾问。

（1）规则变更小组（RCP）。对所有对市场规则的拟议修改进行审查。此后，规则变更小组向能源市场公司委员会提出建议，并将能源市场公司委员会的决定提交给能源市场管理局进行认可。

（2）市场监督合规小组（MSCP）。根据新加坡电力市场规则成立的独立机构。其作用是识别市场是否存在违规运行并评估市场的基础结构是否与竞争市场的有效和公平运作相一致。对于市场运行中出现的问题，市场监督合规小组可提出采取补救措施建议，并有权采取执法行动。市场监督合规小组每年都会发布一份报告，评估新加坡国家电力市场的竞争状况、效率和合规性。国家电力市场的市场评估部门为市场监督合规小组提供技术支持。

（3）争议解决顾问（DRC）。市场规则中包含有助于解决争议的流程。如果市场参与者或服务提供商之间发生争议，该流程由争议解决顾问管理。该争议解决流程旨在通过调解避免诉诸法庭诉讼程序，成为解决争议和维护市场关系的经济有效方式。

12.2.2.2　监管对象

市场交易中心负责监管电力市场中的所有市场主体，包括发电公司、输配电公司以及客户等，主要包括：

（1）发电许可证持有者。发电许可证持有者发电并接入电网，它们以不同的价格提供不同数量的电力，然后将所有报价汇集在批发市场以满足电力需求。

（2）可中断负荷。可中断负荷是参与批发市场的可竞争的电力消费者，并且在系统受到干扰时允许其供电中断以换取储备金。

（3）市场支持服务被许可方。市场支持服务被许可方经授权提供市场支持服务。这些服务包括消费者登记和转移，抄表和仪表数据管理，零售结算以及可竞争消费者的计费。目前 SP Services Ltd 是新加坡唯一的市场支持服务被许可方。

（4）零售电力持牌人。零售电力持牌人向可竞争消费者出售电力的零售商获得了能源市场管理局的许可，注册为市场参与者的零售商，直接从批发市场购买电力。

（5）传输被许可方。SP Power Assets Ltd 拥有并负责维护传输系统。

（6）批发市场交易商。能源市场管理局授权在批发电力市场进行交易的除发电厂或零售商以外的公司都是批发市场交易商。

12.2.2.3　监管内容

市场交易中心的监管内容具体包括争议仲裁、规则修订以及监视市场规则执行情况。

（1）争议仲裁。根据市场规则，争议仲裁是强制性的，主要解决由市场参与者之间的费用支付以及因市场交易中心取消市场参与者的市场准入资格而引起的各种争议。

（2）规则修订。在新加坡电力市场上，只有市场交易中心有规则修订权。通常情况下，规则修订由市场交易中心任命的规则修订委员会负责。规则修订委员会主要由以下人员构成：市场交易中心主管人员、PSO 代表、发电商代表、输电商代表、零售商代表以及市场金融机构代表等，任何相关方都可以向市场交易中心提交修改市场规则的提案。所有对市场规则的拟议修改均由规则变更小组（RCP）审查，其成员来自电力行业和金融部门。规则变更小组将审定好的方案向市场交易中心委员会提出建议，该委员会最终提交给能源市场管理局批准。

（3）监视市场规则执行情况。为了确保市场参与者都能在市场规则约束下进行公平竞争，市场交易中心还对规则的执行情况进行实时监视。

12.3　主要电力机构

12.3.1　新加坡能源集团

12.3.1.1　公司概况

1. 总体情况

新加坡能源集团（Singapore Power Group，SP）是亚太地区领先的能源公用事业公司。新加坡能源集团在新加坡和澳大利亚拥有并经营电力和天然气输配电业务。同时,它还拥有并经营着新加坡世界上最大的地下冷却网络,并正在中国建立区域制冷业务。新加坡超过 150 万工业、商业和住宅客户受益于新加坡能源集团的世界级传输、分销和市场支持服务。新加坡的新加坡能源集团电网是全球最可靠和最具成本效益的电网之一。

2. 经营业绩

2018 年,新加坡能源集团总收入共计 29.278 亿美元,比 2017 年 26.806 亿美元增长 9.22%。其中电力销售收入 18.32 亿美元,占比 62.57%,比 2017 年 17.388 亿美元增长 5.36%;系统使用和天然气运输收入 8.59 亿美元,占比 29.34%,比 2017 年 7.452 亿美元增长 15.27%;市场支持服务许可费收入 1.224 亿美元,占比 4.18%,比 2017 年 0.9 亿美元增长 36%;区域制冷服务收入 0.684 亿美元,占比 2.34%,比 2017 年 0.648 亿美元增长 5.56%;子公司和合资企业的股息收入 0.46 亿美元,占比 1.57%,比 2017 年 0.418 亿美元增长 10.05%。新加坡能源集团 2017—2018 年收入情况见图 12-7。

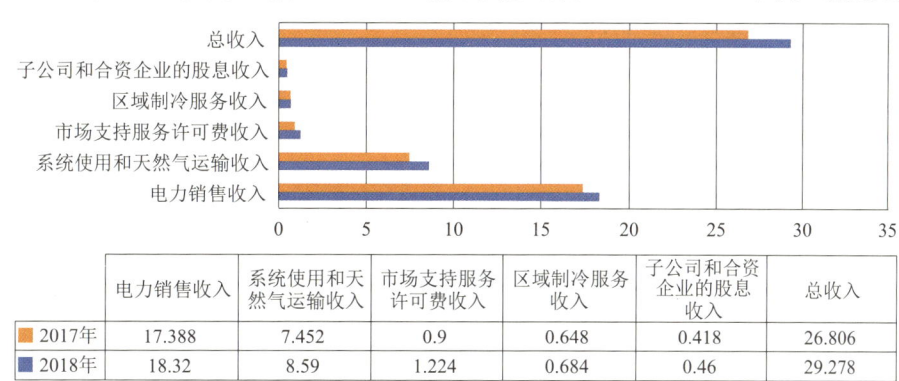

图 12-7　新加坡能源集团 2017—2018 年收入情况(单位:亿美元)

12.3.1.2　历史沿革

新加坡能源集团是公用事业局前电力和燃气部门的公司化实体,于 1995 年 10 月首次作为商业实体注册成立新加坡电力和天然气公司,以接管国家公用事业委员会的电力和天然气业务。自 1995 年以来,新加坡能源集团一直由新加坡投资基金淡马锡全资拥有,而淡马锡则由新加坡政府全资拥有。

12.3.1.3　组织架构

新加坡能源集团组织架构见图 12-8。

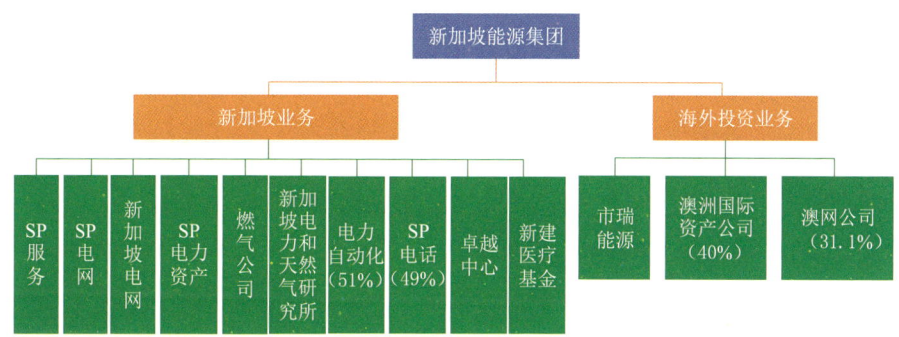

资料来源:新加坡能源集团官网。

图 12-8　新加坡能源集团组织架构

1. 主要子公司

(1) Power Gas。新加坡唯一获得许可的天然气运输和燃气系统运营商,负责运输天然气和城市燃气。它拥有并经营新加坡的所有天然气管道，并负责通过其天然气管网向用户输送天然气；另外还运营着新加坡燃气系统以及一个从苏门答腊岛传输来的天然气系统。

（2）SP Power Assets。成立于2003年10月，是新加坡唯一的输配电服务提供商。它拥有传输许可证，拥有新加坡的输配电网络，包括变电站和地下电缆等主要输电和配电网络。

（3）SP Power Grid。成立于2003年10月，由SP Power Assets管辖，负责管理其网络业务，包括传输网络的管理和分销网络的运营。ISP PowerGrid在网络开发和管理方面已通过ISO 9001：2000认证。其主要职责包括网络规划、项目管理、网络管理、控制和通信以及状态监测。

（4）SP服务。为新加坡的电力、水和管道燃气供应提供综合客户服务。拥有市场支持服务许可证为客户提供抄表服务，仪表数据管理，便于客户注册和零售商之间的转移，作为代表零售商或可竞争消费者从批发电力市场购买电力，然后以公布的关税提供给电力住宅和小企业。它还为公用事业提供商提供计费和支付服务，包括电力传输、水费、卫生设备费、燃气供应费和垃圾费。

（5）SP Telecom。网络基础设施提供商。SP Telecom提供在新加坡拥有、建立或支持通信和基础设施服务。

2. 主要合资企业

（1）电力自动化公司（Power Automation）。由新加坡能源集团于1995年7月与西门子共同成立的合资公司，为亚太地区的保护系统、变电站控制和能源管理以及信息系统提供工程服务。

（2）新加坡区域冷却公司（Singapore District Cooling）。新加坡能源集团于2000年9月与Dalkia共同成立的合资公司，作为合作伙伴，在Marina South New Downtown实施区域冷却试点项目。区域冷却是一项新的城市公用事业服务，服务内容是集中生产冷冻水，以便分配给用于商业建筑的大型空调。

3. 其他投资

（1）AusNet Services。Singapore Power International Pte Ltd是其全资子公司，新加坡能源集团拥有AusNet Services 31.1%的股份。AusNet Services的资产包括澳大利亚维多利亚州的输配电网络和天然气配送网络。AusNet Services在澳大利亚证券交易所（ASX）和新加坡交易所（SGX）上市。

（2）SPI Seosan热电联产和水处理。新加坡能源集团在韩国的投资，为韩国最大的石化公司之一三星道达石化公司提供电力、蒸汽和水处理服务。

（3）EverPower IPP。新加坡能源集团在中国台湾的投资，占有EverPower IPP公司25%股权。该公司是一家独立电力生产商，为中国台湾电力公司供电。

12.3.1.4　业务情况

1. 经营区域

新加坡能源集团旗下的子公司新加坡电网公司（SP Power Assets）是新加坡目前唯一拥有输电执照，同时还负责电力输电网与配电网的输配电企业。其拥有新加坡国内大部分的输配电资产，为新加坡全国超过150万商业和住宅用户提供电力传输、分配及市场支持服务。

2. 业务范围

在新加坡的电力市场中，新加坡电网公司SP Power Assets是唯一的输电公司，拥有所有的电网并负责运行和维护，在国内具有完全的垄断地位。因此，不论是居民用户、商业用户、工业用户、交通用户或其他用户，所用的电均是由新加坡电网公司运输而来。新加坡电网公司输配电量中各类用户的比重见图12-9。

12.3.1.5 国际业务

（1）AusNet Services。通过其全资子公司新加坡能源国际公司 Singapore Power International Pte Ltd 的入股，拥有 AusNet Services 31.1% 的股份，澳大利亚资产公司（SPIAA）40% 的股权。AusNet Services 的服务内容包括澳大利亚维多利亚州的输配电网络正常进行，天然气配送及技术咨询业务。AusNet Services 在澳大利亚证券交易所（ASX）和新加坡交易所（SGX）上市。

（2）澳大利亚资产公司（SPIAA）。通过其全资子公司新加坡能源国际公司的入股，拥有澳大利亚资产公司 40% 的股权。

（3）SPI Seosan 热电联产和水处理。新加坡能源集团在韩国的投资，为韩国最大的石化公司之一三星道达石化公司提供电力、蒸汽和水处理服务。

（4）EverPower IPP。新加坡电力在中国台湾的投资，拥有 EverPower IPP 公司 25% 股权，该公司是一家独立电力生产商，为中国台湾电力公司供电。

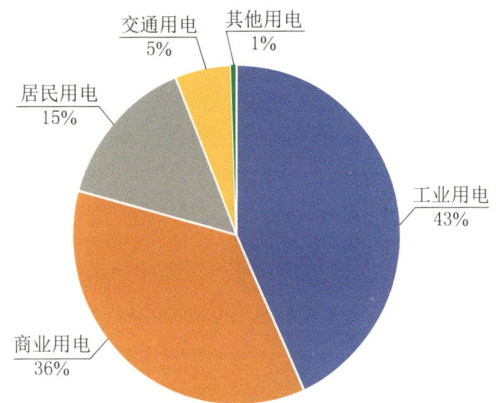

资料来源：《新加坡能源统计 2018》。

图 12-9　新加坡电网公司输配电量中各类用户的比重

第13章 印 度

13.1 能源资源与电力工业

13.1.1 一次能源资源概况

印度拥有全世界18%的人口,但是仅消耗全球6%的一次能源,每年的电力缺口在12%~14%。在矿产资源方面,印度的储备并不富足,种类也不齐全,由于人口规模庞大带来的资源需求快速提升,由此造成的能源极度短缺给其经济发展带来了较大的负面影响,因此印度政府颁布了一系列旨在节约不可再生能源并大力发展可再生能源的政策措施。根据2019年《BP世界能源统计年鉴》,印度2018年一次能源消费量达到8.092亿t油当量,其中石油消费量为2.391亿t油当量,天然气消费量达到4990万t油当量,煤炭消费量为4.522亿t油当量,核能消费880万t油当量,水电消费3160万t油当量,可再生能源的消费量为2750万t油当量。

迄今为止,印度已探明储量的矿产资源有89种,其中云母、重晶石、褐煤等非金属矿产产量居世界前三位,铬铁矿、锰矿、铁矿和铝土矿等金属矿产产量居世界前十位,而石油、天然气等具有全球战略地位的油气资源产量占比则相对较小,能源结构呈现明显的"富煤、贫油气"的特点。

此外,受独特的地理区位的影响,一方面印度本是全球淡水资源最为丰富的国家之一,但由于易受干旱侵袭的气候特点以及工业化引致的水污染等原因,使得近年来印度可有效利用的水资源极度短缺。另一方面,热带和亚热带的区位条件又使得印度大部分国土常年有300个左右的晴天,日照时间充足,年均太阳辐射量可达$1700\sim2500kWh/m^2$,日均太阳辐射量可达$4.0\sim7.0kWh/m^2$,太阳辐射资源在全球各大经济体中名列前茅。

13.1.2 电力工业概况

13.1.2.1 发电装机容量

印度传统上以热力发电和水力发电为主,近年来为解决电力短缺问题,太阳能发电和风力发电呈快速增长态势。印度2015—2018财年发电装机容量对比见图13-1。

从印度中央电力局(CEA)公布的官方统计数据来看,印度2018财年(2018年4月—2019年3月)总的发电装机容量为356.0GW(同比增加3.2%),近三年年均复合增速为5.3%,其中主要的新增贡献量来自光伏(6.5GW,同比增加30.0%)、煤电(3.5GW,同比增加1.8%)和风电(1.6GW,同比增加4.7%),而石油发电装机容量呈现持续下降态势。从结构上来看,印度2018财年的发电装机容量仍以煤电为主,占比达56.4%,但处于缓慢萎缩态势;相反,光伏发电装机容量受益于政府的大力支持占比在逐渐提升，至 2018 财年达到 7.9%。

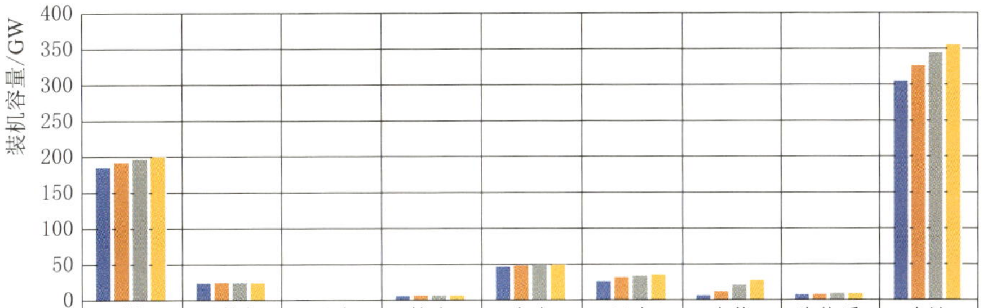

年份	煤	天然气	石油	核电	水电	风电	光伏	生物质	合计
2015年	185.2	24.5	1.0	5.8	47.1	26.8	6.8	8.1	305.3
2016年	192.2	25.3	0.8	6.8	48.9	32.3	12.3	8.3	326.9
2017年	197.2	24.9	0.8	6.8	49.8	34.0	21.7	9.8	345.0
2018年	200.7	24.9	0.6	6.8	50.0	35.6	28.2	9.2	356.0

图 13-1　印度 2015—2018 财年发电装机容量对比

印度 2018 财年各类型发电装机容量见图 13-2。按开发商属性，印度电站项目主要分为中央政府、邦政府和私人三大类，其中归属于中央政府和邦政府的发电厂一直发展较为稳定，而私人发电厂增长则较为迅猛，自 2015 年起其发电装机容量开始超过央属和邦属发电厂。截至 2018 财年，三类发电厂累计发电装机容量占比分别为 24%、30% 和 46%。细分来看，三类发电厂均以煤炭发电为主，石油和天然气发电占比较小，而结构上的差异主要体现在核电站、水电站和新能源（包括风能、太阳能、生物质能等）电站的

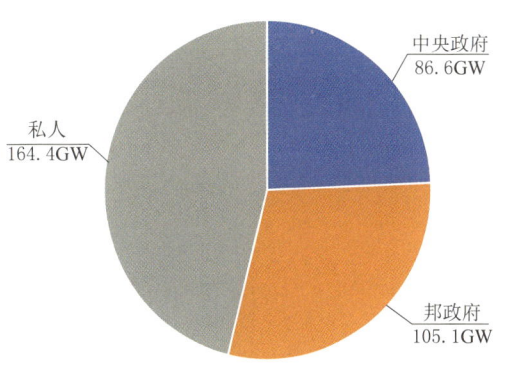

图 13-2　印度 2018 财年各类型发电装机容量（按开发商属性）

装机容量上。在印度，核电站项目因其特殊性，全部由中央政府掌握；新能源电站则相对集中于私人，占比高达 95%；而水电站项目虽然三方均有涉及，但邦属水电站装机容量占据了 60% 以上的份额。印度 2018 财年分类型发电装机容量对比见图 13-3。

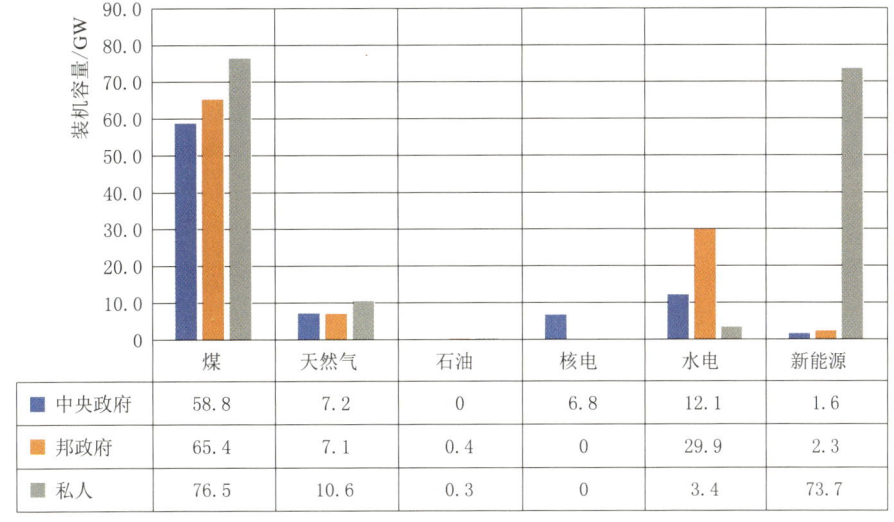

	煤	天然气	石油	核电	水电	新能源
中央政府	58.8	7.2	0	6.8	12.1	1.6
邦政府	65.4	7.1	0.4	0	29.9	2.3
私人	76.5	10.6	0.3	0	3.4	73.7

资料来源：印度中央电力局。

图 13-3　印度 2018 财年分类型发电装机容量对比

13.1.2.2 发电量构成

根据印度中央电力局发布的数据，近年来印度发电量的增速大致稳定在5%~6%之间，2018财年总发电量达1375.8TWh，同比增长5.2%，近三年年均复合增速5.4%，与装机容量增速相当，说明近年来印度电力行业的管理情况正在逐步改善。其中，主要新增量来自热电（34.9TWh）、光伏发电（13.4TWh）、水电（9.9TWh）和风电（9.3TWh），尤其以光伏发电和风电的增长最为明显。从结构上来看，印度发电量仍以热电等传统能源发电为主，但占比呈现缓慢下降态势，而代之以风电和光伏等可再生能源发电。据了解，截至2018年年底，印度整体的电气化率为96%，是全球前10大经济体中唯一电力覆盖率没有达到100%的国家，部分地区电气化水平依然不高，每到夏季，印度便开始全国范围性的严重缺电。印度2015—2018财年发电量对比见图13-4。

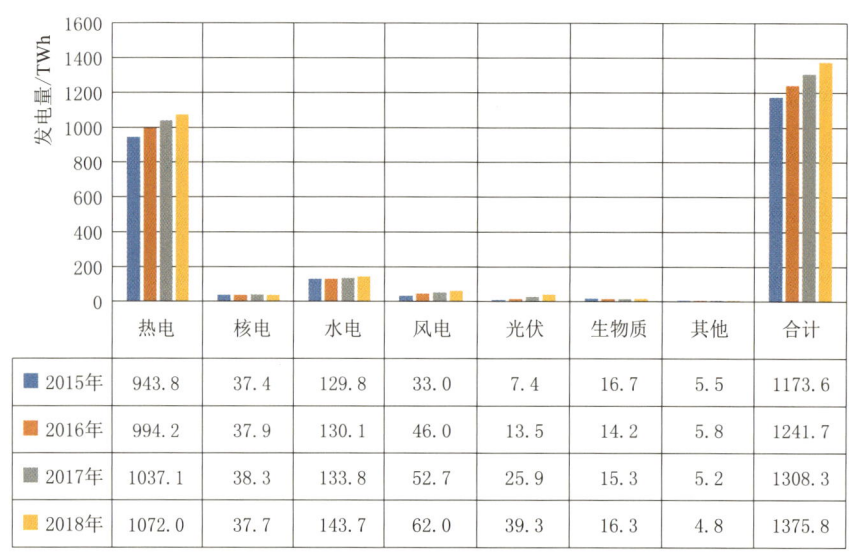

图13-4　印度2015—2018财年发电量对比

13.1.2.3 电网结构

印度电网主要分为北部、东北部、东部、西部和南部五个传输系统区域，前四大区域已被同步联结组成国家主网，而南部区域与国家主网之间主要通过超高压直流线路进行非同步联结，单独形成了南部电网，整个印度电网呈现出"东电西送""北电南送"的格局。其中，交流输电为印度电网中输电和配电的主流，电压等级包括400kV、220kV、132kV和66kV；而高压直流技术也逐渐被用于全国区域电网的互联和远距离电力的传输，电压等级达500kV和800kV。此外，除远距输电系统网络之外，印度还发展了在配电系统中的子传输网络，以便更好的输电到终端用户。印度国家电网主网架以400kV为主，各区域之间通过400kV交、直流线路和部分220kV线路互联，结构较为薄弱，安全稳定水平较低，其中南部电网通过500kV高压直流与东部、西部区域电网异步互联。

目前，印度已建成输电线路长度超过40万km，变电总容量超过800GVA。然而，由于输电和配电（T&D）工程缺乏足够的投资，受制于智能电网的匮乏、电力设备和电力线路的老化、偷电现象的普遍，印度在输配电环节的损耗率高达22.7%，部分地区甚至超过50%，是世界上输配电损耗率最高的国家之一。印度相关电力公司不堪重负，预计在短期内这一现状也很难改观。针对这一现象，预计未来几年印度政府将投资超400亿美元用于智能计量、配电自动化、电池储能及其他智能电网市场领域的建设，以期降低较高的输配电损耗率，减少电力企业损失。

13.1.3 电力管理体制

13.1.3.1 特点

印度是联邦制国家,各邦相对独立,使得其电力管理体制也分为国家和地方(邦)两个层面。在国家层面,设有电力部(MoP),统筹全国能源与电力相关的政策事宜,下辖中央电力局(CEA)和中央电力监管委员会(CERC),并成立了国家电网公司,分为五个区域电网(北部、东部、南部、西部和东北部),公司内设有国家调度中心,但人员和管理等由中央电力局直接负责,相对独立。在地方层面,印度各联邦独立性很强,邦属电力公司与央属电力公司间并无管理关系,是平等的法律实体,同样各邦属调度中心与央属调度中心之间也是平等关系,央属调度中心对各邦属电力公司并无调度权,只有建议权。目前,在发、输、配、售独立运营的基础上,电力工程已全面向私营投资者开放。

13.1.3.2 机构设置及职能分工

中央电力局最初是印度电力部的附属部门,成立于1951年,后于1975年作为独立完整的法定机构存在,由主席领导,下设首席工程师部、秘书处以及规划部、热电部、水电部、能源系统部、电网运营部、经贸部等六个职能部门。中央电力局主要负责编制每五年一期的国家电力规划,包括电力工程的批复与监督、电网相关技术标准的制定、人才培养与科研等,并适时向中央政府就电力相关事宜建言献策。印度中央电力局组织结构见图13-5。

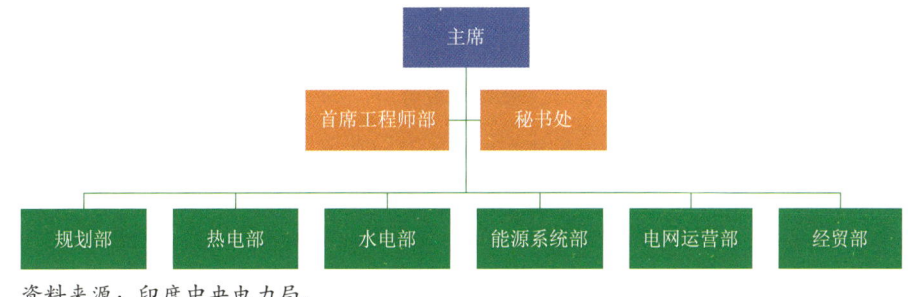

资料来源:印度中央电力局。

图 13-5 印度中央电力局组织结构

中央电力局下属六大职能部门中,规划部主要负责全国电力工程在技术方面的统筹规划事宜,热电部、水电部和能源系统部主要负责各大分类电站具体的技术协调和监督事宜,电网运营部主要负责全国的输配电事宜以及相关技术标准的制定,而经贸部主要负责全国电价市场的运营以及跨联邦电力交易的执行。

13.1.4 电力调度机制

在两级电力管理体制的基础上,印度电力行业主要实行四级调度管理机制,分别为国家电力调度中心、区域电力调度中心、联邦电力调度中心和邦内各地区配电调度中心,且各级电力调度中心之间只有调度业务关系,无上下级直接管理关系。2010年10月,印度国家电网公司将国调和3个区调从职能部门中独立出来,并注册成立由其各自全资所有的电力系统调度运营公司,分别负责跨区和跨邦主网架、发电厂的电力调度及交易业务。此外,邦调隶属联邦输电公司和地调隶属邦内各配电公司,各自负责所辖范围内的电力调度业务。

尽管印度纵向分权的电力管理模式给予了地方政府改革与发展电力产业的积极性和自主性,但调度管理上的松散却使得印度全国范围内的输电、配电和调度难以实现一体化，严重影响了电力资源的使用效率和安全稳定性，并大幅抬升了跨区和跨邦的电力调度成本，降低了应对重大突发事件的预防和响应能力，对于印度整体的电力工业甚至长远的经济发展大为不利。

13.2 电力市场概况

13.2.1 电力市场运营模式

13.2.1.1 市场构成

自 2003 年新《电力法》颁布起，印度开始系统化推进电力市场化改革，目前印度的电力市场已从垂直一体化转变为发输电独立和配售电一体化的经营模式，其最终方向是实现电力行业的私有化，从而吸引投资，促进国内电力行业的发展。其中，发电、输电是独立业务，形成单独的电力公司，而配、售电业务由具有独立产权的电力公司或部门分别经营，并在同一个供电区域内实现一体化。在该种经营模式下，印度允许建设多种产权形式的独立发电厂，其所生产的电能或全部卖给输电网，由输电网再向用户开放，或直接卖给配售公司和大用户。

就具体的参与方来看，在发电环节，中央层面有国家热电公司（NTPC）、国家水电公司（NHPC）和东北部电力公司（NEEPCO）等企业，邦层面有邦电力局，此外还有塔塔电力（Tata）和信实集团（Reliance）等私营企业；在输电环节，跨区和跨邦电网主要由中央政府所有的印度国家电网公司（PGCIL）拥有并负责运行管理，邦内输电资产由邦政府所有的邦输电公司（STUS）或未改革邦的电力局管理；在调度环节，调度机构与电网所有者合一，国家调度中心和区域调度中心由印度国家电网公司管理，而邦调度中心则由邦输电公司或电力局管理；在配电环节，配电网由邦政府或私营配电公司所有并负责运行管理，一个邦内可能存在多家配电公司参与竞争，或者由一家配电公司垄断经营；在交易环节，有印度能源交易所（IEX）和印度电力交易所（PXIL）两家，以跨邦电力交易为主。

13.2.1.2 结算机制

由于印度电力工业结构的特殊性，以及邦内电力市场化改革进度的不一致，存在多种形式的电价结算机制。对于跨邦电力交易，印度主要设有能源交易所和电力交易所进行结算，交易所内采取垂直型清算机制；对邦内电力交易，发电厂可直接面向配售公司和大用户，也可以通过输电网联结用户进行结算。

13.2.1.3 价格机制

印度电力监管委员会负责对中央政府拥有或控制的发电企业以及在多个邦销售电力的发电企业的电价进行管制，各邦电力监管委员会则负责制定邦内交易的电价。尽管印度已开展了多年的电力市场化改革，但并未建立起良好的价格机制，通常政府为提升制造业竞争力和争取低收入民众的支持，会采取行政手段使得电价长期处于低位，存在严重的交叉补贴现象，甚至出现了发电价和售电价倒挂的现象。在这一背景下，印度大部分的电力企业持续处于亏损状态，只能依靠政府补贴来维持运营，长此以往形成恶性循环，电力工业发展举步维艰。

由于国家补贴居民电费，因此印度居民用电价格大概是正常价格的三分之一。商业用电和工业用电定价采用区间电价和固定费用相结合的方式，相比较而言商业用电略高于工业用电。此外，按发电类型,印度火电厂的电价包括年容量费用(固定)和可变费用;水电站电价包括年容量费用(固定)和初级电量费用;多用途的水电项目(灌溉/防洪/发电)以发电部分的成本作为决定电价的基础;输电系统的电价按线路方式、变电站和系统定价,并合计为区域电价。

13.2.2 电力市场监管模式

13.2.2.1 监管制度

由于印度电力工业主管部门分为中央和联邦两级,因此印度电力工业监管机构也分为中央电力监管委员会(CERC)和邦属电力监管委员会(SERC)。其中,中央电力监管委员会不受邦属电力监管委员会管理,各自主理中央和邦内电力行业监管事务。印度中央电力监管委员会组织结构见图13-6。

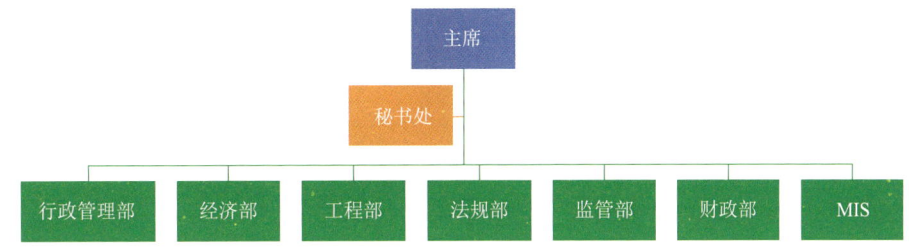

资料来源:中央电力监管委员会。

图 13-6 印度中央电力监管委员会组织结构

中央电力监管委员会以改善全国大宗电力市场的竞争和效率为目标,由主席领导,下设秘书处、行政管理部、经济部、工程部、法规部、监管部、财政部以及MIS等部门。主要职能如下:

(1)负责央属电力公司以及在多个联邦拥有电力配售计划的非央属电力公司的关税协调事宜。

(2)负责协调联邦之间的电力输送、交易以及牌照签发事宜。

(3)就电力及电价相关政策向中央政府建言献策。

在中央电力监管委员会下设的七大部门中,行政管理部主要负责人力资源管理及薪酬规划,并定期向电力部提交会计报告;经济部主要负责处理全国电力交易相关的事宜以及交易许可证的发放,并定期提交电力交易市场的监测报告;工程部主要负责处理不同类型的关税协调事宜,并在必要时提供技术上的支持;法规部主要负责处理与电力交易和关税相关的法律听证和诉讼事宜;监管部主要负责与邦属电力监管委员会相关政策和法规的跟踪、解释和研究事宜,并提供与各类监管机构的沟通和交流渠道;财政部主要负责外部关税的制定以及内部预算、审计等事宜;MIS主要负责软件开发、网络及设施管理等事宜。

13.2.2.2 监管对象

中央电力监管委员会主要负责对央属电力公司以及在多个联邦拥有电力配售计划的非央属电力公司的监管和协调事务,其中电力公司包括全国性的公私营发电厂、印度国家电网、印度能源交易所和印度电力交易所等。对于各联邦内的电力工业,地方政府均成立了单独的邦属电力监管委员会,其监管对象主要包括邦属电力局、邦属输电公司和邦属公私营配售电公司。

13.2.2.3 监管内容

在对电力市场的监管权限方面,央属和邦属两级监管机构的职责内容大体相当,包括所辖区域内的电力交易许可证的审核和发放、电力交易市场情况监测、法律听证及争议仲裁、政策制定和外部审计等。此外,邦属电力监管委员会还负责对跨国、跨区域电力交易关税的调整事宜。

13.3 主要电力机构

13.3.1 塔塔电力公司

13.3.1.1 公司概况

1. 总体情况

塔塔电力公司（Tata Power Co., Ltd）隶属于印度塔塔集团，成立于1911年，总部位于孟买，是印度最大的综合电力公司，业务范围辐射印度、印度尼西亚、新加坡、不丹和南非等国家，包括发电、输电、配电、交易和咨询等电力价值全产业链，且在各细分领域中处于领先地位。目前，塔塔电力公司及其子公司的发电总装机容量达到10GW左右，其中三成来自新能源项目，为印度超过260万电力消费者提供综合服务。此外，塔塔电力公司已建成世界上最大的12MW分布式光伏电站，并逐渐发展出电动汽车业务，在全国8个城市新建了65个充电桩。公司未来愿景是致力于成为全球电力产业的集成解决方案提供商，着重围绕节能和可持续发展在家庭智能化、农村微电网和能源效率等领域提供服务。

2. 经营业绩

塔塔电力公司2017—2018财年营收概况见图13-7。根据公司公布的合并报表数据，2018财年，塔塔电力公司总营收2995.5亿卢比（约合41.937亿美元），同比增长9.8%，增长主要来源于可再生能源业务的产能增加以及企业良好的运营能力；净利润244.0亿卢比（约合3.416亿美元），同比下降6.5%，主要原因在于全球煤炭电力价格下跌带来的利润率下滑。其中，在2018财年，可再生能源业务贡献了553.7亿卢比（7.752亿美元）的收入及43.5亿卢比（6090万美元）的净利润，分别占总体业务的18.5%和17.8%，较2017财年分别提升1个百分点和2.7个百分点。

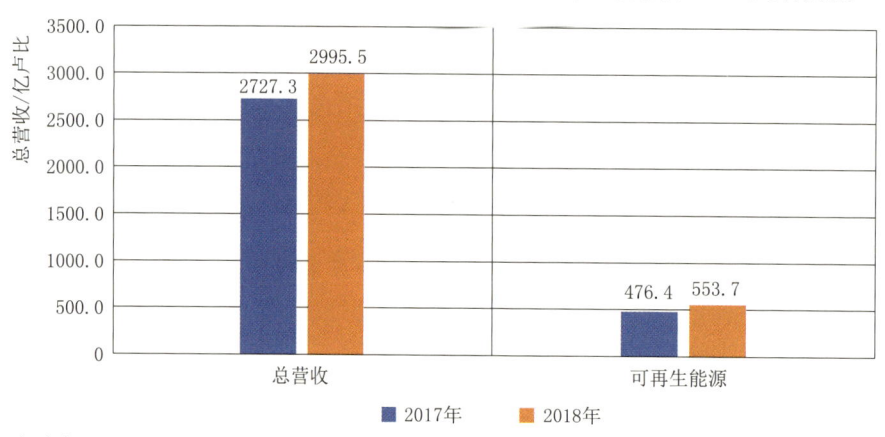

资料来源：塔塔电力公司年报。

图13-7 塔塔电力公司2017—2018财年营收概况

13.3.1.2 历史沿革

塔塔电力公司成立于1911年，最初名为塔塔水电有限公司（Tata Hydro-Electric Co., Ltd），只经营水电业务，于1915年建立起第一座水力发电站，装机容量为40MW。到1956年，为满足印度国内日益增长的电力需求，塔塔电力公司开始涉及火电业务，建造了第一座装机容量为62.5MW的火力发电站。而后自20世纪80年代开始，塔塔电力公司又陆续开展具有多种燃料燃烧能力的热电业务，包括煤炭、石油和天然气等，单台发电机组的装机容量可达500MW以上。

至 2000 年，塔塔水电有限公司与安德拉古电力有限公司（Andhra Valley Power Supply Co., Ltd）合并为一家统一的实体企业即今日的塔塔电力公司，并自此开始了一系列对外投资与并购业务，包括 2003 年与印度国家电网成立合资公司开展国际输电业务，2004 年成立贸易子公司开展电力交易业务，2006 年收购印尼煤矿公司 30% 股权，2011 年与 Damodar Valley 合作投资 1050MW 电力项目，2019 年与 AES 和三菱合作建立南亚最大规模的储能供电系统等。此外，塔塔电力公司自 2006 年、2011 年和 2018 年开始逐步横向拓展风电业务、光伏业务以及动力电池和充电桩业务。

13.3.1.3　组织架构

塔塔电力公司为印度塔塔集团旗下子公司，其他子公司包括塔塔咨询服务公司、Titan 公司（主营珠宝首饰业务）、塔塔通信公司、塔塔汽车公司、塔塔钢铁公司、印度酒店集团、塔塔全球饮料公司、塔塔化工公司、Voltas（主营空调业务）以及塔塔工程有限公司。塔塔电力公司组织架构见图 13-8。

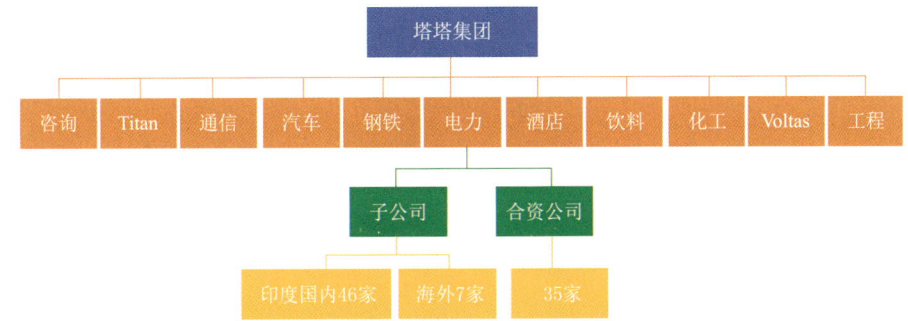

资料来源：塔塔集团官网、塔塔电力公司官网。

图 13-8　塔塔电力公司组织架构

在塔塔电力公司旗下，共有 53 家子公司和 35 家合资公司。其中，位于印度国内的子公司有 46 家，业务以可再生能源及其运营为主，包括 14 家太阳能子公司、5 家风能子公司和 1 家水能子公司，其余为投资及输配售类业务子公司；海外子公司有 7 家，均为区域性投资公司的形式存在。

13.3.1.4　业务情况

1. 经营区域

塔塔电力公司是印度最大的综合性电力公司，业务遍及国内各区域，为印度超过 260 万电力用户提供综合服务。此外，自 2000 年起，塔塔电力公司开始以投资子公司的形式大力拓展国际业务，投资区域包括印度尼西亚、新加坡、不丹和南非等国家。

2. 业务范围

塔塔电力公司的业务横跨整个电力价值链领域，包括发电、输电、配电以及交易和咨询。此外，近年来塔塔电力公司依据整个集团的战略规划开始逐步布局新能源汽车充电桩业务。

（1）发电。塔塔电力的发电业务涉及传统能源发电以及可再生能源发电两个部分，其中水力发电和火力发电是塔塔电力最初涉足的两个领域，之后又衍生出风力发电、太阳能发电等大型项目。

（2）输电和配电。塔塔电力为孟买等印度主要城市供电。此外，塔塔电力公司还参与了印度第一个邦际输电项目，全程跨越 1200km，该项目也是世界上最大的电力输送网络之一。

（3）交易。塔塔电力全资子公司塔塔电力交易公司已获得授权在印度国内开展电力交易业务。

（4）电力项目相关服务。塔塔电力公司为独立自备发电站、输电和配电项目，以及为印度和海外的运营和维护管理提供专业咨询和服务。

13.3.1.5 国际业务

塔塔电力公司的国际业务主要通过投资并购的形式开展,目前主要涉足亚洲、非洲、欧洲及大洋洲等,国家包括印度尼西亚、新加坡、越南、缅甸、不丹、南非、赞比亚、格鲁吉亚和澳大利亚等,业务以热电、水电等传统能源电力业务为主,此外还包括一些煤矿和物流方面的业务。目前,塔塔电力已成立7家国际投资子公司,包括塔塔国际电力有限公司、能源信托有限公司、东部能源有限公司以及4家区域投资子公司。塔塔电力公司国际业务布局见表13-1。

表 13-1　　塔塔电力公司国际业务布局

区域	国家	业务
亚洲	印度尼西亚	煤矿
	新加坡	物流
	越南	热电
	缅甸	热电
	不丹	水电
非洲	南非	电力合资
	赞比亚	水电
欧洲	格鲁吉亚	水电
大洋洲	澳大利亚	技术投资

资料来源:塔塔电力公司官网。

13.3.1.6 科技创新

塔塔电力公司已在印度首推语音机器人服务,目前该项服务的应用主要集中在孟买地区,客户可通过电脑端或移动端(iOS 和 Android)来完成一系列与电力相关的语音搜索服务。此外,塔塔电力公司还在门户网站上推广智能电网演示器,并衍生出一系列的增值服务,包括能源消耗构成、电子钱包和自助账单等,为消费者提供无缝衔接的客户体验。

13.3.2 印度国家电网公司

13.3.2.1 公司概况

印度国家电网公司(Powergrid)是一家印度国有电力公司,于2007年上市,印度政府持有55.37%的股份,公众持股44.63%。总部设在古尔冈。该公司除了提供输送中央部门电力的传输系统外,还负责建立和运营区域以及国家电网,以促进区域内和跨区域的电力转移的可靠性、安全性和经济性。作为印度中央输电公用事业的主要公司,Powergrid 在印度电力部门发挥重要作用,并在各邦之间输电系统上提供开放接入,履行与各邦之间传输系统有关的所有协调职能,确保建立一个高效、协调和经济的输电线路系统,以便从发电厂到负荷中心的电力平稳流动。同时,负责传输系统的高效运行和维护。通过部署紧急恢复系统,在发生台风和洪水等自然灾害发生时,在最短的时间内恢复供电。此外,印度国家电网公司还为输电系统各部门提供国家和国际层面的咨询服务。

13.3.2.2 历史沿革

1980年,电力部门改革委员会向印度政府提交了报告,建议印度电力部门进行广泛的改革。

1981年,印度政府作出政策决定,组建国家电网,为中央和区域输电系统的综合运行铺平道路。

根据1956年《公司法》,1989年10月23日,国家输电公司成立,负责在印度规划、执行、拥有、运营和维护高压输电系统。

1992年10月，国家输电公司的名称改为印度国家电网公司。

2007年10月，印度国家电网公司在联交所上市。

2013年10月，印度国家电网公司成功地在印度和孟加拉国之间进行500MW HVDC连接。

2016年3月，印度国家电网公司为1200kV国家测试站配备1200kV/400kV托架以及1200kV线路的单电路和双电路站，并且成功开始了印度—孟加拉国电网的第二个连接。

13.3.2.3 组织架构

印度国家电网公司是由董事会主要负责重大事项决策，旗下有四个主要事业部。其中区域电网系统是该公司的核心事业部，以规划和运营为目的的印度电力系统分为五个区域电网。印度国家电网公司组织架构见图13-9。

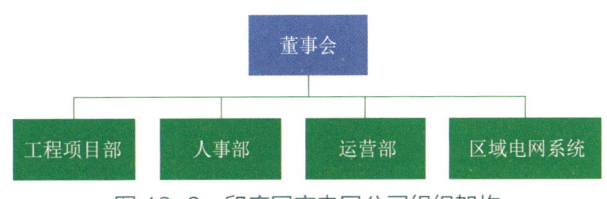

图13-9 印度国家电网公司组织架构

13.3.2.4 业务情况

印度国家电网公司的主要业务分为三大块，即电网传输、咨询和电信。

1. 电网传输（高压和超高压）

印度国家电网公司从事输电业务，负责国家和地区电网间的电力传输和运行的规划、协调、监督和控制。业务主要包括中央发电站（CGS）、独立电力商（IPP）、超大型发电厂（UMPP）和可再生能源集成的传输。电网的强化方案能够加强邦际和区域间的联系，并且也加强与尼泊尔、不丹、孟加拉国和斯里兰卡等邻国的电网联系和发展。目前已完成154692km的输电线路的建设，建设完成244个变电站，其变电容量为371512MVA。

2. 咨询

印度国家电网公司一直为国有公用事业、私营公用事业、中央公共事业和政府部门提供一站式咨询服务。主要提供输电、配电和电信领域的咨询服务，包括规划、设计、工程、负荷调度、邦内输电网络、采购管理、运营与维护、融资和项目管理。同时也为实施智能电网试点项目提供咨询服务。目前已经为150多个国内客户提供相关咨询服务，为20多个国家共25位客户提供咨询服务。

3. 电信

印度国家电网公司通过POWERTEL公司来经营电信业务，该业务主要是利用印度国家电网公司的全国传输基础设施，POWERTEL公司作为点对点的租赁业务的中立运营商。目前已经拥有并经营着60946km的电信网络，在印度105个城市有688个存在点，其骨干电信网络可用性达到99.5%以上。

13.3.2.5 国际业务

印度国家电网公司在亚洲和非洲的19个国家拥有强大的影响力。印度国家电网公司的工作文化遵循"通过了解当地文化和需求提供全球知识和专业知识"的原则。

通过执行世界各地多边机构资助的任务，印度国家电网公司已经精通这些机构的工作标准和政策以及当地的法律文化。印度国家电网公司的专家也容易在世界任何地方提供咨询服务和执行项目任务。

目前印度国家电网公司在以下国家拥有咨询业务和电网项目，分别为阿富汗、孟加拉国、不丹、刚果、埃塞俄比亚、斐济、尼日利亚、尼泊尔、哈萨克斯坦、肯尼亚、吉尔吉斯斯坦、缅甸、巴基斯坦、塞内加尔、斯里兰卡、塔吉克斯坦、坦桑尼亚和阿联酋等。

第14章 越南

14.1 能源资源与电力工业

14.1.1 一次能源资源概况

越南 21 世纪初期为原油出口国,其中向中国出口的产量占其总产量的 20%。目前,越南探明石油储量 44 亿桶,石油产量 1611 万 t,石油消费 2208 万 t,已由石油出口国转为石油进口国。

天然气方面,越南探明天然气储量 6459.29 亿 m^3,其主要用途为越南本土的天然气发电,越南的天然气发电主要分布在越南东南和西南地区。越南煤炭储量约 3800 万 t,总发电量约达 1900 亿 kWh。根据 2019 年《BP 世界能源统计年鉴》,越南一次能源消费量达到 8580 万 t 油当量,其中石油消费量达到 2490 万 t 油当量,天然气消费量达到 830 万 t 油当量,煤炭消费量达到 3430 万 t 油当量,水电消费量达到 1830 万 t 油当量,可再生能源消费量达到 10 万 t 油当量。

14.1.2 电力工业概况

14.1.2.1 发电装机容量

越南 2013—2018 年发电装机容量见图 14-1。

图 14-1 越南 2013—2018 年发电装机容量

越南河流众多,水电资源丰富,同时矿产及天然气储量也较为丰富。2018 年越南发电装机容量为 42135MW,其中水电装机容量为 15843MW,煤炭发电装机容量为 14452.31MW,天然气发电装机容量为 7500.03MW,可再生能源发电装机容量为 2443.83MW,石油发电装机容量为 1390.455MW,分别占总装机容量的 37.6%、34.3%、17.8%、5.8%、3.3%。越南 2018 年电源装机结构见图14-2。

14.1.2.2 发电量及构成

截至2018年年底，越南境内总发电量约为192TWh。其中，水力发电量约为69.12TWh，占全国总发电量的36%；煤炭发电量约为69.12TWh，占全国总发电量的36%；天然气发电量约为48TWh，占全国总发电量的25%，石油发电量约为1.92TWh，占全国总发电量的1%。越南2013—2018年发电量情况见图14-3。

根据越南工贸部审批的2019年越南电力系统运行计划，计划2019年越南总发电量为241TWh，其中煤炭发电量占近50%，约116.5TWh。越南计划到2020年总发电量为265~278TWh、发电装机容量为60GW，到2030年总发电量为571~700TWh、发电装机容量为129.5GW。但2018年总发电量仅192TWh，发电装机容量仅42.14GW，越南电力运行面临挑战。越南电力集团代表透露，全国乡（镇）电网覆盖率为99.8%，居民用电户覆盖率为98.76%，边境地区各乡村几乎全都能用上国家电网，为推动经济发展及维护边境地区安全稳定作出贡献。在海洋岛屿地区，越南电力集团正负责向12座岛屿中的9座提供电力，并且正在展开向其他岛乡供电。

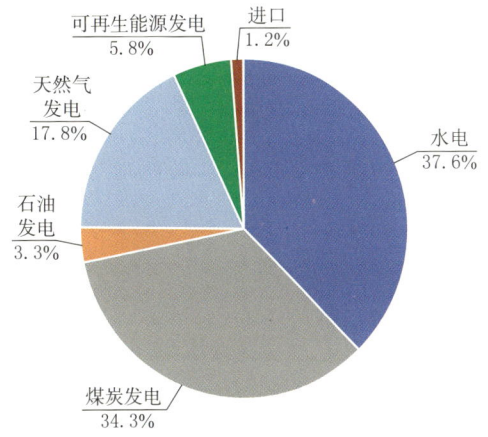

资料来源：彭博金融终端。

图14-2 越南2018年电源装机结构

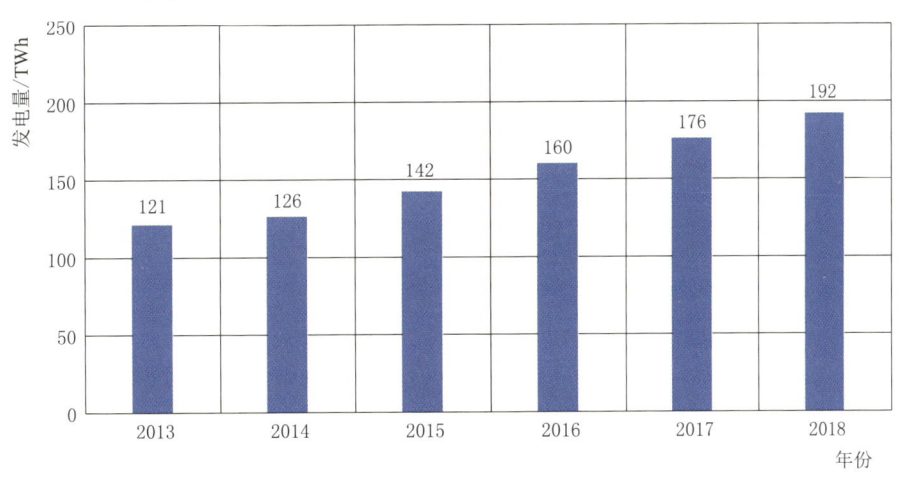

图14-3 越南2013—2018年发电量情况

14.1.2.3 电网结构

越南电网根据地理位置和负荷分布划分为北部电网、中部电网和南部电网。北部电网从高平省延伸到河静省，中部电网由广平省延伸到庆和省（包括4个高地省），南部电网由庆和省延伸到金瓯省（包括1个高地省）。目前电网主要包括500kV、220kV、110kV和66kV 4个电压等级。

自纵贯南北的500kV输电线工程于1994年完工以后，北部电网、中部电网、南部电网的系统开始联网运行。现在，越南电网的运作分为3个层次，即国家负荷调度中心、地区负荷调度中心和地方负荷调度中心。地区调度中心设在各电力公司，管辖220kV和110kV系统。另外，每个省设置地方负荷调度中心，管辖35kV系统。

国家负荷调度中心管辖13家国有发电厂和500kV系统，现引进法国制造的电力监控系统

（Supervisory Control and Data Acquisition，SCADA）用于对包括民营发电厂在内的43家主要发电厂、500kV变电站、220kV变电站的远程监控。同时国家负荷调度中心和各发电厂及变电站间的通信用光纤作为干线，用超短波连接。

越南整个电网系统小而分散，加之发电以煤炭为主，能源自身供应不足，需要依靠进口，无法满足越南日益发达的现代工业和手工制造业的用电需求，越南未来将继续面临电力短缺的问题。

14.1.3 电力管理体制

14.1.3.1 机构设置

越南电力管理体制原由国家统一管理，能源部统筹管理，越南电力集团下设机构行使部分职权，对国家电网建设、电价制定、投资、电力规划、电力监管统筹管理。2005年，越南通过新修改的《电力法》，2007年，越南开始电力民营化改革，容许外国投资者进入越南电力市场，打破了越南电力由一家垄断的局面，但其电力实质管理权依然集中在国家手中。

14.1.3.2 职能分工

越南由工业部负责管理全国电力，工业部下辖越南电力集团包括国家负荷调度中心、13家发电厂、4家输电公司、4家电力工程咨询公司、2家电力设备制造公司及1家能源研究所。越南电力监管机构见图14-4。

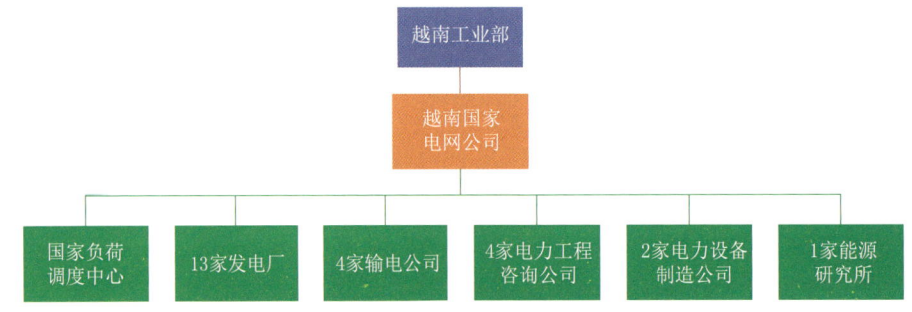

图14-4 越南电力监管机构

越南电力集团是越南电力工业的负责机构，它在越南工业部的管辖下，管理全国的发电、送电、供电。同时，越南电力集团作为企业集团的总公司统辖下属的相关企业。

（1）国家负荷调度中心是越南电力集团的直属企业。现在，国家负荷调度中心有4处，即河内，北部、中部和南部地区各1处。国家负荷调度中心的主要业务是500kV、220kV及110kV系统的运行和发电厂运行指令的下达，调整越南南北的供电需求。另外，地区负荷调度中心经常同国家负荷调度中心相协调，在负责的地区实施220kV和110kV系统的运行。配电系统归配电公司管理，各地区的配电所对其配电系统进行管理，已引进SCADA电力监控系统。

（2）发电厂。

1）燃煤发电厂：Pha Lai发电厂、Uong Bi发电厂、Ninh Binh发电厂。

2）燃油发电厂：Thu Duc发电厂、Can Tho发电厂。

3）燃气发电厂：Biria发电厂、Phu My发电厂。

4）水电站：HoaBinh水电站、Thac Ba水电站、Vinh Son水电站、Tri An水电站、Thac Mo水电站、Da Nhim水电站。

（3）4家输电公司。

1）输电公司1部（负责北部地区）。

2）输电公司2部（负责中北部地区）。

3）输电公司3部（负责中南部地区）。

4）输电公司4部（负责南部地区）。

4家输电公司500kV线路总长度超过1500km，220kV线路总长度超过2600km，110kV线路总长度超过2500km。拥有4座500kV变电站，25座220kV变电站。

（4）配电公司。设置在各地区，除了向各地区用户供电外，还负责110kV以下输、配电线路的运行、维修、征收电费、实现地方电气化等工作。目前有7家配电公司，即第一配电公司、第二配电公司、第三配电公司、河内配电公司、胡志明市配电公司、海防配电公司和同奈省配电公司。7家配电公司6~35kV线路总长度超过76000km，低压线路总长度超过58000km，变电站变电容量约15000MVA。

（5）电力设备咨询、设计公司。下设4家电力工程咨询公司，主要从事发送配电项目的计划、设计、管理等工作，并为长期电力项目提供咨询。

（6）电力设备制造公司。下设2家电力设备制造公司，即东安电力设备制造公司和舍都电力设备制造公司。其中东安电力设备制造公司规模较大，位于河内市东安开发区，主要生产6~110kV变压器、6~35kV高压开关、低压配电箱和裸铝线等，2001年产值超过1000万美元。舍都电力设备制造公司位于胡志明市，主要生产66~110kV变压器和电力铁塔等。2家电力设备制造公司均已通过ISO 9002认证。

（7）能源研究所。负责国家能源政策及国家、地方的电力开发计划的制订。同时实施有关电力设备、机械等的调查、研究，有关商业能源供求及节能、新能源等的调查、研究或培训。

14.1.4 电力调度机制

14.1.4.1 特点

越南国家负荷调度中心自2006年起启用SCADA电力监控系统，对数据进行实时监控与电力调度调整，并对接入点提出如下要求：

（1）对于直接接入110kV电网和总功率为30MW以上的电站和厂房。最少需要两个连接点，一个接入国家负荷调度中心，另一个接入相应地区的负荷调度中心。

（2）对于直接接入110kV电网和总功率为30MW以下的电站和厂房。最少需要一个连接点接入相应地区负荷调度中心。

（3）对于500kV的变电站。最少需要两个连接点，一个接入国家负荷调度中心，另一个接入相应地区负荷调度中心。

（4）对于220kV和110kV的变压站。最少需要一个连接点接入相应地区负荷调度中心。在所有的情况中，最少要有1个备用连接点。

通过SCADA电力监控系统的连接互通，越南国家负荷调度中心可实时监控全国电力情况，主要对500kV做出调度，220kV和110kV的调度由国家负荷调度中心向地区负荷调度中心下达相应指令，而35kV多由地方负荷调度中心进行地区性调度。

14.1.4.2 调度机构

越南国家电网的调度机构自上而下分别为国家负荷调度中心、地区负荷调度中心、地方负荷调度中心。越南电力调度机构见图14-5。

14.2 电力市场概况

14.2.1 电力市场运营模式

14.2.1.1 市场构成

图14-5 越南电力调度机构

2005年越南通过新修改的《电力法》,2007年越南开始电力民营化改革,2010年总理批准《第一阶段电力行业改革政策发展协会计划》。2012年11月8日,总理批准越南发展智能电网的项目。2012年11月23日,总理批准2012—2015年阶段越南电力集团民营化项目。越南电力民营化改革规划设计的进程主要分四个阶段。

第一阶段:允许私人资本和国际资本在独立发电企业的电力生产中投资。

第二阶段:对批发市场进行一部分自由化,当国家电力集团拥有在市场上的垄断地位时让独立发电商(IPPS)自由竞争,此阶段在2010—2014年进行。在此阶段,市场上有很多供应商,但只有唯一的买家。

第三阶段:通过打破国家电力集团在市场上的垄断地位来实现电力批发市场的全面自由化,允许大买家(大企业)直接向批发卖家购买。根据工商部的计划,此阶段会在2014—2022年实现。

第四阶段:实现电力零售市场自由化。此阶段让小买家向不同的零售供应商购买,此阶段会在2022年后实现。

目前越南的电力市场处于第一阶段,即供电独家代理模式,单一的买家代理。此模式是越南试图进行电力民营化改革过程的第一步。唯一买家的民营化模式允许私人投资者建立、所属以及监管独立电力。各发电公司进行市场竞争卖电给唯一买家。在此过程中,唯一买家有独权向各发电公司进行电力购买,然后卖给消费者。此模式确保IPPS的危机最小化,强化了电网公司的责任,同时也为发电领域吸收投资资本形成了更有利的动力。唯一买家的电力竞争市场需要将输送和发电职能分开。

越南电力市场的优点为:①给电力民营化过程提供一个稳定的市场,不会出现突然变化;②成功实施的几率比较高;③形成发电竞争环境;④有利于新电源吸收更多投资者;⑤不影响原有的分配公司的生产经营活动;⑥模式比较简单,市场运营的规定不复杂;⑦市场运营的基础设施建设投资要求不高。

缺点为:①越南电力集团是发电单位的唯一买家;②只限于新电源发展的竞争,竞争程度不高;③没有消费者分配公司的购电选择。

14.2.1.2 结算模式

基于第一阶段的结算模式根据市场对电价的调整最终形成结算。第一模式显然很安全,唯一独权买家接受政府对电价的调整,电价的形成基础是电力系统平均生产,保证电力系统的合理开发以及电力供给的信任度。在此阶段,电力生产投资者在降低电力生产成本上互相竞争,提高生产效率和稳定性,以便获得最大化利润。在新的电力市场,电力买卖公司作为唯一的批发购电单位,国家负荷调度中心担任电力系统和电力市场的运营职能。

14.2.1.3 价格机制

1. 上网电价

目前国家电力集团与电力项目投资者商谈机组上网电价的基础是越南工业部 2007 年 6 月 13 日签发的 2014 号《关于电力项目经济分析、财务评价和电价临时指导意见的决议》，该决议详细规定了电力项目经济分析、财务评价的内容和方法以及财务内部收益率和上网电价水平限制。2014 号文是对越南工业部 2004 年 4 月 13 日签发的 709 号文的修订版本。

2. 销售电价

越南终端用户的销售电价受政府严格管制，在全国实行统一销售电价，其电价水平低于世界银行和国家电力公司建议的零售电价，同东南亚其他国家相比电价水平也属于较低水平。销售电价水平因用户种类、时段、电压等级不同而有所不同，城市和农村居民用电的平均电价通过工业、商业和外国消费者的高电价进行交叉补贴，尚未建立电力公共基金。下一步越南电价改革的方向主要是逐步减少交叉补贴、建立发电侧与销售侧的价格传递机制、建立电力公共基金。越南 2012—2017 年电价波动见图 14-6。

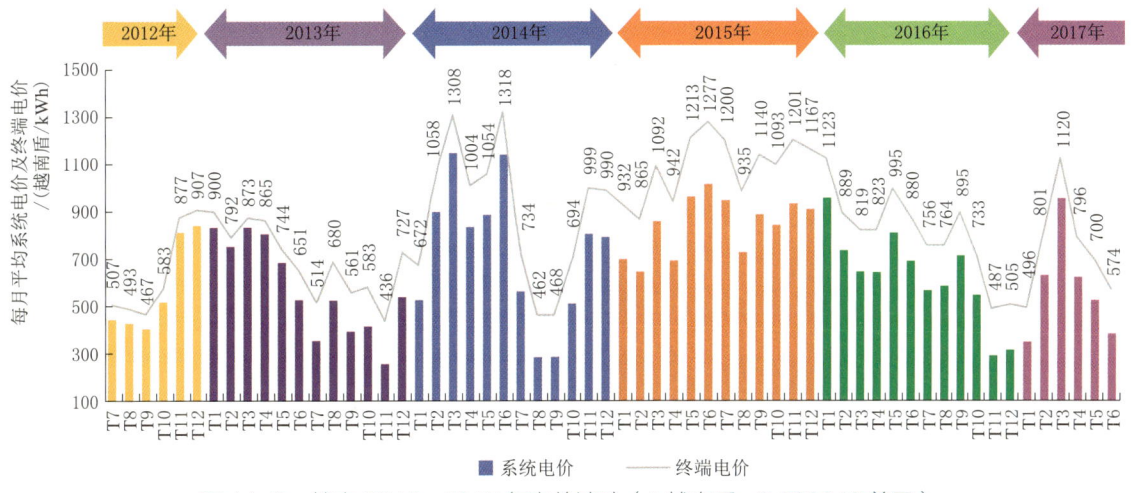

图 14-6　越南 2012—2017 年电价波动（1 越南盾 =0.000043 美元）

14.2.2　电力市场监管模式

14.2.2.1　监管制度

越南电力市场目前还处于垄断状态，由国有企业越南电力集团主导，由工业和贸易部实行监管职能，监管完全由国家机关制定与执行，而不是市场性的监管政策。

14.2.2.2　监管对象

越南电力市场的主要监管对象为越南电力集团及其下属的地区配电公司，并由工业和贸易部实行自上而下的监管，对国有发电配电公司的运营、项目建设、输配电进行监督与管理。

14.2.2.3　监管内容

国家工业和贸易部进行监督管理，具体内容为：根据越南的法规，满足电力工业的技术要求；电站、电热网、用户用电、取热设备的运行情况和技术条件，符合电力和热力质量的技术要求；合理优化发电、输电和用电方式；参与检查电力公司的工作；定期检查电站、电热网、用户用电设备的技术状况；组织电力、热力生产、输配、购进转售、技术状况控制和电力机组安全运行；组织负责人进行技术运行知识和安全规程的资格考试；组织电力设施能源专家对电力、热能安全高效生产、输配和使用情况的评估；监督节能政策的实施情况；检查单位能源利用效率；编写关于改进越南电力工业立法的提案；组织拟订节能方案、规章和程序行为、法律和经济机制；向各组织的业主提出建议，对电力工业中发生事故、事件和其他严重违反管制法律规定的技术要求的人采取纪律行动，或者将材料转交国家有关部门，依照越南法律对违反越南国家电力行业法律的人提起行政诉讼或者刑事诉讼。

14.3 主要电力机构

14.3.1 越南电力集团

14.3.1.1 公司概况

1. 总体情况

越南电力集团（EVN）属于国有公司，主要从事发电、输电、配电和售电等业务，总部位于越南首都河内市。越南现有的电力工业体制是工业部管辖的越南电力集团，通过直接管辖的企业来完成全国的发输电、配电任务，向下属 7 家地区配电公司批发电力，作为企业集团的总公司统辖电力部门的各机构。

2. 经营业绩

集团 2018 年总收入约达 120 亿美元。其中居民用电收入约 40.8 亿美元，商业用电收入约 72 亿美元，农业用电收入约 2.4 亿美元，共实现净利润约 17 亿美元。

14.3.1.2 历史沿革

1995 年，越南电力公司正式成立，开始在全国范围内开展电力配送业务。

2006 年 12 月 17 日，越南电力集团正式成立，标志着电力行业向经济集团转型的重要里程碑。

2008 年，国家输变电股份有限公司（EVNNPT）以有限责任公司的模式成立，由 4 家输变电公司和 3 家电力项目管理委员会组成，由 EVN100% 控股。国家输变电股份有限公司负责全国 220kV、500kV 输电系统的投资、运行和管理。

2010 年，将 3 家输变电公司分别改名为北方电力公司、南方电力公司、中央电力公司。

2012 年，总理批准越南电力集团下设 3 家发电公司，实施电力部门重组路线图，促进越南竞争性发电市场的形成。

2013 年，越南总理发布关于越南电力组织和运营章程法令，自 2014 年 2 月 3 日起生效。

14.3.1.3 组织架构

越南电力集团的董事会下设总裁及 CEO，负责公司管理事宜。同时下设发展战略部、综合事务部及独立的内部审计与金融监管部。总裁及 CEO 下设的副总裁，分别负责运行、商务、金融、建设投资、国际关系和基金。这 5 项事务分别由具体的 18 个部门组成。越南电力集团组织架构见图 14-7。

14.3.1.4 业务情况

1. 经营区域

越南电力集团拥有整个国家的输配电网络，通过国家负荷调度中心安全可靠的控制着国家电力系统的运行,其经营区域与整个国家电网所重合。在越南电力集团下,分为北方电力公司(EVNNPC)、中央电力公司(EVNCPC)、南方电力公司(EVNSPC)、河内电力公司、胡志明市电力公司。

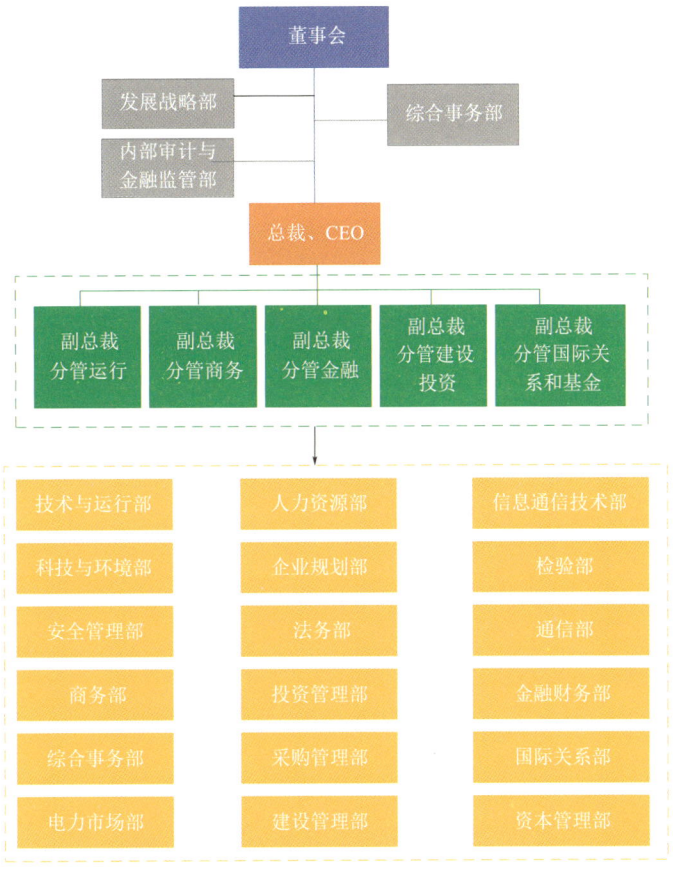

图 14-7　越南电力集团组织架构

2. 业务范围

集团 2018 年总收入约 120 亿美元。工业用户约占总用户数量的 54%,居民用户约占 34%,商业用户约占 6%,农林业用电约占 2%,其他用户约占 4%。输电线路方面,2018 年集团拥有越南境内 550kV 输电线路长度约 7446km,220kV 输电线路长度约 16071km。越南电力集团输电线路情况见表 14-1。

表 14-1　越南电力集团输电线路情况

名　称	长度 / 容量
500kV 输电路线	7446km
220kV 输电路线	16071km
500kV 变电站	26100MVA
220kV 变电站	41538MVA

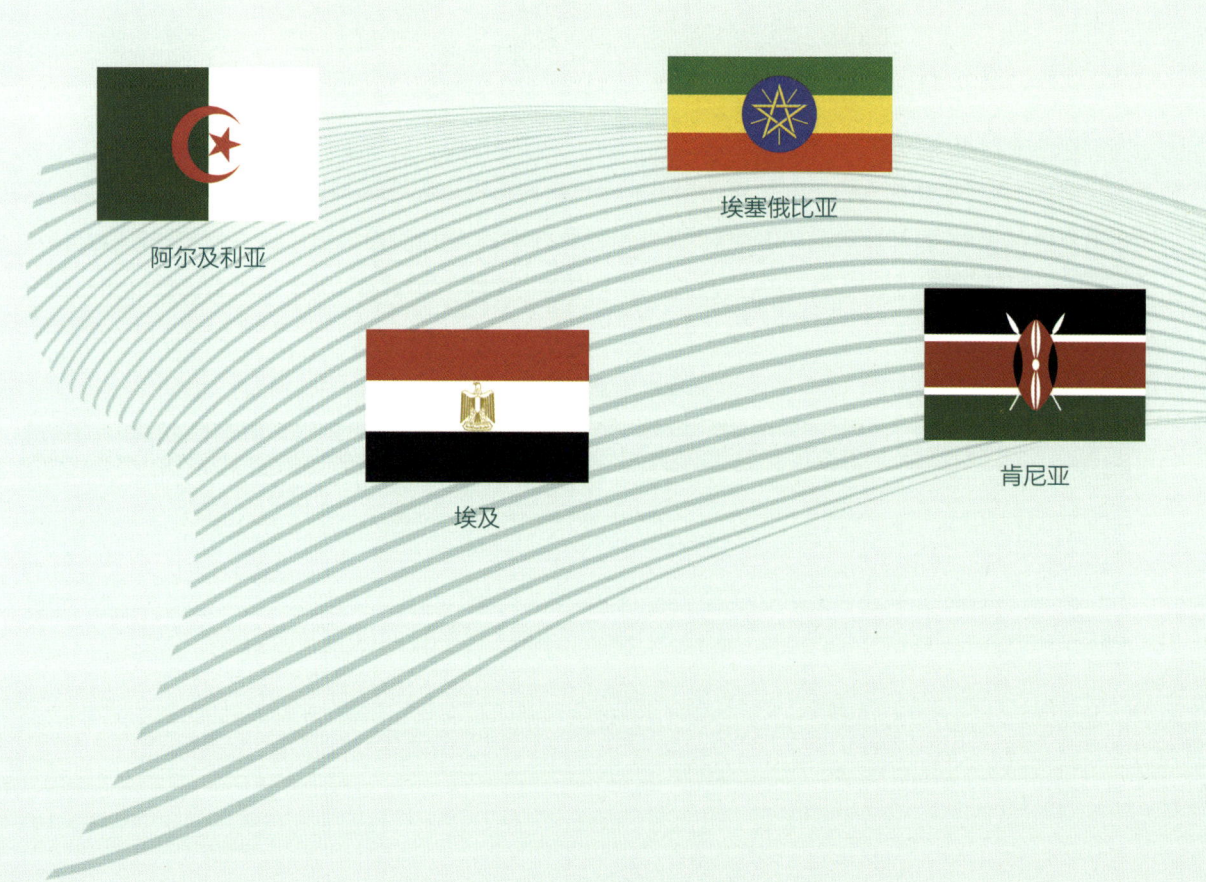

第 2 篇
非洲

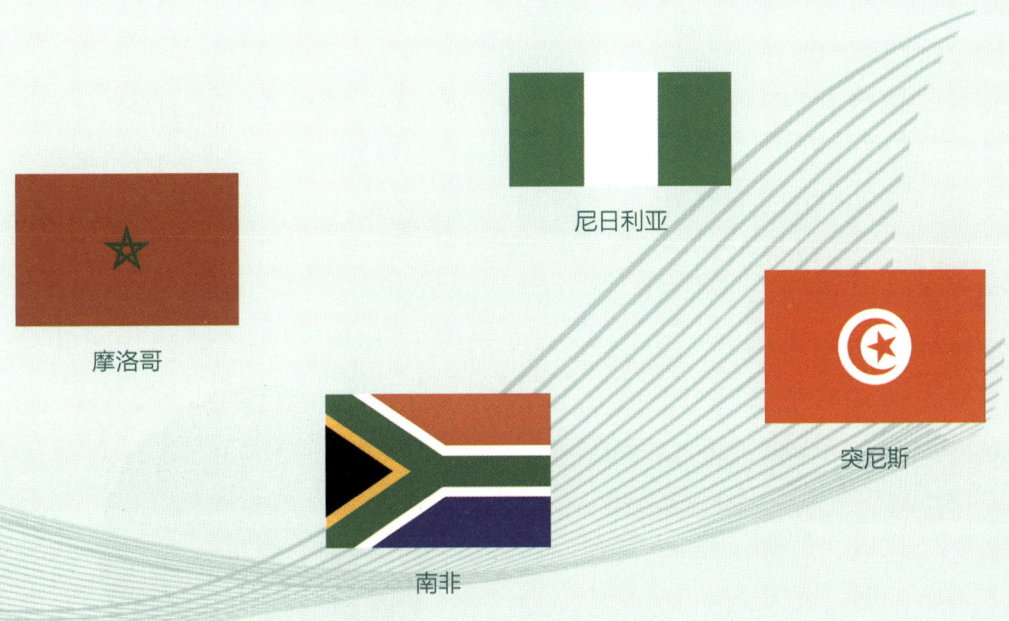

尼日利亚

摩洛哥

突尼斯

南非

第 15 章
阿尔及利亚

15.1 能源资源与电力工业

15.1.1 一次能源资源概况

阿尔及利亚探明石油储量约 17 亿 t，占世界总储量的 1%，居世界第 15 位，主要是撒哈拉轻质油，油质较高；探明天然气储量 4.58 万亿 m^3，占世界总储量的 2.37%，居世界第 10 位。阿尔及利亚油气产品大部分出口。其他矿藏主要有铁、铅、锌、铀、铜、金、磷酸盐等。其中铁矿储量为 30 亿~50 亿 t，主要分布在东部乌昂扎矿和布哈德拉矿。铅锌矿储量约为 1.5 亿 t，铀矿储量约为 5 万 t，磷酸盐储量约为 20 亿 t，黄金储量约为 73t。阿尔及利亚水利资源丰富，可开发水资源约 172 亿 m^3，水坝 64 座，蓄水能力 710 亿 m^3。

根据 2019 年《BP 世界能源统计年鉴》，阿尔及利亚 2018 年一次能源消费量达到 5670 万 t 油当量，其中石油消费量达到 1960 万 t 油当量，天然气消费量达到 3670 万 t 油当量，煤炭消费量达到 20 万 t 油当量，可再生能源消费量达到 10 万 t 油当量。

15.1.2 电力工业概况

15.1.2.1 发电装机容量

目前阿尔及利亚全国的发电装机容量约为 19GW，其中 97% 为石油/天然气，装机容量为 18399MW，2% 为太阳能/风能发电，装机容量为 379MW，1% 为水力发电，装机容量为 228MW。阿尔及利亚 2018 年各类型电源发电装机容量见图 15-1。

15.1.2.2 发电量及构成

阿尔及利亚全国发电量呈现逐年上升的趋势，截至 2018 年年底，阿尔及利亚全国

图 15-1 阿尔及利亚 2018 年各类型电源发电装机容量

总发电量达到 64.67TWh，较 2015 年上升 18.42TWh，增长率约为 39%。阿尔及利亚高度依赖油气资源发电，2018 年总发电量中 95% 来自石油/天然气发电，约 61.4TWh。据了解，全国电力覆盖率达到 98%，天然气覆盖率达到 63%，全国 1541 县中有 1300 多个接入电网。阿尔及利亚近年发电量见图 15-2。

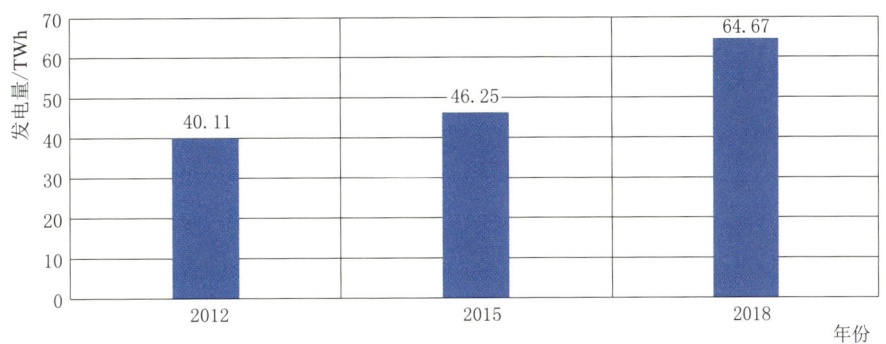

图 15-2 阿尔及利亚近年发电量

15.1.2.3 电网结构

阿尔及利亚全国电网共 2 个电压等级，分别为 400kV 和 150kV/220kV（220kV 线路降压运行，运行在 150kV）等级，截至 2018 年年底，400kV 电压等级线路总长度共 2547km，占全国输电线路的 10%，150kV/220kV 电压等级线路总长度共 22600km，占全国输电线路的 90%。阿尔及利亚各电压等级线路总长度见图 15-3。

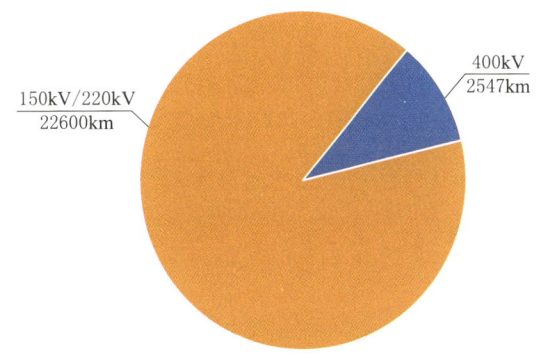

图 15-3 阿尔及利亚各电压等级线路总长度

15.1.3 电力管理体制

15.1.3.1 机构设置

阿尔及利亚电力行业的监管机构是成立于 2002 年的电力与天然气监管委员会（CREG），主要负责整体规划、行业监管及电价制定等。阿尔及利亚电力企业主要是国家煤气电力公司（Sonelgaz）。在 2002 年放开电力市场之前，国家煤气电力公司在电力的发输配全过程均处于垄断地位。2002 年新《电力法》出台后，阿尔及利亚开始推进电力行业私有化，并把电力的发输配过程分离，另外开放第三方电力供应，比如独立开发商等。

15.1.3.2 职能分工

阿尔及利亚电力行业监管部门见图 15-4。

（1）阿尔及利亚能源矿业部。阿尔及利亚能源领域最重要的参与者，负责为矿物和能源的研究、开发、生产及使用制定和实施政策和战略。

（2）阿尔及利亚电力与天然气监管委员会。负责阿尔及利亚国内电力与天然气市场的监管。

（3）阿尔及利亚国家煤气电力公司。阿尔及利亚国内唯一的电力和煤气公司，负责国内一切电力工业环节的运营业务。

图 15-4 阿尔及利亚电力行业监管部门

15.1.4 电力调度机制

阿尔及利亚国内的电力调度主要由阿尔及利亚国家煤气电力公司所属的阿尔及利亚国家电网调度中心来完成。阿尔及利亚国内电网分为两部分，一部分为北部沿海地区的主要国家电网，另一部分为撒哈拉沙漠中的单独电网，该电网不接入国家电网，通过分布式发电来获取电力。

阿尔及利亚国家电网调度中心（Gestion du Réseau de Transport de l'Electricité，GRTE）是隶属于阿尔及利亚国家煤气电力公司的子公司，负责阿尔及利亚全国的电力调度。公司成立于2004年，在全国设立有24个服务网点。

15.2 电力市场概况

15.2.1 电力市场运营模式

阿尔及利亚国家煤气电力公司是国内唯一的电力市场主体，负责发、输、配、售各个环节的业务。

阿尔及利亚国家煤气电力公司每年会根据自身的发电、输电、运营成本来确定终端用户电费，该电费会提交至阿尔及利亚电力与天然气监管委员会进行审核，并由阿尔及利亚能源矿业部签发核准。另外，阿尔及利亚鼓励太阳能发电，对光伏发电的上网电价进行政策补贴，规定在发电站寿命期内，可享受100%~200%的普通电价补贴。

由于阿尔及利亚油气资源十分丰富，发电成本极低，2018年全国电力终端均价为0.04美元/kWh，是全球电价最便宜的国家之一。

15.2.2 电力市场监管模式

阿尔及利亚目前的市场监管主要由电力与天然气监管委员会负责，共有如下职责：

（1）授权/特许权。

1）调查新发电设施建设和运营的申请和授权。

2）启动并处理电力和天然气分销特许权的招标。

（2）需求预测/投资规划。

1）制定电力生产需求方案，并提交能源部批准。

2）为国家天然气市场制定指示性计划，并提交能源部批准。

3）批准电网运营商提交的电网发展计划。

（3）电价审核。

1）监管委员会负责批准审核国家电价。

2）管理电力和天然气基金，支持电价均等化。

（4）质量、技术和环境控制。

1）安全和环境监管。

2）服务质量评估标准制定。

（5）消费者保护。

1）监督和评估公共服务义务的履行情况。

2）调查运营商、网络用户和客户的投诉。

3）确定行政处罚细则。

阿尔及利亚国家煤气电力公司是阿尔及利亚国内唯一的受监管对象，除此以外，外国投资者也需要受到相关监管。

15.3 主要电力机构

15.3.1 阿尔及利亚国家煤气电力公司

15.3.1.1 公司概况

阿尔及利亚国家煤气电力公司（Sonelgaz）是阿尔及利亚国内唯一的电力市场及天然气市场参与者。在电力行业，公司主要负责发电、输电、配电及售电业务的运营、管理和维护等工作。

公司主要是由董事会确定公司发展的方向并确保其实施，董事会主席为 Chahar Boulakhras。董事会审议主要的战略、经济、金融或技术方向以及法律明确委托的事务。

15.3.1.2 历史沿革

阿尔及利亚国家煤气电力公司成立于1969年，由阿尔及利亚电力公司（EGA）重组而来，旨在实现监管与业务分离。

2002年，公司实现改制，由国家机关改制为有限公司，并实现公司化和市场化管理运营。

2004年，公司开始进行拆分，计划将发、输、配、售电业务进行拆解，并实现独立运营，但由于改革阻力较大，仅成立了国家电网调度中心作为子公司专项负责国家电网调度工作。

2011年，公司再次改制，由有限公司改制为股份制公司，并允许私人投资者对公司进行股权投资。

15.3.1.3 组织架构

董事会是公司最高的管理机构，下设有两大事业群以及一个工程支持公司。阿尔及利亚国家煤气电力公司组织架构见图15-5。

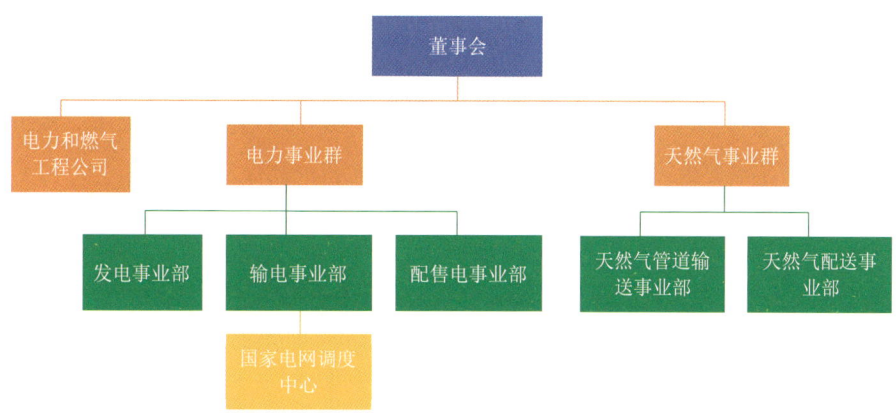

图 15-5　阿尔及利亚国家煤气电力公司组织架构

电力事业群下设有发电事业部，负责公司旗下所有发电厂的运营、维护、保养工作；输电事业部负责国家电网的运营、维护、建设工作，并设立有单独的国家电网调度中心负责电网调度事务；配售电事业部负责公司的电力销售、客户拓展等工作。

15.3.1.4 业务情况

1. 发电业务

目前，阿尔及利亚国家煤气电力公司在国内的装机容量为14.2GW，计划2027年达到29.5GW的装机容量。阿尔及利亚国家煤气电力公司发电业务计划见图15-6。

2. 输电业务

阿尔及利亚国家煤气电力公司负责管理全国的输电线路，目前公司共管理输电线路总长度约

25000km，配电线路总长度约 329000km。未来重点将放在 400kV 线路的建设上，并计划在 2027 年新增 30000km 的 400kV 或以上线路。

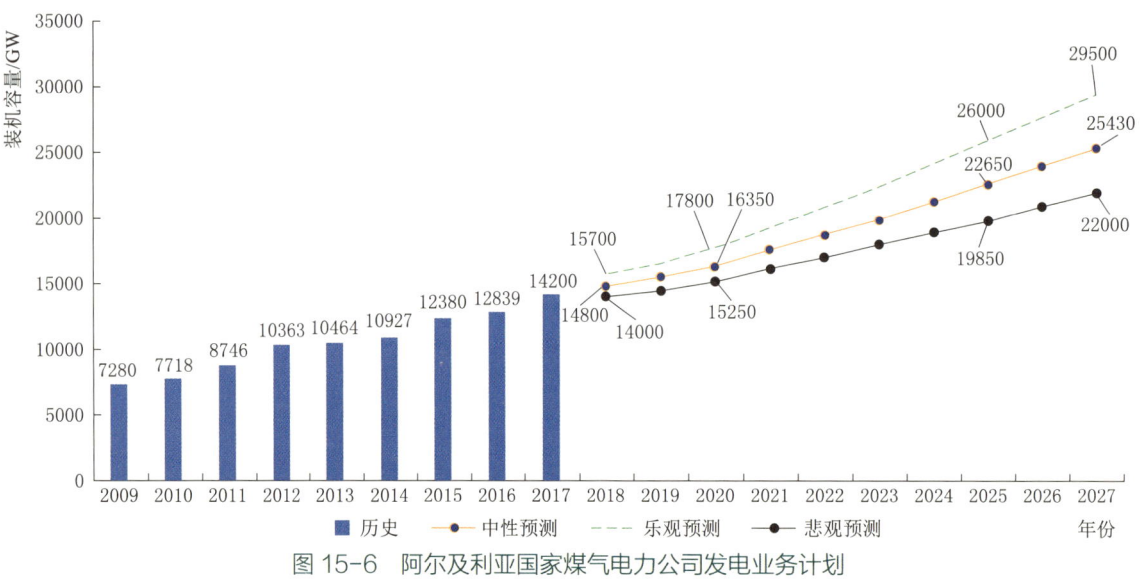

图 15-6 阿尔及利亚国家煤气电力公司发电业务计划

3. 配电业务

阿尔及利亚国家煤气电力公司电力相关业务目前共拥有 916 万用户，较 2000 年上升了一倍，并计划在 2027 年增加 50% 的客户数量，届时公司客户数量将达到约 1400 万。

15.3.1.5 科技创新

可再生能源是阿尔及利亚国家煤气电力公司未来的发展重心，主要通过开发股权投资引入外部投资者，帮助公司建设更多的可再生能源发电设施，特别是光伏发电设施，实现电源的多样化。公司计划在 2030 年实现 40% 装机容量由可再生能源提供。

除此以外，阿尔及利亚国家煤气电力公司还致力于火力发电站燃烧效率的提升，减少环境污染。公司与美国通用电气达成了相关技术协议，旨在提升燃气轮机的热效率，减少有害气体的排放。

第16章 埃 及

16.1 能源资源与电力工业

16.1.1 一次能源资源概况

埃及的主要资源包括石油、天然气、磷酸盐、铁等。其中,已探明的石油储量为44.5亿桶,天然气为2.2万亿 m^3,分别位居非洲国家第五位和第四位,是非洲最重要的石油和天然气生产国。此外,还有磷酸盐约70亿t,铁矿6000万t,以及锰、煤、金、锌、铬、银、钼、铜和滑石等自然资源。

据2019年《BP世界能源统计年鉴》,埃及2018年一次能源消费量达到9450万t油当量,其中石油消费量达到3670万t油当量,天然气消费量达到5120万t油当量,煤炭消费量达到280万t油当量,水电消费量达到310万t油当量,可再生能源消费量达到80万t油当量。

16.1.2 电力工业概况

16.1.2.1 发电装机容量

埃及全国电网覆盖率达99.3%,电力供应以火电为主。根据埃及电力控股公司的年报统计,2018年全国发电装机容量达45GW,其中火电合计达41.2GW,占比91.6%,细分类型包括蒸汽涡轮机发电、复合循环涡轮机发电以及天然气发电,占比分别为34.3%、27.7%、29.6%。此外,埃及近年来也开始发展可再生能源,但受制于自然环境,规模都相对较小,包括水电2.8GW、风能及光伏0.9GW。就发展速度来讲,天然气发电在埃及国内处于飞速增长态势,2018年同增70.1%,其次为蒸汽涡轮机发电,剩余发电类型近年发展较为停滞。埃及2017—2018年各类发电装机容量见图16-1。

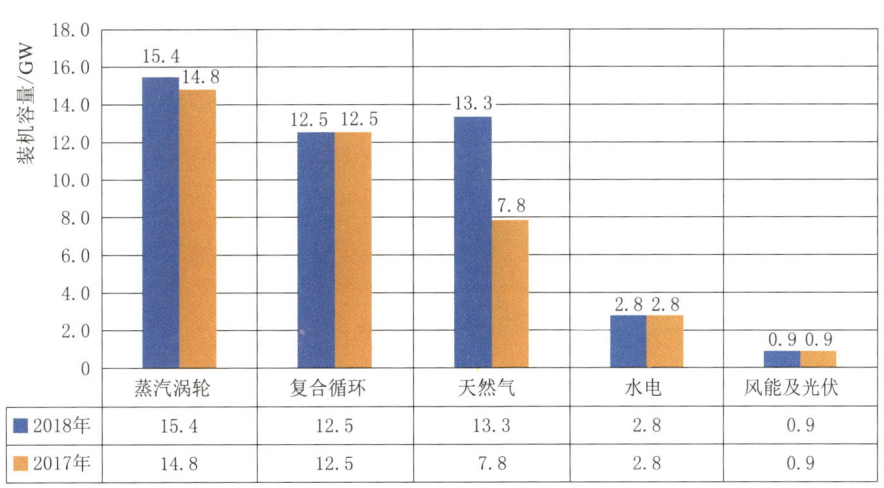

资料来源:埃及电力控股公司年报。

图16-1 埃及2017—2018年各类发电装机容量

16.1.2.2 发电量及构成

根据埃及电力控股公司的年报统计，2018 年埃及的总发电量为 189.4TWh，同增 1.8%。其中，发展较快的发电类型为风能及光伏（2.8TWh）、天然气发电（22.4TWh）和复合循环涡轮机发电（74.2TWh），而水电和蒸汽涡轮机发电量近年均处于负增长态势。从结构上来看，埃及的发电类型以火电为主，其中蒸汽涡轮机发电、复合循环涡轮机发电以及天然气发电的占比分别为 40.7%、39.2% 和 11.9%。据了解，埃及全国电网覆盖率达 99.3%，世界排名第 28 位。埃及 2017—2018 年各类发电量见图 16-2。

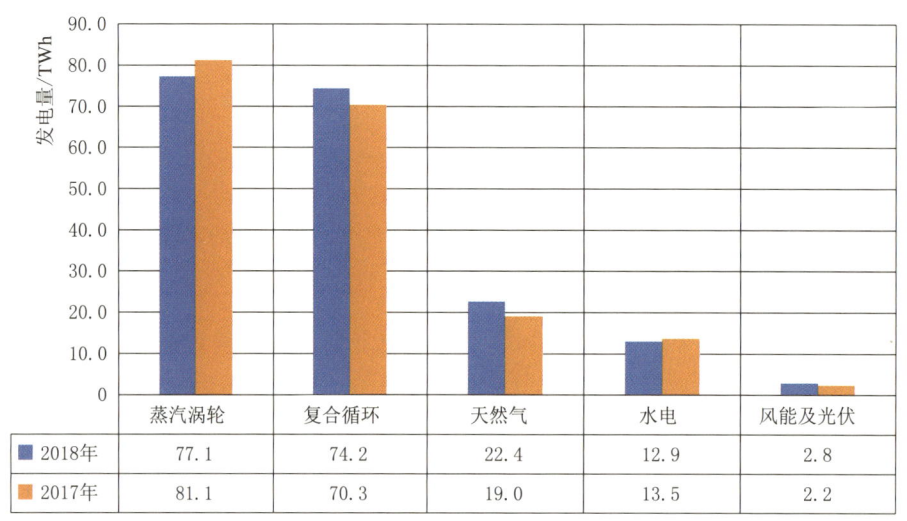

资料来源：埃及电力控股公司年报。

图 16-2　埃及 2017—2018 年各类发电量

16.1.2.3　电力消费情况

在埃及的电力消费结构中，以输配电公司的电力网络为主，下游主要为居民及家庭用电，占比 86.1%，电力消费量为 150.4TWh；其次为工业用电，占比 12.5%，电力消费量为 21.8 TWh；其余为农业、公用事业、政府用电等，占比均较小。埃及电力消费构成见图 16-3。

16.1.2.4　电网结构

埃及输配电网主要电压等级分别为 400~500kV、220kV、132kV、66kV 和 33kV，总变电容量为 120.16GVA，总输配电网长达 4.6 万 km。埃及输配电网变电容量见图 16-4。

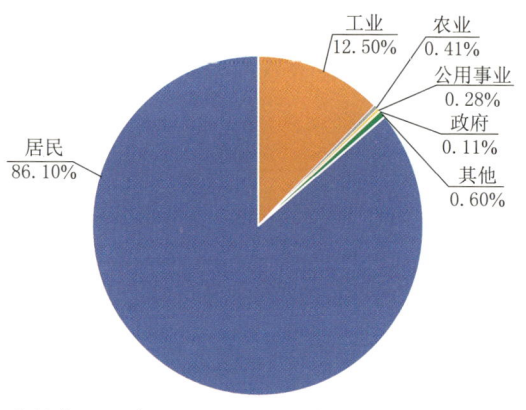

资料来源：埃及电力控股公司年报。

图 16-3　埃及电力消费构成

400~500kV、220kV、132kV 为主要的输电网，输配电容量和电网长度分别为 67239MVA 和 2.5 万 km，其中 220kV 占主导，容量占主要输电网容量的 72.6%，线路长度占主要输电网长度的 73.8%；66kV、33kV 为配电网，装机容量和电网长度分别为 52921MVA 和 2.2 万 km，其中 66kV 占主导，容量占主要配电网容量的 97%，线路长度占主要配电网长度的 91.7%。埃及输配电网长度见图 16-5。

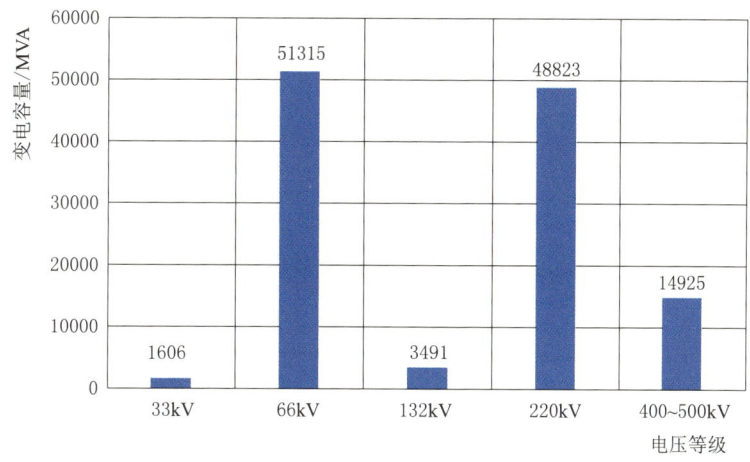

资料来源：埃及电力控股公司年报。

图 16-4　埃及输配电网变电容量

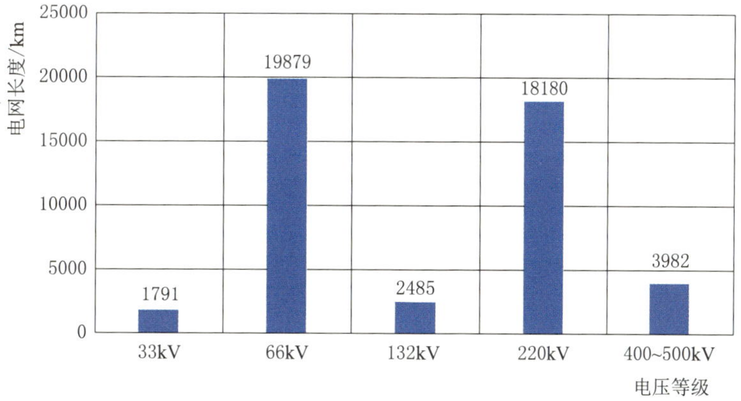

资料来源：埃及电力控股公司年报。

图 16-5　埃及输配电网长度

16.1.3　电力管理体制

16.1.3.1　特点

埃及统管全国电力事务的主要机构是电力与可再生能源部（Ministry of Electricity and Energy，MOEE），成立于1964年，主要负责埃及国内电力行业的总体规划和监督管理，包括发电、输配电、电价制定、项目执行、技术咨询和服务等。

埃及最初的电力市场主要由三大私营企业进行管理和运营，在1962年统一划归国有，分别成立电力生产局、电力输配局和电力项目工程局。在1964年电力与可再生能源部成立后，开始逐步垄断埃及国内的电力市场，并于1976年成立埃及电力控股公司统筹全国的电力垄断事宜。

16.1.3.2　机构设置及职能分工

埃及电力管理部门组织机构见图16-6。

电力与可再生能源部下设六大部门，包括可再生能源管理局、核材料管理局、埃及电力控股公司、水电工程管理局、核能管理局、核电站管理局。其中，埃及电力控股公司主要负责管理全国的发电厂及输配电网络，包括6家大型发电厂、1家输电公司和9家配电公司。其余五大部门主要分管可再生能源、核能、水电等相关领域的具体事宜。埃及电力工业组织机构见图16-7。

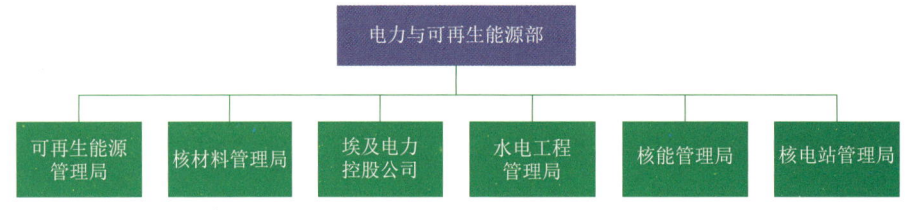

资料来源：MOEE 官网。

图 16-6　埃及电力管理部门组织机构

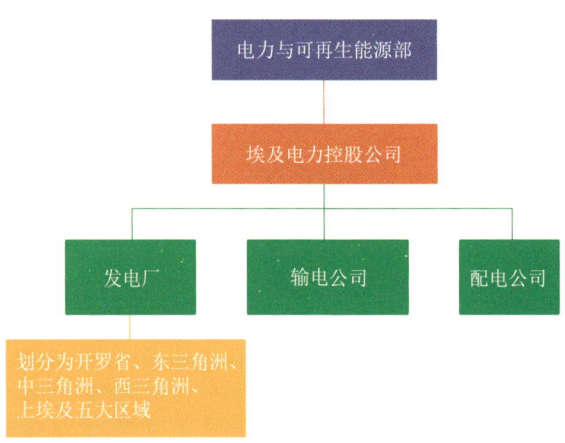

资料来源：MOEE 官网。

图 16-7　埃及电力工业组织机构

16.1.4　电力调度机制

在电力垄断机制的基础上，埃及的电力调度主要由电力与可再生能源部和埃及电力控股公司负责。其中，总体规划由电力与可再生能源部出具，具体的执行由埃及电力控股公司统筹，下属子公司协同调度。

输电：目前埃及的电力传输主要由唯一一家公司承担，即埃及输电公司（Egyptian Electricity Transmission Company，EETC），主要通过全国及若干个地方控制中心来负责全国的电力输送，并将电力出售给电力经销商网络或直接出售给下游消费者。

配电：与输电网络不同，埃及全国的配电网络主要由 9 家区域性企业共同运营，包括北开罗、南开罗、北三角洲、南三角洲、中埃及、上埃及、Alexandria、El-Behera 和运河 9 大区域。

16.2　电力市场概况

16.2.1　电力市场运营模式

埃及的电力市场主要由电力与可再生能源部和埃及电力控股公司垄断，其中电力定价权在能源部，而埃及电力控股公司主要负责电力的生产、传输、分配及销售。

埃及的电力结算主要集中在电力与可再生能源部和埃及电力控股公司，其中电力与可再生能源部拥有最终解释权。

埃及国内的电力价格主要由电力与可再生能源部制定，每年的电力价格调整首先由埃及电力控股公司进行测算并上报电力与可再生能源部，最终由电力与可再生能源部批准执行，并以每年的消费者价格指数为基准，受价格控制系统"CPI-X"制约，以期为埃及企业及居民提供最为合宜的价格。

16.2.2 电力市场监管模式

埃及的电力监管机构为埃及电力监管局（ERA），形式上与电力与可再生能源部平行，但埃及电力监管局主席实际上由电力与可再生能源部部长兼任，主要职责是负责电力许可证的签发，在具体的市场监督和协调下无太多实权。

埃及电力监管局的监管对象主要是全国新建电力项目，主要负责项目许可证的审核与颁发。

埃及电力监管局对电力市场的监管职权相当有限，内容主要是项目许可证的审核与颁发。

16.3 主要电力机构

16.3.1 埃及电力控股公司

16.3.1.1 公司概况

1. 总体情况

埃及最主要的电力公司是埃及电力控股公司（Egypt Electricity Holding Company，EEHC），基本垄断了全国的发、输、配、售电业务，向上主要对电力与可再生能源部负责，其前身为1976年成立的埃及电力管理局，而后在2000年正式成立埃及电力控股公司。

2. 管理架构

埃及电力控股公司虽为埃及的国营企业，但管理架构较为特殊，最高决策机构为董事会，设董事会主席一名，下辖若干执行董事以及中央政府代表团和工会。其中，中央政府代表团共六名，分别来自中央银行、电力与可再生能源部、规划部、财政部、石油部和国际投资部。此外，在执行董事下设CEO，统筹公司的管理及运营事宜。

3. 经营业绩

根据电力与可再生能源部公布的统计数据，2018年EEHC共服务3370万用户，同增4%；电力负荷峰值达29400MW，未出现负荷削减状况。此外，火力发电厂能源利用效率也有所改善，煤耗达210g/kWh。

16.3.1.2 历史沿革

埃及电力控股公司的前身为1976年成立的埃及电力管理局，负责管理全国的发电厂和输配电网络；1984年，单独成立电力分配公共管理局，将电力分配职权从埃及电力管理局中划分出来；1998年，电力分配职权再次划入埃及电力管理局，7家区域性配电公司作为埃及电力控股公司的下属子公司，负责全国的电力分销事宜；2000年，埃及电力管理局从政府机构中划分出来，单独成立专管电力工业的国营企业，即现在的埃及电力控股公司，其旗下包含5家区域性发电公司、1家输电公司和7家区域性配电公司；2001年，埃及电力控股公司旗下7家配电公司增至9家。

16.3.1.3 组织架构

埃及电力控股公司在CEO之下共设置9大部门，分别为行政部、规划部、发电厂事业部、输配电事业部、研发部、商贸部、消费者服务部、财务部和人力资源部。其中发电厂和输配电两大事业部统管全国电力的具体事务，其中发电厂事业部下设开罗省、东三角洲、中三角洲、西三角洲和上埃及五大区域电力生产公司，而输配电事业部以下将输电和配电业务分开，分别设置1家埃及输电公司和9家区域性的配电公司。埃及电力控股公司管理架构见图16-8。

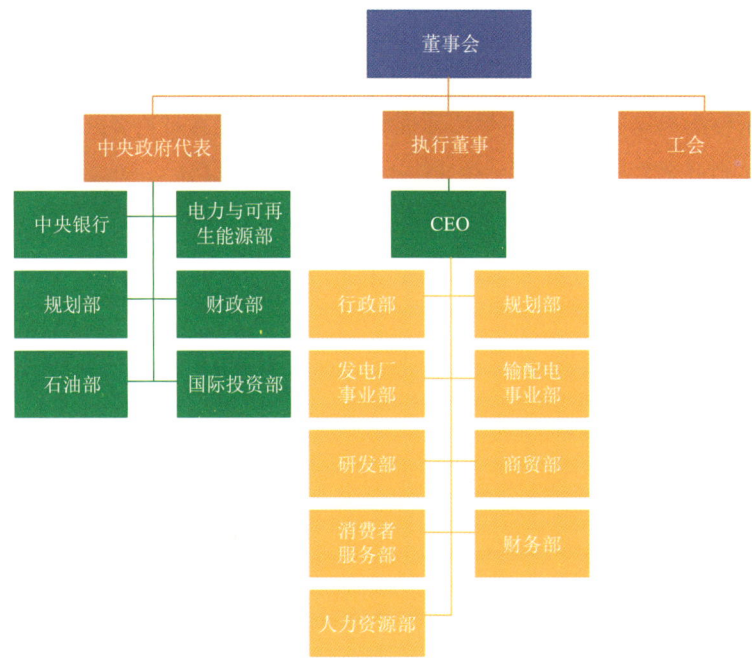

资料来源：EEHC官网。

图16-8 埃及电力控股公司管理架构

16.3.1.4 业务情况

1. 经营区域

埃及电力控股公司的发电、输电、配电、售电业务涉及埃及国内各个地区，是埃及电力部门的垄断企业。

2. 业务情况

埃及电力控股公司统筹全国的发电、输电、配电、售电业务，目前该公司旗下有5个发电公司、1个输电公司和9个配电公司；输电公司负责500kV、220kV高压输电线路和变电站的运行管理；地区配电公司负责132kV及以下电网的运行控制和配电业务。在埃及的发电领域还有1个风电公司，该公司归属于电力与可再生能源部的新能源署。另有3个独立发电公司，共有装机容量2050GW，占埃及全部装机容量的12%。除此之外，还有3个小电网，包含有37个小电厂，共计装机容量约200GW，主要为红海和西奈山风景区供电，并与大电网有一定的电量交换。其中电力的定价权集中在电力与可再生能源部。此外，电力与可再生能源部还下设专门负责水电、核电及可再生能源发电事宜的部门，形式上与埃及电力控股公司平级，虽有各自领域一定的管理权限，但统筹事宜均由电力与可再生能源部和埃及电力控股公司决策。

16.3.1.5 科技创新

近年来，埃及电力控股公司致力于发展核电、风能、太阳能等清洁能源发电项目。埃及目前正在建设全球最大的太阳能电站。计划到2022年，埃及利用可再生能源（风能12%、水能5.8%和太阳能2.2%）提供20%的发电量。而埃及太阳能计划的目的是到2027年实现3.5GW的装机容量。除此之外，埃及还计划到2022年生产7.2GW（占总发电量的12%）的风电。在今后的3~5年内，埃及电力与可再生能源部计划在目前装机容量的基础上再增加51.3GW的装机容量。

第17章 埃塞俄比亚

17.1 能源资源与电力工业

17.1.1 一次能源资源概况

埃塞俄比亚国内一次能源储量极少，截至2018年年底，国内仅有极少量石油探明储量，约5万t，天然气探明储量也较少，仅290亿m³，煤炭储量相比其他资源储量较多，约1.8亿t，但与其他国家相比，其储量较小，是非洲煤炭储量最高国家南非的约1%，是中国煤炭储量的约1‰。

17.1.2 电力工业概况

17.1.2.1 发电装机容量

虽然国家一次能源匮乏，但埃塞俄比亚却拥有充足的水资源，埃塞俄比亚的地形有利于水电项目。有10个流域，数百条溪流流入主要河流，每个流域都覆盖了大量集水区，降雨量充足，被称为"东非水塔"。因此，埃塞俄比亚的电力十分依赖水力发电，全国共有90%的装机容量为水力发电，剩下的为风力、地热能和少量石油发电。埃塞俄比亚2018年装机容量见图17-1。

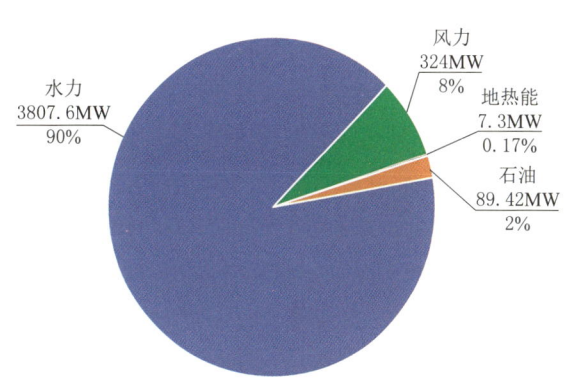

图17-1 埃塞俄比亚2018年装机容量

埃塞俄比亚近年电源装机容量见图17-2。埃塞俄比亚全国装机容量过去六年呈现高速增长的态势，2012年全国装机容量仅为1944MW，截至2018年年底，全国装机容量已达4228MW，是2012年的2.18倍。埃塞俄比亚国家投资委员会还于2018年推出了"国家振兴计划"，旨在提升国内的总发电装机容量，预计2020年埃塞俄比亚全国的装机容量将达到17000MW。

17.1.2.2 发电量及构成

据统计，2018年全年埃塞俄比亚全国发电量为13783GWh，较2015年上升4268GWh，其中92%来源于水力发电。据了解，当前埃塞俄比亚全国人口电力覆盖率只有25%。

埃塞俄比亚骨干电网基本以大型水电站为节点，向国内的两三个大城市辐射或者是向国外出口电力。配电网发展缓慢、覆盖面窄。国内各地停电现象非常普遍，首都亚的斯亚贝巴也不例外。当前经常发生的停电现象并不完全由电力短缺造成，主要原因是电力输送和配电系统老化。电网维护和升级改造因为缺乏资金而进度缓慢，造成网损巨大。据统计，埃塞俄比亚电网 1/4 的电力损失在输送过程中。

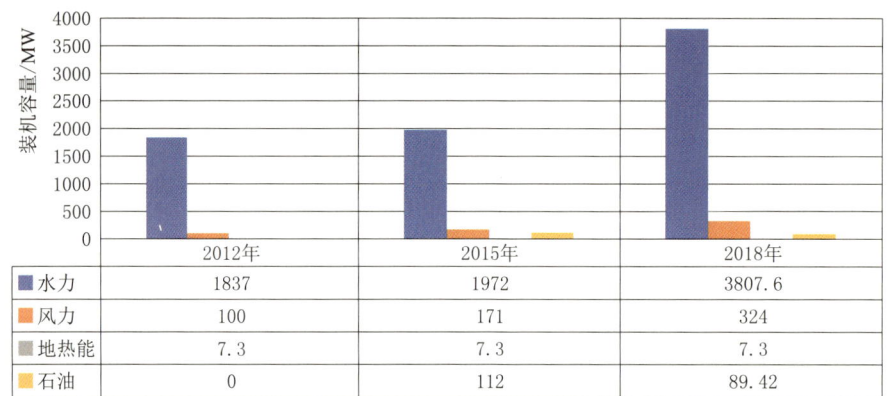

图 17-2　埃塞俄比亚近年电源装机容量

埃塞俄比亚是电力出口国家，2018 年，全国电力出口量为 5643GWh，其中向苏丹出口量为 3440.33GWh，占总出口量的 60.97%，其次为吉布提，占总出口量的 38.77%，第三为肯尼亚，出口量仅 15.07GWh。埃塞俄比亚 2018 年电力出口量见图 17-3。

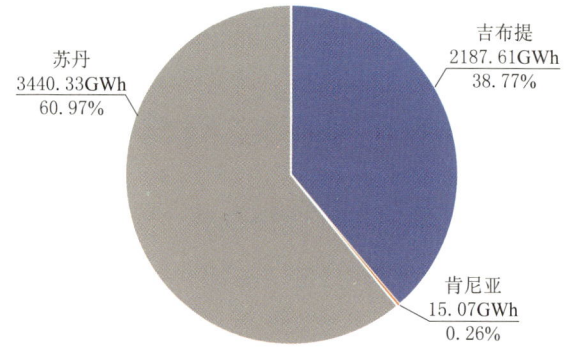

图 17-3　埃塞俄比亚 2018 年电力出口量

17.1.2.3　电力消费情况

埃塞俄比亚电力消费量呈现逐年上升的趋势，截至 2018 年年底，埃塞俄比亚全国电力消费量约 8140 GWh，是 2012 年的 2.4 倍，是 2015 年的 1.8 倍。埃塞俄比亚近年电力消费量见图 17-4。

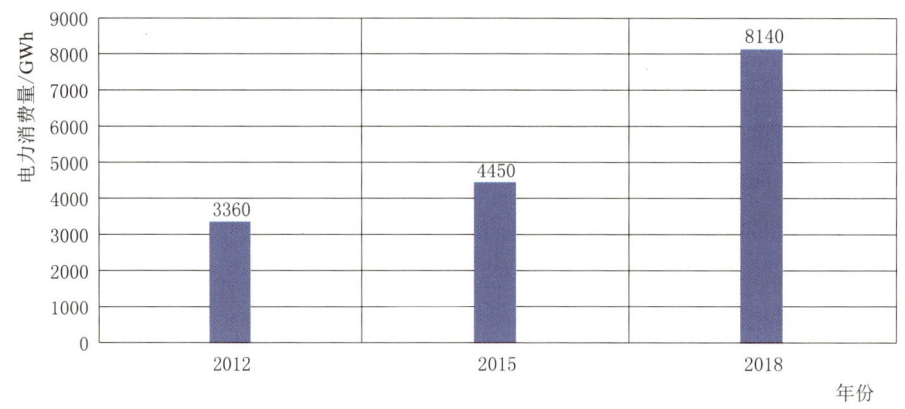

图 17-4　埃塞俄比亚近年电力消费量

17.1.2.4　电网结构

埃塞俄比亚共分为六个电压等级，分别为 500kV、400kV、230kV、132kV、66kV 以及 45kV。截至 2018 年年底，全国电网总长度为 1.9 万 km，其中 230kV 与 132kV 长度分别为 7478km 和 5495km，分别占 37% 和 27%，是国内主要的电网构成。另外，值得注意的是，埃塞俄比亚正大力发展 500kV 电网的建设，三年新建 500kV 电网总长度约 2476km。埃塞俄比亚各电压等级电网长度见图17-5。

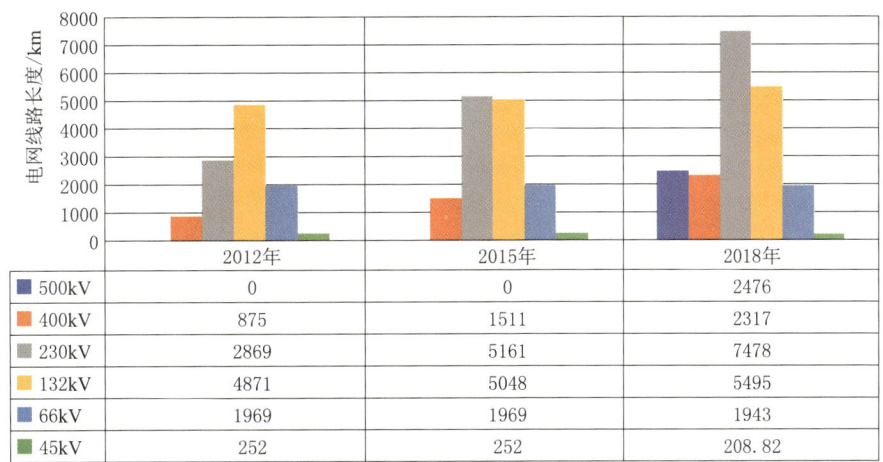

图 17-5 埃塞俄比亚各电压等级电网长度

17.1.3 电力管理体制

埃塞俄比亚采取发、输配分别监管的模式，针对电力工业上发、输、配环节设置了专门的管理机构。埃塞俄比亚水利及能源部组织架构见图17-6。

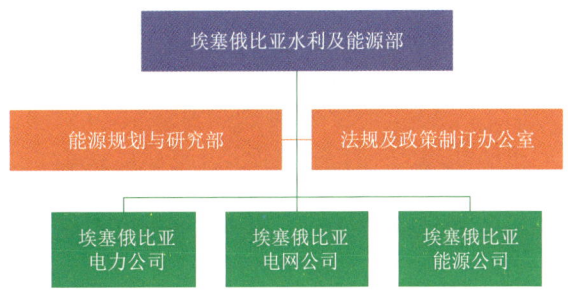

图 17-6 埃塞俄比亚水利及能源部组织架构图

（1）埃塞俄比亚水利及能源部。埃塞俄比亚国内电力工业最高的管理机构，负责国内电力发展规划、立法、国有企业监管等工作，并下设有两个部门，能源规划与研究部，专门负责埃塞俄比亚未来能源发展计划的制订与能源技术的研究；法规及政策制订办公室，专门负责埃塞俄比亚国内能源政策的相关研究、起草等工作。

（2）埃塞俄比亚电力公司。主要负责埃塞俄比亚国内各发电厂的建设、管理、运营、维护工作，是埃塞俄比亚国内唯一的发电企业。

（3）埃塞俄比亚电网公司。负责埃塞俄比亚国家电网的建设、运营、维护、管理工作，同时还负责埃塞俄比亚国内一切的配售电事务，是埃塞俄比亚国内唯一的电网及配电公司。

（4）埃塞俄比亚能源公司。主要负责颁发在埃塞俄比亚国内发电、输电、配电许可证以及电能进出口的许可证。

17.1.4 电力调度机制

埃塞俄比亚采取国家统一调度，不设区域调度机构，所有电网调度工作均由埃塞俄比亚电网公司完成。

17.2 电力市场概况

17.2.1 电力市场运营模式

17.2.1.1 市场构成

埃塞俄比亚电力市场划分为互联系统（Interconnected System，ICS）和独立系统（self-contained system，SCS）。互联系统是最主要的电力系统，是一个以水电为主的系统；独立系统相对独立，由分散在各地的小水电和柴油机组组成。互联系统与独立系统均受到埃塞俄比亚电力公司的管理，并接入国家电网。

17.2.1.2 结算模式

根据 2013 年 11 月议会制订的法律，埃塞俄比亚能源局负责审议主电网电价议案并报部长会议批准；对非主电网电价，能源局拥有直接批准的权利。由于埃塞俄比亚电网公司是负责全国发电、输配电和售电的国有垄断性电力企业，其只规定了电力的销售价格，没有规定自有电厂的上网电价。埃塞俄比亚对居民用电和工商业用电均实行阶梯电价和峰谷电价。工业用电按照不同电压等级分别定价。此外，对新用户加收一定比例的接入费用。

17.2.1.3 价格机制

埃塞俄比亚的电价为 0.018 美元 /kWh，是非洲最低的电价之一。苏丹、尼日利亚、肯尼亚、乌干达和卢旺达的电价为 0.05~0.25 美元 /kWh。

17.2.2 电力市场监管模式

埃塞俄比亚电网公司是国内唯一的电力输配售垄断机构，负责电力市场的管理、监督工作，属于监管和运作一体的机构，埃塞俄比亚水利及能源部仅负责监管埃塞俄比亚电力公司自我监管的公允性。

17.3 主要电力机构

17.3.1 埃塞俄比亚电力公司

17.3.1.1 公司概况

埃塞俄比亚电力管理局（EELPA）成立于1956年，经过重组后改为埃塞俄比亚电力公司（EEPCo）。EEPCo 后来分拆为两家公司，其中一家公司是埃塞俄比亚电力公司（EEP）。EEP 由部长理事会根据第 302/2013 号条例于 2013 年建立，负责发、输、配在全国以及邻国的电力。

17.3.1.2 历史沿革

埃塞俄比亚电力公司成立于 1956 年，由埃塞俄比亚电力管理局拆分而来。公司曾于 2012 年计划进行进一步拆分，以实现发电、输电、配电业务的分离，但是之后由于阻力较大，政府叫停了拆分工作。

17.3.1.3 组织架构

埃塞俄比亚电力公司组织架构见图 17-7。公司共设有三大事业部，分别为发电事业部、输电事业部以及配电事业部，各事业部又下设有建设部（负责专项建设工作）以及运营部（负责后期运营和维护工作）。除此以外，公司还成立了农村电气化办公室，旨在提高埃塞俄比亚农村的电气化覆盖率。

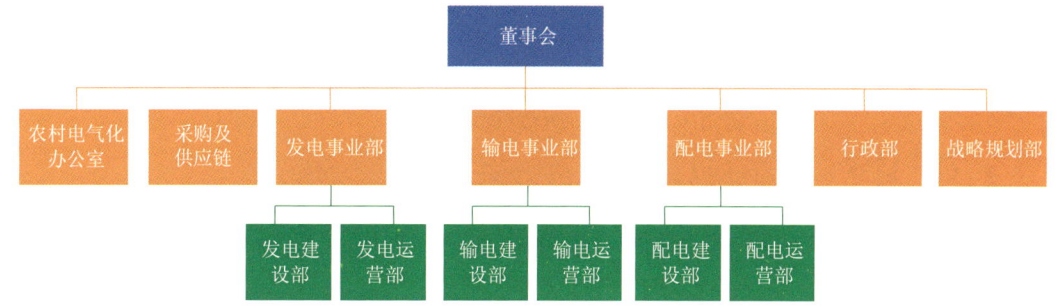

图 17-7　埃塞俄比亚电力公司组织架构

17.3.1.4　业务情况

1. 发电业务

埃塞俄比亚电力公司有权建造和管理发电厂、高压输电线路、变电站、整个电力销售，进行相关的可行性研究、设计和调查。目前，埃塞俄比亚电力公司管理 18 座发电厂，总装机容量为 4244MW。

在 18 个发电厂中，14 个来自水电，即 Aba Samuel（6.6MW，埃塞俄比亚第一个水力发电厂）、Gilgel Gibe Ⅲ（1870MW）、Beles（460MW）、Gilgel Gibe Ⅱ（420MW）、Tekeze（300MW）、Gilgel Gibe Ⅰ（184MW）、Melka wakena（153MW）、Fincha（134MW）、Amerti Neshi（95MW）、Tis Abay Ⅱ（73MW）、Koka（43.2MW）、Awash Ⅱ（32MW）、Awash Ⅲ（32MW）和 Tis Abay Ⅰ（14.4MW），水电总装机容量为 3817.2MW。Adama Ⅱ（153MW）、Ashegoda（120MW）和 Adama Ⅰ（51MW）是埃塞俄比亚的风电场，总装机容量为 324MW。剩余的 104MW 电力来自柴油发电机和 Aluto 地热发电厂（7.3MW）。

2. 输电业务

除发电厂外，高压输电线路和变电站对于将电力从发电厂转移到国家电网以及在全国范围内提供优质电力至关重要。

目前，全国各地拉伸高压输电线路已达到 17000km，电压等级从 132kV 到 500kV 不等。其中 500kV Hidase-Didesa-Holeta，400kV Wolayta Soddo Ⅱ-ADDIS Ababa，230kV koka-Hurso-Dire Dawa，230kV Alaba-Hosana-Giligel Gibe Ⅱ-Gima-Agaro-Bedele，以及 230kV Metu-Gambela 输电线正在运行。

变电站的数量已达到 163 个，范围从 132kV 到 500kV，例如 500kV Didesa 和 Holeta 变电站，400kV Gibe Ⅲ，230kV Hurso。

3. 配电业务

截至 2018 年年底，公司电力已经覆盖了埃塞俄比亚约 58% 的人口，并计划在 2025 年前陆续投入 15 亿美元用于配电业务的建设，并于 2025 年实现 100% 的电力覆盖率。

17.3.1.5　国际业务

埃塞俄比亚电力公司是东非最大的电力公司，并且已经与周边国家实施了相关的电力互联工程，目前已完成与吉布提、苏丹和肯尼亚的 230kV 的电力互联工程。同时，公司还在兴建与乌干达、索马里、埃及的互联线路，并与世界银行、非洲开发银行等长期合作，为其庞大的变电站和输电线路工程建设募集资金。

第18章 肯尼亚

18.1 能源资源与电力工业

18.1.1 一次能源资源概况

肯尼亚矿藏主要有纯碱、盐、萤石、石灰石、重晶石、金、银、铜、铝、锌、铌和钍等，除纯碱和萤石外，多数矿藏尚未开发。主要矿物有东南部塔莫塔附近的重晶石，姆里马山的铌和西南部卡卡梅加、马卡尔杰的金。吉尔吉尔是世界最大的硅藻土矿之一，马加迪湖中有丰富的天然碱和盐。此外，肯尼亚森林面积8.7万km²，占国土面积的15%，林木储量9.5亿t。

2012年，肯尼亚能源部宣布在肯尼亚西北部的图尔卡纳地区发现了大量的石油资源。截至2018年年底，已经钻探了大约30口勘探井，已探明的可开采石油储量达到1.02亿t左右，并已于2018年12月实现石油出口，每日出口量约274t。

另外，肯尼亚能源部确定了两个可能的煤炭产区，包括Mui盆地以及Taru盆地。总煤炭储量约7亿t。

18.1.2 电力工业概况

18.1.2.1 发电装机容量

据肯尼亚能源监管委员会（电力监管委员会）数据，截至2018年6月，肯尼亚并网装机容量达2651MW。肯尼亚现有的装机容量中70%来自可再生能源，包括水能、地热能、生物质能和风能，并具有进一步扩大规模的潜力（可从东非大裂谷中获取10GW的地热能和3000MW的风能）。肯尼亚现有装机容量中30%来自独立供电商（IPP），剩下的70%则来自国有发电企业肯尼亚发电公司。

预计到2020年肯尼亚的并网发电厂将增至85座，装机容量将达到5040MW，比2005年新增约2700MW。这些新产能预计将全部是可再生能源，从而使可再生能源在肯尼亚的能源结构中的占比扩大至83%。其中地热能将成为肯尼亚发电量的主要能源来源，预计将占总装机容量的约40%；太阳能也将大幅增至430MW，现有的19个石油发电站中的多数将转型为石油/太阳能混合发电厂。此外，到2020年，肯尼亚60%以上的电力将由IPP[包括使用地热开发公司（GDC）提供蒸汽的IPP]产生。肯尼亚2018年各类型发电装机容量及占比见图18-1。

18.1.2.2 发电量及构成

根据宏观经济数据库（CEIC）的统计数据，2017年4月—2018年3月，肯尼亚国内发电量共计10318GWh，其中地热能发电量为4900GWh，水能发电量为2741GWh，化石燃料（包括天然气、石油等）发电量为2619GWh。此外，由于肯尼亚电力产能低下，国内发电量无法满足国内需求，因而肯尼亚每年还需向周边国家进口大量电量。仅以2017年4月—2018年3月为例，肯尼亚共计进口电量202.9GWh，其中进口自埃塞俄比亚的电量为3.5GWh，进口自坦桑尼亚的电量为199.4GWh。根据电力分销商肯尼亚电力公司的数据，截至2018年6月底，通过国家电网或者离网系统连接的电力覆盖率已经上升到73%，而五年前为29%。肯尼亚2018年发电量结构见图18-2。

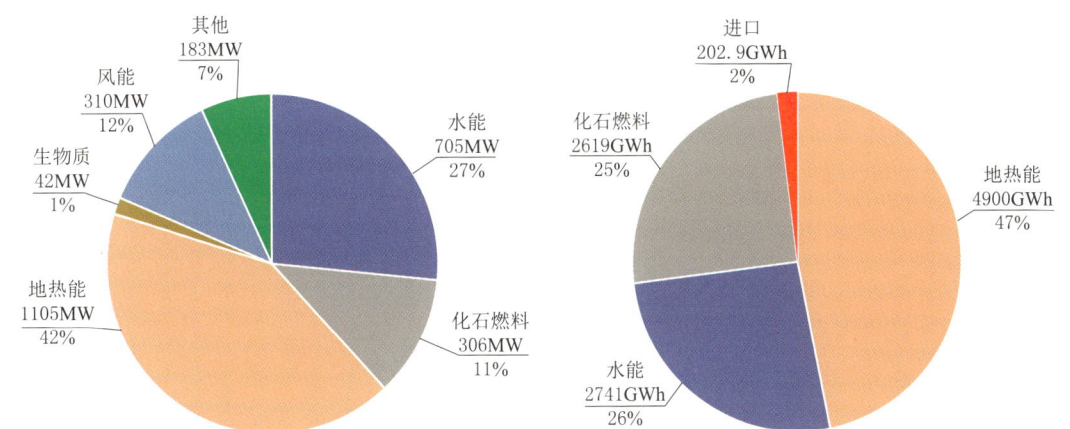

资料来源：《肯尼亚电力部门发展报告2015—2020》。　　资料来源：《肯尼亚电力部门发展报告2015—2020》。

图18-1　肯尼亚2018年各类型发电装机容量及占比　　图18-2　肯尼亚2018年发电量结构

18.1.2.3　电网结构

截至2018年年底，肯尼亚拥有4149km的输电线路，全部为200kV或132kV。肯尼亚电力传输公司（KETRACO）正在建设4500km的新线路以使输电网络增加一倍以上，并引进肯尼亚第一条高压400kV和500kV直流线路以及3条连接埃塞俄比亚、乌干达和坦桑尼亚等主要邻国的区域互联线路。除了正在建设中的这些生产线之外，肯尼亚电力传输公司还计划对现有的4149km输电线路进行维修和加强。

18.1.3　电力管理体制

肯尼亚电力管理体制主要由能源和石油部、能源监管委员会、能源仲裁庭以及乡村电气化署等部门机构组成。

（1）能源部（The Ministry of Energy and Petroleum，MoEP）负责制订和细化能促进能源发展和环境保护的能源政策。

（2）能源监管委员会（Energy Regulatory Commission，ERC）负责能源领域的具体监管，比如电价的设定和监管，能源法规的监管和执行。能源监管委员会对各种来源的电力能源实施全方位监管，包括风力发电、水力发电、地热发电、太阳能发电等。能源监管委员会负责向发电企业颁发发电许可（generation license）牌照。该发电许可牌照可以为附条件许可（conditional license）。另外发电企业融资担保所需的购电协议（PPA）需要能源监管委员会的确认和批准，能源监管委员会也公布了购电协议的指导格式条款。

（3）能源仲裁庭（Energy Tribunal，ET）负责仲裁能源领域纠纷的独立法人。

（4）乡村电气化署（Rural Electrification Authority，REA）是肯尼亚为实施农村电气化于2007年设立的专项监管机构。

18.1.4 电力调度机制

目前肯尼亚没有设立专门的负责电力调度的机构，电力调度的主要任务交给肯尼亚电力和照明公司（KPLC）负责。另外，肯尼亚电力传输公司（KETRACO）正筹划设立肯尼亚国家电力负荷调度中心（KNLDC），提案尚处于可行性研究中。

根据肯尼亚电力传输公司关于设立国家电力负荷调度中心（KNLDC）的可行性研究报告，国家电力负荷调度中心的主要职责是：

（1）运行控制电力系统，调频调压和事故处理，确保系统安全、电力稳定可靠。

（2）编制和实施发电调度计划（实行电力市场的，仅实施发电调度计划），编制（与输电公司一起）电网运行检修计划。

（3）开展电网运行分析，确定运行极限，避免电网发生不稳定问题，包括由多重故障紧急状态引起的不稳定。

（4）负责安排提供辅助服务。

（5）向市场运营者提供实时信息。

18.2 电力市场概况

18.2.1 电力市场运营模式

18.2.1.1 市场构成

能源部负责制定和阐明能源政策，为该部门的有效运营和增长创造有利环境。它为行业的发展确定了战略方向，并为所有行业参与者提供了长期愿景。2013年，能源和石油部进行了重组，并在此过程中更名为能源部（MOE）。

（1）能源监管委员会（电力监管委员会）。能源监管委员会由2006年《能源法案》（自2007年起生效）通过扩大其前身电力监管委员会(ERB)的授权而建立。能源监管委员会负责监管能源部门。其职能包括设定关税和监督，协调指示性能源计划的制定，监督和执行部门规章。此外，还承担向能源和石油部提供信息和统计数据，并收集和维护能源数据的任务。由于其承担协调规划的任务，能源监管委员会是规划团队的主席，并在该项目中发挥关键作用。

（2）能源仲裁庭（ET）。能源仲裁庭是根据2006年《能源法案》设立的。它是一个独立的法律实体，其任务是仲裁该部门的争端，特别是针对能源监管委员会的决定提出的上诉。

（3）规划团队。规划团队负责制定主要的电力行业计划并处理其他电力行业主题。规划小组在能源监管委员会的监督下工作，并得到能源和石油部的政策和指导意见。

（4）肯尼亚电力和照明公司（KPLC）。肯尼亚电力和照明公司受《国家公司法》管辖，负责肯尼亚现有的输电和配电系统。它是电力市场中的接受者，根据协商的电力购买协议向所有发电商购买电力，然后向消费者传输、分配和供应。肯尼亚电力和照明公司是内罗毕证券交易所的上市公司，全国社保基金（NSSF）和肯尼亚政府（GoK）的所有权为50.1%，而私人股东拥有49.9%。

（5）肯尼亚电力传输公司（KETRACO）。肯尼亚电力传输公司成立于2008年/2009年，是一家由肯尼亚政府全资拥有的国有企业。肯尼亚电力传输公司的任务是规划、设计、建造、拥有、运营和维护新的高压（132kV及以上）输电基础设施，这将构成国家输电网和区域互联的支柱。预计这也将促进该国开放接入系统的发展。

（6）肯尼亚发电公司（KenGen）。肯尼亚发电公司是发电的主要参与者，目前的装机容量超过1500MW。它在内罗毕证券交易所上市，由肯尼亚政府持股70%，私人股东持股30%。该公司占包括水电、热力、地热和风能在内的各种发电源装机容量的约2/3。在未来一代扩张中，它将继续与独立供电商（IPP）竞争。

（7）地热开发公司（GDC）。地热开发公司是一个完全由政府拥有的专用公司（SPV），旨在进行地热田的勘探、评估和生产钻探，管理经过验证的蒸汽场，并与电力部门的投资者签订蒸汽销售协议，从而减少私人投资者面临的风险，增加地热能源的整体投资。它的任务授权得到国际发展机构的支持。例如日本国际协力机构（JICA），于2014年初开始实施地热总体规划。肯尼亚发电公司和地热开发公司仍在进行地热能开发。

（8）农村电气化局（REA）。农村电气化局成立于2007年（2006年《能源法案》），其任务是实施农村电气化计划（REP）。农村电气化计划主要在农村电气化局的支持下实施，而肯尼亚电力和照明公司通过连接客户和维护网络来补充这项工作。

（9）肯尼亚核电委员会（KNEB）。肯尼亚核电委员会负责制定肯尼亚核能使用的综合法律和监管框架。这包括承担开展和实施核电计划的筹备活动的任务，以便加强肯尼亚核电的可负担和可靠电力的生产。

（10）独立供电商（IPP）。独立发电企业是电力部门的私人投资者，他们大规模参与发电，根据上网电价政策开发可再生能源。独立发电企业占该国装机容量的1/3，来自热能、地热能、小水电等。进一步的独立供电商项目正在开发中，预计将在不久的将来开始运作。

（11）私营分销公司。私营分销公司（除了农村电气化局）是根据《能源法案》草案提出的，预计将改变其唯一授权由农村电气化局负责的分销职能。预计未来的配电将涉及从发电厂购买大量电力并与肯尼亚电力传输公司一起促进传输；发电厂将能够直接向消费者出售电力。这可能会加强分销竞争，从而提高效率。虽然正在进行讨论，但目前还没有积极的计划引入私营分销公司。肯尼亚电力市场构成见图18-3。

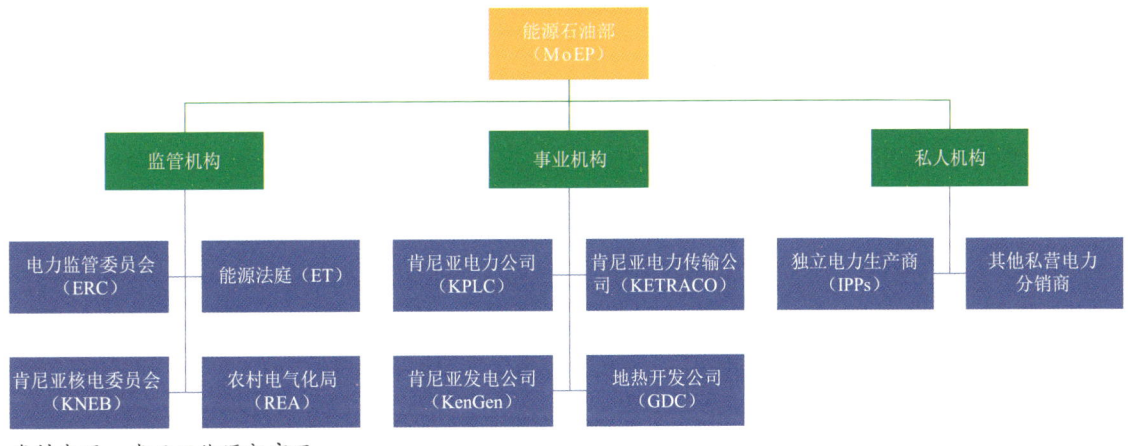

资料来源：肯尼亚能源部官网。

图18-3 肯尼亚电力市场构成

18.2.1.2 结算机制

肯尼亚电力市场采用净额结算机制。电力市场仅结算总电量与合同电量的差额部分，而合同电

量由合同双方自行结算。因此，电厂的收入结算机制由两部分组成：双边合同结算收入、电力市场结算收入，即

发电收入 = 双边合同结算收入 + 电力市场结算收入 = 合同电价合同电量 + 市场价格

18.2.1.3 价格机制

肯尼亚能源监管委员会负责肯尼亚电价的制定和监管，2015年7月以来的肯尼亚电力价格机制见表18-1。

表 18-1　　肯尼亚电力价格机制

用户类型	电压 /V	月用电量 /kWh	服务费 /（肯先令 /月）	每月电费 /（肯先令 /kWh）	月需求量费用 /（肯先令 /kVA）
民用	240/415	0~50	150	2.5	
		51~1500		12.75	
		>1500		20.57	
小型工商业	240/415	<15000	150	13.5	
临时和非高峰用户（交流电）	240/415	<15000	150	13.5	
临时和非高峰用户（直流电）	240/415	<15000	270	13.5	
大型工商企业	415	>15000	2500	9.2	800
	11000	>15000	4500	8	520
	33000	>15000	5500	7.5	270
	66000	>15000	6500	7.3	220
	132000	>15000	17000	7.1	220

注　1肯尼亚先令 =0.0097美元。

18.2.2 电力市场监管模式

18.2.2.1 监管对象

主要监管对象有肯尼亚电力传输公司（KETRACO）、肯尼亚发电公司（KenGen）、地热开发公司（GDC）、独立电力生产商（IPPs）、私营分销公司等电力市场参与者，维持整个电力市场的公平、公正、透明的运作制度。

18.2.2.2 监管内容

能源监管委员会对肯尼亚电力市场的监管内容如下：

（1）制定规则和法规，对零售竞争和信息公开透明进行市场监督；评估零售市场的表现并建议降低门槛水平；准备并发布定期市场报告；协调肯尼亚分销规范标准。

（2）负责发布电力行业参与者的所有许可证；发布指导方针，监督合规情况并与电网管理委员会等机构进行适当协调；检查发电厂的房地账簿记录以确保符合标准。

（3）负责电力市场建设计划的制订、实施、监测和审查，包括审查离网计划和离网可再生能源工厂现金奖励框架。

（4）批准所有电力市场定价方法和市场费率；通过调查更新市场竞争规则；进行密集的市场

监督，以监控反竞争行为；提供参与者行为和市场结果的分析，并准备定期的市场报告。

18.3 主要电力机构

18.3.1 肯尼亚电力和照明公司

18.3.1.1 公司概况

1. 总体情况

肯尼亚电力和照明公司（KPLC）拥有并经营该国的大部分输配电系统，到2018年6月底，公司电力销售额超过67610.9亿肯尼亚先令（约660.59亿美元）。公司的主要任务是规划足够的发电和输电能力以满足需求；建设和维护配电和输电网络，并为客户提供电力零售。政府对公司拥有控股权，持股比例为50.1%，私人投资者为49.9%。肯尼亚电力和照明公司在内罗毕证券交易所上市。

2. 经营业绩

2018年度，肯尼亚电力和照明公司共销售电量7905GWh，比2017年增长188GWh；公司经营利润为1.055亿美元，比2017年减少2788万美元；公司售电收入为12.3亿美元，比2017年增长4995万美元。

18.3.1.2 历史沿革

肯尼亚电力和照明公司的历史可以追溯至1875年。当时桑给巴尔苏丹赛义德巴尔加什（Seyyied Barghash）购买了一台发电机用于照亮其宫殿及附近街道。这台发电机于1908年由蒙巴萨的商人收购并为此成立了蒙巴萨电力和照明公司。该公司的任务是为桑给巴尔岛提供电力。同年，该公司又获得了向内罗毕市供电的专有权，从而成立了内罗毕电力和照明集团。

1922年，蒙巴萨电力和照明公司以及内罗毕电力和照明集团在一家名为东非电力和照明公司（EAP&L）的新公司名下合并。1932年，EAP&L业务扩散至境外，收购了坦噶尼喀电力供应有限公司（现为TANESCO）的控股权，并于1936年获得了乌干达的发电及配电许可证，从而巩固了其在东非地区的业务。1948年乌干达电力委员会（UEB）成立并接管该国的电力分配，EAP&L退出乌干达。

1954年2月1日，肯尼亚电力公司（KPC）成立，被委托在乌干达的托罗罗和肯尼亚的内罗毕之间建设输电线路。这是为了将欧文瀑布大坝产生的电力传输到肯尼亚。KPC由EAP&L根据管理合同进行管理。同年EAP&L在内罗毕证券交易所上市，也是首批在交易所上市的肯尼亚公司之一。

EAP&L于1964年退出坦桑尼亚，并将其在TANESCO的股份出售给坦桑尼亚政府。由于其业务仅覆盖肯尼亚国内，EAP&L于1983年更名为肯尼亚电力和照明公司（KPLC）。

肯尼亚电力公司于1997年从肯尼亚电力和照明公司退出并重新命名为肯尼亚发电公司（KenGen），2008年，电力传输基础设施功能由肯尼亚电力和照明公司划分并转移到新的肯尼亚电力公司。

18.3.1.3 组织架构

公司董事会下设首席执行官办公室以及内部审计部门，主要职能部门有信息通信及输电协议部（ICT&PPA）、生产监督部、战略部、人力资源部及财务审计部。另外公司又设有集团与公司事务秘书办公室，直接向董事会负责。肯尼亚电力和照明公司组织架构见图18-4。

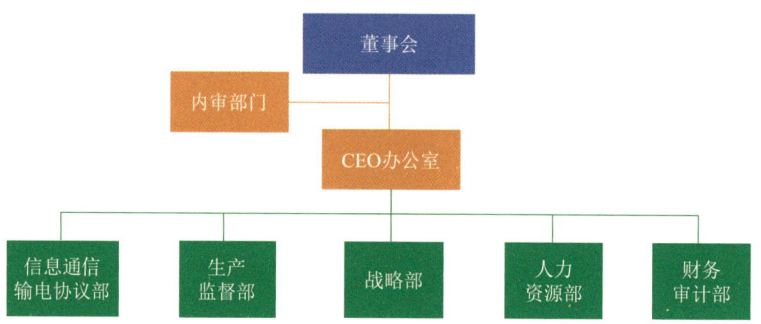

资料来源：肯尼亚电力和照明公司官方网站。

图18-4　肯尼亚电力和照明公司组织架构

18.3.1.4　业务情况

1. 经营区域

肯尼亚电力和照明公司业务范围遍布全国。公司根据国家行政区划分地形概貌分为10个地区性分公司，分别是中部裂谷地区、北部裂谷地区、肯尼亚山区、东北地区、海岸地区、南尼安萨地区、北内罗毕地区、南内罗毕地区、西内罗毕地区以及西部地区。上述10个地区性公司可以概括为四大地区，分别是内罗毕地区、西部地区、海岸地区及肯尼亚山区，肯尼亚电力和照明公司2017年各区域经营情况见图18-5。

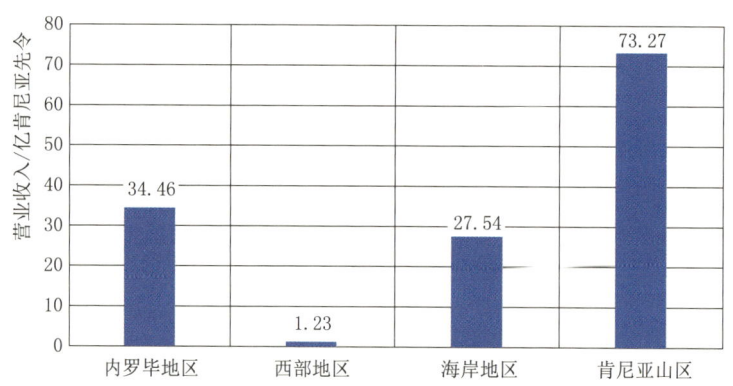

资料来源：肯尼亚电力和照明公司官方网站。

图18-5　肯尼亚电力和照明公司2017年各区域经营情况

2. 业务范围

2018年，公司电力收入增加4995万美元，达到12.3亿美元，这主要是由于单位销售额从8272GWh增加2.3%至8459GWh。这种增长归因于客户数量增加而导致的；不计外汇回收的非燃料电力购买成本从2017年的4.9亿美元增加到5.16亿美元，这主要是由于从地热资源购买的单位从4451GWh增加到5053GWh；燃料成本从上一年的2.35亿美元减少到2.3亿美元，其原因是在昂贵的热电厂利用率降低后，能源结构得到改善。热电厂产生的增加1.9%，从2017年的2165GWh增加到2202GWh；输电和配电成本从2017年的3.395亿美元增加了14.1%，达到3.87亿美元，上涨的原因是债务人的准备金增加，资本投资增加造成的折旧费用以及经营成本上升；资本资产基础从2017年的25.63亿美元增长了4.2%，达到26.71亿美元，这一增长与期间的新资本投资有关，旨在提高电力供应质量，加速网络扩张和新客户连接；公司税前利润从上一期间报告的7481万美元减少到3018万美元，这主要是由于输电和配电成本增加，融资成本增加以及系统损失造成的影响。肯尼亚电力和照明公司2009—2018年业务情况见图18-6。

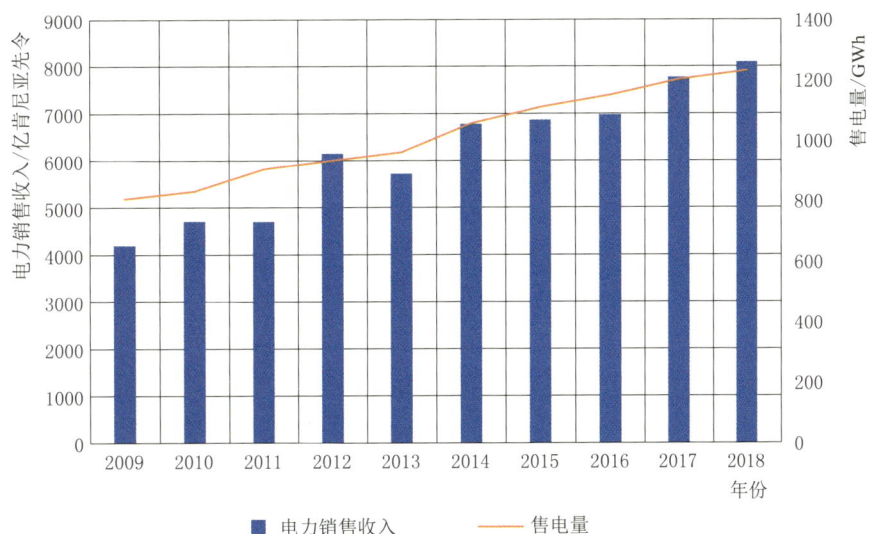

资料来源：肯尼亚电力和照明公司官方网站。

图 18-6　肯尼亚电力和照明公司 2009—2018 年业务情况

2018 年，肯尼亚电力和照明公司新增电网客户 578808 户，整体客户群增长了 9.4%，达到 676.109 万户。这主要是通过政府资助的 Last Mile Connectivity Project 实现的。因此，截至 2018 年 6 月底，电网和离网解决方案的国家电力供应量已上升至 73%，而五年前这一比例为 29%。公司完成了 8 个新的变电站项目，价值 1.612 亿美元，并以 3224 万美元的成本升级了 23 个变电站项目，以加强和扩大网络，提供有效的服务。公司在内罗毕工业区完成了 220kV/66kV /11kV，400MVA 气体绝缘变电站（GIS）项目。该项目于 2018 年 5 月由总统委托，为改善内罗华的电力供应提供了更多的稳定性和更强的网络灵活性。在此期间，蒙巴萨（Kipevu）的另一个 132kV/ 33kV GIS 变电站也已投入使用。

18.3.1.5　国际业务

肯尼亚作为殖民地时期，肯尼亚电力和照明公司的前身东非电力和照明公司（EAP&L）曾将其业务拓展至邻国坦桑尼亚和乌干达。1948 年乌干达电力委员会（UEB）成立以接管该国的电力分配，EAP&L 退出乌干达；1964 年坦桑尼亚独立，公司将其在肯尼亚电力公司的股份出售给坦桑尼亚政府并退出坦桑尼亚。目前公司的业务仅覆盖肯尼亚国内，暂无国际业务。

18.3.1.6　科技创新

全球产出型援助伙伴关系（GPOBA）于 2014 年启动，由肯尼亚电力和照明公司实施的世界银行资助的电气化项目，旨在连接低端客户，主要是那些生活在非正规住宅区和农村地区的客户。客户每户可获得 1160 克朗的捐款，超过 140 万户家庭从全国各地的项目中受益。除了提高连接率和增加公司客户群外，该项目还解决了非正式结算中电力盗窃的长期问题，使公司能够进行以前无法进行的销售。在社交方面，该计划已经能够解决一些挑战，例如由于非法和不良联系造成的伤害，生命和财产损失。它还为小企业提供了在非正规住宅区发展的机会。该项目也是公司社会角色的一个重要亮点，旨在以较低的成本促进穷人融入主流基础设施。全球产出型援助伙伴关系的构建使公司于 2016 年获得了非洲投资者首席执行官机构投资峰会创新类别的奖项。

第 19 章

摩洛哥

19.1 能源资源与电力工业

19.1.1 一次能源资源概况

众所周知,摩洛哥能源资源严重贫乏,目前超过 95% 的基础能源依赖进口。不仅如此,据相关研究表明,摩洛哥 2017 年时的进口电力便达到了其整体用电量的 16%。同时,受电力消费增长的推动,摩洛哥近年来全国能源需求平均逐年增长近 6.5%。其原因是摩洛哥农村电气化近几年来开始普及,经济活力增强,特别是基础设施、工业、农业、旅游、社会住房等重大项目,导致了摩洛哥的能源需求越发庞大。

为了避免过于依赖外来能源发电这一现象,摩洛哥政府开始积极发展本地可再生能源发电,制定可再生能源发展战略,计划于 2020 年投资 217 亿美元,将可再生能源总装机容量提高到 8000MW,占其全部电力生产的 42%。目前在建的努奥光热电站项目是摩洛哥境内最大的工程项目,也是全球装机容量最大的在建光热电站。

根据 2019 年《BP 世界能源统计年鉴》,摩洛哥一次能源消费量达到 2100 万 t 油当量,其中石油消费量达到 1320 万 t 油当量,天然气消费量达到 90 万 t 油当量,煤炭消费量达到 540 万 t 油当量,水电消费量达到 40 万 t 油当量,可再生能源消费量达到 110 万 t 油当量。

19.1.2 电力工业概况

19.1.2.1 发电装机容量

从 2015 年到 2017 年摩洛哥装机容量可知,水电、沼气、燃料和燃气轮机的装机容量保持不变。其中煤炭的装机容量在 2015 年和 2016 年维持在 2545MW,但在 2017 年增加了 350MW;而联合循环的装机容量在 2016 年减少了 20MW,2017 年保持不变,趋势基本稳定;柴油的装机容量从 2016 年到 2017 年增加了 89MW,增加量不大;而风能和太阳能这些新能源的装机容量明显增加,特别是 2017 年,风能的装机容量达到 1018MW,增速达到 13%。从装机容量可知,煤炭为主要的发电能源,并且摩洛哥正在积极发展可再生能源。摩洛哥 2015—2017 年各类型发电装机容量见图 19-1。

截至 2018 年年底,摩洛哥用电需求 37446.116GWh,消费量为 30709.188GWh,乡村地区供电率达到 99.64%。摩洛哥电力系统总装机容量达 10937.8MW,相较 2017 年 8820.194MW 装机容量,2018 年增加了 2117.61MW,其中煤炭仍为主要电力来源,装机容量达到 4281MW,占比约为 39%;其次为水电,装机容量为 1770MW,占比约为 16%;燃气轮机和风能排第三,装机容量分别为 1230MW 和 1220MW。摩洛哥 2018 年各类发电装机容量及占比见图 19-2。

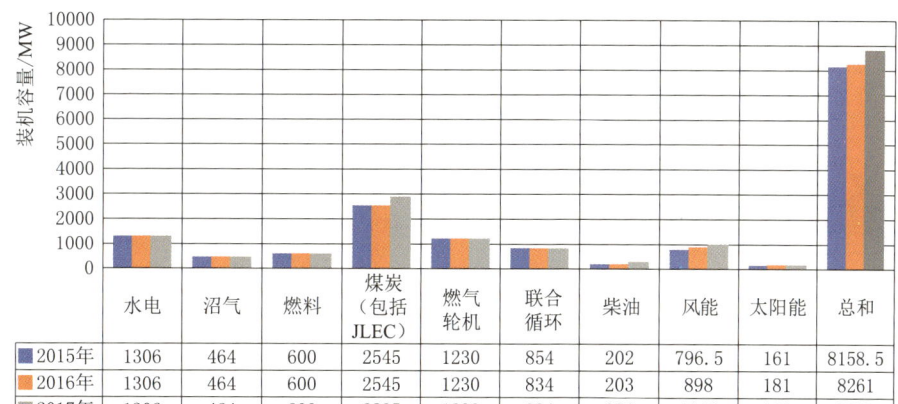

图 19-1　摩洛哥 2015—2017 年各类型发电装机容量

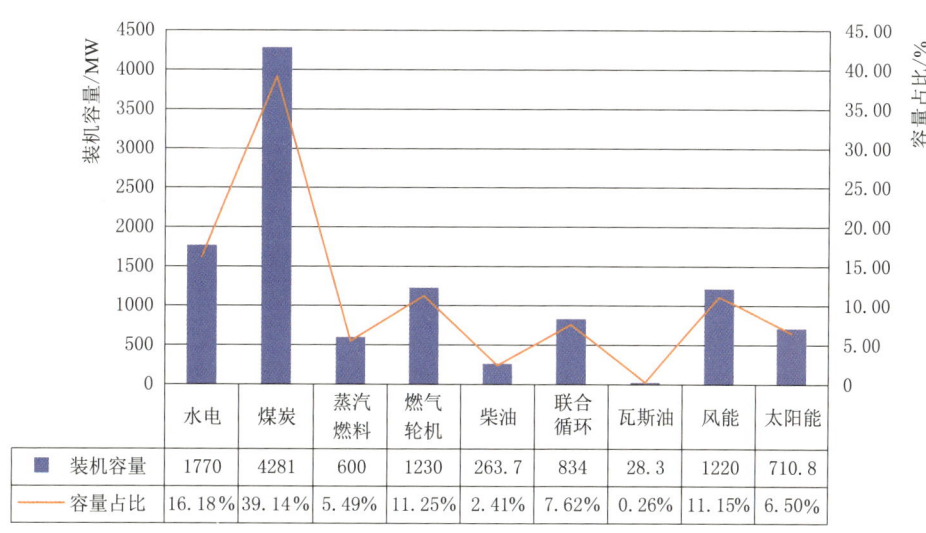

图 19-2　摩洛哥 2018 年各类发电装机容量及占比

19.1.2.2　发电量及构成

截至 2018 年年底，摩洛哥全年总发电量共 34519.399GWh，其中煤炭发电占比最大，占 49.01%，其次是联合循环发电占 16.15%，第三是燃油发电占 10.32%，太阳能发电占 9.79%，风电占 9.17%，水电占到 2.59%。发电量中新能源发电量占总发电量的 18.96%，这意味着摩洛哥正在逐步利用可再生能源代替其稀缺的能源资源。摩洛哥 2018 年总发电量构成见图 19-3。

目前，摩洛哥逐年降低煤炭发电

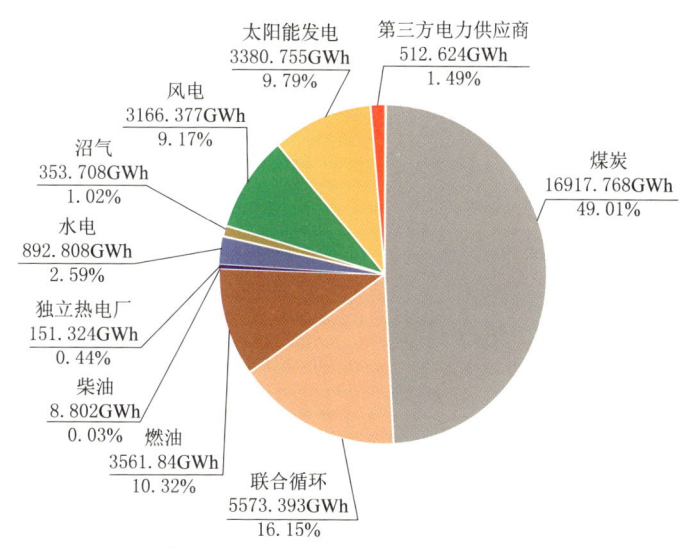

图 19-3　摩洛哥 2018 年总发电量构成

和水电的占比，2015 年煤炭发电占比 57.01%，2017 年降低至 55.02%，而水电从 2015 年到 2017 年降低至 3.72%。取而代之的是可再生能源发电（风能和太阳能），从 2015 年的 8.44% 提升至 2018 年的 18.96%。据了解，摩洛哥农村电力覆盖率达到 99.7%。

截至 2018 年年底，摩洛哥所需的用电量达到 37446.116GWh，相较 2015 年的 34400GWh，用电增长率为 8.9%。用电的持续增长得益于农村电气计划的推动，从 1995 年到 2018 年，摩洛哥农村电气化率从 18% 提高到 99.64%，40456 个村庄与 2124483 个家庭能够从电力中受益。即使是距离电网很远的村庄，现在也有一个基本的分散式电力供应，源自可再生能源。截至 2018 年年底，4563 个村庄的 70997 个家庭配备了光伏套件。摩洛哥 1995—2018 年农村电气化率见图 19-4。

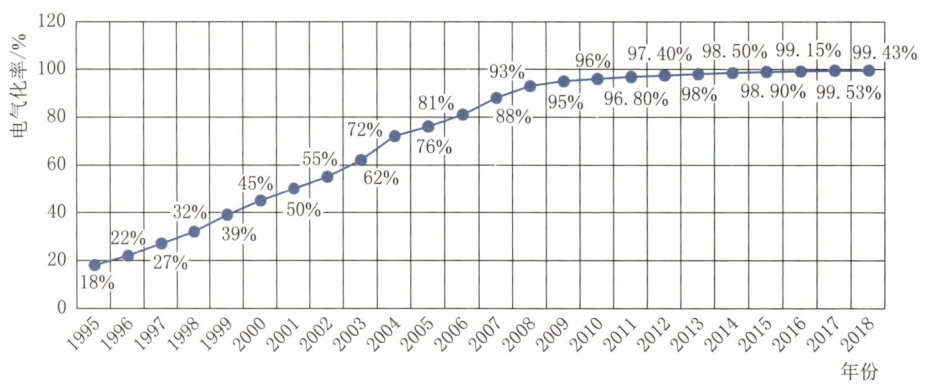

资料来源：ONEE 年报。

图 19-4　摩洛哥 1995—2018 年农村电气化率

19.1.2.3　电网结构

摩洛哥电网主要分为 400kV、225kV 的特高压线路以及 150kV 和 60kV 的普通高压线路。截至 2018 年 12 月 31 日，摩洛哥电网总长度约 26651km，与西班牙和阿尔及利亚电网相互连接，其中 52% 为特高压线路，剩下的则为普通高压线路。随着互联的加强，摩洛哥已成为地中海两岸之间的能源中心。摩洛哥 2018 年电网线路长度见图 19-5。

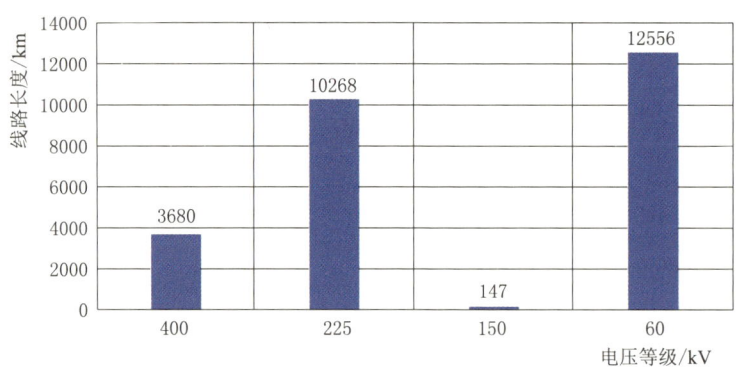

资料来源：ONEE 官网。

图 19-5　摩洛哥 2018 年电网线路长度

19.1.3　电力管理体制

19.1.3.1　管理部门

摩洛哥国家电力水利局（Office National de Eau et de Electric，ONEE）成立于 1963 年，分为水力和电力两个部门。国家电力局主要管理电力生产、传输和电力分配，负责在保证安全和电能质量的情况下进行供电，与相关组织合作，参与制定和实施电力领域的立法和条例，隶属于国家能源部（MEMEE）。

19.1.3.2 机构和职能分工

国家能源部下分为3大监管局：办公室、总秘书处以及一般监管局。总秘书处主要协助处理该部事务的大方向，协助部门对所监督的部门行使该部门的指导权，负责8大部门：地质部门、矿业和碳氢化合物理事会、燃料部门、可再生能源和能源效率部门、电力局、控制和预防风险管理局、观察合作传播局、资源及一般事务和信息局。国家电力局旗下又分为三大部门：①电气设备部，主要负责电气生产服务和运输、互联服务；②分配和电气市场分部，主要负责农村分配与电气化和电力市场服务；③核应用与安全司，主要负责核安全和核应用。电力水利局对国家电力局主要起到监督作用，其任务如下：

（1）制定一项发电和输电的多年计划，并确保其实施和更新。

（2）确保与有关组织合作，开发可以容纳发电设施和传输走廊的现场地图。

（3）监督电气装置的建造、运行和退役。

（4）确保财产税基地的动员和正规化，以容纳公用事业电力生产设施。

（5）监测电力的生产和输送，以及与邻国的电力交换。

（6）有助于实施电能关税制度。

（7）为农村电气化计划的制订、实施和评估做出贡献。

（8）协助编制和执行电力领域的公约和合作安排。

（9）确保发展核技术的使用。

（10）根据现行法规研究和分析核装置授权申请。

（11）向国家核能委员会秘书处和委员会主席提供保证。

19.1.4 电力调度机制

摩洛哥的电网机制由国有企业实行运营，摩洛哥国家电力水利局（ONEE），负责部分电力生产及全部的输电和配电。

摩洛哥电力生产基本可以满足国内需求，其电网与西班牙、阿尔及利亚连接。1997年，摩洛哥与西班牙两国间的电网通过一条700MW的海底电缆互联，2006年扩容到1400MW。目前第三条700MW的电网互联电缆项目正在研究中。此外，摩洛哥电网自1988年起还与阿尔及利亚互联，目前发电能力为1200MW。摩洛哥与毛里塔尼亚、葡萄牙（1000MW）的电网互联项目正在做可行性研究。

19.2 电力市场概况

19.2.1 电力市场运营模式

19.2.1.1 市场构成

摩洛哥国家电力水利局是唯一的买方和卖方，也是大宗电力的唯一进口商/出口商。自1999年以来，它还在西班牙电力市场上运营，该市场与摩洛哥的电力市场相互联系。然而，摩洛哥国家电力水利局的主导作用应该变弱,作为唯一的买家,通过自己的工厂(约42%)、IPP(约40%)、进口(约18%)以及一些私营工业生产商(<1%)供应全国市场。

摩洛哥国家电力水利局官方数据显示2018年的销售总量达到30709GWh。按客户类别销售额划分为六大类:经销商、工业、第三产业、行政、住宅以及农业。其中经销商销量最大,为13049GWh,占比为42%;其次为工业的销量,为6579GWh,占比为21%;排名第三的为住宅区的销量,为5484GWh,占比为18%。2018年电力销售分布见图19-6。

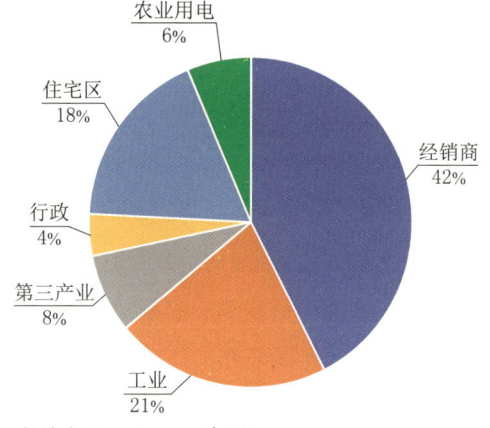

资料来源:ONEE官网。

图19-6 2018年电力销售分布

19.2.1.2 价格机制

按区域标准,摩洛哥的电价相对较高。最终消费者的电价由政府法令确定。近年来,电价补贴逐步取消,导致价格稳中有升。私人家用电价见表19-1。

表19-1　　　　　　　　　私 人 家 用 电 价

每月消费段	电价/(迪拉姆/kWh)
0~100kWh	0.901
101~150kWh	1.0732
151~200kWh	1.0732
201~300kWh	1.1676
301~500kWh	1.3817
>500kWh	1.5958

注　1迪拉姆=0.1034美元。

由于村落与村落之间的距离较远且较分散,为了获得电力,农村客户使用的是"Nour"系统(预付费电表)。客户可以购买20迪拉姆的充值卡来充值所需的电量(平均价格为1.2迪拉姆/kWh)。

自2014年8月1日起,基于新的消费水平,水费和电费都有所增加。消费者根据其所属的消费范围付费。现在的六个定义用途替代了从前的四个,所有类型电压的电价都受到影响。低电压每千瓦时电价上涨2.9%,中电压每千瓦时上涨6.1%,高电压每千瓦时上涨4.7%。但是摩洛哥的电价仍低于生产成本。

19.2.2　电力市场监管模式

目前,在摩洛哥,国家能源部(MEMEE)旗下的电力局部门对摩洛哥国家电力水利局(ONEE)主要监管行政和技术控制。

摩洛哥国家电力水利局(ONEE)负责全国的输电和配电。但国家电网的电价并未受到相关的监管,同时对应的补贴也并未有相关的落实。随着国家监督局的成立,将会完善电网的运营规则。即使对电力部门进行了持续的改革,目前监管和批发市场的运营规则仍然不完整,都存在不明确、不透明和未经检验的电网和服务系统。此外,虽然政策信号看起来很有希望并且雄心勃勃,但在州一级这些改革计划的执行却含糊不清。

19.3 电力主要机构

19.3.1 摩洛哥国家电力水利局

19.3.1.1 公司概况

摩洛哥国家电力水利局（ONEE）诞生于1963年，公司建立的初衷是全面的参与国家水电各系列的重大工程项目，并为摩洛哥提供充足的水力与电力。随后，公司又肩负起了向全国各地输送水电和分配水电基础设施，以及污水净化等对本国的可持续发展充满战略性意义的工作。作为摩洛哥水电部门和卫生健康部门大力支持的公司，在提高摩洛哥公民的生活水平和国家的经济竞争力方面发挥着重要作用。根据2018年的统计数据，仅由摩洛哥国家电力水利局分配并销售的电力销售额便达到了30709GWh。

作为摩洛哥的核心电力企业，自20世纪90年代中期以来，该公司一直致力于解决如何广泛获得电力和饮用水以及废水处理和液体卫生服务的发展；同时也肩负着研究扩大电力和水力的资源生产与开发节能节水的新工具与技术的责任。

19.3.1.2 历史沿革

作为1963年成立并得到政府大力支持的企业，摩洛哥国家电力水利局的前身——国家电力办公室（ONE）当时几乎垄断了整个摩洛哥的电力生产、传输和配送。国家饮用水办公室（ONEP）成立于1972年，全面参与为摩洛哥提供电力和水利的生产、输送和分配水电基础设施以及废水净化等工作。然而，由于摩洛哥的不停发展，其电力缺口不断增加，为了控制政府的支出，1994年，政府对ONE和ONEP进行了重组，引入了私人公司进入电力生产领域，摩洛哥电力局也正式更名为摩洛哥国家电力水利局（ONEE），负责部分电力生产及全部的输电和配电工作，久而久之，逐渐成为了摩洛哥至关重要的电力公司，并为摩洛哥电力的节流与可持续发展做出了不可或缺的重要贡献。

19.3.1.3 组织架构

作为摩洛哥电力行业的龙头公司，摩洛哥国家电力水利局由董事会、审计与组织部、通信科、运营管理机构、环境安全与质管部、发展中心、金融商业中心、资源协调中心与工业中心构成。除去最重要的董事会以外，发展中心、金融商业中心、资源协调中心与工业中心这四个部门成为了摩洛哥国家电力水利局最不可或缺的部门。摩洛哥国家电力水利局组织架构见图19-7。

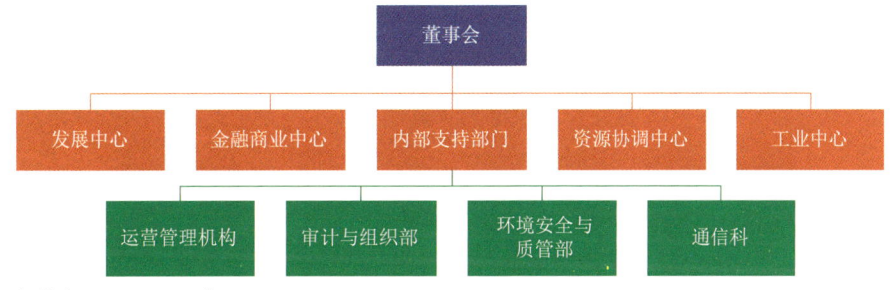

资料来源：ONEE官网。

图19-7 摩洛哥国家电力水利局组织架构

发展中心担任着为摩洛哥国家电力水利局制定未来战略以及规划公司未来目标的任务。发展中心由战略规划部、气体项目管理部、液压和可再生发展部、管理项目生产计划部、合作伙伴关系部与工程和项目生产部这6个部门组成。金融商业中心作为摩洛哥国家电力水利局最重要的经济支柱同样由财务部、风控部、管理部、销售部、信息系统部与法务部6个部门组成。由人力资源部、市场供应部、培训与技能发展部与方向管控部组成的资源协调中心则在摩洛哥国家电力水利局中担任着合理分配和应用公司资源的职责。工业中心则由3个部门组成,中央生产管理部、中央分配部与中央运输部在工业中心中各司其职。

虽然规模不及上述部门,但运营管理机构、审计与组织部、通信科,以及环境安全与质管部同样为摩洛哥国家电力水利局做出了贡献。审计与组织部为公司监控并杜绝违规操作的产生,确保摩洛哥国家电力水利局的健康发展。通信科则确保公司的指令能够准确无误地发送给公司的各下属部门。运营管理机构让摩洛哥国家电力水利局的经营不会走入误区,保障了公司的健康发展。环境安全与质管部门保障公司产品的质量能够过关。

19.3.1.4 业务情况

摩洛哥国家电力水利局作为摩洛哥最主要的国有电力公司,其主要业务分为发电业务、输电业务、售电业务、可再生能源业务以及现有能源业务。

1. 发电业务

截至2018年年底,摩洛哥国家电力水利局的总发电装机容量为10937.8MW,而2017年为8820.194MW,为摩洛哥提供了大量的电力支持。

2. 输电业务

作为摩洛哥电力系统的主力运营商,摩洛哥国家电力水利局运营、维护并开发高压以及超高压电网,确保摩洛哥能够在最安全以及经济利用率最高的情况下,将电能从发电厂运输到消费中心。截至2018年年底,摩洛哥国家电力水利局为摩洛哥建立了26651km的输电网络,并确保其与西班牙以及阿尔及利亚的输电网联通。摩洛哥国家电力水利局的目标是增强摩洛哥电力供应的安全性与可靠性,并创造一个现实可行的节电环境。随着摩洛哥国家电力水利局的不断建设,摩洛哥已成为地中海两岸之间的能源中心,为电力市场的发展提供了基础设施,并且成为了欧洲大型电力市场马格里布市场的一员。

3. 售电业务

摩洛哥国家电力水利局作为摩洛哥第一家以及唯一一家电力分销公司,商业网络由32个省级机构以及218个服务机构组成,在全境拥有10个区域局。截至2018年年底,摩洛哥国家电力水利局拥有6084493名客户,遍布农村和几个城市群。同时摩洛哥国家电力水利局拥有56个特别经销商,作为摩洛哥国家电力水利局的主要用户,它们由公共分销委员与私人经销商组成。根据2018年的相关研究报告显示,仅2018年,由摩洛哥国家电力水利局销售的电量便高达30709GWh,为摩洛哥的电力提供了大力的支持。

4. 可再生能源业务

摩洛哥是能源短缺的国家,约95%的能源需要进口,而国内能源需求量在过去10年中也以每年7%的速度增长。摩洛哥政府预测,该国2030年的总电力需求将从2008年的24GWh增长到95GWh。因电力需求量巨大,摩洛哥政府不得不改变能源发展战略,从几乎纯进口转为发展可再生能源。为摆脱对石油进口的依赖,在2009年12月举行的第一届能源大会上(在瓦尔扎扎特召开,旨在开发利用太阳能),摩洛哥政府制定了可再生能源发展战略,特别是利用当地丰富的太阳能和风能资源，通过国家基金、吸引外资和鼓励私人投资等多种方式建设太阳能电站和风电场。

2018年摩洛哥总装机容量为10937.8MW，电力消费量为30709GWh。为满足电力需求年均5%的增长速度，根据摩洛哥政府的规划，2020年总发电装机容量将在目前的基础上翻三番，其中清洁能源的比例将达到42%，太阳能、水能和风能各占14%。风电装机容量将从目前的280MW达到2020年的2000MW。届时，摩洛哥每年将可以减少燃油消耗150万t，相当于节约了7.5亿美元的燃油费，同时，减少560万t的二氧化碳排放。

（1）开发太阳能。为了在日趋激烈的能源争夺战中抢得先机，摩洛哥政府于2009年出台了一项总投资66亿欧元的战略计划，用于大幅提高国内太阳能发电能力，同时也为该国今后更具雄心的能源出口战略铺平道路。计划披露，到2020年摩洛哥将修建5座太阳能电站（厂址已选定，分别设在Ain Beni Mathar 400MW、Noor Ouarzazate 500MW、Sebkhate 500MW、Foum Al Qouad 500MW和Boujdour 100MW）。

据了解，这5座太阳能电站都投入使用以后，总装机容量将达到2000MW，预计将满足摩洛哥20%的能源需求，并大幅提高太阳能在能源消费结构中所占的比例。其中580MW的Noor Ouarzazate（努奥瓦尔扎扎特光热发电综合体Noor Midelt Ⅰ一期）由3座共510MW的光热发电项目和1座70MW光伏项目组成，于2018年10月全面建成并投入使用，成为全球最大的太阳能发电综合体。摩洛哥可再生能源管理局（MASEN）已于2019年7月9日发布招标公告，宣称将就其后续规划的230MW太阳能发电项目Noor Midelt Ⅱ二期进行公开招标。与Noor Midelt Ⅰ一期一样，二期项目也将采用光热（CSP）加光伏（PV）混合的太阳能发电形式，并配有储能系统。Noor Midelt两期项目合计装机容量将高达1030MW，规模为去年已全部完工的摩洛哥580MW的Noor Ouarzazate光热光伏项目的近两倍。

（2）开发风能。摩洛哥拥有2600km的海岸线（包括西撒哈拉），常年西风，平均风速达到8~12m/s，最高可达20m/s，风力资源丰富。据预测，该国每年的风力发电潜力为25000MW左右。在大力开发利用太阳能的同时，摩洛哥又将大部分精力转到风能开发方面。

2010年6月，政府正式宣布投资315亿迪拉姆（32.57亿美元）实施摩洛哥风能综合计划，内容包括风力发电、风能工业发展、研发和培训等方面。该风能计划将一举使电力消费中的14%来自风能。能源发展基金将向该计划提供近10亿美元的资助（其中沙特5亿美元，阿联酋3亿美元和哈桑二世经济社会发展基金2亿美元），该能源发展基金主要为中东国家和机构提供的赠款。

摩洛哥目前已经运行的风电总装机容量共计280MW，分布在5个风电场，分别是Abdelkhalek Tor零售电力供应商（50MW）、Lafarge（30MW）、Amougdoul（60MW）、Tanger Ⅰ期（140MW）。据政府公布的数字显示，2010年风能占摩洛哥总发电装机容量的4.4%，占年电力生产总量的2.5%。

2010年6月28日投入运行的丹吉尔风电场Ⅰ期是其最大风电场，这也是目前非洲最大的风电场。丹吉尔风电场Ⅰ期装机容量为140MW，总投资27.5亿迪拉姆（约2.84亿美元），由欧洲投资银行（8000万欧元）、西班牙官方信贷局（Instituto de Credito Oficial，1亿欧元）、德国复兴开发银行（5000万欧元）和摩洛哥国家电力公司共同出资，西班牙Gamesa Ealica公司承建。丹吉尔风电场包括165座850kW的风电机组和基座（电站分为两个风电场，第一个位于丹吉尔东南22km的Dhar Saadane，有126台风电机组；第二个位于丹吉尔以东12km，有39台风电机组）、4座测风站、1座33/250kV的升压站和60km长的输电线，年发电量约556.5GWh。丹吉尔风电场的建成使摩洛哥成为地中海沿岸和非洲国家中可再生能源利用方面最先进的国家之一，甚至达到了欧洲国家的水平。

摩洛哥于2011年5月31日在其东北城市乌日达举行第二届能源大会（旨在开发利用风能），会议强调可再生能源为摩洛哥能源可持续发展的重要战略，并将在2011—2020年投资1740亿迪拉姆（约合179.929亿美元）重点用于发展太阳能、风能等可再生清洁能源，到2020年实现太阳能和风能分别达到2000MW装机容量的目标。

5. 现有能源业务

到2020年，摩洛哥计划安装总发电装机容量为8000MW的各类电站（除各占2000MW的风电场、太阳能电站外，余下的4000MW为水电、燃气和清洁煤电站）。其中计划新建的2座电站厂址已选定El Menzeh（200MW水电站）和Abdelmoumen（300MW石油当量火电厂）。

19.3.1.5 科技创新

摩洛哥是一个能源极度缺乏且非常依赖邻国电力进口的国家。由于近几年的发展，摩洛哥全国上下电力使用几乎已经普及，摩洛哥的用电量呈飞速上升的趋势，以致其能源需求愈发庞大。因此，如同政府提倡并要求的那样，积极发展可再生能源，制定可再生能源发展战略，提高可再生能源的发电装机容量占比等变得至关重要。摩洛哥国家电力水利局不断提高可再生能源的利用率，并致力于开发与建设新型节能减排装置。通过广泛的发展和推广计划促进可再生能源，摩洛哥国家电力水利局迄今为止风电装机容量250MW，并对于所有正在开发的工业项目进行环境影响研究的系统整合，以确保其合理利用可再生能源并且不会造成过多的不必要的能源消耗。同时，摩洛哥国家电力水利局也一直在对摩洛哥现有的工业用地的环境进行不断升级，进一步确保提高能源的利用效率。近年来，除了自身投身于节能减排，开发利用可再生能源等工程，摩洛哥国家电力水利局也围绕能源有效管理，通过科学普及活动开展多次全国讲座，确保摩洛哥国民真的了解并投身于节能减排的工作。不仅如此，作为与穆罕默德六世环境保护基金会（FEE）合作的一部分，摩洛哥国家电力水利局还致力于实现若干行动，包括实行"清洁海滩行动"以及"生态学校"计划，旨在围绕环境教育和可持续发展在学校内创造可持续的活力。作为该计划的一部分，该基金会赞助了Jerada的两所学校和Moulay Bouselhame的两所学校，并组织年度宣传活动以控制电力消耗；根据环境教育基金会制定的程序，积极参与该旅游机构环境升级计划，为"绿色关键计划"做出了必不可少的贡献。

第 20 章 南非

20.1 能源资源与电力工业

20.1.1 一次能源资源概况

过去几十年，南非一直依靠丰富的矿产资源出口创汇，跻身中等发达国家行列。南非的能源禀赋以"富煤炭、少油气、缺水能"为主要特点，目前一次能源消费中油气占28%左右，除少量的核能、可再生能源以外，其余基本都是煤炭。自1994年起，南非一共进行过两次能源转型，旨在降低对煤炭和核能的消费比重，同时加大对可再生能源的利用；但是由于煤炭是南非最易获得、较为低廉的能源资源，而且相关基础设施体系已形成多年，路径依赖性愈发明显，导致煤炭消费比重一直居高不下。此外，南非大部分地区每年平均日照时间2500h以上，日均太阳辐射量在4.5~6.5kWh/m^{2}之间，在光伏发展方面拥有得天独厚的自然条件。

根据2019年《BP世界能源统计年鉴》，南非一次能源消费量达到1.215亿t油当量，其中石油消费量达到2630万t油当量，天然气消费量达到370万t油当量，煤炭消费量达到8600万t油当量，核能消费量达到250万t油当量，水电消费量达到20万t油当量，可再生能源消费量达到280万t油当量。

20.1.2 电力工业概况

20.1.2.1 发电装机容量

南非是全球四大电价最便宜的电力供应国之一，其发电装机容量占非洲大陆总体的40%左右，国内共有四组发电机组，包括南非国家电网机组、市政电网机组、私营电力机组以及智能电网机组，其中国家电网机组承担了全国95%左右的发电需求。

2018年，南非总体的发电装机容量在49GW左右，其中煤电装机容量最大，达38.4GW，占比78.4%；其他依次为水电、天然气发电、光伏发电、核电及风电。值得关注的是，受益于政府扶持及招商引资，近年来南非的光伏项目发展迅速，装机容量占比在不断提升。南非2018年发电装机容量见图20-1。

未来，南非将逐步降低热电在全国的比重，陆续关闭一批高耗能、高污染的热电发电站，并加大对可再生能源的利用。根据南非2018年新修订版的综合资源计划（简称IRP）草案，至2030年，可再生能源部分风电装机容量将达11.4GW，占发电总装机容量的15.1%；光伏发电装机容量达8.0GW，占比10.5%；水电装机容量达2.1GW，占比3.8%；而热电装机容量仅为600MW，占比不足1%。

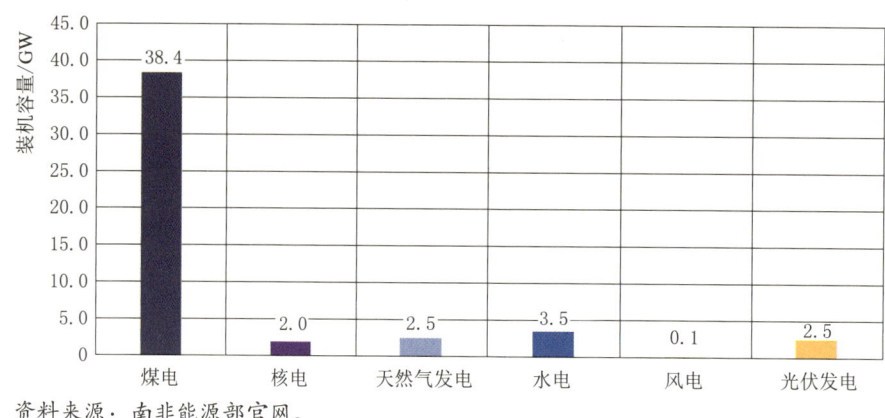

资料来源：南非能源部官网。

图 20-1　南非 2018 年发电装机容量

20.1.2.2　发电量及构成

根据南非能源部发布的数据，受制于煤电占比的居高不下，近年来南非发电量增长十分缓慢，但其增速在逐年提升，主要来自可再生能源发电量的快速增长。2018 年总发电量达 231.5TWh，同比增长 0.9%，相比 2017 年的增速提高 0.4 个百分点。据了解，南非的农村家庭电力覆盖率高达 80% 以上。南非 2014—2018 年发电量见图 20-2。

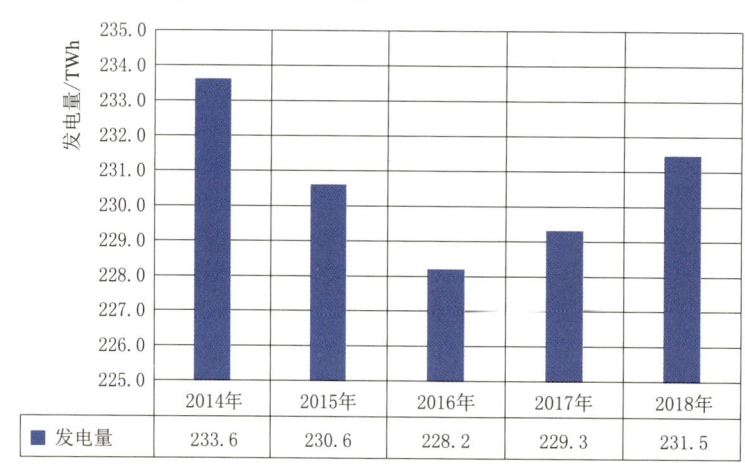

资料来源：南非能源部官网。

图 20-2　南非 2014—2018 年发电量

20.1.2.3　电网结构

据统计，南非的电气化率在撒哈拉以南非洲国家中最高，达 85.5%；总输电线路长度约为 3.2 万 km，其中国家电网公司拥有输电线路达 2.9 万 km，横跨了整个南非；主要电压等级为 400kV 和 275kV。此外，南非还有约 4.9 万 km 的配电线路。

南非国内的输配电损失较高，年均输配电损失在 20TWh 以上，占发电量的 9% 左右。

20.1.3　电力管理体制

20.1.3.1　机构设置

由于电力市场规模较小，南非整体的电力管理体制较为简单。其中，中央政府能源部（DoE）为主要管理机构，主要负责制定能源政策、监管框架和法律法规，并监督执行情况。同时，还设有协理部门以及南非核能公司（NECSA）、南非国家电力监管局（NERSA）、中央能源基金有限公司（CEF）、国家核能监管局（NNR）等组织机构。其中，国家电网公司（Eskom）主要向能源部负责，并受国家电力监管局、国家核能监管局的监督。

20.1.3.2 职能分工

南非能源行业组织架构见图 20-3。能源部是南非最高的电力管理部门，下设五大总干事部门，统筹整体的管理事宜，包括总监办、议会服务处、审计委员会、监察委员会以及对外交流办。在总干事以下，还设有消费者服务部、规划部、石化能源事业部、核能事业部、清洁能源事业部、工程部、企业服务部、财务部、合规部九大部门。

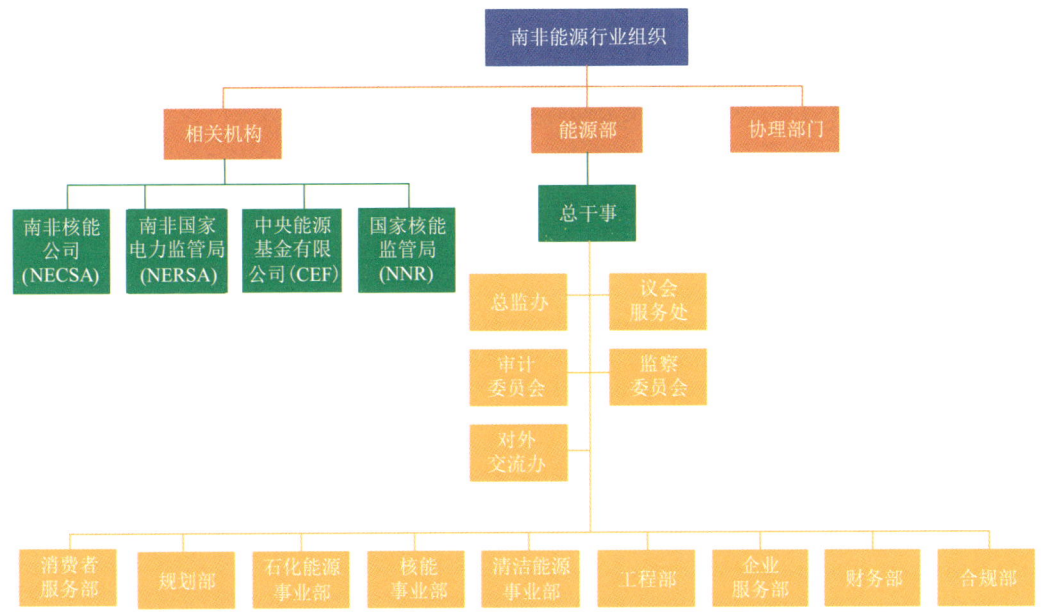

资料来源：南非能源部官网。

图 20-3　南非能源行业组织架构

为更好地对南非国内能源及电力行业进行管理，能源部制定了《综合能源计划》，并随着行业的发展以及战略目标的变化定期更新。《综合能源计划》制定了广泛的国家目标、总体规划和路线图，并依据其核心理念衍生出了《综合能源规划草案》，同时详细阐明了供电量的要求。《综合能源计划》和《综合能源规划草案》是南非能源行业的两大有力支撑。

20.1.4　电力调度机制

在电力管理体制的基础上，南非电力调度机制也较为简单。其中，总体调度规划由国家能源部出具，具体的执行由国家电网公司和市政输配电公司协同负责。

1. 输电

目前南非电力的传输主要由国家电网公司承担，其在全国范围内拥有的输电网总长度约 2.9 万 km。根据公共事业输电计划显示，南非国家电网公司计划未来继续投入巨资用于输电基础设施建设，其中大约 89% 将用于扩建容量，其余部分则用于翻修、资本备件、生产设备、土地以及战略发展。

2. 配电

电力分配是电力传输的最后一步，南非的配电目前由南非国家电网公司和地方市政电力公司共同经营，其用户总量比例为 48 ：52。其下配电具体执行单位由 187 家有执照的分销商组成，几乎所有的分销商都是市政配电公司。行业方面，制造业消耗了约 40% 的电力，紧随其后的是采矿业和家庭用电，各占 18%，其余大部分电力消耗发生在农业和运输部门。

20.2 电力市场概况

20.2.1 电力市场运营模式

南非的电力市场主要由南非国家电网公司垄断，是南非国有和垂直一体化公用事业公司。除南非本国以外，该公司还向包括博茨瓦纳、莱索托、莫桑比克、纳米比亚、斯威士兰和津巴布韦在内的邻国出售电力。南非国家电网公司还拥有高压输电网的运营权，并直接提供约 60% 的电力，其余输配电由地方市政当局承担，地方市政当局从南非国家电网公司购买大量的电力，直接在所在辖区内销售，或卖给售电公司后再提供给消费者。目前，南非国内电力销售占市政收入的 25% 以上，在南非最大的城市地区，该数字可达 34%。

此外，南非电力市场供大于求，年均净出口电力约 15TWh。未来随着南非跨国电力业务的发展，预计这一数额会进一步增长。

由于南非电力市场结构较为单一，结算机构主要采取垂直型清算机制。

南非曾是世界上电价最低的国家之一，2008 年之前终端用户电价仅为 0.19 兰特/kWh，相当于 2.2 美分/kWh，之所以如此，主要是政府希望能够通过低电价政策来促进经济增长。但是，由于南非国内长期电力投资不足、生产和管理滞后等原因，南非国家电网公司面临亏损，融资困难，自 2007 起至今南非的电力价格上涨了 4 倍。

在南非国内，电价主要由南非国家电网公司制定，但在成本大幅波动的情况下，电价定价成为了一个颇具挑战性的难题。为了应对这一难题，并抑制电价过大幅度上涨，南非国家电力监管局（NERSA）制定了定期电价调整方案。

20.2.2 电力市场监管模式

南非的电力监管机构是南非国家电力监管局，由 CEO 主管，包括九名成员，其中五名是兼职，四名是全职。该机构对电力行业、天然气管道行业和石油管道行业进行监管。近年来，南非国家能源监管委员会大力鼓励私营电力公司（IPPs）和农村地区的私营部门进行电网投资，以调节电价，促进全国电网的健康发展。根据现行法律和能源政策白皮书，该机构还负责监督南非电力供应领域的重组。此外，该机构授权南非国家电网公司作为全国电力分销商。

此外，南非能源行业受到以下法案的监管：《国家能源法案》（Act No. 34 of 2008）、《石油产品法案》（Act No.120 of 1977）、《电力监管法案》（Act No.4 of 2006）等。

南非国家能源监管委员会的主要监管对象包括南非国家电网、市政电网、私营电网、智能电网等公司，天然气管道、石油管道等行业以及下属能源监管机构，例如国家核能监管局（NNR）。

南非国家电力监管局对电力市场的监管内容主要包括全国电力输配电的执行、电力交易许可证的审核和发放、电力交易市场情况监测、法律听证及争议仲裁等。

20.3 主要电力机构

20.3.1 南非国家电网公司

20.3.1.1 公司概况

1. 总体情况

南非电力行业基本由南非国家电网公司垄断，其贡献了约95%的南非电量和约45%的非洲电量，是全球第11大电力供应公司和第9大电力销售公司，并拥有世界上最大的干式冷却电站。2002年1月，南非国家电网公司从政府机构中分离出来，成为独立的央属企业，原先电力委员会和管理委员会的双层架构被董事会取代。目前，南非国家电网公司直接面向6000家工业企业、1.8万家商业企业、7万家农场以及300万家庭用户提供电力服务，其29000km的输电线路横跨整个南非，并延伸到非洲南部的大部分地区。

2. 经营业绩

根据公司公布的合并报表数据，2018年，南非国家电网公司总营收1770亿兰特，约116.82亿美元，同比增长0.8%，主要原因在于公司煤电业务占比持续处于高位；EBITDA（Earnings Before Interest, Taxes, Depreciation and Amortization，税息折旧及摊销前利润）450亿兰特，约29.7亿美元，同比增长18.42%，主要源于成本及费用的持续下降；净利润20亿兰特，约1.32亿美元，主要源于新建项目的折旧增加。南非国家电网公司2017—2018年经营业绩概况见图20-4。

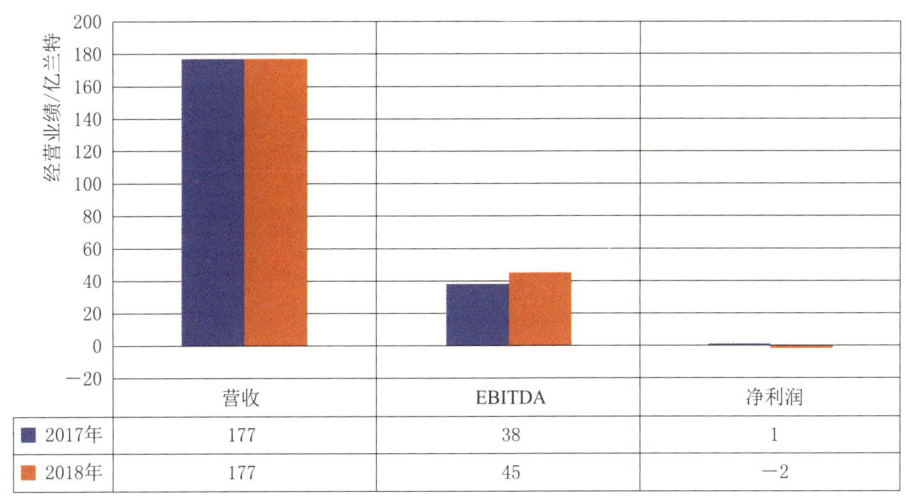

图20-4 南非国家电网公司2017—2018年经营业绩概况

20.3.1.2 历史沿革

南非国家电网公司最初为南非中央政府中的电力机构，成立于1999年，内部设有电力委员会和管理委员会双层架构。但是，自2002年1月起，南非国家电网公司开始从中央政府中剥离，成为独立的国营企业，由国家能源部领导，受国家电力监管局监督，自2002年7月开始正式运营。

20.3.1.3 组织架构

南非国家电网公司组织架构见图20-5。在南非国家电网公司内部，主要设置董事会和执行委员会来对公司发展作战略规划和运营管理。此外，南非国家电网公司下设一家全资子公司南非电网企业（Eskom Enterprises），主要任务是为南非国家电网、非洲南部共同体以及整个非洲大陆提供电力行业的高质量核心业务服务,并提高服务区域的生活质量。

在南非电网企业之下,又设置了一系列子公司,以便能够更好地协助客户维护发电和输电设备,以及进行项目管理。这些子公司包括电力设备公司(Eskom Rotek Industries)、电力经营公司(Eskom Uganda Limited)等。

1. 电力设备公司

电力设备公司是南非电网企业旗下最大的子公司,其任务是建造、维护和运输设备,以支持南非国家电网、非洲南部共同体以及整个非洲大陆对电力的需求。

2. 电力经营公司

电力经营公司以其在乌干达的发电特许经营管理的专业

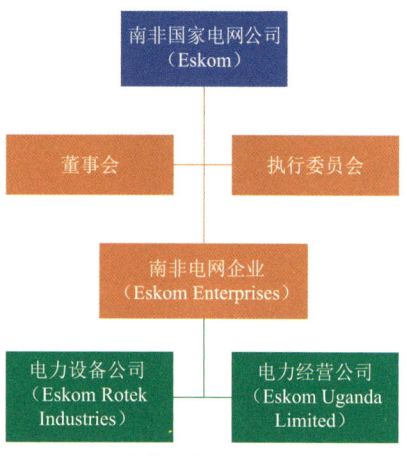

图20-5 南非国家电网公司组织架构

性而著称,在水力发电方面经验丰富,未来这一特许经营有望继续实现增长,预计到2040年,乌干达80%的人口可以获得电力供应。

20.3.1.4 业务情况

1. 经营区域

南非国家电网公司几乎垄断了南非的电力业务,贡献了约95%的南非电量和约45%的非洲电量,其经营范围除南非全国外,还延伸至非洲南部共同体的大部分地区。此外,整个非洲大陆的电力业务南非国家电网公司也有涉及。

2. 业务情况

南非国家电网公司的核心业务横跨整个电力价值链领域,包括发电、输电、配电以及交易和咨询。此外,近年来南非国家电网公司依据南非政府整体的能源战略规划开始逐步扩大清洁能源业务,包括一系列光伏发电和风电项目。

20.3.1.5 国际业务

南非国家电网公司的国际业务主要由其子公司Eskom Enterprises来展开,涉及区域仍以非洲大陆为主。目前,Eskom Enterprises承担的最大一个跨非洲项目为Trans African Projects(TAP),专门为输配电项目(以变电站为主)、可再生能源项目提供有效的设计解决方案,主要覆盖非洲、中东以及中国。

第 21 章 尼日利亚

21.1 能源资源与电力工业

21.1.1 一次能源资源概况

尼日利亚石油资源丰富，2018年，探明石油储量约为51亿t，占全球石油探明储量的2.9%，排名全球第九；天然气探明储量5.2万亿m^3，占全球天然气探明储量的2.7%，排名全球第八。另外，尼日利亚还具备一定的煤炭储量，全国煤炭探明储量约20亿t。

21.1.2 电力工业概况

21.1.2.1 发电装机容量

截至2018年，尼日利亚全国装机总容量约为15.4GW，其中天然气发电是主要的发电来源，共12204MW，占79%；其次为水力发电，约2040MW，占13%；石油发电则排名第三，共1200MW，占8%。尼日利亚2018年各类型发电装机容量及占比见图21-1。

尼日利亚近10年全国装机容量增长迅速，2018年，尼日利亚全国装机容量较2010年增长了近8444MW，是2010年的2.2倍。

21.1.2.2 发电量及构成

2018年，尼日利亚全国总发电量为57.376TWh，其中天然气发电量占绝大多数，共47.569TWh，占比83%；水力发电量为5.1TWh，占比9%；石油发电量为4.68TWh，占比8%。

尼日利亚历史发电量呈现高速增长态势，2018年全国总发电量较2010年的25.3TWh增长了126%。尼日利亚2018年各类型电源发电量及占比见图21-2。

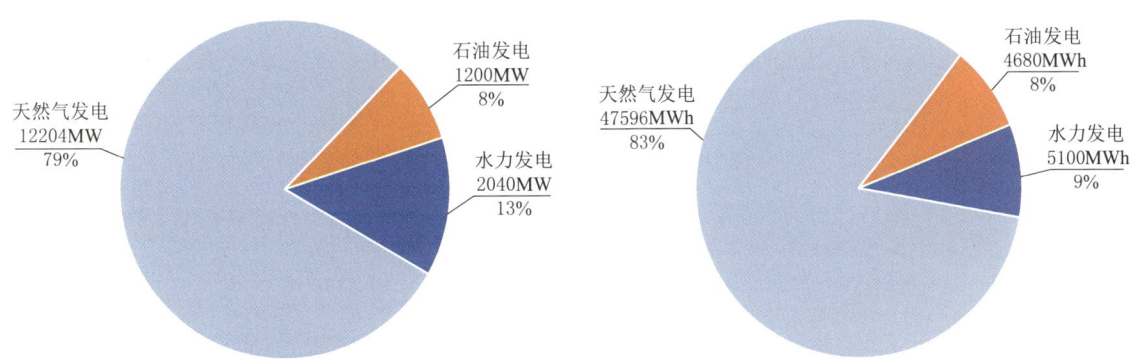

图 21-1 尼日利亚2018年各类型发电装机容量及占比　　图 21-2 尼日利亚2018年各类型电源发电量及占比

据了解，目前尼日利亚现有的多数发电设备陈旧，缺乏应有的维护和保养。由于供电紧缺，尼日利亚大部分政府机关、事业单位及97%以上的企业不得不自备发电机发电，电力供需矛盾已成为阻碍尼日利亚经济发展的主要问题之一。尼日利亚市区供电覆盖率在40%~60%，市郊则持续断电。

21.1.2.3 电网结构

尼日利亚输电网络由高压变电站和高压输电线组成，总容量约7500MW，输电线路总长超过2万km，共有两个电压等级，分别为330kV和132kV。其中330kV有11032.5km，占比55%；132kV有8967.5km，占比45%。

目前，尼日利亚国内电网的传输能力（5300MW）要高于平均运行发电容量3879MW，但远低于总装机容量15.4GW。整个基础设施基本上是径向的，没有冗余，因此提升电网容量是尼日利亚亟须解决的问题。另外，尼日利亚全国的电网传输损耗高达7.4%，而这一数字在和尼日利亚同等经济条件的发展中国家仅为2%~6%。

21.1.3 电力管理体制

21.1.3.1 机构设置

2005年签署的《电力部门改革法案》是目前尼日利亚主要的电力管理框架，也是管理尼日利亚电力系统（包括发电、输电、配电、售电）的主要法规。在该法律下，尼日利亚能源部成立了尼日利亚电力监管委员会，专项负责国家电力系统的管理。

21.1.3.2 职能分工

尼日利亚电力管理机构设置见图21-3。

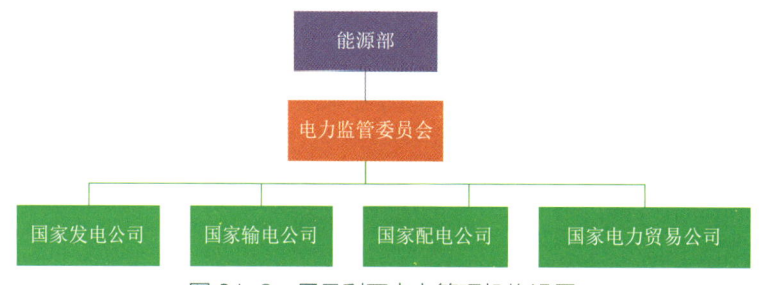

图21-3 尼日利亚电力管理机构设置

（1）能源部。能源部是国家最高的能源管理机构，除储电外，还负责管理尼日利亚全国的其他能源的相关事务。

（2）电力监管委员会。电力监管委员会是尼日利亚最高的电力管理机构，负责专项的电力管理。

（3）国家发电公司。国家发电公司负责尼日利亚国内发电环节的运作事宜。

（4）国家输电公司。国家输电公司负责尼日利亚国内输电环节的相关运作事宜。

（5）国家配电公司。国家配电公司负责尼日利亚国内配电以及售电的相关事宜。

（6）国家电力贸易公司。国家电力贸易公司负责尼日利亚电力进出口和内部电力贸易相关事宜。

21.1.4 电力调度机制

尼日利亚采取国家统一调度制度，不设分区调度，电网调度由国家输电公司来完成。尼日利亚国家电网公司（Transmission Company of Nigeria，TCN）是尼日利亚国内唯一的电力调度公司。

21.2 电力市场概况

21.2.1 电力市场运营模式

21.2.1.1 市场构成

在电力改革后，尼日利亚在发电和配售电环节实行市场化运营，准许私人企业进入发电和售电领域以提高效率。尼日利亚目前共有八家电力公司，分别为阿法姆电力公司、Mainstream 电力解决方案公司、Transcorp 电力公司、南北电力公司、康明斯热电有限公司、大西洋能源公司、壳牌石油开发公司合资企业以及尼日利亚船舶运营有限公司子公司。

在配售电环节，同样采用完全竞争的电力市场模式，共 11 家配售电公司，包括阿布贾电力分配公司、贝宁电力分配公司、Eko 电力分配公司、埃努古电力分配公司、伊巴丹电力分配公司、Ikeja 电力分配公司、乔斯电力分配公司、卡杜纳电力分配公司、卡诺电力分配公司、哈科特港电力分配公司以及 Yola 电力分配公司。

21.2.1.2 结算模式

2005 年《电力部门改革》法案中推出的"多年电价法（Muti-Year Tariff Order, MYTO）"是尼日利亚实行的主要电价结算模式。主要通过统一的方式来确定电力工业各环节的平均收入，并根据平均收入来确定电力批发和零售价格，由此激励电力工业各环节的公司。多年电费计算法定价方法主要基于三大原则：①允许发电、配电和售电企业有一定的基于市场价格的资本回报；②允许发电、配电和售电企业有一定的基于资产折旧率的资本回报；③允许发电、配电和售电企业有一定的基于运营成本和管理费用的资本回报。

基于以上"多年电费计算法"，尼日利亚电力监管委员会每年会推出标准的零售电价，截至 2018 年，在零售电价中，有 6.86% 来自增值税和服务费；48.62% 来自配电、售电环节成本；8.16% 来自输电环节成本；36.36% 来自发电环节成本。

21.2.1.3 价格机制

"多年电价法"规定售电、配电公司有一定的电价调节权，但为确保贫困用户最基本的生活用电，设定了每月 50 kWh 以下居民用户的最低电价为 4 奈拉 /kWh（1 尼日利亚奈拉 =0.0027 美元）。尼日利亚 2018 年电价见表 21-1。

表 21-1　尼日利亚 2018 年电价

分类	平均电价 /（奈拉 /kWh）
居民用电（<50kWh/ 月）	4
居民用电（≥ 50kWh/ 月）	16.11~28.82
商业用电	19.06~26.79
工业用电	21.61~28.08
特殊用电	20.69
公共照明	15.89

21.2.2 电力市场监管模式

21.2.2.1 监管制度

尼日利亚电力市场的监管机构是尼日利亚电力监管委员会。

尼日利亚电力监管委员会（NERC）是一个独立的监管机构，负责尼日利亚电力行业的监管。尼日利亚电力监管委员会于 2005 年 10 月成立，根据 2005 年《电力部门改革法案》的条款，其主要职责如下：

（1）监督和管理电力行业。

（2）向市场参与者颁发许可证。

（3）确保市场参与者遵守市场规则和指导方针。

（4）建立促进可再生能源发电产业发展的监管框架。

（5）制定和调整"多年电价方案"。

21.2.2.2 监管对象

主要监管尼日利亚国内的发电和配电、售电公司，其中发电企业 6 家，配电、售电公司 11 家。

1. 发电公司

APP 电力公司（Afam Power Plc）、EPP 电力公司（Egbin Power Plc）、KHEP 水力发电公司（Kainji Hydro Electric Plc）、SPP 电力公司（Sapele Power Plc）、SHEP 电力公司（Shiroro Hydro Electric Plc）以及 UPP 电力公司（Ughelli Power Plc）。

2. 配电、售电公司

AEDC 售电公司（Abuja Electricity Distribution Company Plc）、BEDC 售电公司（Benin Electricity Distribution Company Plc）、EKO 售电公司（Eko Electricity Distribution Company Plc）、EEDC 售电公司（Enugu Electricity Distribution Company Plc）、IEDC 售电公司（Ibadan Electricity Distribution Company Plc）、JEDC 售电公司（Ikeja Electricity Distribution Company Plc）、JEDC 售电公司（Jos Electricity Distribution Company Plc）、KEDC 售电公司（Kano Electricity Distribution Company）、PHEDC 售电公司（Port Harcourt Electricity Distribution Company Plc）、YEDC 售电公司（Yola Electricity Distribution Company Plc）以及尼日利亚国家电网公司（Transmission Company of Nigeria）。

21.3 主要电力机构

21.3.1 尼日利亚国家电网公司

21.3.1.1 公司概况

尼日利亚国家电网公司（Transmission Company of Nigeria，TCN），由 2005 年从尼日利亚国家电力局中拆分出来，专项负责尼日利亚国家电网的运营。

21.3.1.2 组织架构

尼日利亚国家电网公司组织架构见图 21-4。公司下设有电网系统服务、电网系统运营、电网市场运作三大部门。

图 21-4 尼日利亚国家电网公司组织架构

（1）电网系统服务。电网系统服务负责电网系统基础设施的开发以及维护。

（2）电网系统运营。电网系统运营负责电网电力的调度工作。

（3）电网市场运作。电网市场运作负责监督配售电公司的电网接入情况。

21.3.1.3　业务情况

1. 电网系统服务

电网系统服务负责变电站和电力线的国家互联传输系统，并提供开放式接入传输服务。它的作用是维护构成输电网的物理基础设施并将其扩展到新的区域。

2. 电网系统运营

电网系统运营管理从发电公司到配电公司的整个电力系统的电力流动，负责确保输电网线路可靠，并通过电网规划、电网调度和控制电网的运行来维持电网的稳定性。具体业务内容如下：

（1）控制电网频率和电压。

（2）在发电不足时分配电力负荷。

（3）设计、安装和维护监控和数据采集、通信设施，以实现有效的电网运行。

（4）发电机组的经济调度。

（5）采购和管理辅助服务。

（6）协调所有停机计划以维护系统设备。

（7）对所有主要电网干扰进行故障后分析。

3. 电网市场运作

电网市场运作负责管理电力市场，特别是输电市场的规则，提高市场效率，具体业务内容如下：

（1）实施和管理尼日利亚电力市场规则。

（2）起草和实施市场程序。

（3）通过确保每个交易点都有适当的计量系统来管理商业计量系统。

（4）管理市场结算系统。

（5）管理支付系统和能源市场的商业安排，包括辅助服务。

（6）监督电力市场参与者遵守和执行市场规则和电网规范。

（7）定期报告市场规则的执行情况。

（8）参与市场规则和程序及交易安排的市场能力建设。

第 22 章 突尼斯

22.1 能源资源与电力工业

22.1.1 一次能源资源概况

突尼斯能源主要有磷酸盐、石油、天然气、铁、铝、锌等。已探明储量为：磷酸盐 20 亿 t，石油 7000 万 t，天然气 615 亿 m^3，铁矿石 2500 万 t。突尼斯的能源结构由化石资源组成，天然气的能源消耗占一次能源的总消耗比例最大。

目前，突尼斯正面临巨大的能源短缺，2015 年一次能源的短缺达到 400 万 t 油当量，这是由两个主要原因造成的：其一，由于经济增长和电气化率的提高，1992 年至今，能源消耗在 20 年内几乎翻了一番；其二，由于新油田勘探活动缓慢，一次能源（特别是原油）的总产量下降。自 2000 年以来，突尼斯已成为净能源进口国，同时制定了可再生能源发展战略，预计到 2030 年可再生能源比例达到 30%。并且通过提高能源效率和能源结构多样化两个方向确保电力供应。

22.1.2 电力工业概况

22.1.2.1 发电装机容量

截至 2018 年年底，突尼斯全国装机容量达到 5466MW。其中燃气轮机的装机容量占比最大，为 37%，其装机容量为 2014MW；其次是联合循环的装机容量，占比 30%，装机容量为 1639MW；蒸汽轮机的装机容量占比 19%，装机容量为 1040MW；独立发电厂装机容量为 9%，装机容量为 471MW；风电的装机容量占比 4%，其装机容量为 240MW；水电的装机容量占比最小，为 1%，其装机容量为 62MW。突尼斯 2018 年装机容量见图 22-1。

22.1.2.2 发电量及构成

截至 2018 年，突尼斯总发电量为 19109GWh。其中联合循环发电量占比最高，达 63%，其

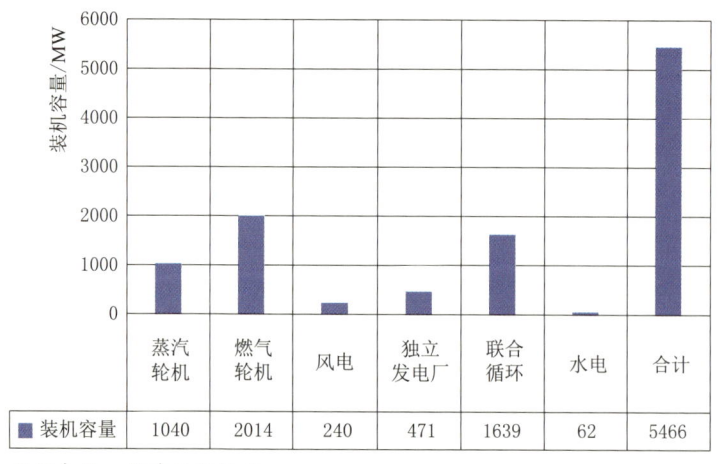

数据来源：彭博数据终端。

图 22-1 突尼斯 2018 年装机容量

发电量为 12038.67GWh；燃气轮机发电量占比位于第二，占比 19%，其发电量 3630.71GWh；热能发电量占比 15%，其发电量 2866.35GWh；风电和水电发电量占比 3%，其发电量为 573.27GWh。目前突尼斯的电气化率为 99.8%，农村电气化率为 99.5%，其农村电力覆盖率为 63.7%。突尼斯 2018 年发电量占比见图 22-2。

22.1.2.3 电网结构

截至 2018 年年底，突尼斯的输电网络包括 5175km 的 150kV 及以上电压线路。自 2014 年以来，突尼斯的高压线路网络以 1.8% 的复合年增长率增长。该国还拥有约 1285km 的 90kV 线路。在总数中，约 54% 的输电线路处于 225kV 的水平。自 2014 年以来，电网没有新增 400kV 线路。

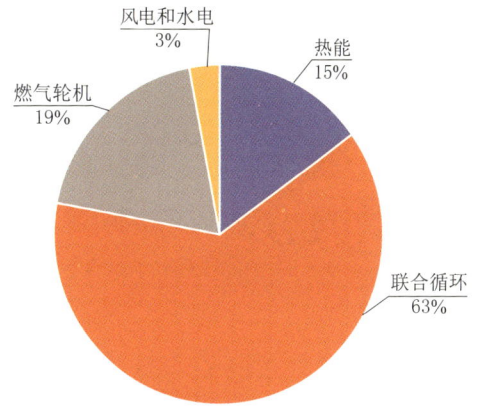

数据来源：彭博数据终端。

图 22-2 突尼斯 2018 年发电量占比

突尼斯电网通过五条线路与阿尔及利亚电网相连。其中包括两条 90kV 线路、一条 150kV 线路、一条 225kV 线路和一条 400kV 线路。同时与利比亚电网的两个 225kV 线路存在互联，但目前无法正常运行。突尼斯 2014—2018 年输电线路长度及年增长率见表 22-1。

表 22-1　　突尼斯 2014—2018 年输电线路长度及年增长率

电压等级	2014 年	2015 年	2016 年	2017 年	2018 年
150kV/km	1993	2067	2157	2157	2157
225kV/km	2717	2669	2790	2885	2810
400kV/km	117	208	208	208	208
总计 /km	4827	4944	5155	5250	5175
年增长率 /%	—	2.4	4.3	1.8	1.4

截至 2018 年年底，突尼斯的变电容量为 10015MVA。自 2014 年以来，变电容量以 5% 的复合年增长率增长。大部分（约 55%）的变电容量处于 225kV 的水平，而小部分（16%）处于 400kV 的水平。突尼斯 2014—2018 年变电容量及年增长率见表 22-2。

表 22-2　　突尼斯 2014—2018 年变电容量及年增长率

电压等级	2014 年	2015 年	2016 年	2017 年	2018 年
150kV/MVA	2775	2800	2810	2965	2860
225kV/MVA	4660	4960	5040	5140	5555
400kV/MVA	800	1600	1600	1600	1600
总计 /MVA	8235	9360	9450	9705	10015
年增长率 /%	—	13.7	1.0	2.7	3.2

22.1.3　电力管理体制

22.1.3.1　机构设置

突尼斯的电力管理机构主要由工业和能源部、能源总司（DGE）、国家能源管理局（ANME）以及新能转型基金（ETF）组成。

22.1.3.2 职能分工

（1）工业和能源部是管理能源的主要政府部门。负责能源基础设施规划和国家能源政策的实施。

（2）能源总司（DGE）是工业和能源部的一个子部门。它旨在构思、协调和实施国家能源政策，并起草能源行动计划和能源管理计划。

（3）国家能源管理局（ANME）。该机构成立于1985年，专门从事能源管理，支持工业部的能源转型。

（4）新能转型基金（ETF）。直到2014年国家能源管理基金会成立于2005年，它帮助可再生能源项目提供资金支持（以及其他补贴）。

22.1.4 电力调度机制

突尼斯国家电力和天然气公司（STEG）负责突尼斯的电力调度工作，为电力市场参与者提供全网接入服务，还负责国内电网的运行监管工作，针对实际电力负荷提出相应的建议。突尼斯有一个国家调度中心和两个区域中心，但是采用的是全国统一调度的机制。

22.2 电力市场概况

22.2.1 电力市场运营模式

22.2.1.1 市场构成

1996年，突尼斯电力公司（STEG）结束电力和电力营销的垄断。从那时起，能源市场开始自由化，独立发电厂参与市场竞争。然而，凭借88%的市场份额，突尼斯电力公司仍然是电力市场中最大的参与者。自1999年以来，它也被STEG允许在没有事先招标程序的情况下运营燃气发电厂，并将产生的电力出售给STEG。

除了突尼斯电力公司，政府也鼓励大型能源消耗工业（IGCElec）为自己的需求提供电力。他们生产的多余电力输入国家电网。

以下两个独立发电厂为国家电网提供电力供电：

（1）迦太基电力公司（CPC）是由美国电力公司（PSEG Global）和丸红公司组建的独立发电厂。它拥有并经营着位于突尼斯东北部拉迪斯的发电厂。该发电厂满足该国约四分之一的电力需求，是一个联合循环热电联产设施，以天然气为主要燃料，柴油为备用燃料。天然气具有来自阿尔及利亚特许权。根据20年的购电协议，突尼斯电力公司购买了所有产品。美国电力公司（PSEG）于2004年5月将其在该公司的股份出售给区域能源投资集团（BTU Power Company）。

（2）马斯喀特（SEEB）是突尼斯第二个根据立法建设的发电厂。允许独立运营并利用天然气作为燃料。根据长期电力购买合同，电厂生产的电力将出售给国家电力公司（STEG）。

22.2.1.2 结算模式

由于突尼斯国家电力公司负责突尼斯的电力环节，因此采取的是内部结算机制。根据公司的发、输、配、售电各环节的成本来确定最终的零售电价，并由国家能源管理局进行审核。

22.2.1.3 价格机制

（1）低电压。突尼斯电价制度复杂，存在补贴和交叉补贴。在一般的低电压下，价格取决于消费者（住宅或非住宅）部门和每月消费（kWh）。对于每月消费低于 50kWh、100kWh 和 200kWh 的家庭，这些家庭每消耗 1kWh 分别支付 0.034 欧元、0.049 欧元和 0.064 欧元。每月消费超过 200kWh 的家庭必须支付前 100kWh 的 0.069 欧元 /kWh 电费以及后续 100kWh 的 0.084 欧元 /kWh 的电费。200kWh 以下支付 0.13 欧元 /kWh。

（2）中电压。根据行业和当天时间，有 3~4 个计费时段。价格范围从 0.04 欧元 /kWh 到 0.109 欧元 /kWh，最昂贵的价格是 0.142 欧元 /kWh。

（3）高电压。这只占市场的一小部分，用户较少。有 4 个费率，价格介于 0.051 欧元 / kWh 和 0.106 欧元 /kWh 之间。

22.2.2 电力市场监管模式

国家能源管理局（ANME）成立于 1985 年。它是一个在工业部监督下的非行政公共机构。其监管制度是通过研究、促进能源效率、可再生能源和能源替代来实施能源管理的国家政策。

国家能源管理局的主要监管对象是突尼斯可再生能源、能源效率机制以及替代能源机制等相关能源市场、电力市场的活动、电力公司的运行以及设计和实施国家节能计划、制定和实施节能和效率的法律和监管框架。

国家能源管理局的范围涵盖旨在提高能源效率和能源多样化的所有举措和行动，例如：参与制定和执行国家能源管理计划；开展前瞻性和战略性研究以及减少与能源消耗相关的温室气体排放有关的研究；管理国家能源通达基金，该基金构成支持能源管理行动的统一激励机制，从而保证其成就并确保其可持续性；关于能源控制的法律和监管框架的提案；给予财政和财政奖励；准备和执行提高认识、信息、教育和培训行动；支持研发和技术演示；支持能源管理行业的发展和推广，并鼓励对该行业投资。

22.3 主要电力机构

22.3.1 突尼斯国家电力和天然气公司

22.3.1.1 公司概况

突尼斯国家电力和天然气公司（STEG）成立于 1962 年，主要是负责突尼斯的电力和液化石油气的生产，控制并垄断电力的输送和分配。致力于绩效战略，旨在为其客户提供与地中海盆地最好的电力和天然气公司提供的质量相当的服务。

突尼斯国家电力和天然气公司主要目标是供应国家电力和天然气市场，并满足所有客户（住宅、工业等）的需求。拥有多样化能源生产电力，负责高压电网和变电站的管理、中压和基准电网和变电站的管理和发展以及天然气基础设施的管理。

突尼斯国家电力和天然气公司从成立至今，使得突尼斯的电气化率从 21% 提升至 99.8%，农村电气化率从 6% 提升至 99.5%，发电装机容量从 100MW 增加到 5309MW，电量生产从 288GWh 增加到 19133GWh，电气生产中心的燃气消费量为 3949t 油当量，客户数量由 183000 户增加至

3933454户。在天然气方面，消费量达到5469t油当量，客户数量从25000户增加到852492户。

22.3.1.2 历史沿革

在1962年之前，突尼斯的电力系统由该国主要地区的七家特许经营电力公司管理，总装机容量接近100MW，年发电量约240GWh。之后，突尼斯政府根据法律法规于1962年4月3日成立了突尼斯国家电力和天然气公司（STEG），并由该公司负责突尼斯国内所有的电力和天然气的生产、运输和分配工作。

1960—1970年，突尼斯国家电力和天然气公司在古莱特地区新建了4个30MW的石油发电机组，这也是突尼斯第一个现代化的火电厂。

到了20世纪70年代，公司开始大规模引入燃气涡轮机发电，并且开始在全国新建燃气轮机发电机组。但由于70年代的石油危机，石油价格的急剧上涨导致了发电成本的上涨。公司也于70年代末开始投入太阳能与风力发电的研究，计划引入更多的清洁能源以降低对石油资源的依赖。

1980—1990年，STEG便开始进行光伏电站的建设，并于1981年在锡里亚纳地区建成了突尼斯第一座光伏电站，总装机容量约为40MW。

截至2008年，公司共管理190MW的风力发电装置，5593km的高压输电线路以及总共13万km的中低压配电线路。

2010年，公司成立了全新的子公司STEG可再生能源公司，专门负责风力和光伏电站的建设工作，将可再生能源纳入公司的未来发展战略之中。

22.3.1.3 组织架构

突尼斯国家电力和天然气公司（STEG）有两家子公司，分别是STEG国际服务（SIS）和STEG可再生能源（SRE）。其中SIS是一家有限责任公司，资产总值是50万突尼斯第纳尔（TND），约为17.19万美元。突尼斯国家电力和天然气公司组织架构见图22-3。

SIS成立于2006年10月，其第一年销售额就实现了320万TND，约为110.01万美元，其中80%来自出口，到2008年上半年末，金额翻了两番。

SRE于2010年5月成立，资产总值是500万TND（约171.89万美元）。主要业务是可再生能源和热电联产装置的设计、建造、运营和维护。公司主要目标是为突尼斯太阳能计划（TSP）的领导和发展做出贡献，致力于发展可再生能源和能源效率的公私合作伙伴关系，为可再生能源和能源效率项目提供专业知识和援助。

图22-3 突尼斯国家电力和天然气公司组织架构

22.3.1.4 业务情况

1. 经营区域

突尼斯国家电力和天然气公司负责电力和液化石油气（LPG）的生产以及电力和天然气的输送和分配。

2. 业务范围

（1）发电业务。截至 2018 年年底，突尼斯国家电力和天然气公司总装机容量为 5309MW，其中蒸汽轮机的装机容量为 1010.128MW，燃气轮机的装机容量为 1956.152MW，风力涡轮机的装机容量为 233.1065MW，独立发电厂的装机容量为 457.4715MW，联合循环的装机容量为 1591.923MW，水电的装机容量为 60.2192MW。

（2）输电业务。截至 2018 年年底，突尼斯国家电力和天然气公司总输电线长度为 6535km。其中 400kV 的长度为 208km，225kV 的长度为 2885km，50kV 的输电线长度为 2157km，90kV 的输电线为 1285km。

（3）售电业务。截至 2018 年年底，总销售电量为 15665GWh。通过 88 个电力分销公司分布于 44 个区将电力分销到突尼斯各个地区，维护着 3933454 个客户之间的关系。

22.3.1.5　科技创新

在未来几年，在电力生产方面突尼斯国家电力和天然气公司主要发展可再生能源技术、采用天然气生产电能的技术以及化石燃料的替代能源技术，以绿色环保为主要发展目标。

在电力输送方面，突尼斯国家电力和天然气公司继续发展电网的建设以及使用现代化的电网管理技术。目前已经启动了从埃及到摩洛哥的互联路线的可行性研究。另外，突尼斯与意大利之间的互联将加强地中海环路建设，从而建立区域电力市场。

在电力分销方面，突尼斯国家电力和天然气公司加大城市电网的建设，在尊重环境和城市美学的基础上，升级客户管理系统和当地供应商的协助管理，满足不同类别的客户期望。

第 3 篇
欧洲

葡萄牙

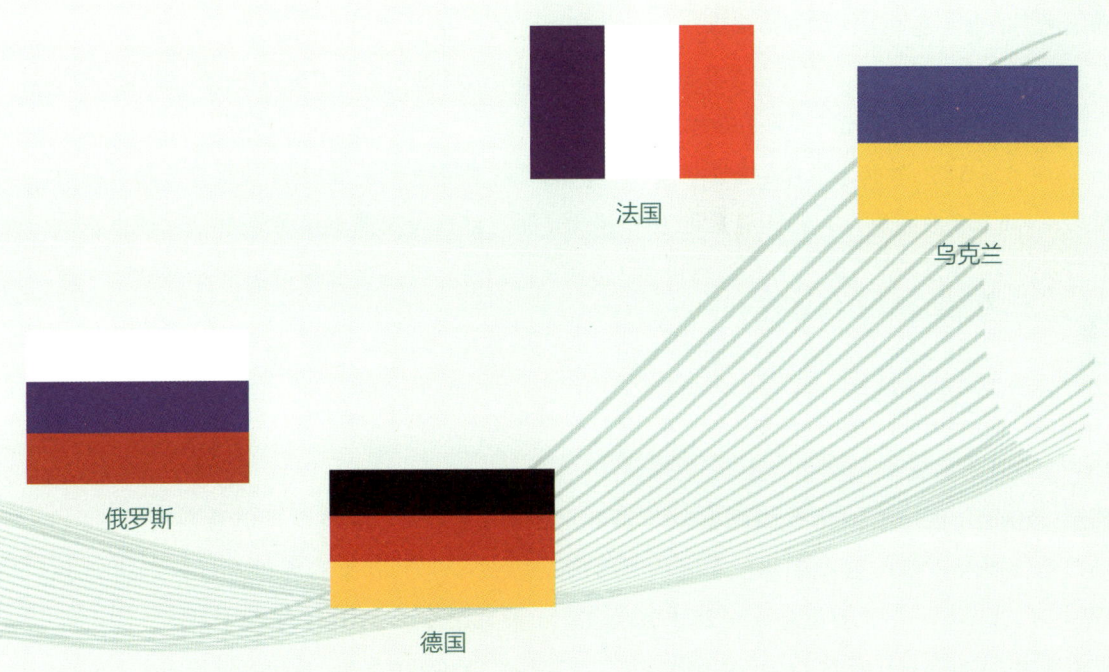

第 23 章 德 国

23.1 能源资源与电力工业

23.1.1 一次能源资源概况

目前，德国的主要燃料是石油，占一次能源总消耗量的 35.8%。天然气是德国现阶段除石油之外用量最大的一次能源，占一次能源总消耗量的 23.1%。煤炭紧随其后，占一次能源总消耗量的 21.3%。核能作为 20 世纪德国最大的发电能源之一，前期占比很大，但是德国于 20 世纪 90 年代发布境内所有核电站将被其他能源替代的政策，目前核能仅有约 5% 的占比量。

德国境内的煤炭基本为次烟煤与褐煤，共计约 361.08 亿 t，占世界总量的 3.5%。天然气储产比则只有 5.1。德国的一次能源存在非常严重的匮乏情况，德国政府也一直大力推行可再生能源的发展与利用，德国已成为全球领先的可再生能源发展国家。

据 2019 年《BP 世界能源统计年鉴》，德国一次能源消费量达到 3.239 亿 t 油当量，其中石油消费量为 1.132 亿 t 油当量，天然气消费量为 7590 万 t 油当量，煤炭消费量为 6640 万 t 油当量，核能消费量为 1720 万 t 油当量，水电消费量为 380 万 t 油当量，可再生能源消费量为 4730 万 t 油当量。

23.1.2 电力工业概况

23.1.2.1 发电装机容量

截至 2018 年年底，德国化石能源发电装机容量达到 79.3GW，占德国发电总装机容量的 38.52%，是德国最主要的电力来源。太阳能与风能这两大可再生能源的装机容量分别达到了 58.6GW 与 45.3GW，占装机容量总额的 28.47% 与 22%。除此之外，占比第四的则是核能，装机容量为 9.5GW，占装机容量总额的 4.6%。第五第六位的生物质发电和水力发电，装机容量分别为 7.7GW 与 5.5GW，占比为 3.74% 与 2.67%。

对比 2008—2018 年的统计数据可以看出，虽然化石能源依然是德国最主要的电力来源，但是其所占比例却逐年降低，而且在德国的全国用电量逐年递增的情况下，化石能源的发电量却并未递增。风能与太阳能这两大新能源从 2008 年的 22.8GW 与 6.1GW 增长到了 2018 年的 58.6GW 与 45.3GW，同比增长了两倍有余。由此可见，德国对于可再生能源的利用与开发的技术也逐渐成熟。作为 2010 年的第三大发电能源，核能在 2010—2018 年中的占比有着明显的骤降，从原来的 13.1% 降至 18 年的 4.6%。不难看出德国政府正在逐步削弱核电站的发电量并准备于 2021 年前将其全部淘汰。德国 2008—2018 年不同能源装机容量变化见图 23-1。

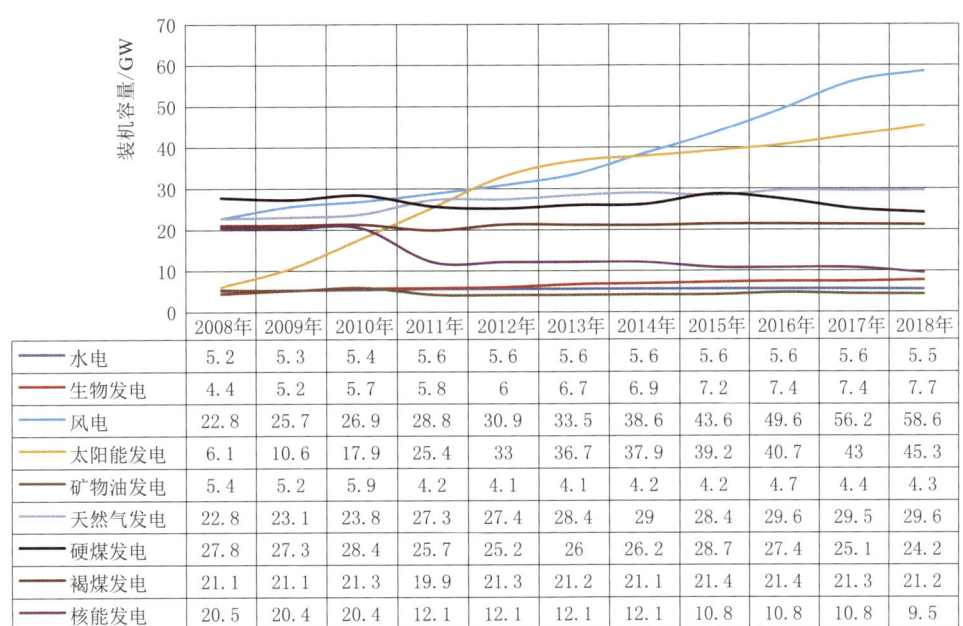

图 23-1 德国 2008—2018 年不同能源装机容量变化

23.1.2.2 发电量及其构成

截至 2018 年年底，德国全国的总发电量为 646TWh，其中化石能源以 317.3TWh 的发电量遥遥领先于其他能源，占德国全年总发电量的 49.1%。而可再生能源紧随其后，以 225.7TWh 的发电量位居第二，占比达到 34.9%。核能全年发电 76TWh，仅占 11.8%。剩余 27TWh 的发电量由其他能源产生，在总额中占 4.2%。德国 2018 年各类能源发电量占比见图 23-2。据了解，德国平均停电时间为 0.2h，供电可靠率达到 99.998%。

同时，自 1990 年德国开始实行能源转换政策以来，可再生能源的发电量开始逐年稳步提高，并于 2010 年起开始骤增。核能与硬煤这两项老牌能源开始被德国逐步淘汰。

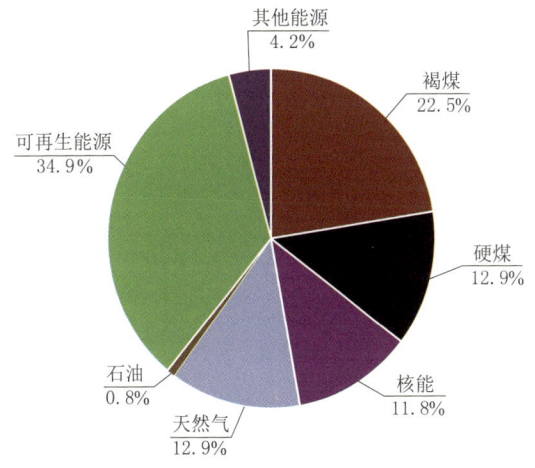

图 23-2 德国 2018 年各类能源发电量占比

据统计，2018 年中约有 33.4% 的褐煤发电量用作德国的出口电力，占总出口电力的 86.3%。这些电力的主要出口国家依次为法国、捷克、丹麦、奥地利以及瑞士。同时，作为欧洲最大的电力中转国家，德国同样拥有欧盟第四的电力进口量。瑞士、荷兰、奥地利、捷克、丹麦、波兰、卢森堡以及法国则是德国主要进口电力的供应商。

23.1.2.3 电网结构

德国因为其极高的城镇化水平，导致其电网覆盖率极高，电网架构坚固。德国输电网的总长度约为 3.5 万 km，输电网电压分为 220kV 与 380kV 两个等级。大部分电力线使用交流电，但计划在 2025 年前建成的德国北部和南部之间的新输电线将使用更高效的高压直流（HVDC）技术。德国配电网分为 60kV、6kV、400V、230V 四个电压等级，分为三个不同的配网层面：①高压配网线（60~220kV）最短，仅有 7.7 万 km；② 6~60kV 的中压配网线总长 49.7 万 km，位居第二；③最长的 230~400V 的低压配网线总长高达 112.3 万 km。同时，德国的输电网主要由 Tennet TSO、50hertz TSO、Amprion TSO 和 TransnetBW TSO 四个输电系统运营商组成。

输电网用于远距离输送电力，将电力从生产地输送到需求地区，并向国外输出电力。目前，只有 0.4% 的德国输电网铺设在地下。而德国政府为了回应公众对陆上电力线和高压线塔的抗议，其新的立法将优先考虑地下电缆，尽管这种技术的安装和维护成本更高。

23.1.3 电力管理体制

23.1.3.1 电力体制改革

德国的电力系统是西欧联合电力系统的组成部分，全国包括 10 个互联地区电网。这 10 个互联网地区电网分别拥有自主经营管理权，并通过电力联网协会相互协调发电供电，一同建设和协调电网运行方式。

德国原本由大型联网公司统一进行发、输、配电，导致原先的电力市场并不存在竞争现象。后来由于欧盟的统一改革要求，1998 年，德国开启了电力市场化的改革之路。在欧盟发布第 3 个有关电力和天然气市场化改革的指令草案一年后，2008 年德国进行了更为彻底的电力改革，遵循厂网分开和交易机构独立原则，开放电力和天然气市场。

德国的电力市场是开放的，发电厂都是私有企业，并没有国有的电力公司。在 1998 年电改初期德国人选择了直接开放电网，赋予所有终端用户自由选择供电商的权利。各种区域性的能源集团不断重组和整合，最后形成了如今的四大发电公司：意昂公司（E.ON）、莱茵能源公司（RWE）、巴登-符腾堡州能源公司（EnBW）与大瀑布公司（Vattenfall）；四大输电系统运营商 Tennet、Amprion、50hertz、TransnetBW。

1986 年苏联的切尔诺贝利核事故和 2011 年的日本福岛核事故，让德国决定废弃核电，普及可再生能源。尽管要负担可再生能源附加费，但这一决定仍旧受到民众的广泛支持。目前德国平均电费是 29.8 欧分 /kWh，在欧盟地区仅次于丹麦，但跟德国人的收入相比，仍在合理范围，甚至比不少国家还便宜。

23.1.3.2 机构设置及职能分工

应欧盟要求，德国于 2005 年成立联邦网络管理局（Federal Network Agency, FNA），政府于 2006 年 1 月 1 日将电力、煤气、电信、邮政、铁路等公用事业进行市场化改革后的管制监督业务集中由 FNA 负责。FNA 是一个独立的高级管理机构，旨在确保电信和邮政（1998 年）、电力（2005 年）、煤气（2005 年）和铁路（2006 年）等行业传输网的充分竞争，总部位于波恩。FNA 约有 2500 人，其中约 185 人负责电力与煤气。

FNA 由执行委员会、管理部、2 个内部职能部门、6 个业务部门以及 9 个决策委员组成。执行委员会包括主席一名，副主席两名，都是通过一个临时委员会选举产生，临时委员会的成员来自联邦政府和各州政府。FNA 的所有决定由决策委员会做出。决策委员会的决策程序类似于司法程序，从而保证了决策的公平、公正、公开。德国监管机构通过职责的清晰划分以及工作的透明性来保持其独立性，保证监管机构的市场参与和政府影响，保持监管者中立。

23.1.4 电力调度机制

德国电网具有再调度机制的特点。电网出现输电瓶颈时，处在瓶颈前端的电厂要减少发电量，处在瓶颈后端的电厂要增加发电量。未来不但传统的电厂要参加电力再调度，而且比传统电厂能更有效排除瓶颈问题的可再生能源发电设备和热电联产设备也应参与电力再调度。最佳的电力再调度可减少再调度装机容量，从而明显降低目前每年约10亿欧元的电力再调度成本。

对于可再生能源，如风电场的调度是通过各输电网控制中心和上百个配电网控制中心实现对风电场的实时调度。风电场实时数据直接上传至配电网控制中心。根据德国《可再生能源法》的规定，所有容量大于100kW的可再生能源发电设备必须具备遥测和遥调的技术条件，才允许并入互联电网。当输电网运营商的输电线路存在阻塞，其首先给下属配电网调度指令下发限电指令，令其限制一定份额的电力。然后配电网直接限制连接在本网的可再生能源电力，或者再给其下属的中压电网调度中心指令，令其限制一定份额的电力。目前，虽然德国新能源出力已达到很高比例，但灵活的市场及调度运行机制使得电网运行安全依然可以得到保证。

德国的电力市场是开放的，发电厂都是私有企业，并没有国有的电力公司。德国在1998年电改初期就面临着一个重大的选择，是从批发竞争市场开始逐步推进改革，还是一步到位进入到零售竞争市场。在全国范围激烈的讨论之后，德国人选择了直接开放电网，赋予所有终端用户自由选择供电商的权利。电改要求原本垂直一体化的大型电力企业进行有计划的业务拆分，在这个过程中许多区域性的能源集团不断重组和整合，最后形成了如今四大发电公司和四大电网调度区域的格局。

在德国，最大电压输电网由四个输电系统运营商（TSO）拥有，分别是Tennet、50Hertz、Amprion和TransnetBW，负责各自电网部分的运行、维护和开发。他们的工作是调节电力供应，包括平衡可再生能源发电与常规能源发电。

23.2 电力市场概况

23.2.1 电力市场运营模式

23.2.1.1 市场构成

1. 输电市场

德国的输电网由四家输电公司经营，是一个监管严格的寡头垄断市场。德国原是发输一体的电力格局，后来按照欧盟的统一要求进行改革，将输电业务从资产及管理上予以独立。

目前德国主要有Tennet、Amprion、50Hertz、TransnetBW四个输电运营商。除Amprion的输电业务相对独立外，其余三家公司的输电业务分别出售给法国、荷兰、比利时经营。①Amprion其前身是从EnBW公司分离出来的输电业务公司EnBW TSO；②TransnetBW曾经卖给法国，后来EnBW从法国电力公司购回了输电经营权；③Tennet是一家主要服务于荷兰与德国的欧洲输电运营商，它是由荷兰TSO公司并购德国意昂公司的输电业务（Transpower TSO）。目前为4100万个用电户提供服务；④50Hertz是由大瀑布公司的输电业务公司Vattenfall TSO，并购比利时Elia公司和澳大利亚EFM公司形成。

同时，德国配电网络的产权分散，是一个竞争充分的市场。目前，德国有800多家公共或私营的配电网络经营公司，运营176万km的配电网。德国的配电网多为低压网，低压网约占65.6%，中压网约占28.9%。根据欧盟2003年颁发的新的电力市场开放条例，欧盟各国配电公司（用户大于10万户）在法律形式和组织结构上独立，也就是发、输、配电从法律上独立。德国法律规定发、输、配电各环节必须完全分开、成本透明、独立核算，并成立独立的公司。

2. 发电市场

德国发电市场是"4+n"构造，典型的垄断竞争市场。RWE公司、E.ON公司、EnBW公司和Vattenfall公司是德国最大的4家发电公司，其余3500MW有1家，1000~2000MW有5家，100~1000MW共有21家。从装机容量来看，RWE公司规模最大，装机容量为30500MW；其次是E.ON公司，为11700MW，然后是EnBW公司为15800MW和Vattenfall公司为12200MW，分列第三、第四位。2014年，德国100MW以上的发电公司有31家，10MW以上的发电公司总装机容量为103900MW，较2010年下降6000MW。

而且德国发电市场集中度较高，四大发电公司的市场占有率比较高。从发电量来看，CR4从2010年的84%下降到2013年74%；从装机容量来看，CR4从77%下降到68%。电力行业集中度下降的原因是德国零核政策。在日本2011年福岛核事故后，德国政府全面重新审视核能机组安全问题，于2011年5月底关闭17座核电厂中的8座老旧核能机组（8821MW），其余的核电厂陆续于2022年前关闭。大的发电公司受此政策影响较大。

3. 售电市场

德国的电力市场竞争有效，售电公司不属于输配电公司，完全对社会放开。并且德国各地的电力供应商数量很多。德国售电市场见表23-1。

表23-1　　　　　　　　　　　　　德国售电市场

参　数	TSOS	DSOS	总计
网络运营商数量／个	4	804	808
电网线路路程／km	34855	1763083	1797938
超高压／km	34631	348	34979
高压／km	224	96084	96308
中压／km	0	509866	509866
低压／km	0	1156785	1156785
终端客户（计量户）／户	664	49934777	49935441
工商用户数／户	0	3829740	3829740
家庭用户／户	0	46105037	46105037

数据表明，大部分地区的供应商为50~120个，一部分地区的电力供应商为120~200个，个别地区的电力供应商在200个以上。电力用户可自主选择供应商，并且德国售电市场不存在具主导地位的售电公司。四家最大售电公司销售电量约占全部售电量的34%，即CR4为34%，市场集中度比较低。例如，竞争使得大瀑布能源公司的用电户转向选择其他电力公司买电，这一比例高达30%~40%。

德国拥有着高度发达并完善的电力批发市场。在德国，无论是短期的现货电力市场和远期的期货电力市场，都是高流动性和竞争充分的。一部分电力交易是在EPEX现货市场和EEX期货市场进行的。电力交易起初则由法兰克福（Frankfurt）与莱比锡（Leipzig Power Exchange GmbH，LPX）电力交易所负责，目前这两家德国电力交易所合并为欧洲能源交易所（European Energy Exchange，EEX）。大多数的电力交易是在场外进行的。同时，除去庞大的电力批发市场，德国的电力零售市场上的消费者分为两大类：工商业用电户和居民用电户。

根据德国政府制定的法律，德国并未要求配售分离，而是"发电、输电、配电各环节分离"。目前，德国既存在不拥有配电网络的售电公司，也存在同时从事配、售电业务的供电公司。发、输、配电虽然从法律上独立，但大的电力集团，通过其子公司（分公司）仍然涵盖了各环节的多数业务。

23.2.1.2 结算模式

德国的电价结算模式分为无限期合约与有限期合约两种。其中，无限期合约包含了基本费与电费两项内容。而有限期合约则分为 2 年，3 年不等。签约方须在合约期间每年购入 1800kWh、2800kWh、3800kWh 等不同电量并进行支付，相较于无限期合约每千瓦时电的费用会更加便宜。通常便宜 2~3 欧分 /kWh。

23.2.1.3 价格机制

1. 德国电力市场化改革后的电价变化特点与现有情况

电价改革主要包括两部分内容：第一，输配电价改革，降价提效。改革伊始，政府就将输配电价格从原有的水平降低了 20%，迫使输配电公司努力下降成本，政府还希望每年以 5% 速度持续下降，使客户受益。第二，细分电价。到目前，德国电价由 12 项税费形成，包括净网络费、计费开票费用、抄表费用、电表运转费用、特许费、再生能源法捐助、汽电共生法捐助、电网使用条例捐助、电力税、增值税、电能采购、供应（包括备用容量）。通过这 12 项成本，可以较为准确地判断电价的合理与否。

2. 德国电价的组成

根据 2018 年的统计数据，德国的电价组成为：供应商成本（22.8%）、电网费用（24.4%）、可再生能源附加费（21.2%）、销售（增值）税（16%）、电费（7%）、特许权税（5.6%）、离岸责任税（1.4%）、热电联产附加费（0.9%）与电网费行业回扣税（0.7%）。

3. 德国电价的分类

作为电力大国，德国拥有着三种针对不同用户的电力价格。分别为批发电价、居民用户电价（即零售电价）与工商用户电价。

4. 德国居民用户电价

德国居民用电户分为四类，分别是：默认供电（Default Supply）用户（配电公司辖区标准用户）、非默认供电—变更契约用户、非预设供电—变更供货商用户与使用绿色能源的用户。不同用户的电价是有差异的。2018 年的电价形成与 2011 年有较大的不同，最为明显的变化是网络使用费和能源附加费，电网使用费在电价中的比重明显下降。换句话说，通过电力市场化改革，使德国在打破电网垄断方面取得了较好的改革成果，由电网自然垄断带来的高电网使用费的现象得以遏制。能源附加费上涨幅度非常大，其主要是可再生能源的发电成本较高所致。可以预见，随着新能源技术进步和由此带来的发电成本下降，可再生能源发电成本对电价上升的推动作用将逐渐减弱。

5. 德国批发电价

截至 2018 年 12 月 31 日，德国的批发电价价格为 29.2 欧元 /MWh，仍为欧洲电力价格最高的国家之一。不仅是因为其可再生能源的推出所产生的成本，而且仍旧有着许多国家与个体商户不顾高价，仍然支持该国的能源转型发电。尽管近年来德国批发电价平均呈下降趋势，但附加费、税收和电网费还是提高了德国私人家庭和小型企业的电费。然而，就德国市场观察人士表明，这些因素并不能动摇该国客户继续购买使用其电价的决心。

6. 德国工商用户电价

德国的工商用户主要有两大类，即商业用户和工业用户。2018年商业用户平均电价是26.74欧分/kWh；工业用户平均电价是17.17欧分/kWh。由此可见工业电价明显低于商业电价。根据2000—2018年的数据来看，工业电价和商业电价都呈上升趋势，而商业电价价格涨价幅度略低于工业电价的涨价幅度，分别是38%和54%。

23.2.2 电力市场监管模式

23.2.2.1 监督职责

就电力而言，联邦网络管理局的主要任务是确保遵守《能源法案》(EnWG)和电力行业相关法令，确保欧盟法律的顺利执行，确保电力安全、低成本、高效、便民和可持续发展，保证电力长期高效稳定供给。通过非歧视性网络接入和高效过网费监管，以保证电力市场有效竞争。

联邦网络管理局的主要监管职责是确保无歧视的第三方接入和过网费的管理。联邦网络管理局依据德国《电信法》(Telecommunications Act, TKG)、《邮政法》(Postal Act, PostG)、《能源法》(Energy Act, EnWG)，透过公平无歧视使用与有效系统使用费率，来确保能源、电信、邮政市场的自由化与解制政策。

23.2.2.2 监督内容

联邦网络管理局对电力行业的工作重点是确保无歧视性进入网络，促进有效竞争，保护消费者利益；对输电、配电与售电公司进行监管，确认电力行业无不当收入；信息透明。

（1）信息透明。提供年度监管报告和消费者信息。通过搜集的资料，确认受管制的输、配与售电公司的收入合理性，并对电力公司收购可再生能源提供奖励，督促可再生能源发电达到较高的比例。

（2）对现有发电容量监管普查。根据德国《能源法》(EnWG)第35节规定，联邦网络管理局必须强制执行既有发电容量监管普查，包括10MW以上商转与退役机组及电力储能系统，并公布在联邦网络管理局网站上。

（3）监管各类电价。自2006年起，依据《能源法》规定，联邦网络管理局每年公布监管报告(Monitoring Report)，其中各类电价资料，依法要求电力行业普查，并根据4月1日情况通报进行评估分析，按成交量（用电量）加权平均计算各类电价。电力市场化后，德国监管后的电价内容越来越细，项目分得越细就更容易判断电价是否合理，更容易考核电力行业的经营效率。

23.3 主要电力机构

23.3.1 意昂公司

23.3.1.1 公司概况

1. 总体情况

意昂公司（E.ON）是一家股份制公司，总部位于北莱茵威斯特法伦州杜塞尔多夫，是世界上规模最大的私营电力公司服务供应商之一，拥有43000名员工。2000年6月16日Veba（费巴）和Viag（维尔格）合并成为意昂集团。2000年6月19日E.ON公司将其在Schmalbach-lubeca的股份转移到新建的公司AV Packaging，自8月24日起E.ON公司的投资人将主要从新的公司获取利润。2000年7月13日Bayernwork和Preussen Elekla联合建立E.ON公司，使之成为欧洲最大的电力公司。公司主要经营电力、化工和石油，兼营贸易、运输和服务业。E.ON公司目前关注3大核心业务：能源网络、客户解决方案和可再生能源。

2. 经营业绩

E.ON公司在2018年的销售额达到302.53亿欧元，比2017年降低了20%，净收入为15.05亿欧元。

23.3.1.2 历史沿革

1999年9月27日的发布会上，传统的两个能源巨头VEBA和VIAG宣布于2000年合并。他们其中的一个子公司E.ON能源股份公司源于普鲁士电力和巴伐利亚能源。

2001年11月E.ON能源股份公司向联邦卡特尔局提交并购位于埃森市的鲁尔天然气股份公司的申请。被联邦卡特尔局否决之后，再次申请，最终获得部长许可。到2003年3月，E.ON能源股份公司与竞争伙伴持续展开对收购活动的法律纠纷。最终E.ON能源股份公司成为鲁尔天然气股份公司的唯一主人，它占有德国天然气60%市场份额。2004年7月1日鲁尔天然气股份公司名字更换为E.ON鲁尔天然气股份公司，并且归属于E.ON康采恩。

2014年12月1日E.ON SE宣布将公司业务分为两部分，即可再生能源和常规能源。原有的公司E.ON公司将聚焦于可再生能源，而新成立、并公开上市的公司—Uniper SE则负责常规能源的开发、生产和贸易。Uniper SE旗下资产是原E.ON公司下的传统发电资产和能源交易，以及北欧的水电资产。2016年，Uniper SE公司从E.ON公司中独立出来。

23.3.1.3 组织机构

E.ON公司的组织架构是由管理委员会、可持续发展部门、可持续发展协会以及单位和中央职能部门构成。E.ON公司组织架构见图23-3。

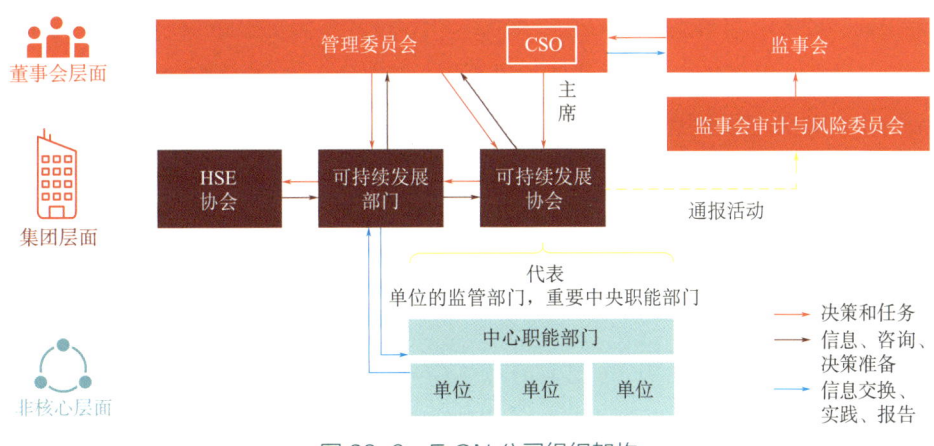

图23-3　E.ON公司组织架构

1. 管理委员会

E.ON管理委员会制定了公司的可持续发展战略，并全面负责公司的可持续发展绩效。被指定的首席可持续发展官（CSO），负责监督公司的可持续发展活动，并每季度向管理委员会通报重要的可持续发展举措、进展和关键绩效指标。

2. 可持续发展部门

公司总部的可持续发展部门参与可持续发展工作的各个方面。其主要任务是协调可持续发展举措的规划和实施，监督其进展，收集可持续发展数据，并开展年度重要性分析和可持续发展报告。该团队还为员工提供可持续发展问题的建议，并努力提高整个组织的意识。

3. 可持续发展协会

公民社会组织还担任可持续发展协会主席。该协会是一个分享信息，讨论如何实现可持续发展目标以及确定新挑战的论坛。它提供有关可持续发展的公司政策建议，并定期评估我们的可持续发展战略是否符合公司的愿景、企业战略和品牌文化。

4. 单位和中央职能部门

每个单位和中央职能部门的管理团队负责采取行动以提高可持续性，并实现他们为其单位或中央职能部门设定的可持续性目标。每个单位和中央职能部门都有可持续发展工作人员，他们可以提高认识、协调项目，并监督目标的实现。

23.3.1.4 业务情况

1. 经营区域

E.ON 公司经营范围包括直接将电力、天然气向工业、民用的最终用户销售；另外一大部分则通过当地供应商销售。电力部分由 E.ON 公司旗下的电厂生产或是从其他处购买的。天然气的销售情况也与电力类似，直接覆盖从天然气采集到运输，以及代理对消费者的全过程。

E.ON 公司的经营区域重点是欧洲中部市场，如欧洲中心的东西部，具体包括：德国全境、奥地利、瑞士、荷兰、捷克、斯洛伐克和罗马尼亚。

以上所提到地区的市场占比达到了所有电力、天然气的 2/3。除此之外，E.ON 公司还涉及其他地区如英国、美国中西部、新近开辟的意大利、西班牙（以及俄罗斯和法国）的跨区域泛欧洲天然气市场，能源交易和环境维护。

E.ON 公司分为 3 个部门来运作：Energy Networks（能源网络）、Customer Solutions（客户解决方案）和 Renewables（可再生能源）。

E.ON 公司提供电力和燃气配送网络及相关服务，并向住宅客户、中小型企业、大型商业和工业客户以及公共实体分配能源解决方案。它还计划、建设、运营和管理可再生能源发电资产，包括陆上风能/太阳能和海上风能/其他。

此外，E.ON 公司还提供能源咨询，效率、发电和管理解决方案；热泵和储能解决方案；计量服务；市政和车队的天然气流动解决方案；以及热电联产、可再生能源和生物沼气工厂。

E.ON 公司还提供着各种用于解决电力难题的方案：SmartSim 一种燃气电网的数字解决方案；气体和质量跟踪解决方案；GasPro 一种移动式气体样本采集器；GasCalc 是一种计算天然气、液化天然气和生物沼气性质的软件；以及太阳能电池板和电池。

2. 业务范围

E.ON 公司的主要收入类别是客户解决方案、能源网络、可再生能源以及非核心业务。截至 2018 年，客户解决方案总营收为 216.36 亿欧元，占总营收的 71.6%；能源网络总营收为 63.95 亿欧元，占总营收的 21.2%；可再生能源的总营收为 7.84 亿欧元，占总营收的 2.6%；非核心业务的总营收为 13.99 亿欧元，占总营收的 4.6%。E.ON 公司 2015—2018 年营收类别见图 23-4。

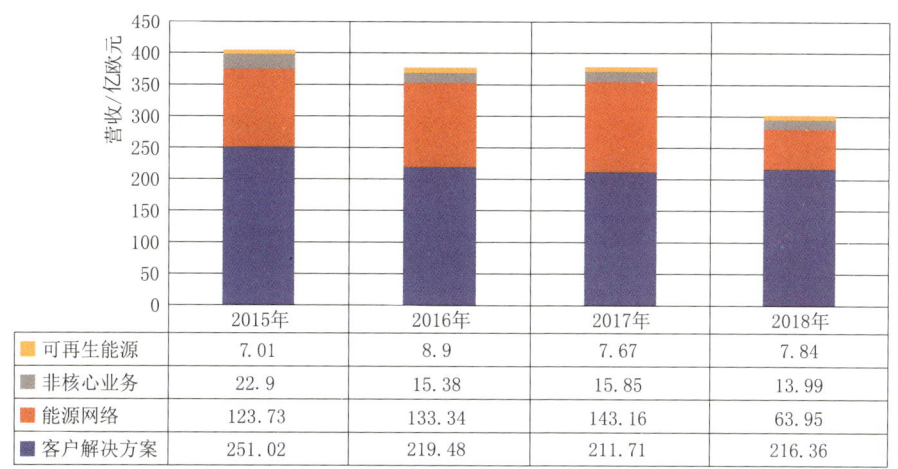

资料来源：彭博金融数据终端。

图 23-4　E.ON 公司 2015—2018 年营收类别

从装机容量来看，总装机容量逐年减少，2018 年总装机容量只有 11285MW。很大一部分原因是化石燃料从 2016 年开始突然减少，到 2016 年化石装机容量减少至 1014MW，比 2015 年减少了近 30 倍，且 2016—2018 年化石燃料的装机容量保持不变。而可再生能源的装机容量逐年递增，到 2018 年增加至 5482MW。可见 E.ON 公司近几年是以可再生能源为主要发展方针的战略理念。E.ON 公司 2007—2018 年不同能源装机容量见图 23-5。

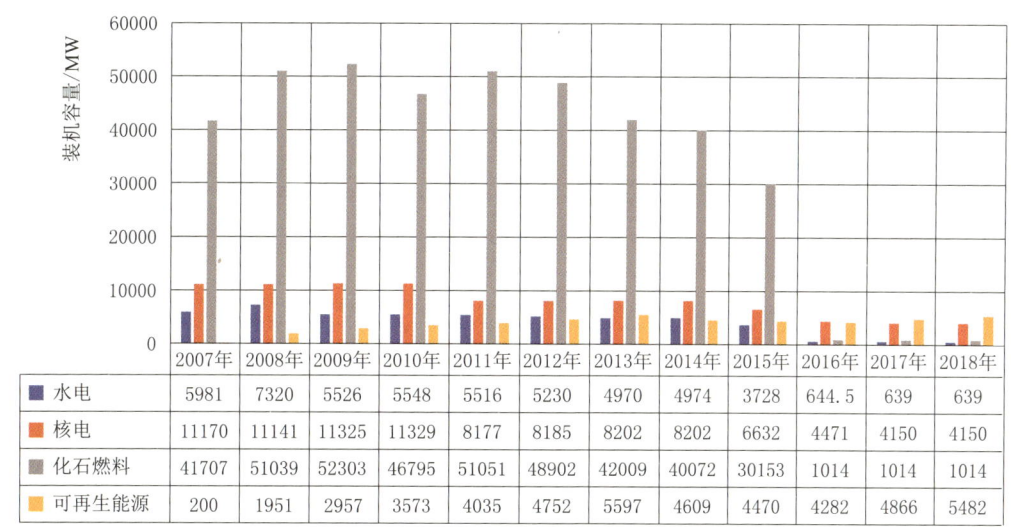

资料来源：彭博金融数据终端。

图 23-5　E.ON 公司 2007—2018 年不同能源装机容量

2018 年的装机容量中，可再生能源装机容量占比最大，达到 48.58%；其次是核电装机容量，占比 36.77%；化石燃料装机容量排第三，占比 8.99%；最后是水电装机容量，占比 5.66%。

从 2018 年的发电量来看，核电的发电量占比最大，为 60%；而可再生能源的占比位于第二，为 29%；化石燃料位于第三，为 9%；水电的发电量占比最小，为 2%。

23.3.1.5　国际业务

E.ON 公司的足迹分布全球，在捷克、比利时、匈牙利、意大利、法国、罗马尼亚、斯洛伐克和英国这些国家都有自己的能源公司。除了德国拥有的 13 家公司以外，匈牙利有 12 家公司，斯洛伐克和捷克均有 4 家公司，在法国、罗马、尼西亚和比利时等也都各有一家电力能源公司。

从海外历年营收的表来看，E.ON 公司的收入逐年降低，特别在 2015 年以后，有明显的下降。结合 E.ON 公司的发电量来看，从 2016 年开始也大幅度减少了化石燃料的能源发电。E.ON 公司在 2016 年财务报告中指出，公司与德国联邦政府就投资逐步淘汰核能达成共识。淘汰核能的融资将导致 20 亿欧元的减值。资产负债表充分体现了公司的新战略，同时也记录了该公司有史以来最大的亏损。E.ON 公司是德国第一家敢于介入可再生能源产业的电力供应商。E.ON 公司 2009—2018 年海外营收见图 23-6。

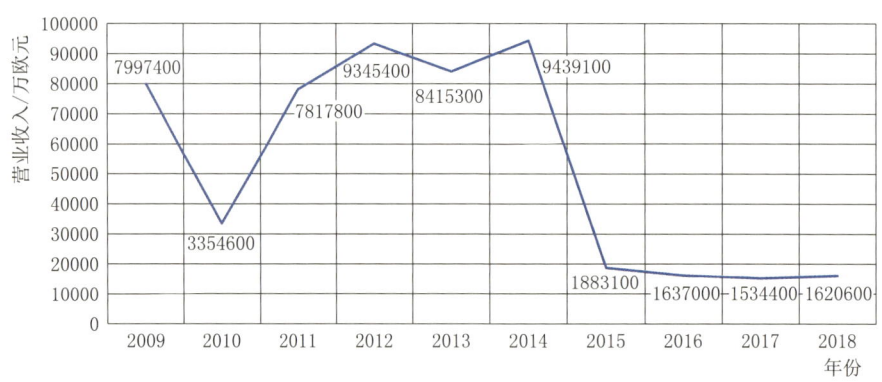

资料来源：彭博金融数据终端。

图 23-6　E.ON 公司 2009—2018 年海外营收

从 2018 年的海外收入占比来看，E.ON 公司在德国收入占比最高，为 44%；在英国收入位于第二，占比 26%；在剩余欧盟国家位于第三，占比 22%；在瑞典占比 7%；在其他国家占比 1%。不难看出 E.ON 公司的大部分业务集中于英国和欧盟国家。E.ON 公司 2018 年各国收入占比见图 23-7。

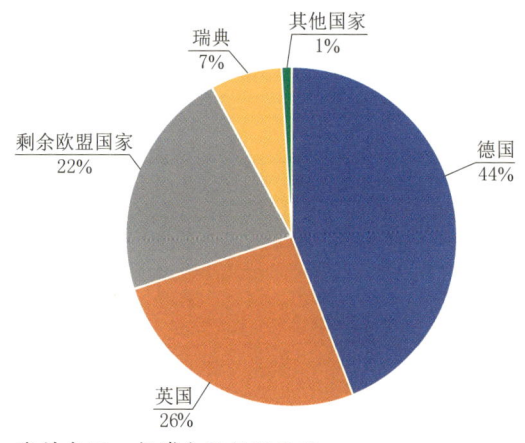

资料来源：彭博金融数据终端。

图 23-7　E.ON 公司 2018 年各国收入占比

23.3.1.6　科技创新

E.ON 公司致力于可持续的能源未来。通过使能源清洁和消费更加智能化，并为所有客户提供可持续能源。自 2005 年以来，E.ON 公司签署了《联合国指导原则》，并积极支持社会和当局消除供应链中的剥削工作。

E.ON 公司还有特别成立的 E.ON 能源研究中心，与亚琛 RWTH 技术大学的 E.ON 能源研究中心（电力监管委员会）有长达数年的合作。

电力监管委员会汇集了可持续能源的决定性因素（高效和气候友好型能源的生产、转化、分配和储存）以及以行为为导向的社会和经济问题。跨学科概念使电力监管委员会成为德国和欧洲大学的先驱。电力监管委员会目前的研究项目有配电网监控和自动化、智能电网的弹性和相互操作性、电力系统的先进控制方法、控制低惯量电力系统、仿真基础设施和 HPC 和建模、仿真和 HiL 方法。

除此之外，E.ON 公司还致力于创新发展智能测量系统、社区解决方案和气体解决方案。且智能测量系统（Smart Meter）已于 2016 年正式推出。

此外，E.ON 公司还提供创新的数字增值解决方案。在功耗超过 6000kWh，现代测量装置还配备了通信模块和智能电表网关,它被称为智能测量系统。网关自动将消耗数据(根据联邦信息安全局加密)发送给测量点的相应操作员。智能测量系统每15分钟测量并报告抄表,这使得功耗更加透明。

社区解决方案是一种城市和地区的可持续能源解决方案,实现智能可持续社区。将供暖、电力和电动交通联系起来,使可再生和传统能源发电相互联系起来。

同时,E.ON 公司致力于沼气生物天然气的开发。E.ON 公司 Bioerdgas 成立于 2007 年,负责大型生物甲烷装置的运营,并为所有沼气/生物甲烷市场提供全面的投资组合。

23.3.2 莱茵能源公司

23.3.2.1 公司概况

1. 总体情况

德国莱茵能源公司(RWE)成立于 1898 年,拥有能源、采矿及原材料、石油化工、环境服务、机械、电信和土木工程 7 个分部。现在,RWE 公司已发展成德国最大的能源供应商和国际先进的基础设施服务商。RWE 公司的构想是追求多元化公用事业,提出了欧洲能源市场的全新服务概念。

RWE 公司是德国四大电力公司之一,在全球范围内拥有 2000 万客户甚至更多,是德国同时经营煤炭与核能基础设施的公司之一。RWE 公司向来把重点放在自己的专业领域,有大约一半的员工在能源、化学以及房地产行业工作,另一半的员工则在鲁尔区从事采集矿石和开采煤矿工作。

2. 经营业绩

2018 年,RWE 公司总收入达到 135.11 亿欧元,其中能源贸易业务的收入达到 103.17 亿欧元,褐煤和核电业务收入达到 11.44 亿欧元,Innogy 收入达到 11.24 亿欧元以及欧洲电力业务有 9.26 亿欧元。

23.3.2.2 历史沿革

RWE 公司成立于 1898 年 4 月,1900 年开始为埃森市供电。

自 1905 年以来,当局政府一直是 RWE 公司的股东。

从 1930 年开始,德国第一条全国 220kV 高压电力线在莱茵兰的火力发电站和南部的水力发电站之间实现了第一个效率互联电网系统。

1961 年建造了德国第一座核电站 Kahl,并于 1966 年建造了第二座核电站 Gundremmingen。

1968 年建造一座动力堆,于 1975 年在比布利斯投入运营,成为欧洲最大的核电站。20 世纪 70 年代的能源危机,RWE 公司加强了对可再生能源的研究和测试。

2000 年 10 月 RWE 公司与 VEW AG 的合并加强了 RWE 公司的核心业务。2003 年年底,之前由 RWE 公司独立运营的所有发电厂和褐煤矿厂将合并为"新"公司 RWE Power AG。该公司很快启动了一项扩建其发电厂的计划,从 2006 年起,建立了尖端的高效能源发电设施。另一方面,于 2009 年,本集团在 RWE Innogy 内整合其可再生能源活动,并参与大规模扩建计划。同年,在收购 Essent BV 后,RWE 公司成为荷兰能源市场的主要参与者。

2013 年 RWE 公司决定将其在德国、荷兰和英国的传统发电业务整合到 RWE Generation SE,

从而大幅削减其发电厂产能。随着2014年石油和天然气开采业务（RWE Dea）的出售，集团创造了一些额外的财务空间。

2015年年底RWE公司决定分拆，2016年秋季成立并上市新的公司Innogy SE，并且将其可再生能源、零售和电网业务合并到Innogy。现在RWE正在Altenessener Strasse的第一个发电厂附近建造RWE产业园。从2020年开始，产业园将整合埃森RWE公司的所有行政职能。

23.3.2.3 组织机构

从2015年年底起，RWE公司被拆分为两个公司，RWE和Innogy。RWE直接经营的主要业务分发电、供电和售电三大板块，同时拥有着Innogy 77%的股份。RWE公司组织架构见图23-8。

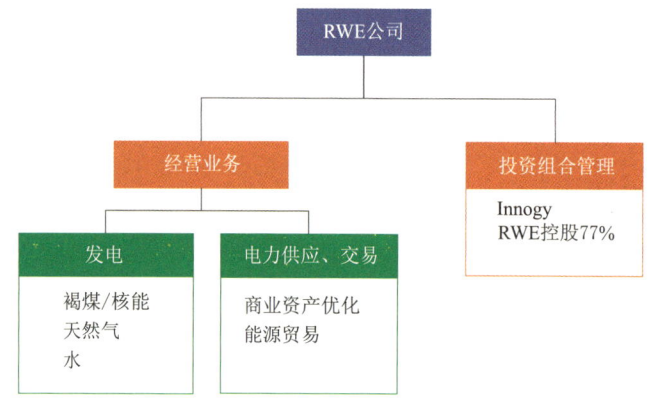

图23-8　RWE公司组织架构

23.3.2.4 业务情况

1. 经营区域

目前，RWE公司收入来源主要有四大块：褐煤与核电业务、欧洲电力业务、能源贸易业务以及Innogy公司业务。

（1）褐煤与核电业务。RWE公司褐煤与核电业务包括德国莱茵兰地区的褐煤生产、德国的褐煤发电和核电。

（2）欧洲电力业务。RWE公司的欧洲电力业务主要是天然气、无烟煤、生物质发电业务，分布在德国、英国、比荷卢经济联盟。

（3）能源贸易业务。RWE公司的能源贸易业务部门主要履行交易职能，包括煤、电、油、气、生物质和减排证书的交易，以及能源资产的交易。

（4）Innogy公司业务。RWE公司作为Innogy的财务投资人，直接拥有该公司77%的收入。

2. 经营业绩

在2018年总收入中，占比最大的收入来自能源贸易，收入为103.17亿欧元，占比为76%；其次是褐煤和核电的业务，收入是11.44亿欧元，占比为9%；位于第三的是Innogy的投资收益，占比为8%。欧洲电力的收入占比最小，为7%，约9.26亿欧元。RWE公司2015—2018年各类别收入见图23-9。

从历年装机容量来看，RWE公司的装机总容量基本保持平稳，改变幅度并不巨大。但是核电燃料的装机容量逐年减少，水电的装机容量在2016年和2017年基本为零，而可再生能源的装机容量逐年增加。RWE公司同样面临着可再生能源的转型。RWE公司2007—2017年各类电源发电装机容量见图23-10。

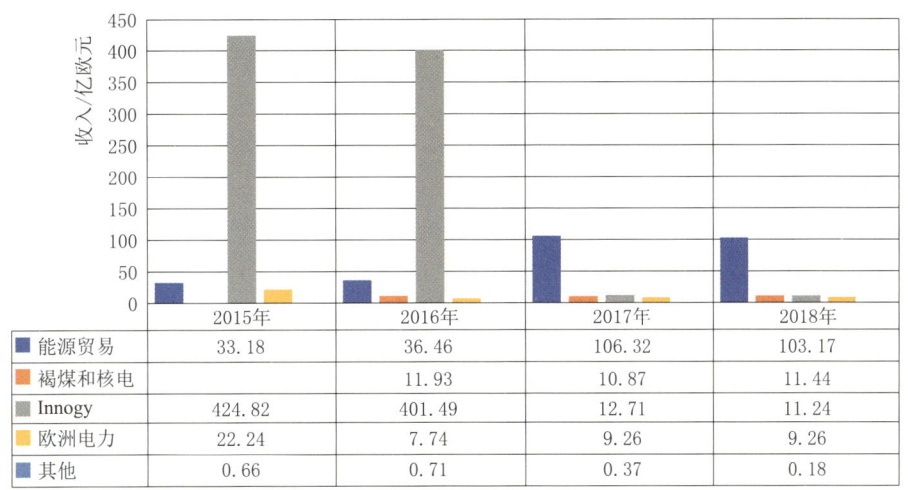

图 23-9 RWE 公司 2015—2018 年各类别收入

图 23-10 RWE 公司 2007—2017 年各类电源发电装机容量

从历年发电量来看，总体趋势保持平稳的状态，主要由水电、核电、化石燃料和可再生能源构成。并且化石燃料的发电量历年来都是占比最大，从 2016 年开始，水电的发电量为零。2017 年的总发电量是 202.2TWh，其中化石燃料的发电量占比最大，为 78%；其次为核电，占比 15%；位于第三的是可再生能源，占比 5%。RWE 公司 2007—2017 年发电量见图 23-11。

23.3.2.5 国际业务

RWE 公司的主要收入来源有能源贸易、褐煤和核电、欧洲电力以及 Innogy 的海外业务。

其中褐煤和核电持有从事褐煤生产及褐煤发电的匈牙利公司（Mátrai Erm Zrt）50.9% 股份，持有荷兰核电公司 EPZ 30% 股份，持有德国企业 URANIT（持有铀浓缩企业 Urenco 33% 股份）50% 股份。

欧洲电力主要是天然气、无烟煤、生物质发电业务，除了分布在德国，还有英国、比荷卢经济联盟（比利时、荷兰、卢森堡）。

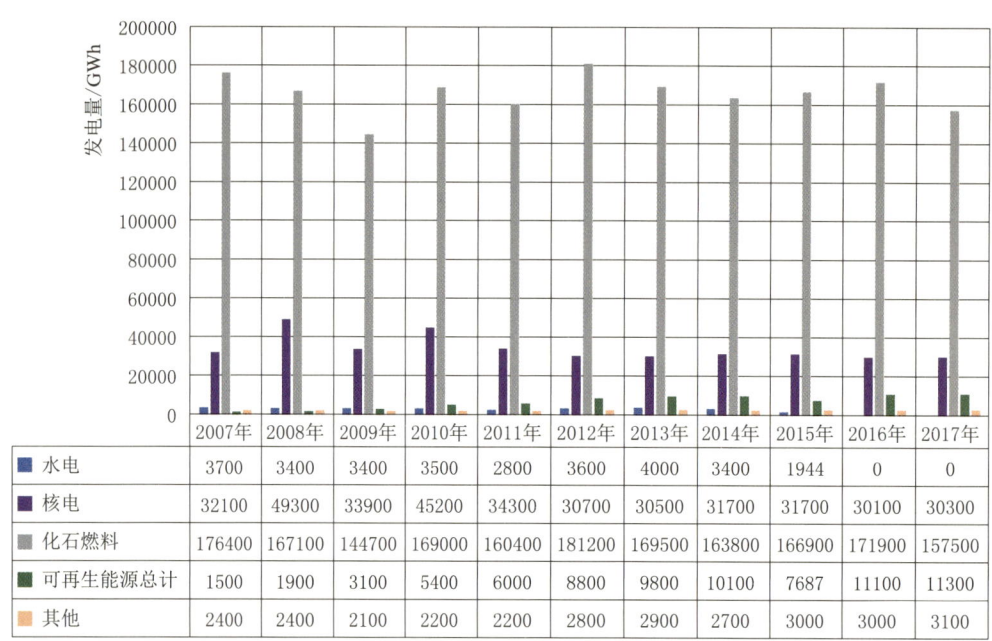

图 23-11 RWE 公司 2007—2017 年发电量

	2007年	2008年	2009年	2010年	2011年	2012年	2013年	2014年	2015年	2016年	2017年
水电	3700	3400	3400	3500	2800	3600	4000	3400	1944	0	0
核电	32100	49300	33900	45200	34300	30700	30500	31700	31700	30100	30300
化石燃料	176400	167100	144700	169000	160400	181200	169500	163800	166900	171900	157500
可再生能源总计	1500	1900	3100	5400	6000	8800	9800	10100	7687	11100	11300
其他	2400	2400	2100	2200	2200	2800	2900	2700	3000	3000	3100

资料来源：彭博金融数据终端。

Innogy 的可再生能源发电目前集中在德国和英国，也有在西班牙、荷兰和波兰布局，以风电和水电为主。

从历年收入来看，国际业务收入逐年减少。2018 年总收入为 133.88 亿欧元，国际业务收入达到 88.57 亿欧元，占总收入的 66%。其中英国的收入约占总收入的 33%，占国际业务收入的 49%，位于第一。在 RWE 公司的总收入中，绝大部分来自欧盟国家。RWE 公司 2009—2018 年国际业务收入见图 23-12。

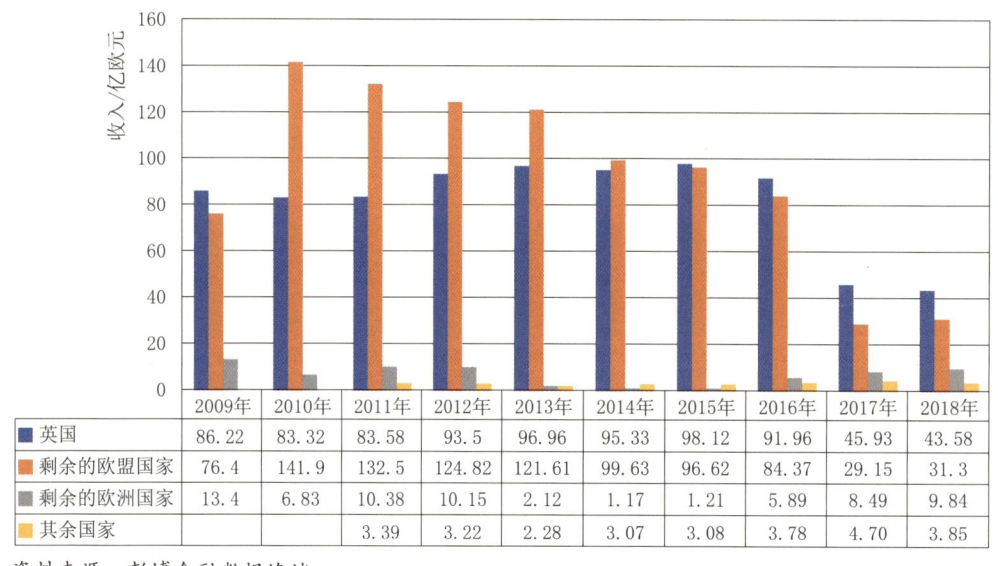

	2009年	2010年	2011年	2012年	2013年	2014年	2015年	2016年	2017年	2018年
英国	86.22	83.32	83.58	93.5	96.96	95.33	98.12	91.96	45.93	43.58
剩余的欧盟国家	76.4	141.9	132.5	124.82	121.61	99.63	96.62	84.37	29.15	31.3
剩余的欧洲国家	13.4	6.83	10.38	10.15	2.12	1.17	1.21	5.89	8.49	9.84
其余国家			3.39	3.22	2.28	3.07	3.08	3.78	4.70	3.85

资料来源：彭博金融数据终端。

图 23-12 RWE 公司 2009—2018 年国际业务收入

23.3.2.6 科技创新

RWE 公司以高效、环保和智能为主要的创新目标。作为德国领先的发电公司和欧洲最大的发电公司之一，巨大的电力供应以及节能减排的目标促使 RWE 公司在 CO_2 洗涤、流化床干燥和生物质利用方面进行研发并取得成功。

1. 使用生物质发电

在荷兰发电厂使用生物质。颗粒和木材气体形式的生物质是特别可持续的燃料。测试表明，煤炭可以在很大程度上被生物质所取代。位于荷兰海特勒伊登贝赫（Geertruidenberg）的 Amer 发电厂是 RWE 公司最大的工厂之一，该工厂使用生物质作为主要燃料来源。在荷兰的另一个电力设施是利用生物质，在减少 CO_2 排放量的同时释放巨大能量，是个超现代的发电厂——Eemshaven 发电厂，于 2015 年开始运营，是世界上最干净的发电厂之一，在格罗宁根附近。

2. 先进的电池存储设施

RWE 公司运营着最先进的电池存储设施。投资 600 万欧元，拥有 7MW 的存储容量，并于 2018 年年初开始运营。

3. 大幅度减少 CO_2 排放量

RWE 公司长期致力于提高燃煤发电效率和减少 CO_2 排放量。在德国 Niederaussem 电厂已经投入超过 1 亿欧元用于创新科技活动来减少 CO_2 的排放。同时也在发展 CO_2 的收集和储存（CCS 技术）的解决方案，以 CO_2 的洗涤形式作为对现有发电厂的改装选项。除了创新的 CO_2 洗涤方案和流化床干燥技术，还有生物技术、CCU 项目、CO_2 的化学转化合成等技术。

23.3.3　巴登-符腾堡州能源公司

23.3.3.1　公司概况

1. 总体情况

作为世界 500 强企业，德国巴登-符腾堡州能源公司（EnBW）从 100 多年前就已经开始从事电力行业。目前 EnBW 公司是欧洲最大的能源供应商之一，公司雇员数量达到了 2 万人，为 550 万用户提供电力、天然气、水和能源等相关产品。

EnBW 公司立足于传统业务，放眼于德国全境以及其中欧和东欧市场，是能源市场上非常具有开拓精神的供应商，十分注重科技研发和创新。实现未来能源多样化、提高能源利用效率，是 EnBW 公司始终不渝的奋斗目标。

EnBW 公司立志于成为客户的第一个接触点——不论是家庭、还是工业企业和城市市政，在所有有关能源供应的领域都希望拥有一席之地。公司希望通过经验和创新力量实现这个愿望。EnBW 公司正在创造新的增长机会，努力研发新产品，提供可持续供应能源和提高能源效率的解决方案。

在未来几年，EnBW 公司将推进可再生能源的扩张，在风力和水力发电的基础上加以创新，同时确保尖端传统发电厂的能源供应。

此外，EnBW 公司是一家国有控股企业，巴登-符腾堡州州政府和州内地方政府共持有 EnBW 公司超过 95% 的股份，其员工享有类似于国家公务员的编制待遇，人员调整或裁员对于 EnBW 公司来说非常困难，公司的重要决策如公司拆分也会受地方政府的巨大影响。相比之下，作为民营企业的另一家巨头 E.ON 公司在这方面就比 EnBW 公司灵活得多。

2. 经营业绩

EnBW 公司 2018 年的总营收为 206.175 亿欧元。其中发电和贸易业务的占比最大，营收为 98.562 亿欧元；其次是电力销售业务，营收为 70.614 亿欧元；能源网络营收是 32.154 亿欧元；能源和环境部（可再生能源业务）的营收 4.775 亿欧元。

23.3.3.2 历史沿革

EnBW 公司于 1997 年 8 月 20 日由卡尔斯鲁厄的 Baden 工厂和来自斯图加特的 Energie-Versorgung Schwaben（EVS）合并。公司位于巴登 - 符腾堡州的 Argen 和 Iller 的水电站开始了德国的电气化时代。后来他们合并组建了上施瓦本电力工程（OEW），成为符腾堡州的主要电力供应协会。1939 年，它与其他符腾堡州协会合并成立了 EVS 并成为其主要股东。

从 1921 年开始，国有巴登国家电力供应公司成立，并与 1938 年更名为 Badenwerk AG，之后与 EnBW 公司合并。

2003 年，EnBW 公司与 Neckarwerke Stuttgart AG（NWS）合并。除了发电和售电，NWS 还将天然气和水等业务以及客户群带入集团（1997 年 NWS 成为市政公用事业的最大股东）。

2010 年年底，巴登 - 符腾堡州政府从 EnBW 公司中回购了 45% 的股份。

23.3.3.3 组织架构

EnBW 公司的组织架构分为执行委员会（董事会）、监事会和常设委员会。

执行委员会主要由 5 位成员组成，他们共同负责管理集团的事务。除了企业管理和发展，董事会还管辖销售事务，董事会的其他成员还负责财务、人事与法律和技术部门。

监事会是专为提升监管会工作效率与办理复杂的业务而成立的。由 21 位成员组成。

23.3.3.4 业务情况

1. 经营区域

EnBW 公司将业务划分为四大板块：销售业务、能源网络业务、可再生能源业务以及发电与贸易业务。

销售业务负责售电和售气，提供能源解决方案和能效咨询等服务，与当地政府、市政公用设施合作；能源网络业务负责电力和天然气输配网络的建设和运维，高压直流联结的扩张以及供水；可再生能源业务负责可再生能源发电项目的开发、建设和运营；发电与贸易业务负责火电项目的咨询、建设、运营，天然气的勘探开发、生产、存储，电力和天然气的贸易及提供交易系统服务。

2. 业务范围

从 EnBW 公司近几年营收情况来看，总营收基本保持上涨的趋势，除了在 2016 年有了大幅度的减少，但在 2017 年得到了快速增长且达到历年营收最大值。EnBW 公司 2012—2018 年总营收趋势见图 23-13。

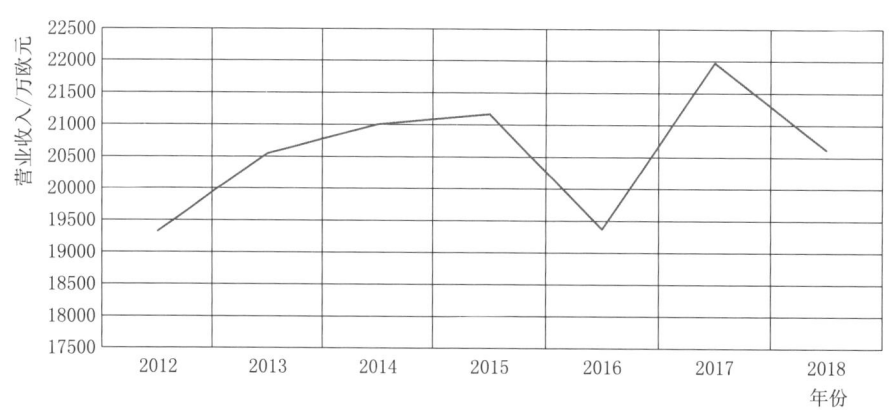

图 23-13 EnBW 公司 2012—2018 年总营收趋势图

EnBW 公司 2012—2018 年营收情况见图 23-14。电力销售业务的营收逐年减少，但发电和贸易业务的营收有逐年增长的趋势，且 2018 年的营收比 2017 年有大幅度的增长，增长率达到 49%。从 2018 年的营收占比来看，发电和贸易业务占比最大为 48%；其次是电力销售的业务，占比 34%；能源网络占比位于第三，为 16%；可再生能源的占比最小，为 2%。在德国整体能源的转型中，EnBW 公司还是位于劣势。

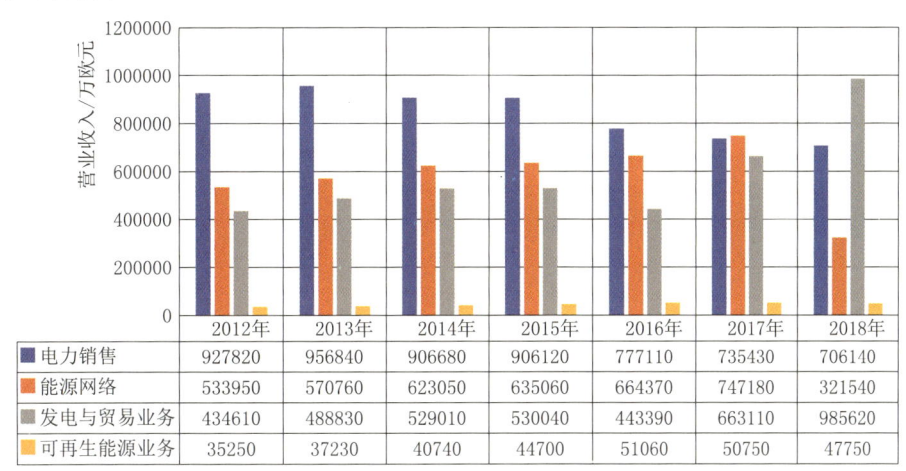

图 23-14　EnBW 公司 2012—2018 年营收情况

EnBW 公司近几年的装机容量和发电量主要依赖非可再生能源。截至 2017 年，EnBW 公司可再生能源发电装机容量仅占总装机容量的 6%，而可再生能源发电量只占总发电量的 3%，这两项指标都远低于德国平均水平。

23.3.3.5　国际业务

EnBW 公司 2011—2018 年不同地区的收入见图 23-15。从 EnBW 公司近几年不同地区的收入表可知，EnBW 公司 80% 多的业务集中在德国，在欧盟其他国家以及世界其他国家占比非常之小。不过在 2018 年，国际业务相对于前几年略增。在 2018 年，国际业务的总营收是 306960 万欧元，占总收入的 15%。其经济和货币联盟（除德国）占了 8%，欧洲其他地区占了 7%。

图 23-15　EnBW 公司 2011—2018 年不同地区的收入

23.3.4　大瀑布公司

23.3.4.1　公司概况

作为德国唯一一家 100% 的瑞典国有公司，Vattenfall 公司在接管了柏林的能源公司和原东德地区的电力公司之后,成为了德国四大电力公司之一,也是四大售电公司之一。由于该公司在德国80%的发电量来自高污染的褐煤,其也成了德国激进的能源转型政策的牺牲品。由于煤炭资产利润严重受损,Vattenfall公司近年来发生了两个比较重要的改变:一是发电业务板块向低碳转移,逐渐出售褐煤电站;二是从售电向能源服务转型。2012年,德国建立了比较健全的电力市场规则。2011—2012年,Vattenfall公司将煤炭、电力、天然气等交易都进入市场。并且以小时、日、十天为单位的市场需求确定一次能源的消费。

23.3.4.2 历史沿革

Vattenfall公司成立于1909年。1951年,Harsprånget水电站与电网相连,使整个瑞典的电网相互连接。

在20世纪70年代和80年代,瑞典各地建造了12座核反应堆,其中7座属于Vattenfall公司。1996年起,Vattenfall公司开始扩张国际业务,收购了芬兰电力公司,汉堡的电力业务也正式开始营业,并且通过合资公司VASA Energy开始在德国开展了业务。直到2006年1月1日,德国品牌HEW和Bewag以及波兰品牌EW和GZE被Vattenfall品牌所取代。同年7月1日,丹麦公司DONG收购一些丹麦风电和热电联产电厂。在Schwarze Pumpe建造了一个采用CCS技术(二氧化碳分离和储存)的试验工厂。

2007年,拥有48台风电涡轮机的风电场投入运营,于年底开始供电。次年Vattenfall公司定位未来将提供清洁电力,并于同年开始收购英国的一些风电场。2009年又收购了荷兰能源公司NV Nuon Energy,开始与汽车制造商合作开发电动插混汽车。2011年,基于联邦议院的决定,在德国的17个核电站必须在2022年前关闭,Vattenfall公司不得不接受账面出现的损失以及一些撤资,并造成了波兰、比利时和部分荷兰的分部被剥离。

2012年,Vattenfall公司的企业组织发生变更,成立了两个新的业务部门为核电业务部和可持续能源业务部。之后,Vattenfall公司致力于发展可再生能源项目。2017年,Vattenfall公司宣布了一系列创新合作项目为减少30%的CO_2排放量为目标,以减少对环境的影响。如今,Vattenfall公司是欧洲最大的发电厂之一。

23.3.4.3 组织架构

Vattenfall公司主要是由五个业务部门组成的六个领域:其中有热能业务领域的经营分部;客户和解决方案业务领域的经营分部;风能业务领域的经营分部;发电业务领域的经营分部以及电力销售领域的经营分部;配电系统的运营与Vattenfall公司的其他业务分开。Vattenfall公司组织架构见图23-16。

23.3.4.4 业务情况

Vattenfall公司拥有从生产到分销的所有能源价值链的运营部门。在

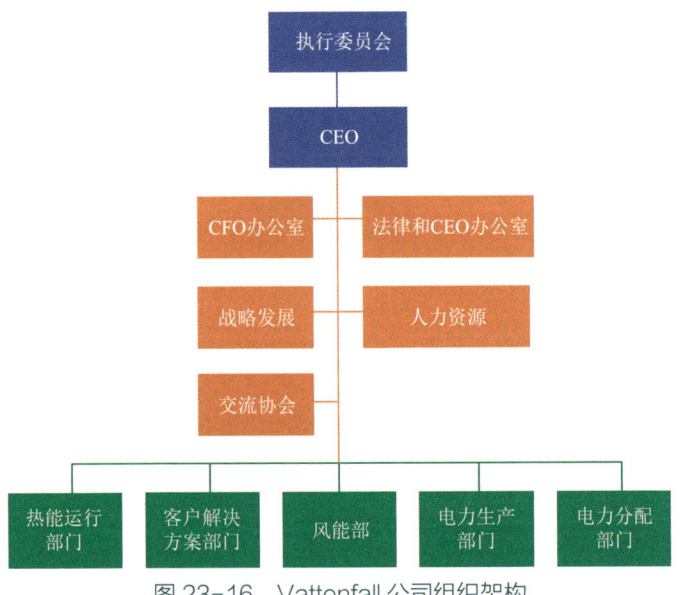

图23-16　Vattenfall公司组织架构

2018 年的总营收是 156.824 亿美元，其主要收入分为 5 大类：客户解决方案、发电、电力分配和销售、热能和风能。客户解决方案的营收是 78.883 亿美元，占比最大，约为 51%；其次是发电业务的营收是 36.064 亿美元，占比 23%；电力分配和销售位于第三，营收是 17.845 亿美元；热能营收是 15.828 亿美元，位于第四；风能营收是 8 亿美元。Vattenfall 公司 2018 年营收分布见图 23-17。

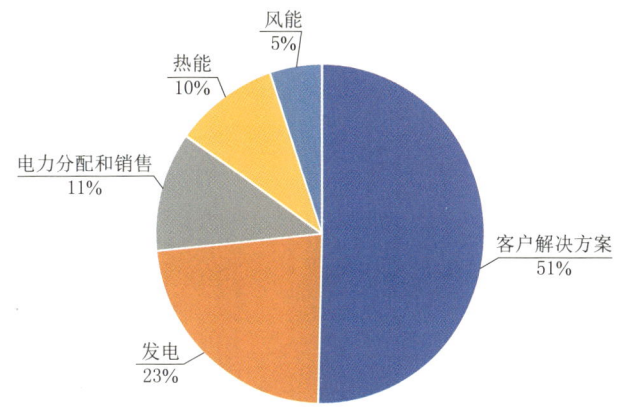

资料来源：彭博金融数据终端。

图 23-17　Vattenfall 公司 2018 年营收分布

Vattenfall 公司 2008—2017 年装机容量见图 23-18。从历年装机容量来看，水电的装机容量每年都占最大值，基本维持在 10000MW 以上。非可再生能源的装机容量逐年减少，在 2017 年完全取消了褐煤的装机容量。2017 年的非可再生能源装机容量总和是 26178MW，比 2016 年减少了 145MW，而可再生能源的装机容量比 2016 年增加了 194MW。并且从 2016 年开始新增了太阳能的装机容量。从装机容量可以看出，Vattenfall 公司的整体趋势还是在往可再生能源的方向发展。

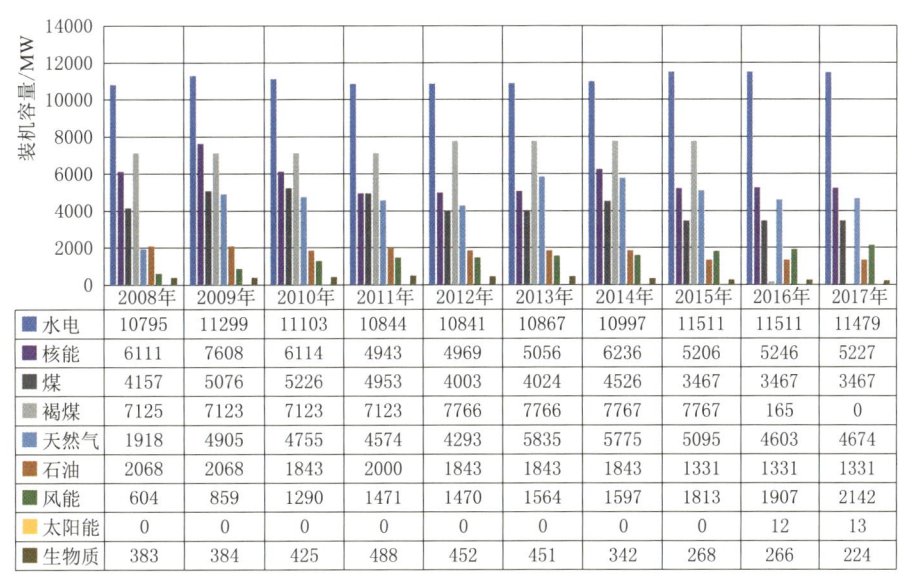

	2008年	2009年	2010年	2011年	2012年	2013年	2014年	2015年	2016年	2017年
水电	10795	11299	11103	10844	10841	10867	10997	11511	11511	11479
核能	6111	7608	6114	4943	4969	5056	6236	5206	5246	5227
煤	4157	5076	5226	4953	4003	4024	4526	3467	3467	3467
褐煤	7125	7123	7123	7123	7766	7766	7767	7767	165	0
天然气	1918	4905	4755	4574	4293	5835	5775	5095	4603	4674
石油	2068	2068	1843	2000	1843	1843	1843	1331	1331	1331
风能	604	859	1290	1471	1470	1564	1597	1813	1907	2142
太阳能	0	0	0	0	0	0	0	0	12	13
生物质	383	384	425	488	452	451	342	268	266	224

资料来源：彭博金融数据终端。

图 23-18　Vattenfall 公司 2008—2017 年装机容量

从历年发电量来看，该公司的发电量处于一个基本平稳的趋势。但是在 2015 年以后出现了明显的下降，其主要原因是褐煤的发电量从 2016 年开始有巨大的下降趋势，在 2017 年其发电量基本为零，而其他非可再生能源的发电量没有特别明显的增加。虽然可再生能源的发电量历年增加，风能是其主要的发电来源，但是增长量还是低于褐煤的减少量。Vattenfall 公司 2008—2017 年发电量见图 23-19。

从 2017 年的发电量来看，核能为主要发电来源，占比为 33.46%，发电量为 36600GWh；水电发电量位于第二，占比是 31.63%，发电量为 34600GWh；煤和天然气位于第三，占比约为 14%；风能占比约为 6%，发电量是 6200GWh；褐煤、石油和生物质的发电量在 300GWh 和 400GWh 左右，基本忽略为零。Vattenfall 公司 2017 年发电量占比见图 23-20。

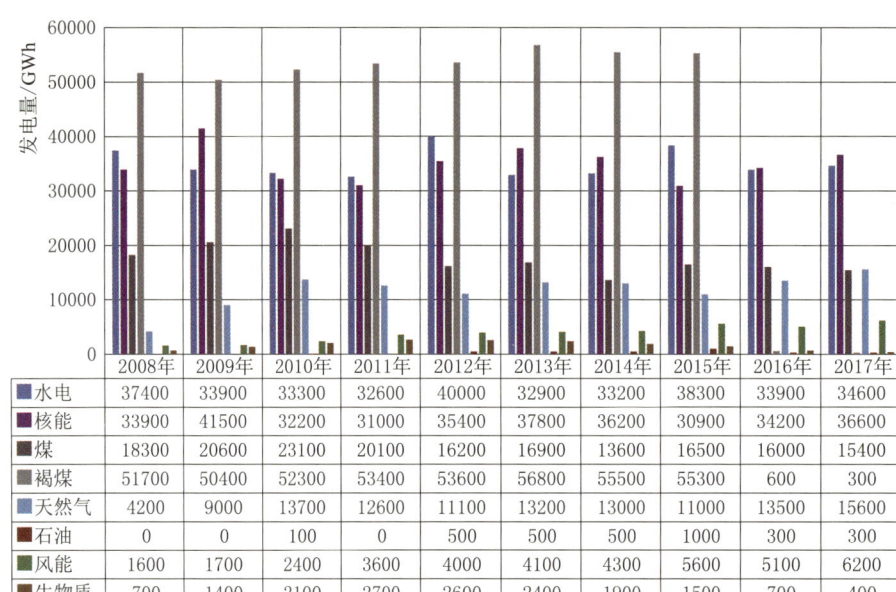

	2008年	2009年	2010年	2011年	2012年	2013年	2014年	2015年	2016年	2017年
水电	37400	33900	33300	32600	40000	32900	33200	38300	33900	34600
核能	33900	41500	32200	31000	35400	37800	36200	30900	34200	36600
煤	18300	20600	23100	20100	16200	16900	13600	16500	16000	15400
褐煤	51700	50400	52300	53400	53600	56800	55500	55300	600	300
天然气	4200	9000	13700	12600	11100	13200	13000	11000	13500	15600
石油	0	0	100	0	500	500	500	1000	300	300
风能	1600	1700	2400	3600	4000	4100	4300	5600	5100	6200
生物质	700	1400	2100	2700	2600	2400	1900	1500	700	400

图 23-19　Vattenfall 公司 2008—2017 年发电量

23.3.4.5　国际业务

Vattenfall 公司的主要业务包括热能和电能的生产、分配和销售以及能源交易。核心市场在于德国、荷兰和瑞典等北欧地区。从历年的总营收来看，从 2015 年开始有明显的降低，其主要原因还是由于整个公司的转型，减少或者基本没有使用褐煤，并向可再生能源的方向发展。在 2018 年总营收中，德国占比最大，为 48%；其次是瑞典，占比 30%，营收为 4778500 万克朗，约为 477940.81 万美元；荷兰总营收位于第三，占比 17%，营收为 2620400 万克朗，约为 262089.79 万美元；其他地区占比最小，为 5%，营收是 775300 万克朗，约为 77544.7335 万美元。

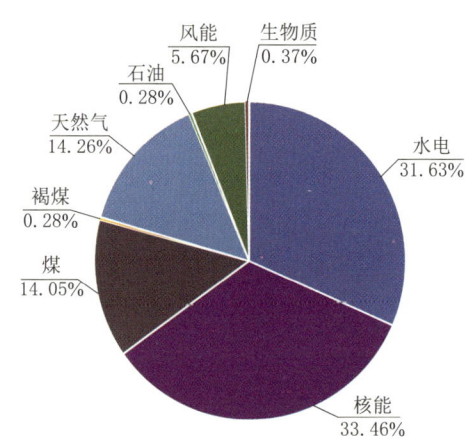

资料来源：彭博金融数据终端。

图 23-20　Vattenfall 公司 2017 年发电量占比

Vattenfall 公司 2012—2018 年在不同国家的营收见图 23-21。

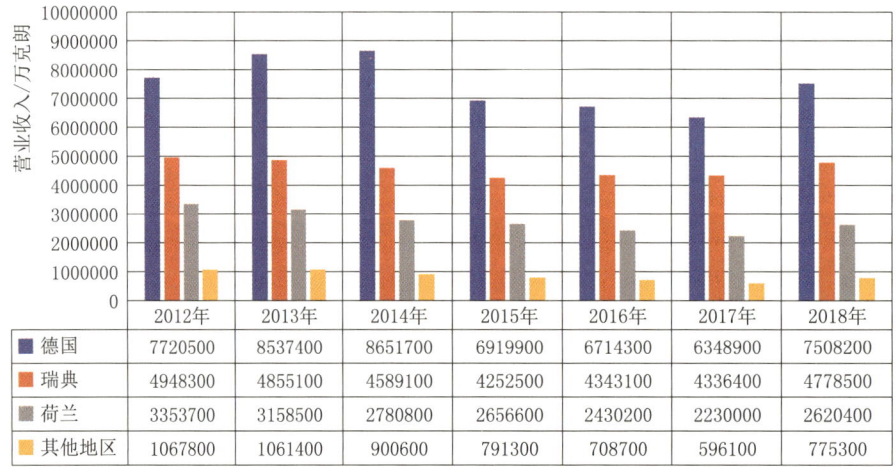

	2012年	2013年	2014年	2015年	2016年	2017年	2018年
德国	7720500	8537400	8651700	6919900	6714300	6348900	7508200
瑞典	4948300	4855100	4589100	4252500	4343100	4336400	4778500
荷兰	3353700	3158500	2780800	2656600	2430200	2230000	2620400
其他地区	1067800	1061400	900600	791300	708700	596100	775300

图 23-21　Vattenfall 公司 2012—2018 年在不同国家的营收

23.3.4.6 科技创新

近年来，Vattenfall 公司的研发活动已经将重点从发电转移到以客户为中心的领域，包括数字化、客户分散式解决方案、电子移动性以及新的电力使用形式。

1. 水电项目

Vattenfall 公司在许多不同领域开展工作，以提高其水力发电厂的效率并减少其对环境的影响。数字化是打开新世界的领域之一。

为了提高发电厂的效率并为未来做好更充分的准备，Vattenfall 公司研究和开发优化工厂运营和维护的新技术。

现代水力发电厂和水坝中使用的传感器的大量数据以及先进数据分析的开发为获得大坝或设施及其组件的状况提供了新的机会。通过这种方式，他们可以优化维护以及避免将来可能出现更大问题。

2. 分析气候友好型客户和网络服务

数字化提供了丰富的先进的数据，Vattenfall 公司正在寻找方法利用这些数据来创造更大的价值，为客户创造更加环保的机会，同时简化网络监控并提高网络灵活性。

3. 最终用户的应用

智能电表是最初安装用于自动计费的技术创新。而 Vattenfall 公司开发的智能电表使客户的能源消耗可见，以便检测不规则性并找出节约能源的方法。这样的应用程序已经开发出来，目前正在一个拥有超过 2000 个 Vattenfall 公司客户的试点项目中进行测试。

4. 系统应用和优势

Vattenfall 公司利用安装在网络中的智能电表、传感器和交换机的信息来数字化可视化网络，来更加精确地自动定位故障，从而加快网络恢复速度并缩短停机时间。

在某些地区，电压水平和网络质量也可以远程测量，这对于规划电网加固以及规划新建筑或开发新的城市区域非常重要，并且可以节省大量的成本。

5. 减少水泥生产中 CO_2 的排放

在生产水泥中，60% 的 CO_2 排放量来自石灰石的加热，40% 的 CO_2 排放量是来自燃烧。Vattenfall 公司与 CementaAB 一起合作开展在水泥生产加热的过程中通电来消除产生的 CO_2 排放量的研发项目。此外，Vattenfall 公司还与 LKAB/SSAB 和 Preem 合作开展另外两个消除化石燃料和减少温室气体排放的项目。

23.3.5 50 赫兹公司

23.3.5.1 公司概况

1. 总体情况

50 赫兹公司（50Hertz）在德国北部和东部运营输电网，为大约 1800 万人提供电力供应。50Hertz 公司超高压电网的电路长度约为 10200km，相当于从柏林到里约热内卢的距离。50Hertz 公司通过高效维护来运营线路、电缆和变电站，扩展其电网以满足需求并确保能源消费者和发电机之间的电力平衡。50Hertz 公司是可再生能源安全整合的领导者。电网领域年平均消耗量的一半以上来自可再生能源，并且不断增长。10 个地区约 1100 名员工确保柏林、勃兰登堡、汉堡、梅克伦堡-西波美拉尼亚、萨克森、萨克森—安哈尔特和图林根州的电力全天候流动。

2. 经营业绩

50Hertz 公司于 2018 年营收 102.05 亿欧元，较去年增长 4.02 亿欧元。总资产约 76.38 亿欧元，较去年增加 5.24 亿欧元。

23.3.5.2 历史沿革

50Hertz 公司的前身是 Vattenfall 欧洲传输公司。2010 年 3 月 12 日，Elia 系统运营商和行业基金管理公司从 Vattenfall 公司收购了 50 赫兹传输。该协议于 2010 年 5 月 10 日获得欧盟委员会的批准。

2018 年 3 月 23 日，Elia 宣布决定行使优先购买权并将其在 50 赫兹控股公司 Eurogrid 的股份从 60% 增加至 80%，交易价格为 9.765 亿欧元。同年晚些时候，Elia 宣布与 IFM 和德国国有银行 KreditanstaltfürWiederaufbau（KfW）就 Eurogrid International 20% 股权进行交易。随着这些交易的结束，KfW 代表德国联邦政府取代 IFM 作为 Eurogrid 的股东。

23.3.5.3 组织架构

50Hertz 公司的股东，通过欧洲国际电网投资公司（Eurogrid Interntional CVBA/SCRL）和欧洲电网公司（Eurogrid GmbH），由 Elia（80%）和 KfW 德国国有银行（20%）拥有。作为欧洲传输系统运营商，50Hertz 公司是 Elia 的一部分，也是欧洲协会 ENTSO-E 的成员。50Hertz 公司组织架构见图 23-22。

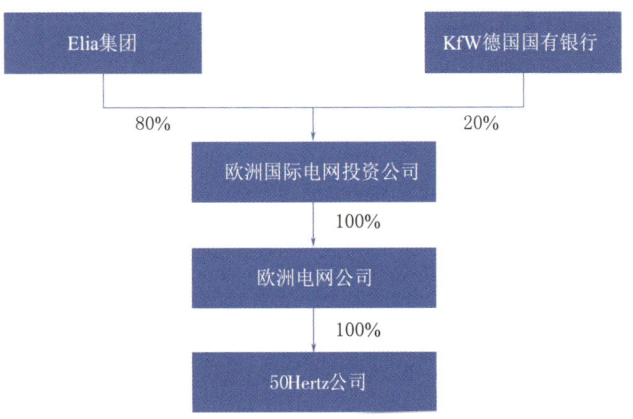

图 23-22　50Hertz 公司组织架构

Elia 是一家在比利时注册公共有限公司。Elia 的核心业务是超高压电网（380kV、220kV 和 150kV）和高压电网（70kV、36kV 和 30kV）的运行、维护和开发，以保持从比利时和欧洲的电力生产商到配电系统运营商和大型工业客户的可靠稳定的电力。Elia 是整个比利时超高压电网的所有者，并且还运营着 94% 的比利时高压电网。

KfW 德国国有银行集团是全球领先的银行之一。凭借数十年的经验，德国国有银行致力于代表德国联邦政府和联邦各州改善全球的经济、社会和生态环境。仅在 2017 年，德国复兴信贷银行集团就提供了 765 亿欧元，其中 43% 用于保护环境和应对气候变化的措施。

23.3.5.4 业务情况

1. 经营区域

50Hertz 公司主要业务范围在德国联邦州柏林、勃兰登堡、汉堡、梅克伦堡—西波美拉尼亚、石勒苏益格—荷尔斯泰因州、萨克森州、萨克森—安哈尔特州和图林根州共服务超过 1800 万人口。

2. 业务范围

作为传输系统运营商，最大的传输电压为 150kV、220kV 和 380kV。电网的长度约为 10200km——约为从柏林到里约热内卢的距离。共有 70 多个变电站和开关站，与配电网络运营商交换电力—变压器将高压和超高压之间的电压转换。使得大型发电厂、泵储存设施和高能耗的工业厂房（如钢铁生产）都可以直接连接到超高压电网。

50Hertz公司正计划与Tennet合作开发高压直流（HVDC）电力线路。电网连接点是马格德堡（萨克森-安哈尔特州）附近的Wolmirstedt和兰茨胡特（巴伐利亚州）附近的Isar，转换器将交流电（AC）转换为直流电（DC），反之亦然。此外，公司建设和运营海上变电站，将波罗的海的海上风电场与电网连接起来。并与风电场运营商合作，风电场运营商将风能转换为更高的电压，用于陆上传输，同时保证功率损耗最小，电力通过海底电缆传输到陆上变电站。

23.3.5.5 国际业务

50Hertz公司不仅是德国输电网的一部分，而且还与丹麦、波兰和捷克共和国的超高压电网直接相连。公司还计划与瑞典连接。公司致力于发展欧洲内部能源市场，并致力于在众多计划、合作和项目中实现这一目标。公司还拥有莱比锡欧洲能源交易所（EEX）的股份。

23.3.5.6 科技创新

50Hertz公司目前致力于将智能设备（如物联网、人工智能和云计算）中使用的技术与可再生能源相结合，来应对当前和未来快速变化的能源格局所面临的挑战。公司目前致力于DigitalTwin、连接、计算、存储、机器人与自动化等研究领域。

第 24 章

俄罗斯

24.1 能源资源与电力工业

24.1.1 一次能源资源概况

俄罗斯矿产资源丰富，截至 2018 年 12 月 31 日，根据统计，俄罗斯石油探明储量达 145 亿 t（1062 亿桶），单日产量达 1125 万桶。天然气探明储量约 35 万亿 m^3，占全球探明储量的 18.1%，位居全球第一。煤炭探明储量 1600 亿 t，占全球煤炭储量的 15.5%，仅次于美国，位居全球第二。

据俄罗斯中央银行的统计数据显示，2018 年，俄罗斯出口原油 2.602 亿 t、石油 1.501 亿 t、天然气 2206 亿 m^3 以及液化天然气（LNG）3670 万 m^3。根据 2019 年《BP 世界能源统计年鉴》，俄罗斯一次能源消费量达到 7.207 亿 t 油当量，其中石油消费量为 1.523 亿 t 油当量，天然气消费量达到 3.908 亿 t 油当量，煤炭消费量为 8800 万 t 油当量，核能消费 4630 万 t 油当量，水电消费量 4300 万 t 油当量，可再生能源消费量为 30 万 t 油当量。

24.1.2 电力工业概况

24.1.2.1 发电装机容量

俄罗斯 2009—2018 年发电装机容量见图 24-1。俄罗斯的装机电源结构以火电、水电、核电为主，其中 64% 发电装机容量为火电；19% 为核电；17% 为水电。目前俄罗斯方面有意调整长期主要以火电为主的装机容量结构，推行可再生发电装机，但目前进程较为缓慢。

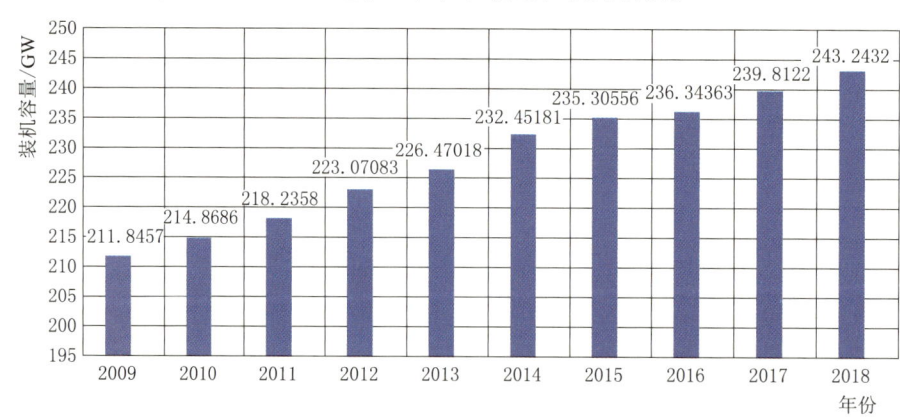

资料来源：彭博金融终端。

图 24-1 俄罗斯 2009—2018 年发电装机容量

根据联邦统计局官网数据显示，截至 2018 年年底，俄罗斯全年发电装机容量为 243.2432GW，较 2017 年 239.8112GW 增长了 1.43%。

24.1.2.2 发电量及构成

2018 年，俄罗斯总发电量约 1070TWh，主要来源为火电，约占 64%；其次为核电（19%）、水电（17%）。据了解，俄罗斯供电较为充足，但偶尔会出现大部分区域短时间停电情况。俄罗斯 2016—2018 年电力生产情况见图 24-2。

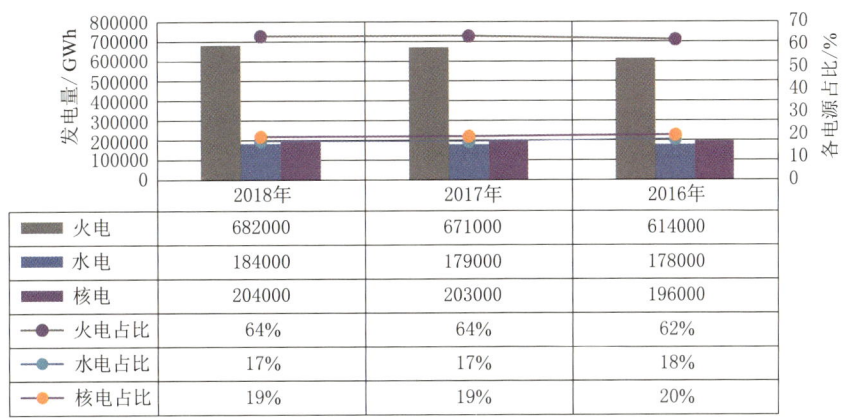

资料来源：彭博金融终端。

图 24-2　俄罗斯 2016—2018 年电力生产情况

24.1.2.3 电力消费情况

能源消费方面，俄罗斯 2018 年矿业、制造业、能源业为主要电力消费行业，共计消耗电力约 580218.4GWh，占国内总消耗电力 50% 以上，预计未来将继续维持在此比重左右。俄罗斯 2018 年电力消费见图 24-3。

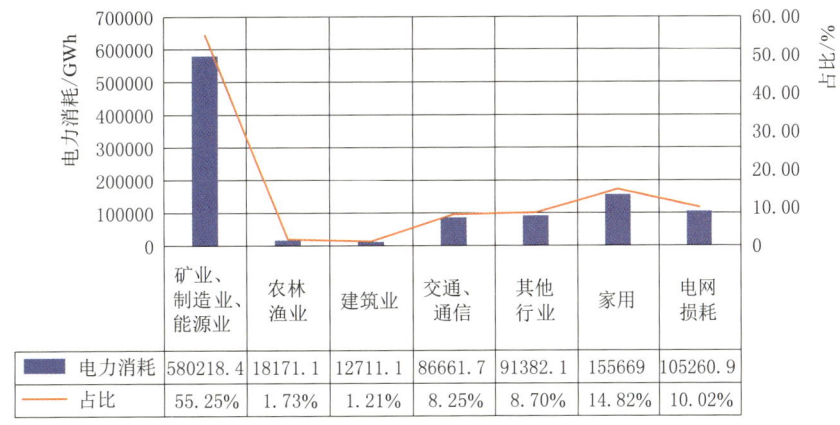

资料来源：彭博金融终端。

图 24-3　俄罗斯 2018 年电力消费（按行业）

另外，在电力进出口方面，俄罗斯为电力输出大国，其电力主要输往中国、芬兰及立陶宛；而进口方面则主要从哈萨克斯坦进口电力。俄罗斯 2016—2018 年电力主要出口国家及出口电量见图 24-4。

24.1.2.4 电网结构

俄罗斯电力装机容量的 72% 在欧洲区部分，主要是火电和核电，以及伏尔加河上的梯级水电站；西伯利亚区装机容量有一半是水电，还有 7 个 1000MW 以上的火电厂；远东区的电力装机容量占整个俄罗斯装机容量比重的 7%，只有几个小火电厂。俄罗斯的火电主要为凝汽式发电厂和热电厂，欧洲部分主要用天然气发电，西伯利亚和远东地区主要是燃煤发电。根据俄罗斯电力发展规划，2030年俄罗斯总装机容量规模将达到310GW，重点发展核能和再生能源发电，使得核能和可再生能源发电比重分别升至15.2%和3.9%，而火电和水电比重则分别降至64.4%和16.5%。

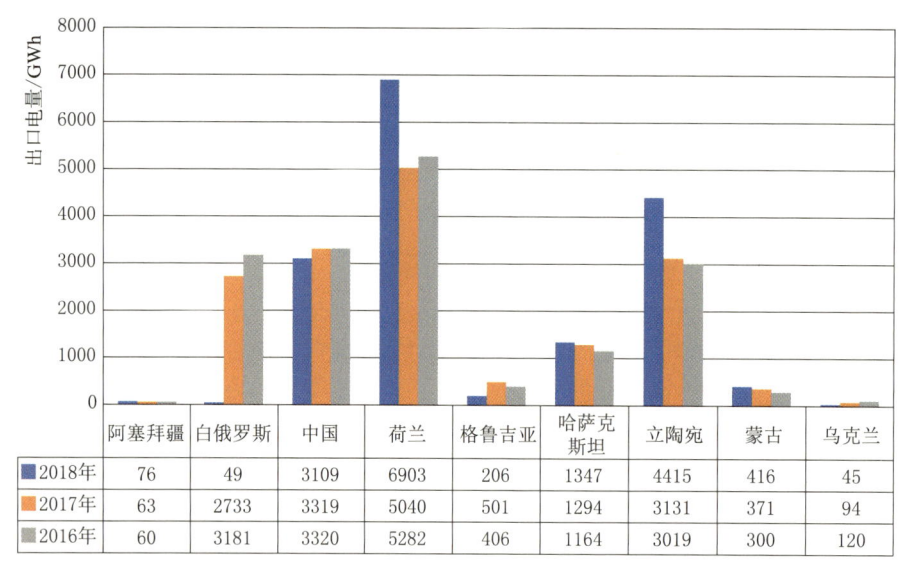

资料来源：彭博金融终端。

图24-4　俄罗斯2016—2018年电力主要出口国家及出口电量

俄罗斯电力设施老化状况严重，电力建设资金匮乏，一半以上的发电设备运行超过30年，发电设备利用小时数平均达7100h，输电网中60%~80%的输电线路处于严重老化状态。作为经济快速增长的金砖国家之一，电力设备老化和较为落后的电网水平已经成为制约俄罗斯电力和经济发展的瓶颈。根据2012年俄罗斯能源部制定的《俄罗斯2020年前电力现代化纲要方案》，到2020年，俄罗斯电网投资的总规模将达到6645亿元人民币，其中新建电网工程为3842亿元，现有电网的改造和技术升级为2803亿元。

俄罗斯电网由7个联合电力系统组成，分别是中央联合电力系统、西北联合电力系统、南方联合电力系统、中伏尔加河联合电力系统、乌拉尔联合电力系统、西伯利亚联合电力系统和东方联合电力系统。包括69个地区电力系统，分布在俄罗斯79个联邦主体内。

俄罗斯明确规定输电业务和配电业务以及电力调度为垄断性业务，强调政府对于输配环节的控制，联邦政府作为出资人，以骨干网资产为基础组建联邦电网公司。联邦电网公司拥有8个骨干电网分支机构，分别是中心区骨干电网、南方骨干电网、伏尔加骨干电网、西北骨干电网、乌拉尔骨干电网、西西伯利亚骨干电网、西伯利亚骨干电网和东方骨干电网。8个骨干电网分支机构下设36个地区骨干电网公司。以地区配电网为基础，组建12个区域性配电公司，电网公平地对所有的用户和发电公司开放。联邦和地区价格司行使监管职责，重点监控输电网和配电网，成立了系统交易管理所和系统操作公司，并鼓励大用户直接购电，这样就为建立有效的电力市场奠定了合理的运行基础。输配电网络的分离，有效地降低了输配电的交叉补贴，客观上减小了输配电网络的垄断势力。由于输配电业务的自然垄断属性特别强，采用政府管制的办法，有效防止了输配电公司利用垄断地位采取垄断价格，减少了由此带来的效率损失。

俄罗斯虽然总装机容量规模大约有243GW，但70%左右的机组始建于20世纪90年代之前，已运行30年以上，新的现代化装机不多。俄罗斯机组投产年代情况见图24-5。

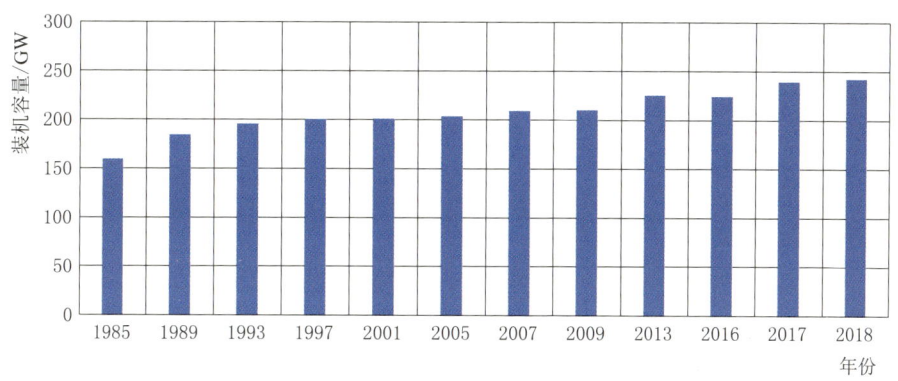

图 24-5　俄罗斯机组投产年代情况

究其原因，在苏联时期，苏联将电力工业作为优先发展产业，其装机规模快速增长。苏联解体后，俄罗斯采用"休克疗法"式的改革，经济出现了大衰退，电力工业发展也几乎停止。据有关数据显示，从1991年苏联解体到2007年，俄罗斯发电装机容量从195GW增加到210GW，16年间仅增加15GW，发电装机容量增幅十分缓慢。由于俄罗斯大部分发电机组都是20世纪90年代以前建成，设备磨损严重、能耗高、效率低，设备长期安全可靠运行很难保证，机组亟须升级改造，为外资进入提供良好契机。

24.1.3　电力管理体制

24.1.3.1　电力改革

俄罗斯电力管理体制经过多次改革，由国家垄断改为充分市场竞争。自20世纪90年代起，基于私有化的经济制度，俄罗斯采取了对电力工业各环节进行拆分的改革模式，同时为了筹集资金，还对电力工业进行了私有化和股权多元化。2008年7月，俄罗斯完成了电力工业的结构性重组。经过几年的运行，俄罗斯已经基本建成批发竞争电力市场，形成了零售侧竞争，但受到电价飙升等因素的制约，全面自由竞争的目标尚未完全实现。为了进一步提高电网效率和供电可靠性，俄罗斯政府于2013年成立俄罗斯电网公司，统一管理输电网公司和配电网公司（普京总统签发了2013年第437号总统令，组建俄罗斯电网股份公司，实现了对俄电力系统输配电网统一运营管理）。

1992年12月，俄罗斯成立了集发、输、配、售电于一体的集团化国有控股电力公司——俄罗斯统一电力公司，这标志着俄罗斯电力改革的开始。俄罗斯统一电力公司控股、参股企业298家，营业范围涵盖发电、输电、配电、售电、调度、研发、设计、建设、采购、辅助服务等电力行业的所有领域。从1995年开始，俄罗斯进一步研究酝酿以推进竞争和电力领域私有化为目标的改革，但受1997年金融危机影响和国内政局不稳定影响而搁置。2001年，俄罗斯总统普京决定成立电力工业改革小组，在充分听取包括科学院、州政府、电力工业部、电力企业等不同利益方代表的意见后，俄罗斯政府发布了526号文件——《俄罗斯电力工业重组》，奠定了现在俄罗斯电力工业构架的基础。该文件要求俄罗斯统一电力公司放弃垄断地位，将下属电厂重组为发电公司并出售；开放电力市场，吸引国内外私人投资；发展竞争机制，自由定价；国家只保留对电网和调度的控制。

在526号文件的基础上，2002年10月，俄罗斯政府向议会提交了包括《电力法》在内的一揽子电力改革方案，将改革的各项目标以法律的形式确定下来。2003年，俄罗斯通过了《电力法》，电力改革正式启动。《电力法》将2008年7月1日确定为电力改革的结束期限，同时规定电力市场开放设3年的过渡期，也就是从2011年起，电力行业全面实现市场化。

2008年7月1日，俄罗斯统一电力公司正式停止运营，通过拆分与重组，在发电、输电、配电、调度、交易和检修等环节都成立了独立股份公司。改革后的俄罗斯电力工业，形成了发电、输电、配电、售电、调度、交易相互独立的结构，分为基础性部分和竞争性部分。

24.1.3.2 机构设置及职能分工

基础性部门包括联邦电网公司、跨区配电网公司、系统调度公司和交易系统管理公司（市场运营机构），这四家公司均由俄罗斯政府控股。竞争性部门包括核电公司、水电批发发电公司、6家火电批发发电公司（OGK）、14家地区发电公司（TGK）、其他独立地区发电公司、售电公司、检修公司等。其中，核电和水电批发发电公司由俄联邦政府控股，火电批发公司和地区发电公司已完成了私有化改革，分别由俄罗斯天然气工业公司、E.ON、Enel等国内外企业控股。除此之外，远东地区和一些边远地区仍保留发电、配电、售电一体化的电力公司。俄罗斯电力机构设置见图24-6。

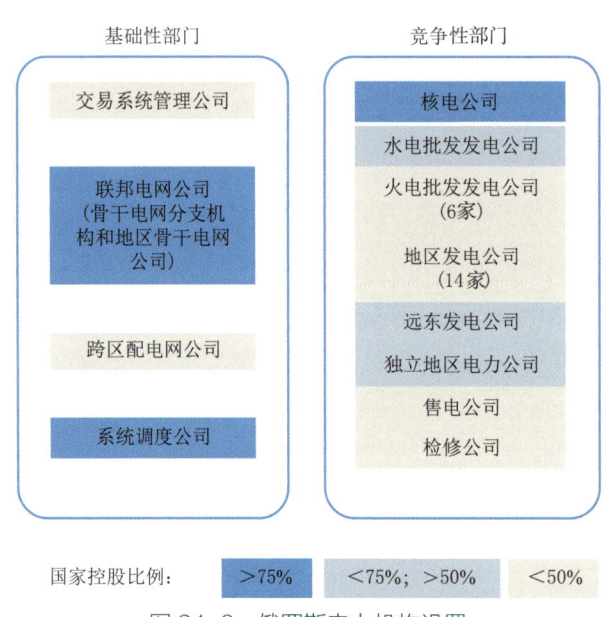

图24-6 俄罗斯电力机构设置

俄罗斯电力机构除了上述基础性部门及竞争领域部门外，具有电力管理职能的部门主要有联邦反垄断服务局（FAS）、市场运营机构（ATS）、联邦技术检查部门（FTAS）、联邦定价部门（FTS）及区域电力委员会（RECs），共计5个机构实行电力管理职能，主要职责如下：

（1）联邦反垄断服务局（FAS）。负责监督电力市场与减少市场垄断。

（2）市场运营机构（ATS）。负责市场规则的制定与实施，调解市场争议。

（3）联邦技术检查部门（FTAS）。负责建立技术与安全标准，监督服务质量。

（4）联邦定价部门（FTS）。负责对国家一级的垄断服务定价，并监督配电服务价格。

（5）区域电力委员会（RECs）。负责设定配电价格，但是必须事先与联邦定价部门、经济发展与贸易部（MEDT）及地区政府部门交换意见。

24.1.4　电力调度机制

目前,俄罗斯统一电力系统采取分级调度结构;形成自上而下的调度结构,共分为四级,层层管辖,中央集中式的调度模式。

四级调度机构分别为中央调度局、联合电网调度所、地区电网调度所、发电厂和配电网调度所。俄罗斯电力调度机构见图24-7。

中央调度局除管辖下属电网外,还管辖装机容量1000GW以上的直调电厂以及调度联合电网之间的联络线;下一级为联合电网调度所。联合电网有其所属容量为300GW以上的直调电厂,调度地区电网间的联络线和直属电厂;再下一级为地区电网调度所,调度地区内电厂,最下一级为发电厂和配电网的调度所。

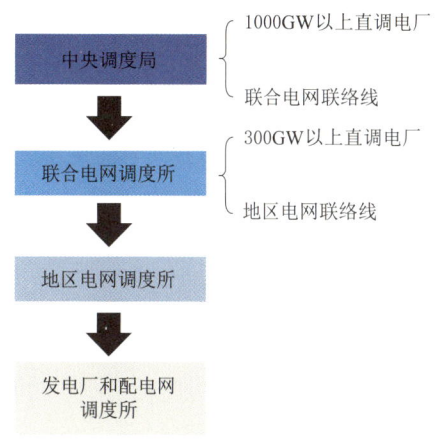

图24-7　俄罗斯电力调度机构

24.2　电力市场概况

24.2.1　电力市场运营模式

24.2.1.1　市场构成

俄罗斯电力市场的日常运行主要通过电力市场委员会、电力批发市场交易系统管理股份公司(ATS)、财务结算中心股份公司(CFS)、联邦统一电网股份公司(FSK)以及统一电网系统运行股份有限公司(SO)等一批专门的电力交易机构和电力技术机构负责运作。其中,电力市场委员会主要负责电力市场的准入和各项制度、合同范本的制定;电力批发市场交易系统管理股份公司主要负责测算并整合电力批发市场的交易量、交易价格等各类交易信息;财务结算中心股份公司主要负责电力市场的交易清算;联邦统一电网股份公司和统一电网系统运行股份有限公司主要负责提供电力市场的输配电和技术维护。俄罗斯电力市场构成见图24-8。

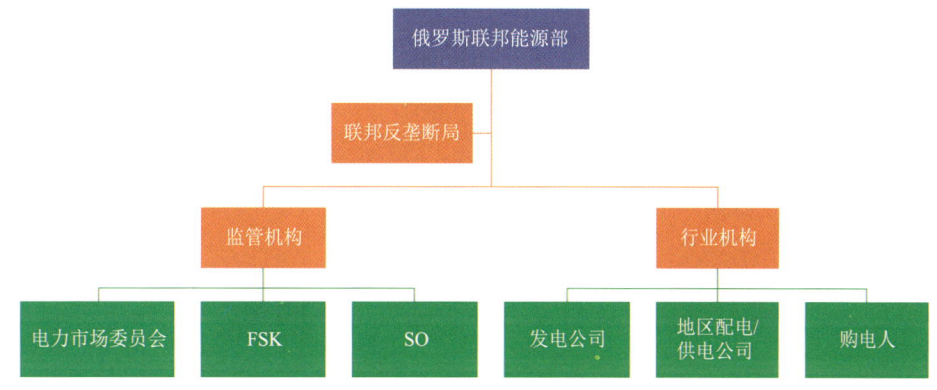

图24-8　俄罗斯电力市场构成

24.2.1.2　结算模式

俄罗斯电力市场划分为电力批发市场和电力零售市场。

按照是否接入俄罗斯统一电网为标准,俄罗斯全境电力市场划分为统一电网区域和独立电网区域。在统一电网区域内,电力批发市场和电力零售市场并存,但在独立电网区域内,只存在电力零售市场,且电价基本由联邦反垄断局按照法定机制测算确定。以是否存在竞争性电价机制为标准,统一电网区域的电力批发市场可进一步划分为价格区和非价格区,非价格区内的电价总体上由联邦反垄断局按照法定机制测算确定,而价格区内的电价,除居民生活用电等民生用电外,基本通过竞争性机制确定。此外,出于技术条件等原因,价格区进一步划分为第一价格区和第二价格区。总体而言,价格区、非价格区和独立电网区域间电网相对独立,一般情况下电力无法跨区交易。

根据《电力法》规定,发电人能参与电力批发市场还是电力零售市场,主要取决于其装机容量。除因技术条件不具备等极个别特殊情形外,电站的装机容量与其可以参与的电力市场存在着对应关系。俄罗斯电力市场划分见表24-1。

表24-1　　　　　　　　　　　俄罗斯电力市场划分

电力市场	装机容量＜5MW	5MW≤装机容量＜25MW	装机容量≥25MW
电力批发市场	不可参与	可参与	可参与
电力零售市场	可参与	可参与	不可参与

2001年,俄罗斯政府在市场中引入双边交易机制。2005年,俄罗斯开始在电力实时平衡市场中引入竞价机制。俄罗斯电力市场于2006年采用新的市场模式,并逐步放宽对电力市场的监管。新市场模式下,双边交易合同均为受监管合同,Federal Tariff Service对交易合同价格进行监管。随后,受监管合同在所有双边交易合同中的数量将逐渐降低。到2011年1月1日,全部取消受监管合同,双边交易的价格通过市场竞争形成。俄罗斯现有14家区域发电公司(TGC),形成区域电力系统的基本框架,区域竞价电力市场的建立主要以双边交易为主。

俄罗斯电力双边交易中,市场参与者包括批发市场及地方发电公司、地方供电商、FTC和大终端用户,以及系统运行机构等。双边交易价格由非盈利交易系统管理机构(ATS)进行管理。在双边交易过程中,通过改变发电商的出力以及用户的消费行为,实现电力的实时供需平衡。俄罗斯电力市场双边结构见图24-9。

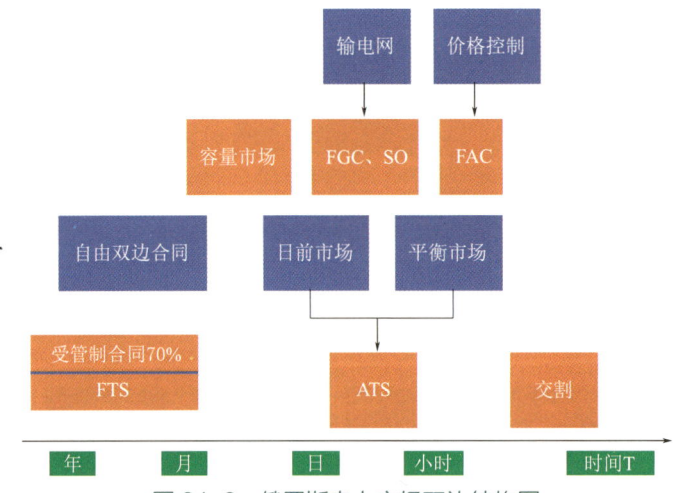

图24-9　俄罗斯电力市场双边结构图

1. 市场主体

俄罗斯电力双边交易中,交易性主体包括发电商、售电商、经纪商、终端用户以及应诺供应商

(Guarantee Supplier)。其中，经纪商只是为买方和卖方牵线搭桥，并从中收取佣金。应诺供应商，主要职责是与任何有意愿的消费者签订合同（只要消费者在其工作区域内），同时作为非批发市场主体但满足一定规则的发电商的唯一购电商。非交易性主体包括：

（1）联邦输电公司（Federal Transmission Company，FTC）。FTC负责所有220kV以上输电线路和变电站的运行、维护和建设。

（2）系统调度机构（System Operator，SO）。SO合并了莫斯科的中央调度局和7个区域调度中心，国家拥有75%以上的股份。SO负责UES的安全供电和无差别的接入系统。

（3）非盈利的交易系统管理机构（Administrator of Trading System，ATS）。ATS组织电力批发市场的交易活动、进行市场平衡结算、对管制交易以及自由双边合同交易进行管理，并充当监管机构。负责批发市场的设计和运营，记录双边交易的电量，确定现货市场上不同母线的电价，并监视批发市场上按协议应支付的电费。

2. 交易类型

按照交易时间长短划分，俄罗斯电力双边交易可分为远期、期货双边交易和短期双边交易。在远期、期货双边交易中，供求双方通过签订双边合同约定在未来某一时间进行交易，双边合同中涉及价格与供电量。市场中达成的双边交易大部分是远期双边交易，购售电双方可以提前签订几天、几月、一年甚至若干年的电力合同。远期双边交易直至实际交割时点的前1h（又称关闸时间，Gate Closure）才会关闭。短期双边交易又称交易所内的双边交易（或场外交易）。交易双方在交易所内签订标准的时段合同（standardized blocks of electricity），在未来一天的一段时间内交易一定数量的电量。短期双边市场为购售电双方提供了灵活购售电的机会，发电商、供电商以及电力用户可以根据接近运行时段的即时信息，如天气条件及发电机故障事件等调整交易，从而降低交易风险。

24.2.1.3 价格机制

1. 定价机制

俄罗斯电力双边交易中，非盈利交易系统管理机构（ATS）作为双边交易的中间商，确保交易的顺利进行。电力双边交易合同必须在非盈利交易系统管理机构处登记，ATS将根据区域价格确定双边交易合同价格。

在俄罗斯电力市场交易中，发电企业与供电企业之间的双边合同可以一年一订，电价的制定可根据燃料成本和通货膨胀变化进行调整。随着市场化改革的不断推进，俄罗斯逐步放开价格管制，适当提高居民电价，减少交叉补贴，由电力买卖双方自由定价、签署长期合同。以区域间的双边交易为例，说明双边交易价格的形成机制。

交易双方将选定一个交割区域作为参考区域，以该区域的价格作为合同的交割价格。若所选参考区域为交易一方所在区域，则对该交易方而言，其所面临的合同交割价格是锁定的，即面临的价格风险较小，节点价格的波动将传导至交易另一方。在双边交易中，将双边合同与Hub锁定以增加双边交易价格的透明度，此时价格对所有的市场参与者而言公开、透明。Hub是依据一定的节点价格相关度而结合的一系列节点的集合。这意味着，Hub所包含的节点在日前市场所形成的节点价格可以偏离Hub指数，但不能超过一个确定值（至多不超过20%）。而区域价格则是依据发电成本加上不高于10%的收益率核定，并可根据燃料成本变化和通货膨胀情况进行调整。

2. 平衡机制

俄罗斯电力双边交易市场中，通过改变发电商的出力以及用户的消费行为，实现电力的实时供需平衡。当实际需求量与实时用电需求计划出现偏差时，系统运营机构将促使发电商及用户通过平衡市场进行电量平衡交易，以调整偏差量。若实际电量需求量超过日前市场的计划需求电量，则需要通过平衡体系弥补偏差电量。此时，可通过增加发电出力或者减少消费需求以实现电量平衡。参与平衡调节的用户可称之为可调整负荷用户（以下简称 CCL）。发电商与 CCL 通过平衡市场进行平衡电量竞价。其中，发电商的水电及抽水蓄能发电量电价为给定价格，其余电能均按照日前市场报价。CCL 根据（$X-1$）交易日下午 5 点之后至 X 交易日之间的价格报价。此时，系统运营机构根据双方报价确定所需的平衡电量。在交割前 1h，系统运营机构将确定包括实时调度电量（如平衡下一个小时的消费量所需的电量）在内的节点电量，以使社会福利最大化。系统运营机构通过社会福利最大化的计算模型，确定每个节点的调度电量以及相关的价格指标。系统运营机构通过节点调度电量的调整发出增加或减少出力（或消费量）的信号，以实现电量的实时平衡。

24.2.2 电力市场监管模式

24.2.2.1 监管内容

1. 电力价格监管

俄罗斯电力市场经过几轮改革后，电力价格监管形成以国家统一监管到市场竞争合同监管，再至市场自由竞争。2006 年 9 月 1 日，俄罗斯新的电力批发市场和零售市场开始运行。与原有的批发电力市场相比，建立新的批发电力市场的主要目的是将电力价格由国家监管逐步向由市场竞争形成价格过渡。在新的批发电力市场建立初期，电力交易主要以受监管的合同交易为主，以日前集中竞价交易和自由交易为辅。按照电力市场建设的规划，日前集中竞价交易和自由交易的电量将逐步扩大，并最终取代受监管的合同交易。2006 年，新的批发电力市场中的交易全部为受监管合同。2007 年 1 月 1 日—6 月 30 日，受监管合同的比例下降至 90%~95%。根据规划，到 2011 年 1 月 1 日，批发电力市场的价格将通过市场竞争形成。

2. 市场监管

伴随着发电、输电、配电和售电业务的分离，俄罗斯的电力市场实现了市场化改革，这是政府放松经济管制的表现，不过，联邦政府并没有放松社会管制，毕竟市场不是万能的。在改革的过渡时期，俄罗斯联邦和地区的价格委员会行使监管职能，随着改革的深入，俄罗斯能源部代替联邦和地区的价格委员会行使监管职能，重点加强对于具有自然垄断属性的输配电环节的监管。

在改革的过渡阶段，主要由联邦和地区价格委员会行使监管职责，联邦和地区价格委员会行使监管职责，重点监控输电网和配电网，成立了系统交易管理所和系统操作公司，并鼓励大用户直接购电，这样就为建立有效的电力市场奠定了合理的运行基础。

2008 年以后，为提高监管效率，把原来属于联邦和地区价格委员会行使的涉及监管的职能移交给联邦能源部，重点加强对垄断环节的控制与监管，从以行政管理为主向依法监督转变。鉴于电力市场的特殊性，完全依靠市场是不可能形成一个健康的电力市场的，成立独立的监管机构很好地解决了市场失灵问题，相对于国家垄断经营，又不会形成政府失灵。监管机构保持独立性才能使市场各方信服。

24.2.2.2 监管对象

俄罗斯对于电力价格上的监管,其主要对象为供电商及购电人,避免形成与市场规律不符合的电力定价,维持供需平衡,早期也对购电合同进行统一监管。

对于市场的监管,主要以关联企业、交易方为主要监管对象,同时加强对有自然垄断属性的输配电环节的监管。

24.3 主要电力机构

24.3.1 联邦电网公司

24.3.1.1 公司概况

1. 总体情况

联邦电网公司(Federal Grid Company)是一家俄罗斯能源公司,通过统一的国家电网提供电力传输服务。联邦电网公司目前是俄罗斯电力行业的垄断者之一。该公司被列入对俄罗斯具有战略重要性组织的名单。联邦电网公司输电线路长度(超过 14.2 万 km),容量超过 345GVA,该公司是全球第一大上市电力传输公司。联邦电网公司独特的基础设施是俄罗斯经济的支柱。其业务分布在俄罗斯联邦的 77 个地区,总面积约 1510 万 km²,拥有超过 21000 名员工。主要客户为区域配电公司、零售供电公司和大型工业企业。

2. 经营业绩

联邦电网公司 2018 年实现营业收入 38.1 亿美元,相较于 2017 年的 36.33 亿美元,增长了 5.24%,净利润为 3300 万美元。联邦电网公司 2017—2018 年营业构成见图 24-10。

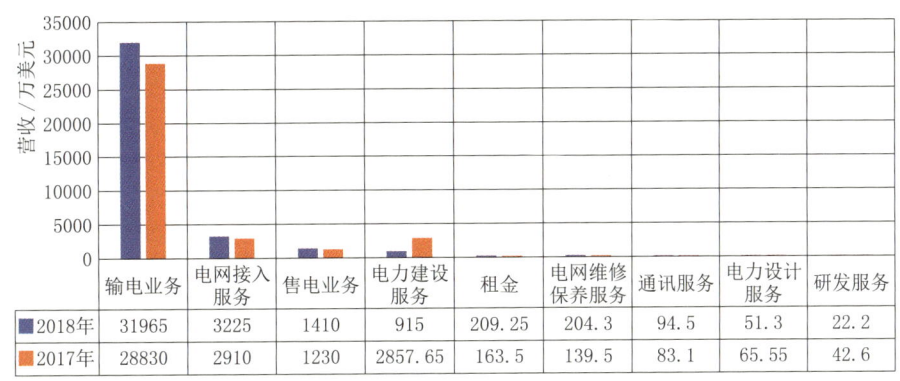

资料来源:联邦电网公司年报。

图 24-10 联邦电网公司 2017—2018 年营业构成

根据公司 2018 年财务报表显示,输电业务为其主营收入,其次为电网接入服务和售电业务。其中输电业务收入由 2017 年的 28.83 亿美元增长至 31.965 亿美元,实现 9.8% 的增长。

24.3.1.2 历史沿革

1992 年 12 月,俄罗斯成立统一电力股份有限公司(RAO USE)。根据俄罗斯总统法令,大量电力线路列入其核准的业务范围内。该公司实际上已经统一了整个俄罗斯电力行业。72.1% 的装机容量转移到统一电力公司旗下企业运营,提供了 69.8% 的总发电量和 32.7% 的热能,几乎输送了全部(96%)电力。集团公司装机容量超过 15600 万 kW,成为世界上最大的能源公司。RAO UES 的成立，为用户提供了可靠的电力供应。RAO UEE 最重要的目标之一是逐步组织联邦电力和电力输出批发市场。

1997 年，俄罗斯电力公司组织成立，帮助俄罗斯解决跨国土输电问题（中部、西北部、南部、伏尔加河、乌拉尔、东西伯利亚）。

1998 年，巴诺尔—伊塔特输电线路在 500kV 电压下投入使用。一年内，西伯利亚、哈萨克斯坦综合电力系统与欧洲俄罗斯同步运行，并与格鲁吉亚、阿塞拜疆签署互联运行协议。同乌克兰和立陶宛缔结的同一项协定使苏联领土上恢复统一的管理成为可能。

到 2000 年为止，消费者对公司服务的支付水平仍然很低，不超过 85%，其中不到 20% 是用现金支付的，其余的是用期票、息票、折价券支付的。到 1998 年年初，消费者的债务已经超过 15 亿美元，这反过来又导致俄罗斯电力公司应付账款的快速增长。由于缺乏资金、燃料短缺、拖欠员工工资、冻结新建电力设施、缩小改造范围等原因，使能源企业的活动复杂化。到 2000 年，俄罗斯电力公司已经实现了消费者对电力和供暖的 100% 支付，并结清了对其商业伙伴的税务责任和债务。在尽可能短的时间内消除了一些属于控股公司的区域能源公司所面临的破产风险，解决了支付工资的困难，并消除了技术人员的外流风险。俄罗斯 2000 年开始的经济增长也带动了能源消费的增长，对电力的需求每年增长 2%~4%。2000—2007 年，太阳能发电量增长 15.7%，从 8512 亿 kWh 增加到 9852 亿 kWh。为适应经济发展的需要，有必要对电力工业进行结构调整。2000 年 4 月 4 日，公司重组概念初稿提交董事局审议。按照结构改革构思，其主要目标是为吸引私人投资者进入该行业打下基础。区域能源公司分为发电、零售和分销公司。

联邦电网公司从 ROA USE 独立出来是根据俄罗斯政府 2001 年夏天的一项法案，作为电力能源部门重组的一部分。联邦电网公司是为控制国家统一电网而独立设置的公司。该公司于 2002 年 6 月 25 日进行了注册。

如今，联邦电网公司拥有独特的基础设施，构成了经济的实体支柱。责任区域覆盖 14.2 万 km 的高压骨干电力线和 944 座变电站，总容量超过 345GVA。公司为俄罗斯 77 个地区的用户提供可靠的电力供应，服务里程约 1510 万 km，占全国总用电量的近一半，员工超过 2.1 万人。

24.3.1.3　组织架构

FGC 主要由五大部门构成，分别为电力输送部、电力销售部、电网维护部、电网连通部及咨询部，各部门下设业务部门及相应职能部门。联邦电网公司组织架构见图 24-11。

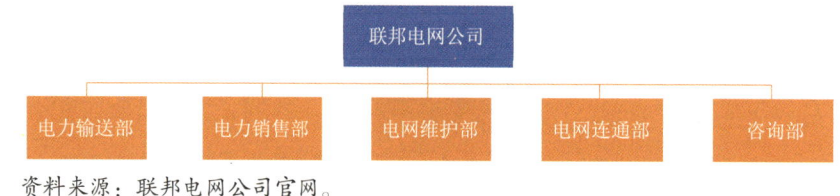

资料来源：联邦电网公司官网。

图 24-11　联邦电网公司组织架构

24.3.1.4　业务情况

1. 经营区域

联邦电网公司目前经营区域覆盖全国，责任区域覆盖 14.2 万 km 的高压骨干电力线和 944 座变电站，总变电容量超过 345GVA。公司为俄罗斯 77 个地区的用户提供可靠的电力供应，服务里程约

1510万km，占全国总用电量的近一半，全面覆盖全国八个骨干网络：中心区骨干电网、南方骨干电网、伏尔加骨干电网、西北骨干电网、乌拉尔骨干电网、西西伯利亚骨干电网、西伯利亚骨干电网和东方骨干电网。

2. 业务情况

（1）输配电业务。输配电业务为公司的主营业务，覆盖俄罗斯全境8个主要骨干网络，2018年输配电实现营收31.965亿美元，同比增长约9.8%，覆盖14.2万km的高压骨干电力线和944座变电站，总容量超过345GVA。

（2）售电业务。售电同为公司业务之一，2018年实现营收1410万美元，受国家双边制影响，同比增幅约13.8%。

24.3.1.5　科技创新

在过去十年中，公司一直在国际标准IEC 61850基础上引进数字化变电站技术，计划到2025年建成32座高压/超高压综合数字解决方案设施。与此同时，所有变电站将配备数字化通信系统，实现统一的远程控制。然而数字化并不是创新发展的唯一任务，2018年，联邦电网公司两项项目获得国家级认定，其中一项为提高变电站的能源效率，另外一项为高温超导体使用技术，并且联邦电网公司已完成了世界上最大的超导电缆线路测试。

第 25 章

法 国

25.1 能源资源与电力工业

25.1.1 一次能源资源概况

法国是一个能源产量比较匮乏的国家,核能是法国的主要能源产品,提供的发电量占总发电量的比例超过了 80%。并依靠进口化石能源电力实现调峰。铁矿蕴藏量约 10 亿 t,但产量低、开采成本高,所需的铁矿石大部分依赖进口。煤储量已近枯竭,所有煤矿均已关闭。有色金属储量很少,几乎全部依赖进口。石油储量为 1.01 亿桶,绝大部分的石油、天然气和煤依赖进口。法国的能源自给率超过 50%。此外,水力和地热资源的开发利用比较充分。

根据 2019 年《BP 世界能源统计年鉴》,法国一次能源消费量达到 2.426 亿 t 油当量,其中石油消费量为 7890 万 t 油当量,天然气消费量达到 3670 万 t 油当量,煤炭消费量为 840 万 t 油当量,核能消费量 9350 万 t 油当量,水电消费量 1450 万 t 油当量,可再生能源消费量为 1060 万 t 油当量。

25.1.2 电力工业概况

25.1.2.1 发电装机容量

截至 2018 年 12 月 31 日,法国电力系统总装机容量达 132.889GW,核能依旧是法国最主要的电力来源,装机容量达 63130MW,占比约 48%;其次为水电,装机容量为 25510MW,占比约 19%;化石燃料第三,装机容量达 18588MW,占比 14%;风能排名第四,装机容量为 15108MW,占比 11%;第五为太阳能,装机容量约 8527MW,占比 6%。法国 2018 年各类型发电装机容量见图 25-1。

相较 2017 年,2018 年新增 2781MW 装机容量,其中新增风能 1796MW,太阳能 1021MW,水电 223MW,其他可再生能源 76MW,淘汰化石燃料能 335MW。法国 2018 年新增/淘汰装机容量见图 25-2。

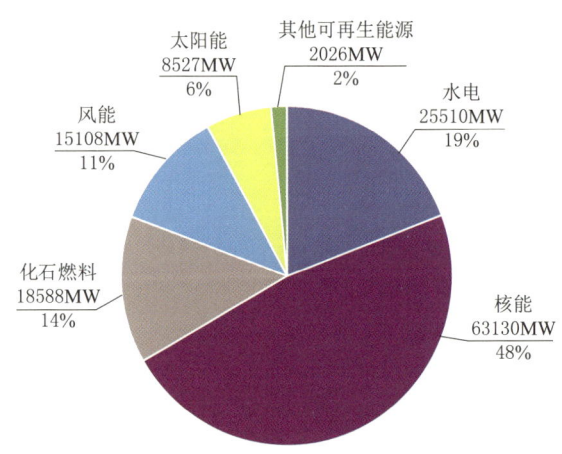

数据来源:彭博数据终端。

图 25-1 法国 2018 年各类型发电装机容量

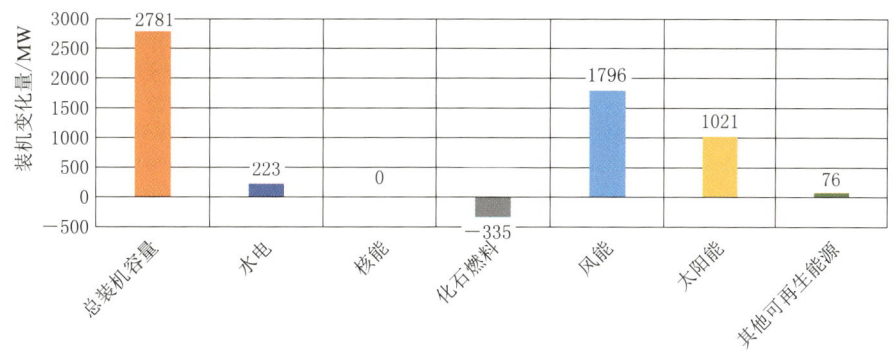

数据来源：彭博数据终端。

图 25-2　法国 2018 年新增/淘汰装机容量

从历年装机容量的变化上来看，法国正逐步淘汰化石燃料这类高污染发电源。2008 年，化石燃料占比为 21%，而 2018 年，化石燃料占总装机容量的比例为 14%，10 年共淘汰 6905MW 化石燃料。而与此同时，法国也在不断增加风能、太阳能及其他可再生能源在装机容量中的比例。2008 年，法国还没有太阳能装机容量，而 10 年后的 2018 年，法国太阳能装机容量已达 8527MW，占总装机容量的 6%；同时风能的占比也从 2008 年的 3% 提升至 2018 年的 11%。风能、太阳能与其他可再生能源在总装机容量中的占比已经从 2008 年的 5% 增加到 2018 年的 19%。法国 2008—2018 年装机容量占比变化见图 25-3。

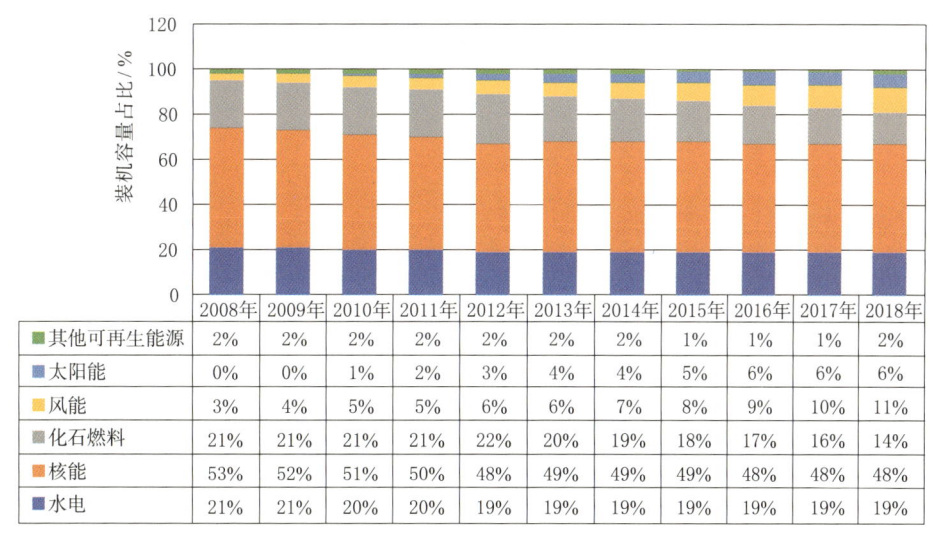

数据来源：彭博数据终端。

图 25-3　法国 2008—2018 年装机容量占比变化

25.1.2.2　发电量及构成

截至 2018 年 12 月 31 日，法国全年总发电量共 548.5TWh，其中核能发电量占比最大，约 68%，共 393.15TWh；其次为可再生能源，发电量约 75.49TWh，占比 13%；水电排名第三，共 68.28TWh，占比 12%；而化石燃料的发电量最低，仅占 7%，共 39.42TWh。法国 2018 年总发电量构成见图 25-4。

目前，法国正逐步降低核能在发电量中的占比。2008 年，核能占总发电量的比例高达 81%，十年间，截至 2019 年 3 月 31 日，核能发电量的占比已降至 68%，下降约 13 个百分点。取而代之的是可再生能源（含风能、太阳能），从 2008 年的 0，提升至目前的 12%。

作为欧盟成员国与欧洲电力大国之一，法国是电力净出口国家，每年会向欧洲邻国出口大量的电力。截至2018年12月31日，法国共出口67.8TWh电力，主要出口国家包括瑞士、西班牙、英国和意大利。四国占比相当，其中意大利稍多，占比28%，约19TWh；其次为瑞士，法国2018年向其出口约17.6TWh的电力，占总出口额的26%；西班牙则是法国电力的第三大出口国，2018年法国共向其出口16.4TWh的电力，占总出口额的24%；英国排名第四，占比22%，总出口电量约14.8TWh。据了解，法国城区供电可靠率达99.999%。法国主要电力出口国家及占比见图25-5。

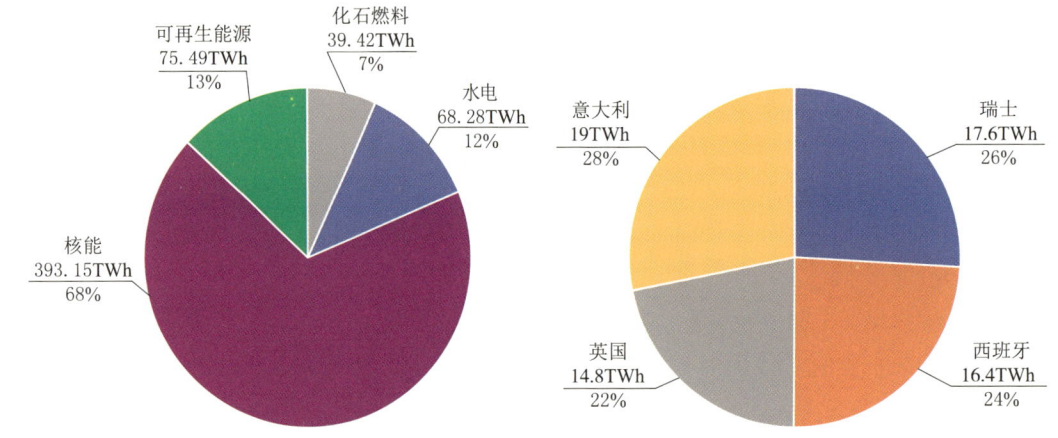

数据来源：彭博数据终端。

图25-4　法国2018年总发电量构成　　　图25-5　法国主要电力出口国家及占比

25.1.2.3　电网结构

法国的电网分为400kV、225kV、150kV、90kV以及63kV五个电压等级。截至2018年12月31日，法国电网总长度约10.5万km，连接了2710座变电站，其中46.2%为400kV和225kV线路。剩下的则为普通高压线路。据统计，法国主要通过高空和地下的方式来进行电缆铺设，400kV的电网主要通过高空以及地下电缆铺设，总长约2.18万km；225kV电网的高空及地下电缆长度约2.56万km；普通高压电线的高空和地下电缆长度也达到了5.29万km。法国电网架设分布见表25-1。

表25-1　　　　　　　　　　法国电网架设分布

电压等级	线路长度/km
400kV	21800
225kV	25600
150kV	52900

资料来源：法国能源监管委员会（CRE）。

法国电网与西欧电网（UCTE）联网运行，通过42条交流线路分别与比利时、德国、瑞士、意大利、西班牙等国电网互联，另外与英国海域之间通过270kV的跨英吉利海峡海底直流电缆联网。

法国电网的未来规划是"远近结合"原则，以高一级电网规划指导下一级电网规划。若以建设速度和用电量增长为衡量标准，法国电网经历快速发展阶段后，已进入完善成熟发展期，电网规划更着眼于长远效益。法国电网项目建设周期长，建设项目少，客观上也为电网规划的深入详细论证提供了条件，项目规划能够根据实际情况随时调整，加之由于电力负荷增长相对缓慢，电网在中短期的发展变化可能并不显著，也促使法国电网规划将首要任务着眼于长期规划，同时结合中期进行滚动。

25.1.3 电力管理体制

25.1.3.1 机构设置

根据欧盟统一部署要求，法国政府于 2000 年正式成立了法国电力监管委员会，并于 2003 年与天然气监管委员会进行合并，形成了现在为人所知的法国能源监管委员会（CRE）。CRE 主要负责对法国电力公司进行监管，同时还承担电力市场买卖和电网运营监管的职能。另外，为了对电力市场进行市场化改革，法国政府允许电力公司实行纵向一体化的发展策略，但为了防止垄断，电力公司必须将输电、配电和发电业务实行财务剥离。

25.1.3.2 职能分工

法国能源监管委员会下设五大主管部门，分别为欧洲及国际事务部、电力批发市场事务部、市场价格监管部、电网事务部和法律事务部。法国能源监管委员会组织架构见图 25-6。

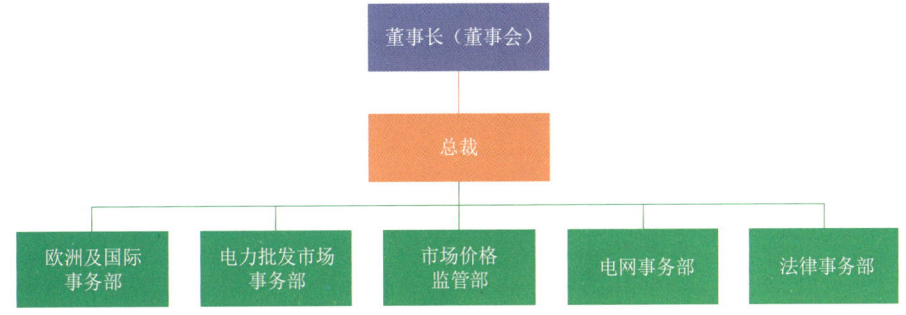

资料来源：法国能源监管委员会（CRE）。

图 25-6　法国能源监管委员会组织架构

（1）欧洲及国际事务部。欧洲及国际事务部门负责欧洲及国际能源事务上的监管与合作。

（2）电力批发市场事务部。电力批发市场事务部主要负责法国国内的电力批发市场的监管，包括批发价格指导、电力批发市场管理等工作。

（3）市场价格监管部。市场价格监管部门负责法国国内的能源市场监管，包括垄断监管、能源价格指导、能源公司财务监管等工作。

（4）电网事务部。电网事务部主要负责输配电网以及燃气管道的监管工作，包括技术标准监管、跨国管线事务处理、基础设施建设监管等。

（5）法律事务部。法律事务部主要负责能源市场立法相关事务，包括市场准入制度指导、基础设施建设法规制定、能源交易政策指导等。

25.1.4 电力调度机制

法国输电网公司（RTE）也是法国的调度系统公司。法国输电网公司的中央中控中心权责与一般电网调度机构大致相同，其控制中心共有 1 个中央控制中心及 7 个区域控制中心。巴黎是法国统一电网的中心，通过全国统一电网调度，巴黎与全国其他 6 个地区的电网互联。中央控制中心的具体责任为：管理系统的即时平衡机制，以确保需求平衡；管理 400kV 电压等级以上的电网；管理与外国互联的网络运转；电力损失的预测与补偿。

而其他 7 个区域控制中心是由地区调度中心汇集本地的电网运行全部信息和指令，并传送给总调度中心、电厂和变电站，由总调度中心对电力消费和生产之间进行调度，尽量保持负荷平衡。其具体职责为：管理63~225kV电压等级的电网；执行输电设备的远程操控；管理与客户端的电网设备连接。

此外法国电网还与国际联网组织西欧电网（UCPTE）联网运行，与比利时、德国、瑞士、意大利、西班牙和英国等周边国家的电网相连，相互进行大量的电量交换，为巴黎的电力供应提供了更可靠的保障。

25.2 电力市场概况

25.2.1 电力市场运营模式

25.2.1.1 市场构成

法国电网主要按照大区进行划分，共分为13个大区，分别为奥弗涅—罗讷—阿尔卑斯大区、奥克西塔尼大区、大东部大区、新阿基坦大区、普罗旺斯—阿尔卑斯—蓝色海岸大区、上法兰西大区、布列塔尼大区、中央—卢瓦尔河谷大区、勃艮第—弗朗什—孔泰大区、卢瓦尔河地区大区、诺曼底大区、法兰西岛以及科西嘉大区。法国2018年各大区发电量占比见图25-7。

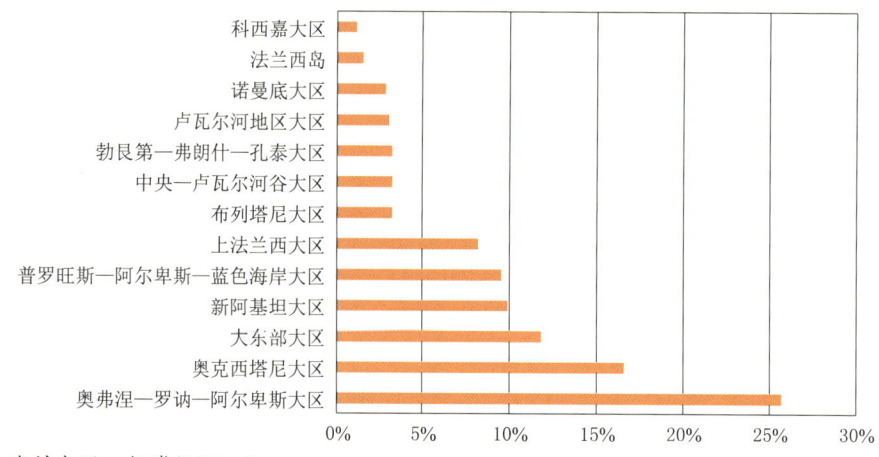

资料来源：彭博数据终端。

图25-7 法国2018年各大区发电量占比

25.2.1.2 结算机制

欧洲电力现货交易所（EPEX SPOT）是欧洲最大的电力现货交易所之一，运营着法国、德国、奥地利和瑞士等八个国家的电力现货市场。法国是由两种电力结算系统组成，分为两种交易市场：日前市场和日内市场。日前交易市场是一次性的竞价市场，每日正午竞价，全年无休，交易细分为每个小时的产品，日前市场的竞价出清价格是大部分电力金融衍生品的对标指数；日内市场是为连续交易，可以交易比一个小时更细分的交易产品。

25.2.1.3 价格机制

法国销售电价根据用户容量和电压等级进行定价。第一，根据国家的电源结构和用户的实际情况按照对系统的容量成本和用电量成本的影响程度，按照用户的报装容量对用户进行分类。第二，以此为标准根据用电规模等级的改变，加入适当的负荷率因素。第三，实行分时、分季节电价。可分为蓝色电价、黄色电价以及绿色电价三大类，各大类又按照用电条件分为若干个小类，每类用户有多种电价供自己选择，用户也可以根据自己的用电特点选择电价。

蓝色电价，主要是用于 36kVA 及以下的居民、农村和小工商用户，分为小用户电价、普通电价、低谷电价、削峰日电价和季节电价，同时，3kVA 容量以下的用户只能选择小用户电价。

黄色电价，适用于认购容量在 36~250kVA 的用户和认购电量不足 36kVA，但又不满意蓝色电价的用户。黄色电价包含普通电价和削峰日电价两种。普通电价选择根据用户使用量划分为较短利用和较长利用两类，以 2400h 为标准，一般冬季电价高于夏季电价，高峰电价比低谷电价要高。冬季高峰时段的电价也比普通电价高出 3~4 倍。

绿色电价，适用于容量大于 250kVA 的大用户，该电价为用户提供普通电价、削峰日电价和调块电价三种方式。绿色电价按用户大小分为 A、B、C 三类，其中 A 类用户又按时段分为 A5 和 A8，电价 A 适用于需求量在 10MVA 以下，电价 B 适用于需求量在 10~40MVA 之间的需求，电价 C 则大于 40MVA。电价 A 和电价 B 的价格等级在全国相同，电价 C 根据用户实际负担的电价，参考当时的供电条件和供电特点进行调整。法国电价分类见表 25-2。

表 25-2　　　　　　　　　　　　　　法　国　电　价　分　类

电价分类		用户容量 /kVA	电压等级
蓝色电价	小用户电价	3	低压
	普通电价	6~36	低压
	低谷电价	6~36	低压
	削峰电价	12~36	低压
	季节电价	18~36	低压
黄色电价	普通电价	36~250	低压
	削峰电价	36~250	低压
绿色电价 A5	普通电价	250~10000	低压
	削峰电价	250~10000	中高压
绿色电价 A8	普通电价	250~10000	中高压
	削峰电价	250~10000	中高压
	调块电价	250~10000	中高压
绿色电价 B	普通电价	10000~40000	中高压
	削峰电价	10000~40000	中高压
	调块电价	10000~40000	中高压
绿色电价 C	普通电价	>40000	高压超高压
	削峰电价	>40000	高压超高压
	调块电价	>40000	高压超高压

资料来源：法国电力公司（EDF）。

法国的电价政策和方案制定由电力公司的经济研究局负责，政府管理部门对电价的政策和方案进行全面考核和评估，通过听证会进行民意测验，根据调查结果和电力公司协商，最后由政府对电价进行审批，并给予电力公司一定的调整空间。在实际电价执行和操作中，如果电价超出规定范围，必须由国家电力五部门和企业研究部门双方联合协商方能批准。另外，国家物价委员和电力管理委员会是电价制定的间接管理者，他们对电价的变动具有建议的权利，向政府主管部门提出更改意见，由政府相关部门进行调查和决定。电力管理委员会由政府当局、企业有关人士和工人代表组成，是国家对电价进行咨询的主要部门。物价委员会由消费者和企业经营者构成，国家财务部门对电价的咨询主要依赖于他们。

除此之外，法国对电价的监管归属于竞争、消费以及反欺诈总局，在全国范围内设立大区局和监管部门，其管理和业务都归总局直接领导。反欺诈总局人、财、物高度集中统一，实行垂直化管理，不受地方干扰。法国电力价格监督检查有以下特点：

（1）监管人员权力大。例如在法院批准的情况下，可以检查企业的所有设施，查封企业的文件资料，并停止其相关业务，若企业妨碍管理人员执行公务，将受到法律和经济的双重处罚。

（2）监管人员素质高。要求必须为法国A类公务员，并且在专业知识、文化程度与工作经验方面有较高的要求。

25.2.2 电力市场监管模式

25.2.2.1 监管制度

法国的电力监管是通过政府与法国电力公司签订的行政合同对电力行业和电力市场进行监管。一是规定其在电价方面可取的社会期望的价格，保证企业的正常运营，但不允许借垄断地位获取超额利润；二是促进企业降低成本，提高经济效益；三是利用合同管理来控制审批投资和电价。

25.2.2.2 监管对象

法国电力系统的主要监管对象为法国电力公司（EDF）。在欧盟改革前，它是法国唯一一家电力公司，集发电、输电以及配电业务于一身。为了防止垄断，法国政府在欧盟框架下，将法国电力公司进行了拆分。目前，EDF依旧保留了它最主要的发电业务，也是法国国内唯一一家发电公司，除此之外，其输电业务在2000年被剥离，成立了法国输电公司（RTE）。

25.2.2.3 监管内容

1. 价格监管

法国在市场开放中实行了管制价格和市场价格并行的方式。针对具有选择权的用户，其可以选择接受市场价格或者监管价格。若选择市场价格，前者可以自由选择供电商并与之协商购电价格，而后者仍由法国电力公司提供电力并接受由政府规定的标准电力定价。同时，为了保障市场公平，维持正常市场秩序，CRE对电力交易实施了价格管制，要求供电商必须保证电力供应与服务质量，并且要求不能以任何理由对居民生活用电实行限电停电，除非明确发现居民属于恶意欠费。

2. 市场建设监管

与其他西欧国家的电力市场不同，法国主张通过政府层面的宏观干预指导与市场机制相结合，由法国能源监管委员会每年对电力市场需求进行预估，并根据预估结果调整发电市场，但同时保留电力公司新增发电容量机组建设的权利，以此来对市场提供安全、高效、稳定的供电服务。

3. 市场公平监管

电力改革后，配电业务的经营权被分配到了不同的企业，而这些企业大多数不具备运营配电业务的经验，因此很长一段时间经营成本居高不下。但由于电力市场的特殊性，受监管电价需要保持足够的低价以满足全民的用电需求，但低电价又会导致配电企业利益受损，最终破产，导致输配电业务又重新回到大企业垄断的格局。因此法国能源监管委员会提出，为了保障市场公平竞争，允许政府通过收取用户公共服务基金来补偿企业损失。

25.3 主要电力机构

25.3.1 法国电力公司

25.3.1.1 公司概况

法国电力公司（Electricite De France，EDF）成立于1946年4月，是法国最大的电力企业，也是世界最大的核电运营企业。法国电力公司作为世界领先的电力公司，也是全球低碳能源生产的领导者，法国电力公司向全球约351万的客户供应电力和天然气，全球发电量达580.8TWh，无碳发电高达87%。该集团在欧洲尤其是法国、英国、意大利和比利时以及北美和南美建立了良好的业务基础，涵盖了从发电到配电，包括能源输送和贸易活动在内的电力价值链上的所有业务，以持续平衡供需。可再生能源使用的显著增加正在改变其发电业务，促进了建立在核电能力基础上的多样化和互补的能源组合。法国电力公司提供产品和建议，帮助客户管理其用电量，支持其商业客户的能源和财务表现，并帮助地方当局找到可持续的解决方案。

法国电力公司的企业战略为成为注重效率与责任的低碳电力企业。法国电力公司的企业战略简称为"CAP2030"，主要包括三项内容：一是客户社区友好；二是低碳发电，平衡核能与可再生能源发电比例；三是致力于国际扩张。

25.3.1.2 历史沿革

1946年4月8日的法案使法国电力公司成为国有工商企业（EPIC），并为电力和燃气行业（IEG）的人员创造了特殊地位。

20世纪90年代初，法国电力公司开始在海外进行大规模扩张，特别是在1998年12月收购了伦敦电力公司（2003年6月30日更名为EDF Energy）。2001年，法国电力公司收购了20%的EnBW（到2005年，该公司的股份已连续提高到45.01%），IEB财团（63.8%）收购了意大利爱迪生公司（Edison）的股权，其中法国电力公司持有18.03%的股份。2002年收购了两家总部位于英国的分销公司EPN Distribution Plc.和Seeboard Plc.。

2000年，该集团与贸易专家路易德雷福斯成立了法国电力公司—贸易公司（EDF Trading）。2003年成为法国电力公司的全资子公司。

2001年，欧洲交易所和包括法国电力公司在内的电力市场的各种工业和金融运营商成立了法国电力交易所。同时，作为授权法国电力公司收购EnBW股份的条件，欧盟委员会要求法国电力公司建立一个电力供应能力拍卖系统，以便竞争对手进入市场。2003年，法国电力集团将其在法国国家电力公司的股份出售给苏伊士集团（现为Engie）。

2005年，法国电力公司和A2A SA（前身为AEM SPA）就爱迪生的联合收购签订了协议，并发布了收购要约。法国电力公司采取了重新聚焦欧洲的战略，并出售了其子公司Ednor and Light及其在墨西哥资产的控股权。法国电力公司于2005年11月通过发行19637190股新股以及法国政府向法国电力公司员工和前雇员以及某些法国电力公司子公司出售其持有的3450万股股份，申请首次公开发行股票。随后，2007年12月3日，法国政府又出售了4500万股股份。

2006年年底，法国电力公司50%控股的子公司EDF Énergies Nouvelles申请首次公开募股。自2008年1月1日起，法国电力公司的分销业务由Enedis（前身为ERDF）开展，该子公司是法国电力公司的子公司，根据2006年12月7日关于能源部门的法案，法国电力公司向其提供了分销业务。

2011年，法国电力公司确认了其作为可再生能源发电领域的关键参与者的地位，通过简化替代现金或外汇投标报价，将其在法国电力能源公司的股份增加到100%，然后挤走少数股东。

2015年，法国电力公司与中国核电总公司（CGN）就萨默塞特Hinkley Point C核电站的建设和运营签订了一份不具约束力的战略投资协议。该合伙企业已于2016年7月28日获得法国电力公司董事会的批准。合同文件于2016年9月29日签署。

2017年3月30日，法国电力公司完成了总额（包括发行溢价）为4.018亿欧元的优先认购权现金股票发行，即发行632741004股每股面值6.35欧元的新股。法国政府出资30亿欧元，即发行股票的75%。此次股票发行取得了成功，总计约49亿欧元。因此，认购的市场份额高达185.9亿欧元。

25.3.1.3 组织架构

法国电力公司组织架构由董事会、执行委员会、专家咨询委员会组成。专家咨询委员会由审计委员会、核承诺监督委员会、战略委员会、道德规范委员会、提名和薪酬委员会组成。董事会共有18名董事，其中11名董事由股东会任命，1名法国代表和6名董事由员工选举产生。董事会确定公司的发展目标，审查公司的经营结果，研究确定战略、财务或技术决定，在公司章程内行使职权。法国电力公司管理层的执行委员会由14名成员组成，执行委员会是一个决策机构，也是关于集团业务和战略主题的反思和协商机构。

审计委员会由5名成员组成，就公司财务状况、中期规划和预算、财务部提供的财务报告、风险管理、审计和内控报告及总审计师的任命发表意见。

核承诺监督委员会成立于2007年1月23日，由6名成员组成。其职责在于审查核电设备的建设，就有关公司资产、资产援助条款和战略分配的管理等发表意见，检查指定资产的管理是否符合公司的规定。在必要时，向董事会提出建议或意见。

战略委员会由7名成员组成，其职责是就重大战略问题向董事会提出建议和意见。如重大战略的发展计划、战略联盟或合作伙伴、战略计划、工业和市场销售政策、战略协议、公共服务合同、研究和开发政策。

道德委员会由6名成员组成，其职责是确保道德问题在董事会工作和法国电力公司日常管理中予以考虑。工作内容包括审查年报和可持续发展报告等各类报告。

提名和薪酬委员会由3名成员组成，其职责是向董事会提出任命董事会成员的建议，将董事会主席和首席执行官的薪酬意见提交法国经济财务和工业部，并检查首席执行官的薪酬情况。向董事会提出决定公司的主要行政人员工资计算方法的建议（固定部分和可变部分/计算方法和指数）以及计算董事工资的方法，并确定执行委员会的继任者名单。

25.3.1.4 业务情况

1. 可再生能源业务

作为能源转型和应对气候变化的参与者，法国电力公司正在部署一项全球战略，旨在通过以下杠杆提供低碳能源：开发可再生能源、开发储能和服务、将可再生能源纳入发电机组。整合、创新、研发可再生能源聚合器和可再生能源电力供应。

法国电力公司是欧洲领先的可再生能源（水能、风能、太阳能、生物质等）生产商。到2030年，该集团的目标是将可再生能源发电机组的净装机容量从28GW增加到50GW以上（与2014年相比），主要是通过风电、太阳能和水电作为其2030年计划的一部分。2017年12月，法国电力公司宣布启动"太阳能计划"，2020—2035年在法国大规模开发30GW的装机容量，该项目总投资250亿欧元，将与合作伙伴共同推进。

法国电力公司计划通过以下四种方式实现这一目标：

（1）实施全球可再生能源和低碳战略，加强其在法国和全球的地位。

（2）优化设施性能。

（3）开发新项目，支持一个国家的能源转型。

（4）根据法国电力公司的国际战略（美国、中国和其他国家），在适当的地方投资创新，按照正确的组合，对最具竞争力的技术（水力发电、陆上风力发电、光伏发电）进行优先排序，从而改进最有前景但成本高昂的技术（离岸、CSP等）。

与2016年22.1%、2015年21.9%和2014年20.8%相比，2017年法国电力公司电力容量组合中的可再生能源比例为23.8%。

2. 可持续发展业务

在自然资源稀缺的背景下，循环经济的目标是通过解除对这些资源的使用，并打破提取—产出—使用—废物的线性工业模式，来应对需求的增加。在可持续发展原则的逻辑延伸中，这是一个协调增长、健康舒适与地球极限的问题。这是通过一系列的操作来完成的，例如修理、重新使用和回收物体，鼓励产品的生态设计。

法国电力公司采用这种方法。发电和供热是一种工业活动，而发电本身就是自然资源转化过程中产生的，即建造、运行和管理自然资源的生命终结。法国电力公司的综合工业模式：作为其发电设施的设计师—建设者—运营商—退役者，法国电力公司处于有利地位，通过生态设计促进这种新经济形式的发展，提高其设施的产量和寿命，并妥善管理材料，减少由其操作生成的浪费。电力也是一种通过开发新的使用模式来改变经济的手段，这种新的使用模式在减少自然资源（电力流动、新能源服务）使用的同时，提供了更好的舒适性。

根据能源转型的要求，集团通过其价值链（企业责任的核心要素）优化利用可再生自然资源，并将这一领域纳入其可持续发展政策。它代表了集团利益相关者的一个非常重要的期望，其目标远远超出了单独的废物管理。循环经济的原则指导着公司的管理。法国电力公司正在开展具体行动，特别是在能量回收领域，通过促进材料和设备在主要建筑或退役场地（热电厂和核电厂）上的再利用，以及作为废物处理的一部分，从金属废料中制造生物保护元素。在未来核反应堆基本设计的过程中，考虑"设计阶段建议以促进退役"，生态设计在工程实体中变得至关重要。研发部成立了一个专门的小组，该小组致力于通过优化循环经济中当地多能源系统、废物和土壤管理的整合来促进资源的开发。

25.3.1.5 国际业务

1. 英国

法国电力公司在英国（UK）的活动由专注于能源供应和发电的法国电力公司能源领导。该集团还积极从事北海的油气勘探和生产。法国电力能源公司主要活跃于英国的发电、向国内和商业客户供电、向国内客户供应天然气以及建设新的核能发电和可再生能源发电。2017年英国的总发电量为335kWh，总供电量为296kWh（差额主要反映输配电网络的损失）。2017年供应英国国内用户的天然气总量为295TWh。法国电力能源公司是英国最大的能源公司之一，也是最大的低碳电力生产商，其核电站、风电场、煤炭和天然气电站以及热电联产电厂的发电量约占全国的1/5。法国电力公司2018年在英国的装机容量及发电量见图25-8。

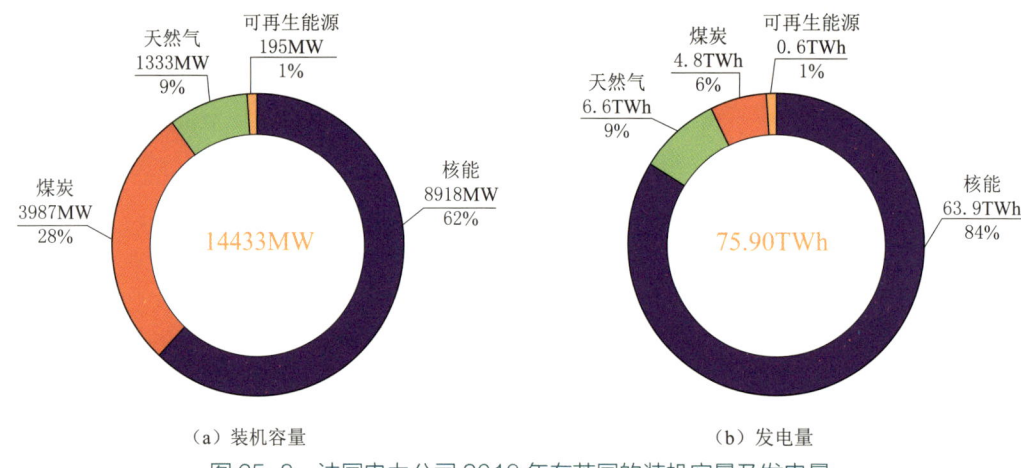

图25-8 法国电力公司2018年在英国的装机容量及发电量

2. 意大利

截至2017年年底，集团主要通过其在爱迪生（Edison）97.446%的股份在意大利上市，爱迪生是意大利电力和天然气市场的主要参与者，也是意大利知名品牌。

自2016年4月1日起，专门从事环境服务的全资EDF子公司Fenice并入爱迪生。这一行动符合爱迪生的战略目标，即成为意大利能源服务市场的关键参与者，提供更加完整和多样化的服务。法国电力公司也通过Citelum和EDF Nergies Nouvelles的意大利子公司在意大利开展业务。法国电力公司2018年在意大利的装机容量及发电量见图25-9。

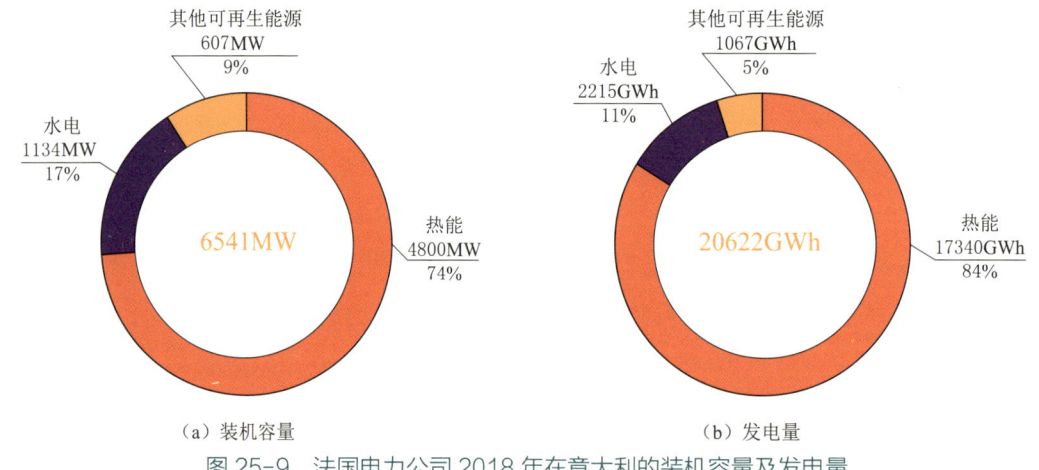

图25-9 法国电力公司2018年在意大利的装机容量及发电量

3. 北美

法国电力公司在北美大陆开展业务，在美国拥有强大的业务。它在北美的装机容量超过5.3GW。它还代表第三方管理运营和维护或优化服务合同下约36GW的装机容量。法国电力公司在北美的活动主要包括：

（1）对核能发电的投资。涉及其在CENG（"星座能源核集团"）49.99%的股份，该集团是与Exelon集团（美国领先的核运营商）在三个核电厂的合资企业。CENG的装机容量为4GW（即法国电力公司合并的2GW）。这三个设施由Exelon运营。

（2）净容量为4GW的可再生能源。主要通过EDF Renewable Energy（EDF Énergies Nouvelles 的美国全资子公司）。同样，法国电力公司可再生能源服务公司（EDF可再生能源的全资子公司）通过其自身或代表第三方的运营和维护合同管理北美近10GW的电力。

（3）通过法国电力公司北美贸易在北美天然气和电力市场的整个价值链进行交易，通过EDF能源服务（EDF北美贸易的全资子公司）在美国和加拿大供应能源管理产品。

（4）由Dalkia及其子公司Tiru和Groom Energy Solutions管理的能源服务，当地能源和能源效率管理。

（5）作为法国电力公司创新实验室的一部分，负责研发和创新。

（6）城市街道照明。

4. 中国

法国电力公司在亚太地区的活动主要集中在中国等快速发展中的国家。在核电领域，在台山建造和运行两个EPR反应堆项目，新项目为集团提供了技术创新的机会，使其能够发挥工业专长。法国电力公司的目标是保持其在国际舞台上的竞争和技术优势，重点关注全球核计划、新兴国家的装备以及法国舰队更新的前景。

法国电力公司在核技术、热力技术和水力技术方面的咨询服务已经在中国存在了30多年。如今，法国是中国发电领域最重要的外国投资者之一，投资于总装机容量为2000MW的燃煤火电厂。随着台山项目一期（两个1750MW反应堆），法国电力公司也成了一个核电投资商，持有一个涉及EPR型核电厂的发电项目30%的股份。法国电力公司自2016年以来一直参与中国的可再生能源发电，并正在发展伙伴关系，为核工业、可再生能源、能源服务和工程领域的投资开辟新的前景。Citelum子公司还通过与昆明市签订的合同，为该市提供公共照明。

25.3.1.6 科技创新

法国电力公司在可再生能源和储存方面制定了雄心勃勃的研发政策，每年投资总计8000万欧元。研究创新计划基于四个目标：①降低成本、提高成熟技术的性能和优化资源；②促进重大技术突破和创新解决方案的出现；③对其设施进行现代化和改造；④促进ENR在电力系统中的整合。

公司还必须在从不同角度研究可再生能源的同时，迎接将自然界中间歇性的可再生能源整合到电网中的挑战。

法国电力公司的研发部门参与了于2017年11月启动的欧盟Sysflex计划。这项为期四年的计划旨在证明将高变化率的可再生能源整合到一个强大的电力系统中的潜力。为此，将在遍布欧洲的六个创新示范机构上开发和测试灵活性服务（集中和分散存储、需求、传统集团和可再生能源服务等）的优化和协调管理。法国电力公司研发部与爱尔兰运输网络运营商Eirgrid和其他32个欧洲合作伙伴合作，为该项目提供技术协调。

作为国家智能电网项目和区域项目Flexgrid的一部分，法国电力公司希望利用水电开发其他可再生能源，尤其是光伏能源。在这种情况下，Flexhy是一个关于Durance的虚拟电厂项目，其作用是补偿其他可再生能源尤其是光伏发电无法保证的生产。此外，正在进行一项研究项目，重点是储能，特别是一项旨在描述和优化将抽水蓄能水电站和电池连接起来的系统的研发。

25.3.2 法国电力传输运营公司

25.3.2.1 公司概况

1. 总体情况

作为电力系统的核心,法国电力传输运营公司(RTE)运营法国的最大和超高压输电系统。是法国传输系统运营商,也是欧洲最大的传输电网的所有者。公司通过保持电力供需平衡,为客户提供经济、可靠和清洁的电源供应。

为了保证电力市场顺利运行,法国电力传输运营公司于2000年成立,作为法国电力公司的一部分,在2005年成为一个完整的子公司。法国电力传输运营公司董事会主席由公司监事会任命。只能在向法国能源监管委员会提供合理的事先通知的情况下被免职。法国电力传输运营公司的主要收入取决于根据法国能源监管委员会规定的条款进入传输系统所需的资费。

2. 经营业绩

2018财年RTE的收入增长了4%,达到48.17亿欧元。这一增长主要得益于法国能源监管委员会(CRE)制定的TURPE 5关税的实施,该委员会首次全面生效。然而,由于2018年较2017年总电力消耗略有下降,而且直接连接的分散式发电显著增加,因此减少了传输系统的使用,从而减少了配电网的收入。

2018年,公司通过提升电网传输效率,有效降低了公司额外的电力支出,整体电力支出下降约259万欧元。并提升了公司的息税前的总体收入。因此,2018财年的净收入为6.03亿欧元,与2017年相比增长了62%。

25.3.2.2 历史沿革

法国电力传输运营公司于2000年成立,其作用是为所有传输系统利益相关者本着公平和平等的精神维护、运营和扩展传输系统。在此期间,法国电力传输运营公司仍是法国电力公司附属的独立职能部门,具有独立的行政、会计和管理系统。

在2000年秋季,法国电力传输运营公司引入了一个系统,允许市场参与者在电力市场上进行各种类型的商业交易。目的是缩小预计和实际供需状况之间的差距。

2003年法国电力传输运营公司引入了平衡机制,旨在最大限度地提高传动系统的经济性和技术效率。尽可能接近需求时间,要求发电设施和消费者快速减少或增加其负荷曲线,并选择技术上和经济上最有利的选项。这是应对意外传输系统故障的有效解决方案,例如突然和意外的发电厂停电。

在2006年11月发生的停电事故之后,欧洲的一部分地区陷入了黑暗。法国电力传输运营公司和它的比利时对手Elia于2008年成立了CORESO。其目的是通过为成员国传输系统提供日前安全分析,加强传输系统运营商之间的运营协调,提高欧洲电力供应的安全性。它现在包括法国、比利时、英国、德国和意大利的传输系统运营商。

法国电力传输运营公司连接欧洲最大的太阳能发电设施Neoen运营,波尔多附近的300MW的Cestas太阳能发电场通过使用100万块太阳能电池板,每年可产生高达350GWh的电力。为了将这种可再生能源整合到电力系统中,法国电力传输运营公司建造了一个225kV的变电站和两条相同容量的地下线路,新变电站和发电厂之间的距离为1.6km。

25.3.2.3 组织架构

法国电力传输运营公司旗下有6家子公司，包括国际电力传输运营公司（RTE International）、电网数字公司（ARTERIA）、直升机基础设施公司（AIRTELIS）、国际电气公司（iNELFE）、资产公司（RTE IMMO）和服务公司（CIRTEUS）。法国电力传输运营公司组织架构见图25-10。

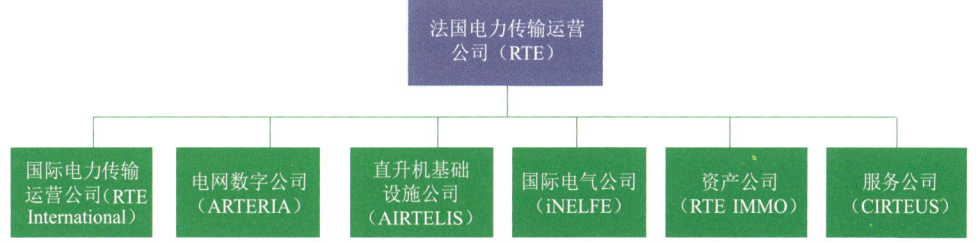

图25-10 法国电力传输运营公司组织架构

（1）国际电力传输运营公司（RTE International）主要负责改善电力基础设施的维护，实施立法改革，发展智能电网等。基于全世界电网的所有参与者都面临着需要解决的复杂问题，该公司提供来自专业RTE部门的工程师和高级技术人员的专业知识。他们提供有关最新创新和技术支持任务和指导的培训、研讨会。自成立以来，国际电力传输运营公司已在30多个国家开展业务。它已成功实施了100多个项目，部署了250多名专家。还参与了RTE与约15个国家的同行签署的合作协议。

（2）电网数字公司（ARTERIA）主要负责在法国大都市和海外地区由电网支持的光纤链路。凭借其高点优惠，在RTE挂架上托管电信运营商天线。

（3）直升机基础设施公司（AIRTELIS）主要负责为客户提供高压和超高压电力系统的工作。它们也完全适合难以进入的地方的紧急任务，以恢复偏远村庄的电力供应。还通过直升机检查线路，并通过轻型直升机进行提升操作和在电网架上工作。

（4）国际电气公司（iNELFE）是国际电力传输运营公司及其西班牙同行Red Eléctricade España共同创造的合资公司。成立于2008年，其目的是在法国和西班牙两国之间建立电气互连。

（5）资产公司（RTE IMMO）成立于2013年，旨在发展并成为房地产商，还代表RTE提供房地产服务。

（6）服务公司（CIRTEUS）于2014年9月在2004年8月9日颁布的法律和第三项欧洲指令的框架内成立，在竞争框架内根据电力传输运营公司的技能和专业知识提出并开发设计和指导服务。这些服务属于高压和超高压设备（HTB）以及相关仪表和控制系统的维护、操作和开发领域。在这些领域以及电力市场运营中提供的培训服务补充了提议的范围。

25.3.2.4 业务情况

法国电力传输运营公司的业务远远超出了"电力传输"一词的含义。由于电力只能以有限的数量存储，因此需要在产生电力后立即使用。作为电力系统的核心，法国电力传输运营公司有责任保持供需平衡，并为客户提供经济、可靠和清洁的电源供应。

1. 确保设施顺利运作

法国电力传输运营公司拥有接近105000km的电力线和2710个变电站，维护传输基础设施每天24h和每周7天供电。这项工作由法国电力传输运营公司的人员执行，他们在进行预防性维护时，即使检测到最轻微的问题，也会进行维修。这种维护越来越多地使用创新的工具和方法。例如，法国电力传输运营公司运行最先进的电信系统，这是传输系统安全的先决条件。它还试用机器人和无人机来改进架空电力线检查。

2. 适合用途的设备

法国电力传输运营公司不断升级其网络。对扩大集聚区的现有电力线进行评级；建立新的跨境连接，以最大限度地提高欧洲的传输系统效率；将新的风电场连接到电网；提高电源质量，帮助工业消费者保持竞争优势等。在继续开发和升级电网的同时，寻求满足客户需求的答案。在未来十年，公司将每年花费近140万欧元用于电网改进。

3. 操作传动系统

为了保持供需之间的实时平衡，法国电力传输运营公司在电网中提供无阻碍的电流。持续监控来自国家控制中心和区域负荷调度中心的传输系统，每秒处理40000位数据。通过这种实时监控可以立即做出基于物理和经济参数的决策，寻求最有利的解决方案并确保电网的可操作性。

4. 设计市场机制

正在开发的市场机制使得在法国和欧洲使用最具竞争力的能源成为可能。资源的最佳利用需要与欧洲同行密切合作。法国电力传输运营公司不断寻求在电力系统内保持领先一步的方法。用于改善电力系统运行的解决方案是市场机制，其通过发出经济信号来影响整个电力价值链。这些机制支持系统的供应和经济优化的安全性，同时还促进其他功率的消耗。这些机制的控制和设计使法国电力传输运营公司对整个电力系统及其利益相关者（无论是生产者、消费者还是贸易商）负责。这种专业知识对于法国电力传输运营公司不断适应高度发展的环境至关重要，这种环境的定义是间歇性可再生能源的发展，电力使用的不断增加以及信息和通信技术的引入。

25.3.2.5 国际业务

欧盟支持建立单一市场，以加强和控制欧洲的电力系统。其架构的设计使参与者（传输系统运营商、发电公司、分销商、电力交易所等）可以进行交易，优化其投资组合，管理风险，提前规划其位置等。简而言之，为消费者有效地运营发电厂和电网。作为法国输电系统运营商，RTE负责与欧洲同行一起实施该市场的技术和经济机制。为欧洲电力市场提供物理框架。首先，这涉及通过发展跨境联系和保证其绩效来提供物理交换框架。法国已有48个跨境连接，法国电力传输运营公司管理多个新线路项目。

第一个大型项目于2015年投入运营，即法国和西班牙之间的互联线路，位于比利牛斯山脉以东。这条新的直流线路延伸超过65km，完全建在地下，在几个方面构成了技术第一。该生产线使两国之间的互联能力翻倍，提高供应安全性并优化利用伊比利亚风力发电。公司与西班牙同行REE共同实施这些工程，成立了一家合资公司（INELFE）。

2013年，公司与意大利同行TERNA一起推出了Savoie-Piémont线的工地，119km的直流连接，完全建在地下。目的是为法国和意大利之间的贸易能力饱和提供可持续的解决方案。从2019年开始，这条新线路和现有电网的改进将使当前的互联容量增加60%。

目前正在与英国一起研究或实施其他几个在西班牙比斯开湾、比荷卢经济联盟国家以及德国和瑞士的跨境连接项目。

25.3.2.6 科技创新

法国电力传输运营公司目前关注能源转型电网，研究和创新构成了智能电力的来源——从架空电网到地下电网再到智能电网，这一直是欧洲输电系统变革的驱动力。

众多创新为变革带来了巨大的前景。由于材料、应用数学、尖端信息技术、电信和电力电子等领域的进步，电力系统每天都更加有效。通过在网络中集成更多的通信和技术，智能电网将成为转型的关键驱动力。智能电网最终将使电力市场的参与者能够以欧洲的最佳方式进行互动。

法国电力传输运营公司涉及的领域有：从运营到维护；从工程解决方案到决策支持工具的开发；从电力市场流动模拟器到电网流动模拟器。此外，在社会学和环境领域的研究有助于我们在咨询阶段，在网络基础设施发展之前更好地理解与利益相关者的所有互动，从而以尽可能最好的方式实现他们的期望。

第26章 芬 兰

26.1 能源资源与电力工业

26.1.1 一次能源资源概况

由于气候寒冷,芬兰取暖的能源需求较大,而且还拥有纸及纸浆产业等高能耗产业。人均一次能源消费量与德国相比多60%左右,在全球也是位居前列。

芬兰是一个净能源进口国,除了泥炭之外,它没有任何重要化石燃料的国内储备,如果没有进口补充,它的发电量不足以满足需求。芬兰超过50%的煤炭进口来自俄罗斯,其他煤炭供应商包括澳大利亚、南非、印度尼西亚、中国和波兰。芬兰消耗的天然气来自俄罗斯。芬兰没有自己的化石燃料(煤、石油或天然气),但它有生物燃料,包括丰富的泥炭储备和广泛的木材资源。泥炭作为本土燃料对区域政策有相当大的影响,泥炭增加了安全性和就业岗位。

泥炭沼泽覆盖了芬兰总面积的1/3,但芬兰只从泥炭中获得了相对较小比例的能源。泥炭目前约占芬兰一次能源总供应量的6%~7%,其中包括市政和工业场所较小的热电联产设施的18%~20%的能源投入。芬兰有40家发电厂使用泥炭或泥炭和木材废料的混合物。泥炭也是该国内陆地区常用的家庭取暖燃料,芬兰近10%的人口居住在使用泥炭燃料加热的房屋中。

根据2019年《BP世界能源统计年鉴》,芬兰一次能源消费总量达到2930万t油当量,其中石油消费量达到1070万t油当量,天然气消费量达到180万t油当量,煤炭消费量达到430万t油当量,核能消费量达到520万t油当量,水电消费量达到300万t油当量,可再生能源消费量达到430万t油当量。

26.1.2 电力工业概况

26.1.2.1 发电装机容量

截至2018年年底,芬兰总发电装机容量为21982MW。其中热能占比最高为46%,装机容量为10214MW;可再生能源占比为27%,装机容量为5857MW;水电占比为14%,装机容量为3159MW;核能占比为13%,装机容量为2752MW。芬兰2018年各类型发电装机容量见图26-1。

26.1.2.2 发电量及构成

芬兰的能源生产比较多元化,其中最有特色的是利用当地廉价的木屑、泥煤资源发电。截至2018年年底,芬兰总发电量为67TWh,其中热能发电占比最大,为35%,发电量为23.651TWh;核能发电占比第二,为32%,发电量为21.44TWh;水电发电占比为19%,发电量为12.73TWh;可再生能源发电占比为9%,发电量为6.164TWh;泥炭块发电占比为5%,发电量为3.35TWh。芬兰

2018年各类发电量见图26-2。

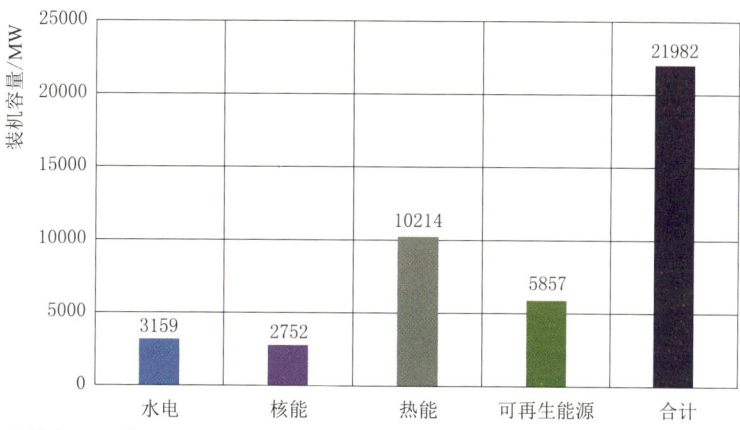

资料来源：芬兰能源部。

图26-1　芬兰2018年各类型发电装机容量

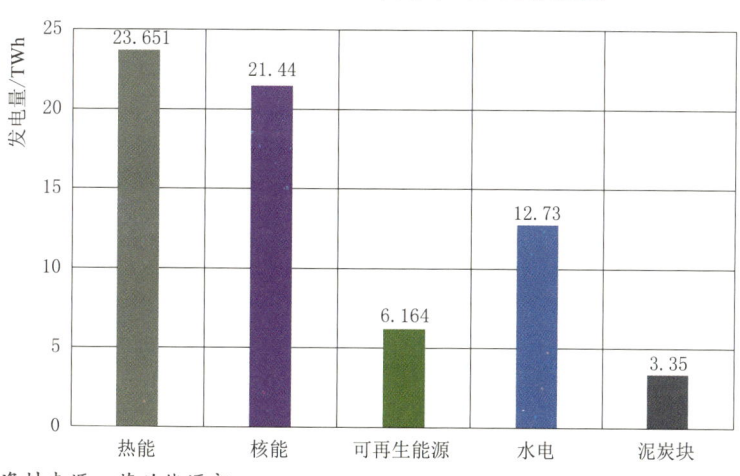

资料来源：芬兰能源部。

图26-2　芬兰2018年各类发电量

26.1.2.3　电网结构

芬兰的电力系统包括发电厂、全国输电网、区域网络、配电网和电力消费者。芬兰的电力系统与瑞典、挪威和东丹麦的系统一起构成了北欧电力系统的一部分。此外，瑞典与芬兰之间有5回联络线，2回400kV、1回220kV、1回110kV交流线路、1回400kV直流线路，总输电容量1530MW。挪威与芬兰之间有1回220kV交流线路，总输电容量100MW。还有来自俄罗斯和爱沙尼亚的芬兰直接传输线路，芬兰与俄罗斯电网之间有2回400kV交流线路加直流背靠背和2回110kV交流线路，总输电容量1160MW，主要是俄罗斯向芬兰以长期合同形式送电。类似地，北欧电力系统通过直流传输线路连接到欧洲大陆的系统。

芬兰输电运营商负责芬兰输电网的运行。输电网是覆盖整个芬兰的高压干线网络，主要发电厂、工业厂房和区域配电网络连接到电网。由芬兰国家电网公司管理的输电网包括4600km的400kV输电线路，2200km的220kV输电线路，7600km的110kV输电线路，116个变电站。

26.1.3　电力管理体制

芬兰电力部门政策侧重于确保能源供应，实现欧盟共同的能源和气候目标。此外，芬兰电力市场已逐步放开并开放竞争。自1998年以来，消费者已经能够选择他们喜欢的电力供应商。传统上，供应安全和电价有竞争力的电能被视为芬兰电力市场的重要目标。芬兰电力市场的特点还包括北欧气候的影响、它的地理隔离及用电量相对较高，其目标是促进可再生能源。

芬兰主要的电力管理机构由芬兰能源管理局、就业和经济部、经济发展及运输和环境中心、芬兰竞争和消费者管理局组成。

芬兰能源管理局是管理芬兰电力部门的主要机构。就业和经济部负责制定影响电力部门的立法。经济发展及运输和环境中心，负责监督相关的环境许可证，并与中央政府合作，以防止对环境的破坏。芬兰竞争和消费者管理局，负责监督电力行业中出现的竞争问题。

26.1.4　电力调度机制

26.1.4.1　调度特点

北欧四国虽然属于同一个电力市场，但是各自拥有一个由国家控股的电网公司，负责本国输电电网的运行管理。在芬兰电网公司中，设有国家电网调度机构，负责调度220kV及以上电网以及跨国联络线的运行。国家电网调度机构对芬兰电力系统的安全运行负责，负责通过北欧电力市场平衡市场供需，提供购买电力系统运行所必需的辅助服务，保证电力系统的安全和电能质量。

26.1.4.2　调度机构

芬兰国家电网（Fingrid）是芬兰唯一的国家输电运营商及国家调度中心。自2011年以来，芬兰一直持有该公司的控股权。芬兰设有国家电网公司调度中心（系统控制中心）、地区输电网运行控制中心和配电网运行控制中心三级调度机构，各级运行控制中心分别隶属于各自公司的运行部管理。各级之间既无资产关系也无直接或间接的行政关系，只有调度关系和业务联系。

26.2　电力市场概况

26.2.1　电力市场运营模式

26.2.1.1　市场构成

1995年10月挪威和瑞典决定建立一个电力联合运营中心，于1996年1月投入运行，成为第一个跨国界交易的电力市场。芬兰和丹麦分别于1998年和1999年加入，由此形成了现在的北欧电力市场。

芬兰电力市场的基本结构可以概括为"两个分开"，即非竞争性市场与竞争性市场分开，批发市场与零售市场分开。芬兰电力批发市场是北欧电力市场的一部分。芬兰、丹麦、挪威、瑞典、爱沙尼亚、立陶宛和拉脱维亚已整合其电力批发市场。自2014年2月4日起，北欧市场的价格与西北欧电力市场一致。非竞争性市场主要包括电力的输送、分配、电网管理这些具有自然垄断属性的部门。电力的生产和销售则是完全开放的竞争性市场，这一市场的主要参与者包括生产商、批发商和零售商。

26.2.1.2　结算模式

北欧电力交易所是进行大宗电力交易的主要场所。它由"第二天的交易市场""当天的交易市场"、电力金融市场等构成。其中"第二天的交易市场"是整个市场的基础。在这个市场上，电力需求方（大客户）需要计算出第二天每个小时的需求量，并将需求信息发布到市场上。电力生产方也需要按小时进行报价。在双方的不断讨价还价中形成每个小时的均衡价格。因此这个市场上的电价每小时都在变化，而且波动幅度较大。近年来平均价格约为 0.045 欧元 /kWh（约合人民币 0.347 元 /kWh）。

由于需求方不可能准确预测未来的需求，常常会出现剩余或不足。"当天的交易市场"正是为了平衡现实与预测的差别而设立的。在这个市场上，买卖双方通过竞标的方式确定成交价格。如果实际需求大于前一天预测的用电量，需要再购买，则以中标供给商中报出的最高价格成交。例如有 A、B、C 三个供给商，报价分别为 40 欧元、45 欧元、50 欧元，最后 A 和 B 中标，则市场成交价为 45 欧元，A 和 B 两家均以 45 欧元为价格出售电力。相反，如果实际需求小于前一天预测的用电量，则一些供给商会"回购"预售出的电力以减少损失，"回购"价格以中标者中报价最低的为准。由于市场电价波动会带来风险，电力金融市场应运而生，通过多种金融衍生产品规避这种风险，如远期期货、短期期货、期权等。大客户普遍采用这些交易方式。据统计北欧现货交易市场成交额只占年售电量的 30% 左右，其余均为期货交易。

26.2.1.3 价格机制

居民用电价格由电价、传输费用、税收等部分构成。具体来说，电本身的价格约占电费的 37%，分配和传输费用约占 31%，能源税和增值税等税收约占 25%，其他部分占比 7%。由于电本身的价格所占比重较低，尽管电力市场上的电价波动幅度可能很大，但居民用电价格相对稳定。

居民用电采用的是电价与传输费用分开收取的方式。居民既可以在本地的公司买电，也可以到其他地区的电力零售商那里买电。全芬兰约有 70 家零售商，他们之中绝大部分为私有公司。

在零售市场上存在多种定价方式供消费者选择。如可以签订固定价格合同，即在一段时间内不论市场电价如何波动，消费者都可以按合同约定价格购电，此时电价波动风险完全由零售商承担。与此相反的是根据市场价格实时波动的电价，此时电价波动风险完全由消费者承担。此外还有介于两者之间的定价方式，零售商如果调价，必须提前两个月通知消费者，消费者如果决定不再从该公司购电，可提前一周通知零售商解除合同。

26.2.2 电力市场监管模式

26.2.2.1 监管制度

电力部门的监管框架主要包括在《电力市场法》和相关法令中。《电力市场法》于 2013 年 9 月 1 日生效，并实施了欧盟第三个能源一揽子计划，包括关于电力内部市场共同规则和废除指令。此外，电力部门主要受以下法规监管：《电力和天然气市场监管法》《关于可再生能源产生电力的生产补贴法》《土地使用和建筑法》和《竞争法》等，芬兰的电力行业受能源市场管理局监管。

26.2.2.2 监管对象

芬兰的能源市场管理局会对芬兰电力配送公司以及整个电力市场进行监管。监控价格的合理性以及客户和竞争对手的平等待遇，自由竞争办公室监督能源批发市场。

26.2.2.3 监管内容

在芬兰，电力零售商很多，并且可以任意选择。但一个地区只有一个电力配送公司负责把电输送到千家万户，居民只能向这家公司支付配送费用。

为防止配送公司获取高额的垄断利润，芬兰政府会对这些公司进行监管。负责监管的是能源市场管理局。他们每年为垄断经营的企业设定利润率上线，对其成本和利润进行严格审核。不同规模的企业利润率标准不同，私营的大企业通常较低（因为政府认为他们更善于从财务方面做手脚），中小企业通常由地方政府所有，允许获得相对较高的利润率。

此外，为保证配送服务质量，能源市场管理局还会对一年停电超过12h的公司进行处罚，对一年无停电的公司进行奖励。因此芬兰的城市几乎没有过停电现象，乡村地区因意外导致停电都能得到及时维修，甚至会出现几家公司抢着修的现象。

26.3 主要电力机构

26.3.1 芬兰国家电网

26.3.1.1 公司概况

1. 总体情况

芬兰国家电网（Fingrid）是一家芬兰公共有限责任公司，负责芬兰高压输电系统的电力传输。芬兰国家电网的全国电网是芬兰电力系统不可分割的一部分。输电网是覆盖整个芬兰的高压干线网络，主要发电厂、工业厂房和区域配电网络连接到电网。

芬兰国家电网负责规划和监控芬兰输电系统的运行以及维护和开发。该公司还为ENTSO-E、欧洲电力传输系统运营商网络、欧洲电力市场准备和系统运行规范以及欧洲网络规划做出贡献。

2. 经营业绩

公司2018年的营业额为8.528亿欧元。由于电力消耗增加，电网收入增加至4.232亿欧元，用电量为87.4TWh。芬兰国家电网向其网络输送了68.6TWh的电力，这是芬兰总电力传输的75.5%。

26.3.1.2 组织架构

芬兰国家电网在2018年年底雇用了380名人员（包括临时雇员），其中常任人员数为327人。主要由电网服务和规划、资产管理、电力系统运行、系统开发、电力市场发展、财务和财报、人力资源和通信以及信息通信八个部门组成。芬兰国家电网组织架构见图26-3。

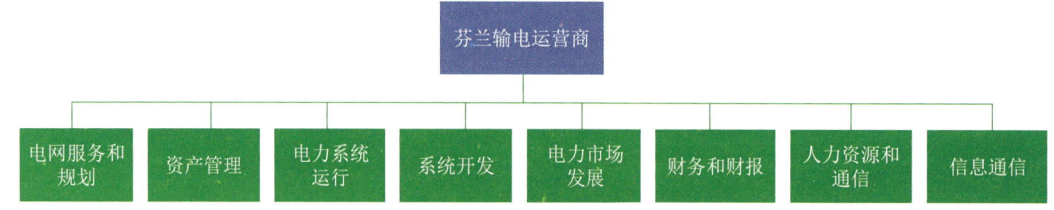

图26-3 芬兰国家电网组织架构

（1）电网服务和规划。主要任务包括电网服务、电网规划、土地利用和环境、电力系统规划技术。

（2）资产管理。主要任务包括输电网的维护和发展，目标是在整个生命周期内以最佳方式管理芬兰国家电网的电网资产（变电站、输电线路、电信设施和备用电厂）。

（3）电力系统运行。主要任务包括电力系统运行、维持电力平衡、采购储备金、停电计划、干扰清除和系统开发，作为公司级电力系统和信息系统技术以及安全问题的专业中心。

（4）系统开发。负责公司内部管理系统开发、维护、更新，确保公司内部网络系统安全、畅通。

（5）电力市场发展。主要负责芬兰和欧洲电力市场的发展。

（6）财务和财报。主要负责公司财务、审计等相关事务。

（7）人力资源和通信。主要负责员工培训、招聘等相关事务。

（8）信息通信。主要负责公司各部门之间通信系统的维护。

26.3.1.3 业务情况

1. 经营区域

芬兰国家电网主要负责芬兰国内的电力传输业务，此外还负责规划和监控芬兰输电系统的运行以及维护和开发，还为欧洲的电力运输系统做出贡献。

2. 业务范围

芬兰的输电系统包括超过1400km的400kV、220kV和110kV输电线路以及100多个变电站。芬兰2018年的用电量比2017年增加了约2%。2018年共消耗了87.4TWh的电力。

电力进口和生产能力足以满足2018年的高峰。2018年2月28日，电力每小时耗电量达到最高，此时消费量达到14.06GW。国内生产的电力在消费时产生的峰值为10.6GW，剩余的3.46GW从邻国进口。芬兰2014—2018年电网的输电量情况见表26-1。

表26-1　　　　　　　　　　芬兰2014—2018年电网的输电量情况　　　　　　　　　　单位：TWh

年份	芬兰的用电量	芬兰电网的输电
2014	83.4	67.1
2015	82.5	67.9
2016	85.1	68.5
2017	85.5	66.2
2018	87.4	68.6

资料来源：Fingrid官网。

26.3.1.4 国际业务

2018年夏季干旱，水资源短缺提高了北欧国家的电力价格。北欧的电力价格上涨增加了从俄罗斯到芬兰的电力转移。2018年，芬兰和瑞典之间的电力传输主要是从瑞典到芬兰的进口。在芬兰和爱沙尼亚之间的电力传输中，重点是春季和秋季爱沙尼亚到芬兰。在其他时候，过渡期电力会从芬兰到爱沙尼亚。市场受到电力流向转变的影响，每日和每周的流动方向根据市场情况而变化。

与2017年相比，2018年从俄罗斯进口的电量增加，进口的日内波动幅度很大。瑞典和芬兰之间传输线路的计划中断量比2017年多。芬兰2014—2018年进出口电量见表26-2。

表26-2　　　　　　　　　　芬兰2014—2018年进出口电量　　　　　　　　　　单位：TWh

年份	瑞典		爱沙尼亚		挪威		俄罗斯	
	出口	进口	出口	进口	出口	进口	出口	进口
2014	0.15	18.1	3.6	0.05	0.1	0.1		3.4
2015	0.2	17.8	5	0.05	0.1	0.1	0.02	3.9
2016	0.3	15.7	3.1	0.7	0.1	0.2		5.9
2017	0.4	15.6	1.7	0.9		0.3		5.8
2018	1	14.5	2.4	0.9	0.1	0.2		7.9

26.3.1.5　科技创新

芬兰国家电网在研发上的投资显著增加,达到360万欧元。公司在电网资产管理和电网开发方面进行了大量研发投资,占研发总成本的57%,25%的投资用于促进电力市场的运作,16%用于提升运营安全管理,其余成本分散在几个不同的项目中,包括变电站状态管理的数字化,例如用于设备状态监测的低成本传感器和智能分析。其他的研究和开发方案包括开发灵活市场,以及开发符合欧洲电网规范的计算方法,以向市场提供传输能力。此外,公司还参与了北欧的研发合作,以确保未来北欧电网的可靠性。

第 27 章 葡萄牙

27.1 能源资源与电力工业

27.1.1 一次能源资源概况

伊比利亚半岛西南部被称为"伊比利亚黄铁矿带",地质情况复杂多样,由于泥盆纪晚期和石炭纪早期的火山作用而产生了大量的硫化物,是欧洲最主要的基础金属产区,葡萄牙就位于该黄铁矿带上。因此,葡萄牙矿产资源十分丰富,种类较多,但分布比较分散,不利于进行大规模开采。葡萄牙的主要矿产有铜、铁、锡、钨、铀、黄铁、锰、铅、铍、铌、锌、银、金、煤、高岭土、耐火土、长石、大理石和宝石等,理论储量高达 5 亿 t,其中钨矿的储量高达 2 万 t,居欧洲第一位。此外,葡萄牙还是欧洲最主要的铜、锡和铀等的生产国,铜和锡的储量也居欧洲前列。葡萄牙装饰用石材(主要是大理石)的出产量居世界第六位。但是,其他矿产资源的生产则大多只供国内使用。

据 2019 年《BP 世界能源统计年鉴》可知,葡萄牙 2018 年一次能源总消费量为 2600 万 t 油当量,其中石油消费量为 1150 万 t 油当量,天然气消费量为 500 万 t 油当量,煤炭消费量为 270 万 t 油当量,水电消费量为 280 万 t 油当量,可再生能源消费量为 390 万 t 油当量。

葡萄牙石油资源严重依赖进口,其消耗占能源总需求的 60%。天然气资源同石油资源一样严重依赖进口,葡萄牙政府近年来一直在其近海探寻天然气田,均未果。1994 年,葡萄牙关闭了最后一座煤矿,但每年仍需进口少量的煤炭用于发电,以弥补因降水不足而造成的水力发电能力的短缺。

27.1.2 电力工业概况

27.1.2.1 发电装机容量

截至 2018 年年底,葡萄牙的装机容量为 21028MW,其中 5313MW 是风力发电,291MW 是光伏发电,热力发电和水力发电的装机容量分别为 8287MW 和 7108MW,剩下的 29MW 是地热能发电。葡萄牙 2018 年装机容量占比见图 27-1。

从历史装机容量来看,热力发电始终占葡萄牙装机容量首位,其次是水力发电和风力发电,其中风力发电装机容量自 2005 年以后迅速增长,目前已达到 5.3GW 的装机容量。此外,虽然光伏发电装机容

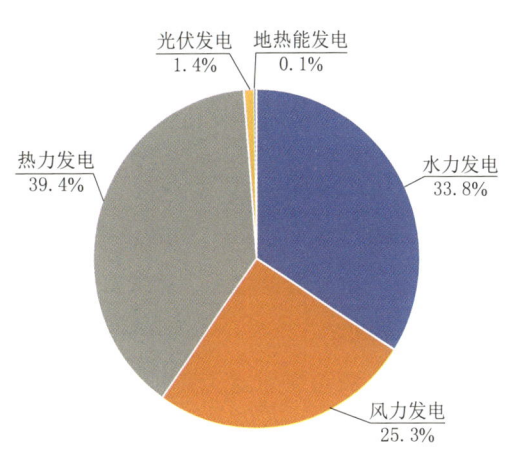

图 27-1 葡萄牙 2018 年装机容量占比

量目前仅占总装机容量的1.4%，但葡萄牙正在大力发展光伏发电，2019年新增光伏发电装机容量397MW，新增装机容量居欧洲第十位。相比2017年，2018年的水力发电和热力发电装机容量分别增加了1.1GW和0.5GW。葡萄牙2017—2018年装机容量见图27-2。

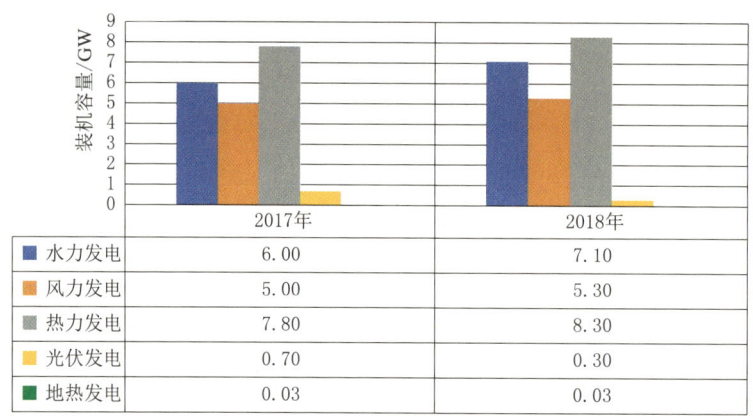

图27-2　葡萄牙2017—2018年装机容量

27.1.2.2　发电量及构成

据统计，截至2018年年底，葡萄牙全年发电量约59432GWh，相较2016年增加了7008GWh。其中热力发电量占比超50%，相比2017年，2018年热力发电量增加了8442GWh。风力发电量占比超20%，相比前几年并无明显上升。据了解，城区供电情况相较郊区较为充足，目前正在大力发展可再生能源发电以提高供电可靠率。葡萄牙2015—2018年主要能源发电量见图27-3。

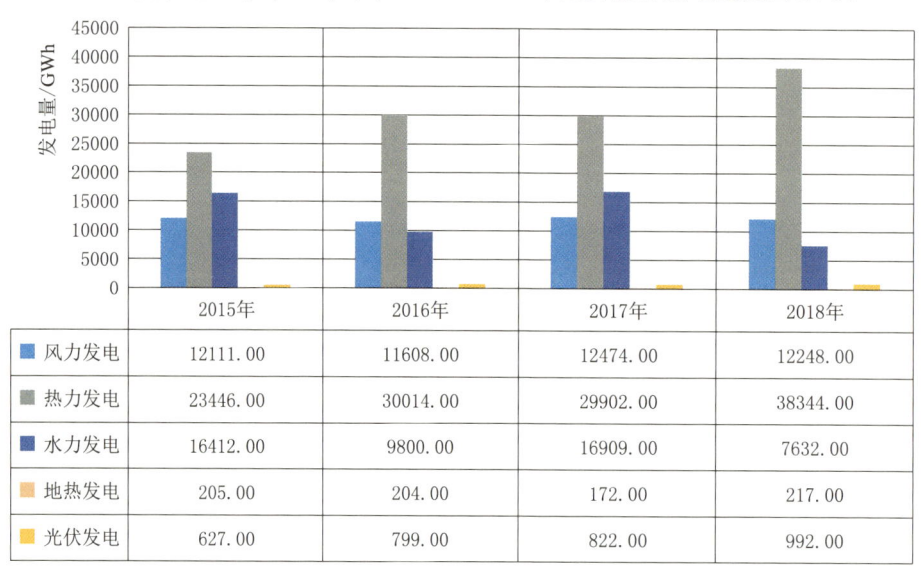

图27-3　葡萄牙2015—2018年主要能源发电量

27.1.2.3　电网结构

葡萄牙输电线路总长约8800km。其中400kV线路长度约2600km，220kV线路长度约3600km。西班牙输电线路总长度为42986km，其中400kV线路长度为21179km，220kV及以下线路长度为21807km。

西班牙和葡萄牙通过6回400kV线路和3回220kV线路相互连接，交换功率为2200~2800MW；通过2回400kV线路与摩洛哥相互连接；2回220kV交流线路和2回±320kV直流线路与法国相互连接。

27.1.3 电力管理体制

27.1.3.1 机构设置

葡萄牙电力部门目前几乎完全自由化和私有化。发电、分配和供电活动是分开的（即法律和问责制分离），目前生产许可证的申请越来越多。2018年国家政策规定，如果许可证申请的数量超过某个区域的电力接收能力，则生产许可证通过在运营商之间抽签来批准。

监管由政府机构能源和地质总局（DGEG）和独立监管机构行使，由能源监管委员会（ERSE）和其他实体（如葡萄牙证券委员会）执行。能源监管委员会负责管理电网的连接，供电质量以及确定电价和税费，还可以对不遵守法律的能源公司处以罚款。

27.1.3.2 职能分工

葡萄牙电力部门的最高机构为能源和地质总局（DGEG）。能源和地质总局由经济部负责，是葡萄牙公共行政部门，负责从可持续发展和能源安全的角度设计、实施和评估能源和地质资源政策。其使命包括监管措施和政策实施，以及通过向公民宣传政策决定及监测工具，提高公民对这些政策对经济和社会发展重要性的认识。

能源和地质总局与国际组织合作，参与欧盟国际能源机构（IEA）和国际可再生能源机构（IRENA）的工作组和委员会。能源和地质总局还参与国家委员会和管理小组，即与国家创新筹资方案有关的小组。

27.1.4 电力调度机制

葡萄牙第557/2014号条例允许电力公司管理国家电力传输网。葡萄牙国家能源网公司（Rede Eléctrica Nacional，REN）是葡萄牙能源行业的公司，负责输电网的工作。葡萄牙电力公司（EDP）公司负责国家的配电工作。

REN负责输电系统，包括葡萄牙的两个主要的能源基础设施网络的现有特许权持有者：国家电力输电网（RNT）和国家天然气交通网络（RNTGN）。REN负责这些网络和相关基础设施的规划、建设、运营、维护和全球技术管理。

EDP是高压和中压配电网的配电系统运营商（DSO），也是大多数低压市政配电系统的特许经销商。

27.2 电力市场概况

27.2.1 电力市场运营模式

27.2.1.1 市场构成

葡萄牙的电力市场由批发市场和零售市场构成。在自由市场制度中发电活动与批发市场紧密相连，在批发市场中，参与生产的发电厂需要确保电力生产并且寻求有需求的电力代理商，满足最终客户的供应需求或个人消费。电力交易活动与零售市场相关联，电力代理商的竞争最终确保客户的电力供应。

对于这些核心活动，电力部门的自由化模式增加了有组织市场的存在，这些市场构成了贸易平台，这些平台往往独立于从事电力生产和销售的传统代理人。电力部门自由化进程的发展决定了交易市场的开放，在目前的框架内，任何消费者都可以自由选择电力供应商形成的零售市场。零售市场的演变，即涉及电价的问题，又明显受限于批发市场的发展，因为批发市场决定了电力供应总成本的实质部分。

27.2.1.2 结算模式

葡萄牙电价的结算模式可分为工业消费、住宅消费、其他消费。其中工业消费占比较大，其次是住宅消费。

27.2.1.3 价格机制

葡萄牙的能源价格在欧盟范围内居高，尤其是电费和天然气价格。这些价格是由多项因素共同决定的，比如市场需求、能源供应条件、地理及政治因素、基础设施价格、自然环境条件、气候条件、税制等。据统计，目前欧洲能源价格比葡萄牙高的只有德国和塞浦路斯。葡萄牙2010—2018年电价趋势见图27-4。

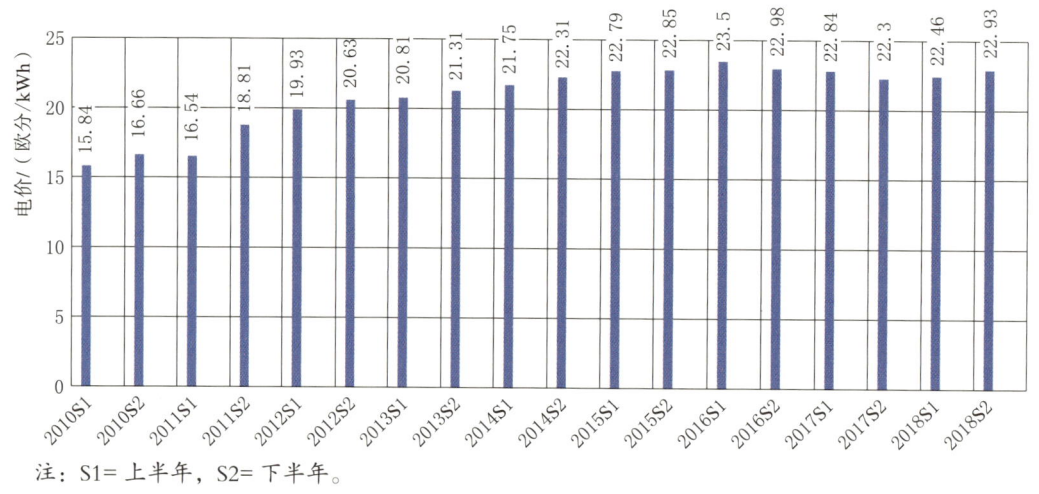

注：S1=上半年，S2=下半年。

图 27-4 葡萄牙 2010—2018 年电价趋势

27.2.2 电力市场监管模式

葡萄牙电力部门的监管机构为能源和地质总局和独立监管机构，例如能源监管委员会（ERSE）等机构，对商业关系、关税监管、服务质量、网络运行都可进行监管。

葡萄牙的发电、输电、配电、供电等商业活动和规划制定均会受到能源和地质总局等监管部门监管。监管机构的基本职能包括但不限于：

（1）颁发、修改和撤销发电许可证。

（2）维护电力供应登记册。

（3）监督供电的安全性。

（4）确保供电质量以及确定价格和关税。

27.3 主要电力机构

27.3.1 葡萄牙国家能源网公司

27.3.1.1 公司概况

1. 总体情况

葡萄牙国家能源网公司负责输电系统，包括葡萄牙的两个主要的能源基础设施网络的现有特许权持有者：国家电力输电网（RNT）和国家天然气交通网络（RNTGN）。

2. 经营业绩

据年报显示，2018年葡萄牙国家能源网公司的净收入为1272.81万美元，比2017年的净收入13851.75万美元有所下降。从报表来看，2018年的经营收入约为8亿美元，成本为160.16万美元，相比2017年的成本67.43万美元有所增加。2018年的总经营支出为51661.06万美元。

27.3.1.2　历史沿革

公司于1994年成立。2000年，与EDP公司合法分离，葡萄牙国家能源网公司成为独立公司。2017年，公司收购了葡萄牙RENPortgás的第二大天然气分销网络，该网络的重点是开发葡萄牙北部沿海地区的天然气分销网络。由于葡萄牙对可再生能源的需求，葡萄牙政府授予葡萄牙国家能源网公司一个试验区的特许经营权，用于海浪发电。

中国国家电网公司于2012年收购了REN公司的25%的股份，成为REN公司的唯一最大股东和技术支持方。

葡萄牙国家能源网公司通过其电信公司RENTELECOM在电信业务中运营，包括一系列服务和咨询工作。

27.3.1.3　组织架构

葡萄牙国家能源网公司组织架构见图27-5。

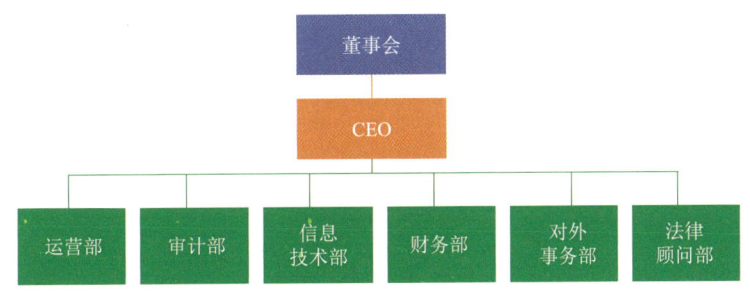

图27-5　葡萄牙国家能源网公司组织架构

27.3.1.4　业务情况

葡萄牙国家能源网公司在全国拥有8733km的线路，分为400kV、220kV和150kV三种电压等级。其中400kV电网的线路主要是从北部的Alto Lindoso电站由西向东到阿尔加维，而在海岸附近是从北到南。并且，葡萄牙通过400kV线路与西班牙电网互联。

220kV线路主要在里斯本和波尔图之间，沿杜罗河沿岸与科英布拉之间的对角线进行铺设。

其他的输电线路由150kV线路作为补充，这也是国家输电网中的第一个电压等级（自1951年以来）。

27.3.1.5　国际业务

葡萄牙国家能源网公司是葡萄牙唯一的电力传输实体，覆盖整个大陆，并与西班牙电网（Red Eléctricade España，REE）相互连接。

2017年2月，葡萄牙国家能源网公司与智利ENEL公司完成股权交割，成功收购智利ELECTROGAS公司42.5%的股权。这是葡萄牙国家能源网公司的首个境外投资项目，标志着其国际化战略取得了重大突破。ELECTROGAS公司是智利的主要天然气运营商之一，运营着一条165.6km的输气管道，连接太平洋东岸的智利坤脱罗码头天然气再气化终端与中部首都圣地亚哥，通过输气管道向电厂、大的工业用户和天然气配气商输送天然气。作为葡萄牙唯一的国家级能源传输公司，葡萄牙国家能源网公司在天然气高压传输、液化天然气的接收、地下存储和气化等方面拥有先进的技术和丰富经验，该项目将充分发挥葡萄牙国家能源网公司的自身优势，有效促进葡萄牙国家能源网公司的业务拓展和利润增长。

2019年7月，葡萄牙国家能源网公司与智利葡萄牙通用电力公司（Compañía General de Electricidad S.A.）和自然国际投资有限公司（Naturgy Inversiones Internacionales S.A.）签订了一份合同，收购特兰斯米尔输电公司（Empresa de Transmision Electrica Transemel S.A.）100%的股份。Transemel公司主要在智利北部运行92km输电线路和5座变电站，这一地区是智利主要的矿产资源地区和可再生能源开发区，其中一座变电站就坐落在世界最大的铜矿开采区Calama附近。

27.3.1.6 科技创新

葡萄牙国家能源网公司与中国国家电网公司共同成立了耐斯特研发中心（R&D Nester），其目的为应用能源系统的创新解决方案和方法，提供新能源的战略和流程，并作为实现更高效和可持续能源系统的推动力。

这个国际研发平台是一个创新解决方案和方法的催化剂，应用于输电能力的规划和运行。专注于寻找和开发有助于改变能源行业未来的解决方案。在研发耐斯特研发中心项目的第一阶段，专注于以下领域：电力系统仿真、可再生能源管理、智能电网技术以及能源市场和经济学。

目前已有23个研发项目，其中包括可再生能源调度工具、更智能的变电站、储能计划、电力系统仿真和智能变电站的测试、全球能源互联计划等一系列可再生能源发展项目。

27.3.2 葡萄牙电力公司

27.3.2.1 公司概况

1. 总体情况

葡萄牙电力公司（EDP）（前身为Electricidade de Portugal）是一家葡萄牙电力公用事业公司，总部位于里斯本。它成立于1976年，由14家国有电力公司合并而成。负责葡萄牙电力的配送和销售环节。

2. 经营业绩

2018年葡萄牙电力公司净收入为8.124亿美元，相较2017年的8.42亿美元稍有下降。从营收来看，2018年的营收达到40.425亿美元，高于2017年的29.774亿美元，但成本也高达38.53亿美元，总体来看其他费用相差不大，最终净收入2018年略低于2017年。

27.3.2.2 历史沿革

葡萄牙电力公司成立于1976年，与其他13家国有企业合并而成，被命名为葡萄牙电力公司。此后，作为一家国有企业，它负责全国的电气化、配电网的现代化和扩建、国家发电园的规划和建设以及为所有客户建立单一电价。

在20世纪80年代中期，葡萄牙电力公司的分销网络覆盖了葡萄牙大陆的97%，并提供了80%的低电压供电。1991年，政府决定将葡萄牙电力公司的法律地位从公共公司改为上市公司。1994年，经过彻底的重组，葡萄牙电力公司成立。

1997年6月，葡萄牙电力公司的第一个私有化阶段开始实施，其中30%的资本被出售。这是一次非常成功的售卖，需求超过供应的30倍，超过80万葡萄牙人（约占人口的8%）成为葡萄牙电力公司的股东。

2011年,在欧美金融危机发生后,中国长江三峡集团有限公司(简称三峡集团)收购了葡萄牙电力公司21.35%的股份,成为其第一大股东。此后,2017年9月,三峡集团再次增持葡萄牙电力公司7000万股,合计持有葡萄牙电力公司股份达到23.25%。

2014年,葡萄牙电力公司开发了手机应用程序,客户可以通过手机应用程序与测量和监控设备一起查看和控制电力消耗。

27.3.2.3 组织架构

葡萄牙电力公司组织架构见图27-6。

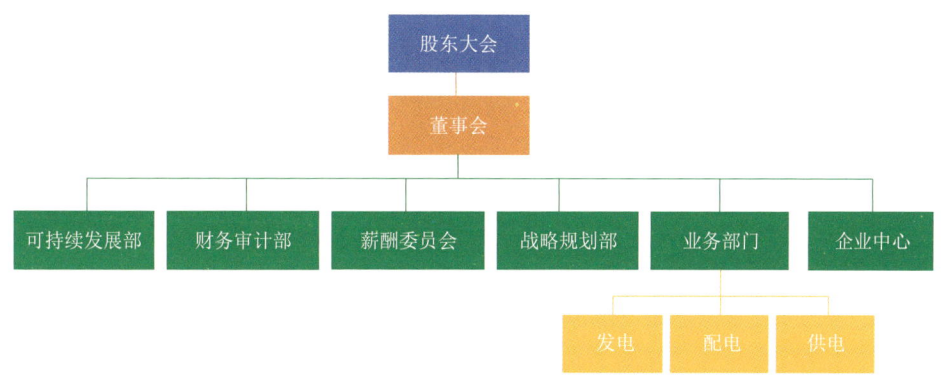

图27-6 葡萄牙电力公司组织架构

27.3.2.4 业务情况

截至2018年年底,葡萄牙电力公司在葡萄牙装机容量达到11.335GW,占葡萄牙总装机容量的一半以上,生产了超过25TWh的电量。同时,葡萄牙电力公司还负责配电网络,网络总线路长达226065km,并达到44.735TWh的配电量。此外,葡萄牙电力公司在电力销售方面达到21.489TWh,占葡萄牙87.34%的市场份额。

27.3.2.5 国际业务

葡萄牙电力公司在世界能源领域拥有强大的影响力,目前在葡萄牙、西班牙、巴西均开展业务,总装机容量达到27.151GW。发电方面,2018年共生产了71.963TWh的电量,配电网络达到245916km的长度。在供电方面,西班牙达到12.549TWh,巴西达到31.871TWh。

在可再生能源市场,葡萄牙电力公司如今已拥有全球最大的风电场之一,已安装了10.052GW风力发电机,还在西班牙、法国、美国、英国、意大利、比利时、波兰、罗马尼亚和巴西设有运营项目。

27.3.2.6 科技创新

葡萄牙电力公司致力于发展世界上日益增长的可再生能源,推广分散式太阳能生产解决方案,并结合储能发展。葡萄牙电力公司计划在分销网络中整合信息和通信技术,在电动汽车的爆炸性增长的时候推动新型电动汽车发展。

第 28 章

乌克兰

28.1 能源资源与电力工业

28.1.1 一次能源资源概况

（1）石油。乌克兰是世界上最早开采石油的国家之一。自开采以来，共生产约 3.75 亿 t 石油和液化天然气。近 20 年开采量约 8500 万 t。乌克兰油气资源总储量 10.41 亿 t，其中石油 7.05 亿 t，液化天然气 3.36 亿 t，主要分布在三大油气带富集区：东部、西部和南部。东部油气带占乌克兰石油储量的 61%，这一地区已开发 205 个油田，其中 180 个属于国有。西部油气带主要位于外喀尔巴阡地区。南部油气带主要位于黑海西部和北部、亚速海北部、克里米亚及黑海和亚速海区域乌克兰领海，在这一地区共发现 39 个油气田，其中油田 10 个。东部油气带石油密度 825~892kg/m³，煤油含量 0.01%~5.4%，硫含量 0.03%~0.79%，汽油含量 9%~34%，柴油含量 26%~39%。西部油气带石油密度 818~856kg/m³，煤油含量 6%~11%，硫含量 0.23%~0.79%，汽油含量 21%~30%，柴油含量 23%~32%。

（2）天然气。乌克兰已探明天然气储量 11930 亿 m³（C2+C3 类），预测天然气储量 34910 亿 m³（D1 类），主要分布在东部油气带和黑海、亚速海大陆架。东部油气带富集了全乌克兰 43% 的天然气储量，超过 50% 蕴藏在地下 4000~6000m。黑海、亚速海大陆架富集了约 46% 的天然气储量。预测页岩气储量 850 万 m³，煤层气储量 12 万亿 m³。

（3）煤炭。乌克兰煤炭储量为 341.5 亿 t，占全球煤炭总储量的 3.8%，居世界第七位，其中硬煤 178.8 亿 t，褐煤 162.7 亿 t。乌克兰煤炭资源主要分布在三大煤田：东部的顿巴斯煤田、西部的利沃夫—沃伦煤田和中部的第聂伯煤田。

根据 2019 年《BP 世界能源统计年鉴》，乌克兰 2018 年一次能源总消费量达到 8400 万 t 油当量，其中天然气消费量占比最大，为 2630 万 t 油当量；其次是煤炭消费量，为 2620 万 t 油当量；核能消费量位于第三，为 1910 万 t 油当量；石油消费量为 960 万 t 油当量；水电消费量为 220 万 t 油当量；可再生能源消费量为 60 万 t 油当量。

28.1.2 电力工业概况

28.1.2.1 发电装机容量

截至 2018 年年底，乌克兰总发电装机容量为 55.904GW。其中热能占比最大，为 63%，其装机容量为 35.335GW；核能占比为 25%，其装机容量为 13.835GW；水电占比为 11%，装机容量为

5.883GW；可再生能源占比最小，其装机容量为 0.851GW。乌克兰 2014—2018 年各类发电装机容量见图 28-1。

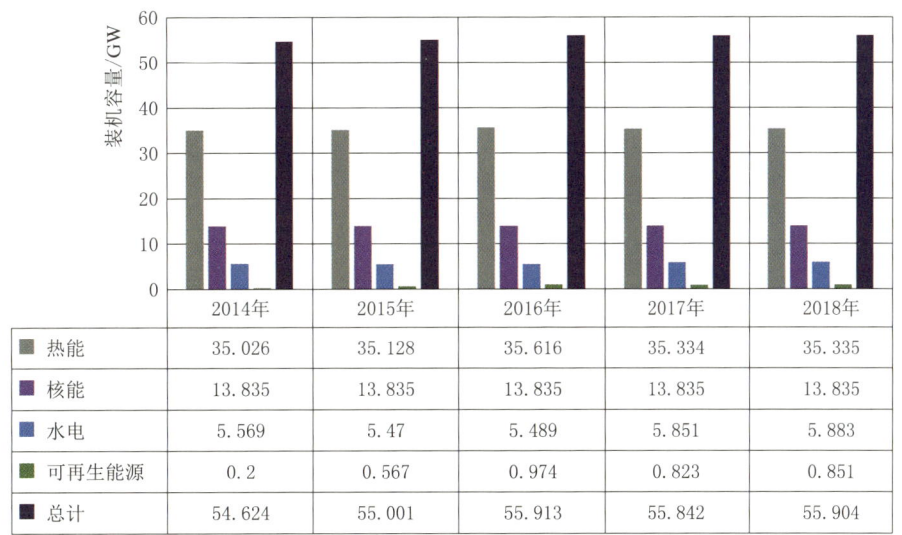

图 28-1　乌克兰 2014—2018 年各类发电装机容量

28.1.2.2　发电量构成

截至 2018 年年底，乌克兰总发电量为 157.1TWh。其中核能发电量占比最大为 54%，其发电量为 85.6TWh；热能发电量占比为 38%，其发电量为 59.2TWh（石油发电量为 1.3TWh，天然气发电量为 7.3TWh，煤炭发电量为 50.6TWh）；水电发电量占比为 6%，其发电量为 8.7TWh；可再生能源及其他发电量分别为 1.7TWh 和 1.9TWh。据了解，乌克兰供电稳定性较差，出现过电网攻击导致大面积停电的事件。乌克兰 2018 年各类发电量见图 28-2。

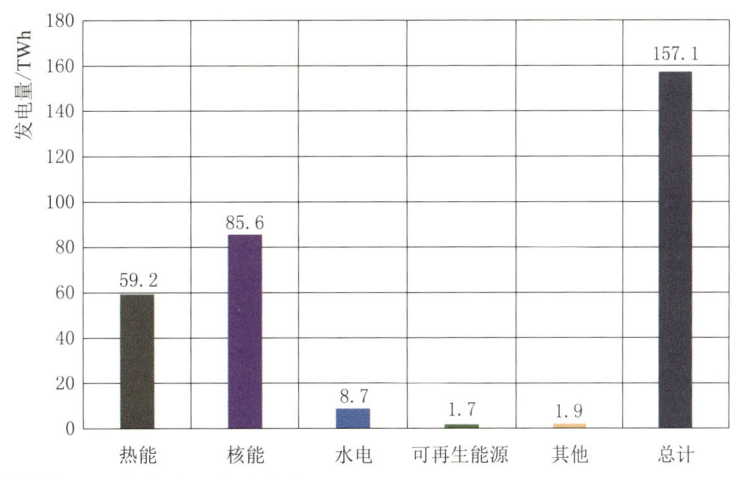

图 28-2　乌克兰 2018 年各类发电量

28.1.2.3　电网结构

乌克兰拥有欧洲最大的输电系统之一，也是最古老的输电系统之一。乌克兰变电站数量及容量见表 28-1。

目前，乌克兰经营和维护 137 座（110~750kV）变电站，总额定容量超过 78.6GVA，拥有 2.3 万 km 干线和州际（220~750kV）架空输电线路。乌克兰电网长度见表 28-2。

表 28-1　乌克兰变电站数量及容量

电压等级 /kV	变电站数量 / 座	变电站容量 /MVA
750	8	16613
500	2	1753
400	2	1609
330	88	48897.9
220	33	9394.2
110	4	286
合计	137	78553.1

表 28-2　乌克兰电网长度

电压等级	总长度 /km
传输线 400~750kV	4900
传输线 330kV	13400
高压线 220kV	4000
中压 35~110kV	700

28.1.3　电力管理体制

28.1.3.1　机构设置

乌克兰的电力监管机构主要是由乌克兰能源与煤炭工业部和国家能源和公用事业监管委员会构成。

28.1.3.2　职能分工

乌克兰能源与煤炭工业部是乌克兰能源领域的主管部门，负责能源、核工业、煤炭工业、泥炭和油气综合体等领域国家政策的制定和实施。国家能源和公用事业监管委员会是实施国家价格和税收政策的监督机构，保护消费者利益。

28.1.4　电力调度机制

乌克兰国有电力公司是国内唯一负责电网调度的机构。在调度上，采取的是国家统一调度，不设区域调度机构，但是有 8 个具有调度控制功能的电力系统。电力系统的功能还包括通过干线和州际电网进行电力传输以及控制这些电网的运行。

28.2　电力市场概况

28.2.1　电力市场运营模式

28.2.1.1　市场构成

目前乌克兰的电力市场对投资者没有吸引力。但是，最近乌克兰议会颁布了一个关于新的电力市场的法规。乌克兰将从 2019 年 7 月 1 日起完全转向新的运营规则。新的电力市场模式提供了一个多学科的多元化市场，其中包括合同电力购买形式，日前、日内和平衡市场。此外，新法律规定，参与能源传输的实体不能与这个市场的其他活动实体有关联。该衡量标准旨在加强能源市场的竞争。

法律还扩大了电力市场的参与者数量，其中包括制造商、供应商、传输系统运营商（即负责管理能源传输系统的法律实体，对于州际输电线路，目前是国家电网"Ukrenergo"）、能源分配系统运营商、交易员（新参与者将转售能源，从而增加竞争）等。

28.2.1.2 结算模式

结算模式根据发电公司、输电公司以及配电公司的成本由国家能源和公用事业监管委员会确定最终价格。

28.2.1.3 价格机制

乌克兰商业用电价格1350UAH/MWh，约为0.0457欧元/kWh；居民用电价格500UAH/MWh，约为0.0169欧元/kWh，平均电价在1050UAH/MWh，约为0.0355欧元/kWh，批发电价在700UAH/MWh，约为0.0237欧元/kWh。欧盟国家的平均电价为0.205欧元/kWh，乌克兰的电价远低于其他欧盟国家，但仍比周边国家高。乌克兰电价见图28-3。

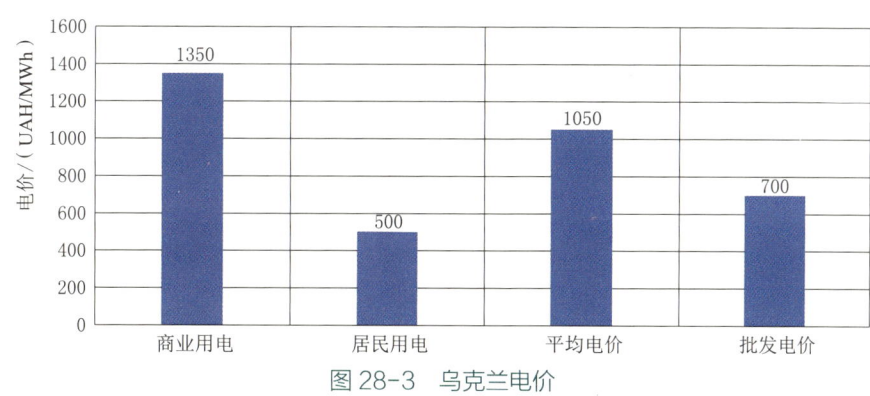

图28-3　乌克兰电价

28.2.2　电力市场监管模式

28.2.2.1　监管制度

国家能源和公用事业监管委员会的监管任务为：确保能源和公用事业市场的有效运作和发展；促进向所有消费者和供应商有效开放能源和公用事业市场，并确保用户对网络/管道的非歧视性访问；促进乌克兰电力和天然气市场与其他国家相关市场的整合，特别是在能源共同体框架内，与能源监管机构理事会、能源共同体秘书处和其他国家能源监管机构的合作；保证能源和公用事业领域的服务，保护消费者以合理的价格获得足够质量的商品和服务的权利；促进电力和天然气的跨境贸易，确保投资对基础设施发展的吸引力；实现能源和公用事业领域的价格和税费政策；促进能源效率措施，增加可再生能源的份额和保护环境；为吸引能源和公用事业部门市场发展投资创造有利条件；促进能源和公用事业市场竞争的发展；法律规定的其他任务。

28.2.2.2　监管对象

国家能源和公用事业监管委员会主要的监管对象是整个电力市场的参与者，包括电力制造者、传输系统运营商和能源分配运营商。实现消费者在能源和公用事业领域经营的经济实体和国家的利益平衡，确保能源安全，实现欧洲电力市场和乌克兰天然气一体化。

28.2.2.3　监管内容

国家能源和公用事业监管委员会主要的监管内容如下：

（1）有效履行能源和公用事业领域的国家监管任务。

（2）对属于其权限范围内的事项做出具有约束力的决定，向国家当局提出改善能源和公用事

（3）制定和批准法律法规。

（4）执行法律规定的能源和公用事业领域的经济活动类型许可；确定能源和公用事业部门的自然垄断和相关市场主体无证开展活动的条件；确定能源和公用事业领域的自然垄断主体生产（销售）条件；对能源和公用事业活动相结合的自然垄断主体的限制；控制能源和公用事业领域的自然垄断和相关市场主体在经济活动中交叉补贴。

（5）监督输配电系统、输气和配气系统运营商、电力和天然气市场的其他实体，以及在适当情况下依法对系统负责人的监督。

（6）按照法定的程序进行输电系统和输气系统的操作人员认证。

（7）监督被许可人遵守相关监管领域的法规和开展经济活动的许可条件，并采取措施防止违反许可条件。

（8）采取措施使乌克兰能源领域的立法适应欧洲联盟的立法，并就乌克兰立法的适应问题与能源共同体秘书处进行磋商。

（9）确定消费者服务质量和天然气、电能和热能供应的最低标准和要求。

（10）在法律规定的情况下，批准活动受监管机构监管的实体的投资计划（发展计划）。

（11）根据法律，确保消费者获得电能供应、天然气供应、热供应、集中供水和污水等领域的价格/税费信息。

28.3 主要电力机构

28.3.1 乌克兰国有电力公司

28.3.1.1 公司概况

1. 总体情况

乌克兰国有电力公司（UKRENERGO NPC SE）是乌克兰国有企业，其网络包括八个区域电力系统，覆盖整个乌克兰，雇员超过9000人。公司10年的战略目标包括：确保传输系统的可靠性和长期发展；创造条件将电力市场与泛欧电力市场合并，并将乌克兰的电力传输纳入欧洲输电系统电力运营商网络；确保乌克兰电力系统稳定和平衡；从长远来看，最大限度地降低公司服务的成本；通过投资基础设施开发，提高管理效率，优化资金使用，降低消费者的电力传输成本。

目前，高压（220~750kV）变电站运行独特的高科技设备，总变电容量高达78GVA，超过213000km的干线和跨境高压（220~750kV）输电线路。每年，乌克兰国有电力公司的干线电网传输超过1100亿kWh的电力，确保乌克兰的电网系统与邻国的电力系统同时运行，向四个欧盟国家的电力出口以及乌克兰的电网系统与三个独联体国家的电力系统之间的跨境电力流动。每年投资高达1.6亿美元用于新建、现代化和提高电网效率。投资项目信贷组合金额超过16亿美元。

2. 经营业绩

截至2018年年底，乌克兰国有电力公司总收益4.44亿美元，净利润6800万美元，总共传输了1138亿kWh电量。较去年相比，总盈利增加了6%，总销售额增加了15%，企业员工平均工资提升了35%，新投入运行的电网达到585km。

28.3.1.2 组织架构

乌克兰国有电力公司组织架构见图28-4。

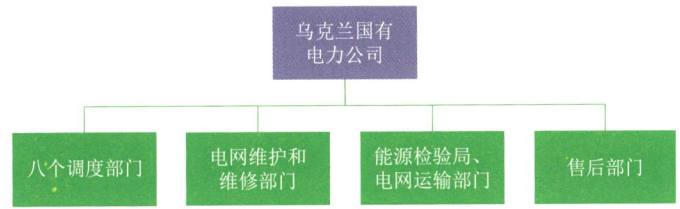

图 28-4　乌克兰国有电力公司组织架构

（1）八个调度部门。分别为第聂伯罗欧盟（Dniprovska）、顿巴斯卡斯（Donbass）、西欧（Zakhidna）、克里米亚（Krymska）、南欧（Pivdenna）、西南欧（Pivdenno-Zakhidna）、北欧（Pivnichna）和中欧（Tsentralna）。

（2）电网维护和维修部门。主要负责电网运行维护以及设备维修、人员培训。

（3）能源检验局、电网运输部门。负责为乌克兰国有电力公司的电网和其他能源部门开发、制造和供应特殊用途产品。

（4）售后部门。负责提高组织的亚阈值和公司公共采购及合同的管理流程，在物资保障适当的条件下，收集燃料和能源的控制、纠正和处理的可行性和成本指标。

28.3.1.3 业务情况

1. 经营区域

乌克兰国有电力公司主要负责乌克兰综合电力系统的运营和技术控制，以及从发电厂到区域电力供应商的配电网络的干线电网输电。

2. 业务范围

截至2018年年底，公司经营和维护137个110~750kV变电站，总额定容量超过787GVA，输电线路长度1394005km，包括干线和州际220~800kV架空输电线路。乌克兰国有电力公司的电网情况见表28-3。

表 28-3　乌克兰国有电力公司的电网情况

电压等级	电力线路		变电站	
	线路总长/km	连接总长/km	变电站数量/座	变电站容量/MVA
800kV	98540	98540	—	—
750kV	4595.111	4595.111	8	16738
500kV	374760	374760	2	1753
400kV	338950	338950	2	1609
330kV	12972.379	13536.732	88	48972.9
220kV	3019.385	3975.965	33	9394.2
110kV	448728	549780	4	286
35kV	112441	114051	—	—
合计	1394005.875	1498188.808	137	78753.1

28.3.1.4　国际业务

乌克兰国有电力公司正在加强将乌克兰电力系统整合到欧洲输电系统电力运营商网络的工作。朝这个方向努力的工作包括实施州际输电线路的恢复和重建项目。这些项目的目的是在适当的技术条件下维持州际电网,并提高作为欧洲输电系统电力运营商网络一部分的 Burshtynska 岛的运行可靠性,并在未来将乌克兰电力系统完全整合到欧洲输电系统电力运营商网络。

第29章 西班牙

29.1 能源资源与电力工业

29.1.1 一次能源资源概况

西班牙拥有较为丰富的矿产资源，黄铁矿储量居世界前列，汞储量居世界首位。以前矿产可供出口，近年来随着工业规模的扩大，本国资源已供不应求。现在大部分石油和铝土、一半铁矿石、炼焦煤和一些有色金属需要从外国进口。西班牙主要矿产储量：煤88亿t，铁19亿t，黄铁矿5亿t，铜400万t，锌190万t，汞70万t。西班牙森林总面积1500万hm^2，森林覆盖率30%，软木产量和出口量居世界第二。西班牙的一次能源消耗主要由化石燃料组成，最大的来源是石油（42.3%）、天然气（19.8%）和煤炭（11.6%），剩下的是核能（12%）和不同的可再生能源（14.3%）。国内一次能源生产包括核能（44.8%），太阳能、风能和地热能（22.4%），生物质和废物（21.1%），水电（7.2%）。

由2019年《BP世界能源统计年鉴》可知，西班牙2018年一次能源总消费量为1.414亿t油当量，其中石油消费量为6660万t油当量，天然气消费量为2710万t油当量，煤炭消费量为1110万t油当量，核能消费量1260万t油当量，水电消费量为800万t油当量，可再生能源消费量为1600万t油当量。

29.1.2 电力工业概况

29.1.2.1 发电装机容量

据西班牙电力系统的统计，2018年，西班牙全国发电装机容量为104GW，其中联合循环发电装机容量排名第一，共25.9GW，占24.9%；风电装机容量排名第二，共24.3GW，占23.4%；水电装机容量排名第三，共18.0GW，占17.3%。

从历史装机容量来看，西班牙各类型发电发展均衡。2014年，西班牙装机容量为102.2GW，是2018年的98.36%。其中联合循环发电和风电一直为装机容量的主力。西班牙的发电设施总数在2017年连续第二年下降，到年底装机容量为104GW，比2016年减少0.6%。这一下降主要是由于关闭圣玛丽亚的deGaroña 455MW核电站。西班牙近年装机容量见图29-1。

29.1.2.2 发电量及构成

在需求覆盖方面，西班牙电力的水电贡献增加了（2018年13.2%，2017年7.2%），这导致了纯抽水蓄能+预估混合抽水蓄能的下降。煤炭发电的贡献率为13.5%，2017年为16.5%。对需求覆盖率贡献最大的是核能发电，贡献了20.6%，位居第一，其次是风电，贡献19%。此外，近4.3%的需求覆盖是由从其他国家进口的能源所满足的。2018年，西班牙电力系统产生246.9TWh的电力，比2017年减少0.5%，发电量占需求覆盖的97.4%，其余部分来自能源进口。据了解，西班牙供电较为充足。西班牙近年各类型电源发电量见图 29-2。

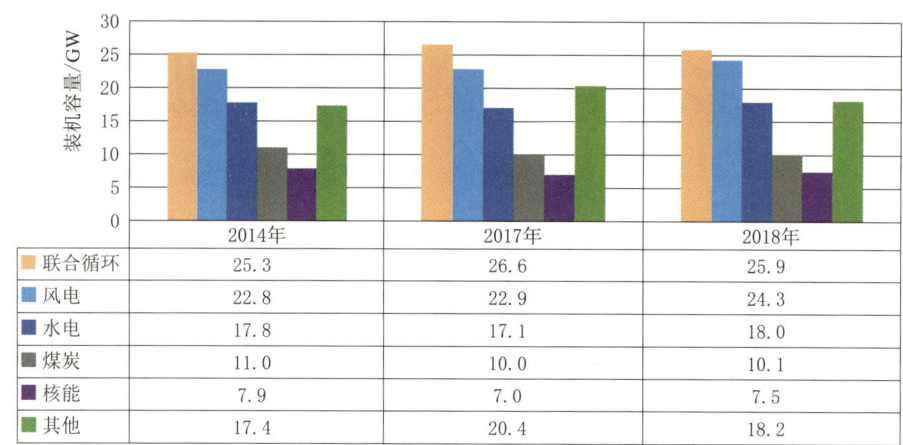

图 29-1　西班牙近年装机容量

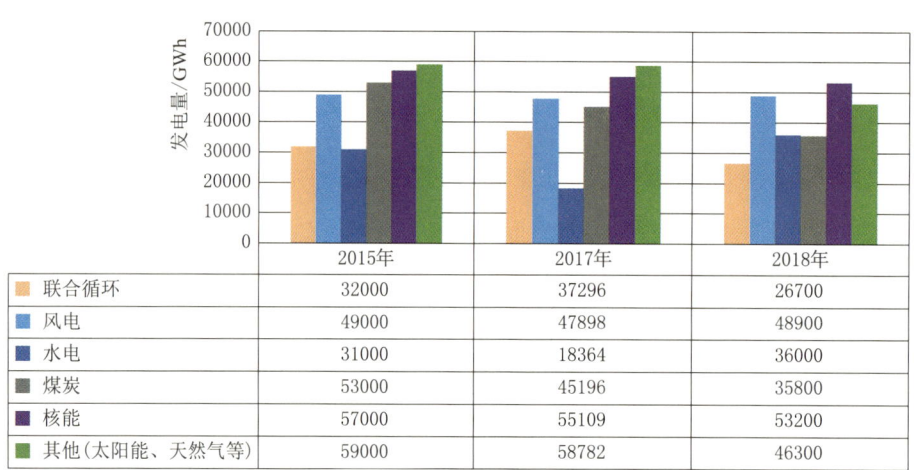

图 29-2　西班牙近年各类型电源发电量

29.1.2.3　电网结构

初步数据显示，2018 年西班牙输电电网增加了 277km 的新电路和 2592MVA 的新变压器容量，加强了传输的可靠性和电网的适应性以保证供电安全。2013—2017 年，西班牙的输电线路长度以 1.08% 的复合年增长率（CAGR）增长，从 2013 年的 42140km 增加到 2017 年的 43498km。其变压器容量以 1.61% 的复合年增长率增长 81.289GVA，在同一时期达到 86.654GVA。西班牙与邻国有 18 条高压跨境互联线路，其中 10 条与葡萄牙相连，7 条与法国相连，1 条与摩洛哥相连。

29.1.3　电力管理体制

29.1.3.1　特点

根据当局在垂直分配（中央/地区/地方）和主体领域（监管、环境）方面的法律，电力方面由能源部监管。

西班牙法规区分主要电网和二级电网。

（1）主要电网。

1）标称电压至少为 380kV 的电力线、变压器和其他电气元件。

2）其他国际互联设施。

3）与非半岛领土的互联。

(2)二级电网。

1)标称电压至少为 220kV 的电力线、变压器和其他不被视为主要电网的电气元件。

2)标称电压低于 220kV 的可实现传输功能的其他设施。

3)非半岛地区标称电压至少为 66kV 的网络。

4)不被视为主要电网的互联。

西班牙电网公司(Red Eléctrica de España,REE)是西班牙的系统运营商和唯一的独家传输系统运营商。但是,显而易见,属于二级电网的特定传输设施可以由分销公司拥有。

29.1.3.2 机构设置及职能分工

西班牙电力监管结构见图 29-3。西班牙的电力管理机构为西班牙电力部(Ministry of Electric Power),下辖 6 个部门分别如下:

(1)发电部。发电部负责发电机构的监管、维护和政策制定。其中最大的两家公司占西班牙发电量的 39%,分别是 Endesa(21%)和 Iberdrola(18%)。

(2)配电部。其目的是在适当的条件下,从输电网络或从其他配电网络连接到配电网消费点或其他配电网络的电力传输系统。

(3)输电部。输电部负责国内水电站的运营、维护、发电等。

(4)营销部。商业活动由电能商业化公司负责,这些公司可以访问输电网或配电网,可以根据现行法规向消费者和其他主体销售电力。营销部负责监管并平衡市场。

(5)国际部。国际部负责与国外电网业务的规划与维护。

(6)监管部。监管部负责对国内电力系统价格进行管控,并制定法律和监管环境,为市场创造经济激励和纠正措施。

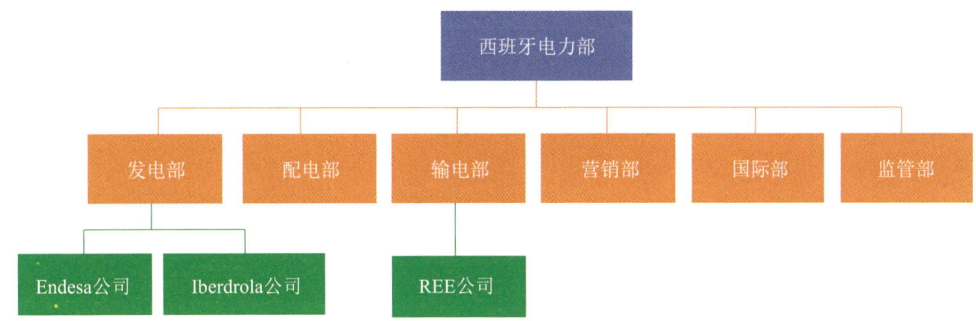

图 29-3 西班牙电力监管结构

29.1.4 电力调度机制

西班牙电网公司是西班牙的系统运营商和唯一的独家传输系统运营商。目标是始终保证国内电力供应的安全性和连续性,并建立有助于社会进步的可靠传输网络。

29.2 电力市场概况

29.2.1 电力市场运营模式

西班牙半岛的电力需求连续四年持续增长,根据西班牙电网公司的数据,2018 年的电力需求为 254.074TWh,同比增长 0.6%。在考虑了季节性和工作模式之后,与 2017 年相比,需求增加了 0.5%。

据统计，西班牙的电力消耗量（人均）为5356kWh。

西班牙电费结算可分为居民用电、工厂用电和商业用电，其中东部沿海用电量较高，工业用电略高于居民用电。

在2018年上半年，西班牙家庭的平均电价为0.238欧元/kWh。在欧洲中属于中上水平。从图29-4中可看出西班牙电费逐年上升，虽然2017年电费有小幅回落，但于2018年又重新达到了高峰。西班牙2010—2018年电价见图29-4。

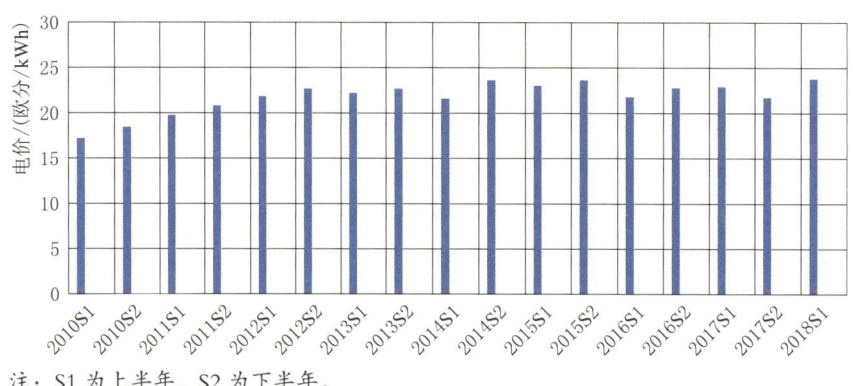

注：S1为上半年，S2为下半年。

图29-4　西班牙2010—2018年电价

29.2.2　电力市场监管模式

29.2.2.1　监管制度

国家能源委员会（CNE）是能源市场的监管机构。1998年第34条法律规定国家能源委员会为能源系统的性能调节器，在设计的同时要保证有效竞争的客观性和其经营的透明度，此举有利于平衡所有消费者和经营者。

29.2.2.2　监管对象

被监管的对象包括传输商、发电配电的分销商、电力系统的运营商及相关供货商。发电和供电由经营者在自由竞争中进行，价格受供求规律支配。

26.2.2.3　监管内容

（1）规定经营者的权利和义务，授权和许可的法律框架以及适用的处罚和制裁。

（2）规定电力的生产、输送、分配、营销和供应以及电力设施的授权程序。

（3）负责控制和管理电力生产市场。

（4）为可再生能源生产建立了经济和工业法律框架。

（5）各种法律、皇家法令、部长命令和其他立法中的其他规则，以及议会和各自治区政府提出的所有具体规定（主要涉及许可程序和环境问题）。

29.3　主要电力机构

29.3.1　西班牙电网公司

29.3.1.1　公司概况

1. 总体情况

西班牙电网公司主要从事能源行业。该公司专注于西班牙高压输电网的管理，并负责其网络设施的开发、维护和改进,包括发电、输电和配电过程之间的协调。此外,公司还管理和租赁电信基础设施,特别是光纤电缆。REE 通过其持股的各子公司与附属公司在西班牙、荷兰、卢森堡、秘鲁、智利和法国等多个国家开展业务。

2. 经营业绩

2018 年年报显示,2018 年税后利润为 7.75 亿美元,比 2017 年利润高出 3819.42 万美元,相比之下 2018 年并无重大改变。由经营活动所产生的利润在 2018 年为 11.77 亿美元,相比 2017 年仅增加 4331.58 万美元。

29.3.1.2 历史沿革

西班牙电网公司于 1985 年根据 12 月 26 日的第 49/1984 号法律成立。它是世界上第一家专门致力于电力传输和运营的公司。

公司大部分公共资金由一组私人公用事业(Endesa 公司和 ENHER 公司)和 Iberdrola 公司、Union Fenosa 公司等出资。

29.3.1.3 组织架构

西班牙电网公司组织架构见图 29-5。

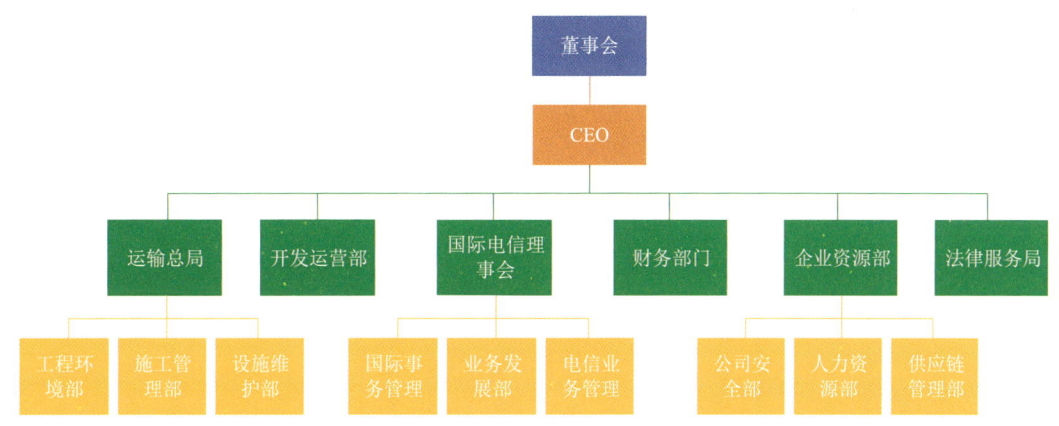

图 29-5 西班牙电网公司组织架构

29.3.1.4 业务情况

作为传输电网的龙头,西班牙电网公司主要负责电网的开发、扩建和维护,管理外部系统和半岛之间的电力传输,以及保证第三方连接传输电网。

公司的传输网络包括长度超过 44000km 的高压线路,超过 5500 个变电站和超过 88GVA 的变电容量。这些资产组成了可靠和安全的电网,为国家电力系统提供最高级别的优质服务。截至 2018 年年底,西班牙电网公司的总输电线路长度为 44207km,其中 132kV 的线路长度为 2749km,220kV 的线路长度为 19.728km,400kV 的线路长度为 21730km。

29.3.1.5 国际业务

半岛与巴利阿里群岛之间的电力管道是全球参考的里程碑,它成功使巴利阿里群岛的供电可靠性和供电质量得以提高,并为西班牙电力系统节省了大量成本。公司另一个基础设施是比利牛斯山脉东部的西班牙—法国互联线路,它使得公司与欧洲的交流能力得到大幅增强。另外,2017 年 9 月,西班牙和法国之间为比斯开湾新的电力互联项目的处理工作已经开始。

第30章 希腊

30.1 能源资源与电力工业

30.1.1 一次能源资源概况

希腊位于巴尔干半岛南端,东、西、南三面环海,能源资源十分有限,虽然油气资源相对匮乏,但褐煤、太阳能和风能资源丰富。希腊是欧盟第二大褐煤生产国,也是世界第六大褐煤生产国。根据总储量和未来的预计消费量,估计现有的褐煤数量足以满足未来45年希腊的需求。希腊能源仍主要依赖化石燃料,其中大部分是进口的。根据2019年《BP世界能源统计年鉴》,希腊已探明煤炭储量287600万t,石油储量1000万桶。希腊2018年一次能源消费量达到2830万t油当量,其中石油消费量达到1600万t油当量,天然气消费量达到410万t油当量,煤炭消费量达到470万t油当量,水电消费量达到130万t油当量,可再生能源消费量达到240万t油当量。

30.1.2 电力工业概况

30.1.2.1 发电装机容量

截至2018年年底,希腊全国装机容量达到25.003GW。其中褐煤占比最大为23.2%,其装机容量为5.797GW;石油占比为23%,其装机容量为5.756GW;可再生能源占比21.4%,其装机容量为5.35GW;天然气占比为16.8%,其装机容量为4.194GW;水电占比为15.6%,其装机容量为3.906GW。希腊2018年装机容量及其构成见图30-1。

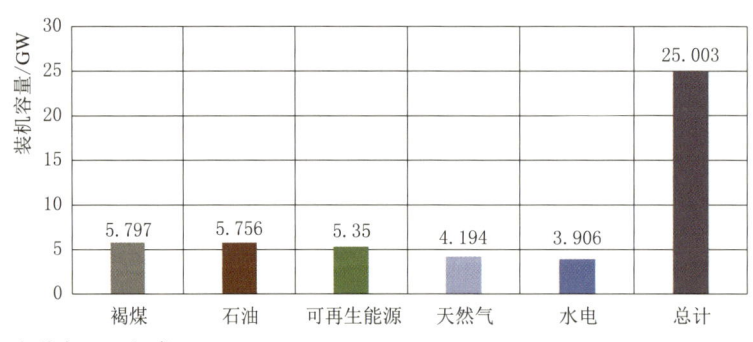

资料来源:彭博数据终端。

图30-1 希腊2018年装机容量及其构成

根据国际可再生能源署最新统计,2019年希腊风力发电装机容量达到3547MW,太阳能发电装机容量达到2763MW,较2018年可再生能源装机容量增加了1GW。

30.1.2.2 发电量及构成

截至 2018 年年底，希腊全国发电量为 55.1TWh。其中褐煤发电占比最大，为 50.3%，发电量为 27.7153TWh；天然气发电占比第二为 23.5%，发电量为 12.9485TWh；石油发电占比第三为 14.8%，发电量为 8.1548TWh；水力发电占比为 10.6%，发电量为 5.8406TWh；可再生能源发电仅占 8%，发电量为 0.4408TWh。据了解，希腊的几个岛屿相对偏远，会出现严重供电不足的情况，且综合供电成本较高。希腊的电力结构总体较好，南部较为发达，电力覆盖率高，而北部地区由于居住人口和工业企业较少，电力发展相对滞后。希腊 2016—2018 年发电量及其构成见图 30-2。

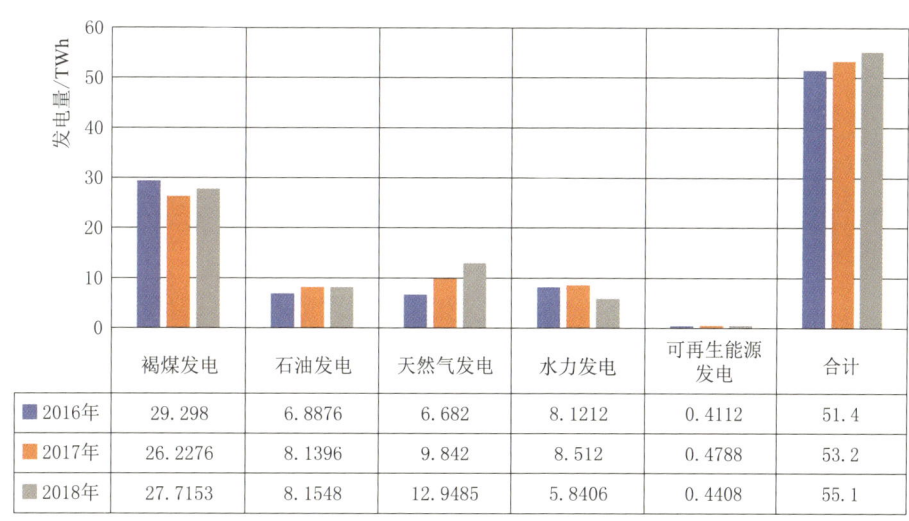

资料来源：彭博数据终端。

图 30-2　希腊 2016—2018 年发电量及其构成

30.1.2.3 电网结构

希腊输电线路总长约 1.2 万 km，变电站约 300 座，电压等级包括 ±400kV 直流，400kV、150kV 和 66kV 交流。希腊电力传输系统的主干线路包括三条双回路 400kV 线路，主要将西马其顿 70% 的发电容量输送到希腊中部和南部的主要电力需求中心。其他电力传输系统包括额外的 400kV 和 150kV 线路，以及 150kV 海底电缆，用于连接安德罗斯和希腊西部岛屿，科孚岛、莱夫卡达岛、凯法利尼亚岛和扎金索斯岛，以及连接科孚岛和伊古迈尼察的 66kV 海底电缆。

目前，希腊通过 7 条电力线路与周边国家进行连接，包括：与阿尔巴尼亚的两条线路（400kV 和 150kV），与马其顿的两条线路（均为 400kV），与保加利亚（400kV）、土耳其（400kV）和意大利（400kV）的各一条线路。希腊电力传输线组成见表 30-1。

表 30-1　　　　　　　　　　　希腊电力传输线组成　　　　　　　　　　　单位：km

希腊各电压等级和类型输电线长度					
线路类型	400kV	400kV（直流）	150kV	66kV	总计
高空线路	2628	107	8127	39	10901
水下线路		160	140	15	315
地下线路	4		82	1	87
总计	2632	267	8349	55	11303

资料来源：希腊国家电网公司。

30.1.3 电力管理体制

30.1.3.1 特点

从历史上看,希腊的电力行业一直处于充满限制的封闭式经营状态,希腊声称此类做法是考虑公共利益的必要之举,如今这一观点受到质疑。尽管如此,以前的垄断企业,比如公共电力公司(PPC),仍然在相关市场占据支配地位。

2011年7月15日,能源管理局对公共电力公司(PPC)处以了罚款,理由是其作为国家供电网络的运营商违反了一系列规定,阻碍了希腊电力市场良性竞争的发展。能源管理局在其判决中认定,公共电力公司的某些做法对电力零售市场的增长和竞争产生了恶劣的影响。根据能源管理局的意见,公共电力公司不仅在供电领域占据支配地位,多年来也是希腊电力的唯一运营商和供应商,因此,电力的分销及供应的区分并非出于消费者的利益而建立。

由于希腊天然气输送系统运营商拒绝向私人供应商授权而引起投诉,能源管理局最近颁布了一项决议,废除了私人公司、竞争对手和此前已取得进入电网权利的国有垄断公司公共电力公司进入天然气市场的壁垒。

根据投票通过的第3986/2011号法律中"2012—2015年适用财务和金融策略中期框架的紧急措施",建立了一个基金会,负责将属于希腊国家的资产私有化,包括公共企业、基础设施、国家垄断权利及房地产。私有化计划包括数量庞大的国家业务,其中部分业务迄今为止仍为希腊政府所独有:比如交通运输和基础设施、港口、供水及污水处理服务和国防工业。然而,私有化有可能导致私人垄断取代公共垄断。竞争管理局面临的挑战是,确保私有化将造福消费者,尤其是在依赖网络使用的领域,因为这些领域无法被轻易复制,供水、污水处理、基本邮政和电信服务不可或缺,且需要"普遍"提供。

30.1.3.2 机构设置

希腊电力市场主要由环境与能源部(YPEN)、能源监管局(RAE)、电力市场运营商(LAGIE)、公共电力公司(PPC / DEI)、独立电力传输运营商(IPTO / ADMIE SA)、希腊电力分配网络运营商(HEDNO / DEDDIE SA)这6家管理机构组成。希腊电力监管机构设置见图30-3。

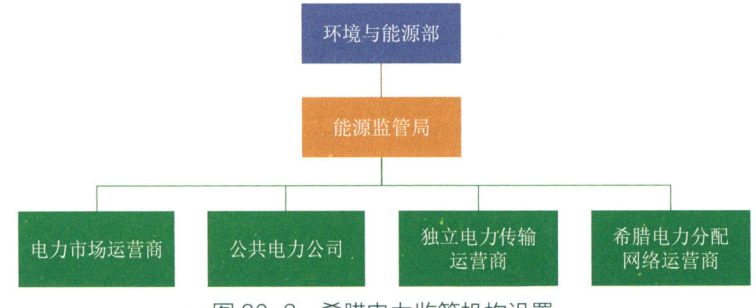

图30-3 希腊电力监管机构设置

30.1.3.3 职能分工

1. 环境与能源部

环境与能源部(YPEN)负责制定和实施国家能源政策以及能源部门的协调,包括促进可再生能源发展。该部门监督一些在可再生能源领域开展活动的公共机构和公司,包括能源监管局、独立电力传输运营商、电力分配网络运营商。环境与能源部内负责的组织单位是能源和气候变化总秘书处。

2. 能源监管局

能源监管局（RAE）是一个独立的行政机构，负责监督和控制所有领域的能源市场运作，并建议主管机构采取行动确保竞争规则和消费者保护措施得到执行。

3. 电力市场运营商

电力市场运营商（LAGIE）主要负责电力市场的运营。化石燃料和大型水力发电厂向 LAGIE 提交报价，LAGIE 根据这些报价组织日前市场。对于零售电力供应商的情况，LAGIE 根据当前的上网电价（FIT）与零售电力供应商签订电力购买协议（PPA）。这些 FIT 由零售电力供应商特别账户支付，该账户也由 LAGIE 管理。对于非互连岛屿，资金由 LAGIE 转移到 HEDNO。除短期批发电力市场外，LAGIE 还负责管理长期容量市场以及不平衡结算机制。

4. 独立电力传输运营商

独立电力传输运营商（IPTO / ADMIE SA）是 PPC SA 的全资子公司，但在管理和运营方面独立于其母公司。2014 年 IPTO 完成所有权分拆，担任希腊电力传输运营商（TSO），负责系统运行、维护和开发，规划希腊电力传输系统十年发展计划，并负责进行负荷和零售电力供应商电力生产的日前预测以及日前计划的优化。

5. 希腊电力分配网络运营商

希腊电力分配网络运营商（HEDNO / DEDDIE SA）是 PPC SA 的全资子公司，但在管理和运营方面独立于其母公司。其职责是希腊配电网的运营、维护和发展，这包括非互联电力网络以及希腊岛屿上的发电设施。在岛上，HEDNO 负责与零售电力供应商签订电力购买协议（PPA），还管理电力消费者以及零售电力供应商和电力生产商对配电网络的接入。

30.1.4 电力调度机制

希腊的调度机构是希腊电网调度中心，履行希腊法第 4001/2011 号法律第 94 条规定的所有职责。这些职责如下：

（1）确保电力系统的长期运行能力，以财务和环境可持续的方式满足合理的电力传输需求。允许所有发电和供应许可证持有者以及法律上免除许可证持有义务的当事人和高压消费者使用该系统。允许根据希腊电力传输系统操作规范将希腊配电网络连接到系统，管理系统的电力流量，同时考虑与其他互联系统的交换。确保系统的安全、可靠和高效运行以及必要的辅助服务的可用性，包括需求响应提供的服务，这种可用性独立于任何其他传输系统。

（2）准备连接到系统的发电厂的调度计划，确定可用发电厂的互联使用情况和实时调度性能。提供与系统互联的其他系统和网络运营商，与安全和有效运行相关的所有信息，以及系统与上述系统和网络的协调开发和互操作性。为系统用户提供所有必要信息，以确保他们有效访问系统。在透明、客观和非歧视性标准下提供所有服务，以避免用户或用户类别之间的任何歧视，特别是与希腊输电调度中心关联的实体之间的歧视。根据欧洲议会和理事会条例（EC）714/2009 号第 13 条收集系统接入费和根据传输间系统运营商补偿机制进行所有相关交易。

（3）授予和管理第三方对系统的访问权限，并在拒绝此类访问时提供合理的解释。参与工会、组织或其他实体，目的是制定有利于在欧洲共同体法律的支持下建立统一的内部电力市场的共同行动规则，特别是通过特定方式分配和提供电力传输权。在希腊输电调度中心的网站上发布所有能源监管局（RAE）批准的电价，向系统用户收取费用。计算事后系统边际价格（SMP）。

（4）与市场运营商和希腊电力分配网络运营商合作，清除所有的发电需求不平衡和进行相关交易。在相关招标程序的基础上，提供电力交易协议，包括需求管理协议，提供辅助服务，以便在实时系统运行期间满足发电需求不平衡，并符合希腊电力传输系统运行规范。提供有关调度中心职责问题的技术咨询服务，提供传输系统运营商或业主关于费用和参与研究计划以及欧盟资助的计划，只要此类活动不妨碍调度中心职责的执行。

30.2 电力市场概况

30.2.1 电力市场运营模式

30.2.1.1 市场构成

希腊公共电力公司（PPC）在2011年以及之前都保持其主导地位，市场份额约占98%，但自2011年起，其市场份额在发电和供应方面均大幅下降。在发电行业，由于两个新的电力公司（IPP）投入商业运营，2010年发生了向集中度较低的结构发展的重大变化，并且这一变化在2011年得到了加强。就热容量而言，未来市场发展方向预计不会持续，因为所有私人工厂现已完工，预计新工厂将由PPC拥有。如果在未来几年内实施在三驾马车的压力或PPC产能分配的替代措施下进行密集的工厂撤资，情况就会发生变化，就目前而言，截至2018年年底PPC的市场份额约为68%。

30.2.1.2 结算模式

目前日前交易市场产生行业参考价格，因为它构成了发电商现金流量的主要组成部分。由于该市场的强制性实物交易，交易的电量等于年需求（包括互联余额）。也可以将进口和出口视为市场上不同的交易量，并将其添加到当地的电厂生产中。目前期货市场尚未开发，而场外交易也未被授权。

但是希腊将按照欧盟的要求开展电力交易改革，以削减成本，保障能源安全。希腊批发电力市场目前是建立在强制性电力池制度基础之上，发电商可以互相签订合同，但是需要在电力池之内。电力交易改革将会促进竞争，提高电力交易的透明度，最终降低居民和商业电价。

希腊电力市场运营商（LAGIE）和雅典股票交易所同意联合建立基于日前、盘中、远期和平衡市场的交易机制，初期他们将设立一个清算所。LAGIE首席执行官表示其目的是提高企业资金的流动性。

30.2.1.3 价格机制

希腊将要进行电力市场的改革，最终是要降低居民与商业用电的价格。居民用电和商业用电历史电价见表30-2。

表30-2　　　　　　　居民用电和商业用电历史电价　　　　　　单位：欧元/kWh

年份	居民用电	商业用电
2010	0.1181	0.1036
2011	0.1250	0.1182
2012	0.1391	0.1337

续表

年份	居民用电	商业用电
2013	0.1563	0.1411
2014	0.1767	0.1510
2015	0.1767	0.1460
2016	0.1716	0.1326
2017	0.1936	0.1215
2018	0.1866	0.1157

资料来源：彭博数据终端。

30.2.2 电力市场监管模式

30.2.2.1 监管制度

能源监管局（RAE）是一个独立的行政机构，在环境和能源部的监督下具有财务和行政独立性。能源监管局监控能源市场的运营，包括零售电力供应商的电力；它就电力零售电价以及电力传输和配电网络的接入电价发表意见；它负责从零售电力供应商获得发电生产许可证；能源监管局还担任争议解决机构，负责处理对电力部门输电或配电系统运营商的投诉。

30.2.2.2 监管对象

能源监管局主要负责咨询，对化石燃料的监测，并控制所有的能源市场，即电力、可再生能源和天然气。此外，能源监管局承担与石油市场相关的具体责任。

30.2.2.3 监管内容

能源监管局主要负责希腊国内电力市场运作的监管，主要内容包括：内部电力研究和报告的编纂和出版；市场公平竞争规则的更新和制定；消费者权益保护；公共服务义务的规则和定义；环境保护工程和法规的制定；欧盟内部能源市场交易规则的制定以及未来希腊电力发展的战略制定等。为此，能源监管局特别监督以下事项：

（1）批发和零售层面的国内能源市场竞争的程度和有效性。

（2）家庭消费者的价格，包括预付系统、供应商转换率、中断率、维护服务和相关费用以及客户投诉。

（3）发生扭曲或竞争限制以及限制性合同惯例，例如可能阻止客户与多个供应商同时签订合同或限制供应商选择的排他性条款。

（4）电力和天然气合同条款与中断的可能性以及长期供应合同与国家和欧洲法律的兼容性。

（5）遵守根据现行规定开展能源活动的企业所承担的具体监管义务以及授予其许可证的许可条件。

在上述情况下，能源监管局可就其权限范围内的事项及其行使方式发布非约束性指令和指南，以确保正确和统一地应用《能源法》的监管框架和利益相关者信息。

能源监管局还监控市场透明度，包括批发价格，并确保能源公司遵守其透明度义务。

30.3 主要电力机构

30.3.1 希腊国家电网公司

30.3.1.1 公司概况

1. 总体情况

希腊国家电网公司（IPTO）是希腊唯一的输电系统运营商（TSO）。公司承担责任并履行法规所述的希腊电力传输系统的主要运营商的所有职责，符合希腊电力传输系统操作规范和管理许可，遵守适用于独立传输运营商模型的要求，于2012年12月获得能源监管局（RAE）的认证。

公司的使命是电网的运营、管理、维护和开发，以确保国家的电力供应，以足够安全、有效和可靠的方式确保与发生交易相关的电力市场的运作。根据透明、平等和自由竞争的原则，确保电力市场的独立性，严格遵守所有系统用户和所有参与者的"平等待遇"原则。确保电力市场运作透明，并遵守ADMIE管理的所有信息的保密原则。

ADMIE控股公司（ADMIE HOLDINGS Inc）拥有希腊国家电网公司51%的股份，ADMIE有限公司拥有其25%的股份，中国国家电网有限公司拥有其24%的股份。

2. 经营业绩

2018年的总销售业绩达到2.74亿美元，总资产342.1万美元。公司的总收入与去年的收入大致保持在同一水平，略微下降约2.7%，接近电力监管局（RAE）所规定的所需收入（2018年：2.17亿美元，2017年：2.22亿美元）。

2018年的运营费用进一步下降10.2%至1.47亿美元，而2017年同期为1.64亿美元。减少的主要原因是撤销了风险准备金2959万美元。

上述变化导致相比2017年的1.892亿美元的税前盈利增加6.4%，达到2.01亿美元，2018年税前利润率达到73.41%，而2017年为67.05%。

30.3.1.2 历史沿革

2014年2月，希腊国会通过了希腊国家电网公司私有化法案，拟通过公开竞标方式将希腊国家电网公司66%的股权出售给投资者，剩余的34%仍将由希腊政府继续持有。同年12月，希腊政府提前举行大选，当时反对私有化的左翼激进联盟党在选举中获胜，IPTO公司66%股权私有化项目中止。

2016年5月，希腊国会批准了新的希腊国家电网公司私有化方案，启动出售24%股权的国际招标。中国国家电网公司抓住机遇参加竞标，并于11月24日成功中标希腊国家电网公司24%股权。

2017年6月20日，项目顺利完成股权交割。中国国家电网公司派驻高管团队与当地合作伙伴一道开展日程运营管理工作。

30.3.1.3 组织架构

希腊国家电网公司主要由董事会负责管理及监管重大项目的决策及公司发展方向，由内部审计委员会负责监督董事会的各类事项。希腊国家电网公司组织架构见图30-4。

30.3.1.4 国际业务

希腊国家电网公司目前有五个希腊岛屿联网和欧亚联网项目，旨在加强与相邻国的输电系统相通，降低未来电力供应的风险。

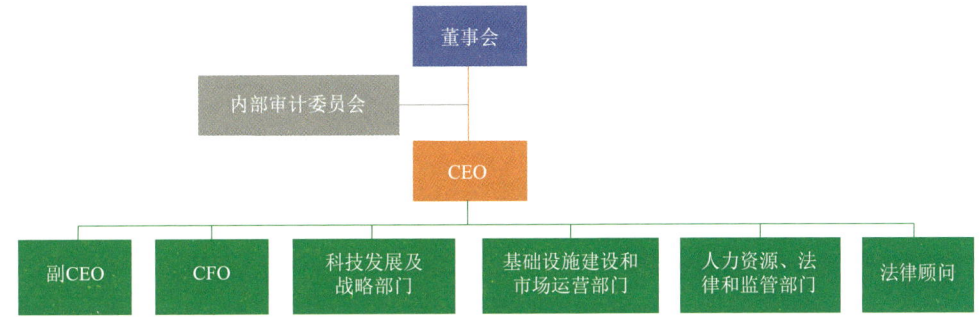

图 30-4　希腊国家电网公司组织架构

（1）克里特岛与希腊电力传输系统（伯罗奔尼撒半岛—克里特岛）的电力互联项目。该项目包括在克里特岛和伯罗奔尼撒半岛之间建设 150kV，容量 2×200MVA 互联线路。包括两条新的海底电缆，每条电缆长 135km；升级和新建输电线路；伯罗奔尼撒半岛和克里特岛的地下电缆和变电站；克里特岛的静态同步补偿器。海底电缆的着陆点位于 Kissamos 湾（克里特岛）和 Malea 半岛（伯罗奔尼撒半岛）。

（2）架空 400kV 输电线路超高压变电站项目。该项目的区域位于东马其顿—色雷斯和中马其顿，涉及建设 400kV 架空输电线路，该线路将马斯顿地区（LAGADA）的 EHV S/S 连接到腓利比（马其顿地区的古城 -PHILIPPI）的 EHV S/S，传输线的长度约为 110km。

（3）Attica- Crete 和 Attica- Peloponnese - Crete 互联项目。该项目由 310km 水下电缆连接克里特岛与大陆，容量分别为 1000MW 和 400MW。

（4）基克拉迪群岛互联互通项目。该项目是基克拉迪群岛与国家大陆互联输电系统的互联互通项目。项目分三个阶段完成，确保在未来 30~40 年内为锡罗斯岛、帕罗斯岛、蒂诺斯岛、米科诺斯岛和纳克索斯岛提供可靠、经济和充足的电力供应。A 阶段由 Syros 岛与 Lavrion（大陆）以及 Paros、Mykonos 和 Tinos 岛屿的互联组成。B 阶段由帕罗斯岛与纳克索斯岛的连接以及纳克索斯岛与米克诺斯岛的互联组成。C 阶段由 Lavrion（大陆）和 Syros 岛之间的第二个互连组成。

（5）希腊和保加利亚之间的新互联线路项目。提到的共同利益项目（PCI）涉及在 Maritsa East 1（BG）和 Nea Santa（EL）之间建设新的单回路 400kV 互联线路。线路长度约为 130km，容量限制为 2000MVA。该项目将增加 BG-GR 边界的转移能力，并将有助于希腊以及保加利亚东北部和南部的可再生能源的安全整合。实现该地区 400kV 网络的加强，这将对欧洲和土耳其电力系统之间互联线路的运行安全产生重大积极影响。

30.3.1.5　科技创新

希腊国家电网公司目前对于电力部分的规划是希腊和保加利亚区域互联电力网络的扩建和现代化，通过 Nea Santa-Maritsa 线路连接以色列、塞浦路斯。

希腊能源格局的关键也是该国岛屿与希腊大陆未来电力互联。目标是到 2030 年将所有的希腊岛屿与电力相互连接。为了实现这一目标，基克拉迪群岛和阿提卡地区之间的互联已经完成。该项目的第一阶段已经完成，其余未来项目将于 2022 年完成。其他未来项目包括 2021 年克里特岛与伯罗奔尼撒半岛和 2024 年克里特岛与阿提卡的互联，以及用非可再生能源发电的相互连接的岛屿。

同时，该公司将新能源战略作为未来的重要发展计划，提倡绿色能源，为减碳减排做出贡献。该公司的目标是进一步发展天然气网络，加强该国的天然气基础设施和装置。现有的天然气网络，即Attica、Thessaly和Thessaloniki的扩建定于2021年完成，同时计划在希腊中部的马其顿地区建设新的天然气网络。

30.3.2 希腊公共电力公司

30.3.2.1 公司概况

1. 总体情况

希腊公共电力公司（PPC）是希腊最大的电力生产商和电力供应公司，拥有约740万客户。希腊公共电力公司目前的发电组合包括传统的热力发电厂和水力发电厂以及零售电力供应商，约占该国总装机容量的68%。

分拆传输和分销部门后，希腊公共电力公司的两个100%子公司，即独立电力传输运营商和希腊电力分配网络运营商。独立电力传输运营商负责希腊电力传输系统及其互联系统的管理、运营、维护和开发，而希腊电力分配网络运营商则负责希腊电力分配网络的管理、运营、开发和维护。

2. 经营业绩

该公司的营业额为53.9亿美元，总资产达169.4亿美元，是希腊最大的发电公司，也是该国约720万客户的最大电力供应商，是东南欧市场的领导者。

希腊公共电力公司目前的电力组合装机容量为12.1GW，由传统的火力发电和水力发电以及新能源发电组成，占该国总装机容量的约60.6%，其中约32%的PPC总电量来自褐煤发电。希腊公共电力公司还拥有配电网络（中低压线路238219km，高压线路989km）。

30.3.2.2 历史沿革

1889年，电力来到了希腊。总承包公司在阿里斯蒂杜街的雅典建造了第一座发电厂。宫殿是第一座被照亮的建筑物，电气照明很快就传到了首都。塞萨洛尼基当时仍然在土耳其的占领下，在同一年看到电灯，土耳其当局委托比利时公司建造一座照明城市并为有轨电车供电的电厂。十年后，跨国电力公司——美国公司Thomson-Houston与希腊国家银行一起成立了希腊电力公司，该公司承担了其他主要希腊城市的电力供应。到1929年，250个人口超过5000的城市获得了电力供应。在最偏远的地区，对于大型公司，建造发电厂无利可图，电力供应由地方当局或建造小型发电厂的个人承担。

1950年，希腊约有400家公司参与电能的生产。他们使用的原材料是燃料油和煤炭，当然，这些都是从国外进口的。这种分散的发电以及燃料的进口使得电价非常高（比其他欧洲国家的价格高出三倍甚至五倍）。因此，电力是一种奢侈品，而且在大多数情况下，电力仅在当天的特定时段供应，并且经常突然断电。

工业和农村的需求推进了该国的统一电气化进程。在这种进程中，必须满足以下条件：利用国内资源，这需要单个电厂无法承担的巨额投资；将发电厂集成到单个互联系统中，以确保在全国范围内分配负荷；建立一个单一的组织，以便在该国的盈利和亏损区域之间分配成本。希腊公共电力公司以最令人满意的方式满足了这些条件。

因此，1950年8月，希腊公共电力公司为公众利益而成立。新公司的目标是通过密集开发国内资源来制定和实施国家能源政策，这将使每个希腊公民能够以尽可能低的价格使用电力。

希腊公共电力公司成立后，重点关注国内能源资源的利用以及所有电力与国家能源互联系统的整合。在希腊底土中发现的富含褐煤沉积物已经开始被开采并用作希腊公共电力公司建造的褐煤发电厂的主要燃料。与此同时，公司在希腊的主要河流上建造了水力发电厂，以利用该国的水力发电。在 1956 年，公司决定将所有私人和市政发电公司收购，以建立一个综合管理组织。希腊公共电力公司逐渐收购了所有这些公司并将其员工整合到自己的员工中。这些年来，希腊公共电力公司一直致力于实现该国的能源自主权，同时完成了向希腊供电的最重要项目。与此同时，希腊公共电力公司已发展成为该国较大的重工业之一，向全国各地提供电力，从最偏远的岛屿到希腊山区最偏僻的村庄。

30.3.2.3 组织架构

希腊公共电力公司经董事会批准后制定并实施了公司治理准则，确立了希腊公共电力公司治理的框架和指导方针。

根据公司治理原则，公司治理涉及公司管理层、董事会、股东和其他利益相关者之间的一系列关系。还提供了设定公司目标的结构，确定了实现这些目标的手段，确定了公司面临的主要风险，并且正在监控管理层的绩效。正是通过这种结构，公司还组织了他们的风险管理系统。希腊公共电力公司组织架构见图 30-5。

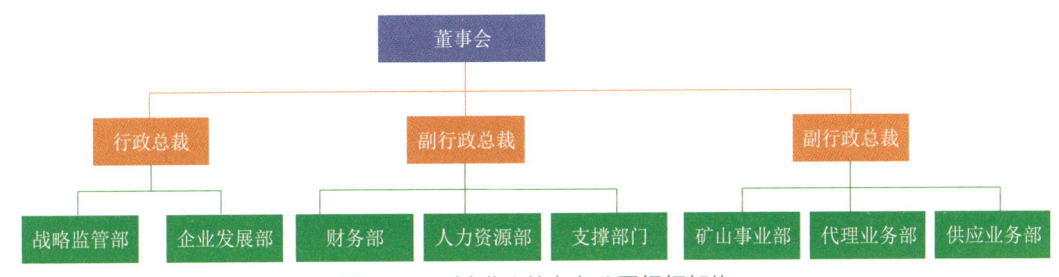

图 30-5　希腊公共电力公司组织架构

30.3.2.4 业务情况

1. 经营区域

希腊公共电力公司是希腊最大的电力生产商和电力供应公司，拥有约 740 万客户。希腊公共电力公司目前持有褐煤矿、发电、输配电和售电的资产。

2. 业务范围

（1）矿业。在普托莱迈达和城市群的希腊公共电力公司褐煤矿最为重要，褐煤作为希腊经济的能源燃料，自公司成立以来，希腊公共电力公司的 8 个褐煤厂发电量占其装机容量的 42%，发电量占希腊公共电力公司净发电量的 56% 左右。使用褐煤发电可以为希腊带来巨大的节约（每年约 10 亿美元）。褐煤是对希腊公共电力公司具有战略意义的燃料，因为它具有极低的开采成本，稳定且可直接控制的价格，并为燃料加油提供稳定性和安全性。

（2）发电。希腊公共电力公司拥有庞大的电力项目确保该国的电力充足。希腊公共电力公司 2018 年发电量构成见图 30-6。

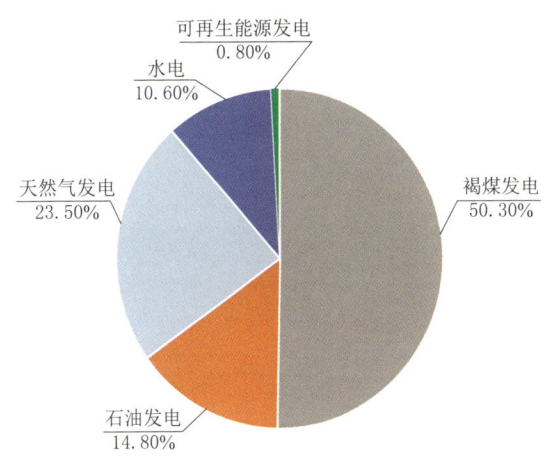

资料来源：PPC 年报。

图 30-6　希腊公共电力公司 2018 年发电量构成

34个火力和水力发电厂及3个风电场的互联系统、61个克里特岛、罗得岛自治站和其他岛屿的发电站构成了工业巨头希腊公共电力公司各项经济活动的能源基础。近年来，公司创建新的火力（褐煤、石油、天然气）和水力发电站，提高可替代能源（风能、太阳能、地热）的利用率。目前希腊公共电力公司总装机容量为12.1GW，净产量达到32.6TWh。

（3）售电。希腊电力公司履行代表公司、能源供应商的角色，根据立法负责向全国各类消费者销售电力。旨在确保希腊公共电力公司拥有最大可能的市场份额，适当的商业和定价政策，适当的促销和客户沟通措施。截至2018年年底，希腊公共电力公司拥有720万个客户，总共销售了近30TWh的电量。

（4）输配电。希腊公共电力公司拥有高压输电线路989km，同时还拥有中低压配电网络238219km。

第 31 章 意大利

31.1 能源资源与电力工业

31.1.1 一次能源资源概况

意大利虽位居西方七大工业国之列，但是能源短缺始终是拖累其经济发展的一大短板。由于境内煤炭、石油与天然气资源少，核能在 1987 年与 2011 年的两次全民公投中又遭到彻底摒弃，意大利的能源自给率一直非常低。意大利初级能源消费中 84% 依赖进口，远高于欧盟整体 53% 的对外依赖度。能源短缺的直接后果就是能源价格过高，拖累工业与整体经济的竞争力。

截至 2018 年年底，意大利已探明石油储量 5 亿桶，天然气储量 10000 亿 m^3。天然气主要是从俄罗斯和阿尔及利亚进口，进口总量达到 538 亿 m^3。由 2019 年《BP 世界能源统计年鉴》可知，意大利 2018 年一次能源消费量达到 1.545 亿 t 油当量，其中石油消费量达到 6080 万 t 油当量，天然气消费量达到 5950 万 t 油当量，煤炭消费量达到 890 万 t 油当量，水电消费量达到 1040 万 t 油当量，可再生能源消费量达到 1490 万 t 油当量。

31.1.2 电力工业概况

自 1990 年以来，随着经济步入低迷期，能源成本过高对意大利工业与经济竞争力的负面影响逐步突显出来。近几年，对于遭受危机重创的意大利工业体系而言，高昂的能源价格无异于雪上加霜。意大利的平均零售电价曾经比德国高出 77%，比法国和西班牙高出约 60%。如此高昂的能源价格导致工业复苏乏力，也难免会削弱其他结构性变革的积极效应。意大利国家能源战略设定的初级能源消耗总量与结构目标见图 31-1。

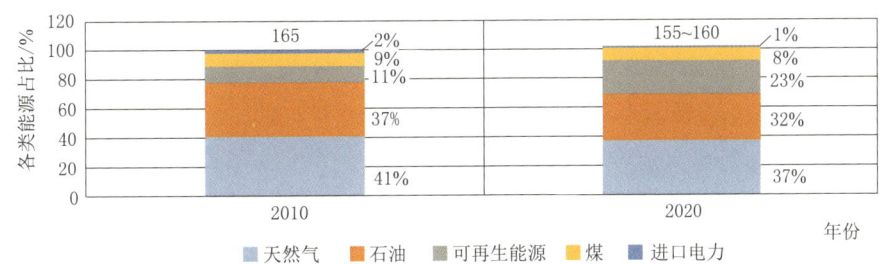

图 31-1　意大利国家能源战略设定的初级能源消耗总量与结构目标（单位：百万 t 油当量）

鉴于此，为保持与提升工业竞争力，巩固"意大利制造"的国际地位，尽快降低能源成本成为该国无法回避的艰巨任务。意大利于 2013 年制定的新能源结构目标中明确指出扩大可再生能源发电占比，降低进口电力及煤炭发电占比。

31.1.2.1 发电装机容量

2018年意大利全国发电装机容量约117810MW,其中天然气发电占53%、水电占19%、太阳能发电占16%、风电占8%、抽水蓄能发电占3%、地热能发电占1%。其中,天然气发电比重逐年降低,水电维持稳定,太阳能及地热能发电逐年增加。意大利2018年各类型电源发电装机容量见图31-2。

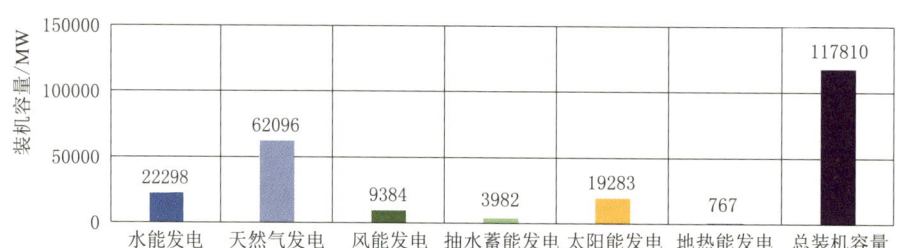

资料来源：彭博数据终端。

图 31-2 意大利 2018 年各类型电源发电装机容量

1. 火电

火电在意大利全国发电量中的比重自20世纪60年代后期开始逐年增加,截至2018年年底,火电装机容量为62096MW,占总装机容量的53%。

目前运行中的1000MW以上大型火电厂共17座。这些大型火电厂中,规模最大的有4座,它们是托莱港、托瓦尔达利加（北）、布林迪西（南）、蒙塔尔托·迪·卡斯特罗火电厂。每座火电厂的装机容量均为2640MW,各装有4台660MW机组。

在意大利的火电机组中最大单机容量为660MW。目前在意大利电网中的主力机组是660MW、330MW、320MW机组。由于大机组的容量比重较大,电厂设计基本上标准化,机组自动化程度较高,因而其热效率较高,均在38%左右。

意大利原有火电厂基本上都以油为燃料。在世界石油危机发生后,火电燃料构成略有变化。目前燃油机组的发电量仍占30%~40%,纯燃煤或燃气机组的发电量比重上升,相当一部分机组为油、煤、气混燃机组。

意大利政府曾计划发展煤电和气电,但煤电的发展因环保问题遭到电厂所在地区的民众反对,故煤电的比重增加缓慢。气电的发展环保问题虽少,但是天然气的供应约有80%来源于俄罗斯和阿尔及利亚,受政治上的影响较大。

2. 水电

意大利的可开发水力资源很有限,约有65TWh,现在这一资源的开发利用程度已达70.8%。其早年开发的水电站多为小容量的水电站,但在20世纪60年代以前,水电发电量在全国总发电量中一直占主导地位。70年代初,鉴于可经济开发的水力资源极少,故采取了大力发展火电来替代水电的政策。进入70年代中期,水电发电量约占总发电量的50%。此后水电发展缓慢,只是兴建少量抽水蓄能电站,以及对一些中小水电站进行自动化改造,实现无人值班。水电站大部分集中在意大利北部阿尔卑斯山脉地区。

3. 地热发电

意大利的地热发电有悠久的历史。1904年开始3kW的地热蒸汽机发电,1913年用于250kW汽轮机发电,1917年又投入了3台2750kW的汽轮发电机组,形成了商业性发电规模。至1942年全国地热发电装机容量达 135MW。在第二次世界大战期间，意大利的地热电站大部分被破坏，后经不断恢复和新建，至 1950 年有 20 余台地热发电机组运行，装机容量约 255MW。装机容量 1970 年为 390MW，1980 年为 440MW，1990 年为 548MW，1995 年为 632MW。意大利的地热资源虽有新的发现和开发，但最大的拉德雷洛地热田的资源量在逐渐减少，拉德雷洛电站的发电能力在逐年减少。

4. 光伏发电

意大利 2019 年新增光伏发电装机容量达 737MW，较 2018 年的 437MW 同比增长 69%，呈现大幅增长趋势。其中，有 257.9MW 的新增装机容量由规模大于 1MW 的项目提供，占到新增装机容量的 1/3 以上。土地资源丰富的南部地区阿普利亚开始占据主导地位，新增光伏发电 178MW，其次是撒丁岛 102MW、伦巴第 89.1MW、威尼托 80.7MW 和艾米利亚—罗马涅 57.4MW。

31.1.2.2 发电量及构成

2018 年意大利全国总发电量约 280394GWh，其中火力发电 66%、水力发电 18%、太阳能发电 8%、风力发电 6%、地热能发电 2%。意大利 2012—2018 年发电量及构成见图 31-3。

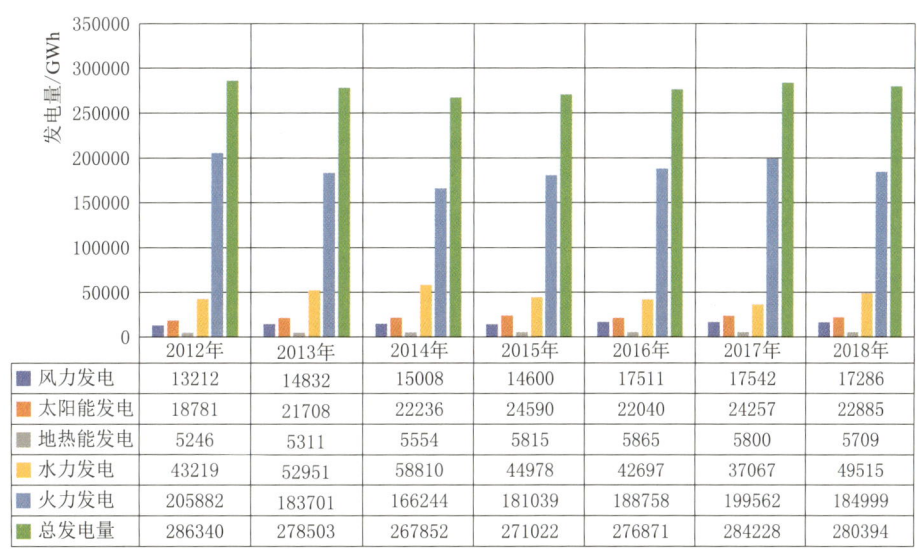

资料来源：彭博数据终端。

图 31-3 意大利 2012—2018 年发电量及构成

意大利经济发展部（MISE）发布《意大利 2030 年气候与能源国家综合计划》（*National Integrated Plan for Climate and Energy 2030*），将 2030 年可再生能源发电占比目标提升至 30%，2017 年这一比例为 18.3%。整体来看，55.4% 的电力行业使用了可再生能源，33% 的供热和制冷使用了可再生能源，21.6% 的交通运输行业使用了可再生能源。单就发电领域，到 2030 年，可再生能源发电预计为 186.8TWh，包括 74.5TWh 的太阳能发电和 40.1TWh 的风能发电。意大利 2025 年和 2030 年气候与能源国家综合计划见表 31-1。

表 31-1　　意大利 2025 年和 2030 年气候与能源国家综合计划　　单位：MW

能源	2025 年	2030 年
太阳能发电	26840	50880
其中，光热发电	250	880

续表

能源	2025年	2030年
风能发电	15690	18400
其中，海上风能	300	900
生物能源发电	3570	3764
地热能发电	919	950
合计	66159	93194

资料来源：彭博数据终端。

从表31-1可以看出，意大利计划到2030年实现新能源发电总装机容量达到93.194GW，其中包括50.88GW的太阳能发电装机容量和18.4GW的风能发电装机容量。目前，意大利太阳能发电装机容量在欧洲排名第二，风力发电装机容量排名第五。该国已实现约20GW的太阳能发电装机容量，距离MISE制定2025年26.84GW的目标尚有近7GW的缺口。

光热发电作为一种新兴的太阳能发电形式，也受到了意大利政府的关注，计划到2050年开发建设250MW的光热发电项目，2030年提升至880MW。据了解，意大利供电情况普遍充足，偶尔会出现大面积停电状况。

31.1.2.3 电网结构

意大利电网可按地理位置分为7个区，分别是北意大利（N）、中北意大利（Cn）、中南意大利（Cs）、南意大利（S）、卡拉布利亚（Cal）、西西里岛（Si）以及撒丁岛（Sa）。从意大利区域地图可看出，前六个区域均呈南北向相邻，只有撒丁岛通过一条超高压输电线路连接中北意大利地区。

意大利的输电线路电压自20世纪60年代后以220kV为主，并开始采用380kV。90年代意大利的220kV和380kV线路已形成了全国电网的骨干网架。至1995年已建有200kV直流输电线路513km，220kV交流输电线路13300km，380kV交流输电线路9312km。

意大利本土与西西里岛之间原有220kV架空线路跨过墨西拿海峡相连，后来又增加了380kV海底电缆。意大利本土与撒丁岛间经过法属科西嘉岛铺设有200kV直流海底电缆，其输送能力为200MW。这一条海底电缆铺设的目的是要将撒丁岛的煤电剩余电力送往意大利本土。该线路1967年开始投入运行，运行初期是两端输电。1987年随着多端直流输电技术有了新的进展，科西嘉岛上建设了第3个变流站，使科西嘉岛也能受电，这也是世界上第一次实现3端直流输电的工程。意大利北部的电源点较多，剩余电量较多，南部电力不足，经常需将西北部都灵地区和东北部威尼斯地区的大量电力输送到南部的罗马地区和那不勒斯地区。

意大利参加了西欧八国发输电协调联盟（UCPTE），还参加了南欧四国协调机构（SUDEL），其电网参加国际联网运行。目前意大利与其邻国已建有多条联络线路。意大利—法国间有380kV输电线路3条，220kV输电线路1条，150kV输电线路1条；除以上交流线路外，还有±220kV直流输电线路2条。意大利—瑞士间有380kV输电线路2条，220kV输电线路6条，150kV输电线路1条。意大利—奥地利间有220kV输电线路1条。意大利—斯洛文尼亚间有380kV输电线路1条，220kV输电线路1条。

31.1.3 电力管理体制

31.1.3.1 特点

2000年4月意大利国家电力调度中心（GRTN）正式开始运行。意大利国家电力调度中心由意大利财政部拥有100%的股份，受工业部及其他政府部门领导，与电网的拥有者是合同关系。意大利国家电力调度中心之下又成立了2个公司，即电力市场运营商（GME）公司和单一购买者（AU）公司，意大利国家电力调度中心对这2个公司拥有100%的股份。之后意大利国家电力调度中心又与输电网管理商意大利国家输电公司（Terna）组合形成新的意大利国家电力调度中心。

31.1.3.2 机构设置

意大利的电力市场是目前欧洲一个最大的开放电力市场。由于出现过大面积电力传输故障，政府下定决心整合了独立电网运营机构和输电网管理商（Terna），并组成了一种全新的调度机构模式，目的是使供电效益最大化并增加传输的可靠性。

目前设置机构包括：意大利国家电力调度中心、电力市场运营商（GME）、单一购买者（AU）、电力与天然气监管局（AEEG）、意大利电力交易所（IPEX）。

31.1.3.3 职能分工

1. 意大利国家电力调度中心

主要职责为管理输电网及调度活动；根据安全、可靠性及经济标准明确网络的检修和发展计划；与电网签订合同。

2. 电力市场运营商

电力市场运营商成立于2000年，负责制定和发布电力市场的规则并通报工业部批准。具体负责如下事项：遵照透明和公正的原则组织和管理意大利电力市场；促进在电力生产者之间的竞争并保证有足够的电力储备；平衡供需并且在不选择双边直接交易的情况下制定电力生产者和电力用户之间的规则；确定电力及其他所有辅助服务的购销价格。

3. 单一购买者

主要职责为确保对代销用户的电力供应。所谓代销用户，是区别于合格的用户或大用户的用户。意大利目前规定年用电量超过20TWh的用户为大用户，大用户可自由选择供电商，可参与市场竞争。小用户需要通过配电供应商，通过电力平衡供给系统（System Balancer，SB）保证其供电的可用率。目前代销用户的用电量约占总用电量的60%。

4. 电力与天然气监管局

电力与天然气监管局主要负责监管电力市场参与者，包括输电、售电与用电侧的市场参与者。针对不同的电力市场参与者，制定了监管规定并推进监管的实施。此外，电力市场运营商同时在行业标准认证、行业规则制定等电力市场的其他方面实施监管。从不同的监管对象出发，电力与天然气监管局分别设置了具体监管方案，落实有针对性的监管，并对各监管方向的监管力度进行明确设定，以确保后续监管的高效实施。

5. 意大利电力交易所

主要给所有符合资格者提供竞价平台，并促成电力交易。主要特点包括提前一天集合竞价，在当天进行有限度的调整和采用辅助的市场去提供必要的无功补偿和储备能源。

31.1.4 电力调度机制

目前，意大利电力调度统一由意大利国家电力调度中心完成。意大利国家电力调度中心目前与8个地区调度中心共同控制全国电网，其特点是统一调度，控制电价平衡。

意大利电力调度机构设置较为简单，主要由意大利国家电力调度中心及下属8个地区调度中心组成。意大利国家电力调度中心下设系统运行部、电力系统规划部、战略研究部主要负责研究市场规划和发展战略；主要负责研究制定电网的中长期发展规划；主要研究电网发展计划。

31.2 电力市场概况

31.2.1 电力市场运营模式

31.2.1.1 市场构成

意大利电力市场经过3次改革，经历了由私有化到进一步开放电力市场到实现实质性拆分的过程。

1. 第一次电力改革：私有化

根据欧盟指令，意大利发布了1999年第79道法令，通过循序渐进的方式，使自由市场过渡速度加快。2002年前伴随着一些企业分离活动，已有40%以上的电力计划在自由市场上进行交易。

2. 第二次电力改革：进一步开放电力市场

2003年，欧盟发布2003/54/CE的新指令，要求年消费量100MWh以上的用户都可选择供电商。意大利跟随欧盟的步伐，颁布了包括2004年第239道法令在内的一系列新法令，规定了垂直一体化的电力能源企业的自然垄断业务部分必须实现法律上的分离。此外，电力行业监管机构提出要尽快实施电网所有权和经营权的统一并推进私有化进程。

3. 第三次电力改革：实现实质性拆分

2010年，意大利颁布第96道法令，要求至2012年，发电侧电能的37%来自可再生能源发电，至2020年可再生能源发电量增加至100TWh。2016年新的意大利电力改革方案369/2016/出台。目标是在2018年将监管市场全部转移至自由市场，所有的售电用户将都实现自由选择供电商和售电产品。近年来意大利电力部门面临着紧迫的转型压力，除电价偏高外，还出现了电力需求下降、热能发电过剩、可再生能源发电局部过剩等新问题。对此，国家能源战略提出要发展一个自由高效且兼容各类可再生能源发电的国内电力市场，同时积极推动欧洲电力市场一体化，具体行动包括：①除压低天然气价格外，还通过减少可再生能源发电补贴、打破大区间电力市场条块分割、提高电网运营效率等方式降低电价；②提高电力服务质量，探索面向不同类型用户的供电模式，尤其要降低中小企业的用电成本；③发展具有高级控制系统与储能功能的智能电网，使可再生能源发电入网更加方便快捷；④推动欧洲电网运营规则的协调与跨境联网。

像其他欧洲市场一样，意大利电力市场也可以分为两个部分，其中一部分负责保障系统运行，另外一部分负责安排电力交易。前者主要指整合后的电力市场运营商，后者以意大利电力交易所为主。意大利电力市场构成见图31-4。

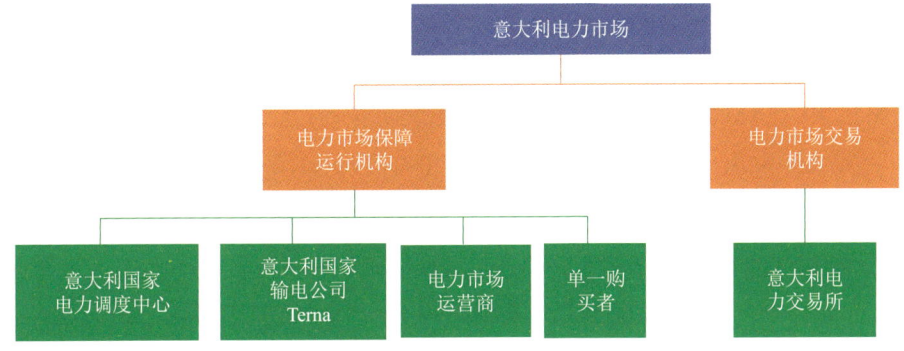

图 31-4　意大利电力市场构成

31.2.1.2　结算模式

电力改革前，意大利仍然是国家统一规定上网及销售电价。即国家能源公司下属的 20 个供电大区，根据各自的发用电结构，制定上网电价。改革后国内能源市场竞争性增强，电价显著下降，逐步接近欧盟平均水平。过去两年，意大利相继放开了配电部门与天然气分销部门的市场定价权，同时加强了大区之间电网与输气管道的互联互通。受此推动，其国内电力与天然气市场的竞争性持续增强，至 2015 年已高于欧盟的平均水平。图 31-5 标注了近年来意大利与欧盟整体以及德国、西班牙等国工业平均电价的变化对比。2010—2015 年，意大利国内工业用电平均价格由 11.89 欧分 /kWh 降至 9.43 欧分 /kWh，降幅高达 21%。同期，意大利与欧盟整体工业电价差额由 2.75 欧分 /kWh 降至 0.49 欧分 /kWh，与德国工业电价差额由 2.68 欧分 /kWh 降至 1.34 欧分 /kWh，与西班牙工业电价差额更是由正转负，工业电价已明显低于后者。总之，意大利国内工业电价正朝着向欧盟平均水平看齐的目标稳步迈进。意大利与欧盟及盟国间 2010—2015 年平均电价变化对比见图 31-5。

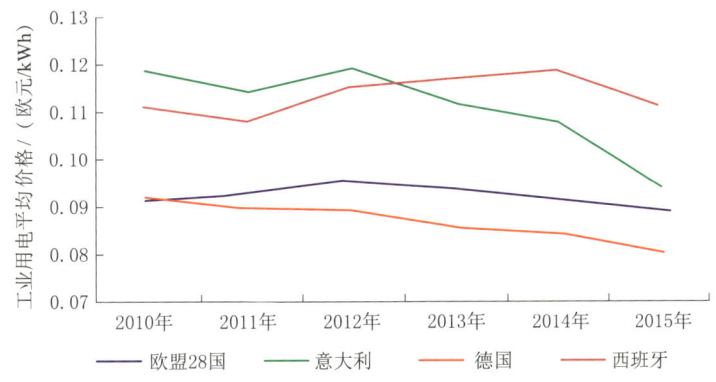

图 31-5　意大利与欧盟及盟国间 2010—2015 年平均电价变化对比

与其他典型欧盟国家一样，意大利也经常出现电力传输阻塞甚至瘫痪的现象，对此，意大利也有其独立的结算模式。

由于之前意大利过度依赖传统的化石能源而不推广核能等新能源，其电力价格普遍高于其他欧盟国家。在此情况下，更需要着重分析电力供应的经济效益，特别是在电力传输阻塞情况下，做到尽量减小电力价格的飙升以及提高资源的有效利用率。目前该国市场主要的策略为：一方面采用跨区域传输，利用更大的市场鼓励发电企业提供产能，从而降低发电成本；另一方面采用合理的经济调度模式进行电价的平衡，使高需求竞争大的地区在分配更多电能的同时，收取更高的电价，以平衡低需求地区的电价。但这种不同地区采取不同电价的方式，在电力传输阻塞情况下，可能会引发价格的进一步两极化。

事实上，大部分的电力传输阻塞问题的根源在于有限的线路容量遇上了不稳定的输电容量。由于该事件发生的不确定性和紧急性，通常情况下都是由基于输配电网络运营商以管控的价格模式去执行临时价格模式，该模式主要以每小时为单位结算，并据此产生一个针对消费者的系统清算价格（SMP）。一般来说，在电力传输无阻塞的情况下，所有的购电者购买每单位电能的价格是一致的。当电力传输阻塞出现后，整个意大利电力市场将根据地理位置分成多个区域，需求与供应的不一致导致了各地区 SMP 的不同。消费者需要额外支付特定的 SMP，而这个 SMP 根据发电侧的分区 SMP 加权平均算得。这种分区域价格调整策略，正是意大利电力市场进行阻塞管理的关键方式，以此去鼓励发电侧生产更多的电能和利用价格的杠杆去调节电能不足情况下的供需平衡。

意大利政府近些年针对不同类型、不同容量的可再生能源发电项目在不同时期出台了多种类别的电价优惠计划，以下梳理了一些比较常用的电价计划：

（1）馈网电价（feed-in tariffs）。该电价计划是太阳能发电的主要支持方案。该电价自 2005 年 11 月 1 日起实施，提供了自相关电力设施投入运营之日起 20 年的激励电价（根据项目容量等级和整合程度不同设定不同激励电价）。该激励电价旨在用于支付投资和运营成本。但由于 2013 年 7 月达到了最高总成本门槛，新的项目已不再适用。

（2）全包馈网电价（All-inclusive feed-in tariffs）。该电价计划可适用于除光伏电站外所有小型可再生能源项目（容量小于 0.5MW）。该电价计划的期限根据不同类型的能源略有不同，但基本在 15~25 年。意大利全包馈网电价见表 31-2。

表 31-2　　意大利全包馈网电价

能源	装机容量	电价/（欧元/MWh）	电价/（美元/MWh）
风能	1~20kW	250	270.8
	21~60kW	190	205.8
	61~200kW	160	173.3
	201kW~1MW	140	151.7
地热	1kW~1MW	134	145.2
沼气		85~233	92.1~252.4
生物质		150~246	162.5~266.5
水能	常规	101	109.4
水能-河流	1~250kW	210	227.5

（3）额外电价机制——简化能源销售和购买制度（Ritiro Dedicato）。可再生能源生产者可以自行决定是在自由市场上销售其生产的能源，还是将其出售给能源电力服务商（Gestore dei Servizi Energetici，GSE），然后再由 GSE 代表该生产者在自由市场上出售能源。在该机制中，GSE 可以被视为生产者和市场之间的中介。根据与 GSE 达成的协议，生产者将产生的电力出售并注入电网给 GSE，GSE 以区域电价或最低保证价格（仅适用于 100kW 以下的电厂）购买并转售电力。

（4）净计量计费机制（Net-metering）。该机制主要适用于自产自用的可再生能源项目。在净计量计费机制下，GSE 根据给定时间注入和取出的电量以及各自的市场价值向客户支付款项。具体而言，生产者（同时也是消费者）通过该机制可以获得相当于注入电网的电力价值（例如，对于光伏装置，白天供给的能量）与不同时间消费（即输出）的电力价值之间的差额作为补偿。如果注入的电力高于消费的电力，则生产者有权获得经济补偿，而如果注入的电力低于消费的电力，则相差的部分，生产者将获得生产电力的信用额度。此信用额度可以在任何时间使用，没有期限限制。在这种机制下电力系统被用作为虚拟存储电力的工具。

31.2.1.3 价格机制

意大利天然气基本依靠从东欧及北非进口，价格较高，因此意大利电价也偏高。意大利电费实行分段计价制，即根据消费量划分几个计价等级，消费量越大，价格越高。意大利自 2008 年起开放了电气市场，居民可自由选择供电和供气公司，引入了竞争，目前电价和天然气价格有下降趋势。

意大利的阶梯电价共分为三个等级，这里我们用 F1、F2、F3 表示，以下是它们分别针对的时间段：

（1）F1。周一至周五早上 8:00—19:00（不含节假日），这是电费最高的一个时间段，这个时间段大量用电可能会让电费账单轻松翻倍。

（2）F2。周一至周五早上 7:00—8:00，晚上 19:00—23:00，加上周六早上 7:00—23:00（不含节假日）。

（3）F3。周一至周六晚 23:00 至次日早上 7:00，外加周日和法定节假日全天。

除此之外，一些用户还可以根据自己的需要申请只有两个时间段区别的 F1-F2、F3（Opzione Bioraria），简而言之就是把上面的 F2 和 F3 合并统一收费，仅划分两个时间段分别统计收费。另外有的用户为了更大的用电自由，会选择 F0，即无区分时段统一电价，价格会介于 F1 和 F2、F3 之间。表 31-3 中的电价是在额定功率 3kW 计费标准而定，超过 3kW 功率的电价会更高，由于各地区的收费标准不同，且每个季度电力公司会有所调整，因此以下电价仅供参考。

表 31-3　　参 考 电 价　　单位：欧元/kWh

F0	0.06243
F1	0.06797
F2/F3	0.05963

31.2.2　电力市场监管模式

31.2.2.1 监管制度

意大利电力监管系统主要由电力与天然气监管局（AEEG）监管。该组织成立于 1995 年 11 月。为高效实现其监管职能，设计了一套较为完整的监管框架。意大利电力与天然气监管局监管框架见表 31-4。

表 31-4　　意大利电力与天然气监管局监管框架

监管对象	监管内容	要求规定
发电	新能源接入	鼓励引导
	发电投资	监测建议
输配电	输配电网投资	鼓励引导
	供电安全与可靠性	鼓励引导
	运行质量管理	要求规定
输配电	资产招投标	监测建议

续表

监管对象	监管内容	要求规定
电力调度	供需平衡监测	监测建议
	批发市场电价	要求规定
	批发市场透明与竞争	监测建议
	交易中断与应急处理	要求规定
	交易联络时间	要求规定
	交易纠纷	要求规定
售电	零售电价	要求规定
	弱势群体电费优惠	要求规定
	电费账单透明化	要求规定
	切换供电商	鼓励引导
	供电商平台开发	要求规定
	合约保护	要求规定
	抢修时长	要求规定
	服务质量	监测建议
	能耗数据统计	鼓励引导
	节能认证	要求规定
	售电市场透明竞争	监测建议

31.2.2.2 监管对象

意大利电力与天然气监管局对于发电、输配电、电力调度、售电各个环节进行全方位监控。其中发电环节监管新能源接入与发电投资；输配电环节监管输配电网投资、供电安全与可靠性、运行质量管理、资产招投标；电力调度环节监管供需平衡、批发市场电价批发市场透明与竞争、交易中断与应急处理、交易联络时间和交易纠纷；售电方面监管、零售电价、弱势群体电费优惠、电费账单透明化、切换供电商、供电商平台开发、合约保护、抢修时长、服务质量、能耗数据统计、节能认证、售电市场透明竞争。

31.2.2.3 监管内容

1. 发电

（1）新能源接入方面的监管。新能源接入方面的监管主要是对意大利境外新能源发电输入境内的认证流程、关税体系、境内外新能源发电跨区域协调方面实施监管。

（2）发电投资方面的监管。发电投资方面的监管主要针对发电装置投资的协调布局、发电能力的跨区域整合的监管，包括对发电设施投资及布局的监管、为促进发电能力整合实施的监管。

2. 输配电

（1）输电配电网投资方面的监管。输电配电网投资方面的监管以输电侧和配电侧为监管对象，其监管目的在于评估项目质量，引导资金流向并引导输配电网的健康发展。

（2）供电安全与可靠性方面的监管。供电安全与可靠性方面的监管以输电侧和配电侧为监管对象，其监管目的在于提升输电与配电公司的供电可靠性，保障用电系统稳定性，构建基于整体费用的断电成本核算机制。其主要监管手段为物质激励与惩罚，监管内容主要包括输电领域规定、输电与电能计量、配电网投资推进。随着监管内容的不断落实，该部分监管取得了显著成效。

（3）运行质量管理方面的监管。运行质量管理方面的监管主要包括输配电网的技术质量管理、输配电业务质量管理。在技术质量管理上，电力与天然气监管局颁布了奖惩条例，对优质与有效运用创新技术的输配电网给予奖励，对未达质量标准的输配电参与商进行惩罚。在业务质量管理上，电力与天然气监管局对配电业务及相关服务实施进行强制性监管。

（4）资产招投标方面的监管。资产招投标方面的监管是指电力与天然气监管局对单一水电气供应商和分销商提供一套标准化的招标实施准则。其目的在于对供应商和分销商的公开招标程序进行监管，促进高效的信用管理和社会成本最小化，并通过对公开招标程序制定一系列标准化协议程序的监管手段来实现。

3. 电力调度

（1）供需平衡监测方面的监管。供需平衡监测方面的监管主要是针对电力调度的监管，其监管目的在于对供电侧与电力需求侧的电力供需平衡实施监测，在增强市场竞争性的同时，促进电力生产和电力传输能力的平衡。其内容包括制定电力生产整合方案，满足多样化的电力需求；从供需平衡监测着手，促进市场价格稳定，避免市场价格因临时性的供需不平衡关系产生剧烈波动；对输电环节进行长期规划，提升供电可靠性，保障供电安全性。

（2）批发市场电价方面的监管。批发市场电价方面的监管主要是针对电力调度的监管，其监管目的在于对批发市场电价即非零售终端用户购电价格实施监管。这项监管的实施已取得初步性成果，2014年意大利批发市场电力价格比2013年下降了17.3%。

（3）批发市场透明与竞争方面的监管。批发市场透明与竞争方面的监管主要是针对电力调度的监管，目的在于促进电力批发市场透明化，提升电力批发市场的竞争程度。监管内容主要包括电力批发交易活动监测、批发市场整体监控。

（4）交易中断与应急处理方面的监管。交易中断与应急处理方面的监管主要是针对电力调度的监管，其监管目的在于避免电力服务中断时长过长与频率过高导致的对终端电力用户的便利性降低甚至效益损失。监管内容主要包括提供每月一次的可中断服务竞拍、设置竞拍份额限制。

（5）交易联络时间方面的监管。交易联络时间方面的监管主要是针对电力调度的监管，其监管目的在于提高供电服务效率，减少因供电商更换引起的供电中断现象，避免电力服务中断时间过长与频率过多导致的对终端电力用户带来的便利性降低甚至效益损失，从而对电力用户的权益进行保护。

（6）交易纠纷方面的监管。交易纠纷方面的监管主要是针对电力调度的监管，其监管目的在于提高电力交易纠纷处理效率，从而对电力用户的权益进行保护。

4. 售电

（1）零售电价方面的监管。零售电价方面的监管主要是针对售电市场与售电系统的监管，其监管目的在于监测电力市场的价格波动情况，避免因电价出现大幅度波动而给意大利国内经济活动与居民生活带来的直接或间接损失；同时推进电力税收体系的完善与调整，促进电力市场健康发展。

（2）弱势群体电费优惠方面的监管。弱势群体电费优惠方面的监管以售电侧为主要监管对象，其监管目的在于减轻弱势群体用电方面的经济压力，保障弱势群体用电优惠。为实施对弱势群体的用电优惠政策，电力与天然气监管局设定了一套完善的电费补贴机制，规划了详细的补贴申请流程。

（3）电费账单透明化方面的监管。电费账单透明化方面的监管以售电侧为主要监管对象，其监管目的在于使账单透明化与简明易懂。对账单的标准化格式设定实施监管，主要包括账单格式优化、收费透明化、电子账单推广活动。

（4）切换供电商方面的监管。切换供电商方面的监管以售电侧为主要监管对象，其监管目的在于简化供电商交替流程，并修订公司商业行为准则，对电力合约签订进行监管，加强消费者权益保护。通过售电供应商选择平台监管法案的制定，电力与天然气监管局希望保护意大利国内更换供电商的转合约用户。部分监管内容包括提供合约续签保障、全渠道覆盖。

（5）供电商平台开发方面的监管。供电商平台开发方面的监管以售电侧为主要监管对象，其监管目的在于获取与整合电力用户在供电商更换方面的信息，分析供电服务信息，监控各供电商的服务质量，为供电市场的规范性、合规性、整体性的提升提供有利条件；提升供电服务质量，创造供电市场活力。

（6）合约保护方面的监管。合约保护方面的监管以售电侧为主要监管对象，其监管目的在于完善合同管理，在售电营销与售电合约签订初期，对电力合约进行监督管理，加强消费者权益保护。通过售电供应商选择平台监管法案的制定，保护全体电力用户。

（7）抢修时长方面的监管。抢修时长方面的监管以售电侧为监管对象，其监管目的是通过数据监测与分析，识别客户的电力抢修需求；降低输配电公司的抢修时间，缩短终端客户从发现电力中断、电话要求抢修到电力恢复正常的整体时间。电力与天然气监管局规定，输电与配电公司需提前预估抢修时间，且该项工作须在终端客户要求之前完成。

（8）服务质量方面的监管。服务质量方面的监管以售电服务供应商为监管对象，其监管目的为推进售电服务的标准化与质量的提升，规范售电服务。

（9）能耗数据统计方面的监管。能耗数据统计方面的监管以配电侧为主要监管对象，其监管目的在于通过配电公司将信息实时传输给综合能源系统，提高数据系统的平稳性，并实时监控电力传输及能耗情况。通过出台指引条例，大力推进实施数据同步和能耗数据整合领域的建设，对电力消耗数据和电力结算活动实施管理。

（10）节能认证方面的监管。节能认证方面的监管以节能照明设备为主要监管对象，设置了照明设备节能证书认证体系。该部分属于其他类监管，目的主要在于对照明设备节能证书的推广促进，并通过能源服务管理机制以及相应税收政策实现监管目标。

（11）售电市场透明竞争方面的监管。售电市场透明竞争方面的监管以售电侧为监管对象，主要是对售电市场实施监管，推进售电市场竞争透明性与规范化。对售电市场竞争方面的监管核心内容是：通过市场监测系统，季度披露电力供应商的详细信息，帮助用户了解电价组成结构与自身电力消费构成。

31.3 主要电力机构

31.3.1 意大利国家输电公司

31.3.1.1 公司概况

意大利国家输电公司是欧洲领先的能源传输网络运营商之一，管理着意大利高压输电网络，这是欧洲最现代化和最先进的输电公司之一，是电力市场转向环保资源的核心参与者，保证为家庭和企业提供安全有效的电力供应。

意大利国家输电公司是意大利国家高压和超高压输电网的主要运营商，在自然垄断制度下运营并执行在全国范围内输送电力的公共服务任务。因此，意大利国家输电公司90%的业务都在受监管的市场中进行。

截至目前，意大利国家输电公司负责管理72900km长度的高压输电线，与国外有25条互联线路，拥有4252名员工，2018年收入为2.42亿美元。

31.3.1.2 历史沿革

1999年实施第79号法令时，根据所谓的独立系统运营商的模式，将国家输电网（NTG）与其管理（传输和调度活动）分开，建立了两家公司，其中意大利国家输电公司是国家输电网的所有者。

2005年，实现了电网所有权和管理之间的统一，并开始了意大利国家输电公司为国家服务的新阶段。在此期间，公司业务实现了持续增长，并收购了许多其他运营商的电网。为了保护意大利国家输电公司作为国家输电网的管理者的自主权，经济和财政部通过CDP（Cassa Depositi e Prestiti）购买意大利国家输电公司资本的29.99%。

2013年，意大利国家输电公司从Enel收购了18600km的高压线路，从而成为全国电网98.6%的拥有者，也是欧洲第一个独立运营商以及世界第七个独立运营商。

2015年，意大利国家输电公司以7.57亿欧元收购了Ferrovie dello Stato集团的高压输电网，巩固了其欧洲领先地位，管理着大约72600km的输电线路。自上市以来，意大利国家输电公司的价值翻了一倍多。

2016年，意大利国家输电公司专注于战略电力线。Villanova-Gissi和Sorgente-Rizziconi电力线投入运营。后者是一条创纪录的电力线，通过该国的高压电力系统连接西西里岛和卡拉布里亚，意大利半岛和欧洲其他地区。

2018年，根据联合国（COP 21）和欧盟的指示以及国家能源战略（SEN）目标，意大利国家输电公司加大了对国家电网的投资，以促进可再生能源发展，提高系统安全性。同时，公司旨在加速资产更新，降低电力中断的风险，提高环境可持续性；并越来越多地采用电网数字化技术，以提高运营和维护性能，充分提升服务质量。

31.3.1.3 组织架构

意大利国家输电公司治理体系符合上市公司《公司治理准则》的要求，还遵守意大利证监会（Consob）提出的建议。该公司的管理模式是董事会负责公司管理，法定审计委员会负责监督。

意大利国家输电公司的治理体系旨在为股东创造价值。公司在国家电力系统中发挥战略作用，传输网络是意大利的关键基础设施。因此，公司需要充分考虑所涉及的所有利益，优先考虑电网、员工和运营的安全性，并关注电网安全和管理层的透明度。意大利国家输电公司管理架构见图31-6。

31.3.1.4 业务情况

1. 业务区域

公司主要的业务区域在意大利北部、中北部、南部、中南部、撒丁岛以及西西里岛。

2. 业务范围

公司主要负责意大利的电力传输，电力调度，电网的管理、维护和开发，是国家高压电网的唯一传输系统运营商（TSO），其他职能包括维持电力供应和需求之间的平衡（调度），确保供电安全以及促进可再生能源的整合。

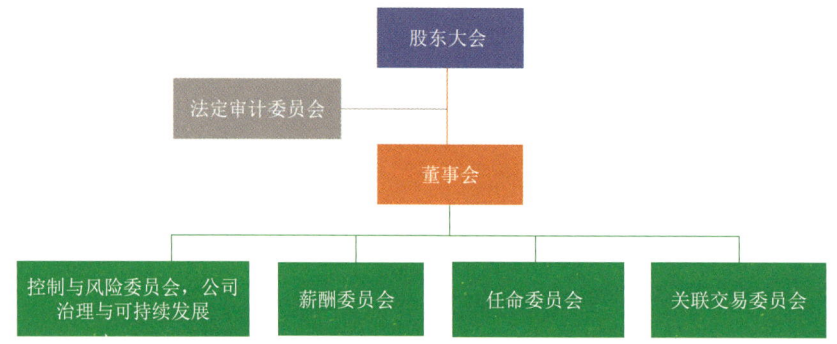

图 31-6　意大利国家输电公司管理架构

（1）维护和管理输电网。通过三个区域办事处对八个运营传输区域进行电力线路、变电站和存储系统的维护。区域办事处开展其他维护活动，包括更新现有设备以提高系统的可靠性，负责规划和开发国家输电网（NTG）。

（2）电力系统调度。保持能源供需之间的平衡是公司的核心业务。调度服务包括：在基础设施维护时规划电力线更换；预测国家电力需求；验证所有电力线的传输功率。由意大利国家电力系统的神经中枢国家控制中心来实时控制国家电力系统以确保电力的稳定输出。

（3）可再生能源的整合。实现这一目标需要考虑能源市场的发展变化。公司的2019—2023年战略计划旨在通过完成能源转型来完全整合可再生能源。为此，意大利国家输电公司实施了2009/28/EC法令和意大利经济发展部的国家行动计划，预计可再生能源的电力覆盖达到35%。

31.3.1.5　国际业务

意大利国家输电公司遵循欧洲能源政策和准则，与欧洲国家建立了庞大的互联互通系统。在国外主要提供4种服务：①特许权，通过参与国际特许权招标，获得和管理海外输电系统；② EPC，代表第三方开发高压输电项目，包括设计、采购和建设；③技术咨询，为第三方的电力部门提供工程和监管咨询服务；④ BOOT（建立、拥有、运营、转移）和BOT（建立、拥有、转移），BOOT模型包括输电基础设施的设计、建设和运营及其在规定时间段内的所有权，BOT模型专门设计和建造输电基础设施以及转移基础设施所有权。

目前在进行的项目有：2016年9月，意大利国家输电公司赢得了乌拉圭投标，创建三个电气基础设施；2017年，与巴西建筑公司Planova签署了一项协议，旨在收购两家在南美国家约500km电力基础设施运营的特许权。

此外与邻国之间有25个以上的电力互联线路，并计划在法国、瑞士、黑山、奥地利和斯洛文尼亚境内建立5个互联站，其中两个处于建设阶段（意大利—法国和意大利—黑山）。

意大利—法国互联电网：位于Piossasco和Grande Ile变电站之间的新"意大利—法国"直流互联电网将使与法国的跨境互联成为意大利最重要的互联电网，跨境互联能力提高1200MW（其中350MW可用在选定企业的第三方接入许可中），将从目前的约3GW增加到超过4GW。

意大利—黑山互联电网：该项目旨在在意大利和黑山之间建立容量总计约1200MW的跨境互联电网，该项目分为两个部分，每个600MW。

意大利—奥地利互联电网：该项目将在Nauders（奥地利）和Glorenza（意大利）变电站之间

建立新的 220kV 电力互联系统，共有 26km 的地下电缆。该项目将使意大利和奥地利之间的跨境互联容量增加约 300MW，是目前容量的两倍。

意大利—瑞士互联电网：该项目将在瑞士与意大利之间建设新的输电线路，该线路输电模式由交流与直流混合构成。具体将在 Airolo All'Acqua（瑞士）与 Pallanzeno（意大利）的新变电站之间将建立 380kV 输电线路，总长度超过 160km。该项目将显著提高意大利和瑞士之间的互联容量，将从现有的 4GW 增加到大约 5GW。

意大利—斯洛文尼亚互联电网：该项目计划在斯洛文尼亚与意大利间建立一条直流输电线，以提升意大利与斯洛文尼亚之间的输电效率。该项目预计能够在两国间增加约 1GW 的输电容量，是目前容量的两倍。

31.3.1.6 科技创新

该公司负责规划和开发国家输电网。根据经济发展部批准的十年计划批准了国家输电网的开发，这被称为"电网发展计划"。从长远来看，该计划旨在高压和超高压铺设超过 8000km 的电力线，其中 60% 将使用现有的基础设施。此外，从中期来看，必须保证电网与其他网络（运输、天然气、水等）之间的一体化，以使国家系统和欧洲系统可持续发展。

除此之外，公司面临着持续能源转型的创新研究，加速一系列公司战略的研究、开发和创新计划。目标是实现向新 TSO 2.0 模型的过渡，这需要一种新的方法来管理电网系统，这种方法在网络层面上越来越智能和灵活（在市场层面上得益于高效和智能电网等创新技术的使用）。这将带来前所未有的革命，在短期内将促使服务市场中分布式发电、储能和需求资源的整合，以及欧洲国家市场的整合。目前分为完整的互联网（卫星、无人机、机器人、分布式计算/连接）、能源技术（存储、高级分析、需求响应、网络活动管理）和先进材料（添加剂制造材料、HVDC 电缆和隔离器、防冰、碳纤维导体）等三个发展领域。

31.3.2 意大利国家电力公司

31.3.2.1 公司概况

意大利国家电力公司（Enel）是意大利最大的发电供电商，目前在意大利全国的客户数量有 3 千万户，占整个意大利的 87%。意大利国家电力公司是欧洲唯一通过 ISO 14001 认证的能源企业，旗下主要有电力和天然气两大业务分支。

除此之外，意大利国家电力公司还有 20 多个电力、能源设备制造、环保设备制造与研究开发、新型能源开发等公司和机构。国外独资、合资以及参股的公司有 10 余家，主要分布在西班牙、斯洛伐克、罗马尼亚、保加利亚。在南美、北美设有清洁能源开发公司。2018 年 12 月，世界品牌实验室发布《2018 世界品牌 500 强》榜单，意大利国家电力排名第 448 位。2019 年 7 月，《财富》世界 500 强排行榜发布，意大利国家电力公司位列第 89 位。

31.3.2.2 历史沿革

意大利电力工业早期主要由私营企业经营，1962 年后根据《公共电业国有法》，政府接管了全国的私营电力公司，组建了国有的意大利国家电力公司，对发电、输电、配电采用垂直一体化管理体制。

1992 年，意大利国家电力公司成为联合股份公司，到 1999 年 11 月，意大利国家电力公司售出了 34.5% 的股份并在米兰和纽约股票交易所上市。当时约有 300 万人买进了该股，使之成为意大利持有最为广泛的股票。1999 年年底，意大利国家电力公司抽资脱离 3 个独立的发电公司，这 3 个公司分别是：最大的 Eruogen 公司、位居第 2 的 Elettrogen 公司和 Interpower 公司，其总发电容量为 1500 万 kW。

2000 年 5 月，意大利国家电力公司将它的 26 座水电站卖给了一家合资公司，该合资公司将负责这些电站以及相关输变电网的运行。2000 年 4 月正式开始运行，财政部拥有其全部股份。意大利国家电力调度中心受工业部和其他政府部门领导，与电网的拥有者是合同关系。意大利国家电力调度中心的主要职责包括：管理输电和调度；根据安全、可靠性及经济标准确定电网的检修和发展计划；与电网拥有者签订合同。

2003 年 10 月，为提高机构投资者的股票持有量，意大利经济部作价 22 亿欧元将该公司 6.6% 的股权出售给摩根士丹利（Morgan Stanley）。意大利经济部现今直接持有意大利国家电力公司 50% 的股票，通过国有信贷机构（Cassa Depositie Prestiti）、零售电力供应商（titi）间接持有该公司 10% 的股票。

如今，意大利国家电力公司是全球第三大电力公司，是意大利国内最大的国有公共事业企业，与美国、法国、罗马尼亚等国家有着密切的合作。

31.3.2.3 组织架构

意大利国家电力公司虽然业务遍及全球，单从总公司而言，组织架构较为简单，实现扁平化管理。主要有五大部门，分别是业务部、行政部、法务部、海外事业部、创新事业部。其中业务部负责主营业务，下设战略发展部、电力生产部、电力传输部、电力销售部及天然气部和新能源部。意大利国家电力公司组织架构见图 31-7。

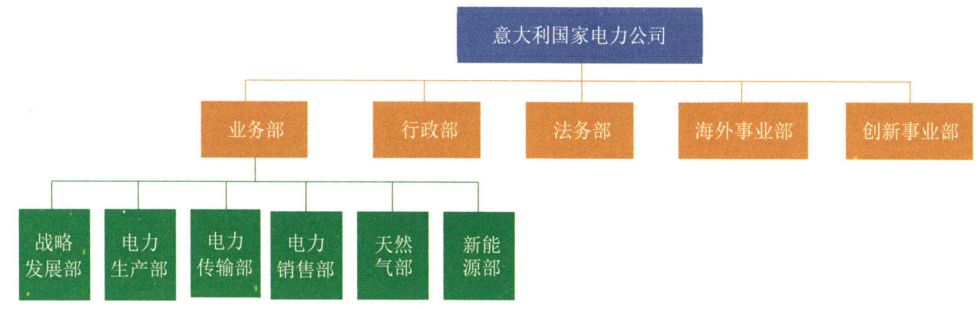

图 31-7 意大利国家电力公司组织架构

31.3.2.4 业务情况

1. 经营区域

意大利国家电力公司在意大利国内经营区域覆盖全国，包括北意大利（N）、中北意大利（Cn）、中南意大利（Cs）、南意大利（S）、卡拉布利亚（Cal）、西西里岛（Si）以及撒丁岛（Sa）。

意大利国家电力公司在海外经营区域也较为广泛，目前覆盖欧洲、亚洲、美洲，与其有商业合作的国家包括西班牙、斯洛伐克、罗马尼亚、俄罗斯、希腊、保加利亚、巴西、智利、摩洛哥、南非、印度、印度尼西亚、中国、加拿大、美国等。

2. 经营业绩

根据意大利国家电力公司 2018 年年报显示，2018 年公司收入约 757 亿欧元，较去年上涨 1%；实现利润约 162 亿欧元，较去年增长 4%。在经营业绩上依然保持持续稳定增长，其中电网业务约

76 亿欧元，热电 11 亿欧元，可再生能源 45 亿欧元，电力销售 29 亿欧元。

2018 年，共发电约 250TWh，在本公司电网上分配电力 485TWh，销售 295TWh。意大利国家电力公司还销售了 112 亿 m³ 的天然气。

31.3.2.5 国际业务

作为一家全球性企业，意大利国家电力公司的全球业务范围从欧洲延伸到北美、拉丁美洲、非洲、亚洲和大洋洲，为数亿人提供可靠、可持续的电力，拥有欧洲所有能源公司中最大的客户群体。

意大利国家电力公司在 34 个国家开展业务，在五大洲拥有 220 万 km 的电网，传输能力近 9000 万 kW。

在欧洲，意大利国家电力公司沿着整个能源链运作，从发电到售电到意大利、西班牙、斯洛伐克和罗马尼亚的终端用户；在俄罗斯、希腊和保加利亚生产天然气，并在欧洲大陆从大西洋到波罗的海的许多其他国家销售电力和天然气。

意大利国家电力公司是美洲最大的能源公司之一，在美国、加拿大、墨西哥、危地马拉、哥斯达黎加、巴拿马、哥伦比亚、秘鲁、巴西、阿根廷、智利等国均有开展业务。

在北美，公司设立了 Enel 清洁能源公司，该公司在美国 24 个州和加拿大 2 个省中开展业务，并运行有超过 100 座发电站，总装机容量超过了 7.4GW，主要提供风电、太阳能、水电、地热能等清洁能源。在哥伦比亚，公司运营有该国最大的火电和水电发电站，主要服务于首都波哥大的电力需求，拥有约 350 万名客户，总装机容量约 3.59GW。

在南美洲，公司成立了 Enel 拉丁美洲公司，在拉丁美洲开展相关业务，截至 2018 年年底，公司在拉丁美洲的清洁能源总装机容量超过 13 GW，为 2450 万户客户提供服务。在巴西，公司管理着该国最大的太阳能发电站，同时也是巴西国内领先的风力发电机构。除此以外，意大利国家电力公司还在巴西开展有充电桩服务、智能照明、分布式发电、节能减排解决方案等业务。公司在巴西共有约 2.7GW 装机容量，客户数量超 1600 万。在阿根廷，公司运营有阿根廷国内最大的火力发电站，另外还在阿根廷国内开展配电业务，主要为首都布宜诺斯艾利斯的居民提供服务，客户数量超过 250 万名，总装机容量超 4.4GW。在智利，公司已成为该国最大的发电企业，在该国建立了南美洲第一台地热发电站，另外意大利国家电力公司也是智利领先的配电公司，主要为首都圣地亚哥以及其他 33 个周边城镇提供服务，总客户数量超 200 万，总装机容量约 7.3GW。

意大利国家电力公司在摩洛哥和南非生产电力，2015 年，在可再生能源领域的各种项目中获得了"年度投资者"奖。这种发展将在非洲和亚洲的其他国家继续下去，在印度和印度尼西亚已经开始初见成效。

31.3.2.6 科技创新

意大利国家电力公司非常强调创新对企业可持续发展的重要作用，在各业务板块上都积极采取创新措施。由于意大利国家电力公司还管理运营意大利大部分配电网，能对接入和退出电网的用户授权，因此智能电网的建设与发展一直是意大利国家电力公司最为重视的创新领域。

对于意大利的智能电网来说，主要承担三方面的重要功能：①发电阶段，需要基于各类电源的电网条件和需求特点，最优化各类电源的运行；②输电和配电阶段，需要通过状态反馈机制，保证电力的可靠性、电能质量、电网安全；③用电阶段，消费者之间需要通过监控和交互设施进行互动。与此相对应，意大利国家电力公司的智能电网发展在配电侧和用户侧有五大重点：智能电表基础设施、电动交通基础设施、分布式能源资源集成技术、储能基础设施、智能电网技术创新。其中，智能电表基础设施对于数字信息的采集、交换和控制具有重要作用；风电、光伏等分布式能源的集成综合利用需要建设储能基础设施，用于应对该类分布式能源的不稳定性和不连续性；智能电网则融合了电力电子、信息通信、传感测量、超导、控制仿真、大规模储能等一系列新的技术应用，代表了未来电力工业与信息通信等产业的融合发展趋势。

意大利是欧洲最先推行智能电表的国家，智能电表覆盖率在2014年已超过85%，远高于欧盟约30%的平均水平，也居世界各国之首。意大利国家电力公司作为其中最重要的推动者，一直积极开展智能电表基础设施建设。

在市场方面，意大利国家电力公司强调计量数据的有效性和数据解决方案，并通过电表数据提供有效的需求管理和增值服务。市场参与者可以很容易地获得认证过的计量数据，并且在没有歧视的条件下，提供新的服务和实施提高能效的改进措施，比如室内自动化控制和主动需求管理等。

接入意大利国家电力公司电网的分布式可再生能源主要分布在中压电网，比例达60%。因此，意大利国家电力公司非常关注将传统中压电网升级为现代智能电网的各类终端设备的研发和应用，如在中压电网增加检测点、检测线路或电压情况、电流谐波失真信息，改造现有中压电网开关设备——环网柜、空气绝缘开关等。

分布式能源的使用需要储能设施的配合。意大利国家电力公司非常重视开发新的储能和光伏系统，通过和储能领域的优秀企业签订合作协议，将储能和光伏系统应用于具有较高商业潜力的国家。

在智能电网技术创新方面，意大利国家电力公司一直致力于采取多种措施创新能源分配机制。目前意大利国家电力公司主要采取开放性的投资措施，即大力投资那些具有技术专长的初创公司，通过联合研发推动技术创新。同时，意大利国家电力公司还不断提供更多的项目支持，吸引更多的初创公司与其合作，保持其在技术上的创新性。

作为意大利政府实施其能源政策重要抓手的意大利国家电力公司，一直将保持研发和技术创新领域的领先地位作为公司发展的战略重点。推进电力新技术在基础设施中的应用，尤其是发展智能电网以促进新能源电力在电力消费中的比例，是这些年意大利国家电力公司的发展策略，同时也是意大利国家能源战略发展的体现。

第 32 章

英 国

32.1 能源资源与电力工业

32.1.1 一次能源资源概况

英国是世界上第五大经济体，欧盟内第二大经济体，仅次于德国。私有企业是英国经济的主体，占国内生产总值的60%以上，服务业占国内生产总值的75%，制造业只占10%左右。英国也是欧盟中能源资源最丰富的国家，主要有煤、石油、天然气、核能和水力等。

能源产业在英国经济中占有重要地位。1982年能源产业对英国经济的贡献达到10.4%。尽管石油和天然气开采量在1986年大幅下降，但石油和天然气一直是英国经济的主要能源贡献者。

英国煤炭工业经历了二战之后短暂的再度辉煌，接着是20多年的下滑。2014年，英国煤炭产量降至1200万t，进口煤在煤炭消费总量中的比重高达75.5%。2015年12月18日，英国煤炭控股有限公司凯灵利煤矿正式宣告关闭，标志着始于300年前工业革命时期的英国煤炭工业彻底告别历史舞台。

英国石油生产始于20世纪初，随着北海油田的大规模开发，英国石油产量逐年增长。但英国本土的石油产量到达顶峰后就快速下降了：2004年石油产量首次跌破1亿t，2005年石油产量为8470万t，2015年石油产量下降至5000万t以下，仅为高峰产量的1/3。

1970年前，英国气体能源绝大部分是煤气，在能源消费中占比不超过5%。随着北海油田以及爱尔兰天然气被大规模发现，1980年天然气消费量较1970年猛增了约10倍。1991年，英国在北海海岸探测到了足够用15年的大型天然气田，英国进一步加大了天然气在电力发电中的比例，21世纪初天然气消费量又较20世纪80年代几乎翻番，达到历史高点。近年来，随着天然气产量下滑，价格升高，消费量逐步回落。

20世纪70年代，英国是能源净进口国。随着北海石油和天然气生产的发展，英国于1981年成为能源净出口国。石油产量在20世纪80年代末的北海派珀·阿尔法（Piper Alpha）石油钻井平台灾难后回落，北海石油产量在1999年达到顶峰。英国在2004年重新成为能源进口国。2013年，科伊顿炼油厂关闭后，石油产品进口超过出口。英国现在是所有主要燃料类型的净进口国，但仍是汽油和燃料油等一些产品的净出口国。

英国能源经历了从能源进口国到能源出口国，再回到能源进口国的过程。目前，英国36%的能源依赖进口，包括57%的煤炭、46%的石油以及35%的天然气。相比于前几年，英国2018年能源进口量有所下降，主要是煤炭进口量的大幅减少。由2019年《BP世界能源统计年鉴》可知，英国

2018年一次能源消费量达到1.923亿t油当量，其中石油消费量达到7700万t油当量，天然气消费量达到6780万t油当量，煤炭消费量达到760万t油当量，核能消费量达到1470万t油当量，水电消费量达到120万t油当量，可再生能源消费量达到2390万t油当量。

32.1.2 电力工业概况

32.1.2.1 发电装机容量

截至2018年年底，英国全国发电装机容量为103.6GW，其中可再生能源的发电装机容量占比最高，为39%，其装机容量为40.6GW；联合循环发电的装机容量占比为32%，其装机容量为32.9GW；水力发电装机容量占比为17%，其装机容量为18GW；核能发电装机容量占比为9%，其装机容量为9.4GW；抽水蓄能发电装机容量占比最小，其装机容量为2.7GW。英国1996—2018年发电装机容量见图32-1。

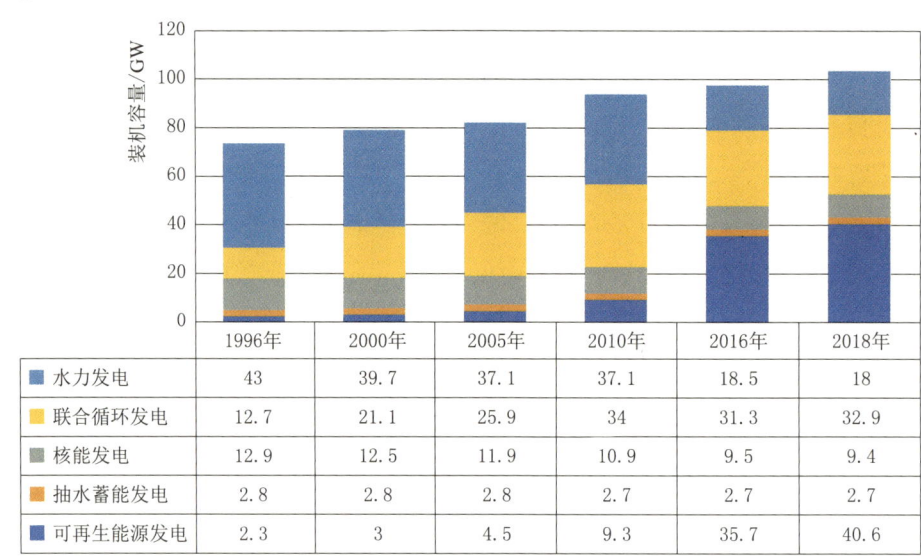

图32-1 英国1996—2018年发电装机容量

32.1.2.2 发电量及构成

2018年英国发电总量约为335TWh，发电能源结构中，可再生能源发电量占英国总发电量的33.4%，包括核电在内的低碳能源发电量占英国总发电量的52.8%，来自化石燃料的份额处于历史最低点。据了解，英国电力可靠率达99.95%。2018年英国发电量能源构成占比见图32-2。

32.1.2.3 电力生产消费情况

2016—2017年，英国总发电量下降了1.0%。煤炭发电份额呈现连续下降的趋势，发电份额从9.0%进一步下降到6.7%。与2016年相比，天然气发电份额从42.3%降至40.4%；核电份额也略有下降，从21.1%降至20.8%。化石燃料供电的下降是由可再生能源发电量的增加引起的，可再生能源的发电份额从24.5%提高到了29.3%，创造了新的纪录。英国近年各类型能源发电电力供应情况见图32-3。

从英国电力供应趋势来看，英国总供电量从

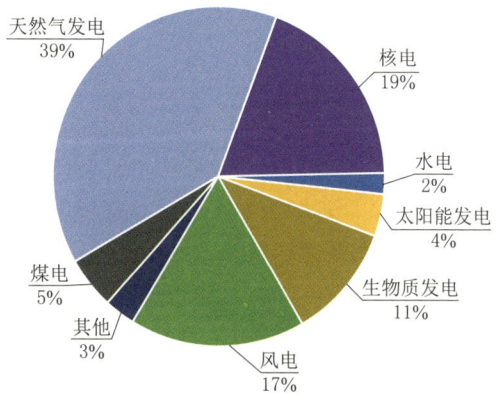

图32-2 2018年英国发电量能源构成占比

1997年开始持续上升，于2005年达到峰值。随后，由于能源效率、经济和天气因素，需求下降，2017年的供电量比2005年下降了15%。

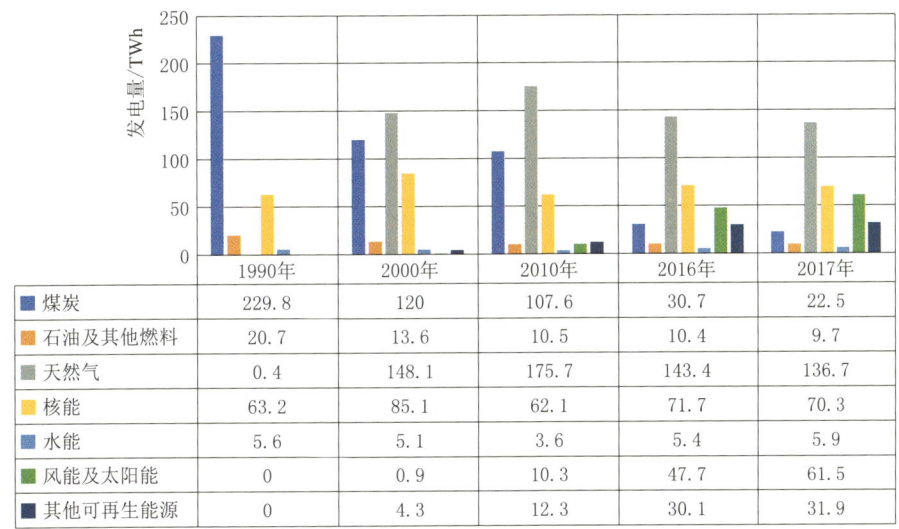

图32-3　英国近年各类型能源发电电力供应情况

从能源供应情况来看，由于煤炭工厂的关闭和改造，煤炭的电力供应量每年都在下降，在2017年创下新的低点，为21.4TWh。从1990年到2008年，天然气电力供应量从0.4 TWh上升到2008年的峰值173TWh。随后，天然气电力供应量开始波动，在2016年的时候出现大幅增长，但2017年下降了4.6%，至134.2TWh。1998年，由于核电站的关闭和维修，核电减少了供应，但核电站于2006年至2008年恢复，核电供应量达到了巅峰。2017年，核电供应量为63.9TWh，比2016年下降1.9%。自2000年以来，风能和太阳能的发电量呈上升趋势，产能逐年增加。2017年，风能和太阳能电力供应大幅增长29.1%，达到61.5TWh。这是因为风力发电量增加了22.6%，太阳能发电量增加了7.3%。

2018年英国总用电量为305.93TWh。在2005年达到357TWh的峰值，2018年降至305.93TWh后，消费量普遍下降。英国2002—2018年电力消费趋势见图32-4。

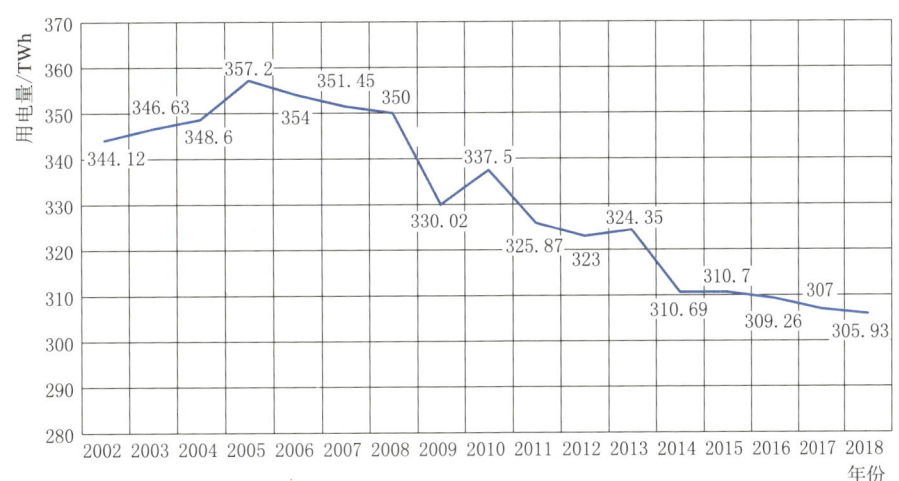

图32-4　英国2002—2018年电力消费趋势图

32.1.2.4　电网结构

英国电网按照地理分布可划分为三大系统：英格兰和威尔士电网、苏格兰电网及北爱尔兰电网。

英国电网最高输电电压等级为 400kV。

英国输电网电压等级主要为 400kV、275kV（苏格兰地区的 132kV 电网也属于输电网），拥有超过 22000km 的架空线，1200km 以上的电缆，变电站 685 座，主变压器 1160 台。英国配电网主要由 132kV、66kV、33kV、11kV、400V 电压等级构成，城市配电线路主要为电缆。纵观英国电网，北部电源大于负荷，南部负荷大于电源，呈现北电南送的电力流格局。英国电网情况见表 32-1。

表 32-1　　　　　　　　英国电网情况

项目	400kV	275kV	132kV	其他	合计
架空线长度 /km	11634	5766	5254	—	22654
电缆长度 /km	195	498	216	327	1236
变电站 / 座	163	127	395		685
变压器 / 台	363	487	290	20	1160

资料来源：中国电器工业协会。

英国是低碳经济的倡导者和先行者，大力推广智能电网，2020 年前将为 3000 万户住宅及写字楼共计安装 5300 万台智能电表。英国建立了基于 GPS 的管理系统，并给技术人员配备手持电脑，可迅速定位故障，合理调配人力，提升响应能力和工作效率。

32.1.3　电力管理体制

32.1.3.1　特点

英国政府分两个层次对电力进行管理。

（1）第一层是由政府机构、全国工业与贸易局从三个方面对电力工业实行宏观调控，即：发展规划、法规及政策、核电及安全。

（2）第二层是电力管理办公室，它不是政府机构，主要任务有：①确保合理的用电需求得到满足；②促进和规范电力企业的竞争；③核发电力企业专营许可证；④确保各层次的电力价格按规定的原则实行；⑤保证持有许可证的电力企业具有足够的资金进行电力生产和电力建设。

32.1.3.2　机构设置与职能分工

英国的电力政府监管机构主要包括 4 个部门。

（1）能源气候部。能源气候部是能源宏观政策的制定部门。

（2）天然气与电力市场监管办公室（Office of the Gas and Electricity Markets, Ofgem）。Ofgem 是英国电力监管部门，独立于政府，受议会监督，同时监管天然气和电力两个市场。主要监管手段是价格监控，负责对运营天然气和电力输配网络的垄断公司实施监管，制定发展战略、设置政策优先性、对价格执行与监管等重要事项具有决策权。Ofgem 的经费来自其所监管企业缴纳的年费，但是其监管活动独立于这些企业。

（3）公平交易办公室。公平交易办公室主要依据反垄断法、竞争法及公平交易法对市场、企业并购等行为进行监管。

（4）竞争委员会。竞争委员会主要应前两者的要求对纠纷处理进行详细的调查、仲裁。

32.1.4 电力调度机制

英国电力市场有两家电力交易机构（N2EX 和 APX），建立了独立于电网调度的期货、现货交易市场。英国国家电网公司（National Grid）作为输电网运营商负责整个英格兰和威尔士的电网调度、输电和系统规划。目前，英国电力市场电能交易以双边交易为主，实时平衡机制为辅，绝大部分电力交易是发电商与供电商之间直接签订双边交易合同，市场成员通过签订多种不同类型的合同来组成自己的发用电曲线。

英国的系统平衡管理包括平衡机制和平衡服务调节（Balancing Services Adjustment Data，BSAD）两部分，由英国国家电网公司的调度中心负责。BSAD 是指通过平衡服务进行的平衡操作。National Grid 负责全英国电力系统的调度和控制，是唯一输电系统运营商和调度操作者。

英国实现电力平衡主要是通过激励发电商和供电商自行兑现合同约定的发用电曲线。发电商和供电商在前一天的中午 11：00 前，会提交一份初步发用电计划；在关闸时间内，调度执行开始前 1 小时或更长时间内，发用电计划还可进一步修改。发电计划不仅约定了发用电曲线，还要对增减发电出力和负荷功率进行报价。英国国家电网公司会根据报价情况，在必要时调用。但是，最终合同执行过程中由于负荷预测偏差、局部输电阻塞、市场成员经营策略等因素，电力平衡总会发生或多或少偏差，由英国国家电网公司负责维持平衡，该部分不平衡电量约占总电量的 2%。

平衡机制是英国国家电网公司平衡电力供需的主要工具，通过以半小时为周期的交易执行过程实现。在平衡机制中，由单台机组或者负荷集成体构成的平衡单元作为参加报价和受调度控制的基本单元。平衡单元需要在其最终发用电计划的基础上，向系统调度机构提交卖电报价和买电报价。卖电报价包括增加发电出力和降低负荷需求两种类型；与此对应，买电报价则包括降低发电出力和增加负荷需求两种类型。在关闸时间后，系统调度机构主要依靠接受平衡单元提交的报价来保障系统运行以满足各类安全约束。除了接受报价之外，调度机构还可以通过平衡调整机制和负荷控制机制等手段来保障系统安全运行。英国平衡市场机制见图 32-5。

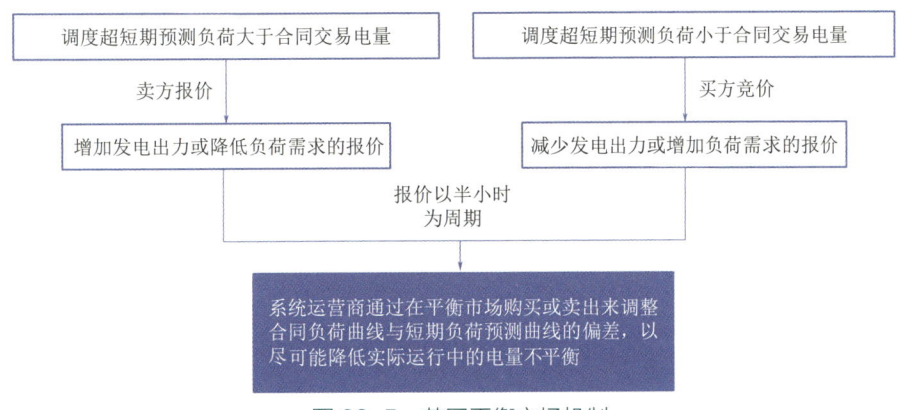

图 32-5　英国平衡市场机制

32.2　电力市场概况

32.2.1　电力市场运营模式

32.2.1.1　市场构成

英国电力行业在 1989 年进行了私有化改革，目前是世界上开放程度较高的电力市场之一，具有完善的法律法规框架。英国电力市场包括3家输电商、7家配电商、400多家发电商、20多家零售商和2家交易中心等。

从输变电看,由于电力输送的自然垄断性,没有引入竞争的意义,故由英国国家电网(National Grid)、西部电力(Western Power Distribution)、南部电力(Southern Electric)和联合公用事业(United Utilities)四大公司完全控制。National Grid拥有英格兰和威尔士的所有输电线路及相关设备,包括7200km的输电线路、675km的地下电缆和338座变电站。

英国全国共有7个配电商,负责运营14个区域的配电业务。

配电商只能开展配电业务,不能经营发电或者售电业务,也不能投资其他和配电无关的企业。另外,接入工程不是只能由该区域的配电网运营商建设,独立配电网运营商或者经过认证的独立接入供应商可以参与竞争。

电力市场放松管制后,数十家公司进入了发电市场和供电市场,然后经过不断整合变得越来越集中。1978年6月,"铁娘子"撒切尔夫人赢得大选,入主唐宁街10号之后的一大要务就是要兑现之前向选民做出的承诺,民营化整个电力行业。撒切尔政府推崇私有制、市场化和自由化。因此改革后英国电力市场主体从"各环节独立"演变为"一体化重组",厂网分开时的12家供电企业整合为6家发输配售一体的集团公司,占据大部分市场。电力产业格局整合到六大公司(Big Six):德国意昂公司(E.ON)、德国莱茵公司(RWE)、法国电力公司(EDF)、苏格兰电力公司、英国森特理克集团(Centrica)和苏格兰南方能源公司(SSE)。这6家公司都是垂直一体化的公司,发电装机容量占总容量的73%,占不列颠岛零售市场99%的份额。英国电力产业格局见图32-6。

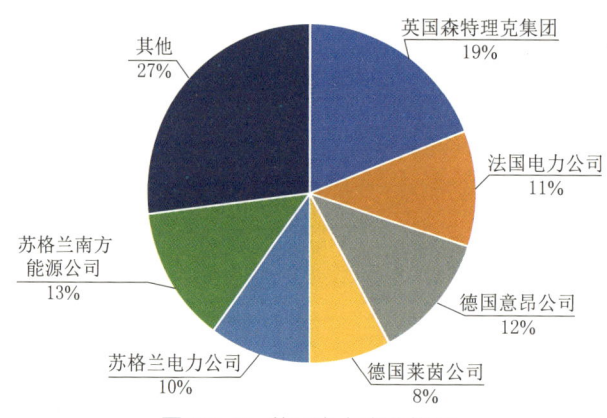

图32-6 英国电力产业格局

32.2.1.2 结算模式

2001年3月,英国电力市场进入NETA模式后,在电量计量结算方面引入了平衡结算准则(BSC),对平衡机制和不平衡用电量结算方法作出规定。BSC准则要求所有电力公司都必须签订购售电合同,而其他市场主体可选择是否按BSC准则签订合同。根据BSC准则签订的合同,由英国国家电网公司的全资子公司Elexon负责管理。

Elexon是英国电力市场的结算中心,该中心2000年成立(前身隶属于National Grid,后独立对所有电力企业负责)。作为平衡机制的主要企业,Elexon收到National Grid的实时电力平衡信息,并负责信息的披露。Elexon同时负责发电企业和售电企业的结算,其中主要的结算部分为发电与售电量的平衡误差。结算为半小时结算机制,模式如下:

(1)一年365天,每天48个结算点。

（2）峰谷电价差大，冬夏电价差大。

（3）不平衡的部分产生的成本由导致不平衡的市场成员分摊。

（4）不平衡部分的结算由 Elexon 完成。

（5）不平衡部分的惩罚电价被称为 System Price。

针对售电市场上大量非半小时计量用户的计量数据需经较长时间才能陆续汇集到 Elexon 的情况，Elexon 设计了五个阶段的结算对账机制，即在市场交易的 16 个工作日内完成初结算，且在后续一年半内进行四次对账。

在每个对账阶段中，Elexon 会更新期间收到的部分用户的计量数据，从而计算出新的结算结果，并且启动相应的结算程序；如果该阶段的结算结果与上个阶段不一致，则需要对偏差部分进行调整。通过这种结算对账机制，Elexon 基于用户数据的更新对结算结果反复进行调整，且逐步提高非半小时计量用户准确结算的目标值，最终可以实现较为准确的计量和结算。

32.2.1.3 价格机制

1. 用户电价结构

用户的电价由两部分组成：①每度电的单价（unitrate）；②每日固定费用（standing charge，可以为零）。其中，固定费用一般涵盖了电力供应商提供和维护电表以及接入电网的费用。

一般来说，用户的电价分成 7 部分，包括竞争形成的批发成本、售电成本及利润、监管机构制定的输电价格和配电价格、环境税、系统平衡费和其他成本。

最终电价 = 批发价格（竞争性）+ 售电商利润（竞争性）+ 输电费（Ofgem 监管）
+ 系统平衡费(Ofgem 监管)+ 配电费(Ofgem 监管)+ 环境附加费及税(中央政府监管)

（1）批发成本。售电商的购电费用，可以直接从发电商或者从批发市场购买，一些售电商本身就是发电集团的一部分。

（2）售电成本及利润。主要是结算、销售、用户服务及零售构成服务等其他成本。

（3）输电价格和配电价格。输电价和配电价是由监管机构负责监管控制，目前按照最新的 RIIO 管制方法，促进电网公司提高效率、加强创新以及关注用户需求。用户输电价和配电价由监管机构公布。

（4）环境税。英国为了促进低碳发展，资助了一些项目，通过这项税收来补偿低碳发展。主要项目计划包括碳减排项目计划、社区节能项目计划、可再生能源项目、小型分布式能源项目等。

（5）系统平衡费。对于系统运营商来说，最核心的问题是区分好两个成本：一是人员等自身的内部成本；二是外部成本，也就是为了保证系统平衡而产生的成本。对内部成本采用价格上限的管制方式，对外部成本采用市场测试和激励的管制方式以降低成本。这两部分成本都通过系统平衡费向发电和负荷收取。

（6）其他成本。包括智能电网的投资和维护及社会普遍服务等方面的成本。

除了标准的单位电价外，部分安装了分时电价电表的用户还可以选择 Economy7 或者 Economy10 等分时电价套餐。Economy7 的分时电价仍是峰谷电价，即白天电价高，晚上电价低。名称里的数字 7 代表了以小时为单位的波谷时间长度。分时电价的时间段会根据地区以及冬令时或夏令时而不同，以 Economy7 为例，7 个小时的波谷电价一般处于 22:00—次日 8:30 之间。

2. 电价类型

2011 年 Ofgem 对零售市场进行调查评估后，进行了电力零售市场改革，主要规范了用户电价的形成和信息公开的要求，提出了标准电价和合同电价两类电价。

（1）标准电价。是一种没有固定终止时间的电价，售电商在提前30天通知用户价格变动的情况下可以调整电价。每个用户可以选择直接支付、预付费、信用卡支付等方式，用户电价包括标准化电价和监管机构核定的备用费用。监管机构要求售电商提供透明的竞争价格信息。标准电价根据用户表计量功能不同，分为标准计量、Economy7计量和Economy10计量三类用户电价。

（2）合同电价。是售电商提供一些创新性的特殊合同供电。合同的条款、价格在合同制定的初始开始明确，在合同的执行期不能改变，在合同期结束时不自动转入下一个合同期，需要与用户协商签订新的合同，或自动转为标准价格。

3. 输配电价体系与定价方法

2007年英国电力市场进入BETTA阶段以后，为了规范输电定价并适应新的电力市场交易，建立了"接入价+输电网使用费+平衡服务费"的新输电价格体系，而配电网采取的是"接入价+配网使用费"的配电价格体系。

从2004年至今，英国电网输电定价采取的是"点费率法"的DCLF ICRP模型。该模型的特点是能够通过定价反映发电厂及电力用户在输电网各节点的发用电情况，同时考虑了输电距离和输电容量，从而能够为发电厂和电力用户提供明确的位置信号，引导发电厂和电力用户合理选址。例如，通过ICRP模型定价，英格兰威尔士北部地区和苏格兰地区的发电侧输电价格明显高于英格兰威尔士南部地区的价格，充分体现了英国发电厂对于输电网的使用情况，也为英国未来的电源投资提供了明确引导。

在配电定价方面，除苏格兰外，英国其他13个配电系统运营商目前都遵照统一的定价方法。英国2007年以前的配电定价采取的都是自1990年开始使用的DRM定价模型，即考虑了峰荷责任和负荷率的改进"邮票法"模型，采取分时定价的方式进行定价。2007年以后，由于采用了更合理的定价方法，超高压配网的定价单独应用目前的LRIC模型，LRIC模型的特点是在传统的ICRP模型基础上，进一步引入输配电设备利用率因素，提高设备高利用率地区的输配电价，降低设备低利用率地区的输配电价，引导电力用户合理选址，延长配电系统投资的时间。

32.2.2 电力市场监管模式

32.2.2.1 监管制度

英国电力监管体制的完善随着电力产业私有化及电力市场改革的进程加速发展。

1999年起，英国形成了具有特色的"三位一体"监管模式，对电力市场进行全面的监管。其中新的燃气电力监管机构——Ofgem对燃气、电力这两个市场结构类似且密切相关的产业实施统一监管。燃气和电力消费者委员会（GECC）维护市场的消费者权益。能源大臣负责部分燃气、电力市场事务，如管理非矿物燃料电力的使用，任免高级官员。Ofgem依据法律站在中立的第三者（电力企业与消费者之外）立场对电力市场进行监管，同时弥补了政府更替产生的不确定性影响。

32.2.2.2 监管对象及监管内容

英国能源和气候变化部（DECC）负责制定英国的能源政策。这些政策涵盖以下领域：

（1）帮助消费者通过提高能效节约能源，解决燃料缺乏问题。

（2）实行多样化的能源供应来满足现有的需求，从而在未来实现安全、经济的能源供应。

（3）良好的低碳能源供应。

（4）确保实现英国的碳减排目标，为国际上应对气候变化的各项行动贡献力量。

（5）尽责高效地对能源可靠性进行管理，保证公共安全。

Ofgem 是英国独立的能源监管机构，职能是保护和提高燃气、电力消费者的利益；对燃气电力企业发放生产（经营）许可证，对其市场行为实施监管，其主要任务如下：

（1）鼓励能源市场中的有效竞争。

（2）监管电力垄断企业的经营行为。

（3）在非有效竞争的燃气和电力产业领域实施管制，通过制定价格控制及服务标准保证消费者获得有价服务。

（4）保证能源网络能够得到足够的投资。

北爱尔兰的能源监管机构是北爱尔兰公用事业监管机构。英国公平交易办公室和竞争委员会对能源公司的兼并和收购活动进行监督审查。

32.3 主要电力机构

32.3.1 英国国家电网公司

32.3.1.1 公司概况

1. 总体情况

英国国家电网公司是一家英国电力和天然气公用事业公司。公司在英国和美国东北部运营。

英国国家电网公司在美国经营超过 14000km 的电力输送，并向马萨诸塞州、纽约州和罗得岛州的东北部地区提供电力和天然气，为 330 万客户提供电力，为 340 万客户提供天然气。

英国国家电网电力传输公司（National Grid Electricity Transmission，NGET）是英国国家电网公司的子公司，成立于 1935 年，总部设在英国，目前在职员工为 22650 人，2018 年经营收入为 152.5 亿英镑，拥有并经营英格兰和威尔士的受监管电力传输网络，并且也是苏格兰高压输电网络的系统运营商。整个电力传输网络包括约 7200km 的架空线、1560km 的地下电缆和 346 个变电站，在可靠和高效地连接到他们使用的能源方面发挥着至关重要的作用。

2. 经营业绩

公司截至 2018 年 3 月 31 日的年度收入增加了 2.15 亿英镑，共计 12.25 亿英镑。其中美国业务收入同比增加 3.41 亿英镑，英国输电收入减少了 2.85 亿英镑，来自北京恩吉威（NGV）和其他业务的收入增加了 6300 万英镑。英国国家电网公司不同业务板块收入情况见表 32-2。（1 英镑 =1.21 美元）

表 32-2　英国国家电网公司不同业务板块收入情况　　单位：百万英镑

业务板块	2016 年			2017 年			2018 年		
	总销售额	分部之间销售	向第三方销售	总销售额	分部之间销售	向第三方销售	总销售额	分部之间销售	向第三方销售
经营分部 – 持续经营									
英国电力输送	3977	−20	3957	4439	−29	4410	4154	−28	4126

续表

业务板块	2016年			2017年			2018年		
	总销售额	分部之间销售	向第三方销售	总销售额	分部之间销售	向第三方销售	总销售额	分部之间销售	向第三方销售
英国天然气输送	1047	−109	938	1080	−99	981	1091	−9	1082
美国管制	7493	—	7493	8931	—	8931	9272	—	9272
北京恩吉威及其他业务	824	—	824	713	—	713	776	—	770
可持续经营总收入	13341	−129	13212	15163	−128	15035	15293	−43	15250

注 1. 总销售额是指集团全年销售额。
2. 分部之间销售是指集团部门间发生的业务产生的销售额。
3. 向第三方销售是指集团与第三方之间发生的业务产生的销售额。

资料来源：英国国家电网公司。

电力传输业务在2017—2018年表现良好，并维持着全年良好业绩。英国国家电网公司注重安全，客户主导，可靠、创新和高效运营。截至2018年3月31日，英国国家电网电力传输公司的年度营业收入减少2.81亿英镑，为41.58亿英镑，这在预期范围内。英国国家电网电力传输公司的营业成本为31.25亿英镑，比去年同期增加3200万英镑。营业成本的小幅增加主要来自新增资产导致的折旧和摊销费用的增加、工资成本的增加以及财产税增加。

32.3.1.2 历史沿革

英国国家电网公司成立于1935年，并在英国设立了7个电网区域，分别是纽卡斯尔、利兹、曼彻斯特、伯明翰、布里斯托、伦敦和格拉斯哥。在第一次世界大战后的几年里，发电站建设的频率降低，煤成为了一种定量的燃料来源，但用电量还在持续增加。因此，1937—1945年，国家电网开始扩建，到1942年，英国拥有500英里的新输电线路。

（1）1986年英国天然气私有化。

（2）1990年英格兰/威尔士的输电网私有化后转入英国国家电网。

（3）1995年英国国家电网公司在伦敦证券交易所上市。

（4）2000年英国国家电网公司收购新英格兰电力系统（New England Electric System）和东部公用事业联合公司（Eastern Utilities Associates）。

（5）2002年尼亚加拉莫霍克电力公司与美国国家电网合并，国家电网与莱迪思集团合并组成英国国家电网电力传输公司。

（6）2005年英国国家电网公司出售四个英国地区天然气配送网络。

（7）2006年英国国家电网公司收购罗德岛天然气配送网络（Rhode Island gas distribution network）。

（8）2007年英国国家电网公司收购凯斯潘公司（KeySpan Corporation）。

（9）2007年英国国家电网公司出售英国/美国无线基础设施运营部和澳大利亚巴斯林电力互联公司。

（10）2008年英国国家电网公司出售Ravenswood发电站。

（11）2010年英国国家电网公司配股筹集到32亿英镑。

（12）2012年英国国家电网公司出售新罕布什尔州电力和天然气配送业务。

（13）2016年英国国家电网公司分离其英国天然气分销业务。

（14）2017年英国国家电网公司出售其英国天然气分销业务61%的股权。

32.3.1.3 组织架构

英国国家电网公司有四个子公司，业务板块包括电力传输、天然气输送、国家电网风险投资和其他活动，以及美国天然气和电力分配和传输。英国国家电网公司组织架构见图32-7。

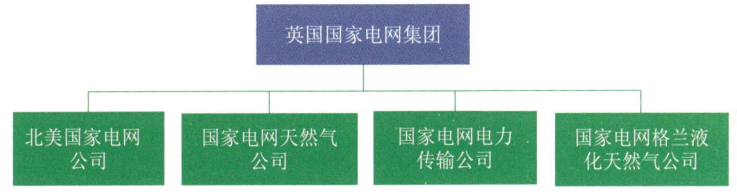

图32-7 英国国家电网公司组织架构

32.3.1.4 业务情况

（1）英国业务。英国国家电网公司拥有并经营英格兰和威尔士的输电网络，负责平衡供需，同时也是苏格兰电力网络的系统运营商。

英国整个传输网络包括约7200km的架空输电线，1560km的地下电缆以及346个变电站。苏格兰电力输送系统、英格兰和威尔士电力输送系统大约有7200km的架空输电线，1560km的地下电缆以及346个变电站。

天然气输送系统大约有7660km的高压管、24个压缩机泵站、8个配电网以及其他第三方独立系统相连。

（2）美国业务。英国国家电网公司拥有并经营电力传输设备，且横跨纽约州、马萨诸塞州、新罕布什尔州、罗得岛州和佛蒙特州，同时在纽约州北部、马萨诸塞州和罗德岛拥有并经营配电网。该电力输送网络有约14293km的架空输电线、168km的地下电缆以及387个输送变电站。该配电网有约117082km电路，在新英格兰和纽约州北部有740个配电变电站。该配电网还拥有约57001km的天然气管道，供应约25659km^{2}区域的天然气。

32.3.1.5 科技创新

英国国家电网公司创建了一个技术和创新团队，专门负责新技术战略制定，并时刻监控新兴技术和业务模式趋势，并作为核心受监管业务和业务开发团队的新兴技术桥梁。同时公司还参与了早期能源技术风险投资。

在英国，英国国家电网公司与西门子签署了一项4000万英镑的创新合作伙伴关系，研究和开发输电线路上气体绝缘线路的使用。在该合作项目中，公司还计划开发一种无SF_6绝缘气体混合物，其对全球变暖的影响不到SF_6的0.05%。

在美国，英国国家电网公司被批准在马萨诸塞州建造高达20MW的光伏电站，作为"太阳能二期"计划的一部分。这些光伏电站的设计具有先进的电网交互控制功能，超出了典型的光伏设施的要求。公司还与电力研究所就分布式能源整合、储能、资产管理、系统运营、信息和通信技术以及系统规划进行了合作。

第 4 篇
北美洲

墨西哥

加拿大

美国

第 33 章

加拿大

33.1 能源资源与电力工业

33.1.1 一次能源资源概况

2018 年，加拿大一次能源总消费量达到 3.444 亿 t 油当量。加拿大是重要化石能源生产国。在石油方面，2018 年加拿大石油储量为 1689 亿桶，石油储量仅次于委内瑞拉与沙特阿拉伯，居全球第 3 位。在生产量方面，2018 年加拿大石油产量达 483.1 万桶 / 日，居全球第 5 位。加拿大石油生产历来呈现增长的趋势，2009 年至 2018 年增长 50.9%。目前石油生产传统石油与油砂的量各占一半。未来，油砂的比例会逐渐加重。在油砂的大量生产下，预计 2030 年石油产量会增加 1 倍。在消费方面，2018 年，加拿大石油消费量为 1.1 亿 t 油当量，每日消费 242.8 万桶石油。

在天然气方面，加拿大天然气储量为 1.9 万亿 m^3，在全球排名并不靠前。然而，加拿大却拥有全球第 5 的页岩气储量，储量约 17.2 万亿 m^3，为传统天然气的 8.6 倍。2018 年，加拿大天然气生产约 1763 亿 m^3，是全球第四大天然气生产国。由于传统天然气储量逐渐用尽，产量自 2006 年后有下降的趋势，但随着页岩气的开采有回升的趋势。在消费方面，2018 年，加拿大天然气消费量为 1157 亿 m^3，约合 9950 万 t 油当量。

在煤炭方面，加拿大煤炭储量为 65.82 亿 t。2018 年，产量为 3110 万 t 油当量，位居全球第 13 位，煤炭消费量为 1440 万 t 油当量，煤炭的国内消费量日益减少。

在可再生能源方面，2018 年加拿大的可再生能源消费量为 1030 万 t 油当量。其中太阳能消费量为 70 万 t 油当量，占整体可再生能源消费量的 6.8%；风力发电消费量为 740 万 t 油当量，占整体可再生能源消费量的 71.8%；生物质能及其他可再生能源消费量为 220 万 t 油当量，占整体可再生能源消费量的 21.4%。核能消费量为 2260 万 t 油当量，水电消费量为 8760 万 t 油当量。

33.1.2 电力工业概况

33.1.2.1 发电装机容量

根据 Statista 数据显示，2017 年加拿大全国总发电装机容量为 145.21GW，相较于 2016 年的 144.38GW，仅仅增长了 0.57%。加拿大 2007—2017 年发电装机容量见图 33-1。

《BP 世界能源统计年鉴》数据显示，2018 年加拿大一次能源消费配比为煤炭 5.3%、石油 31.1%、天然气 28.5%、核能 6.3%、水电 25.8%、可再生能源 3%。消费仍是以石油为大宗。加拿大 2018 年一次能源消费配比见图 33-2。

33.1.2.2 发电量及构成

在 2017 年，加拿大的电力生产约 693.4TWh，主要来源为水力发电，占 57.2%；其次为核能发电，占 13.9%；天然气发电，占 10.6%；煤炭发电，占 11.7%；可再生能源发电，占 6.6%。据了解，加拿大供电可靠性较高，达到 97%。加拿大 2017 年电力生产情况见图 33-3。

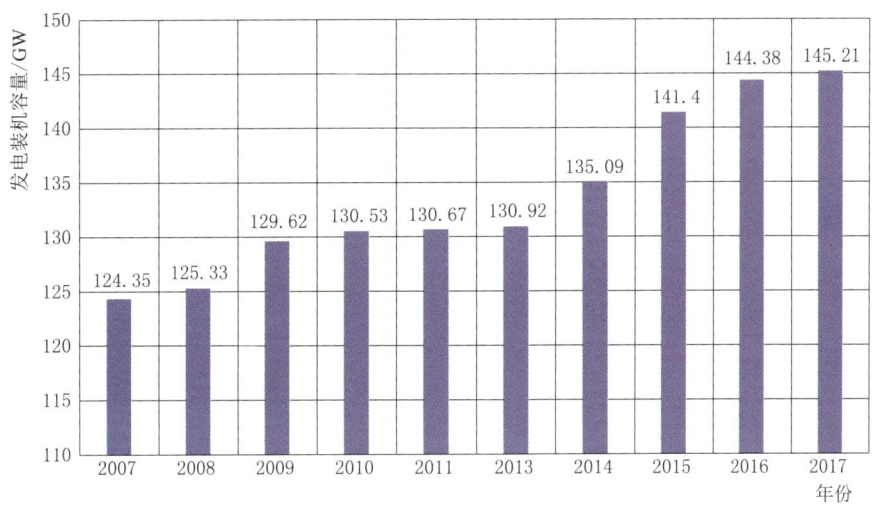

资料来源：Statista 数据库。

图 33-1　加拿大 2007—2017 年发电装机容量

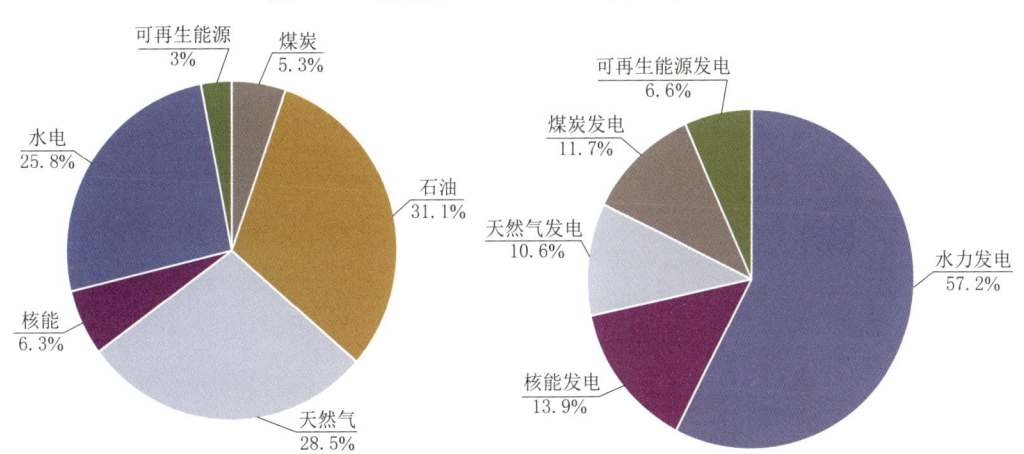

图 33-2　加拿大 2018 年一次能源消费配比　　图 33-3　加拿大 2017 年电力生产情况

33.1.2.3 电网结构

加拿大现有电网分为两大部分，西部电网采用 500kV 和 138kV 的联络线将不列颠哥伦比亚和阿尔伯达两省的各电网连接起来。中东部地区采用 115kV 和 735kV 的联络线将萨斯喀切温、马尼托巴、安大略、魁北克和纽芬兰等地区的各电网连接起来。此外，加拿大与美国有联网运行、交换电力的协议。加拿大 6 个省与美国 10 个州之间已建有输电线路，输送能力在 18.9TW 以上。

33.1.3　电力管理体制

33.1.3.1　特点

加拿大的电力工业基本是分省管理的，各省电网自成整体调度运行，电力的跨国问题由加拿大政府处理。例如，国际输电线路的架设须得到国家能源委员会批准。国家能源委员会是一个独立的联邦机构，通过自然资源部部长向国会报告。各省的能源委员会负责颁发其权限范围内的能源管理条例。例如安大略省能源委员会与独立市场经营商以及加拿大和美国的其他机构密切合作来控制该省的电力市场，建立和执行发电企业、输电企业和用电企业公平、公开的管理制度。

33.1.3.2　机构设置

加拿大对能源事物之管辖权由联邦政府与省政府共享，宪法给予省政府对省内自然资源赋予管理权力，但国家与跨省之能源贸易事务则由联邦政府管辖。此种权力切割在推动气候变化、环境保护、能源基础结构管理等国家政策时，都需要各级政府合作方能进行。因此联邦政府的自然资源部（Natural Resources Canada，NRCan）要和各省政府合作，方能实施国家能源发展策略与遵守相关国家公约。自然资源部主管加拿大能源与自然资源相关事宜，包括油气、节能与可再生能源。

隶属在自然资源部下的国家能源委员会（National Energy Board，NEB）主要负责规范横跨国际、省的石油及天然气输送管道，并核准石油、天然气及电力的出口案件。为改善市场运作功能，国家能源委员会采用公众听证的方式进行管理，包括申请建立或增设输气管、核定省份间运输费率、取得条件及服务方式等。

33.1.3.3　职能分工

1. 联邦政府的自然资源部

联邦政府的自然资源部是加拿大联邦政府部门之一，负责管理自然资源、能源、矿物与金属、森林、地球科学、测绘、遥测，等等。自然资源部是由1995年能源、矿物及资源部（Energy，Mines and Resources）与森林部合并而成立。自然资源部的任务是确保加拿大能源、矿物和金属等自然资源的发展。自然资源部也利用在地球科学的专业知识，建立并维持一份最新的土地及资源数据库。

根据加拿大《宪法》，自然资源部的管理责任属于各省，不属于联邦政府。不过联邦政府管辖近海资源、自然资源贸易、统计、国际关系和边境。

目前自然资源部有加拿大森林局、企业管理及服务司、地球科学司、能源司、创新及能源科技司、矿物和金属司、公共事务及组合管理司、政策司、加拿大地名委员会等部门。自然资源部部门结构见图33-4。

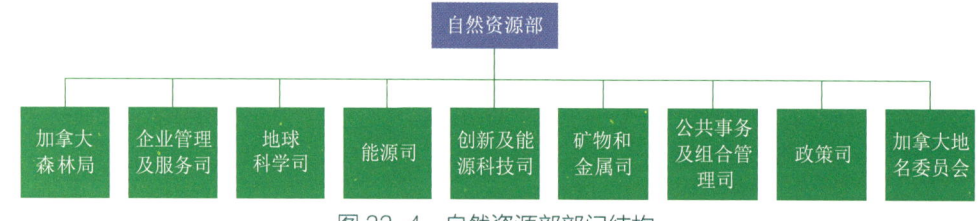

图33-4　自然资源部部门结构

2. 国家能源委员会

国家能源委员会于1959年创建了一个独立的经济监管机构，主要负责监督石油、天然气和电力公用事业行业。它的总部设在艾伯塔省的卡尔加里。

国家能源委员会主要管理跨越省或国际边界的石油和天然气管道的建设和运营。国家能源委员会根据《国家能源委员会法》批准管道运输、通行费和关税。它每年通过书面或口头程序处理大约750份申请。

国家能源委员会还对国际电力线的建设和运营拥有管辖权，国际电力线的定义是为了从加拿大或从加拿大以外的地方向加拿大或加拿大地区输送电力。国家能源委员会授权进口天然气，出口原油、天然气、石油、天然气液体，以及精炼石油产品和电力。通过确定联邦内阁，国家能源委员会对指定的省际电力线也具有管辖权，但没有指定这样的线路，将现有的管理条款留给省级监管机构。

3. 独立市场运营者

独立市场运营者是一个非营利性机构，负责区域电力市场的供需平衡，指导输电线路运行，并管理整个电力系统；负责运行电力批发市场，并与所有市场参与者进行联系，向市场每年收取年费。

独立市场运营者管理市场的特点有交易机会均等、实时市场价格统一、不需要单独购买输电权、市场力较小。比如在安大略省电力批发市场，没有一家发电商的市场占有率达到35%。

33.1.4 电力调度机制

33.1.4.1 调度特点

目前，加拿大的电力工业基本上都是分省管理。除加拿大北方原著居民集中的西北地区、育空地区和努纳武特地区由加拿大政府设立的北加拿大电力委员会负责，其余各省电网自成整体调度运行。

33.1.4.2 调度机构

电力系统运营公司由政府经营管理，不以营利为目的。电力系统运营公司主要负责电网调度运行，保障电力供需平衡；负责电力市场交易，确保公平有效的市场竞争；负责电网规划，确保电网规划合理到位。

阿尔伯塔省电力系统运营商，是一个不以营利为目的的实体，负责规划和操作阿尔伯塔安全可靠经济的互联电力系统。阿尔伯塔省立法规定，为公共利益行事，不能拥有任何传输、分配或发电资产。

电力系统运营公司的主要职责和责任由阿尔伯塔省《电力公用事业法案》和《传输法规》规定，包括但不限于以下内容：

（1）确定阿尔伯塔互联电力系统的未来需求，制定近期、中期和长期规划的传输计划，确定满足这些需求所需的传输系统提升计划，并在必要时实施这些计划。

（2）规划并维护一个传输系统，该系统至少具备运行20年的系统条件和要求。必须规划该系统以适应未来的增长，这需要电力系统运营公司在调整短期变化的同时采取长期观点，并关注满足电气基础设施长期愿景的系统要求。

（3）确保阿尔伯塔互联电力系统的安全、可靠和经济运行。

（4）以公平、高效和公开竞争的方式运营电力池并促进电力市场发展。

（5）提供符合批准的传输资费的传输接入服务。

（6）管理和收回与线损和辅助服务相关的成本。

（7）进行公平和公开的竞争过程，以确定在阿尔伯塔省开发、设计、建造、融资、拥有、运营和维护已确定的主要输电基础设施的主体。

33.2 电力市场概况

33.2.1 电力市场运营模式

33.2.1.1 市场构成

加拿大的电力工业基本是分省管理的，各省电网自成整体调度运行，电力的跨国问题由加拿大政府处理。例如，国际输电线路的架设须得到国家能源委员会批准。国家能源委员会是一个独立的联邦机构，通过自然资源部部长向国会报告。各省的能源委员会负责颁发其权限范围内的能源管理条例。例如安大略省能源委员会与独立市场经营商以及加拿大和美国的其他机构密切合作来控制该省的电力市场，建立和执行发电企业、输电企业和用电企业公平、公开的管理制度。

33.2.1.2 结算模式

在电力市场上，发电商每5min报价一次，以满足需求的边际价格作为结算价。而购电方面可以有多种选择，例如购电方直接接在独立市场运营者控制的电网上，它可以从市场购电，也可以通过双方交易购电；购电方接在配电网上，可以从零售商、电厂、市场或者配电商处购电。由于安大略电网与美国的东北部电网直接连接，并且有电能输送。因此安大略独立市场运营者还承担着本省电网与其他电网的协调工作。

33.2.1.3 价格机制

通常电价是按不同的用户分类分别制定的。一般将用户分为：居民用户、商业用户、工业用户和市政。对他们的电价定价方式也各不相同。

（1）居民用户的电费包括：①抄表费：这是一个固定的费用，不管居民是否用电，主要含抄表费用、收费成本、供电公司的呼叫中心成本和其他管理费用；②电费：这是用户真正的用电费用，价格根据省府的规定可能有所变动（在阿尔伯塔2001年不超过0.11加元/kWh）；③系统费或输电费：进入系统的常规费用，主要是使用高压输电线路的费用；④配电费：使用低压配电系统的常规费用；⑤市府准入费：另一项常规费用，主要是市政府同意有关人员进入公共和私人物业进行工作的收费；⑥电费折扣：阿尔伯塔省政府给用户一定的补贴，2001年为每户40加元/月，现已取消；⑦税收。

（2）商业与工业（年用量超过250MWh）用户的电费基本同上，只是费率有所不同。工业用户的电费根据其所用负荷的特点而定，变量包括地点、使用的输电线路、用电时间和电量等。

（3）对大型用户，还有特需费。这项费用激励商业和工业用户在开始就认真设计其用电方案，避开集中用电。确定特需费最通常的做法是算出用户每个月用电量最高的15min或30min的平均用电量来确定此项费用。这部分电价是单位电价的许多倍。另一种算法是以过去12个月中最高用电量来计算。比如某用户在过去12个月，曾在8个月前有过250kWh的用电最高纪录，那么在接下来的每个月都得按这个最高用电量交特需费，只要最高用电量不超过250kWh。如果用户新的最高用电量超过了250kWh，那么用户得在下一个12月按新的最高用电量交特需费，直到用户创出用电新高。

33.2.2 电力市场监管模式

33.2.2.1 监管制度

在加拿大，监管框架因具体省份和地区而异。省级监管机构对其省内的能源生产、省内电力输送、电力分销、电力零售定价和批发市场（在特定省份存在的范围内）拥有管辖权。对分类和功能分离的要求同样因省而异，阿尔伯塔省和安大略省的要求相对严格（与发电和输电分离有关），而皇家公司占主导地位的省份，往往要求较少。

大量使用加拿大电力资产的省级所有权对联邦政府的作用产生了限制。特别是，联邦对省际电力传输和电力出口的监管相当轻松。

省级电力监管机构通常在公共事业的基础上对其市场的非竞争性方面进行监管，要求"公共便利和必要性证明"或类似的设施扩建批准证明，并控制受监管的公用事业和服务之间的服务条款和条件。在市场竞争激烈的省份，也可能存在竞争监管机构（如阿尔伯塔省市场监督管理员）。

环境监管机构（联邦和省级）往往是对特定部门的能源监管机构的补充，可以将其视为主要的经济监管机构。在两类论坛、环境和经济以及联邦和省一级，环境监管机构近年来必须善于评估加拿大第一民族的宪法保护权利是否在整个特定决策过程中得到尊重。

33.2.2.2 监管对象

加拿大各省的电力工业运营商，其运行管理由独立的电力系统运营商负责。在安大略省，该运营商为独立电力系统运营商（The Independent Electricity System Operator，IESO）；在阿尔伯塔省，该运营商为阿尔伯塔电力系统运营商（Alberta Electric System Operator，AESO）。他们所承担的职责基本相同。以 IESO 为例，它成立于 1998 年，是一个非营利组织，独立于任何一家电力市场的参与者，主席由安大略政府任命。IESO 全权负责省内电力市场的运营管理，保证电力系统的安全性和可靠性。IESO 是省电力系统的核心，连接电力发、输、配、用各环节，平衡省内电力供应与消费并指导省间电力传输线的电量，考虑系统足够的备用容量以保证电网的安全运行，在 2003 年 8 月美国大停电的事故恢复中发挥了重要作用。

33.2.2.3 监管内容

国家能源委员会对电力出口和省际电力传输拥有管辖权。电力监管活动因其作为石油和天然气行业主要联邦监管机构的重要作用而相形见绌。

加拿大核安全委员会负责管理核电厂和研究设施的安全以及放射性核素等核材料的使用。

安大略省能源局，这个加拿大最大省份的能源部门监管机构监管所有电力市场参与者，包括电网运营商，安大略省发电、独立电力系统运营商以及无数发电机、变送器分销商、批发商和零售商。它还积极监管零售天然气的分销和销售。安大略省能源委员会的规模、运营范围和专业知识使其成为加拿大领先的能源监管机构。

阿尔伯塔省公用事业委员会，阿尔伯塔省的电力部门比安大略省的电力部门小得多，但也更加适合阿尔伯塔省内电力运营的监管。

33.3 主要电力机构

33.3.1 魁北克水电公司

33.3.1.1 公司概况

1. 总体情况

魁北克水电公司（Hydro-Québec）是一家总部位于蒙特利尔的国有企业，坐落于水电资源丰沛的加拿大魁北克省。其主要负责管理魁北克省的电力生产、输送和配电。魁北克水电公司是魁北克政府于 1944 年在对私人公司征用过程中设立的，并且参与过对詹姆斯湾项目等水电项目的大规模投资。如今，公司是世界第四大水电生产商，拥有 63 个水力发电站，总产能达 37370MW。魁北克水电公司除供应本省的用电需求外，还向外省乃至外国出售电力。2016 年，魁北克水电公司为整个新英格兰地区提供了 10% 的用电需求。

2. 经营业绩

2018 年，公司利润达 143.7 亿美元，比 2017 年的 134.68 亿美元增长 6.7%。魁北克水电公司 2018 年经营业绩见图 33-5。

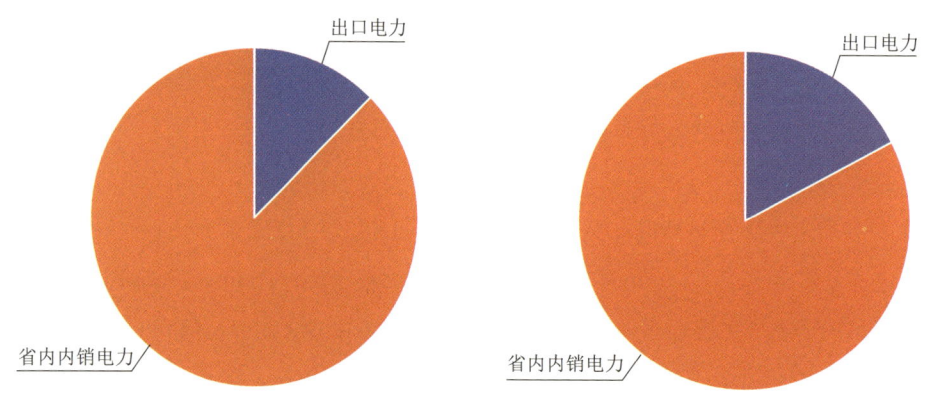

（a）2018年电力销售收入　　　　　　（b）2018年电力净销售量

图 33-5　魁北克水电公司 2018 年经营业绩

其中，常规业务利润达 140.62 亿美元，比 2017 年的 136.03 亿美元增长 3.4%。在常规业务利润增长的这 4.59 亿美元中，4.51 亿美元来自电力销售。公司 2018 年电力净销售量达 208.9TWh，电力销售收入达 138.65 亿美元，其中出口电力的净销售量达 36.1TWh，销售收入达 17.31 亿美元，创造了历史纪录；省内内销电力的净销售量达 172.8TWh，销售收入达 121.34 亿美元。魁北克水电公司 2018 年净收入达 31.92 亿美元，比 2017 年增长了 3.46 亿美元，其中，出口净收入达 7.44 亿美元，占比 23%。由于公司供电量和售电量的同步增加，2018 年公司对魁北克政府分红达 23.94 亿美元，这也是历史第二高值。

33.3.1.2　历史沿革

1945—1959 年是魁北克水电公司诞生及发展阶段。彼时，魁北克倡导建立公共水力发电设施，人民抗议成本高、农村电气化不足以及水力发电公司管理职位缺乏法语人士。1944 年，Montreal Light, Heat & Power 公司与其子公司 Beauharnois Power 一起被国有化，而魁北克水电公司则成立以管理这些公司。

时任魁北克省总理采取了每年投资 1000 万美元用于农村电气化的政策。然而，在 1944 年政权更迭，新总理莫里斯·杜普莱西斯反对任何形式的政府干预经济。他建立了地方合作社，为农村地区提供电力。杜普莱西斯此后一直执政到 1960 年，在那段时间里魁北克水电公司没有进一步国有化，公司多服务于蒙特利尔地区。

杜普莱西斯的保守统治于 1959 年去世时结束。随后由 Jean Lesage 领导的魁北克自由党选举标志着安静革命的开始，这是一个改革和现代化的时期。新政府给魁北克水电公司提供了开发新站点的独家授权。1963 年，政府授权其收购私人电力分销商，包括 Gatineau 电力公司和 Shawinigan 水电公司。除了仍然存在的 Saint-Jean-Baptiste-de-Rouville 之外，所有 46 个农村合作社都接受了魁北克水电公司的 1963 年收购要约。1960—1979 年的十年间是魁北克水电公司的第二次国有化过程，公司实现了在全省范围内经营。

1980—1996 年是魁北克水电公司的重塑阶段。由于经济环境的原因，20 世纪 80 年代初期对电力的需求大幅下降，这导致了魁北克水电公司的结构性变化。魁北克水电公司成为一家股份公司，其唯一股东是魁北克政府，并向魁北克政府支付年度股息。公司还被授权出口电力并在任何与能源有关的领域开展工作。1986年，魁北克—新英格兰输电公司开始将詹姆斯湾项目的电力从南部1100km处带到波士顿地区。

与北美公用事业行业的同行一样，魁北克水电公司在20世纪90年代末进行了重组，以符合加拿大的电力管制。为了响应加拿大联邦能源监管委员会发布的第888号命令，变速器部门于1997年首次从公司拆分出来。同年，加拿大联邦能源监管委员会授予公司以市场价格出售批发电力的许可，使公司能够扩大其市场。公司还收购了天然气经销商GazMétro控制器的大部分股份，以参与北美东北部的市场。

33.3.1.3 组织架构

截至2018年年底，魁北克水电公司下辖四个运营部门，分别是负责发电的产品部、负责输电的能源输送部、负责配电的配电部以及负责建设的创新、装配和服务部。除上述四部门外，公司还包括了一些其他业务。上述各部门分别下辖若干附属机构。这些附属机构中绝大部分是由魁北克水电公司全资控股，少部分是公司相对持股。魁北克水电公司组织架构见图33-6。

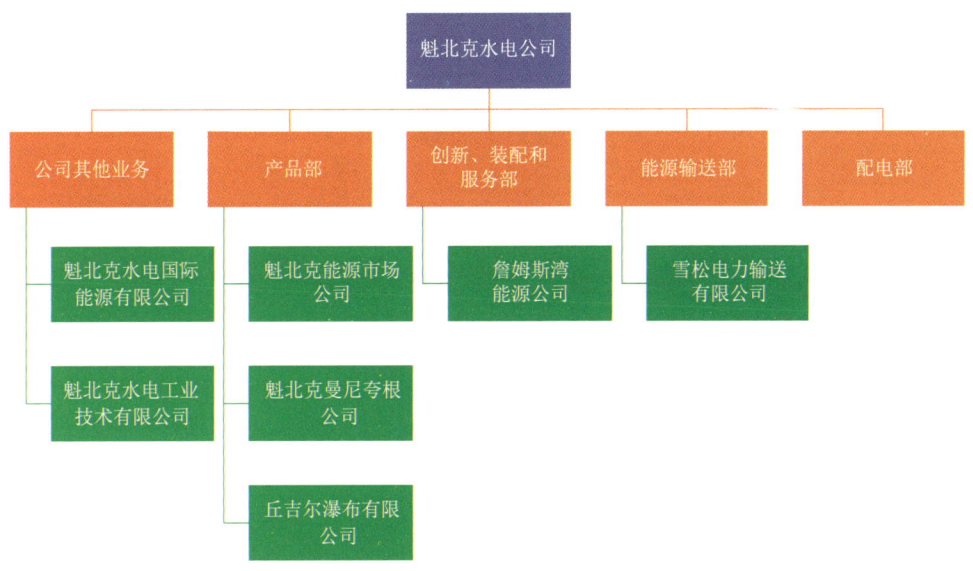

图33-6 魁北克水电公司组织架构

33.3.1.4 业务情况

能源输送部是魁北克水电公司的输电部门，经营着北美最大的输电网络。它是北美的主要电力系统——魁北克互联系统的独立系统运营商和电力调度机构，是东北电力协调委员会的一部分。魁北克水电公司管理魁北克网络的能源流动，确保所有参与批发市场的参与者不受歧视。近年来，根据魁北克省和联邦能源部之间的双边协议，能源输送部一直担任魁北克整体电力网络的可靠性协调员。公司的高压电网延伸超过33630km，包括11422km的765kV和735kV线路以及514个变电站，并进一步通过17个连接点连接到邻近的加拿大各省和美国，电网网络的最大接收容量为10850MW，最大传输容量为7994MW。魁北克水电公司2018财年净收入业务结构见图33-7。

（1）发电方面。2018年魁北克水电公司发电部门发电总量达198.4TWh，比2017年增加2.7TWh，其中161.9TWh提供给了公司的配电部门，36.5TWh提供给了其他用户。发电部门利润达67亿美元，比2017年增长0.5亿美元，其中74%源于魁北克水电公司的配电部门的购买，

26%源于其他用户的购买。发电部门净收入达 19.98 亿美元，净出口收入贡献了其中的 7.44 亿美元。截至 2018 年年底，魁北克水电公司发电部门的资产、电站及设备总计达 311 亿美元，比 2017 年新增投资 7.92 亿美元。

（2）输电方面，2018 年公司输电部门利润达 33.4 亿美元，其中 29.4 亿美元由本地负荷传输业务（即魁北克水电配电部门）贡献，占比 83%；4.01 亿美元由短途/长途点对点传输业务（即魁北克水电发电部门及北美其他电力批发商）贡献，占比 12%。两者比 2017 年分别增长了 0.81 亿美元与 0.12 亿美元。输电部门净收入 5.54 亿美元，与 2017 年持平。截至 2018 年年底，输电部门资产、电站及设备总计达 231 亿美元，比 2017 年新增投资 17.82 亿美元。

（3）配电方面，2018 年公司配电部门利润达 122 亿美元，其中 46% 来自居民用电，33% 来自商业、机构以及小型工业企业用电，18% 来自大型工业企业用电，剩余 3% 来自其他。配电部门净收入 3.62 亿美元。截至 2018 年年底，配电部门资产、电站及设备总计达 101 亿美元，比 2017 年新增投资 6.64 亿美元。

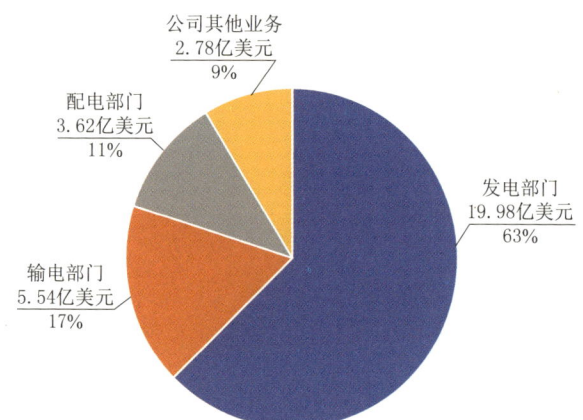

图 33-7　魁北克水电公司 2018 财年净收入业务结构

33.3.1.5　国际业务

魁北克水电公司的国际业务于 1978 年开始。该公司的全新子公司 Hydro-Québec International 于当年被创建，用于拓展魁北克水电公司在分销、发电和输电领域的国际业务。在接下来的 25 年里，Hydro-Québec International 在海外投资方面发展活跃，其投资的主要发电厂和输电网络包括智利的 Transelec、美国的 Cross Sound Cable、秘鲁的 Consorcio Transmantaro、哥斯达黎加的 Hidroelectrica Rio Lajas、澳大利亚的 Murraylink 和巴拿马的 Fortuna。此外，魁北克水电公司的专业知识受到全球多家水电开发商的青睐，参与了包括中国三峡大坝在内的多家海外水电公司的工程师管理培训。

魁北克水电公司还曾于 1999 年短暂持有塞内加尔电力公司（SENELEC）17% 的股份。但该股份在总统阿卜杜拉耶·韦德当选后于 2000 年被取消。同样在 1999 年，Hydro-Québec International 以 6274.6 万美元收购了中国美亚电力公司 20% 的股份并一直持有至 2004 年 7 月。魁北克水电公司在 2003—2006 年逐渐退出国际业务，并出售其所有外国投资以获取利润。这些销售收入已支付给政府的 Generations Fund，这是一个由魁北克省设立的信托基金，旨在减轻公共债务对子孙后代的影响。

33.3.1.6　科技创新

魁北克水电公司在过去 40 年中在研发方面进行了大量投资。除了资助大学研究外，该公司还是北美唯一一家经营大型研究机构——魁北克水电研究所（Hydro Québec Research Institute）的电力公司。该研究中心由 Lionel Boulet 于 1967 年创立，位于蒙特利尔南岸郊区 Varennes。IREQ 的年度研究预算约为 7560 万美元，专门研究高压、机械和热机械、网络模拟和校准等领域。IREQ 的科学家和工程师进行的研究有助于延长水坝寿命，改善水轮机性能，自动化网络管理并提高高压电力线的传输容量。

此外，魁北克水电公司的另一个研究中心沙威尼根实验室（Shawinigan）于 1988 年成立。其主要目的是在开发新产品的同时帮助工业客户提高能源效率。

此外，在过去的 20 年里，该研究中心还开展了地面运输电气化的研究和开发工作。目前的项目包括电池材料、磷酸铁锂和纳米钛酸盐的创新工作、改进的电力传动系统以及大规模部署电动汽车对电网的影响。上述项目侧重于技术，通过增加射程改善寒冷天气的性能并缩短充电时间。

魁北克水电公司曾因未充分利用其部分创新而受到批评。1994 年由 IREQ 工程师兼物理学家皮埃尔·库图首先提出了与公司业务密切联系的电动轮概念。Couture 轮毂电机的后续版现在由 TM4 电动系统公司推出，该公司已与法国达索公司和 Heuliez 公司合作开发电动车 Cleanova，其原型于 2006 年建成。魁北克水电公司于 2009 年初在蒙特利尔国际车展上宣布，其发动机已被塔塔汽车公司选中装备其 Indica 车型的演示版，该车型将在挪威进行路试。

第 34 章

美 国

34.1 能源资源与电力工业

34.1.1 一次能源资源概况

美国矿产与能源资源丰富，铁、铜、铅、锌、煤、石油、天然气以及硫黄、磷酸盐、钾盐等矿物储量均居世界前列，钼、钒、钨、金、银、铀、硼等矿物储量也在世界储量中占较大比重，但钛、锰、锡、钴、铬、镍等矿产主要依赖进口。美国许多矿产资源具有埋藏浅、分布集中、开采条件较好的特点。根据 2019 年《BP 世界能源统计年鉴》，截至 2018 年年底，美国已探明原油储量 612 亿桶，天然气储量 11.9 万亿 m^3，煤炭储量近 2502 亿 t。有色金属矿以铜、铅、锌为主，部分是三者共生矿，其中铜矿探明储量 9200 万 t，居世界第二位；铅矿探明储量 5352 万 t，居世界首位。2018 年美国一次能源消费约为 23 亿 t 油当量，其中石油消费 9.197 亿 t 油当量，天然气消费 7.026 亿 t 油当量，煤炭消费 3.17 亿 t 油当量，核能消费 1.922 亿 t 油当量，水电消费 6530 万 t 油当量，可再生能源消费 1.038 亿 t 油当量。

34.1.2 电力工业概况

34.1.2.1 发电装机容量

2018 年美国新增发电装机容量 31.3GW，同时有 18.7GW 装机容量的发电机组退役。年增加量是继 2003 年 48.8GW 之后最大的一年，新增发电装机容量主要集中在 2018 年下半年，而机组退役集中在上半年。

2018 年新增发电装机容量中，天然气发电装机容量占 62%，风电装机容量占 21%，光伏发电装机容量占 16%，其他为水电和储能电站装机容量。新增的约 19.3GW 天然气发电装机容量中，90% 为高效的联合循环发电机组发电装机容量。其中，宾夕法尼亚州新增天然气发电装机容量最多，约 4.4GW，其他新增发电装机容量较多的是马里兰州、弗吉尼亚州和佛罗里达州。

2018 年风电新增发电装机容量 6.6GW，将近 60% 是在 12 月建成并网。得克萨斯州、艾奥瓦州和俄克拉荷马州共新增 4GW，约占新增总发电装机容量的 60%。

2018 年光伏发电装机容量新增 4.9GW，其中加利福尼亚州新增 1.1GW，佛罗里达州新增 1GW，北卡罗来纳州新增 0.6GW。这些新增发电装机容量不包括小容量的户用光伏。美国 2017—2018 年发电装机容量对比见图 34-1。

2018 年退役发电机组中，燃煤发电机组占 69%，发电装机容量约 12.9GW，80% 集中在得克萨斯州（4.3GW）、俄亥俄州（2.3GW）、佛罗里达州（2GW）和威斯康星州（1.7GW）。天然气发电机组占 25%，发电装机容量约 4.7GW，93% 为效率低于天然气直接发电的燃气蒸汽联合发电机组。核电机组占 3%，为 2018 年 9 月退役的新泽西州 600MW 牡蛎溪核电站。其他退役机组为水电和燃油发电机组。美国 2018 年各类型能源发电装机容量占比见图 34-2。

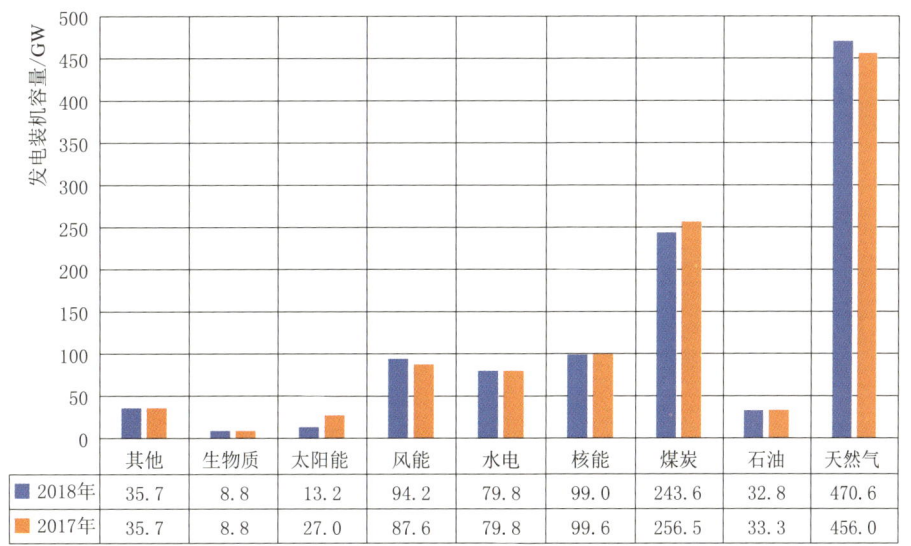

图 34-1 美国 2017—2018 年发电装机容量对比

34.1.2.2 发电量及构成

2018 年美国全国总发电量约 4300TWh。燃煤和天然气发电是最主要的电能来源，可再生能源发展迅速。

在 2015 年以前，美国的主要发电来源为煤炭，在之后则逐渐被天然气所替代，截至 2018 年 12 月 31 日，美国全国天然气发电量达 1467TWh，占总发电量的 35.3%；其次为煤炭，发电量约 1147TWh，占总发电量的 27.6%；核能则排名第三，发电量约 807TWh，占总发电量的 19.5%。美国 2008—2018 年主要能源发电量见图 34-3。

美国主要用电部门有居民用电、商业用电、工业用电以及交通用电。整体用电结构较为稳定，截至 2018 年 12 月 31 日，美国全年居民用电约 1462.7TWh，占比 38.5%；商业用电共 1374.9TWh，占比 36.2%；工业用电共 952.5TWh，占比 25%。据了解，美国供电普遍充足，其供电可靠性达到 99.8%。

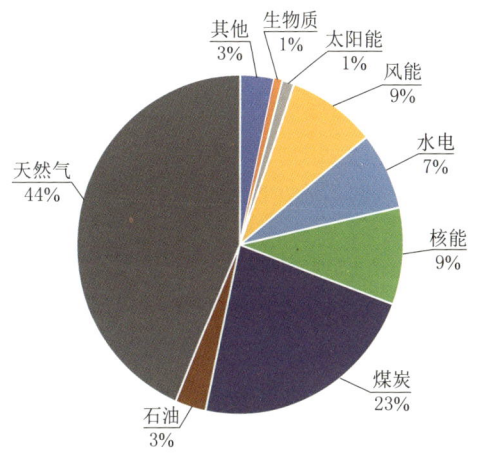

资料来源：彭博金融终端。

图 34-2 美国 2018 年各类型能源发电装机容量占比

34.1.2.3 电网结构

美国电网在早期是由私有和公有公司根据各自的负荷和电源条件组成的一个个孤立电网。随后在互利原则的基础上通过双边或多边协议、联合经营等方式相互联网，同步运行，逐步形成了目前美国东部、西部和得克萨斯三大联合电网，3 个区域电网主要通过直流背靠背联系，分别占美国售电量的 73%、19% 和 8%。东部电网和西部电网分别与加拿大电网并网运行，西部的加利福尼亚电网和南部的得克萨斯电网与墨西哥电网连接。美国电网运行频率均为 60Hz，常见的电压等级有 500kV、345kV、230kV、161kV、138kV、115kV。

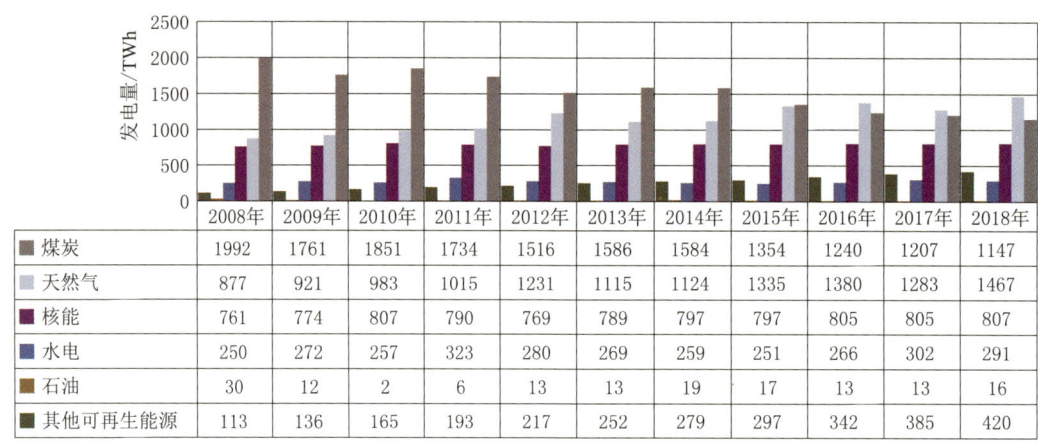

资料来源：彭博金融终端。

图 34-3　美国 2008—2018 年主要能源发电量

34.1.3　电力管理体制

34.1.3.1　机构设置

美国电力实行联邦和州两级监管体制。联邦能源监管委员会（FERC）主要监管州际之间的电力交易，而各州的州公用事业管理委员会（PUC）主要监管州内电力交易。2007 年，联邦能源监管委员会授权北美可靠性公司（NERC）负责发输电系统的可靠性管理，包括标准制定、执行和监管等。配电系统的可靠性管理和信息发布主要在各州的州公用事业管理委员会。此外，联邦能源监管委员会和州公用事业管理委员会都设有专门的部门负责投诉举报处理、争议纠纷解决以及违法违规行为查处等稽查业务工作。

34.1.3.2　职能分工

美国联邦能源监管委员会组织结构见图 34-4。

1. 联邦能源监管委员会

联邦能源监管委员会是美国能源部下属的一个独立组织，于 1977 年 10 月 1 日根据《美国能源部组织机构法》（1977）成立，取代了具有 57 年历史的联邦电力委员会（FPC）。联邦能源监管委员会一般有 5 个委员，其中一人由总统任命为主席，任期 5 年。5 人在监管事项上享有平等的投票权，为了避免不合理的政治影响，来自同一政党的委员不得超过 3 名。联邦能源监管委员会下设天然气、电力、水利水电、石油管道四个分委会，以及管线注册、寄询、电力注册、水电许可、经济政策、对外联络、执行主席和总财经官员、总会计、秘书和行政法规等 10 个办公室。

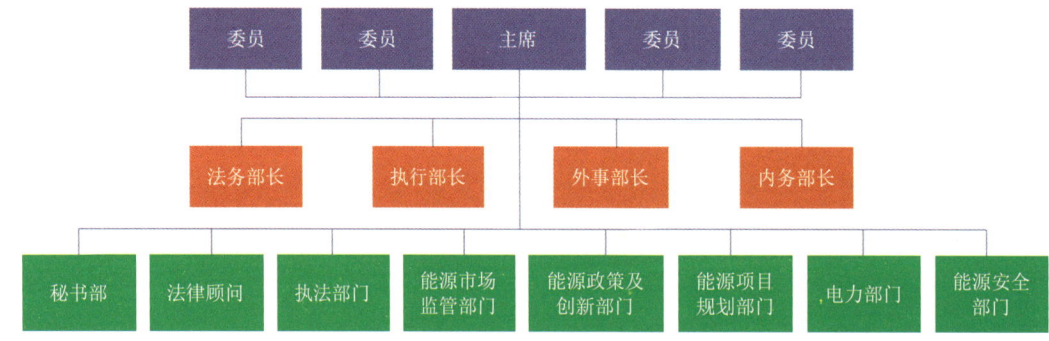

资料来源：联邦能源监管委员会（F 电力监管委员会）。

图 34-4　美国联邦能源监管委员会组织结构

2. 州公用事业管理委员会

州公用事业管理委员会由 3~5 名指定或者选举的委员和 1 名专业人员组成。

3. 北美电力可靠性公司

2007年，联邦能源监管委员会授权北美电力可靠性协会作为全美唯一的电力可靠性组织（ERO），并改称为北美电力可靠性公司，同时联邦能源监管委员会授权北美电力可靠性公司制定强制性可靠性标准，目前美国大陆被划分为 8 个电力可靠协作区，分别为：①得克萨斯电力可靠性委员会（ERCOT）；②佛罗里达可靠性协调协会（FRCC）；③中西部可靠性协调组织（MRO）；④东北区电力协调协会（NPCC）；⑤第一可靠性合作组织（RFC）；⑥东南区电力可靠性协会（SERC）；⑦西南联合电力系统（SPP）；⑧西部电力系统协调协会（WECC）。

北美电力可靠性公司是联邦能源监管委员会授权、非营利、非官方的电力可靠性管理组织，其每年的经费约5000万美元，经费从供电电费中分摊，先分摊到各州，各州再分摊到每度电中。

联邦和州两级监管机构的监管职能划分明确，但在实际操作过程中存在一些交叉重复。通常联邦监管机构只有在州监管机构不作为时才具体介入（例如输电许可证的颁发），当联邦和州监管机构对某个问题发生意见分歧时，联邦政府具有管理优先权。总体来说，电力监管以州为主，联邦为辅，但当两个机构发生分歧时，联邦监管机构具有优先管理权。

联邦能源监管委员会作为独立的监管机构，主要监管跨州电力的输送业务，仅核准水电项目，目前其电力监管职能主要如下：

（1）监管跨州输电价格和服务。

（2）监管电力批发市场，包括价格、服务和输电网的开放。

（3）监管电力企业的兼并、重组、转让和证券发行。

（4）核准电力输送项目的选址。

（5）颁发并核查私营、市政和联邦水电项目许可。

（6）通过强制性可靠性标准来保护跨州高压输电系统的安全可靠性。

（7）对能源市场进行检测和调查。

（8）针对违反联邦能源监管委员会有关能源市场规则的能源组织和个人采取民事罚款或其他措施。

（9）对与天然气和水电工程以及重大电力政策项目有关的环境问题进行监督。

（10）对受监管企业的财务会计、财务报告制度及行为进行管理。

州公用事业管理委员会的监管职能主要如下：

（1）监管配电业务及电力零售市场的价格及服务。

（2）颁发输电设施建设许可证。

（3）监管购售电合同。

（4）监管电力普遍服务。

（5）监管可再生电力的收购。

（6）监管加州能源法案及能源政策的实施。

（7）组织实施能源效率和需求侧管理项目。

（8）监管市政电力系统、田纳西流域管理委员会等联邦电力营销机构的行为。

北美电力可靠性公司监管职能主要有以下几项：

（1）可靠性标准的制定。

（2）合规性管理和强制性实施。

（3）可靠性评估，北美电力可靠性委员会每年均进行可靠性评估。

（4）事件分析，对电力突发事件进行原因分析。

（5）对大电力系统进行实时监控。

（6）保障基础设施的安全。

34.1.4 电力调度机制

美国没有统一的电力调度机构，由独立系统运营商（ISO）和地区输电机构（RTO）负责各区域市场的电力调度。

2000年，联邦能源监管委员会批准了5家独立系统运营商，以提供交易管理、辅助服务和输电服务。美国部分区域电力市场由独立系统运营商运作，独立系统运营商由联邦能源监管委员会监管。独立系统运营商的职责是保证电力安全地输送到用户，保证输电网络的可靠运行，并对使用者无歧视地开放。

1999年联邦能源监管委员发布2000号法令，要求在独立系统运营商的基础上，鼓励较小的输电组织联合成为大的地区输电机构，并发布了成立地区输电机构的12个条件，其中许多都反映了独立系统运营商的特征，自此形成地区输电机构和独立系统运营商共存的局面。

其中成立地区输电机构的条件主要是对地区输电机构的基本特征和基本功能的规定，具体如下：

（1）地区输电机构应具有的基本特征为：①独立于市场参与者；②适当的规模和适当的地域划分；③拥有对地区输电机构控制下所有设备的运行权；④维持电网短期运行可靠性的绝对权力。

（2）地区输电机构的主要功能有：①建立与管理收费制度；②阻塞处理；③并行潮流的处理；④提供辅助服务排队；⑤建立并管理OASIS；⑥市场监督；⑦对控制区负有规划和建设的责任；⑧处理区域间合作。

除此之外，美国部分地区不是由这两类运营商进行调度。北美电力可靠性公司管辖范围内的部分小电网由私营电力公司管理，主要是大型私营电力公司，还有一些是联邦电力市场组织，这类组织被称为控制区域运营商或者协调机构。在西部联合电力系统中，除加利福尼亚州只有一个独立系统运营商外再没有其他的地区输电机构和独立系统运营商，这些控制区域运营商必须互相协作来保证电力供应的可靠性。

34.2 电力市场概况

34.2.1 电力市场运营模式

34.2.1.1 市场构成

美国整个电力市场划分为10个区域电力市场，早期形成的有组织的电力市场区域包括新英格兰电力市场（ISO–NE）、纽约电力市场（NYISO）、PJM电力市场、得克萨斯州电力市场（ERCOT）和加利福尼亚州电力市场（CAISO），后来逐渐发展形成的有中西部电力市场（MISO）、西北电力市场（Northwest）、东南电力市场（Southeast）、西南电力市场（Southwest）和西南电力库（SP）。美国电力批发市场可以分为能量市场、容量市场和辅助服务市场，其中能量市场主要根据电力的供需来决定电力的成交量和电力价格；在容量市场中各发电商会受到各种补贴来保证电力装机容量，以满足电力需求；辅助服务市场则主要为电力可靠性和电力传输提供辅助性的服务。

34.2.1.2 结算机制

美国电力市场交易结算主要采用两种结算系统，由两个市场组成：日前市场和实时平衡市场。日前市场是一个提前的市场，根据在日前市场提交的发电投标、负荷竞价等，计算得到第二天运营日每个小时的出清价格。平衡市场是一个实时的能量市场，在实际的系统运行安全约束的经济调度基础上，每 5min 计算一次出清价格。日前市场结算是以日前节点电价为基础的，平衡市场的结算是以实时的小时综合节点电价为基础的。

34.2.1.3 价格机制

1. 定价机制

美国电力市场竞争充分，已基本实现市场定价，但电力公司的定价也必须经电力监管部门审批。监管分联邦和州两级监管体系，在联邦一级，负责监管的机构主要是联邦能源监管委员会，州级监管机构为各州的州公用事业管理委员会。根据联邦《电力法》的规定，任何电力公司在提供服务前 120 天必须向联邦能源监管委员会提交资费表并告知公众。未获批准的资费表一律不合法，获得批准的资费表不得擅自改动，纳入资费表管制的业务不得擅自取消。一般来说，美国电力公司为每户居民开出的每月电费账单包括基本费用、燃油费、消费税、州税等固定项目和按照用电量计算的配电费用、发电费用等。

由于各州政策的差异以及各企业成本不一，美国各地的电力价格也各不相同，多使用阶梯电价。此外，美国电力监管部门采取措施鼓励电力公司出台一些举措来节约用电，推广节能，如电费折扣、分时能源价格等。

2. 电价管理

美国电价管理主要包括核定电价、调整电价和监控电价。

（1）核定电价。电力企业必须向监管机构提交详细的电力资费明细表。监管机构根据其颁布的统一会计标准对提交的资费明细表进行审查，确认这些业务的提供与限制条件是否符合公共利益、成本数据是否真实合理。凡是跨州的输电业务和电力批发业务，电力企业应向联邦能源监管委员会提交资费表；提供配电及州内电力零售业务，电力企业都应向各州州公用事业管理委员会提交资费表。得到批准的资费表既是电力业务的价格公告，也是对电力企业进行价格监管的主要依据，还是电力企业与用户之间的买卖合同。

（2）调整电价。电力企业要求调整电价时，应向监管机构提出调价申请，其中输电价格调整报联邦能源监管委员会，配电价格调整报各州州公用事业管理委员会。申请材料应包括调价的详细原因、成本变动情况和支持性的财务报表。监管机构接到企业的调价申请后，一般会成立由律师、会计、财务分析、经济和工程技术等人员组成的审查小组，对申请材料中的基础费率、投资回报、公司的收入、信贷、运营成本、折旧、所得税和其他税费进行逐项审查。同时，将公司的调价申请书发给用户和利益相关方征求意见。多数分歧和意见一般通过审查小组的调解解决，如遇重大分歧，审查小组将提请联邦能源监管委员会举行必要的听证，并由行政法官做出裁决。电价调整自电力企业提出申请之日起实行，如果调价申请被监管机构驳回，则此前电力企业多收取的费用要全额退还给用户。

（3）监控电价。联邦能源监管委员会负责监控电价，其所需要的价格信息主要来自四个方面：①全国7个区域调度交易机构提供的现货批发市场信息；②全国1000家从事双边交易的市场主体提供的信息，主要反映双边交易价格情况；③来自受监管的200多家电力企业报送的价格信息；④从各种协会和统计机构购买的电力市场价格信息，主要是期货交易信息。市场监控部门通过特定的计算机程序每天对这些信息自动进行处理，并计算出各地价格涨跌情况，同时将这些信息显示在市场监控的大屏幕上。市场监控部门结合天气状况、煤炭、天然气等原料市场价格等资料，对各地价格涨跌的情况进行分析，并于每天11：00召开分析会议，做出最终判断，报委员会决策参考。如果发现价格异常或有人为操控价格的情况，将移送调查部门调查处理。

34.2.2 电力市场监管模式

34.2.2.1 监管制度

1. 依法监管

美国的电力监管以法律为基础，不管是监管机构的设立、监管职能的实施，还是监管冲突的解决，都有其法律依据。

2. 独立监管

监管机构相对于政府是独立的，相对于被监管对象和消费者也是独立的。它以第三者的角度保护电力市场的竞争性和公正性，让消费者享有充分的市场信息，并对不遵守市场规则的厂商进行处罚。

3. 分散监管

充分发挥地方政府在电力监管中的主动性，并能根据不同地区经济和资源禀赋的差异制定有针对性的电力监管政策。但同时也增加了联邦与州电力监管机构间协调的难度，容易形成各州间的电力交易壁垒。

4. 分环节监管

放松竞争环节（发电和售电）的监管，加强自然垄断环节（输配电）的网络接入监管、价格监管以及安全环保和普遍服务等内容的监管（社会监管）。

34.2.2.2 监管对象

美国的电力工业主要由四类企业构成：①私营的公用电力公司，共有239家，这类公司通常为发输配供垂直一体化的企业，拥有全美68%的发电、80%的输电和78%的配电设施，占有美国绝大部分的城市供电市场；②独立发电商，共有1934家，拥有全美12%的发电设施；③地方政府拥有的市政电力公司和农民拥有的合作性质的电力公司，共有2921家，拥有全美13%的发电、12%的输电和22%的配电设施，占有美国部分市镇供电市场和绝大部分农电市场。联邦政府拥有的6个电力（水电）管理局，拥有全美7%的发电和8%的输电设施。电力监管主要是针对第一类私营的公用电力公司和第二类独立发电商，其他两类电力企业不受监管机构的监管。

34.2.2.3 监管内容

美国《联邦电力管理规定》与各州的《公用事业法典》对各级监管机构的监管内容做出了详细的规定，包括电价制定、市场准入、许可证申请、企业兼并重组、接入互联、公众服务、电网开放、会计和可靠性标准等方面。

联邦能源监管委员会的电力监管内容主要包括跨州输电价格和服务；电力企业并购、重组、转让和证券发行；电力企业会计准则和电网可靠性标准；电力批发市场监管，包括价格、服务和输电网的接入；发放非联邦政府拥有的水电项目许可证；监管水电大坝安全；实施联邦《电力法》等相关能源法案等。

各州的州公用事业委员会的电力监管内容主要包括监管配电业务及电力零售市场的价格及服务；颁发输电设施许可证，监督输电线路的建设；监管购电和售电合同；普遍服务责任，可再生能源的收购；组织实施能源效率和需求侧管理；监督州政府能源法案和能源政策的实施等。

34.3 主要电力机构

34.3.1 杜克能源公司

34.3.1.1 公司概况

杜克能源公司成立于 2005 年，前身是 Duke Energy Holding Corp，于 2005 年 4 月改为现用名，总部位于美国北卡罗来纳州夏洛特市。公司在美国发电能力峰值约 58200MW，共拥有 720 万用户。公司共有约 29000 名雇员，是一家主营电力供应、天然气运输的企业，是美国最大的公用事业公司。其服务总国土面积达 27 万 km^2，同时还建有 40.2 万 km 的电缆线路。

34.3.1.2 历史沿革

James Buchanan Duke（1865—1925）于 1899 年创立了美国发展公司，并购买了 Catawba 河在 Chester、Lancaster 以及 Fairfield 流域的土地。

1900 年，Walker Gill Wylie 与其兄弟 Robert H.Wylie 创立了 Catawba 电力公司，并邀请 James Buchanan Duke 的公司投资约 100 万美元在 Catawba 河上建立了水力发电厂。该电厂于 1904 年建成，总发电量为 3300kW，James Buchanan Duke 也与 Wylie 兄弟联合成立了 Southern Power Company 以管理该电厂。在此后数年，James Buchanan Duke 建立了数座发电厂，并于 1917 年成立 Wateree 公司以控股这些发电厂。随着公司的发展，该公司于 1924 年更名为 Duke Power，这也是 Duke Energy Holding Corp 的前身。Duke Power 于 1997 年与天然气公司 PanEnergy 正式合并成为杜克能源公司。

在杜克能源公司成立后，公司于 2006 年收购 Cinergy Corporation，因此得以将商业扩展至美国中西部地区，其业务范围也延伸至电力行业的各个领域，包括核电站、燃煤电站、水力发电厂以及天然气电站等。

2008 年，中美两国签署《中美能源环境十年合作框架下的绿色合作伙伴计划框架》，通过政府与企业间各自结对的方式开展了能源领域的合作，杜克能源公司作为美国的重要能源企业，与多家中国企业开展了合作，例如与华能集团签署了合作备忘录，在可再生能源与清洁能源技术方面开展了交流；与中国新奥集团合作，结成了中美绿色结对伙伴，制订了一整套行动计划，致力于光伏发电及新的配电设施试点、智能电网及泛能网的建设与优化等。

2011 年，杜克能源公司开始与夏洛特市展开全方位合作，成立了名为"Envision Charlotte"的组织，以帮助夏洛特市建立一套智慧城市体系，并致力于在城市核心区域发展低碳清洁能源，降低城市能耗。公司于 2017 年决定斥资 130 亿美元投资升级北卡罗莱纳州的电网系统。

2018 年，公司宣布在未来的投资中取消所有的核电站投资建设计划，未来也将逐步出售公司拥有的核电相关资产,实现公司能源的"无核化运营"。

34.3.1.3 组织架构

杜克能源公司的董事会旗下有六大部门,除了后台部门以外,分别是天然气事业部、核能事业部、石化能源事业部、战略发展部、采购部。杜克能源公司组织架构见图34-5。

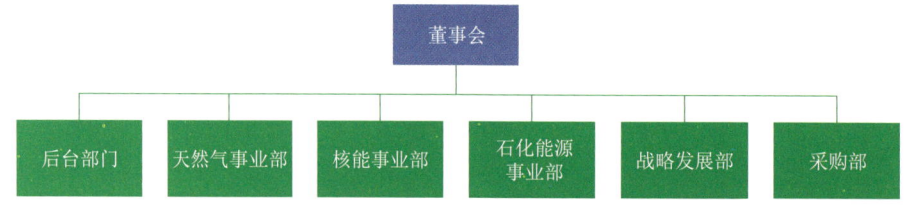

图34-5 杜克能源公司组织架构

核能事业部、石化能源事业部分别负责核能、天然气及石化能源的开采、电站建设、电站运营等事务;战略发展部主要负责公司对外投资并购、集团未来发展战略制定等事务;而采购部负责供应商管理、原材料采购、采购计划制定等事务。

34.3.1.4 业务情况

杜克能源公司是一家能源公司,其业务包括政府管制的公用事业、商业电力。

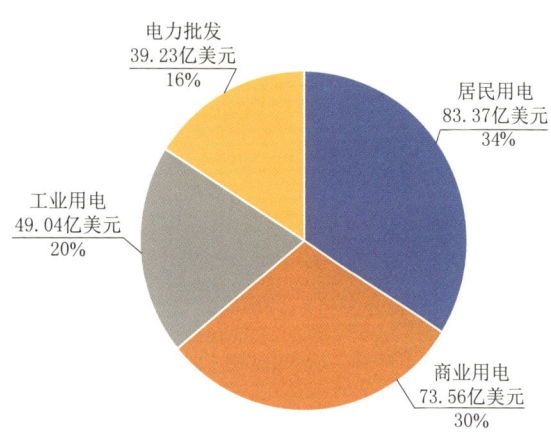

资料来源:彭博数据终端。

图34-6 杜克能源公司主要售电类型

杜克能源公司受管制的公用事业业务,主要通过杜克能源卡罗来纳分部、杜克进展能源公司、杜克能源佛罗里达分部、杜克能源印第安纳分部、杜克能源俄亥俄分部等公司运营。杜克能源公司的商业电力建构方面,主要在整个美国大陆发展并经营风能和太阳能的可再生能源发电和能源输送项目。

公司2018年总收入达245.21亿美元,总资产共1453.92亿美元。公司收入主要以售卖电力为主,主要客户涵盖四大类,分别为居民用电、商业用电、工业用电以及电力批发业务。其中,截至2018年年底,居民用电收入共83.37亿美元;商业用电收入共73.56亿美元;工业用电收入共49.04亿美元;电力批发收入共39.23亿美元。杜克能源公司主要售电类型见图34-6。

从发电装机容量来看,杜克能源公司2018年总发电装机容量约50880MW,其中天然气/石油的占比最高,约42%;煤炭占比其次,为33%;核能占比第三为18%;水力/太阳能则仅占7%。杜克能源公司主要发电装机容量见图34-7。

在国内市场,杜克能源公司主要业务集中在南北卡罗莱纳州、佛罗里达州、俄亥俄州及印第安纳州。其中南北卡罗莱纳州的总发电量达133878.6GWh,占公司总发电量的51%;佛罗里达州其次,占公司总发电量的26%;印第安纳州与俄亥俄州分列第三、第四,分别占公司总发电量的13%与10%。杜克能源公司2018年各州发电量见图34-8。

34.3.1.5 科技创新

杜克能源公司未来将大力发展可再生能源,特别是光伏能源,并计划在未来逐步淘汰核能发电。

在光伏领域，公司已收购北卡罗来纳州约5MW的太阳能光伏项目；同时位于新墨西哥州（Tucumcari）附近的25MW的Caprock太阳能电站也开始破土动工；另外还与迪士尼合作建立了米老鼠形状的5MW太阳能光伏项目，用以宣传清洁能源的重要性。

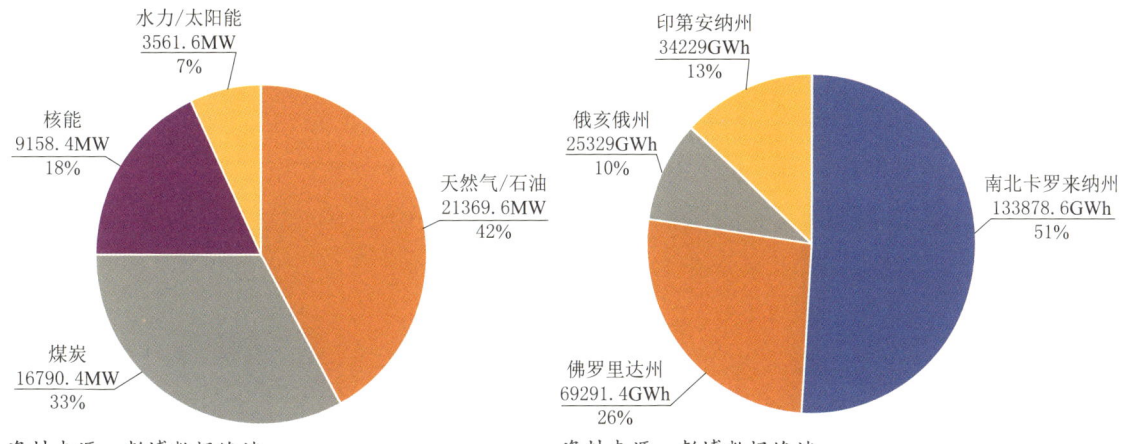

图34-7　杜克能源公司主要发电装机容量　　图34-8　杜克能源公司2018年各州发电量

杜克能源公司未来除光伏能源外，还将重点关注公用事业、天然气基础设施建设以及可再生能源工程，并将其列为公司未来的核心发展战略目标。同时，公司在新发布的财报上表示，即便未来具备较高的市场预期，但是对于非可再生能源业务，公司也计划逐渐将其剥离。为了实现这一目标，逐渐剥离非可再生能源业务，公司暂停了在北卡罗来纳州的核电站项目，并以6亿美元的价格出售了旗下通信公司51%的股权。另外，杜克能源公司还于过去3年间关闭了50多个火电厂，此举帮助公司减少了约25%的碳排放。

同时，杜克能源公司还将积极推动公共事业的发展，公司承诺将投资5亿美元用于太阳能利用计划，并建设4个公共事业规模级的太阳能项目。另外，公司还与谷歌积极展开合作，杜克能源公司负责公司在北卡罗来纳州新建61MW的光伏电站，为谷歌位于该地的数据中心提供电力。除此以外，公司还与谷歌合作推出了"绿能骑士"计划，帮助非居民用户优先选择来自可再生能源的电力，逐步减少传统高排放能源的使用；而谷歌则帮助杜克能源公司采集用户使用数据，定位终端大客户，根据客户实际需求定制不同的可再生能源价格与服务，提升客户满意度，同时减少传统能源的使用。

34.3.2　美国电力公司

34.3.2.1　公司概况

美国电力公司（American Electric Power Company，AEP）总部位于俄亥俄州哥伦布市，是美国最大的电力公司之一，从事发电及输配电业务。美国电力公司在美国为11个州的近500万用户提供电力服务，在全美拥有近38GW的总发电装机容量。另外美国电力公司还拥有全美最大的电力传输系统，网线全长达63000km，还包括了765kV的超高压输电线路，超过了美国其他公司输电线路的总和。除此以外，美国电力公司还控制共约4000辆有轨车、超500艘驳船以及年吞吐能力为1800万t的煤炭装卸码头，通过垂直整合公共事业、输配电业务、发电业务等实现自负盈亏的运营。

34.3.2.2 历史沿革

美国电力公司的前身为美国天然气和电力公司，成立于1906年，总部位于纽约市。1935年美国公共设施控股公司法案通过后，其部分资产被剥离，其中就包括了大西洋城电力公司（现为Exelon的子公司）。该公司于1958年更名为美国电力公司，公司于1980年将总部搬迁至俄亥俄州的哥伦布市，同时收购了位于该市的哥伦布和俄亥俄州南部电力公司。公司于1990年开始快速扩张，斥资28亿美元收购了英国的约克郡电力公司，将商业触角延伸至大西洋彼岸的英国。同时，在美国国内，公司还收购了本土的中西部电力公司，由于交易金额庞大，该笔交易直到5年后的2004年才获得政府的批准。截至2000年年底，公司年总收入达125亿美元，售电接近200TWh。2008年美国电力公司与杜克能源公司合作成立子公司，共享相关输电技术。

34.3.2.3 组织架构

美国电力公司旗下主要有7大子公司，由AEP俄亥俄州分公司、AEP得克萨斯州分公司、阿拉巴契亚电力公司、印第安纳—密歇根电力公司、肯塔基电力公司、俄克拉何马州公共服务公司以及西南电力公司组成，分别管理各个地区的发电、输配电及公共事业业务。美国电力公司组织架构见图34-9。

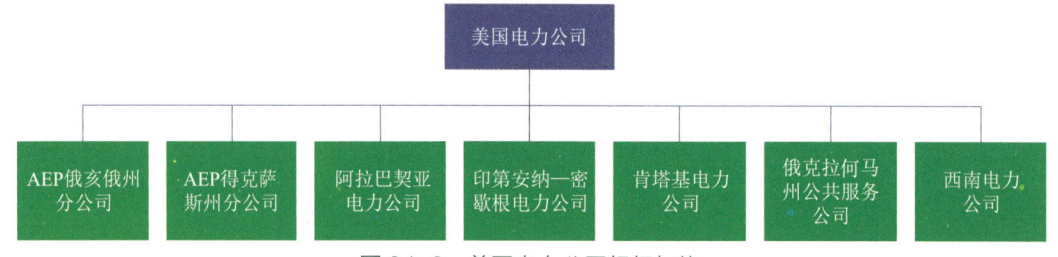

图34-9 美国电力公司组织架构

（1）AEP俄亥俄州分公司主要为俄亥俄州中部、南部以及西北部共150万名客户提供服务。AEP俄亥俄州分公司主要由两家公司组成，包括俄亥俄州电力公司及哥伦布南方电力公司。

（2）AEP得克萨斯州分公司主要负责美国电力公司在得克萨斯州西部和南部的业务，同样也由两家公司组成，包括得克萨斯州北方公司和得克萨斯州中部公司，分别在得克萨斯州西部和南部开展业务。

（3）阿拉巴契亚电力公司总部位于西弗吉尼亚州的查尔斯顿市，主要服务于西弗吉尼亚州中南部、弗吉尼亚州西南部、田纳西州东北部等地区，服务客户逾100万名。

（4）印第安纳—密歇根电力公司主要服务印第安纳州东北部与中东部以及印第安纳州中北部和密歇根州西南部的部分地区。

（5）肯塔基电力公司主要服务于肯塔基州东部的大部分地区。

（6）俄克拉何马州公共服务公司是美国电子公司最早的几家分公司之一，成立于1913年，公司拥有约4269MW的发电装机容量，为约250个城镇提供电力。

（7）西南电力公司主要服务于阿肯色州西部、路易斯安那州西北部以及得克萨斯州东北部大部分地区。

34.3.2.4 业务情况

1. 经营区域

美国电力公司主要业务集中于美国地区，共涉及11个州，包括阿拉斯加州、印第安纳州、肯塔基州、路易斯安那州、密歇根州、俄亥俄州、俄克拉何马州、田纳西州、得克萨斯州、弗吉尼亚州以及西弗吉尼亚州。

2. 经营业绩

美国电力公司的业务包括了电力及煤气供应、发电、输电、配电和相关业务的研究与开发。2018年，公司总收入共179.40亿美元，总资产达616.22亿美元。用户涵盖四大类，主要包括居民用户、商业用户、工业用户以及其他批发用户。其中居民用电收入为60.32亿美元，占比最大为34%；商业用电收入为35.397亿美元，占比为20%；工业用电收入为27.333亿美元，占比为15%；批发用电收入为54.084亿美元，占比为30%；其他收入为2.264亿美元，占比为1%。公司2013—2018年收入与总资产情况见图34-10。

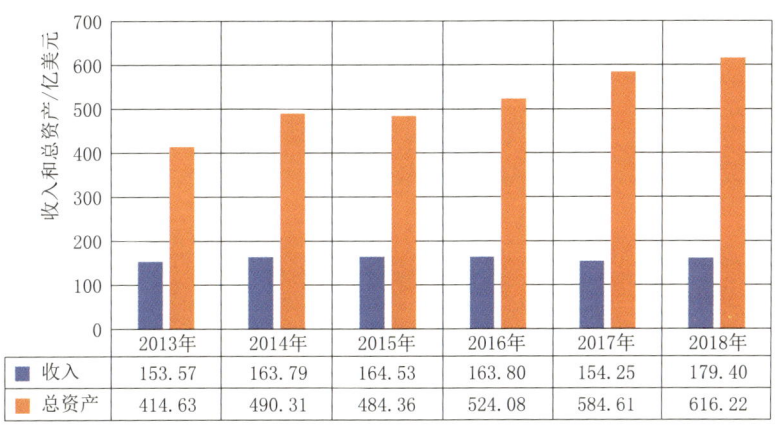

资料来源：彭博数据终端。

图34-10 美国电力公司2013—2018年收入与总资产情况

从发电装机容量来看，公司总发电装机容量达25233MW，其中煤炭为公司主要发电来源，发电装机容量达14506MW，占比为57.49%；其次为天然气，发电装机容量达7853MW，占比为31.13%；排名第三为核电，发电装机容量为2778MW，占比为9.03%；而水电与光伏发电、风电等可再生能源合计发电装机容量为2.35%。美国电力公司主要发电装机容量见图34-11。

34.3.2.5 科技创新

美国电力公司于2018年年初发布了一篇报告，报告内容旨在大力发展提高公司未来清洁能源的发电比例，计划增加风能和太阳能项目投资，该战略包括新的二氧化碳减排目标、可再生资源的投资以及提高

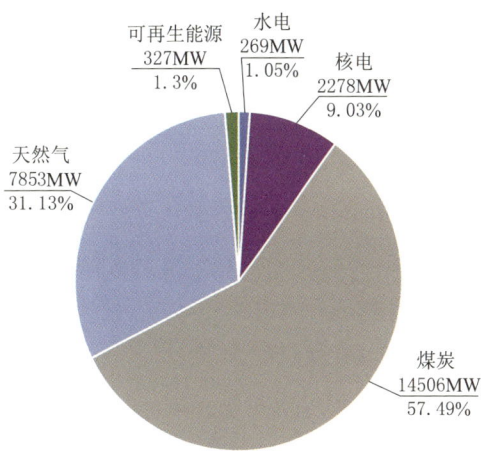

资料来源：彭博数据终端。

图34-11 美国电力公司主要发电装机容量

电网效率的先进技术的开发。公司计划在2030年将其总体的碳排放量相较现在降低60%，到2050年降低80%。另外，公司还在对先进输配电技术进行投资，计划在未来三年内投资超过130亿美元在输配电系统中，以提高能源利用效率，减少能源损耗，提升环保性。公司还计划在2020年之前投入共12亿美元用于可再生能源储能设施的建设。

未来，输配电方向的投资将成为美国电力公司的主要战略重心。公司致力于为客户提供经济高效以及可靠的电力输送，并提出了电网现代化计划，包括替换老化的基础设施、优化电网使用、加强数字集成的措施。同时公司还计划建成上千座电动汽车充电和储能站点。公司计划在2020年前投资177亿美元实现以上计划。另外，美国电力公司还与分布式能源公司（Transource）合作，通过分布式能源将美国电力公司的电力输送扩大到13个州。

在可再生能源发电方面，公司制定了美国电力公司新能源计划，预计到2030年将拥有超过8000MW的风能和太阳能的发电装机容量，是当前发电装机容量的10倍。另外公司还提出了总价值达45亿美元的Wind Catcher的能源连接项目，该项目包括俄克拉何马州狭长地带的约2000MW的风电场，同时还将建设一条通往塔尔萨地区的约800km的专用发电线路，每年向4个州的100万客户提供900MWh的低成本风能。

公司还与Singularity University实现了战略合作，赞助了俄亥俄州哥伦布市的智慧城市项目，支持本地的环保初创企业。另外，公司还投资了Greensmith Energy，联手将先进的储能技术与弗吉尼亚州西南部的两座水电站配对，为电网提供辅助服务。

34.3.3 道明尼能源公司

34.3.3.1 公司概况

道明尼能源公司（Dominion Energy）总部位于美国弗吉尼亚州里士满，为弗吉尼亚州、北卡罗来纳州、南卡罗来纳州的部分地区供电。另外，公司还在宾夕法尼亚州、北卡罗来纳州、南卡罗来纳州、佐治亚州、印第安纳州、伊利诺伊州和康涅狄格州拥有发电设施。公司拥有发电总装机容量达27GW，电力传输线路达9700km。另外，公司还拥有约23000km的天然气传输、收集和储存流水线。同时，公司还经营着美国最大的天然气储存设施，储存容量超276亿m^3。公司为美国中西部和东北部地区约500万名客户提供能源服务。

34.3.3.2 历史沿革

道明尼能源公司的历史可以追溯到1795年，弗吉尼亚州政府成立了Appomattox信托基金以促进Appomattox河道的通航。

1901年，该信托基金由州政府转交给了新成立的弗吉尼亚州铁路和电力公司。1925年，该公司更名为弗吉尼亚电力公司，并重组为一家国有公司。

1940年，弗吉尼亚电力公司与弗吉尼亚公共服务公司合并，并保留弗吉尼亚电力公司这一名称。1980年，弗吉尼亚电力公司再次重组为一家控股公司，并更名为道明尼能源公司。在进行重组后，道明尼能源公司将其业务重新进行划分至三家子公司中，分别为弗吉尼亚电力公司、西弗吉尼亚电力公司以及北卡罗莱纳公司。随后，在整个80—90年代道明尼能源公司将其商业扩展至了北弗吉尼亚地区以及美国东北地区。

2000年，道明尼能源公司进行了又一次大型的重组，将其在20世纪80—90年代间收购的所有资产重组到母公司中。

2007年，道明尼能源公司出售了其在休斯敦的大部分天然气和石油勘探业务，以便精简机构，重新将业务重心转移至天然气和电力核心业务上。

2018年，道明尼能源公司推出了"电网转型计划"，计划于2022年建造约3000MW的太阳能与风能能源。

34.3.3.3 组织架构

道明尼能源公司旗下有5家子公司，由道明尼发电公司、道明尼弗吉尼亚公司、道明尼北卡罗来纳公司、道明尼能源公司以及道明尼勘探公司组成，分别负责集团在不同领域下的业务。道明尼能源公司组织架构见图34-12。

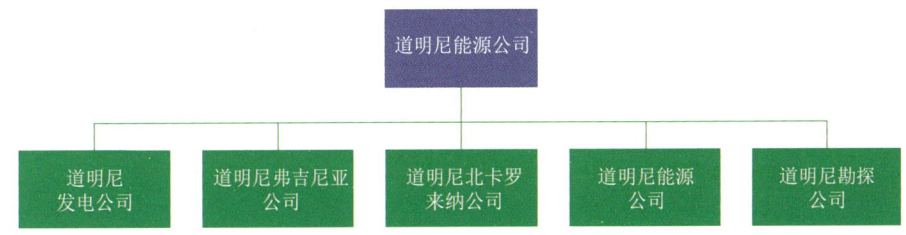

图 34-12　道明尼能源公司组织架构

道明尼发电公司主要负责运营道明尼旗下所有的发电厂，是道明尼能源公司中最大的子公司，主要为美国东北部和中西部的市场输送和生产电力。

道明尼弗吉尼亚公司与道明尼北卡罗来纳公司为道明尼能源公司旗下的输配电公司，主要为弗吉尼亚州、北卡罗来纳州康涅狄格州与西弗吉尼亚州的客户输送与分配电力。

道明尼能源公司主要负责运营道明尼旗下的天然气业务，负责道明尼的天然气分配、输送、储存，道明尼能源公司于2005年开始还负责道明尼的光伏业务。

道明尼勘探公司是道明尼能源公司旗下的天然气和石油勘探公司。直到2007年，该公司依旧是世界上最大的独立天然气和石油运营商之一，但随后道明尼能源公司出售了勘探公司下的大部分股权，精简公司机构，以便能够更加专注于输配电业务。

34.3.3.4 业务情况

1. 经营区域

道明尼能源公司业务所覆盖的地区较广，但弗吉尼亚州是公司的业务重心，第二是马萨诸塞州。除这两州之外，公司还在康涅狄格州、西弗吉尼亚州、宾夕法尼亚州、印第安纳州、伊利诺伊州、北卡罗来纳州以及罗德岛有相关业务。

2. 经营业绩

道明尼能源公司2018年实现总营收133.66亿美元，总资产855.12亿美元。主要向居民用户、商业用户、工业用户进行电力售卖。其中居民用电占售电收入的46%，约34.13亿美元；其次为商业用电，占比约为34%，约25.03亿美元；工业用电占比约为7%，约4.9亿美元；其他用电占比为11%，约8.54亿美元；电力批发仅占2%，为1.4亿美元。道明尼能源公司主要售电收入见图34-13。

从发电装机容量上来看，天然气是公司装机容量最大的电力来源，占总发电装机容量的37%；其次为核电，占比高达21%；而煤/褐煤仅贡献18%的发电装机容量；石油占比约9%；水电和可再生能源分别占总发电装机容量的8%和7%。道明尼能源公司主要发电装机容量见图34-14。

从地区业务上来看，公司仅在美国国内经营业务。公司业务所覆盖的地区较广，但弗吉尼亚州是公司绝对的业务重心，其占比高达56%，发电量约49702GWh，是第二名马萨诸塞州的6.3倍。除这两州之外，公司还在康涅狄格州、西弗吉尼亚州、宾夕法尼亚州、印第安纳州、伊利诺伊州、北卡罗来纳州以及罗德岛有相关业务，但占比均较低。道明尼能源公司2018年各州发电量见图34-15。

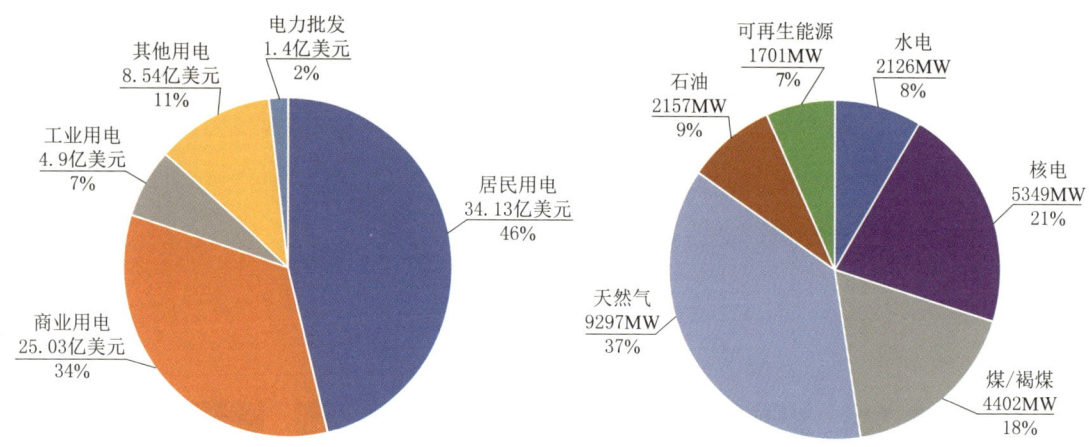

图 34-13　道明尼能源公司主要售电收入

图 34-14　道明尼能源公司主要发电装机容量

34.3.3.5　科技创新

道明尼能源公司于 2018 年 7 月发布了他们的最新电网改造计划，旨在为弗吉尼亚州的可再生能源建设铺平道路，计划在 2020 年提供总计 3000MW 的可再生能源电力，并为 75 万家庭客户提供清洁能源。

该计划包括在弗吉尼亚州提供更多的可再生能源电力。公司将在弗吉尼亚滨海地区建设约 12MW 的海上风电项目，该项目也是大西洋中西部第一座海上风电项目，该项目由道明尼能源公司与丹麦风力发电机公司（OrstedEnergy）合作开发。另外，道明尼能源公司还将在弗吉尼亚州提供 240MW 的分布式光伏发电，同时还会继续

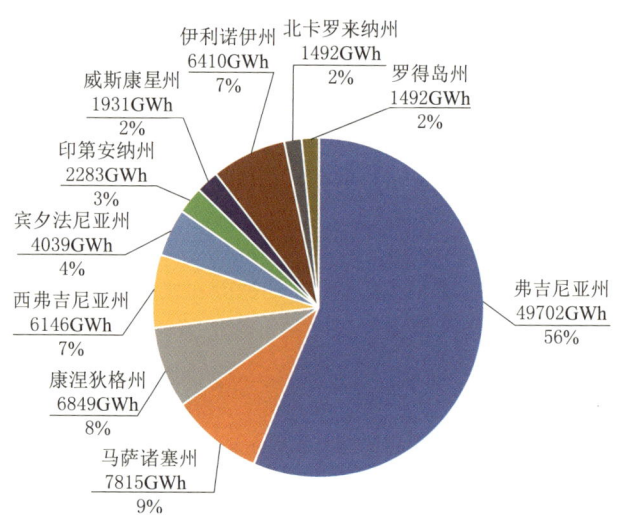

图 34-15　道明尼能源公司 2018 年各州发电量

发展公司的太阳能船队用作资源运输。预计到 2020 年，该船队将成为全球第六大的太阳能船队。

除可再生能源之外，公司还计划投资智能电网与网络安全技术，包括向其客户提供近 210 万个智能电表。这些智能电表与新的客户信息平台相结合，将为客户提供更多信息和工具，以更好地管理他们的能源使用和账单。该计划预计投入 4.5 亿美元，该资金全部来自银行提供的无息专项贷款。另外，道明尼能源公司还将在未来十年内投入 8.7 亿美元在其能效系统上，帮助客户节约能源并管理对弗吉尼亚电力系统的电力需求。

34.3.4　第一能源公司

34.3.4.1　公司情况

第一能源公司是一家位于俄亥俄州阿克伦市的电力公司，其子公司参与电力的分配、传输和发电，以及能源管理和其他能源相关服务。公司主要服务地区包括西弗吉尼亚州、马里兰州、新泽西州和纽约州，公司发电装机容量超 16000MW，线路总长约 250000km。此外，公司还运行有 16 座

各类发电设施。

34.3.4.2 历史沿革

第一能源公司的历史始于1893年，前身为阿克伦电灯与电力公司。经过几次合并后，阿克伦电灯与电力公司破产并于1899年被出售给阿克伦牵引与电气公司（Akron Traction and Electric Company），后者成为俄亥俄州北部电力公司（NOP&L）。

1930年，C&S公司收购了NOP&L，并将其与另外四家俄亥俄州公用事业控股公司合并，组建了俄亥俄州爱迪生公司。

1967年，经过二十年的扩张，俄亥俄州爱迪生公司与其他三家俄亥俄州的公司组成了中部电力协调组，来分担新建发电厂的成本。

俄亥俄州爱迪生公司于1996年与其他公用事业公司中心能源公司（Centerior Energy）、阿勒格尼电力系统公司（Allegheny Power System）和多米尼资源公司（Dominion Rources）的弗吉尼亚电力公司组建了一个六州传输联盟，以协调他们的电网输送。公司于1997年斥资15亿美元收购Centerior Energy，并于同年更名为第一能源公司。

第一能源公司于1997年开始收购了一系列的基建和能源管理公司，包括Roth Bros.和RPC Mechanical，1998年又增加了九个。然后，第一能源公司通过收购MARBEL Energy进军天然气业务。该公司还为其核电和输电资产设立了独立的子公司。2011年，该公司以85亿美元的价格收购了Allegheny Energy，从而增强了其发电能力。此次收购使第一能源公司的发电量增加了70%，客户群增加了35%，极大地提升了其作为领先的区域能源供应商的地位。

34.3.4.3 组织架构

第一能源公司主要有3大业务事业部，分别为受监管配电业务事业部、受监管输电业务事业部以及竞争性能源服务业务事业部。第一能源公司组织架构见图34-16。

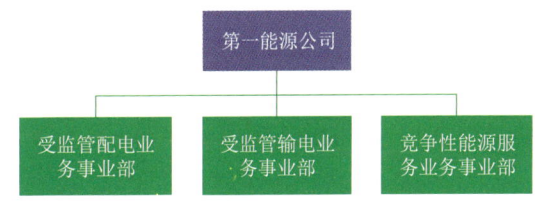

图34-16　第一能源公司组织架构

其中65%的总收入来源于受监管配电业务事业部，25%来源于竞争性能源服务业务事业部，另外10%来源于受监管输电业务事业部。受监管配电业务事业部通过公司内部的十家子公司分配电力，并为600万客户提供服务，总发电装机容量达3800MW。竞争性能源服务业务事业部主要通过公司收购的FES和AE Supply两家公司提供电力，主要客户覆盖了俄亥俄州、宾夕法尼亚州、伊利诺伊州、密歇根州、新泽西州和马里兰州，总发电装机容量约12300MW。公司受监管输电业务事业部主要为主电网提供电力输送，包括了约40000km的输电线路和两个区域运营中心。

34.3.4.4 业务情况

1. 经营区域

第一能源公司在俄亥俄州、宾夕法尼亚州、密歇根州、新泽西州及印第安纳州有相关业务。其中俄亥俄州是公司主要的电力需求地。

2. 业务范围

第一能源公司通过子公司提供各种能源服务。它是一家控股公司，旗下有第一能源物业公司（FirstEnergy Properties, Inc.）、第一能源风险投资公司（FirstEnergy Ventu）、第一能源证券交易公司（FirstEnergy Securities Transfer Co.）、GPU 多种经营控股公司（GPU Diversified Holdings LLC）、GPU 电信服务公司（GPU Telecom Services, Inc.）和 GPU 核能公司（GPU Nuclear, Inc.），从事的业务包括发电、输电与配电。第一能源公司还从事天然气营销与能源管理。

第一能源公司的业务主要包括电力生产、电力输送分配、石油和天然气的开采生产、天然气的输送和营销、能源管理以及其他与能源相关的服务。

第一能源公司 2018 年总收入 11261 亿美元，总资产达 383.684 亿美元。公司并不从事电力批发业务，居民、工业和商业用电是公司主要的收入来源。其中居民用电收入最高，为 559.94 亿美元，占比达 36.8%；其次为工业用电，收入为 530.04 亿美元，占比达 34.92%；收入第三为商业用电，为 422.13 亿美元，占比约 27.82%；其他收入为 5.6 亿美元，占比为 0.37%。第一能源公司主要售电收入见图 34-17。

从发电装机容量占比上来看，第一能源公司主要发电能源还是煤，总发电装机容量为 9406MW，占比 57%；其次为核电，总发电装机容量为 4048MW，占比约 25%；水电与天然气分列第三、第四，占比分别为 9% 与 8%。第一能源公司发电装机容量占比见图 34-18。

从地区上来看，公司在俄亥俄州、宾夕法尼亚州、密歇根州、新泽西州及印第安纳州有相关业务。其中俄亥俄州是公司主要的电力需求地，公司于 2018 年共向其销售 89697GWh 的电力，占总销售电力的 59%；其次为宾夕法尼亚州，销售电力为 51602GWh，占总销售电力的 34%。第一能源公司 2018 年各州发电量见图 34-19。

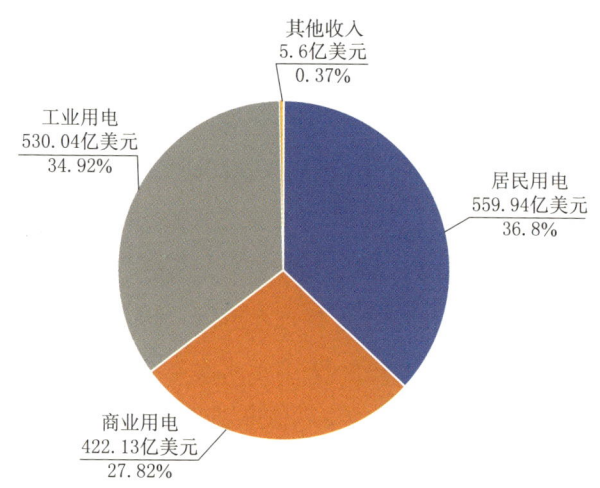

资料来源：彭博数据终端。

图 34-17　第一能源公司主要售电收入

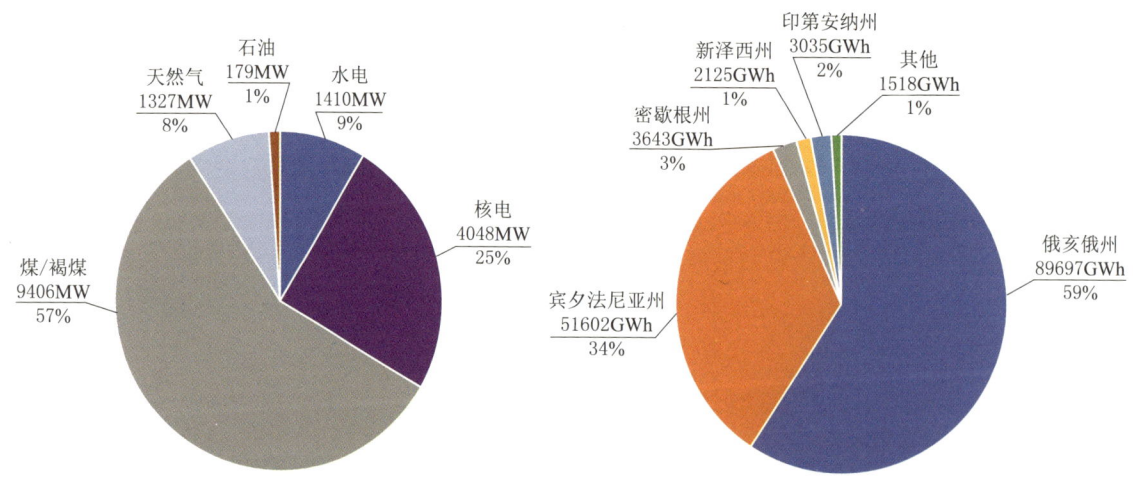

资料来源：彭博数据终端。

图 34-18　第一能源公司发电装机容量占比　　图 34-19　第一能源公司 2018 年各州发电量

34.3.4.5　科技创新

第一能源公司未来的重点是输配电系统的升级改造，子公司 Mid-Atlantic Interstate Transmission

未来每年将投入逾10亿美元用于输配电系统的升级。公司计划未来每年完成至少600个输配电项目，并重点关注三大投资领域：①升级或更换老化的基础设施，例如断路器、变压器和电线杆或塔架，以加强公司的传输设施，抵御恶劣天气，减少停电并降低维护成本；②通过构建更智能，更安全的输电系统来提升输电能效；③增加运营灵活性，使电网运营商能够更快地对不断变化的电网条件和不断变化的能源供应组合做出反应。

34.3.5 纽约电力局

34.3.5.1 公司概况

纽约电力局（NYPA）是全国最大的州立电力公共机构，公司运行仅16个发电设施以及近2400km的输电线路，其总部位于White Plains。公司在运营上并不使用纽约州财政预算，主要通过债券为其项目与运营进行融资。公司客户群主要由州政府来确定，包括了各大企业、公益组织以及政府机构等。公司生产的电力中有近70%是由水力提供的清洁能源，并为纽约州创造了数十万个工作岗位。除电力设施和输电线路之外，公司还负责纽约州运河公司的运营。

34.3.5.2 历史沿革

纽约电力局成立于1931年，时任纽约州州长罗斯福于当年4月签署了《电力机构法》，旨在成立专门的非营利公共机构管理纽约州内的电力设施，由此促成了纽约电力局的诞生。

纽约电力局于1954年与安大略水电公司进行合作，在加拿大和美国边境建设了罗斯福水电站，该水电站发电装机容量约800MW。公司还于1957年帮助重建了圣劳伦斯河上的水电站，并正式于1961年开始运营，总发电装机容量为2400MW，也是当时美国西部最大的水电站。

公司于1969年在安大略湖畔建立了James A. FitzPatrick核电站，这也是公司第一座核电站，发电装机容量约820MW。

随着20世纪70年代美国能源危机的爆发，美国寻求向邻国加拿大进口廉价电力，纽约电力局于1978年建设了一条765kV的输电线路，总长约250km。同时，公司也并未停止水电的开发，公司在70年代陆续建设了一系列小型的水力发电设施，目前还有五座正在运行，总发电装机容量约29.5MW。

2000年11月，纽约电力局以9.67亿美元将其Indian Point 3和James A. FitzPatrick核电站出售给Entergy公司。此次出售是核电行业历史上最高的资产出售案，也是纽约州最大的资产私有化项目。随着20世纪的结束，纽约电力局将其注意力重新集中在大型水电项目上，确保在未来许多年内可靠地提供清洁、低成本的电力供应。

34.3.5.3 组织架构

纽约电力局总共由三个部门组成，分别为发电站运营部门、后台部门和电力销售部门。纽约电力局组织架构见图34-20。

公司将发电站运营以及电力销售划分至两个不同的部门中，其中发电站运营部门为成本部门，负责公司所有发电站、输配线管的维护以及运营。电力销售部门作为利润部门，主要负责进行电力销售、业务拓展、市场营销等职能。

34.3.5.4 业务情况

1. 经营区域

纽约电力局的业务区域主要集中在纽约州，具体项目是由州政府来定。

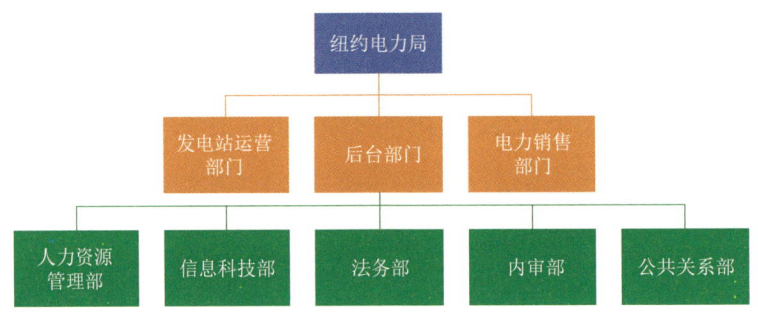

图 34-20　纽约电力局组织架构

2. 经营业绩

公司 2018 年收入约 26.63 亿美元，总资产约 27.43 亿美元。按照客户分配，其中居民用电收入占比最大为 40%，其次是商业用电占比为 39%，再而是工业用电占比为 11%，其他占比为 10%。

公司主要通过水电与石油/天然气进行发电，其中水电的总装机容量为 3601MW，占比为 77%，主要包括 3 座水电站，分别为尼亚加拉水电站、位于圣劳伦斯河的罗斯福水电站以及位于 Blenheim-Gilboa 的抽水蓄能水电站。石油/天然气发电装机容量约 1096MW，占比为 23%，主要包括位于长岛霍尔茨维尔的 Richard M. Flynn 发电厂和位于皇后区阿斯托里亚的发电设施。公司仅在纽约州经营业务，总发电量约 3046GWh。

34.3.5.5　科技创新

纽约电力局未来将进一步深化节能减排政策，降低温室气体排放。公司制订了一系列的方针，计划在 2030 年减少近 40% 的温室气体排放，其中包括提升电力传输效率、提升发电机效率等。另外，公司还将开拓新的可再生能源的发电系统，其中包括了在 2030 年生产近 4TWh 的可再生能源，在 2020 年建成共 125MW 装机容量的光伏能源，以及 20MW 的储电能源。另外，公司还致力于发展未来智慧城市。公司推出了 BuildSmart NY 计划，该计划旨在通过智能电表和智能电网系统，在 2020 年降低纽约市约 20% 的能耗。除此以外，公司还计划在未来大力发展电动车充电站系统。公司与纽约市充电站建设公司 Evolve 合作，推出了全新的共享电动车系统，该车队共 350 辆乘用车，预计能够节省约 272000gal❶ 汽油，减少 1500m^3 的 CO_2 排放。

34.3.6　美国太平洋天然气与电力公司

34.3.6.1　公司概况

美国太平洋天然气与电力公司又称太平洋瓦电公司（Pacific Gas and Electric Company，PG&E）。公司向 550 多万住宅、商业及工业用户输送电力，同时还向加州中部和北部的 440 万用户输送天然气。公司除发电外，还从事输配电、天然气采购、天然气运输储存业务。PG&E 公司目前运营着仅 100 多个发电厂，每年提供超过 83TWh 的电力。

34.3.6.2　历史沿革

PG&E 的前身为旧金山瓦电公司，该公司于 1905 年 10 月与加州瓦电公司合并成为 PG&E。在成立后的几年内，PG&E 通过购买现有的水储存和运输设施，在北加州的水电行业取得了重大进展。

---

❶　1gal=3.785L。

1914 年，PG & E 已成为太平洋沿岸最大的综合公用事业系统，公司处理了加利福尼亚 26% 的电力和天然气业务。其业务跨越 30 个县，面积达 50000km²。

1930 年，PG & E 收购了两家加利福尼亚州的电力公司——大西部电力公司和 San Joaquin Light and Power 公司的大部分股权，通过这次收购 PG & E 迅速将商业扩张至了几乎整个加州中部和北部地区。PG & E 于 1930 年开始通过世界上最长的管道将天然气输送到旧金山和加利福尼亚州北部，而这也是公司第一条大型天然气管道。

1957 年，PG & E 在美国加利福尼亚州普莱斯顿市建设了 Vallecitos 核电站，这是美国第一家私有运营的核反应堆。反应堆最初产生了 5000kW 的电力，足以为 12000 个小镇供电。

PG & E 于 1986 年开始建造另一座核电站——Diablo Canyon Power Plant，该工程于 1984 年竣工，总发电装机容量达 2256MW，这也是加州目前唯一一座核电站。

1997 年，PG & E 重组为控股公司 PG & E Corporation，并出售了大部分天然气发电厂，但同时还保留了所有的水力发电站与核电站。由于公司大部分发电由天然气发电站提供，因此出售天然气发电站导致了电价的大幅上涨，从而间接导致了 2001 年 1 月的加州电力危机。

2008 年 4 月 1 日，PG & E 宣布在莫哈韦沙漠购买 3 座新的太阳能发电厂，共提供约 1500MW 的发电装机容量，将为超过 37.5 万住宅提供电力。

2017 年 10 月，由于电路老化及电线故障，PG & E 的输电线在加州北部森林地区造成了近 250 起火灾，共造成 86 人死亡，1.5 万间房屋受损，总赔偿金额高达 300 亿美元。由于高额的赔偿金额，公司于 2019 年 1 月正式向加州法院提出破产申请。

34.3.6.3 组织架构

PG & E 结构较为简单，主要分为天然气和电力两大事业部。其中，天然气事业部主要负责公司的天然气输配送业务，并不负责相关发电业务。电力事业部则主要负责公司的全部发电业务，管理公司所有的发电设施以及相关输配电设施，公司的大部分资产均由电力事业部所有。PG & E 组织架构见图 34-21。

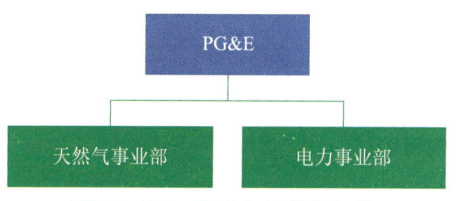

图 34-21　PG & E 组织架构

34.3.6.4 业务情况

1. 经营区域

经营区域从北部的尤里卡（Eureka）延伸到南部的贝克斯菲尔德（Bakersfield），从西部的太平洋（Pacific Ocean）延伸到东部的内华达山脉（Sierra Nevada）。

2. 经营业绩

大约有 24000 名员工负责 PG & E 的主要业务——能源的输送。该公司为加利福尼亚州北部和中部 70000 平方英里的服务区内约 1600 万人提供天然气和电力服务。公司并不从事电力批发业务。

PG & E 2018 年总收入约 167.59 亿美元，总资产 329.36 亿美元。其收入主要来自居民、商业和工业用电，其中居民用电收入约为 50.51 亿美元，占整体收入比例最高达 40%；其次，商业用电收入约为 49.08 亿美元，约占 38%；第三，工业用电收入约为 15.32 亿美元，其他收入约 12.22 亿美元，分别占 12% 与 10%。PG & E 主要售电收入见图 34-22。

从发电装机容量上来看，PG＆E主要发电来源是水电，装机容量为3891MW，占比为50.63%；其次为核电，发电装机容量为2240MW，占比为29.14%；而传统的煤／褐煤发电装机容量为1403MW，仅占18.25%。PG＆E主要发电装机容量见图34-23。

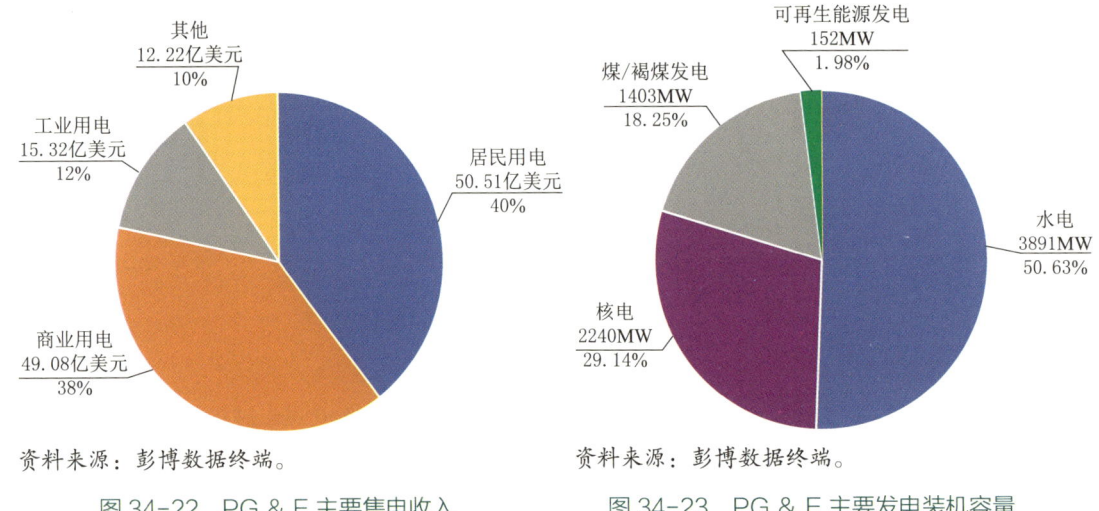

图34-22　PG＆E主要售电收入　　　　　图34-23　PG＆E主要发电装机容量

从地区上来看，公司并未有涉及相关国际业务，同时也仅在加州一州经营，年发电量约79774GWh。

34.3.6.5　科技创新

在2010年加州圣布鲁诺管道爆炸与2017年、2018年引发百起火灾后，PG＆E将大部分的战略重心放在了提升管道及线路的可靠性和安全性上。PG＆E计划未来在所有的天然气管道上安装近300个远程自动控制阀门，同时对近1400km的管道系统进行静水压测试，并对约500km的管道进行全面实地检查。

除此之外，PG＆E还对加州政府承诺了降低排放相关事宜，计划在2030年使60%的发电量由可再生能源供应，同时减少40%的温室气体排放，并在2045年实现碳中和。除此以外，PG＆E还计划积极发展电动汽车充电站，内部成立了电动汽车充电网络计划委员会，并计划在2030年前在加州建设7500个电动汽车充电站。另外，为了减少温室气体排放，公司计划未来将使用储能电池来进行高峰调峰发电，因此PG＆E与特斯拉展开了合作，计划在2020年建设容量高达1.1GWh的巨型电池系统。

第 35 章 墨西哥

35.1 能源资源与电力工业

35.1.1 一次能源资源概况

墨西哥油气资源丰富，是全球主要的产油国，也是非欧佩克的主要产油国。据统计，截至 2018 年年底，墨西哥全国已探明石油储量约 10 亿 t，天然气储量 2000 亿 m^3。除油气资源外，墨西哥还有一定的煤炭资源，全国已探明煤炭储量约 12.11 亿 t，天然石墨储量为 310 万 t，排名全球第六。

据 2019 年《BP 世界能源统计年鉴》可知，墨西哥 2018 年一次能源消费量达到 1.869 亿 t 油当量，其中石油消费量达到 8280 万 t 油当量，天然气消费量达到 7700 万 t 油当量，煤炭消费量达到 1190 万 t 油当量，核能消费量达到 310 万 t 油当量，水电消费量达到 730 万 t 油当量，可再生能源消费量达到 480 万 t 油当量。

35.1.2 电力工业概况

35.1.2.1 发电装机容量

据墨西哥能源署（SENER）统计，截至 2018 年年底，墨西哥全国发电装机容量为 74.65GW，较 2017 年的 73.71GW 增长 0.94GW，是 1980 年的 4.4 倍。墨西哥 1980—2018 年电源装机容量构成及发展趋势见图 35-1。

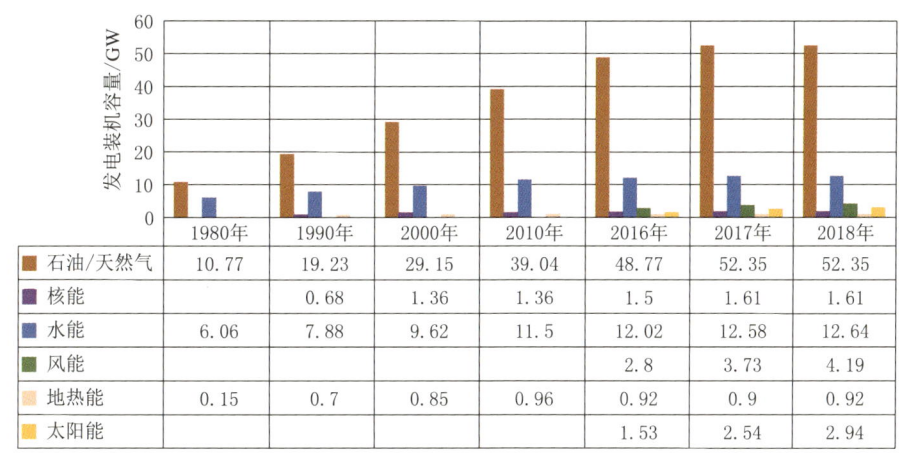

图 35-1　墨西哥 1980—2018 年电源装机容量构成及发展趋势

目前，石油/天然气和水能一直都是墨西哥的主要发电能源。2018 年总发电装机容量中，有 70% 为石油/天然气发电。但值得注意的是，墨西哥从 2016 年来开始大力发展可再生能源，特别是风能与核能，其中风能 2018 年总发电装机容量为 4.19GW，较 2016 年增长 49.6%；太阳能 2018 年总发电装机容量 2.94GW，较 2016 年增长 92%。墨西哥 2018 年各类型能源发电装机容量占比见图 35-2。

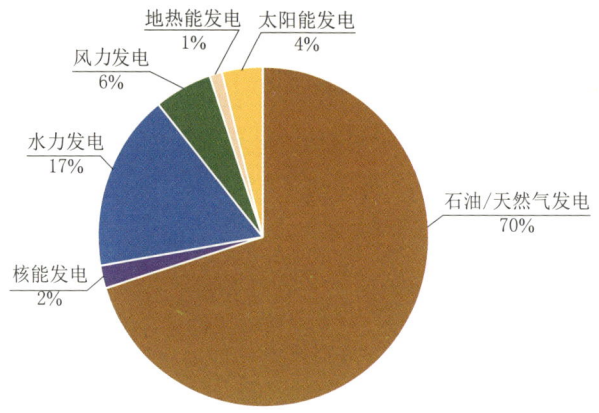

图 35-2　墨西哥 2018 年各类型能源发电装机容量占比

35.1.2.2　发电量及构成

2018 年，墨西哥全年总发电量为 329TWh。其中火力发电占比为 73%，发电量为 240.828 TWh；水电占比为 17%，发电量为 54.614TWh；可再生能源发电占比为 6%，发电量为 19.74TWh；核能发电占比为 4%，发电量为 13.818TWh。墨西哥 2018 年各类型电源发电量见图 35-3。

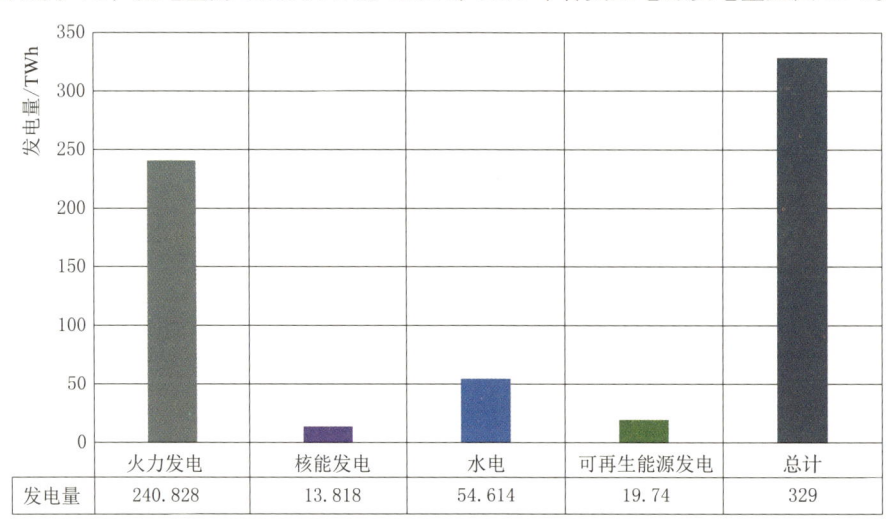

图 35-3　墨西哥 2018 年各类型电源发电量

35.1.2.3　电力消费情况

墨西哥主要有五大电力消费部门，分别为居民用电、商业用电、工业用电、服务业用电以及农业用电。根据统计，截至 2018 年年底，墨西哥全国电力消费为 228TWh，其中绝大部分需求来自工业用电，占比为 57%；其次为居民用电，占比为 27%；商业用电、农业用电和服务业用电分居第三、第四、第五，占比分别为 7%、5% 及 4%。据了解，墨西哥的很多电力基础设施已接近 50 年，需要实现现代化。墨西哥的电力系统平均停电持续时间指标（SAIDI）停留在大约 900min。墨西哥近年电量消费情况见图 35-4。

35.1.2.4　电网结构

截至 2018 年年底，墨西哥全国电网总长度约 104132km，共包括七个电压等级，分别为 400kV、230kV、161kV、138kV、115kV、85kV 以及 69kV。其中 115kV 线路长度共 46339km，占比 44.5%；其次为 230kV 线路，长度共 28532km，占比约 27.4%；400kV 线路则排名第三，长度共 24680km，占比 23.7%。墨西哥全国电网长度见图 35-5。

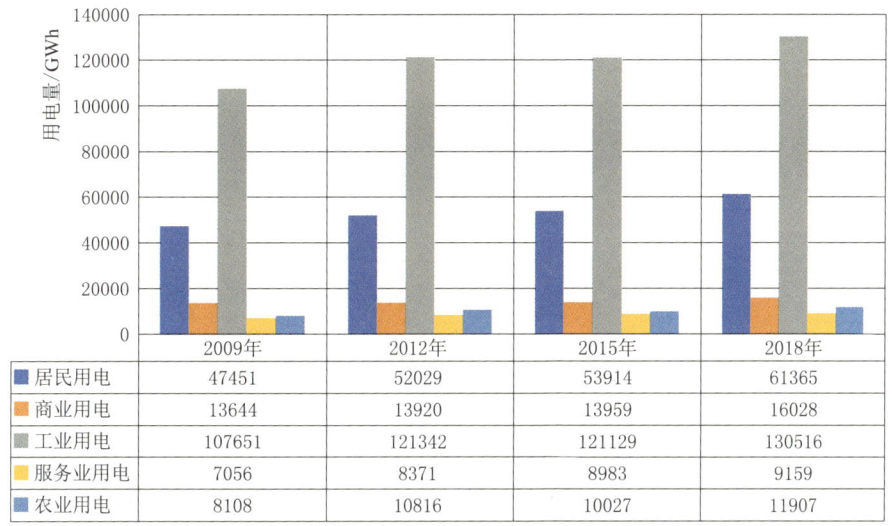

图 35-4　墨西哥近年电量消费情况

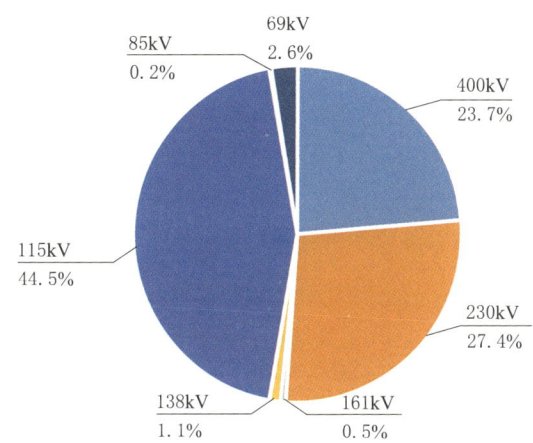

图 35-5　墨西哥全国电网长度

35.1.3　电力管理体制

35.1.3.1　特点

墨西哥电力改革始于 1992 年，时任政府对《电力公共服务法》进行了修订，允许私营部门参与发电自用、热电联产、电力进出口服务等。私营电厂按法律不允许将电出售给公众，只能用于自给，不允许出售给联邦电力委员会或出口。2013 年，墨西哥对电力的法律框架进行了二次改革，完全开放了发电、输电、配电业务，让私营企业进一步参与电力行业竞争。目前，墨西哥的电力行业处于完全竞争的状态，私营企业可以完全参与电力行业的所有环节。

35.1.3.2　机构设置及职能分工

墨西哥的电力管理机构结构较为扁平化，全国能源控制中心（CENACE）是墨西哥最高的电力管理机构，下设有联邦电力委员会（CFE）、能源秘书处（SENER）、能源监管委员会（CRE）、环境和自然资源秘书处（SEMARNAT）、国家水资源委员会（CONAGUA）以及全国能源有效利用委员会（CONUEE）。其中联邦电力委员会、能源秘书处与能源监管委员会是直接进行电力行业监管的机构。墨西哥电力监管结构见图35-6。

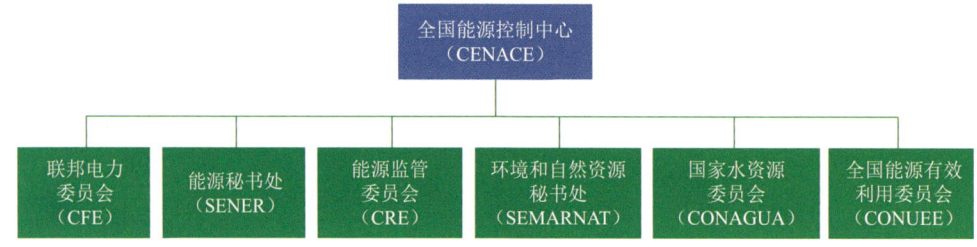

图 35-6　墨西哥电力监管结构

1. 联邦电力委员会

联邦电力委员会是全国最大的电力公司，由墨西哥政府国家所有，下设有发电、输电、配电业务，同时还负责墨西哥国内的电力法规意见的提出、能源规划的起草等事务性工作。

2. 能源秘书处

能源秘书处成立于1946年，负责墨西哥国内能源相关法律的起草、未来电力规划的制定、电力前沿技术的研究工作等。

3. 能源监管委员会

能源监管委员会主要负责墨西哥国内的输、发、配等各电力工业环节的监管，确保公平竞争，保护电力终端消费者的利益。

4. 环境和自然资源秘书处

环境和自然资源秘书处主要负责对自然资源的开发利用和保护进行监管，建立空间规划体系并监督实施，履行全民所有各类自然资源资产所有者职责。

5. 国家水资源委员会

国家水资源委员会主要管理水。行政主管部门运用行政、法律、经济、技术和教育等手段，组织各种社会力量开发水利和防治水害，协调社会经济发展与水资源开发利用之间的关系。

6. 全国能源有效利用委员会

全国能源有效利用委员会是指导全国能源安全生产、组织能源安全和能源有效利用方面的科学研究等。

35.1.4　电力调度机制

墨西哥采取全国统一调度机制，将全国分为九大区，并由联邦电力委员会进行全国及各区的统一调度。

联邦电力委员会是墨西哥国内最大的电力调度机构，管理全国98.3%的输电线路，主要包括400kV、230kV以及161kV电压等级线路。

35.2　电力市场概况

35.2.1　电力市场运营模式

35.2.1.1　市场构成

墨西哥电力市场主要由发电、输电、配售电三大环节组成。在所有领域均实行市场化竞争。在发电环节，主要分为公共电站及私人电站，目前墨西哥国内大部分公共电站都由联邦电力委员会所运营。在输电环节，国内大部分电网均由联邦电力委员会进行管理。之后电力会进入电力市场进行售卖，主要包括了现价市场和长期协议市场，配电公司可直接将市场中的电力售卖给大用户，也可通过售电公司进行进一步的分销。墨西哥电力市场结构见图35-7。

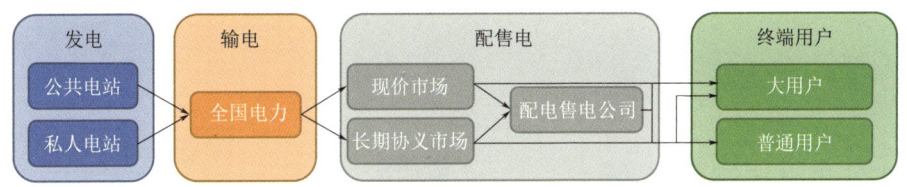

图 35-7　墨西哥电力市场结构

35.2.1.2　结算模式

墨西哥电力市场电价共按照4个用途、5个等级、18个细分等级进行结算。4个用途包括工商业用电、居民用电、农业用电及公共服务用电。根据终端用户接入的网线，能够分为5个等级，包括直接接入230kV以上主干电网用户、接入35~230kV次级主干电网用户、地区电网用户、市级电网用户、县级电网用户，并根据其用途进行进一步细分，一共生成18个用电等级。

35.2.1.3　价格机制

新发布的《电力法》规定新框架开放发电和售电用于竞争，电力领域将允许私有和外国公司参与有竞争性的电力生产和销售，电力市场商品化限制完全放开，售电市场变成批发市场，独立发电厂可将过剩的电能在批发市场出售，2016年私营公司将可提供账单服务。

该法案下，2018年墨西哥平均电价创五年最低，为60美元/MWh。虽然能源部电力部为控制电价给联邦电力委员会补贴56亿美元，仍无法阻止其亏损翻倍，亏损总计约52.17亿美元，其主要原因是收入减少（联邦电力委员会收入减少7.9%，约170.48亿美元）和比索贬值（用美元购买燃油发电，亏损20.76亿美元）。因此，墨西哥计划于2019年开始上调电价，全年涨幅10%，且仍有走高趋势，这也说明，目前的电力市场装机容量较低，尚不足以支撑较低电价，发展潜力巨大。

35.2.2　电力市场监管模式

全国能源控制中心是墨西哥的主要电力市场监管机构，主要负责墨西哥电力市场的电价计算、电网负荷监测、电价调整等。

全国能源控制中心主要针对各发电厂以及配电售电公司进行监管，确保终端电力用户的利益。

35.3　主要电力机构

35.3.1　联邦电力委员会

35.3.1.1　公司概况

1. 总体情况

联邦电力委员会是由墨西哥政府创建和拥有的公司。它为近3200万客户生产、分配和销售电力。联邦电力委员会每年吸纳超过一百万的新客户。此外，联邦电力委员会还为墨西哥近96.68%的人口提供电力。

2. 经营业绩

联邦电力委员会 2018 年全年总营收 195.5 亿美元，较 2017 年增长 30.1 亿美元，增长率约 18.19%，已成长为拉丁美洲营收最高的电力相关企业之一。联邦电力委员会 2016—2018 年经营业绩见图 35-8。

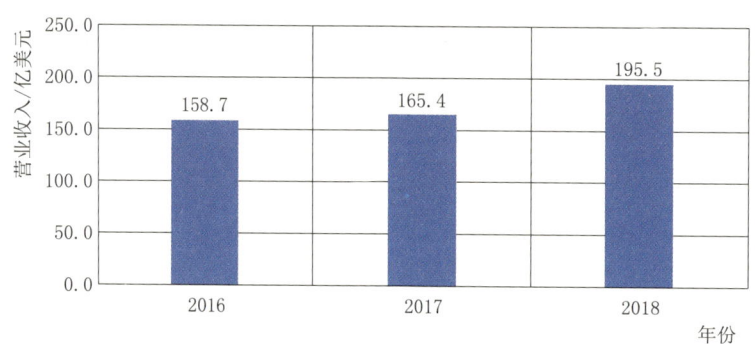

图 35-8　联邦电力委员会 2016—2018 年经营业绩

35.3.1.2　历史沿革

联邦电力委员会成立于 1937 年，属于联邦政府直属公司，当时联邦电力委员会仅负责墨西哥国内的部分发电业务。

1994 年，联邦电力委员会在墨西哥政府的财政支持下收购了墨西哥国家输电公司，将业务触角扩展至了输电领域。

2014 年，在电力改革后，墨西哥政府开始允许电力公司进行重组、并购活动。联邦电力委员会通过数笔并购成为国内最大的发电公司，同时还获得了墨西哥国家电网的特许经营权。

35.3.1.3　组织架构

联邦电力委员会组织架构见图 35-9。董事会是公司最高的行政部门，下设有发电业务和输电业务两大业务部门。

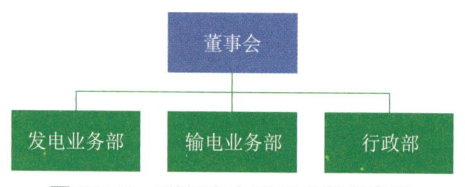

图 35-9　联邦电力委员会组织架构

（1）发电业务部。发电业务部负责管理公司旗下所有的发电厂、起草电力计划、新建必要的发电设施等工作。

（2）输电业务部。联邦电力委员会输电和配电业务采取一体化经营，部门负责国家电网的运营、新建、设计、改造等工作。

35.3.1.4　业务情况

1. 发电业务

联邦电力委员会共管理 9 座火电厂、27 座各类水电站以及 1 座核电站。其中大部分水电站均为小型水电站。唯一一座核电站共有 2 台发电机组，分别于 1990 年和 1995 年投运。联邦电力委员会未来计划大力发展核电业务，计划在 2028 年前再新建 10 座核电站。2018 年，联邦电力委员会已累计发电 103TWh，总装机容量约 55GW。

2. 输电业务

墨西哥的联合电网为其 97% 的人口供电，电网分为 4 部分：北部电网、北下加利福尼亚电网、南下加利福尼亚电网和南部电网，其中南部电网是最大的电网公司，北部电网与美国的得克萨斯州相连。2000 年 7 月新投的 1 条连接美国得克萨斯州与墨西哥彼德拉斯的输电线路采用高压直流技术。

国家电网由联邦电力委员会经营，目前公司运营输电线路总长为 59000km，配电线路总长约 856000km。

联邦电力委员会计划与 ABB 公司合作建设 750km 长的高压输电系统，包括 5 条输电线路和 4 个变电站，采用光纤控制。

3. 配售电业务

联邦电力委员会 2018 年共有客户 4150 万户，并呈现逐年增长的趋势。

第 5 篇
南美洲

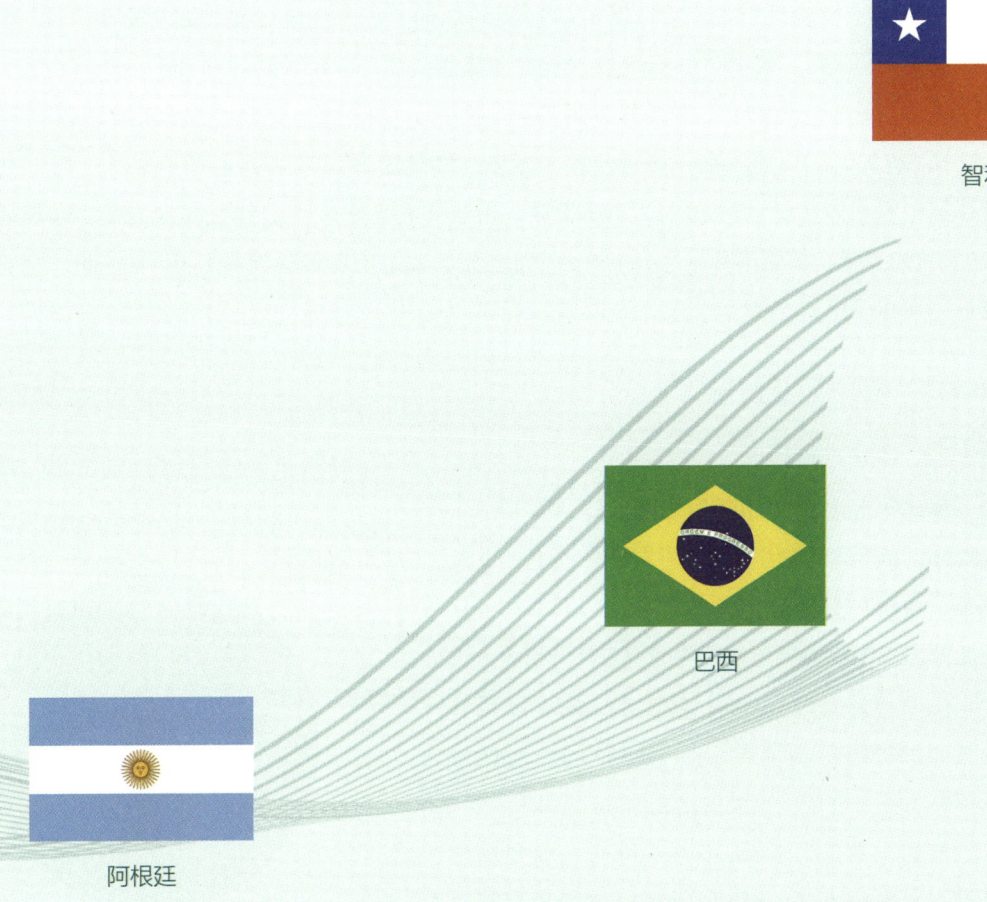

第36章 阿根廷

36.1 能源资源与电力工业

36.1.1 一次能源资源概况

2018 年,阿根廷石油储量 3.26 亿 t(约 24 亿桶),占全球石油总储量的 0.14%。探明天然气储量约 3500 亿 m³,其中 70% 分布在北部萨尔塔省。另外,阿根廷还拥有十分丰富的页岩气储量,占全球总储量的 10% 以上,位居世界第二。

由 2019 年《BP 世界能源统计年鉴》可知,阿根廷 2018 年一次能源消费量达到 8510 万 t 油当量,其中石油消费量达到 3010 万 t 油当量,天然气消费量达到 4190 万 t 油当量,煤炭消费量达到 120 万 t 油当量,核能消费量达到 160 万 t 油当量,水电消费量达到 940 万 t 油当量,可再生能源消费量达到 90 万 t 油当量。

36.1.2 电力工业概况

36.1.2.1 发电装机容量

根据阿根廷电力市场监管局(CAMMESA)的统计,截至 2019 年 4 月,阿根廷全国电力总装机容量为 38923MW,其中通过石油、天然气等化石能源发电的火力发电装机容量共 24557MW,占全国总装机容量的 63.1%;其次水力发电装机容量共 11288MW,占全国总装机容量的 29%。阿根廷各类能源发电装机容量占比见图 36-1。

从历史数据上来看,火电及水电一直是阿根廷的主要电力来源。同时,近五年来,阿根廷也在逐步扩大火力发电的装机容量,从 2014 年的

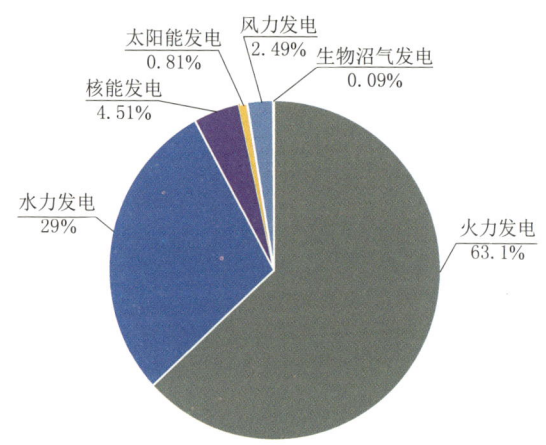

图 36-1 阿根廷各类能源发电装机容量占比

18764MW 扩大至 2018 年的 24557MW,五年增幅近 30%。另外值得注意的是,阿根廷在 2018 年开始大幅推进太阳能、风能等可再生清洁能源电站的建设。其中,太阳能发电装机容量约 317MW,相比 2017 年的 8MW,增长近 40 倍;风力发电装机容量在 2017 年仅为 227MW,而 2018 年增加至了 970MW,增长近 4.2 倍。阿根廷 2014—2018 年各类能源历史发电装机容量见图 36-2。

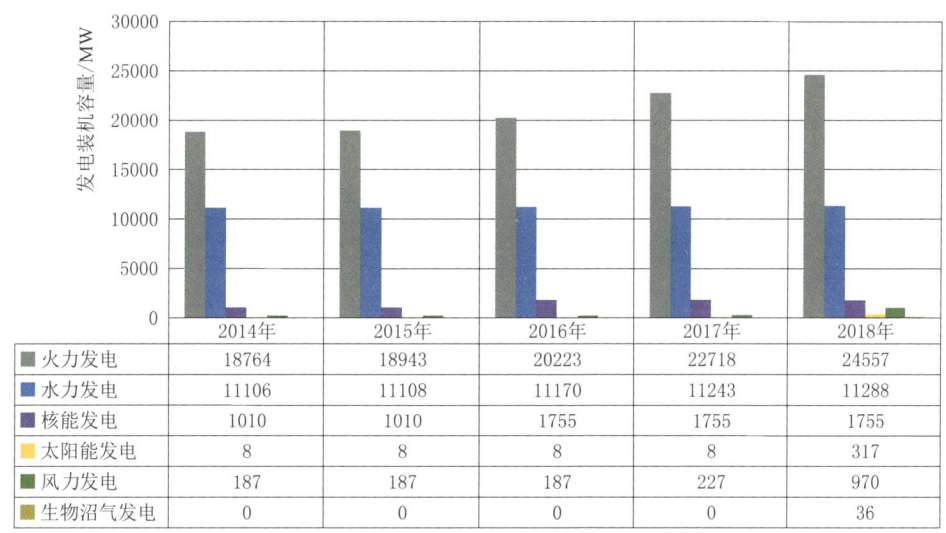

图 36-2 阿根廷 2014—2018 年各类能源历史发电装机容量

36.1.2.2 电力消费情况

根据阿根廷电力市场监管局的统计，截至 2018 年 12 月 31 日，阿根廷全国电力消费总量约为 137.5TWh，较 2017 年增长 282GWh。阿根廷近年来全国电力消费水平保持不变，增速放缓，这与阿根廷近几年整体经济低迷有关。阿根廷 2014—2018 年全年电力消费情况见图 36-3。

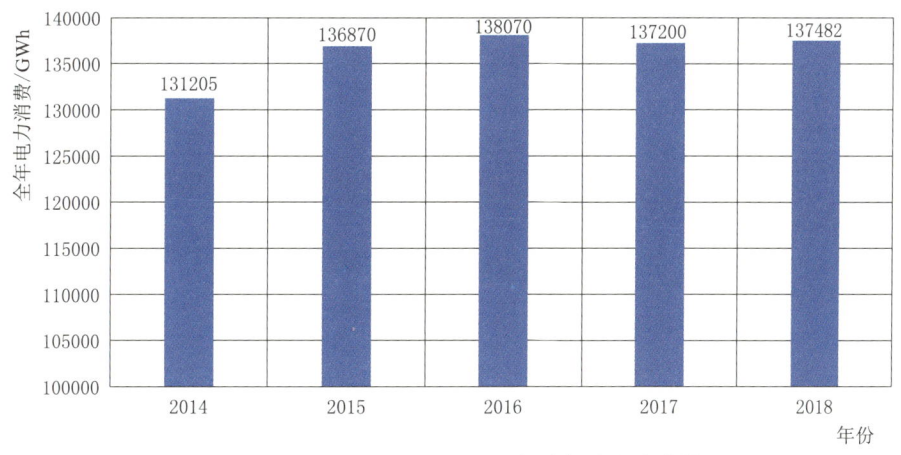

图 36-3 阿根廷 2014—2018 年全年电力消费情况

从消费结构上来看，阿根廷主要有三大消费部门，分别为商业用电、工业用电以及居民用电。其中在 2018 年居民用电为 59.1TWh，工业用电为 37.1TWh，商业用电为 39.8TWh。对比 2017 年，2018 年的居民用电增幅较大，新增近 2GWh，而工业用电则有所减少，整体比例变化不大。阿根廷 2017 年与 2018 年电力消费结构对比见图 36-4。

36.1.2.3 发电量及构成

据统计，截至 2018 年 12 月 31 日，阿根廷全国发电量为 137TWh，其中火电的发电量依旧占据主导地位，共发电 85.5TWh，占全国总发电量（不计进口电量）的 62%。阿根廷全年发电量与消费量差额为 356GWh，电量缺额依赖进口，为电力进口国家，主要是从乌拉圭进口。值得注意的是，阿根廷目前正大力发展风能与太阳能这类可再生清洁能源用以解决电力短缺的问题。通过发展风能与太阳能，阿根廷政府将进口电力从 2014 年的 1390GWh 削减到了 2018 年的 356GWh，创造了历史新低。风能与太阳能在 2018 年的总发电量达 3478GWh，这一数字在 2014 年仅为 629GWh。据了解，阿根廷供电较为不稳定，发生过大范围停电事故，甚至波及南美多国。阿根廷 2014—2018 年各能源发电量见图 36-5。

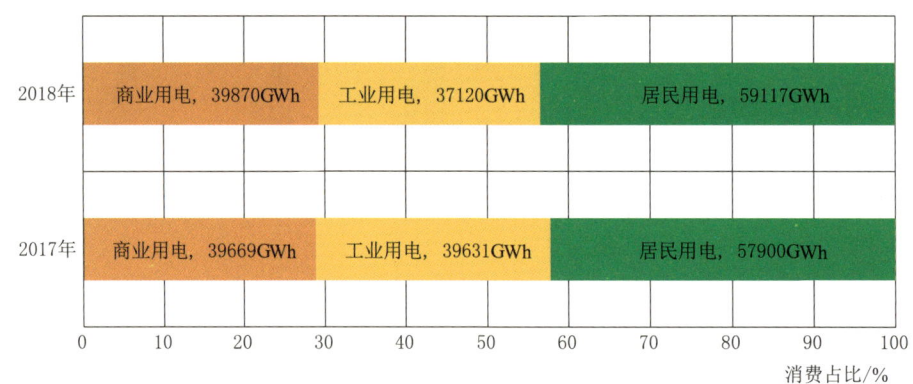

图 36-4 阿根廷 2017 年与 2018 年电力消费结构对比

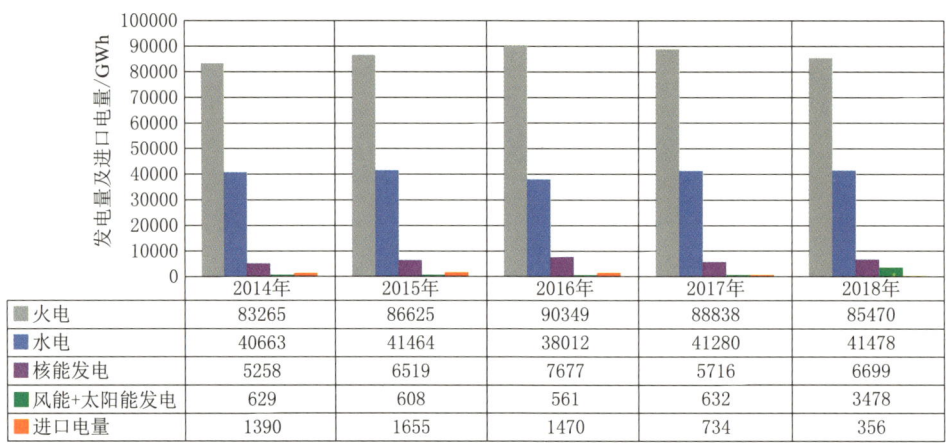

图 36-5 阿根廷 2014—2018 年各能源发电量

36.1.2.4 电网结构

阿根廷全国电网总长度为 3.44 万 km，共有 6 个电压等级，从高到低分别为 550kV、330kV、220kV、132kV、66kV 以及 33kV。根据统计，截至 2018 年 12 月 31 日，阿根廷 132kV 等级的电网长度为 17069km，占总长度的近 50%；其次为 550kV 等级的电网，长度为 14195km，占总长度的 41%；而 220kV、330kV、66kV 以及 33kV 等级的电网长度较少，分别为 1668km、1116km、398km 以及 24km。阿根廷各电压等级下的电网长度见图 36-6。

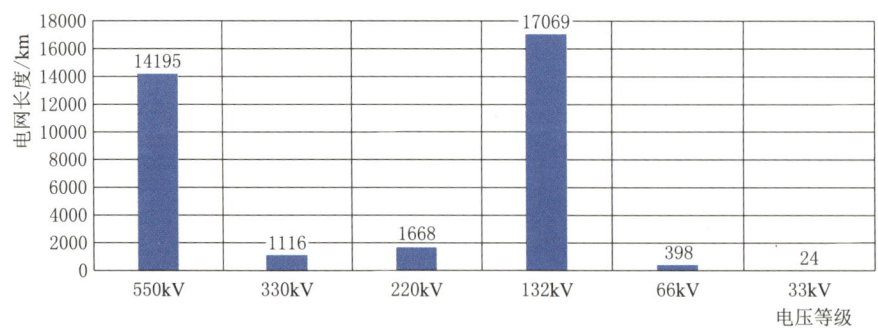

图 36-6 阿根廷各电压等级下的电网长度

36.1.3 电力管理体制

36.1.3.1 特点

阿根廷的电力管理体制在1992年经历过一次私有化改革，当时全国有20%的用电需求得不到满足，同时输电网线损高达51.9%，电力企业之间亏损严重，相互拖欠经费，电力管制出现危机。1992年阿根廷制订了《电力法》，这项法律也沿用至今，成为了阿根廷电力管理体制的基础法律框架。

《电力法》规定，阿根廷电力工业中发、输、配电完全分开，配售一体；配电公司不得拥有发电企业；输电公司不得买卖电力；发电、配电公司和大用户不得拥有输电资产。阿根廷输电公司（Transener）拥有和运营500kV和部分220kV电网，还有6家私有地方输电特许经营者，设立了独立非营利系统运行机构和市场交易机构。阿根廷有四种类型的配电公司，包括国家层次的三家私有配电公司、省级私有配电公司、省属公有电力公司和一些合作实体，通过特许经营协议规范政府与配电公司的关系。阿根廷电网增量资产和存量资产有不同的管理办法和投资机制，存量资产采用输电公司95年和配电公司99年特许经营权，特许权15年更新一次，输配电价格5年校核一次。输配电扩建采用《竞争法》，由用户提出项目建议，投票决定电网扩展项目并承诺付费，由电网公司进行项目成本效益计算，并决定项目的受益者以便进行费用分摊，而电网项目的建设、运行和维护主体则由拍卖决定。

36.1.3.2 机构设置及职能分工

在电力改革后，阿根廷能源署（SENER）下设了两大机构，分别为电力管理委员会（ENRE）和电力市场监管局（CAMMESA）。这两大机构独立运作，并直接向阿根廷能源署汇报。另外还单独设置有联邦电力委员会（CFEE），独立服务于阿根廷能源署。阿根廷主要电力管理机构见图36-7。

阿根廷能源署主要负责阿根廷电力政策的制定，通过法律法规管理约束电力市场。阿根廷电力改革的指导性框架《电力法》便是由阿根廷能源署起草制定的。

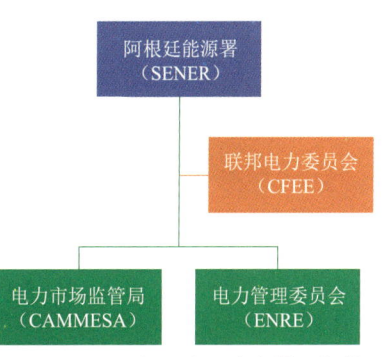

图 36-7　阿根廷主要电力管理机构

联邦电力委员会属于阿根廷能源署下设的非监管性、非执法性机构，主要承担国家和省级政府在能源、电力行业中的政策及项目顾问任务，为政府监管机构执行决策提供参考意见。

电力管理委员会是阿根廷最为核心的电力管理机构，该机构由5名专职董事构成的董事会所管理，任期为5年，受公务员制度的约束，由阿根廷总统直接任命。其主要职责包括：执行《电力法》中规定的义务、发布发输配电相关安全法规以及技术标准、防止电力行业不正当竞争、确定电价原则、公布输配电方针政策、修改输配电许可证持有人选择原则与标准、监管电力资产转让行为、监督电力建设、针对输配电企业运营进行监督等。

电力市场监管局是阿根廷电力市场的主要管理机构，主要负责管理电力市场秩序，包括监管发电公司发电及运营情况、电力市场价格计算、电网系统运行监控、配售电业务监管等。

36.1.4 电力调度机制

36.1.4.1 特点

通过拆分实现私有化是阿根廷电力工业改革的最大特点。其电网调度采用的是独立运营商模式，即电网调度机构与交易机构和独立输电公司。统一调度是阿根廷电网调度的原则。

36.1.4.2 调度机构

电力市场监管局是阿根廷最主要的电力调度机构，负责阿根廷电力互联网（SADI）的运作及调度工作。阿根廷所有的发电公司均需要将其生产的电力在电力市场监管局运作的电力市场上进行出售，并由电力市场监管局进行统一调度。电力市场监管局属于国有非营利机构，其中80%股权归阿根廷能源部所有，20%股权归阿根廷电力批发商共同所有。

36.2 电力市场概况

36.2.1 电力市场运营模式

36.2.1.1 市场构成

阿根廷电力市场的主体包括政府、发电企业协会、输电企业协会、配电企业协会、大用户协会五部分，这五部分共同组成电力市场管理处。政府代表对电力市场管理决策拥有一票否决权，市场管理调控工作基本控制在政府手中。其电力市场具有以下三个特点：

（1）统一的电力市场。将发电与用户集中在一起，并规定了趸售价格。国家电力调度和趸售电力市场的工作，由趸售电力市场管理公司归口管理。

（2）单一的管制机构。国家电力管理委员会隶属阿根廷能源署，监督当事人履行其义务并作为仲裁人调解纠纷。输电和配电公司属于垄断经营，在一定区域内具有排他性，但置于联邦政府的管制之下。

（3）鼓励和保护竞争。将电力一体化的公司分为发电、输电和配电三部分。配电公司不得拥有发电企业，输电公司不得买卖电力，发电、配电公司和大用户不得拥有输电公司，配电公司之间或输电公司之间的兼并或购买股票必须经过国家电力管理委员会的审批。

在阿根廷，根据电力产业链上的不同环节的性质，其业务会被进行异质划分。输电和配电业务被定义为公共服务，当输电公司供电出现短缺时，需上交相应罚款以补贴用户；发电业务则视为收益性服务，这两种业务服务均在一定程度上受该国电力管理委员会监管。

阿根廷电力市场分为两大市场，合同市场以及电力库市场。

（1）合同市场。在阿根廷，私人发电厂可以与大用户以及配电公司签订双边合同，实现点对点的发输配用电业务。

（2）电力库市场。电力库市场即一般意义上的公共电力市场，发电厂通过输电公司向配电公司及大用户发电。同时，由于合同市场中的大用户的电力实际使用量可能和合同中约定的使用量存在一定的出入，因此这部分富裕/紧缺的用电需求会进入阿根廷电力库市场进行交易，合同市场通过向电力库市场出售/购买电力以满足符合合同的用电供需平衡。

36.2.1.2 结算模式

在结算方面，阿根廷的合同市场实行单边报价制度，以 6 个月为一个周期，发电厂基于成本（发电成本与输电成本）原则与大用户和配电企业协商供电价格和发电价格，经电力管理委员会核定价格后确定每日用电曲线，输电调度则由电力市场监管局集中负责，输配电价由供电商支付。而在电力库市场中，根据买方的一周需求总量与按照价格从高到低排序后的发电厂供电量进行匹配，以对应的最后一台供电机组的价格作为该小时的电力价格来确定一周的电价。阿根廷电力市场结算模式见图 36-8。

36.2.1.3 价格机制

根据电力市场监管局的统计，截至 2019 年 3 月，阿根廷电力库市场每月输配电价约 0.6288 美元 / kWh，较 2018 年 3 月同比增长 84%。近年来，阿根廷输配电价呈现持续增长的态势，相较于 6 年前上涨了约 8.5 倍，其主要原因在于阿根廷国内通货

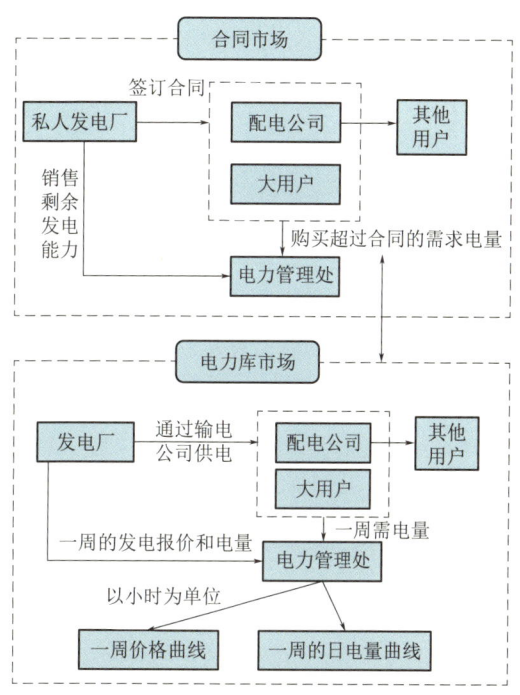

图 36-8　阿根廷电力市场结算模式

膨胀严重、经济发展滞后、催生了一系列诸如货币贬值、物价攀升等推动电价上涨的因素。阿根廷 2013—2019 年电力库市场每季度输配电价格见图 36-9。

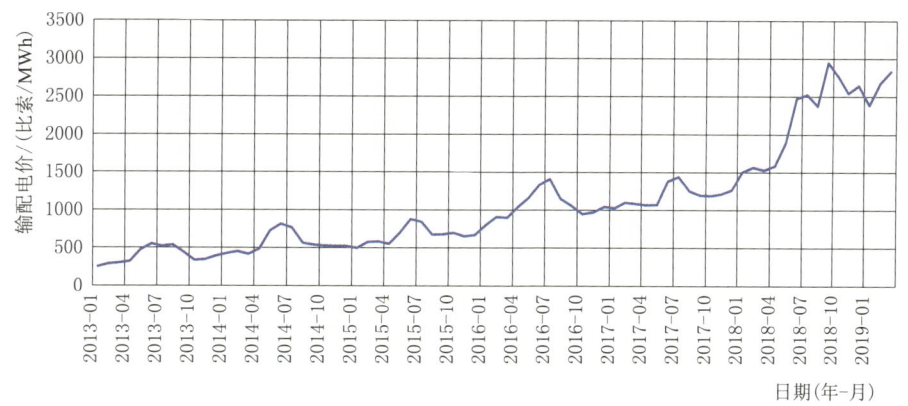

图 36-9　阿根廷 2013—2019 年电力库市场每季度输配电价格

36.2.2　电力市场监管模式

36.2.2.1　监管制度

阿根廷是一个联邦制国家，因此电力市场受联邦及地方管辖，联邦法律框架基于第 15336 号法律，适用于国家电网系统的管理，当地的发电及配电设施则是由各省进行管理。

1992 年，时任政府颁布了 24065 号《电力法》，确立了电力部门的重组与私有化的规则及程序，将发电、输电、配电规划为了不同的业务单位，并针对每个业务单位进行了单独立法，这也是今天阿根廷最为基础的电力相关法律框架，指导一切法律细则。而在《电力法》下，电力管理委员会和电力市场监管局负责管理阿根廷电力市场。

电力管理委员会作为一个权力下放机构，在国家行政部门的职能和经济方面是独立的；而电力市场监管局在1192/92号行政法令下设立，发电、输电、配电、大用户以及联邦政府各占20%股权。

36.2.2.2 监管对象

阿根廷各发电、输电、配电公司均受到电力市场监管局和电力管理委员会的统一监管。

36.2.2.3 监管内容

阿根廷的电力监管内容视发电、输电、配电公司的营业性质不同也有所不同。

1. 发电公司

建设和运营发电设施需要获得电力管理委员会的批准，热能与可再生能源发电站不需要特定的监管授权，而大型水力发电站和核电站则需要当地政府进行授权，包括联邦和建设地所属省份的环境和安全授权。另外，发电站入网时需要输电公司事先安排相关输电网络和电力容量，若当前的电网容量不能满足发电站的需求，则需要获得电力市场监管局和电力管理委员会的批准以扩大电网容量。

除此以外，电力管理委员会还在碳排放、可再生能源发电装机容量占比、环境安全等议题上对发电公司进行监管。

2. 输电公司

输电公司需要有电力管理委员会的特许授权才能开展输电业务。目前阿根廷仅七家输电公司拥有相关特许授权。其中一家负责国家主干电网的输电业务，六家负责各地区支干电网的输电业务。

3. 配电公司

与输电公司一样，阿根廷的配电公司同样需要特许授权才能开展配电业务。配电公司通常受到省级相关电力法规的管理。除了省级法规要求的技术和财务能力之外，法律对配电公司入网方面没有相关要求和监管，通常由配电公司与输电公司直接配合接入。

36.3 主要电力机构

36.3.1 阿根廷国家输电公司

36.3.1.1 公司概况

1. 总体情况

阿根廷国家输电公司（Transener）是阿根廷唯一一家国家级别的输电公司，运营阿根廷全国近1.2万km长的输电线路，另外，公司在首都布宜诺斯艾利斯的子公司（Transba）还运营有近6000km长的输电线路。阿根廷国家输电公司还为其客户提供网络运营状况监测和电力市场援助、改善入网条件、扩展输电容量等业务。阿根廷国家输电公司的客户涵盖了电力产业中的几乎所有类型的公司，包括发电厂、配电公司、用电大客户等。阿根廷国家输电公司在阿根廷各省都设有分公司。同样，阿根廷国家输电公司的输电网还与巴西、巴拉圭、乌拉圭和智利等邻国的电网相连。

2. 经营业绩

根据最新统计，阿根廷国家输电公司总资产为7.33亿阿根廷比索，约1.6亿美元，相较上一年增长2.19倍；总营收为6.02亿阿根廷比索，约1324.4万美元，较上一年增长2.73倍；营业利润为3.49亿阿根廷比索，约767.8万美元，较上一年增长9.97倍；营业利润率58%，较上一年增长3.63倍。

因此从经营业绩上来看，公司业绩突出，盈利能力改善十分明显。阿根廷国家输电公司2016—2017年经营业绩见图36-10。

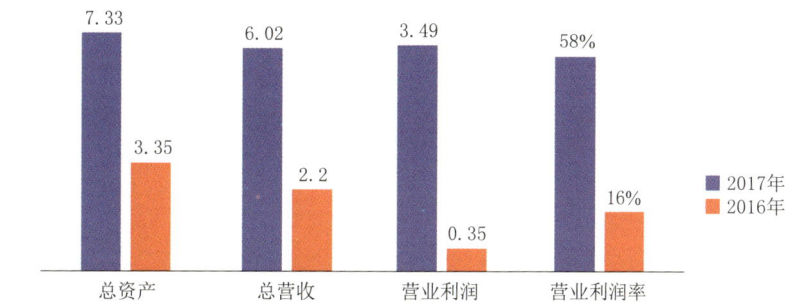

图 36-10　阿根廷国家输电公司 2016—2017 年经营业绩（单位：亿阿根廷比索）

36.3.1.2　历史沿革

1993年，阿根廷开始电力系统改革，将发、输、配、售四大环节进行拆分运作，阿根廷国家输电公司就是在这样的背景下成立的。阿根廷国家输电公司也是阿根廷输电系统中唯一有权运营国家电网的国家级输电公司，从1993年7月17日成立起至今，经过数十年的发展，阿根廷国家输电公司如今能够运营和维护14489km长的电网线路，而公司运营和维护的500kV和220kV高压线路已占阿根廷全国高压线路的85.4%。

2012年，公司的信用评级从B-被降至CCC+，即为垃圾级信用等级，也表示其接近破产边缘。而在此前，公司已经经历了近5年不盈利的历史，主要原因在于阿根廷经济在进入21世纪后持续低迷，通货膨胀持续走高，经济发展严重滞后，导致整体基建投入水平落后，公司电网维护成本居高不下。

2018年，受到国家债务危机的影响，阿根廷政府有意出售其持有的全部25%的阿根廷国家输电公司股权并对公司进行完全私有化以缓解国家债务情况，但遭到了全国上下的一致反对。

2019年，阿根廷政府宣布终止阿根廷国家输电公司的私有化计划，停止出售其股权。

36.3.1.3　组织架构

阿根廷国家输电公司组织架构见图36-11。公司董事会成员共15名，包括1名董事长，1名副董事长，7名董事，6名独立董事。

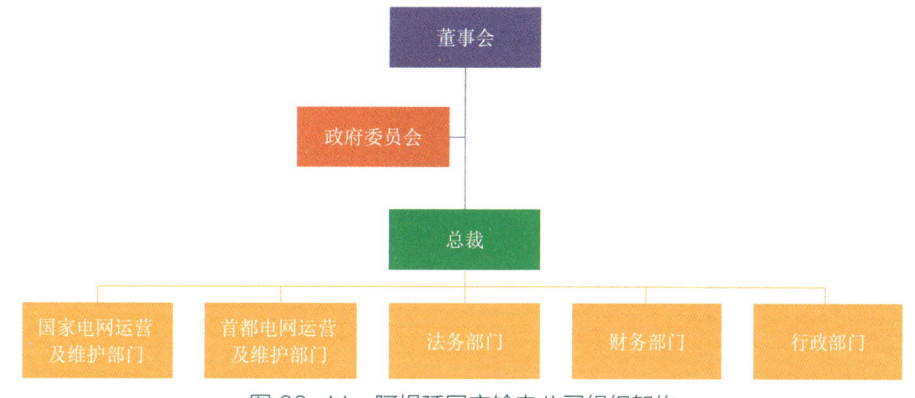

图 36-11　阿根廷国家输电公司组织架构

除董事会外，公司内部还设有政府委员会。政府委员会成员由阿根廷矿产能源部直接任免。政府委员会对矿产能源部直接负责，不参与公司决策，主要负责对公司日常运营进行独立监管，包括财务审计、运营数据审查等。

公司下设有五大部门，分别为国家电网运营及维护部门、首都电网运营及维护部门、法务部门、财务部门以及行政部门。其中国家电网运营及维护部门、首都电网运营及维护部门是公司的核心业务部门。

36.3.1.4 业务情况

1. 电网建设

输电业务是公司的唯一业务，主要包括了电网建设、电网维护、电网运营等活动。公司自1993年成立后便开始进行阿根廷550kV电网的建设。在公司成立前，阿根廷全国550kV电网的总长度为4895km，而在经历了26年的建设后，截至2018年年底，公司共建成550kV电网长度为14195km，是1992年的2.9倍，相较1992年增长了190%。而与此同时，其他的550kV以下的地方电网的总长度相较1992年增长了108%。阿根廷1992—2018年电网长度相较改革前的增长率见图36-12。

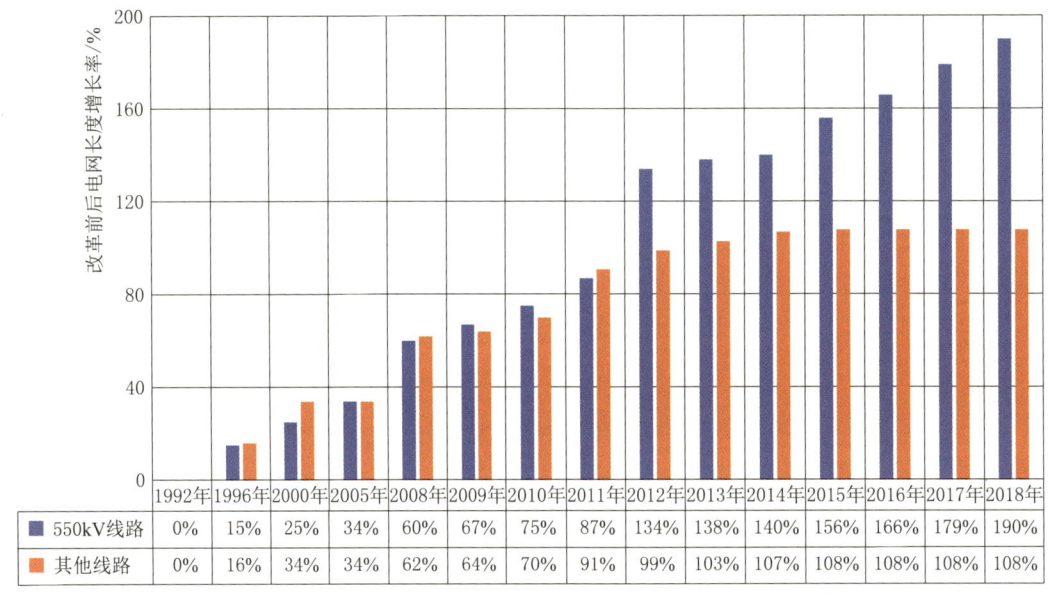

图 36-12　阿根廷 1992—2018 年电网长度相较改革前的增长率

与此同时，公司目前还有12条在建线路，均为550kV线路，共3656km长，将陆续在2019和2020年间落成。全部12条线路建设完毕后，阿根廷550kV高压线路总长度将达到17851km，与其他电压等级线路总长度相当。

2. 电网维护

除电网建设外，公司还进行电网维护工作。公司采用每百千米故障线路长度来判断公司电网故障率及维护效率。截至2018年12月，公司平均每百千米故障线路长度仅400m，故障率仅为0.4%。并且自2000年以来，公司线路故障率一直维持在1%以下。因此，公司的电网维护效率较高。2000—2018年平均每百千米故障长度见图36-13。

3. 电网运营

满足下游客户的用电需求并遵守电力市场监管局的调配指令，是公司电网运营的首要目标。公司会不定期与下游配售电商举行磋商会议，以协调地区电力运营活动，并提出高负荷下的用电需求风险及解决方案，最后与多方商定联合行动方案以减少潜在输电风险。

图 36-13　2000—2018 年平均每百千米故障长度

36.3.1.5　科技创新

公司设立了科研委员会以指导公司的技术发展，确定公司未来研发的路线图，制定安全及技术标准等。每季度科研委员会均会开展一次商讨会议，讨论最近技术进展，修改安全标准，并针对最新技术、政策进行沟通交流。

公司还于 2017 年设立了高压实验室，向其他市场主体开放，为公司自身及其他公司提供高压设备运营诊断服务，并为其提供研究支持。

第37章 巴西

37.1 能源资源与电力工业

37.1.1 一次能源资源概况

巴西自然资源丰富，截至2018年12月，巴西共探明石油储量128亿桶（约19亿t），天然气储量4万亿m^3，煤炭储量66亿t。同时巴西也是全球天然石墨储量最大的国家，探明天然石墨储量约7000万t，占全球探明储量的25.9%。另外，巴西在稀土金属上的储量仅次于中国，2018年年底共探明储量2200万t，占全球探明储量的18.3%。

根据2019年《BP世界能源统计年鉴》，巴西2018年一次能源消费量达到2.976亿t油当量，其中石油消费量达到1.359亿t油当量，天然气消费量达到3090万t油当量，煤炭消费量达到1590万t油当量，核能消费量达到350万t油当量，水电消费量达到8770万t油当量，可再生能源消费量达到2360万t油当量。

37.1.2 电力工业概况

37.1.2.1 发电装机容量

根据美国能源署（EIA）以及巴西电力监管局（ANEEL）的统计，2018年巴西电力总装机容量为157GW，其中水力发电装机容量达102GW，占比64.99%；石化燃料发电装机容量为27GW，占比17.2%；生物质发电装机容量为14GW，占比8.92%；其他电力，以风能和太阳能为主，总装机容量为14GW，占比8.92%。巴西2015—2018年发电机装机容量见图37-1。

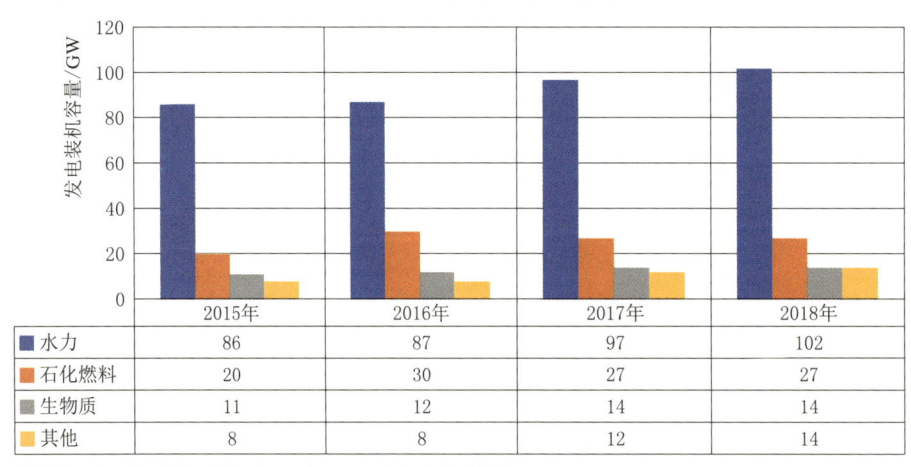

资料来源：美国能源署（EIA）、巴西电力监管局。

图37-1 巴西2015—2018年发电机装机容量

从历史数据上来看，水力发电一直都是巴西的主要装机容量来源，历年装机容量占比均维持在 65% 以上，同时巴西在逐步新增水力发电的装机容量，从 2015 年的 86GW 提升至 2018 年的 102GW。另外，巴西也在积极扩大太阳能与风能的发电装机容量，在 2015 年其发电装机容量仅 8GW，到 2018 年已达 14GW，发电装机容量增长了 75%。根据国际可再生能源署最新统计，2019 年巴西水电装机容量达到 109GW，风电装机容量达到 15.36GW，太阳能发电装机容量达到 2.49GW。

37.1.2.2 电力消费情况

根据巴西电力监管局的统计，截至 2018 年年底，巴西全国电力消费总量约 50TWh，相较 2017 年下降 3.4%。巴西 2013—2018 年全国电力消费情况见图 37-2。

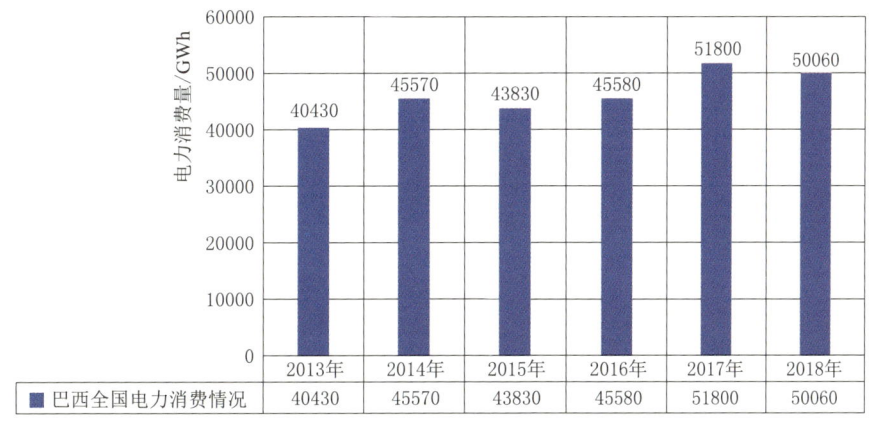

图 37-2　巴西 2013—2018 年全国电力消费情况

从消费结构上来看，2018 年工业用电依旧是巴西的主要消费源，占比 34%，约 17TWh。但值得注意的是，居民用电和商业用电的占比较十年前已经有了长足的增长。居民用电占比从十年前的 25% 增长至 30%，而商业用电则从十年前的 16% 增长至 19%，工业用电的占比被进一步压缩。巴西 2008 年与 2018 年电力消费结构对比见图 37-3。

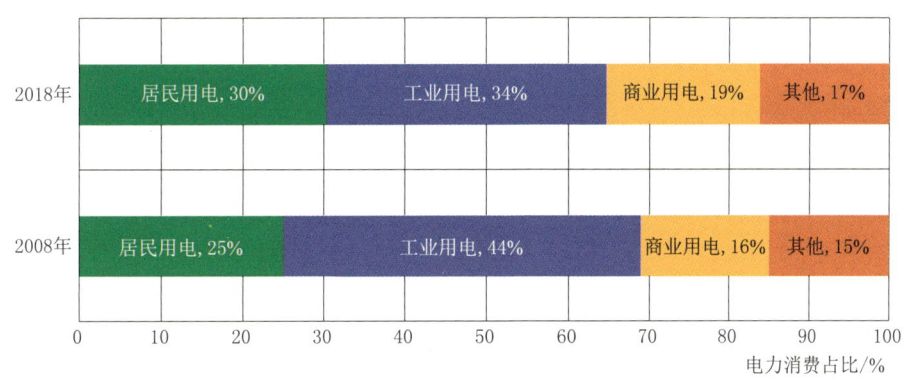

图 37-3　巴西 2008 年与 2018 年电力消费结构对比

37.1.2.3 发电量及构成

根据巴西官方能源研究机构巴西能源研究院（EPE）的最新数据，截至 2017 年 12 月 31 日，巴西全国总发电量为 587961GWh，其中水力发电占比最大，总发电量达 370906GWh；热力发电（含石油、天然气以及煤炭）占比其次，总发电量为 94582GWh；生物质能占比第三，总发电量为 49385GWh；风能与核能发电占比则分列第四、第五，总发电量分别为 42373GWh 与 15739GWh。

巴西 2013—2017 年各类型能源发电量见图 37-4。

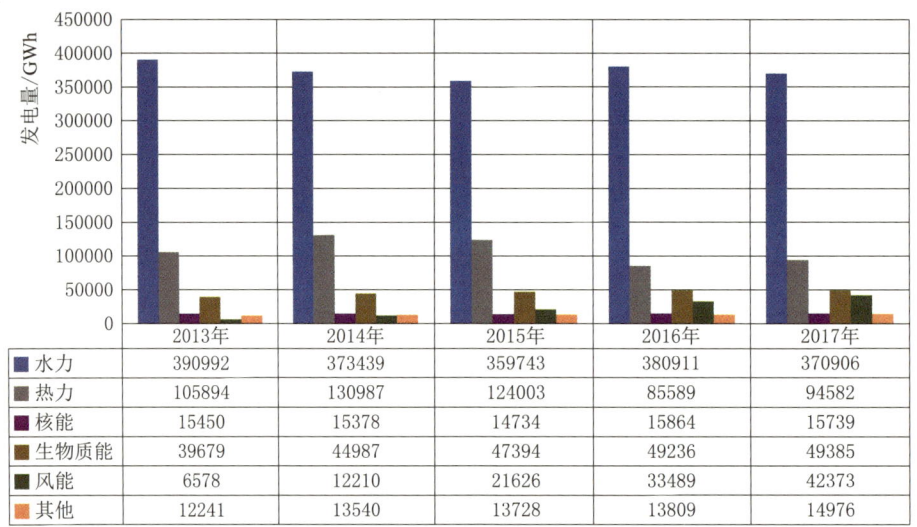

资料来源：巴西能源研究院。

图 37-4　巴西 2013—2017 年各类型能源发电量

从占比上来看，巴西各能源发电结构中，水力依旧是巴西主要的发电来源，每年占比均不低于 60%。另外，巴西正逐渐降低热力发电在总发电量中的占比，2018 年热力发电占比为 16%，较 2013 年下降了 3 个百分点。同时，值得注意的是，风力发电量的占比正以极快的速度攀升，从 2013 年不到 1%，攀升至 2017 年年底的 7%，总体增长约 7 倍。据了解，巴西供电情况较不稳定，曾经因为干旱严重影响水力发电导致 10 个州断电。巴西 2013—2017 年各能源发电量占比见图 37-5。

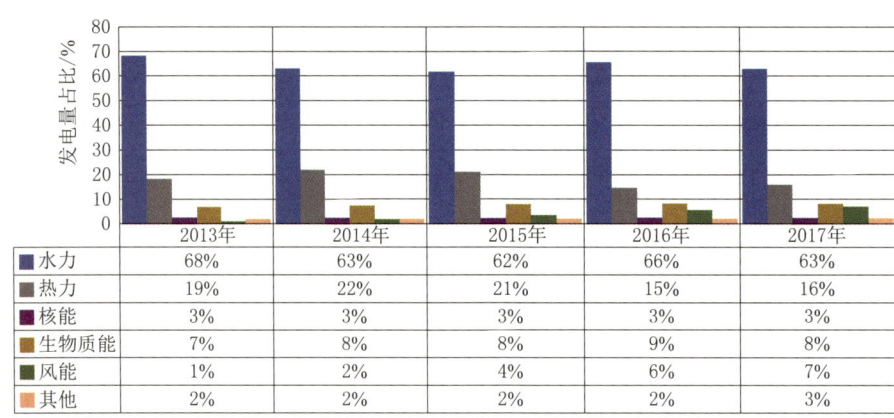

资料来源：巴西能源研究院。

图 37-5　巴西 2013—2017 年各能源发电量占比

37.1.2.4　电网结构

巴西输电网络主要是由国家互联电网（SIN）和部分独立电网构成。国家互联电网连接了全国主要发电厂和绝大多数用电地区（一般分为南部、东南部、中西部、东北部和北部），总长度累计达到 136835km，电压等级在 230~750kV 之间，输电比例达到全部发电量的 98.3%。独立电网主要分布在亚马逊地区。

巴西电网主要的输电线路为 230kV 以上高压输电线路，230kV 以下为配电线路。终端用户电压等级为 13.8kV 或 34.5kV。

37.1.3 电力管理体制

37.1.3.1 特点

巴西经历过数次电力改革，已经形成较为成熟的电力管理体制体系，巴西电力监管机构模式属于独立垂直监管方式。国会、矿物能源部等负责制定相关政策法规和发展规划，电力监管局则负责行业监督。巴西拥有一套完整的市场化电力产业链，发电、输电、配电及售电公司均为市场主体，国家电力公司属于电力政策支持系统。同时，巴西电力管理架构有制定政策规定和发展规划、监督监管、政策执行以及支持体系四大部分。

巴西输电行业监管体系采用特许经营制，期限一般为30年，在符合一定条件的情况下可再延长。监管机制采用收入上限制，输电特许公司的收入上限通过特许权竞标机制确定，每年根据通货膨胀率调整。输电特许公司的年收入仅与输电线路可用率有关，与实际运营成本和输电量无关。

输电行业许可收入（RAP）是在输电特许权竞标时确定。输电特许权竞标采用低价中标模式，由监管机构设定年许可收入基准值，竞标者在此基础上给出折扣率，折扣率最高者中标，该折扣率下的年许可收入即为输电特许公司的年许可收入。年许可收入扣减（PV）是国家电力监督局根据线路停运情况计算出来的、对输电特许公司的惩罚性收入扣减。输电特许公司的实际收入是年许可收入与年许可收入扣减的差值。停运主要分为计划停运（DVDP）和非计划停运（DVOD）。两种停运对收入扣减的影响不同，非计划停运的影响大大高于计划停运。根据特许经营权协议，对于线路和变电站的停运，最高处罚不超过年许可收入的12.5%。

监管机构定期对输电特许公司的年许可收入进行调整，分为两种情况。一是年度调整，在每年7月按照前一年度的通货膨胀率对年许可收入进行调整，通货膨胀率可参考一般市场价格指数（IGP-M）或消费者价格指数（IPCA）。二是周期性修订，根据巴西电力监管局的规定，对特许经营期在2006年7月前开始的项目，从第16个年度开始，年许可收入一次性降低50%（包括年度通货膨胀调整）；对2006年7月以后开始的项目，改为在特许经营期的第5、第10、第15年度分别进行修订。

巴西配电行业监管体系采用基于绩效的价格上限模式，由巴西电力监管局根据成本和运营核定电力销售价格。配电公司的实际收入与最终售电量息息相关。在每个监管周期和每个年度间，通过对电价设置最高价格上限，根据通货膨胀调整电价，并使配电公司和电力消费者可以分享电力规模经济的收益，修正预测电量和实际电量差异给配电商带来的影响。配电监管周期为4年或5年，各配电公司监管周期起始日期不同，目前普遍处于第三或者第四监管期。

37.1.3.2 机构设置及职能分工

巴西电力行业相关机构可分为管理机构和经济主体两类。管理机构包括政府机构、监管机构和专业机构；经济主体则为与电力行业发电、输电、配电、售电、用电等环节相关的市场主体。巴西电力行业管理结构见图37-6。

（1）政府机构。政府机构包括国家能源政策委员会（CNPE）、矿产能源部（MME）和电力行业监督委员会（CMSE）。其中，CNPE负责提出能源行业政策和指导方针的相关建议；MME遵照CNPE所提指导方针，起草电力行业相关政策并实施；CMSE负责监督全国电力供应的连续性和可靠性，以及电力项目进展等。

（2）监管机构为巴西电力监管局。巴西电力监管局负责电力行业的监督规范，以及电源和输电项目的特许权拍卖。政府职能和监管职能分离，使巴西电力行业在遵循国家政策方针的同时，维持自身业务的稳定性和自主性，不被外部环境所左右。

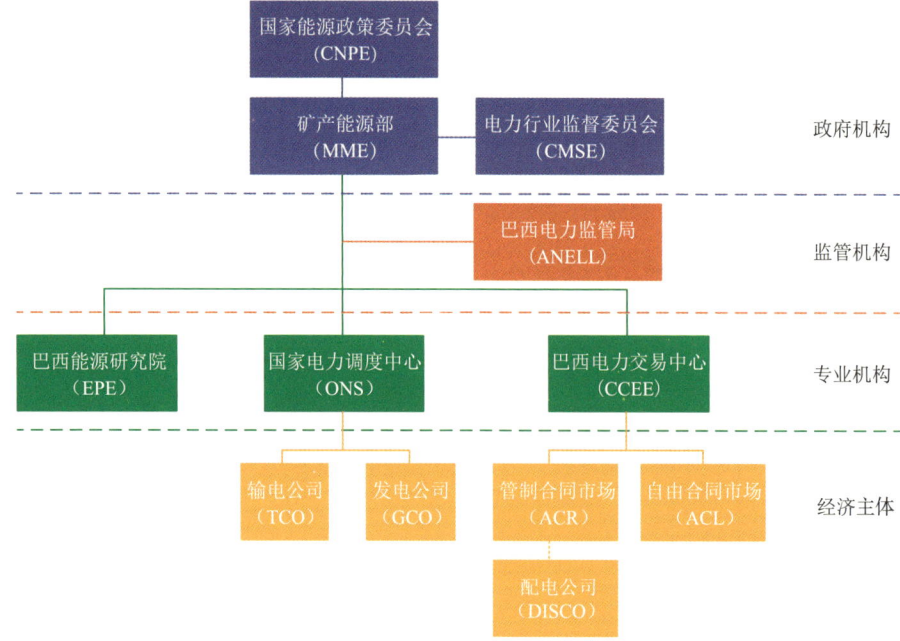

资料来源：巴西电力监管局。

图 37-6　巴西电力行业管理结构

（3）专业机构。专业机构包括巴西能源研究院（EPE）、巴西电力交易中心（CCEE）和国家电力调度中心（ONS），负责具体技术性工作。其中，EPE 负责电力系统战略规划，包括长期、中期和短期电力发展规划；CCEE 负责电力交易业务，包括交易合同登记和管理、偏差电量结算；ONS 负责电力系统运行调度。

（4）经济主体。经济主体包括：①电力用户；②获得特许经营权、许可证或专门授权，从事发电、输电、配电和电力交易的企业。

37.1.4　电力调度机制

巴西电网包括国家互联电网（SIN）和孤立小电网。国家互联电网是巴西输电主干网，电压等级为 230~750kV，输电线路总长为 97347km，变电容量为 206.21GVA，覆盖巴西约 60% 国土和 95% 人口。两条 800km 长的 ±600kV 双极直流线路，将第二大水电站伊泰普水电站（总发电装机容量为 14TW）发电输送至东南部负荷中心。国家互联电网分为南部、东南部、北部和东北部 4 个大区电网，由国家电力系统调度机构进行集中调度。巴西用电区域与发电区域地理距离较远，输电网络建设还有很大提升空间。

国家电力调度中心（ONS）主要负责管理国家互联电网上各电站和输电线路之间的统一调度，保证区域间电力供应与安全。全国电力调度中心主要由各发电、输电、配电以及大型用电企业组成，接受巴西电力监管局的监管，定期发布各地区用电负荷以及发电报告。全国电力调度中心分为里约热内卢中心办公室、巴西利亚国家控制中心以及 4 个地区性控制中心，总员工数量约 500 人。全国电力调度中心工作包括制定运行规划、对未来 5 年内的负荷需求进行预测评价、优化资源和电网运行分析、制定发电计划、对电力系统的运行进行监控、电力服务与输电合同管理、输电统计、设备检查维修等。

全国电力调度中心的股东由 61 家包括发电商、输电商、配电商、零售商、电力进口商、电力出口商、电力市场自由用户、用户委员会、矿产能源部、电力交易代理商等电力相关公司和部门组成，其中最高决策机构是股东大会，在约 21000 个投票席位中，发电商和用户占 9000 个席位，输电公司占约 3000 个。股东大会下设管理委员会，在管理委员会中，发电商有 7 名委员，用户有 7 名委员，输电配电商有 4 名委员，矿产能源部即巴西中央政府仅有 1 个委员，但其具有一票否决权。在管理委员会下设执行委员会。全国电力调度中心的管理和决策流程十分复杂，其内部决策很难快速达成一致，但却保证了全国电力调度中心的独立与公正性。

37.2 电力市场概况

37.2.1 电力市场运营模式

37.2.1.1 市场构成

巴西主要有受管制合同市场、自由合同市场和现货市场三类电力市场。

1. 受管制合同市场

受管制合同市场其实是为没有直接购电权的电力用户（即受管制用户）建立的市场，是巴西电力市场的主要组成部分，目的是保证受管制用户以合理的价格消费电力。

参与受管制合同市场的发电方可以是 2000 年前投运成本较低的老电厂和 2000 年后投运成本较高的新电厂，少量已经与配电公司自由签订长期购电合同的老电厂除外。所有配电公司必须参与受管制合同市场。在受管制合同市场内，受管制用户没有直接购电选择权，由当地的配电公司供电。

参与受管制合同市场的配电公司 100% 的电力需求必须从电力池（POOL）购买；参与受管制合同市场的发电方通过竞标，按中标电价和电量把电力卖给电力池（POOL）；电力市场按平均价把电力卖给配电公司；配电公司按政府制定的销售电价规则，把电卖给其所属的终端电力用户。

受管制合同市场每年竞标 1 次，中标的发电厂与电力池（POOL）的交易合同期限一般为 5~10 年。

符合条件的受管制用户转变为自由用户时，需要提前通知为其供电的配电公司。对于负荷为 3~5MW 的用户，需要提前 1 年通知配电公司；负荷为 5~10MW 的用户，需要提前 2 年通知配电公司；而负荷在 10MW 以上的用户则需要提前 3 年。若自由用户想转变为受管制用户，则需要提前 5 年通知原先为其供电的配电公司。

2. 自由合同市场

自由合同市场是为自由用户（拥有直接购电权的终端电力用户）建立的市场，自由用户可以和发电商直接协商电力买卖合同。新老电厂均可以参与自由合同市场。目前与配电公司签订自由购电合同的老电厂，将参与自由合同市场，合同终止后只能与自由用户签订购电合同。

自由合同中的买卖电量需要在电力市场注册。自由合同分短期合同（不超过 2 年）和长期合同（超过 2 年）。

3. 现货市场

现货市场也称为短期市场，是市场中全部实际发电量（或用电量）与全部合同电量的差额。

37.2.1.2 结算模式

在经历2001年的供电危机后,巴西政府提出了基于电力池模式的长期均衡机制,并于2004年正式运行。巴西电力市场主要包括现货市场和合同市场两部分,其中现货市场的交易量较少,其建设目的主要是为了平衡实际市场中需求电量与合同规划间的不协调差距。需要注意的是,这部分的价格并不是由交易主体通过市场竞价形成,而是以7天为一个周期,由电力交易商会(CCEE)采用优化模型计算所得,以期能更好地优化配置火力和水力的发电结构。而在巴西的合同市场中,根据用户类型又可以分为受管制合同市场和自由合同市场两部分。巴西电力市场结算机制见图37-7。

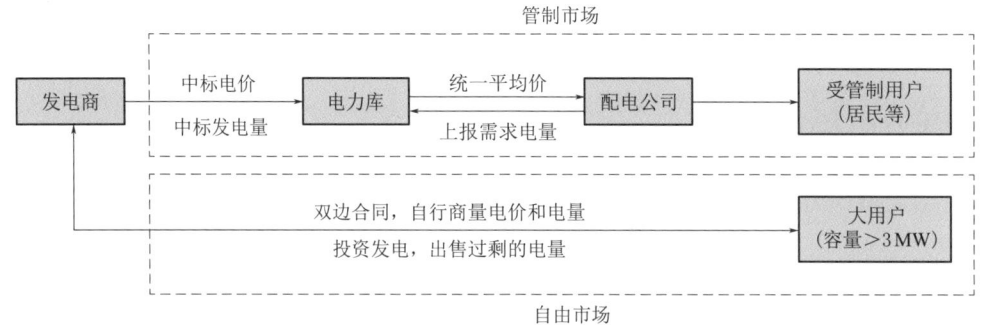

图 37-7 巴西电力市场结算机制

在巴西电力市场的售电侧,受管制的用户如居民等必须通过配电公司购电,而配电公司利用与管制用户签订的长期合同预测未来3~5年内的需求电量上报给电力池。电力库首先将发电厂的发电报价按从低到高的顺序排列;其次匹配供需双方的交易量,通过多轮竞价决定各发电厂的中标价格和发电量;最终以统一的平均价格卖给配电公司。而大用户则可以直接与发电厂商议购电,并依据电力市场的情况与其进行发电投资方面的合作。"双轨制"的售电形式既保障了居民等用户的稳定价格,又在一定程度上引进了市场的调控元素。由于巴西的水力发电占电源结构比重较大,其发电特性会造成现货价格信号的疲软,所以巴西建立了以合同拍卖与期权交易为基础的金融市场以确保电力产业的供应安全,减少市场风险。

37.2.1.3 价格机制

1. 输电电价机制

在巴西,使用输电网络的价格由两个部分组成:一是输电系统使用费(TUSTRB),适用于国家所有电力互联系统的用户;二是适用于配电特许经营权使用者的接网费(TUSTFR)。

所有接入基本网络的参与方,包括配电商、发电商、商业化交易商、独立交易商、自由用户等,都必须支付相应的输电费用,即输电系统使用费。其根据巴西电力监管局在1999年的第281号决议中明确的节点电价法计算获得,总体上发电承担50%,用电承担50%。除此以外,接网费用在接网合同中明确,包括接网点的设计、建设、设备、表计、运行以及维护费用。

对输电网络的监管采用收入上限法。由巴西电力监管局根据投资成本、运行和维护费用、工业费用、优化的资本结构和资本成本确定输电公司的年准许收入。对于新的特许经营权,年准许收入则通过政府组织的拍卖来确定。

2. 销售电价机制

巴西电力市场中,为了保证电力供应,发电与输电的成本都要通过终端用户价格,即销售电价来进行回收。用户因为销售电力供应服务向配电商支付电费。特许经营权合同则由配电商和联邦政府签订。其中规定了初始的销售电价水平、电价构成、年调整公式以及规定的周期性调整。巴西电力监管局负责制定和核准销售电价，并确保以适度的电价水平保证公众利益和提供电力服务主体的经济财务平衡。配电商的年收入，应该覆盖提供服务的运行成本并提供在整个特许经营期内的投资成本充足的报告。为了实现该承诺，巴西政府对销售电价从电价构成到电价调整机制进行了一整套重新设计。

3. 终端用户价格（销售电价）

巴西的电力用户从管制角度分成自由用户和受管制用户。受管制用户则进一步分成居民、工业、商业、农业、政府办公、公共照明、公共服务机构、自用电等 8 类。巴西法律规定，配电公司拥有的发电厂最多只能有 30% 的发电量自用，超过部分向市场或者其他电厂出售，所以自用电也属于受管制用户，价格由巴西电力监管局制定。

自由用户直接向发电厂购电，购电价格由协商确定，同时向所在的配电公司支付配电网使用费用，并通过所在的配电公司支付输电网使用费。

受管制用户的销售电价以所在配电公司支付的购电成本、输电费、配电费为基础制定。巴西电力监管局对销售电价的调整方式有 3 种：第一种是年度调整，主要根据物价指数调整价格水平；第二种是周期性调整，即按照 4~5 年的监管周期进行调整；第三种是不定期调整，由于特殊原因导致的配电公司财务不平衡，对销售电价水平进行调整。

37.2.2　电力市场监管模式

37.2.2.1　监管制度

1995 年 2 月，巴西全国通过了第 8987 条法令，实行电力市场化管理（MAE），该模式主要具备三大特点：①发电公司商业化之间的竞争；②开放输电网和配电网；③激励式监管。在 MAE 模式下，分别成立了巴西电力监管局以及国家电力调度中心。

MAE 模式的基本规则如下：巴西电力系统优化程序（DESSEM）利用中期计划模型（DECOMP）与长期计划模型（NEW WAWE）提供的水文与水资源信息来安排未来 168 个时段的水、火电厂的调度计划。DESSEM 根据发电公司公布的成本参数/约束条件以及在目前市场中每个计算时段的可用容量进行优化调整，然后国家电力调度中心通过这些数据进行优化调度，MAE 通过这些数据进行财务结算。MAE 的执行机构批发电力市场管理中心（ASMAE）负责对流经国家电力调度中心管理系统的电流量进行定价、财务清算和合同处理。

37.2.2.2　监管对象

巴西电力市场的主要监管对象为发、输、配电企业，目的在于保护终端用户。通过电力库中与发电公司签订的中长期双边合同，电力价格的不确定性有所限制。其监管目的包括：采用两种能源合同共存的方式保护电力专门消费用户与一般电力消费用户，同时促进一般电力消费用户的发展；建立电力批发承包商的正规合同的供销协调机制；对其他活动的电力批发服务加以限制；重建电力供销的总体储备预测机制；重建作为授权单位的执行作用。监管方为了保证电力能够低价被消费者消费采取了四个方面的措施：第一，禁止电力企业集团内部电力批发商采购和分销高价电；第二，为能源工程制定低价能源招标方案；第三，在能源采购方面实行有效竞争；第四，现行体制向新型体制转化，不影响现行合同执行。

37.3 主要电力机构

37.3.1 巴西国家电力公司

37.3.1.1 公司概况

1. 总体情况

巴西国家电力公司（Eletrobras）是巴西国有电力公司，总部位于里约热内卢。它是拉丁美洲最大的电力公用事业公司，世界第十大电力公用事业公司，也是全球第四大清洁能源公司。此外，巴西国家电力公司还持有多家巴西发电公司的股份，生产约 40% 的电力，并传输巴西 69% 的电力。

2. 经营业绩

截至 2018 年 12 月 31 日，公司整体市值达 82.4 亿美元，较 2017 年上涨 25%，但总营收仅为 62.8 亿美元，为五年内最低。但在净利润方面，公司 2018 年净利润为 27.2 亿美元，净利率高达 43%，利润与利率均创下了五年内的新高。数据表明，公司正在优化盈利结构，将经营重心转移至利润更高的输配电部门。巴西国家电力公司 2012—2018 年营收与净利润见图 37-8。

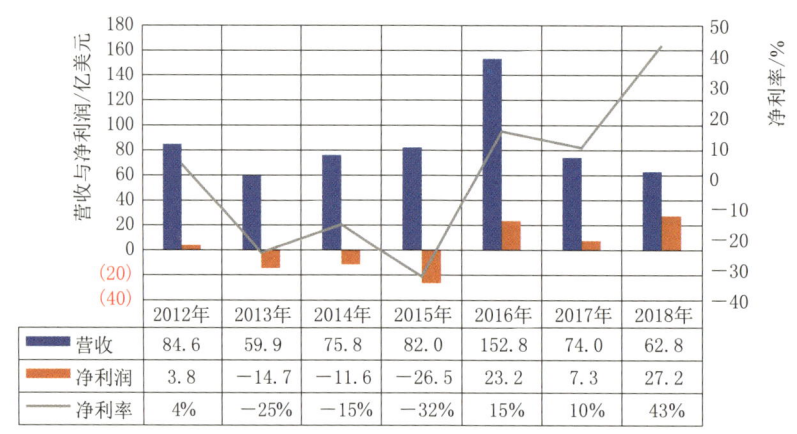

图 37-8　巴西国家电力公司 2012—2018 年营收与净利润

37.3.1.2 历史沿革

在 20 世纪 60 年代以前，巴西的电力主要依赖加拿大的进口，全国基本上没有大型的发电、输电和配电机构。

1962 年，为了摆脱对外国进口电力的依赖，实现电力独立，时任巴西总统提出了建设巴西国家电力公司的想法，并推动了巴西国家电力公司的成立。

1964 年，若昂·古拉特被军事政变所推翻，但巴西国家电力公司被保留了下来，同时也被允许进行营利性质的经营活动，在政府给予一定财政支持的背景下实现盈亏自负。同时，在整个 20 世纪 60 年代，巴西政府为巴西国家电力公司收购国外电力公司持股的巴西本土电力企业提供了大量的财政和政策支持。其中最大的一笔为从美国海外电力公司（The American Foreign Power Company）手中收购了其在巴西运营多年的里约照明公司（Rio Light）和圣保罗照明公司（Saint Paul Light）。

1970 年，巴西国家电力公司在政府的支持下，继续收购了巴西境内几乎所有的发电、输电、配电企业，成为了巴西国内唯一一家集发电、输电、配电业务于一体的电力公司。

1984 年，巴西国家电力公司的伊泰普水电站建成，这是当时全球最大的水电站，这一纪录直到

2006年被三峡水电站所打破。伊泰普水电站大坝全长7744m，高196m，共装配发电机组18台，总装机容量14GW，位于巴西与巴拉圭边界巴拉纳河上。同年，图库鲁伊水电站建成，全长12500m，高78m，总装机容量约8.7GW。这两座水电站的建成也为巴西成为水电大国奠定了基础。

2001年，为了解决巴西境内的能源短缺情况，公司对安格拉核电站进行了扩建，启用了2号机组，这也是巴西唯一一座核电站，总装机容量约3GW。

2006年，该公司决定进行重组，通过四个地区的子公司（Furnas、Chesf、Eletrosul及Eletronorte）进行运作，这四家子公司是主要的能源供应者。

2016年初，在年度特别股东大会上，公司决定对配电业务进行拆分，成立独立的配电公司，该公司为国有，由巴西政府负责运营。

37.3.1.3 组织架构

巴西国家电力公司最高管理机构为股东大会，下设财务委员会负责公司整体财报审核、批准、发布等工作。股东大会下设管理委员会，主要负责对公司各类经营部门进行监管，包括一位监察专员、电力管理委员会政府秘书以及审计部门。董事会负责公司实际业务的管理及运营工作，CEO下设有五大委员会，其中有两大前台业务委员以及三大后台委员会。业务委员会包括负责公司发电站运营、维护以及建设业务的发电委员会，负责公司输电线路的管理、建设、维护等工作的输电委员会。三大后台委员会分别为治理风险与法务委员会、财务与投资者关系委员会以及管理和可持续发展委会员。

巴西国家电力公司组织架构见图37-9。

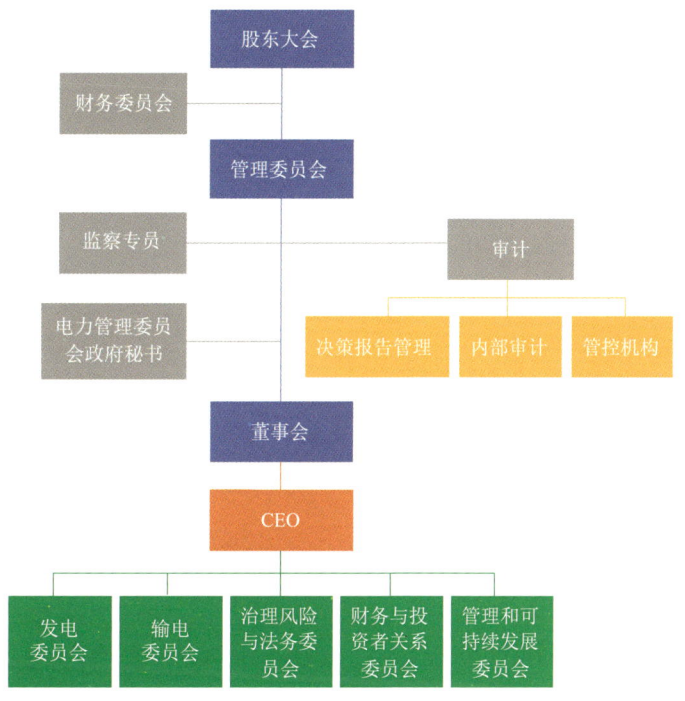

资料来源：巴西国家电力公司官网。

图37-9 巴西国家电力公司组织架构

37.3.1.4 业务情况

在进行配电业务拆分后，巴西国家电力公司上市主体仅有发电与输电业务。根据最新财报显示，2018年全年发电业务占比为68%，共43.8亿美元；输电业务占比为32%，共21.1亿美元。

1. 发电业务

巴西国家电力公司在巴西全境开展发电业务，共运营有47座发电厂，总发电装机容量48GW。其中水电站共32座，总发电装机容量42GW，占总装机容量的87.5%。公司发电厂数量见表37-1。

表37-1　　　　　　　　　　巴西国家电力公司发电厂数量

电站类型	数量/座
水电站	32
火电厂	12
光伏电站	2
核电站	1

2. 输电业务

截至2018年12月31日，巴西国家电力公司共运营五大输电线集群，分别为巴拉纳河输电集群、巴拉那巴奈玛河输电集群、格兰德河输电集群、巴拉那比亚河输电集群以及保罗阿方索河输电集群。公司拥有并运营输电线路总长71782km，其中电压在230kV以上的输电线路长共65043km，较2017年增加194km，占全巴西总输电线路的57%。

37.3.1.5　国际业务

巴西国家电力公司于2008年开始执行国际化进程，重点与南美洲各国开展可再生能源的合作研究，推动并实现拉丁美洲电力一体化进程。

公司还具备较多的与邻国合作进行电力开发的历史，其中最大伊泰普水电站便是20世纪70年代与邻国巴拉圭之间合作修建的。同时，公司还于2016年与玻利维亚恩德公司（Ende）签署了合作协议，对马德拉河上的水电站项目进行联合投资。另外，目前公司正在与阿根廷的伊比萨（Ebisa）电力公司合作，计划在巴西和阿根廷边境的乌拉圭河上修建两座全新的水力发电站。

除此以外，公司还经营着数条跨国输电线路，2016年与乌拉圭电力公司建立了连接南里奥格兰德州坎迪奥塔市（Candiota）与乌拉圭埃斯特角（Punta del Leste）度假村的电力系统，共涉及有约500MW的发电装机容量。另外，公司还参与了名为Arco Norte的开发项目，旨在建设一条长约1800km途径巴西、苏里南、圭亚那与法属圭亚那的输电线路，该项目已经获得美洲开发银行的资金支持。

37.3.1.6　科技创新

巴西国家电力公司十分重视电力技术创新，并于1974年在里约热内卢成立了电能研究中心（CEPEL），该中心通过研究、开发和创新活动帮助巴西的电力部门开发和部署可持续发展技术与电力解决方案。

电能研究中心主要有如下研究领域：

（1）电力系统辅助材料研究。

（2）输电线路和设备研发。

（3）系统与自动化电网研究。

（4）智能配电网研究。

（5）能源与环境优化研究。

为了支持其研究活动，电能研究中心创建了一个由34个实验室组成的综合体，以方便进行各类电力实验、技术服务和测试。其中包括一间高压与高功率实验室，负责专门的超高压技术实验，这也是南半球最大的超高压技术实验室，也是美洲唯一一个超高压技术实验室。另外，电能研究中心还下设两大科研单位：清洁能源研究所（CERCESB），负责研究清洁能源技术，以促进太阳能和风能技术进步；电力效率研究所（CATE），负责研究输电线路创新技术，提高电力传输效率。

电能研究中心近年通过巴西国家电力公司提出了数个可持续发展倡议政策，包括"人人有光（Luz para Todos）""国家电力节能计划（Procel）""替代能源激励计划（Proinfa）""高效公共照明规划（ReLuz）"等。另外，电能研究中心还参与了巴西最新十年电力规划的制定。

37.3.2 国家电网巴西控股公司

37.3.2.1 公司概况

国家电网巴西控股公司（SGBH）成立于2010年12月，并分两次并购巴西14家输电特许权公司，是中国国家电网有限公司100%全资子公司。国家电网巴西控股公司的业务范围覆盖了巴西最大城市里约热内卢、圣保罗和首都巴西利亚等负荷中心地区。目前运营着超过1.5万km长的输电线路，投资建设和运行管理着南美洲电压等级最高、最先进的两项±800kV特高压直流输电工程——巴西美丽山特高压输电一期和二期工程。

37.3.2.2 历史沿革

2010年，国家电网巴西控股公司成立，陆续收购了巴西14家输电特许公司。

2011年以来，国家电网巴西控股公司累计中标了路易斯安那和尼格变电站扩建等7个交流输电绿地项目，熟悉巴西电力市场环境和规则，与巴西矿产能源部、巴西电力监管局、国家电力调度中心等政府部门和监管机构建立了联系和互信，还收获了一批巴西电力同行、设计单位和施工承包商伙伴的信任。

2014年2月，中国国家电网有限公司和国家电网巴西控股公司联体参加了巴西美丽山特高压输电一期项目现场竞标并成功中标，该项目是南美洲第一条特高压输电项目。

2015年7月，中国国家电网有限公司独立参加了巴西美丽山特高压输电二期项目现场竞标并成功中标。

2017年12月，巴西美丽山特高压输电一期项目提前高质量建成并安全投运，体现了"中国速度"和"中国质量"；2019年10月，巴西美丽山特高压输电二期成功建成投运，实现了中国特高压"投资、建设、运营"和"技术、装备、标准"两个一体化全产业链、全价值链协同走出去的目标。这两条特高压输电工程被誉为巴西电力高速公路，是一带一路建设和国际产能合作在南美洲的重要实践。

37.3.2.3 组织架构

国家电网巴西控股公司组织架构见图37-10。

37.3.2.4 业务情况

国家电网巴西控股公司业务主要集中在巴西输电负荷较高的城市区域，包括里约热内卢、圣保罗和首都巴西利亚。

国家电网巴西控股公司自成立以来，还积极赞助中巴经济文化体育交流和巴西贫困阶层青少年教育项目。自2012年起，为巴西儿童和青少年提供多年的音乐义务培训，还与里约热内卢市内的十余所学校达成了长期合作，推广乒乓球项目。国家电网巴西控股公司于2011年乐团成立之初便开始长期资助马累交响乐团，截至2018年年底，交响乐团在国家电网巴西控股公司的资助下已经从当初

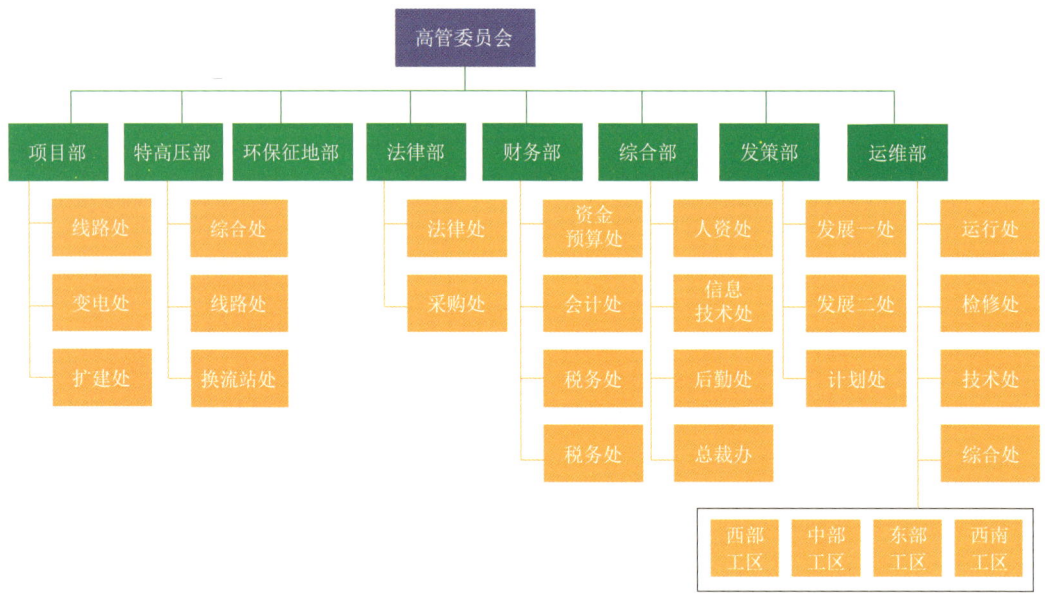

图 37-10 国家电网巴西控股公司组织架构

的 40 人成长至如今的 500 人，并累计为贫民窟中超过 2200 名儿童提供了音乐教育，而马累交响乐团也成为巴西国内著名的公益项目之一。2014 年 7 月，为庆祝中巴建交 40 周年，巴西首都巴西利亚举办了一场庆祝音乐会，中国和巴西两国的音乐家同台献艺。马累交响乐团也在音乐会上演奏了一首中国的音乐作品《无锡景》，而表演者们全都是来自里约热内卢马累贫民窟的青少年。马累交响乐团还曾应梵蒂冈教皇邀请前往意大利参加演奏活动，获得当地政府、媒体以及巴西社会各界的高度评价。

37.3.2.5 科技创新

国家电网巴西控股公司与巴西国家电力公司以及巴西国家电力调度中心签署了合作谅解备忘录，在多个领域开展技术交流与合作，包括大电网运行、新能源接入等多个领域。

37.3.3 巴西 CPFL 公司

37.3.3.1 公司概况

1. 总体情况

巴西 CPFL 公司成立于 1912 年，是巴西电力工业中历史最为悠久的公司之一，也是巴西电力行业中最大的公司之一。经过 100 多年的发展，CPFL 公司已经成为一家在电力工业各产业链均有布局的大型集团，主要业务包括了配电、传统发电、新能源发电等。CPFL 公司总客户数量约 960 万名，在巴西全国共 687 个市县拥有电力分销业务，在配电市场中的市场份额达到了 14%。另外 CPFL 公司还经营巴西第一大新能源发电公司。

2017 年 1 月和 12 月，中国国家电网有限公司分两次收购 CPFL 公司 94.75% 的股权。2019 年 6 月，中国国家电网有限公司又成功完成股份公开发行，持股比例降至 83.71%，使得 CPFL 公司恢复市场流动性。这也是中国国家电网有限公司迄今为止在海外最大的投资项目。

2. 经营业绩

据财报显示，CPFL 公司 2018 年全年总营收 22.07 亿巴西雷亚尔（约合 5.52 亿美元），创下了公司有史以来的全年收入记录，较 2017 年增长 68.8%，是五年前的 2.2 倍。CPFL 公司 2013—2018

年总营收见图 37-11。

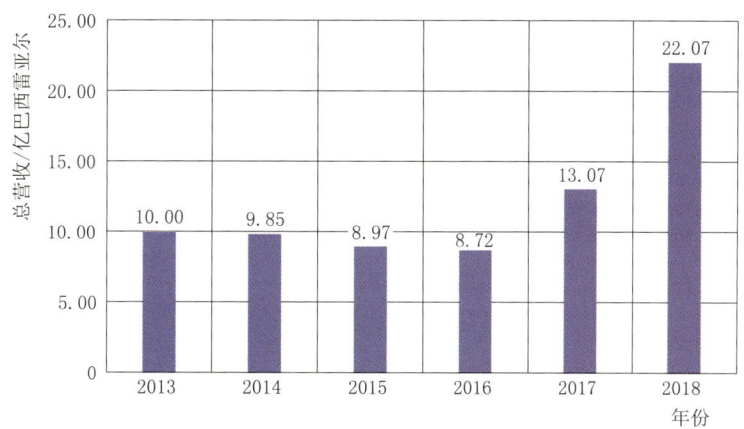

图 37-11　CPFL 公司 2013—2018 年总营收

37.3.3.2　历史沿革

1912 年，CPFL 公司成立，由圣保罗内部的四家小型能源公司合并而成。

1927 年，CPFL 公司被美国 AMFORP 公司收购，直到 1964 年由巴西联邦政府出资收购，并交由当时的 Eletrobras 公司进行管理。

1997 年 11 月，巴西政府为了缓解财政压力，决定让公司私有化，并实行市场化与企业化管理。

2004 年，CPFL 公司在巴西圣保罗证券交易所与纽约证券交易所上市。

2017 年，中国国家电网有限公司完成对 CPFL 公司的收购，加强了其在巴西电力行业的整合地位和能力。

37.3.3.3　组织架构

董事会下有由五个委员会组成的咨询委员会，就与业务管理有关的事项提供建议。咨询委员会包括战略与过程管理委员会、人力资源管理委员会、风险管理委员会、关联方委员会以及预算与企业融资委员会。每个委员会的主席均在董事会每月会议上报告活动，但是，委员会没有决策权，其建议对董事会没有约束力。CPFL 公司组织架构见图 37-12。

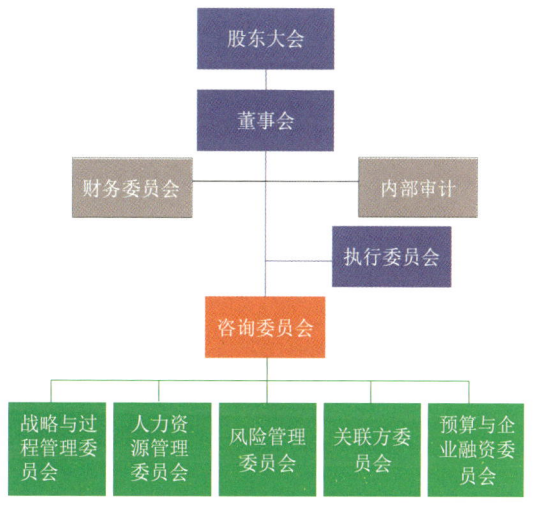

图 37-12　CPFL 公司组织架构

37.3.3.4　业务情况

1. 配售电业务

公司在巴西圣保罗州、南里奥格兰德州、米纳斯吉拉斯州以及巴拉纳州开展了配电、售电业务，业务覆盖四州共687个市县以及共960万客户，占全国总市场份额的14%。为了更好管理四洲业务，公司分别为四洲设立了对应的分公司，分别为保利斯塔分公司（负责圣保罗州及米纳斯吉拉斯州的业务）、皮拉蒂宁加分公司（负责南里奥格兰德州的业务）、圣克鲁斯公司以及里约公司（专门负责约热内卢的业务）。

（1）CPFL Paulista。CPFL Paulista负责圣保罗州内234个市县的配售电业务，共覆盖450万客户。

（2）CPFL Piratininga。CPFL Piratininga负责圣保罗州内陆和沿海27个城市的配电业务，共覆盖180万客户。

（3）CPFL Santa Cruz。CPFL Santa Cruz负责圣保罗州、巴拉纳州以及米纳斯吉拉斯州共45个市县的配电业务，共覆盖45.7万客户。

（4）RGE。RGE负责配售南里奥格兰德州共65%的电力需求，覆盖该州381个县市以及290万客户。

2. 发电业务

CPFL公司发电业务中96%的发电装机容量均为清洁能源发电，通过两家全资子公司进行管理，分别为CPFL Geracao和CPFL Renovaveis。

CPFL Geracao共管理16座电站，其中包括了13座小型水电站和3座火电厂。总发电装机容量约5365MW，其中水力发电装机容量为4988MW，火力发电装机容量为377MW。CPFL Geracao电站列表见表37-2。

表37-2　　　　　　　　　　　　CPFL Geracao电站列表

电站类型	电站名称	发电装机容量/MW	CPFL占股/%
小型水电站	Serra da Mesa	1275	51.54
	Lajeado	902	6.93
	Campos Novos	880	48.72
	Foz do Chapeco	855	51
	Barra Grande	690	25.01
	Monte Claro	130	65
	Castro Alves	130	65
	14 de Julho	100	65
	CPFL Centrais Geradoras	3.9	100
	PCH Rio do Peixe I	3.06	100
	PCH Rio do Peixe II	15	100
	PCH Macaco Branco	2.4	100
	Cariobinha	1.3	100
火电厂	Carioba	36	100
	Termonordeste	170.85	53.34
	Termoparaiba	170.85	53.34

CPFL Renovaveis利用巴西当前鼓励发展可再生能源的机会，大力推进风力发电以及光伏发电的建设工作。目前共运营有94个相关发电资产，分布在8个州共58个城市。总发电装机容量约2120MW。公司包括如下发电业务：

（1）水力发电。覆盖6个州，共40个小型水电站，总发电装机容量约452.9MW。

（2）风力发电。覆盖 3 个州，共 45 座风电场，总发电装机容量约 1300MW。

（3）生物质发电。覆盖 4 个州，共 8 座生物质发电站，总发电装机容量约 370MW。

（4）太阳能发电。1 个州，总发电装机容量约 1MW。

3. 商业服务业务

CPFL 公司为电力行业各环节提供专业的集成解决方案，为巴西全国的各类公司提供电力相关咨询服务，以提高其用电效率、优化用电流程、加强用电安全。服务内容主要包括工程服务、能源效率提升服务、电力市场交易服务等。

第38章 智利

38.1 能源资源与电力工业

38.1.1 一次能源资源概况

智利有着富饶的矿产资源,特别是硝石和铜矿曾先后在智利经济发展史上占有重要地位。铜矿业是智利经济的重要支柱。2011年智利铜的储量达1.5亿t左右,占世界储量的近30%,排名第一位,铜的产量占世界产量的1/3,2018年产量达到620万t。

智利是世界上唯一生产天然硝石的国家,主要产在北方的阿塔卡马沙漠地区。自从发现硝石,这块荒漠就成为智利历史上最富庶的地区。智利锂矿藏主要集中在北部的塔拉帕卡、安托法加斯塔和阿塔卡马等大区,共有约60个盐湖和咸水湖。

智利还是第一大铼生产国,第三大钼生产国,第七大银生产国和第十四大金生产国;在非金属矿产方面,在碘的生产中智利排名世界第一。

除上述矿产外,智利还有铁、煤、铅、锌、锰、水银和石油等矿藏,尤其是铁矿石,其品位很高(含铁量在60%以上),可以跟瑞典铁矿石媲美。

根据2019年《BP世界能源统计年鉴》,智利已探明锂储量750万t。2018年一次能源总消费量为4010万t油当量,其中石油消费量为1810万t油当量,天然气消费量为550万t油当量,煤炭消费量为770万t油当量,水电消费量为520万t油当量,可再生能源的消费量为350万t油当量。

38.1.2 电力工业概况

38.1.2.1 发电装机容量

智利属于传统化石能源短缺的国家,石油、天然气及煤炭等能源主要依靠进口。智利北部太阳能资源极为丰富,拥有广阔的阿塔卡马沙漠;中部拥有风电、太阳能及少量的水电资源;南部拥有较丰富的水电资源及少量的风电资源。目前,智利电力能源结构仍以火电为主,其次是水电、风电、生物质、光伏等。

截至2018年年底,智利发电总装机容量为24.2GW,其中火电装机容量占比最大,达到52%,其装机容量为12508.13MW;其次是水电占比为26%,装机容量达到6201.41MW;非水电可再生能源发电占比为22%,装机容量为5490.46MW。智利2018年各类发电装机容量占比见图38-1。

根据国际可再生能源署最新统计,2019年智利水电装机容量达到6679MW,风电装机容量达到

1620MW，太阳能发电装机容量达到 2648MW。

38.1.2.2 发电量及构成

截至 2018 年年底，智利国内总发电量为 75.61TWh。火电总发电量为 47.65TWh，占全国总发电量的 63%，其中，燃煤发电量为 32.49TWh，燃气发电量为 15.16TWh；水力总发电量为 19.65TWh，占全国总发电量的 26%；非水电可再生能源总发电量为 8.31TWh。据了解，智利中央电力系统担负智利全国十五个大区中人口最集中的第二大区到第十大区的电力供应。由于阿根廷限制对智利天然气输出，加上干旱导致的水力发电量减少，目前该系统的电力大部

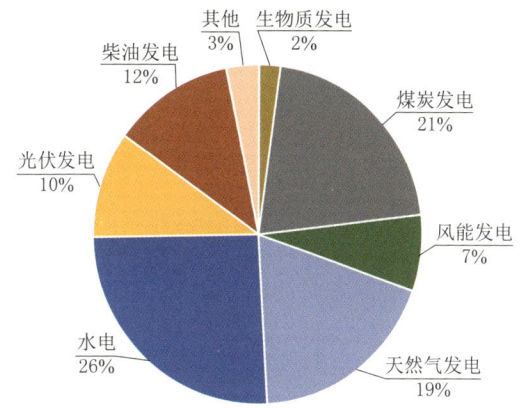

资料来源：彭博金融数据终端。

图 38-1 智利 2018 年各类发电装机容量占比

分来源于柴油和煤炭，其中 42% 来源于柴油，导致成本大幅上涨，供电情况较为困难。智利 2018 年主要能源发电量见图 38-2。

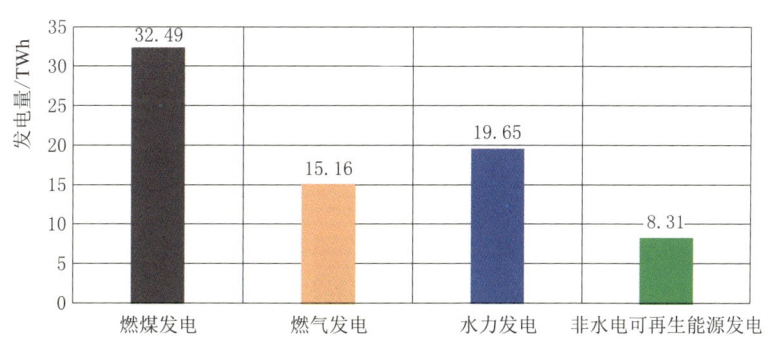

资料来源：彭博金融数据终端。

图 38-2 智利 2018 年主要能源发电量

38.1.2.3 电网结构

智利的发电是围绕四个电网系统组织的：①北部电网（Sistema Int）——电力监管委员会（SING），占全国总发电量的 21% 左右；②中部电网——中央互联系统（SIC），占全国总发电量的 78%，服务于智利 93% 的人口；③智利南部电网——艾森电网（Ayséy），占全国总发电量的 0.4%；④智利南部电网——麦哲伦（Magallanes Grid），占全国总发电量的 0.6%。智利地形东西狭窄，南北极长，四个电网之间遥远的距离使得全国联网变得很困难，目前的四个电网彼此之间都是独立的。

中部电网总装机容量是 15925MW，其中 40.6% 是水电，47.7% 是火电，5.1% 是风电，4.0% 是生物质发电，2.0% 是光伏发电，还有 0.6% 的其他科技发电，中部电网的用户以家庭和商业用户为主。北部电网 SING 的总装机容量是 4202MW，整个电网中火电占总量的 94.1%，0.4% 是水电，2.1% 是风电，3.4% 是光伏发电，北部电网的用户以大工矿企业为主，占到了总消耗量的 90%。智利各电网中发电量比例见图 38-3。

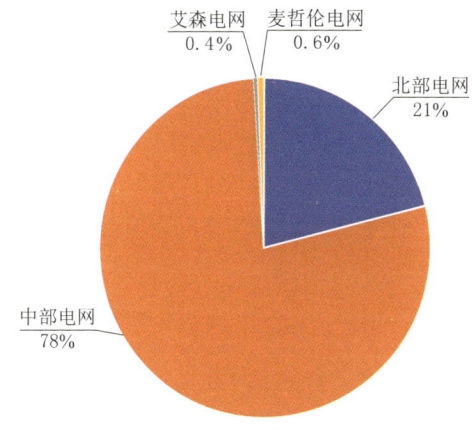

图 38-3 智利各电网中发电量比例

智利输电网络的线路总长度为15057.2km，输电网络分为骨干输电网络、配电输电网络和附加输电网络三部分。骨干输电网络主要是高压输电线路，主要是220kV线路和部分500kV线路；配电输电网络主要是中压及低压输电线路，联通骨干网络和配电商或居民用户，有33kV、44kV、66kV、110kV和154kV不同电压等级；附加输电网络是发电商或大企业客户自建的线路，作用是发电商将所发电量输入骨干输电网络或配电输电网络，或者大企业客户直接从骨干输电网络或配电输电网络取电。

38.1.3 电力管理体制

38.1.3.1 特点

智利电力实行多级电力管理体制，设置各个机构，互相合作，互相独立，包括政府机关、私营机构、行业组织等。境内13个州通过四个电力网络系统实现统一，其中智利的中部及北部电网分别有各自独立的电力调度机制。

38.1.3.2 机构设置及职能分工

智利电力企业与不同的机构有紧密的联系。这些机构包括政府机关、私营机构、行业组织等。智利电力组织机构见图38-4。

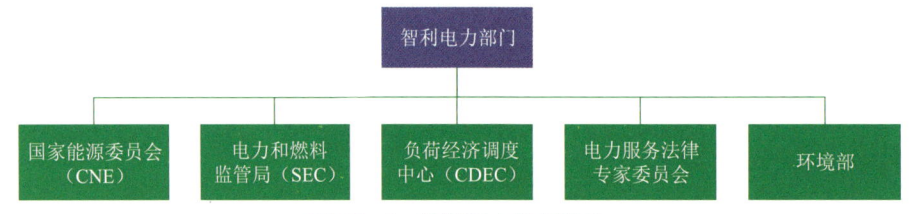

图38-4 智利电力组织机构

（1）能源部是智利电力监管的主要负责部门，有两个主要负责电力监管的下属机构：国家能源委员会（能源委）、电力和燃料监管局（电监局）。

（2）国家能源委员会（CNE）是国家能源事务的主要监管和引导机构，负责能源政策和能源计划的制定、监管电价的制定、领导和协调国家电网的规划和设计。

（3）电力和燃料监管局（SEC）负责执行电力监管行政法规并监督日常电力生产。

（4）负荷经济调度中心（CDEC）计划和协调发电和电网的经济运行。每个电网有自己的调度中心，例如北方电网调度中心（CDEC-SING），中央电网调度中心（CDEC-SIC）。经济调度中心的组成：总装机容量小于300MW的发电厂代表2位、总装机容量大于等于300MW的发电厂代表3位、主干网输电公司的代表2位、次级电网输电公司的代表2位、直接与输电系统相连的非监管客户代表1位。

（5）环境部成立于2010年，替代之前的国家环境委员会（CONAMA），负责保护环境和自然遗产以及智利环境评估体系的管理和环保证书的审批。发电、输电、配电等各类电力项目所涉及的环保证书均需由其批准。

（6）电力服务法律专家委员会是独立的、解决分歧的机构，由2名律师和5名工程师或经济师组成。该委员会为能源部提供一定的技术支持，能源部电价政策变更需征询其意见。该委员会也同时负责处理电力行业参与主体间的争议，决定一旦做出，任何情况下不可违背（包括法院）。

另外一个非常重要的机构是反垄断法庭。这是一个类似于上诉法院的机构，由3名律师和2名经济学家组成。反垄断法庭是特殊的、独立的司法管辖实体，受最高法院指导和监督，其作用是预防、纠正和制裁违反市场竞争的行为。

38.1.4 电力调度机制

智利北部地区及中央地区发电量占国内总需求的90%，为智利最大的两个电力系统。在这两大电力系统中，设置了管理各自体系的经济调度中心（CDEC）。如前所述，CDEC是一个自治性组织，由各系统内的电力企业代表和CNE成员组成。该组织以电力系统的高效运行为目的，监督、管理和协调与之相连接的全部设备，并作出电力调度计划。

所有发电企业每周须向CDEC报送其可变成本，CDEC根据此数据设定所有电站的上网优先级，CDEC有权对其进行核查，其他企业有权监督或提出质疑。依照上述规则，各类能源通常的上网优先级顺序从高到低是可再生能源发电（小型水电、光伏、风电）、大型水电、煤电、天然气发电、柴油发电。同时，智利对于不同的电源点有不同的入网优先级顺序，依次为小型水电、风电和光伏，小库容水库式水电站，煤电，天然气，大库容水库式水电站，库容液化天然气，柴油。智利电源点入网优先顺序见图38-5。

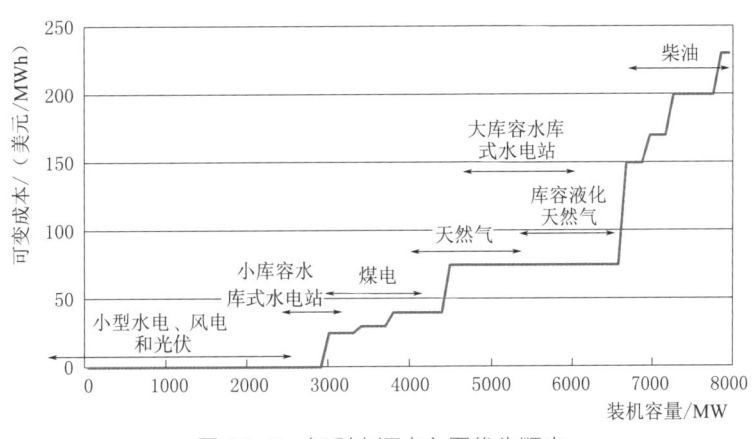

图38-5 智利电源点入网优先顺序

38.2 电力市场概况

38.2.1 电力市场运营模式

38.2.1.1 市场构成

智利电力市场实行的是私有化运作，包括发电、输电、配电整个环节。政府起到的作用是对能源政策及法规的制定和执行以及相关交易的管制把控等。在电力市场管理体制方面，智利境内的13个州共通过4个电力系统统一起来。北部和中部区域的电力系统的发电量占国内总需求的90%，是智利最大的两个电力系统。

38.2.1.2 结算机制

智利电力系统运行实现完全智能化管理。电站上网可采用现货市场竞价上网和签署PPA供电协议两大类，上网售电次序和发电量分配完全由系统自动调节。按图38-6，实体市场上发电商可从电网实时卖出或买入电量，金融市场上则主要由用户从电网或配电商处买电。智利电力市场售电方式见图 38-6。

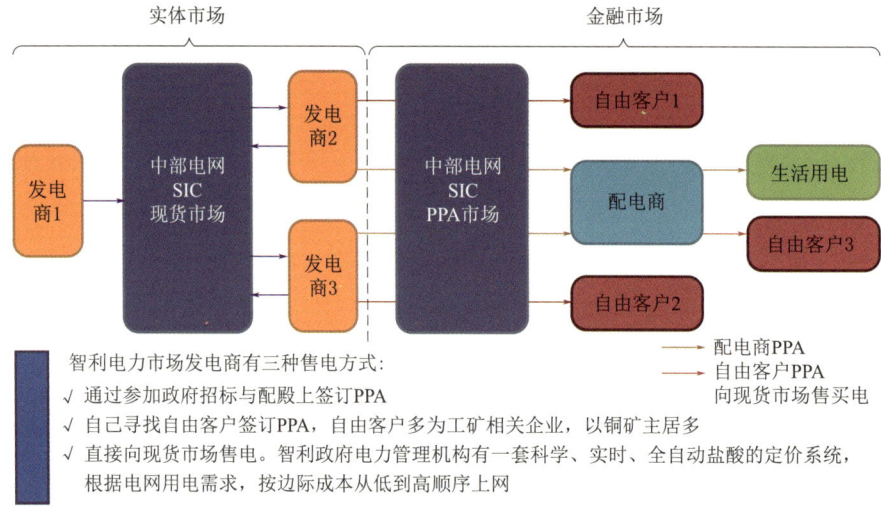

图 38-6 智利电力市场售电方式

38.2.1.3 价格机制

智利电力市场模型采用联营体（POOL）架构，其特点是交易的各方强制参与，采用双边金融合约交易方式。电力市场通过交易各方都接受的管理机制确定了市场的短期电价（现货价格），这个价格是由市场运营者经过 CDEC 确定的，在系统的不同区域，价格也不一样。CDEC 控制的中央调度系统根据发电商提供的运营成本来运行。根据发电商的运营成本，从低到高排列，先安排成本最低的发电商出力，然后按照系统负荷的要求，依次安排发电商出力。

智利电力市场由发电商组成，他们依靠订立的供电合同来交易能源和装机容量。发电商在完成合同规定的电量需求后，可以将多余的电力卖给出力低于合同协议的发电商，交易的买入卖出价格由系统的 CDEC 来决定。智利电力市场模型见图 38-7。图中总结了智力电力市场各个参与者之间的经营关系，如在双边金融合约市场，发电商 1 可以和非监管用户 1 直接签订购电合同，而发电商 3 与配电商签订的则是受监管的购电合同。重要的是现货市场只有发电商才能参与，有部分发电商只参与现货市场交易（如发电商 2）。这部分发电商没有任何供电合同，生产的电量全部供应给现货市场中其他有需要的发电商（如发电商 1 和发电商 3）。

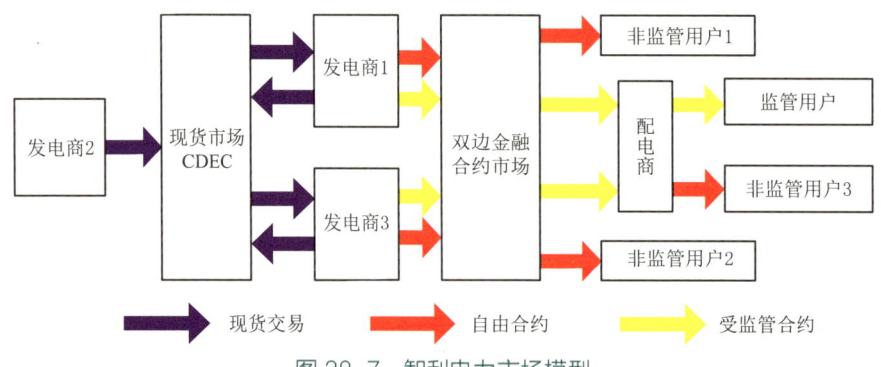

图 38-7 智利电力市场模型

智利电力市场是一种强制参与的联营体形式的市场。该市场是由发电成本经过审计的发电商参与的实时交易的市场。需要注意的是，智利的双边合同与欧洲电力共同市场中双边实体购电合同不一样。在欧洲，购电合同双方只需将购电合同电量报给系统操作员，系统操作员将按照合同电量进行调度。而在智利，购电合同仅具有财务性质，因为 CDEC 会根据每个发电商提供的运营成本实时进行电量调度。智利电力市场注重发电商效率的竞争,没有国际市场上通用的报价计划,采用的是交流各发电商的发电成本。因此,在竞争中就消除了投标策略这一因素。在智利电力市场中,发电商之间按照购电合同交易容量与电量。电量电价为每小时边际发电成本,而容量电价为容量的节点电价(Nodal Price)。如上所述,发电公司在现货市场交易电量和容量;小型发电商、小型分布式发电商及非传统可再生能源发电商以固定的价格销售电量。发电公司与非监管用户自由协商达成购电协议,而与配电公司通过公开招标的形式,在政府的监管下以节点电价签订长期购电协议。《电力法》还规定,节点电价应根据影响发电成本的因素进行调整,调整范围应在系统平均合同价格的±10%之内。此外,如果监管用户离配电企业规定的区域很远,发电企业直接向监管用户出售电力时,规定发电企业同样按照节点电价进行出售。

最终用户电价还包含配电附加值(Value Added for Distribution,VAD),这部分支付给配电公司。配电附加值每4年确定一次。配电附加值的价格以每个标准地区的典型公司为基准,按照30年无残值估算,包括运营成本、销售总务管理成本和10%的投资回报。

38.2.2 电力市场监管模式

38.2.2.1 监管制度

配电市场和部分输电市场是受监管的,监管部门规定了其服务的内容和电价(根据有效成本标准)。智利具有相当开明的能源行业法律框架,该法律框架以发电领域的竞争以及发电、输电与配电职能分离原则为基础。国内和外国人士都同样能够参与能源行业,没有任何监管壁垒。智利目前只拥有监管与监控职能,国家能源委员会是负责编制与协调计划和标准的国家单位。

1. 依法监管

智利的电力监管以法律为基础,不管是监管机构的设立、监管职能的实施,还是监管冲突的解决,都有其法律依据,并且设置反垄断法庭。

2. 独立监管

监管机构相对于政府是独立的,相对于被监管对象和消费者也是独立的。它以第三者的角度保护电力市场的竞争性和公正性,让消费者享有充分的市场信息,并对不遵守市场规则的厂商进行处罚。

3. 分散监管

分散监管充分发挥地方政府在电力监管中的主动性,并能根据不同地区经济和资源的差异制定有针对性的电力监管政策,在北部及中部电网设立不同监管机构。

4. 分环节监管

放松竞争环节(发电和售电)的监管,加强自然垄断环节(输配电)的网络接入监管。

38.2.2.2 监管对象

主要监管对象有电力用户、输电系统、配电系统。由智利能源部、国家能源委员会、电力和燃料监管局、环境部、电力服务法律专家委员会及CDEC共同分层级进行监管。

38.2.2.3 监管内容

智利的电力消费用户分为监管用户和非监管用户。监管用户的消费电价由政府制定。一般用电容量等于或小于2MW的用户,被定义为监管用户。非监管用户一般指用电容量在2MW以上的用户,大多是工业用户和采矿企业。非监管用户消费电价可由用户自己直接和发电公司或配电公司协商制定，签订长期的供电合同。在配电公司特许经营范围内，用电容量介于500kW和2MW之间的用户，也可选择成为非监管用户。

主干网和次级网属于政府监管的公共服务设施，被要求对所有输电系统使用者开放，其建设由相关政府机构统一规划，电费由监管机构制定，一般由监管机构组织公开招标，并以特许权的形式投资、建设和运营。支线网类似专供线路，用于将单个或若干非监管用户或电厂与电网联接，其建设无政府统一规划，电费由相关主体协商确定，一般不以特许权的形式投资、建设和运营。

根据监管框架，配电系统分为两个部分：高压配电网（400V~23kV）和低压配电网（< 400V）。配电系统会根据终端用户的地理位置和所属区域，通过相对应的变电设备、变电站以及输电线路将电力输送到最终用户。配电公司采用特许权的方式经营，并遵守监管电价协议，确保提供的服务质量等。

38.3 主要电力公司

38.3.1 智利输电公司

38.3.1.1 公司概况

1943年西班牙恩德萨公司（Endesa）成立，1993年恩德萨将其电力传输部门转变为子公司，后续成立智利输电公司（Transelec S.A.），旨在规划、操作和维护输电系统，至今已发展为智利境内阿里卡和奇洛岛之间的国家电网中最重要的输电公司，其开发和运营的电力为智利境内98%的人口提供能源保障。目前拥有9672km长的电力输电线路及18535MVA的输送量，境内有61座变电站。

38.3.1.2 历史沿革

1943年，西班牙恩德萨公司成立。

1955年，恩德萨建立大柏树电站（Cipreses），连接圣地亚哥和康普西文间的电路，实现154kV的输电。

1966年，智利首条220kV线路在拉佩尔—纳维亚山（Rapel-Cerro Navia）建成，将拉贝尔电厂与智利中部地区不断增长的电力需求联系起来。

1993年，恩德萨公司将其电力传输部门转变为子公司，后续成立智利输电公司，旨在规划、操作和维护输电系统。

1996年，智利输电公司为了连接Pangue电厂（460MW），在Charrua和Ancoa之间建造了第一条220kV输电线路，随后升级为Ralco电厂。

2000年，智利输电公司的所有股份由加拿大魁北克水电公司全部购买。

2018年，中国南方电网公司（CSG）由布鲁克菲尔德资产管理公司（Brookfield Asset Management, BAM）所持股份中购入27.79%，成为智利输电公司股东之一。

38.3.1.3 组织架构

智利输电公司董事会旗下有六大部门，分别为运营部、人力资源部、能源发展部、法务部、财务部、销售与发展部。智利输电公司组织架构见图38-8。

运营部负责维持公司的稳定运行，2018年引入多套输电系统，统一管理旗下输电网络；能源发展部主要负责输电服务与新输电技术开发；销售与发展部负责销售、客户开发与政府关系维护；其

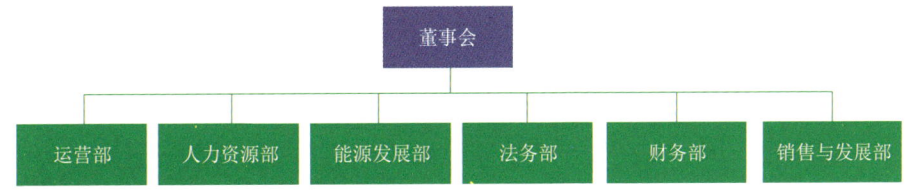

图 38-8 智利输电公司组织架构

他各部门对应履行相应职能。

38.3.1.4 业务情况

智利输电公司目前输电业务主要覆盖智利北部及中部大部分地区，解决了智利 98% 人口的用电需求，包括 500kV、220kV、154kV、110kV 及 66kV 或更小的输电类型。

公司 2018 年总收入达 46.06 亿美元，较 2017 年营业收入 39.06 亿美元增长 18%，公司收入主要来源于智利国家电网的电力输送系统和分区系统的电力输送所得资产以及其他双边合同规定的合同收入。其中国家及地区性输电收入约 32.09 亿美元，合同收入约 13.496 亿美元。进一步细分的话，国家级输电服务占 57%；地区性输电服务占 23%；专线输电服务占 17%；运营服务占 3%。智利输电公司收入来源占比情况见图 38-9。

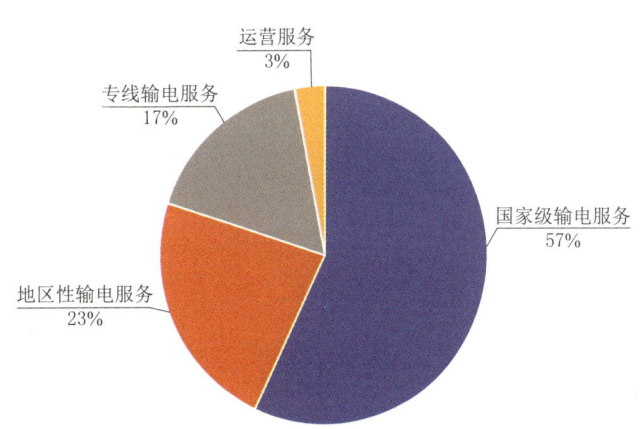

资料来源：彭博数据终端。

图 38-9 智利输电公司收入来源占比情况

38.3.1.5 科技创新

智利输电公司的科技创新集中于输电操作系统的完善上。国家传输运营中心（CNOT）建于 2014 年，在确保服务连续性方面发挥着基础性作用，达到了最高的安全标准，使智利输电公司能够实时集中设施的运营。2016 年实施国家传输运营中心运营商能力管理流程，包括模型技能的评估。智利输电公司于 2019 年开始使用操作员培训系统（OTS）。OTS 将通过模拟极端事件和条件，复制系统和工作场所的实际特征，使操作者能够在受控环境中提高他们的技术和行为表现。

38.3.2 切昆塔集团公司

38.3.2.1 公司概况

1. 总体情况

切昆塔集团公司成立于 1889 年，是智利第三大配电企业，拥有配电线路 1.69 万 km，服务人口超 200 万，公司还从事输电业务，现全资拥有 880km 长的输电线路。2019 年 10 月 15 日，中国国家电网有限公司与美国桑普拉能源公司签署股权购买协议，正式收购其持有的智利切昆塔集团公司 100% 股权。智利切昆塔集团公司股权将在履行相关审批流程后完成交割。

2. 经营业绩

截至 2018 年年底，根据切昆塔集团公司年报，公司总资产约 10.09 亿美元，较上年上升约 1.58 亿美元。在收入方面，公司 2018 年净利润约 0.41 亿美元，净利润率约 30%，几乎所有收入都来源于售电收入。

38.3.2.2 历史沿革

切昆塔集团公司前身为智利电力和照明公司，成立于1889年，并于1921年与智利国家电力公司合并，新公司名为Chilectra SA。

1981年，Chilectra SA修改了控股结构，成立了专注配电业务的子公司Chilectra Quinta Región SA，后更名为切昆塔集团公司，并于1986年年底，进行了私有化股权变更，开始进行市场化运作。

1996年，公司收购了Energíade Casablanca SA、Compañia Eléctricadel Litoral SA、Luzparral SA和Luzlinares SA，将业务从切昆塔地区扩展至了智利全国，并于1998年成立了新的天然气服务公司，开展天然气服务业务。

2011年，美国桑普拉能源公司收购了公司的配电业务。

2019年10月15日，中国国家电网有限公司与美国桑普拉能源公司达成协议，收购了后者持有的切昆塔集团公司的100%股权，成为公司新的控股股东。

38.3.2.3 组织架构

切昆塔集团公司董事会下设有7个部门，其中4个为后台部门，3个为业务部门。切昆塔集团公司组织架构见图38-10。

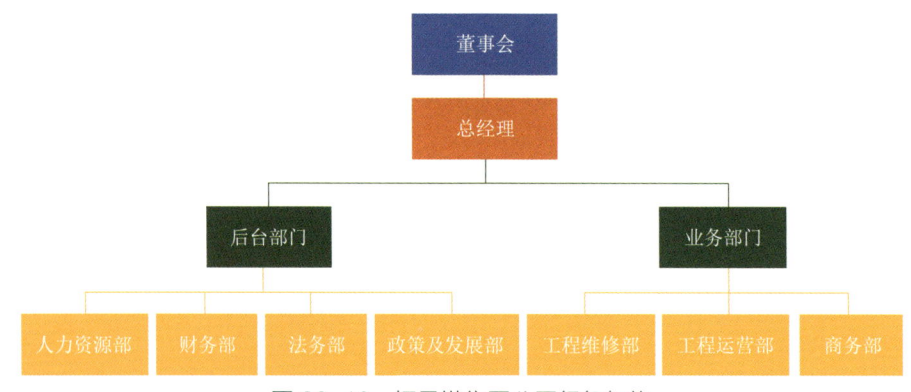

图38-10 切昆塔集团公司组织架构

核心的业务部门包括：工程维修部，负责配电设施的维修、技术服务、配电系统建设等工作；工程运营部，负责监控公司实施的配电情况，进行合理电力分配，并对大客户用量进行后台监控，必要时联系工程维修部进行现场服务；商务部，负责业务扩展、公司营销和市场推广等工作。

38.3.2.4 业务情况

1. 经营区域

切昆塔集团公司所有业务均在智利国内开展。业务范围包括智利瓦尔帕莱索地区的11496km²，主要向瓦尔帕莱索、马尔加、奎洛塔、圣费利佩、洛斯安第斯和圣安东尼奥等省提供服务。此外，公司还在瓦尔帕莱索地区设有办事处和分支机构网络，分别位于瓦尔帕莱索、比尼亚德尔马、孔孔、昆特罗、奎尔普埃、阿勒玛娜别墅、利马切、奎洛塔、拉卡莱拉、圣费利佩、洛斯安第斯山脉、莱利莱和圣安东尼奥。

2. 业务范围

切昆塔集团公司2018年共服务客户59.6万户，较2017年58.2万户上升约1.4万户；共分配约2587GWh的电力，较上一年2580GWh上升7GWh。除此以外，公司还积极开展分布式发电业务，在瓦尔帕莱索地区共建设有 26 座小型的分布式光伏发电系统。2018 年，这些分布式光伏发电系统共为当地客户提供了约 89GWh 的电力。

38.3.2.5　国际合作

2019 年 10 月 15 日，中国国家电网有限公司与美国桑普拉能源公司签署股权购买协议，正式收购其持有的智利切昆塔集团公司的 100% 股权。智利切昆塔集团公司股权将在履行相关审批流程后完成交割。本次收购是中国国家电网有限公司首次踏足智利市场。

38.3.2.6　科技创新

Mayaca 项目是公司目前最新的配电项目。该项目涉及一条 110kV 双回路，约 5.7km 长的输电线路的建设和运营。除此以外，该输电线路中还要建设一座 110kV/12kV 变电站，占地面积约 0.04 km^2。输电线将从拉克鲁斯市开始，并通过分接点，该分接点将截断公司现有的 San Pedro-Las Vegas 2×110kV 输电线路，并将终点设为 Mayaca 变电站。该工程预计投资 1000 万美元。

第 6 篇
大洋洲

澳大利亚

新西兰

第 39 章
澳大利亚

39.1 能源资源与电力工业

39.1.1 一次能源资源概况

澳大利亚拥有煤炭及铀等丰富的化石资源，是一个能源大国，其国内生产的煤炭、天然气及铀等能源资源近七成用于出口。澳大利亚天然气年产量约在 170 亿 m^3，占全球产量的 18%。不过，石油资源并不多，因此约一半的石油消费量依靠进口，而且对进口的依赖程度正逐年升高。根据 2019 年《BP 世界能源统计年鉴》，澳大利亚已探明石油储量约 40 亿 t；天然气储量约 2.4 万亿 m^3；煤炭储量约 1474 亿 t。除此以外，澳大利亚还有一定的能源相关的关键矿藏储量，包括 120 万 t 的钴储量、270 万 t 的锂储量以及 340 万 t 的稀土储量。2018 年，澳大利亚一次能源总消费量为 1.443 亿 t 油当量，其中石油消费量为 5330 万 t 油当量，天然气消费量为 3560 万 t 油当量，煤炭消费量为 4430 万 t 油当量，水电消费量为 390 万 t 油当量，可再生能源消费量为 720 万 t 油当量。

39.1.2 电力工业概况

39.1.2.1 发电装机容量

澳大利亚 2018 年各类型发电装机容量见图 39-1。

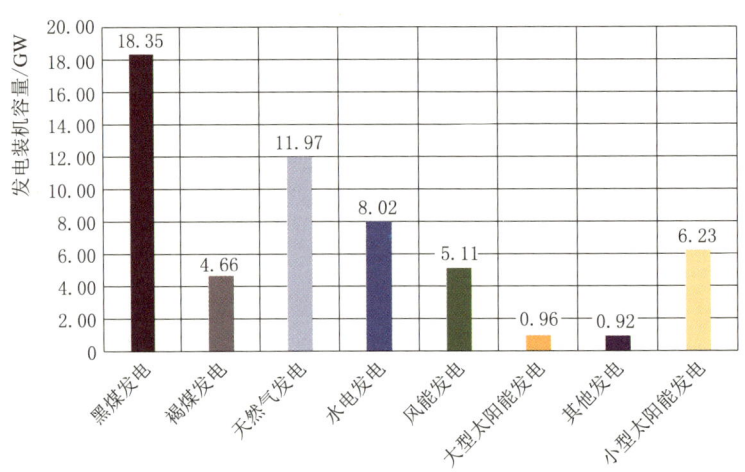

资料来源：澳大利亚能源监管局。

图 39-1 澳大利亚 2018 年各类型发电装机容量

2018 年总发电装机容量 56.214GW，其中黑煤发电占比最大为 33%，装机容量达到 18.35GW；其次是天然气发电占比为 21%，装机容量达到 11.97GW；水电排在第三位，占比为 14%，装机容量达到 8.02GW。澳大利亚各类电源装机容量占比见图 39-2。

资料来源：澳大利亚能源监管局。

图 39-2 澳大利亚各类电源装机容量占比

39.1.2.2 发电量及构成

2018年澳大利亚全国总发电量约209.638TWh，其中煤电 70.36%、天然气发电 7.83%、水电 8.11%、风电 7.04%、光伏发电 5.03%（屋顶光伏发电 3.96%）、生物质发电 1.63%。虽然化石能源发电仍接近80%，但是发电量较2017年已经明显下降，光伏发电、风电、水电快速增长。澳大利亚 2018 年各类型发电量构成见图 39-3。

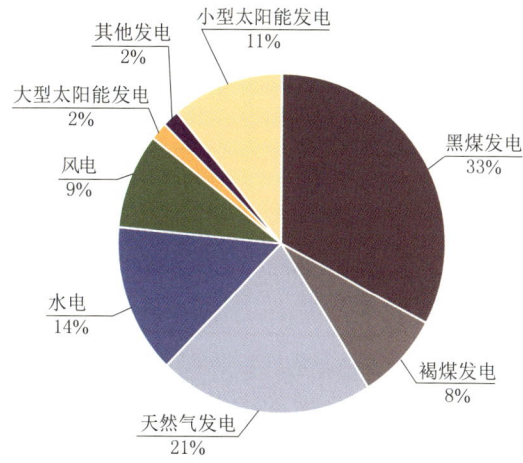

从各州来看，澳大利亚发电量主要集中在新南威尔士、昆士兰和维多利亚，分别贡献了 63312GWh、59629GWh 和 44002GWh，占比分别为 30.2%、28.4% 和 21.0%，剩余各州合计贡献 20.4%。据了解，目前大城市的供电能力基本充足，但由于设备老旧，仍会出现不定时停电情况。澳大利亚 2018 年各州主要发电量及占比见图 39-4。

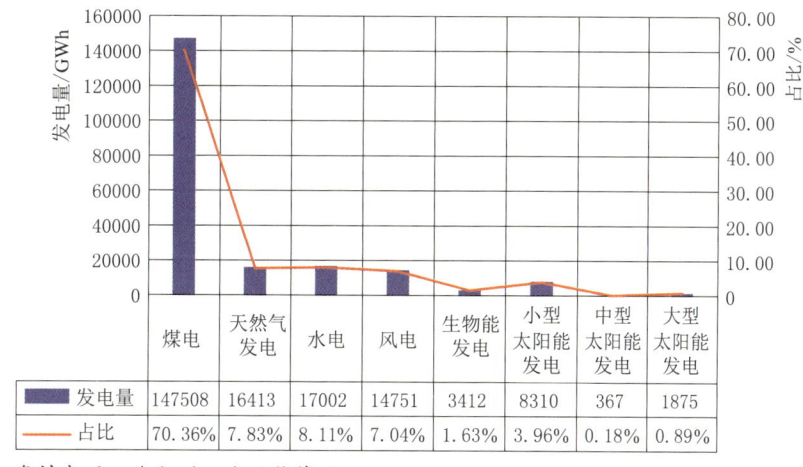

	煤电	天然气发电	水电	风电	生物能发电	小型太阳能发电	中型太阳能发电	大型太阳能发电
发电量	147508	16413	17002	14751	3412	8310	367	1875
占比	70.36%	7.83%	8.11%	7.04%	1.63%	3.96%	0.18%	0.89%

资料来源：澳大利亚能源监管局。

图 39-3 澳大利亚 2018 年各类型发电量构成

	塔斯马尼亚	南澳大利亚	维多利亚	西澳大利亚	新南威尔士	昆士兰
发电量	11073	12377	44002	17366	63312	59629
占比	5.3%	5.9%	21.0%	8.3%	30.2%	28.4%

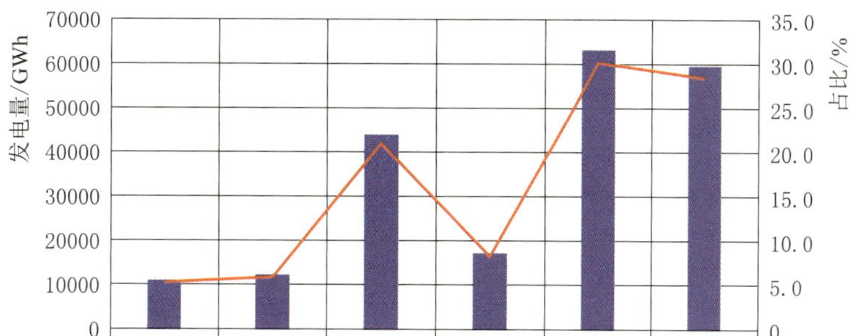

资料来源：澳大利亚能源监管局。

图 39-4 澳大利亚 2018 年各州主要发电量及占比

根据《澳大利亚清洁能源（Clean Energy Australia）》最新版报告，2019年澳大利亚可再生能源新增发电装机容量达4.4GW，其中大型可再生能源项目新增发电装机容量达2.2GW，屋顶太阳能行业新增发电装机容量达2.2GW，是自2012年以来新增发电装机容量最多的一年，澳大利亚已提前1年多实现可再生能源发电目标。大规模光伏项目占大规模可再生能源发电装机容量的近2/3，新增发电装机容量达1416MW，覆盖27个太阳能项目。风电新增装机容量达837MW，首次超过水电成为澳大利亚清洁能源的主要来源。可再生能源发电量目前占澳大利亚总发电量的24%。

39.1.2.3 电网结构

澳大利亚电力系统包括东南部、西部和北部三个电网，它们之间相距上千千米，没有输电线路连接。东南部电网覆盖五个行政州和一个首都特区，南北跨度达5000km，号称是世界上最长的交流电力系统。澳大利亚国家电力市场约定俗成地是指东南部电网的电力市场，它按行政州划分为五个电价区，首都特区电价包含在新南威尔士州价区内，该市场用电量约占全国的80%，是澳大利亚最主要的市场。另外，澳大利亚西部的西澳州电网设有一个分立的电力市场。

39.1.3 电力管理体制

39.1.3.1 特点

澳大利亚监管机构的主要监管职责包括：根据《贸易法》，核准有关的市场法规及法规修改；许可电网服务供应商进入市场和定价；监督市场状况、公开市场信息及市场行为；监管电网调度及有关滥用权力的问题。主要有以下特点：

（1）电力监管的强化和完善，实际上并非一步到位，而是经历了一个过程。澳大利亚在弱化政府控制的同时，政府依法监管，但监管经历了从分散到集中、从州一级转移到国家，并从政府转移到独立机构的过程。2005年，澳大利亚在国家层面成立两个新的监管机构对电力监管职能进行全面整合。一个是澳大利亚能源市场委员会（AMEC），负责包括配电监管法规在内的全国电力法规的制定；另一个是澳大利亚能源监管局（AER），负责在国家层面上对包括配电在内的电力行业各环节进行监管，并负责相关法规、条例的执行工作。经过一系列改革，以前的垂直一体化管理体制改变为发电、输电、配电、售电全面分开，发电采用竞价上网，售电端通过市场竞争售电，输配电网络实行政府定价、公司运营的监管体制。

（2）监管主要集中在自然垄断环节，并十分注重提高监管效率，重点是价格监管和调度监管。政府认为，电力市场化改革增加了发电和零售部门的竞争，对管制的需要也将降低，从事发电和零售的电力公司被视为一般商业行为，企业依法经营。监管的重点主要体现在自然垄断环节中，以防止恶意的垄断行为，确保经济效益和公平，实现监管效率的提高。

（3）监管机构十分重视信息公开问题。无论是从立法上，还是从监管机构职责上，信息公开都放在十分重要的位置。信息公开包括但不限于调度信息，还有对自然垄断电力企业的信息公开及监管。

39.1.3.2 机构设置

澳大利亚电力市场管理机构自上而下主要由澳大利亚政务院能源委员会、澳大利亚竞争法庭、澳大利亚能源监管局、消费者质询委员会、澳大利亚能源市场运营公司以及澳大利亚能源市场委员会组成。澳大利亚电力监管机构架构见图39-5。

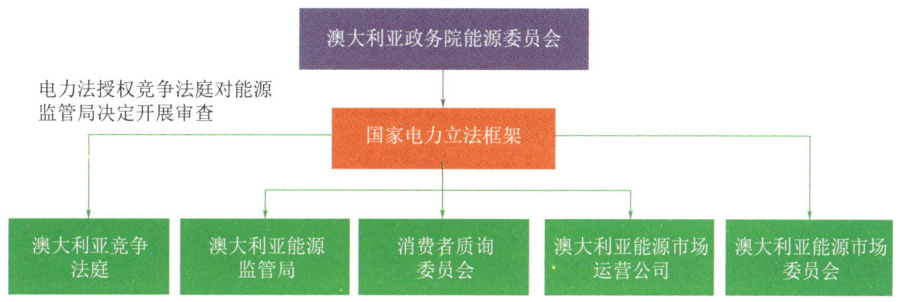

图 39-5 澳大利亚电力监管机构架构图

39.1.3.3 职能分工

1. 澳大利亚政务院能源委员会

澳大利亚政务院（COAG）负责推进全国重大制度改革，协调政府部门间的工作。澳大利亚政务院下设的能源委员会前身是能源和资源常务理事会（Standing Council On Energy and Resources, SCER），是政务院八大委员会之一，成员包括联邦、洲和领地特区的部长。澳大利亚政务院能源委员会主要职责为：在国家层面对澳大利亚能源和资源行业治理和政策发展进行监督，增强国家监管框架之间的一致性；监管澳大利亚能源市场（电力和天然气），提高能源供应效率；保证能源安全；推动基本立法和政策框架建设的改革，以促进能源可持续发展。

澳大利亚政务院能源委员会定期审阅澳大利亚能源市场委员会制定的法规，定期召开论坛，旨在促进统一连贯的全国能源政策的发展。

2. 澳大利亚能源市场委员会

澳大利亚能源市场委员会（AMEC）根据《澳大利亚能源市场委员会设立法案》而设立。澳大利亚政务院是国家电力市场的规则制定者，根据《国家电力法》《国家天然气法》《国家能源零售法》制定具体监管规则和实施细则，评估市场发展状况，向澳大利亚政务院能源委员会提供建议，优化监管和市场安排。

澳大利亚能源市场委员会最主要的责任包括以下几点：

在《国家电力法》《国家天然气法》《国家能源零售法》的基础上，全权负责组织制定及修改电力市场运营规则：①管理国家能源市场的运作，使其成为有竞争力的批发电力市场和国家电力系统；②管理市场参与者在天然气和零售行业的运营；③管理垄断输配电网和天然气管道提供的服务；④促进为零售客户提供服务，并为消费者提供特定权利。

3. 澳大利亚能源市场运营公司

澳大利亚能源市场运营公司（AEMO）是国家电力市场的运营单位，负责国家电力市场的持续运营，对电力市场中电力消费、能源流动、电力等级和频率等指标进行监管。

澳大利亚能源市场运营公司最主要的责任如下：

（1）按照发电机组的申报价格，每5min平衡一次电力生产与需求，并根据发电方的报价确定该5min的调度价格。

（2）每5min一个调度价格，半小时即为6个调度价格。每半小时平均一次6个调度价格，决定每个地区每半小时的电力现货价格。每5min的调度价格不是真正用于结算的电价。每半小时内6个5min出清价格的平均值才是每半小时电量的结算价格。按半小时结算一次的技术原因是多数分时电表是 30min 读一次表数。

（3）《国家电力法》规定现货市场的最高价格（12500 澳元）和最低价格（−1000 澳元），这种负电价允许发电机向用户支付一定的资金，从而保持机组的持续运行，因为此时保持持续运行的成本低于电厂起停的成本。对于可再生能源发电机组来说，在这种情况下保持发电还可以获得更多来自补贴项目的资金补贴。

（4）澳大利亚能源市场运营公司通过调频辅助服务来保证、管理电力市场的安全及可靠性。调频辅助服务保证了整个电力系统的频率、电压、电网负载、黑启动等关键因素，并且保证系统的供需平衡。

（5）市场的主要参与者为发电商和售电公司，也包括几个超大型的电力用户。市场参与者必须满足澳大利亚能源市场运营公司制定的所有政策和运营控制要求，还需要发布资金状况以满足澳大利亚能源市场运营公司为减轻市场违约风险设定的要求。

4. 澳大利亚能源监管局（Australian Energy Regulator，AER）

澳大利亚能源监管局虽然隶属于澳大利亚竞争与消费者委员会（ACCC），但却是相对独立的法律实体。澳大利亚能源监管局主要负责电力规范的执行和监督以及国家电力市场输电网络、配电网络以及天然气管道的经济调控。澳大利亚能源监管局具体职能包括：监管国家电力市场的运行、监管国家《电力法》、核定输电和配电网络服务供应商的收入水平、调查违反有关法律法规的行为、对输电网络服务提供商制定服务标准、给予有关商业运营指导意见。

5. 澳大利亚竞争法庭

澳大利亚竞争法庭（Australian Competition Tribunal）根据《交易实践法案》设立，受《竞争和消费者法案》管辖。澳大利亚竞争法庭作为一个独立的法人实体，负责对澳大利亚能源监管局行政决定的上诉请求进行审查。澳大利亚竞争法庭的审查是实质性审查，审查后做出肯定、驳回申请或更改原决定的裁决。若输配电服务商对澳大利亚能源监管局审核的收入水平不满，可以向澳大利亚竞争法庭申请对澳大利亚能源监管局的决定进行实质性审查。经审查后，澳大利亚竞争法庭有权直接改变澳大利亚能源监管局核定的收入水平或者要求澳大利亚能源监管局重新核定。

39.1.4　电力调度机制

在澳大利亚电力市场中，调度运行部门与电网公司是分开的，电力市场交易管理与调度运行部门一体化，即电力市场交易和调度同时完成，但在其内部管理上则呈现相互独立和相互制约的特点。澳大利亚电力市场的调度中心设有市场运行的计算机系统，实时电力市场每五分钟出清一次，由电力市场交易与调度决定各州的电力价格和每个机组的出力。在电力批发市场中，澳大利亚能源市场运营公司负责集中调度和交易。实际上，国家电力市场管理公司、国家运营规约管理协会及调度运行部门构成了澳大利亚电力市场的核心。

电力的调度指令使用自动发电控制系统（AGC）或者在市场管理系统界面上发出，不具备远程自动发电控制的发电机组（站）不参加修正用的调频辅助服务。快速启动机组通过市场管理系统界面接受开机与调度指令，能够在 30min 之内实现同步并达到最低负荷。风电场和太阳能电站在通过市场管理系统界面接收到受控指令时必须遵从调度指令，在接收到非受控指令时发电不由调度管控。非调频辅助服务，即电网负载辅助服务、调压辅助服务和系统重新启动辅助服务的调度分三步进行：

首先需要确认相关辅助服务是否可以调用，其次用电话通知服务提供方提供辅助服务，最后由市场管理系统界面发送调度指令。《国家电力规则》规定发电机组（站）的发电出力必须与调度指令保持一致，可能危害公共安全或损坏电力设备等特殊情况可例外。在某发电机组（站）发电出力与调度指令不符的时间和幅度尚未超出规定的有限范围情况下，市场运行中心确定该发电机组（站）为不符合机组（站），并废除它的报价。如果与调度指令不符的持续时间超过合理的期限，市场运行中必须准备一份详情报告，提供给澳大利亚能源监管局。在考虑了发电出力与调度指令不符合状况发生的客观条件及是否造成损失或损害后，澳大利亚能源监管局决定发电厂是否违规。如果判发电厂违规，澳大利亚能源监管局有权签署 2 万澳元（约 1.36 万美元）罚款单或者申诉联邦法院判处 10 万澳元（约 6.78 万美元）罚款。

39.2 电力市场概况

39.2.1 电力市场运营模式

39.2.1.1 市场构成

澳大利亚电力市场（NEM）主要分布于东南部（5 个州）、西部（1 个州）和北部。各电力市场物理特征不同，东南部以市场交易为主，该市场用电量约占全国的 85%，西部和北部因特殊原因市场交易有限。澳大利亚电力市场于 1998 年 12 月 13 日投入运行，目前涵盖了昆士兰、新南威尔士、澳大利亚首都地区、维多利亚、南澳和塔斯马尼亚 6 个行政区域（东南部市场）。澳大利亚电力市场由批发市场和零售市场两部分构成。

1. 批发市场

澳大利亚电力批发市场由澳大利亚各个州的发电厂把自己的电价放入电厂所在州的澳大利亚能源监管局分部进行上网竞价。澳大利亚能源监管局是澳大利亚政府设立的澳大利亚能源市场监管机构，监管电力行业运营。值得注意的是，在澳大利亚，能源是放在一起买卖的，澳大利亚能源市场运营公司也管理天然气等其他能源的买卖。

在澳大利亚，每个州都可以有若干个电力公司。每个电力公司可以以一个州作为公司总部，然后在不同的州设分公司，这些总公司和分公司可以管辖公司所在州所拥有的所有发电厂。这些发电厂的利润最终转移给它们所属的电力公司。这样，不同的负荷情况下，不同发电厂的利润将不同。这些不同的利润将最终影响电力公司的利润。

2. 零售市场

澳大利亚电力零售市场是电力零售商将电作为一个产品打包从电力批发市场买过来后卖给消费者的市场。

对于电力零售商而言，他们可以先根据自己的财力和销售计划从电力批发市场或者别处买来电。如果他们从电力批发市场买电，就按照每半小时的平均价格乘以负荷量的钱支付给澳大利亚能源监管局，澳大利亚能源监管局再把钱给相应的几个电厂。电力零售商从电力批发市场买来电之后，可以制定相应的卖电计划或者按照现成的计划卖电。例如，电力零售商可以按照高峰时间段和非高峰时间段来制定不同的电价。另外，消费者的类型是电力零售商制订销售计划必须要考虑的因素，因为普通的居民用电、工业用电和商业用电对电的要求是不同的。

对消费者而言，他们可以根据自身的财政状况、日常用电情况等选择适合自己的电力零售商和买电方案。在澳大利亚，消费者可以选择不同的用电测量仪表。如果选择普通仪表，那么这些仪表将只记录一段时间的总用电量。如果选择智能仪表，那么每半个小时的用电负荷数据都会被记录下来然后传给电力零售商。

澳大利亚电费账单的组成如下：占据32%的电力批发市场的发电成本、占据45%左右的电网传输费用、零售商服务费、碳税，等等。

澳大利亚电力市场是发电厂通过上网竞价卖电给电力零售商，然后电力零售商卖电给用户。用户的电费账单里面包括输电和配电的费用。澳大利亚能源市场运营公司监控发电厂上网竞价、输电、配电的过程，在电力市场中起着非常重要的作用。

39.2.1.2　价格机制

发电报价以24小时的交易日为期限，以30min时段为周期。发电报价单元因电源不同而不同，火电厂按机组报价；水电一般按水电站报价，但规模大的水电站会分成多个发电报价单元，也有几个小规模水电站组成一个报价单元的情况；燃气联合循环机组多为单一发电报价单元，但也有燃机与蒸汽机分开报价的情况；燃气开放循环机组按单机或按电厂报价；风力发电按风场报价；太阳能发电以电站为单位报价。市场规则限定发电报价在678.2美元/MWh到9359.1美元/MWh的上下限内。发电企业报零价甚至负价的主要原因有两个：①维持像火电这样基本负荷机组的最小稳定运行出力；②尽量多发有间歇性的可再生能源，即风力和太阳能发电。最高限价每年随物价指数上调，澳大利亚能源市场委员会每四年核查并调整一次最高限价和最低限价，以保证它们满足电网可靠性标准的要求。澳大利亚各地区的电价见表39-1。

表39-1　　　　　　　　　　　澳大利亚各地区的电价表　　　　　　　　单位：美元/MWh

州或领地	批发价格	零售价
南澳大利亚	114.16	436.7
维多利亚	100.12	275.6
新南威尔士州	88.06	333.3
塔斯马尼亚	82.73	259.0
昆士兰	76.92	290.1
北方领土	未披露，政府补贴	256.7
澳大利亚西部	未披露	283.3

资料来源：澳大利亚能源市场委员会（A市场交易中心）。

39.2.2　电力市场监管模式

39.2.2.1　监管制度

澳大利亚全国性的电力监管法律包括《国家电力法》（National Electrical Law，NEL）、《国家电力法案》（National Electrical Act，NEA）和《国家电力法规》（National Electrical Rule，NER）。电力监管法律规定了澳大利亚能源市场委员会、澳大利亚能源市场运营公司和澳大利亚能源监管局各自的职能范围和权限以及国家能源运营商的角色、国家电力市场参与者的上诉机制和《国家电力条例》的制定流程。《国家电力条例》规定了全国电力市场的具体运行机制，为电力市场运行、电力系统安全、网络连接和接入、电网定价、国家输电规划等提供了具体的监管框架。此外，还有规范性专业电力领域的专门法案，例如《电力供应法案》《电力提供（安全和管理）条例》等。

除全国性电力监管法律法规外，各州也制定了区域性的法规制度，对本区域的电力市场行为进行规范，例如新南威尔士州制定了《输电网设计和可靠性标准法案》。

39.2.2.2 监管对象

为促进国家能源市场的发展，联邦政府和各州及领地于2004年6月30日签署了澳大利亚能源市场协议（AEMA）。澳大利亚能源市场协议规定了澳大利亚政务院能源委员会、澳大利亚能源市场运营公司、澳大利亚能源市场委员会和澳大利亚能源监管局之间的职能划分。总体而言，澳大利亚政务院能源委员会负责宏观政策导向；澳大利亚能源市场委员会负责国家电力监管规则的制定、审阅和评估；澳大利亚能源市场运营公司负责国家电力市场的具体运营和全国输电网规划；澳大利亚能源监管局则是具体的执行和实施部门，主要负责相关法律、条例、规则的实施，并对电力批发市场和输电网络进行经济监管；而澳大利亚竞争法庭则是独立的司法机构。

39.2.2.3 监管内容

澳大利亚竞争与消费委员会（ACCC）是监督执行《竞争与消费者法案》、促进市场竞争与公平交易的联邦法定机构。它监管各行各业市场交易的竞争行为，在发电侧市场的执法权主要有核准发电公司并购、调查市场主体反竞争行为，如串谋操纵电力价格或商议分配市场份额。

39.3 主要电力机构

39.3.1 国网澳大利亚资产公司

39.3.1.1 公司概况

国网澳大利亚资产公司（SGSPAA）的经营服务区域覆盖澳大利亚生产总值排名前三的三大州（维多利亚、昆士兰和新南威尔士），其中包括排名前两位的两大城市（悉尼和墨尔本）。它是澳大利亚历史最悠久的企业之一，其前身为1837年成立的澳大利亚燃气照明公司。国网澳大利亚资产公司的经营业务多元化，包括配电和配气等监管业务以及输气、基础设施服务、水务和新型能源服务等非监管业务。该公司由中国国家电网有限公司和新加坡能源集团（SP）共同持股，中国国家电网有限公司持有60%的股权，新加坡能源集团持有40%股权。

39.3.1.2 历史沿革

新加坡能源集团是新加坡国有资产控股公司淡马锡的全资子公司，其全资子公司新加坡能源国际公司（SPI）一直持有新加坡能源国际澳大利亚资产公司（SPIAA）100%的股权。

中国国家电网有限公司自2012年4月开始与新加坡能源集团就收购国网澳大利亚资产公司澳大利亚资产的部分股权分别开展了尽职调查、资产估值、管理层访谈、合同谈判等一系列工作，于2013年5月签署股权购买协议和投资者契约。2014年1月，交易双方顺利完成项目交割。

39.3.1.3 组织架构

国网澳大利亚资产公司总部下设业务转型发展部，资产管理部，网络服务部，战略、监管及市场部，人力资源及健康、安全、环境、质量部，法律和采购部，业务发展部等部门，并设有首席信息官、首席财务官及Zinfra经理。公司拥有两家全资子公司和两家合资子公司。国网澳大利亚资产公司子公司设置情况见图39-6。

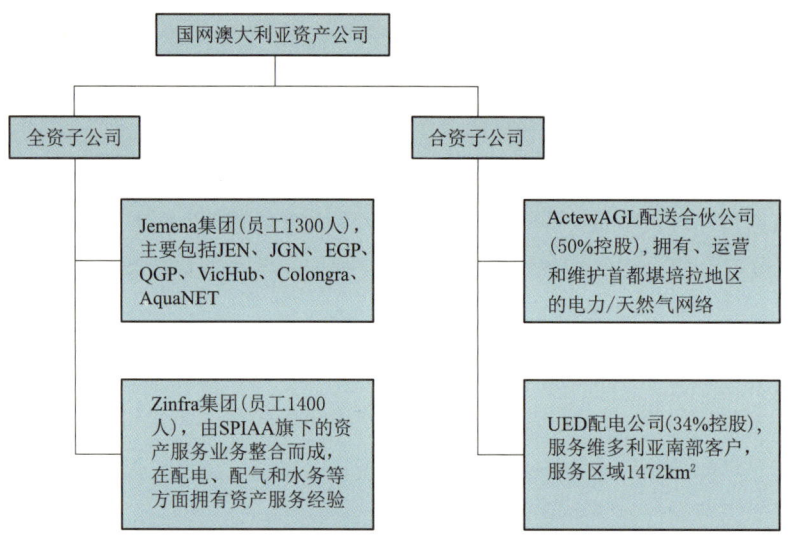

图 39-6 国网澳大利亚资产公司子公司设置情况

国网澳大利亚资产公司董事会共 8 名董事,其中中国国家电网有限公司任命 4 名,新加坡能源集团任命董事 3 名,除上述 7 名非执行董事之外,现任董事为执行董事。

39.3.1.4 业务情况

1. 经营区域

国网澳大利亚资产公司经营服务区域覆盖澳大利亚生产总值排名前三的新南威尔士州、维多利亚州、昆士兰州,其中包括澳大利亚前两位的两大城市——悉尼和墨尔本。

2. 业务范围

国网澳大利亚资产公司经营配电、配气、输气、水务和基础设施服务等多种业务。配电线路长度约 2.33 万 km,主要电压等级为 66kV、22kV、11kV、6.6kV;配气管道长度约 2.91 万 km;输气线路长度约 1439km。此外还开展再生水生产和新型能源服务等非监管业务以及销售业务。目前公司有员工 3036 人。

(1)配电资产(JEN)。JEN 是澳大利亚国家电力市场 13 家配电企业之一。JEN 为墨尔本西北部约 33 万用电客户提供服务,供电面积为 950km^2。2018 年 JEN 收入 2.76 亿美元,贡献息税折旧摊销前利润(EBITDA)约 1.52 亿美元。

(2)配气资产(JGN)。JGN 是澳大利亚最大的配气公司。JGN 年配气量约为 100PJ,为新南威尔士州的 110 万客户提供配气服务。2018 年 JGN 收入 3.99 亿美元,贡献 EBITDA 约 2.77 亿美元。

(3)输气资产(JGP)。JGP 是澳大利亚第二大输气公司。存量输气资产包括 EGP、QGP、VicHub、Colongra 和 DDP 等五项输气资产,输气管线总长 1731km,管线资产均签有照付不议的输气合约。在建管线长约 650km,为澳大利亚北气东输管线开发项目(NGP 项目)。2018 年,存量输气资产收入 1.63 亿美元,贡献 EBITDA 约 1.19 亿美元。

(4)基础设施服务(Zinfra)。Zinfra 在配电、配气和水务等公共事业方面开展资产管理、资产运营、项目设计施工和运维服务等业务。2018 年 Zinfra 收入 4.43 亿美元,贡献 EBITDA 约 1804.4 万美元。

(5)新型能源服务。2016 年起,为应对澳大利亚能源行业的变化,积极开发新型能源业务,包括微电网、工商业太阳能等方面的开发项目。

此外，国网澳大利亚资产公司持有位于澳大利亚首都领地的配电、配气公司——ActewAGL 50%的股权以及位于维多利亚州的配电公司——UED公司的34%股权。2018年两家公司对国网澳大利亚资产公司贡献EBITDA约5739.38万美元。

3. 经营业绩

（1）保证安全运行，提高运营质量。自接管以来，国网澳大利亚资产公司供电、供气系统和输气管线保证持续安全稳定运行，各项安全和生产指标均在监管要求及计划范围内，资产运行情况良好。Jemena集团和Zinfra集团总工伤事故率（TRIFR）均实现历史最低纪录，在能源基础设施行业中名列前茅。2017年获得全球健康工作场所大奖。

（2）实施降本增效，提高股东回报。2014—2017年，通过持续降本增效，国网澳大利亚资产公司经营良好，净利润和利润率均较接管前的2013年有所提升，资产负债结构进一步优化，提升了股东回报。2018年开始，国网澳大利亚资产公司实施绩效提升计划，目前已经按计划顺利完成降本增效实施、配电运维团队整合和组织结构调整设计工作。

（3）发挥主导作用，提升信用评级。2013年，中国国家电网有限公司与新加坡能源集团公司签署国网澳大利亚资产公司收购协议后，出于对股东支持力度减弱的考虑，国际评级机构标普和穆迪分别将国网澳大利亚资产公司评级下调一级至BBB+和Baa1。2015—2017年的历次国网澳大利亚资产公司评级重审过程中，中国国家电网有限公司向评级机构详细阐述国网澳大利亚资产公司治理、母公司支持、分红政策、重要战略定位、交叉违约责任等评级机构重点关注情况，充分表达中国国家电网有限公司对国网澳大利亚资产公司的全方位支持意愿。最终穆迪和标普评级委员会将国网澳大利亚资产公司信用评级调升一级至A3和A-水平，达到优质投资级别，打破标普通常不认可的海外母公司境外支持信用提升的惯例。

评级提升后，国网澳大利亚资产公司每年可实现融资成本节约1000万澳元以上。

（4）推进业务开发，增强发展动力。在新业务领域积极把握市场机会，开拓新型能源服务业务，打造面向未来的能源服务平台。其中，北气东输管线一期工程项目已于2019年1月投产，是唯一一条实现澳大利亚北部领地天然气外送、缓解澳大利亚东部天然气紧缺情况的输气管线，助力保障中国天然气安全稳定供应，为当地经济社会发展做出巨大贡献，得到澳大利亚联邦政府认可及北领地政府嘉奖。

39.3.2 澳网公司

39.3.2.1 公司概况

1. 总体情况

澳网公司（Ausnet Services，Ausnet）是澳大利亚境内主要的能源网公司之一，负责运营维多利亚州的输配电网。除此以外，公司还有天然气输送业务，负责维多利亚州的部分天然气管道的维护、运营和配送服务。另外，公司也积极开展以能源为中心的多元化创新型业务，包括能源咨询、能源服务、分布式光伏解决方案、社区微型电网解决方案、电信服务、智能电力管理服务等。公司在澳大利亚证券交易所上市，新加坡能源集团是其最大的股东，拥有31.1%的股份；其次为中国国家电网有限公司，拥有19.9%的股权。

2. 经营业绩

公司近五年总体营收稳定在12亿~13亿美元之间，2019年总收入约12.92亿美元，较2018年下降3%。澳网公司2015—2019年经营业绩见图39-7。

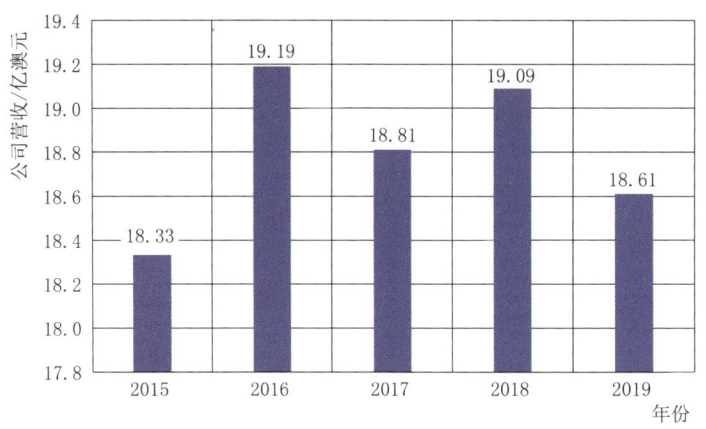

图39-7 澳网公司2015—2019年经营业绩

39.3.2.2 历史沿革

2004年，新加坡电力公司以37亿美元的价格从澳大利亚TXU公司中收购了其所有的能源业务。

2005年，能源业务中的发电业务部分被拆分，并由新加坡电力公司以22亿美元的价格出售给了中国香港中华电力集团。之后，新加坡电力公司将剩下的输配电业务打包上市并更名为SP Ausnet，将其中10亿美元约49%的股票上市发行并向公众出售，自身保留约51%的股权。

2014年1月，中国国家电网有限公司从新加坡电力公司手中收购SP Ausnet约19.9%的股权。SP Ausnet于同年正式更名为澳网公司。

39.3.2.3 组织架构

股东大会是澳网公司的最高机构。澳网公司股东大会不直接参与公司管理，仅负责执行委员会部分成员的任免工作。

执行委员会负责公司实际管理和运营工作，下设有两大业务部，分别为创新业务部以及能源业务部。创新业务部负责公司以能源为核心的衍生业务，包括企业和个人的能源技术解决方案、电信业务、分布式光伏业务、能源相关工程及技术咨询服务等。能源业务部负责公司的核心业务，即能源输送业务，其中包括了电网业务及天然气业务。

除核心业务部之外，公司还设有战略发展部负责公司未来多元业务发展的计划制定；并设有行政部负责公司内部的管理和非业务上的支持工作。澳网公司组织架构见图39-8。

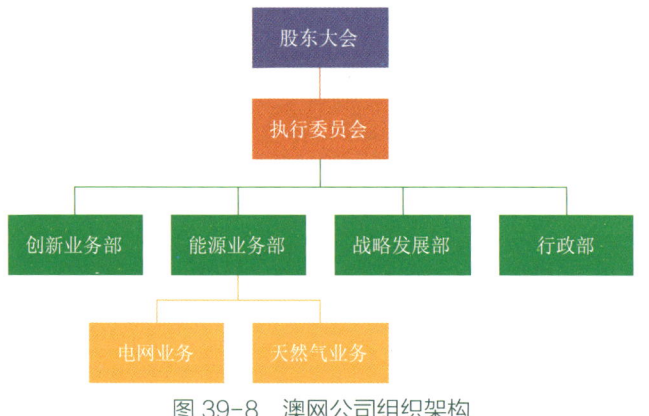

图39-8 澳网公司组织架构

39.3.2.4 业务情况

1. 经营区域

澳网公司主要在澳大利亚维多利亚州经营业务，负责全州的输电业务，配电业务集中在该州东部，而天然气输送业务则集中在该州西部。

2. 业务范围

澳网公司致力于发展多元化业务，目前主要涉及核心的输配电及天然气输送业务，同时也包括部分创新型业务，例如商业服务、电力解决方案、资产管理、客户服务等业务。公司业务见图39-9。

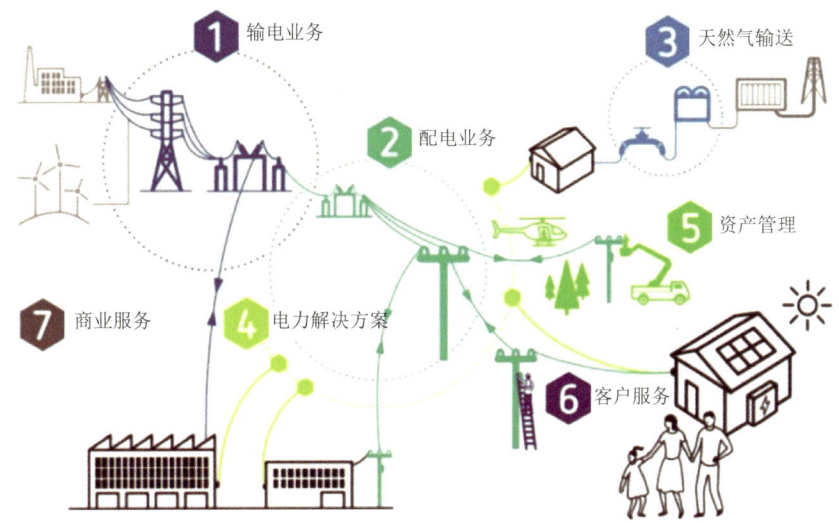

图39-9 澳网公司业务图

（1）创新业务。由于营收多年承压，公司于2018年年底组建了创新业务部（Mondo），旨在发展以传统能源业务为核心的衍生业务，帮助公司实现多元化发展，提升公司总体营收。其中可再生能源分布式发电业务是公司实现多元化发展的第一步。截至2019年4月，公司已在维多利亚州建设了六座风力发电场。除此之外，公司还计划在巴拉腊特市建设一座覆盖该市20000户居民的大型储能式发电站，通过在谷时对额外发电量进行储能，并在峰时释放额外发电量来提高发电效率。另外，公司创新业务部未来还计划开展微型电网、工程咨询、能源咨询等业务。

（2）输配电业务。公司主要运营澳大利亚维多利亚州内的次级输电网以及配电网络，覆盖维多利亚州约8万km²的土地，总客户数量约70万户。次级输电网以66kV电压为主，配电网则以22kV、11kV、6.6kV、480V以及240V电压为主。次级输电网与配电网线路总长约4.43万km。由于维多利亚州地势开阔，且城镇距离较大，考虑到建设成本，其中绝大多数为架空线路，总长约38300km，而地下线路主要在城镇或工业园等建筑密集的区域进行铺设，总长共5926km。澳网公司电力设施见表39-2。

表39-2　　澳网公司电力设施

设施	数量/长度
地区变电站	53座
架空线路	38383km
−66kV	2517km
−22kV /11kV /6.6kV	22734km
−240V /480V	13132km
地下线路	5926km
−22kV	1899km
−240V /480V	4027km

（3）天然气输送业务。天然气输送业务是公司的第二大业务，主要服务于维多利亚州西部地区的客户。公司共管理 1.16 万 km 长的天然气管道，均为地下管道。每年为超过 71 万名客户提供天然气。

39.3.2.5 科技创新

澳网公司目前正在大力开发微型电网系统，并且在墨尔本 Mooroolbark 区进行了试点，共有 14 家居民用户使用了该微型电网。该电网由 14 个分布式光伏发电机以及 1 个容量为 10kWh 的储能电池组成。该微型电网与主电网相连，白天通过分布式光伏发电机进行发电以及储能，夜晚则通过储能电池进行发电，只有当储能电池没电且光伏发电机无法发电的情况下才会调度主电网中的电力。公司采用了专为微型电网研发的 MiroEM 系统来进行电力调度。MiroEM 系统采取的是去中心化技术，微型电网中所有用户的用电情况均能被记录，并且用户能够对电网中的数据进行实时监控，同时该系统也承担了自动侦测电网内用电情况并做出提前调度决策的功能。

除微型电网之外，公司还与澳大利亚国家级科研机构——联邦科学与工业组织（CSIRO）进行深度合作，为新能源汽车开发高速充电桩。预计未来公司的高速充电站将覆盖维多利亚州全部的高速公路及市县。

39.3.3 南澳输电网公司

39.3.3.1 公司概况

南澳输电网公司（ElectraNet Pty Ltd，ElectraNet）成立于 1998 年，是南澳大利亚州唯一的输电公司，在南澳大利亚地区共运营有 5591km 长的高压输电线路。中国国家电网有限公司是其最大股东，共持有 46.56% 的股份，在董事会拥有 4 名董事席位。中国国家电网有限公司将与南澳输电网公司的其他股东紧密合作，支持管理层工作，致力于公司稳定运营及南澳大利亚州安全、可靠的电力输送。

39.3.3.2 历史沿革

1998 年，南澳大利亚州长约翰奥尔森宣布南澳大利亚电力信托（ETSA）私有化，并进行了发电、输电、配售电分离。其中分离出来的输电公司便是南澳输电网公司，而配售电公司如今依旧在 ETSA 下进行运作，并更名为 SA Power Network。

2000 年 10 月 31 日，南澳输电网公司完成全部私有化进度，专营南澳大利亚州的高压输电网。

2005 年，Cathedral Rocks 成为了第一个与南澳输电网公司旗下电网相连的风电场，截至 2019 年年底，南澳输电网公司已成为世界上最大的风电输电商。

2011 年，南澳输电网公司在阿德莱德中央商务区中新建了全新的地下线路以专项支持阿德莱德中央商务区的电力供应。

2012 年 12 月，中国国家电网有限公司于澳大利亚昆士兰电联公司举行了股权收购交割仪式，正式收购南澳输电网公司 41.11% 的股权，其后又增持 5.45%，成为公司第一大股东。本次收购是中国企业首次成功投资澳大利亚输电网股权。

39.3.3.3 组织架构

南澳输电网公司组织架构见图 39-10。股东大会是公司最高机构，负责任免 CEO，但不参与公司实际管理。

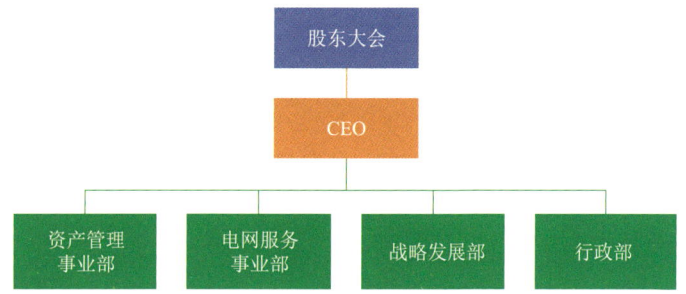

图 39-10　南澳输电网公司组织架构

公司下设两大事业部，分别为资产管理事业部以及电网服务事业部。资产管理事业部负责公司当前电网的维修、保养以及未来电网建设计划的起草、建设等工作。电网服务事业部主要负责公司业务的拓展、技术支持等工作。

除两大事业部外，公司还设有战略发展部负责公司未来战略的起草，并设有行政部负责公司日常管理。

39.3.3.4　业务情况

1. 经营区域

南澳输电网公司主要在南澳大利亚州经营业务，共涉及南澳大利亚州的七个区域，分别为上北部地区、埃尔地区、中北部地区、河地地区、东南地区、东山地区以及大都会地区。

2. 业务范围

输电业务是南澳输电网公司的主营业务。南澳输电网公司输电线路覆盖南澳大利亚近 20 万 km^2，线路总长达 5600km，主要以 132kV 与 275kV 电压等级为主，并配备有 91 座变电站。除此以外，南澳输电网公司目前正在阿德莱德大都会地区建设一条通信光缆，用于电话和网络传输，这也是南澳输电网公司未来多元化业务经营的一部分。

南澳输电网公司未来预计还计划在阿德莱德地区、中北部地区、上北部地区以及埃尔半岛地区新建长度约 2400km 的 275kV 输电线路，以应对当地日益增长的用电需求，并且这些线路所输送的电力将以可再生能源作为主要电源，除此以外，公司还计划升级奥古斯塔港至林肯港长度约 600km 的 132kV 线路。另外，南澳输电网公司还正在新建一条南澳大利亚州至新南威尔士州的电力互联系统，包括了一条近 400km 长的 275kV 的输电线路以及数座变电站。

39.3.3.5　科技创新

南澳输电网公司通过储能系统提高电网的可靠性。目前南澳输电网公司在 Dalrymple 变电站设有一个 30MW 的大型储能电池并将其接入电网，与当地的风电场和光伏电场一同工作，以便在电网供电中断时恢复电力供应。该储能电池的全部电力均来自清洁能源发电，在用电谷时进行充电，并在用电峰时进行放电，并通过当地电网进行传输以减少主网压力以及发电端压力。

39.3.4　澳大利亚电联公司

39.3.4.1　公司概况

1. 总体情况

澳大利亚电联公司（Powerlink）是澳大利亚领先的高压输电网络服务供应商，是昆士兰州州政府所有的非营利公司，负责运营、维护以及开发昆士兰州的高压输电网络。公司共运营从凯恩斯到新南威尔士边境共 15337km 长的输电线路以及 140 个变电站。

2. 经营业绩

澳大利亚电联公司是全澳大利亚最大的输配电公司。截至 2018 年 12 月 31 日，公司总资产达 56.91 亿美元，整体收入约 7.11 亿美元，几乎全部来自输配电业务，相较 2017 年收入下降约 2.36 亿美元。公司净利润同样有所下降，2018 年公司净利润仅 1.16 亿美元，仅为 2017 年的 47.57%。

39.3.4.2 历史沿革

1993 年昆士兰州州政府通过了《公司控股法案》。1995 年昆士兰政府开始在该法案的指导下进行电力市场改革，主要目的在于对电力市场进行拆分，实现发电、输电、配电部门分开运行。澳大利亚电联公司也正是在这样的背景下成立的。

39.3.4.3 组织架构

澳大利亚电联公司组织架构见图 39-11。由于公司的输电业务为其唯一业务，公司组织架构较为简单。董事会直接任命执行总裁管理公司，下设有财务部、行政部、技术部、运营部以及战略规划部。

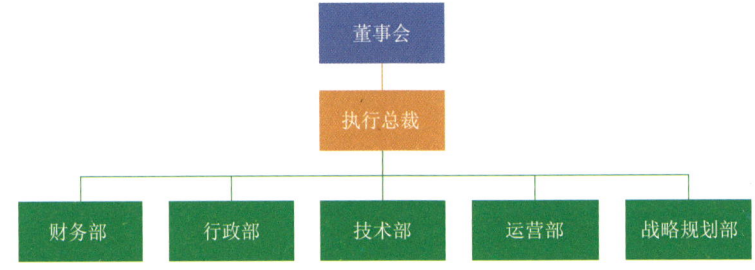

资料来源：澳大利亚电联公司官网。

图 39-11 澳大利亚电联公司组织架构

（1）财务部。由于公司属于州政府所有，财务部主要负责披露以及核实每年公司经营情况，确保公司财务透明。

（2）行政部。行政部主要为公司内部提供行政支持，包括人事、后勤、内务、法务等。

（3）技术部。技术部提供电网技术支持，包括线路维保技术开发、电力运输效率技术开发、维修技术支持等。

（4）运营部。运营部负责公司电网运营，是公司最为主要的利润部门，主要职责包括线路维修保养、电力售卖、客户拓展、客户维护等。

（5）战略规划部。战略规划部负责制定公司高层战略，主要职责包括制定来年经营计划、可持续发展计划、技术路线图、外部投资决策等。

39.3.4.4 业务情况

1. 经营区域

公司主要在澳大利亚经营业务，其输电网线路均在澳大利亚东北部的昆士兰省境内，负责运营昆士兰境内所有的输电线路。

2. 业务范围

（1）输电业务。输电业务是公司最主要的业务，收入占公司总收入的 90%。公司在过去 15 年间完成了约 30 个大型的输电网建设项目，建设输电线总长约 15000km。2018 年，公司年均输电负荷为 8842MW，较 2017 年提升了 441MW，创下了历年最高的纪录。另外，在过去一年中，公司对其所属的输电线路进行了大规模的改造，主要如下：

1）Callide A / Calvale 的 132kV 线路的传输效率改造。

2）Garbutt 的 132kV 的变压器改造。

3）Dysart 的 132kV 的变压器更换。

4）Callide B 275kV/132kV 线路的整体维修。

5）GinGin 变电站的维修。

6）Ashgrove West 变电站的维修。

7）Woolooga 与 Palmwoods 变电站之间的 275kV 输电线路的维修以及改造。

澳大利亚电联公司还将在未来三年内投入共约 3.05 亿美元对现有线路进行更大规模的升级改造。公司未来三年电网改造计划见表 39-3。

表 39-3　　　　　澳大利亚电联公司未来三年电网改造计划　　　　　单位：万澳元

计　划	预计花费
北鲍恩盆地地区电网改造	5600
鲍恩工业区电网升级改造	4300
昆士兰中北部电网改造	5500
中西部—格拉斯顿电网升级改造	10500
昆士兰镍业公司专项升级改造	6700
昆士兰—南澳大利亚联网改造	12000

资料来源：澳大利亚电联公司年报。

从接入发电装机容量上来看，煤炭以及石油/天然气等火力发电能源依旧占绝大部分接入能源。但公司预计在未来接入更多的可再生能源，特别是太阳能。公司预计在 2019—2021 年共增加近 2000MW 的太阳能发电装机容量，同时保持火力发电装机容量不变，以推动上游发电站进行节能减排，促进环保。澳大利亚电联公司入网发电装机容量情况见图 39-12。

（2）其他业务。除输电业务外，公司还经营各类电力相关业务，具体如下：

1）电信业务。公司在新南威尔士与凯恩斯之间铺设有光纤网络，为昆士兰州各通信和数据中心提供网络服务。

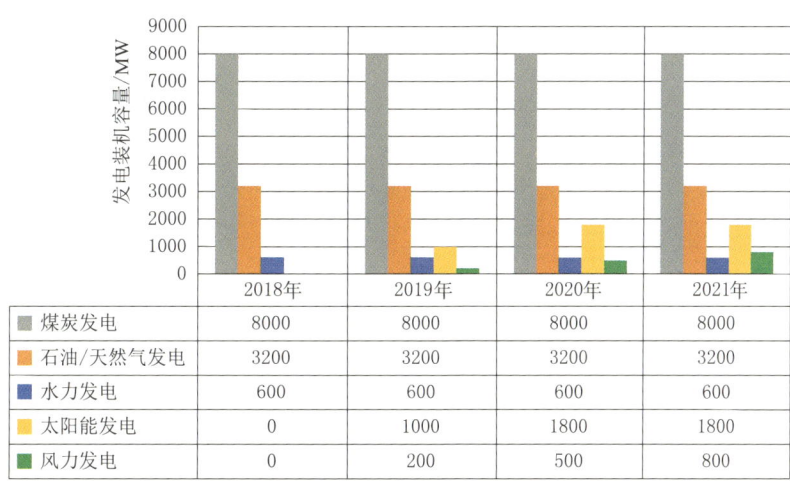

资料来源：澳大利亚电联公司年报。

图 39-12　澳大利亚电联公司入网发电装机容量情况

2）实验室服务。公司为各类电力器械生产厂商提供实验室租借服务，为其提供绝缘测试、介电损耗测试、高压设备测试、状态监测以及工程支持上的专家建议和技术支持。

3）电力运营支持服务。公司还为各类下游客户例如工厂、园区、大楼等提供电力及网络维护服务，包括内部输电线铺设、架空线安装、线路设计、钢塔检查、变电站测试、TA 和 TV 测试等。

4）咨询服务。公司为电力、工程、通信等专业领域提供各类咨询服务，包括工程咨询、设计咨询、项目及施工管理等。

39.3.4.5　科技创新

公司研发出了优秀的状态监测系统——ITTD。ITTD 的特点在于操作时无须电路隔离，首先将遥控高压电容传感探头连接于 TA 附近的母线，然后在 DDF 测量连线中插入一个传感器即可。对于三项 TA 装置，PD 和 DDF 测量大约需要 3h，无须操作系统或者设备隔离。ITTD 数据由现场 PC 机控制，同时还送至监控与数据采集系统和区域报警设备中，以图形和数字的形式显示并储存到数据库中。ITTD 采用光纤通信暂态保护，使系统干扰和数据误差降至最小。目前澳大利亚的其他电网公司也开始使用 ITTD 系统，公司还在对 ITTD 系统进行不断的完善，包括加入了经济分析程序以及考虑到了人身安全、事故危害以及故障概率等因素。

39.3.5　澳大利亚越网公司

39.3.5.1　公司概况

1. 总体情况

澳大利亚越网公司（TransGrid）主要负责澳大利亚新南威尔士州、澳大利亚首都地区和部分国家电网地区高压输电网络的运营管理，包括电网规划、项目发展、设计、基建项目管理、电网运行和维护等；供电面积约 70 万 km²，供电人口约 680 万人。

2. 经营业绩

澳大利亚越网公司 2018 年营收 83230 万美元，较 2017 年增加 4960 万美元。公司总资产约 105.756 亿美元，较 2017 年增加 0.699 亿美元。

39.3.5.2　历史沿革

澳大利亚越网公司的前身是电力传输管理局，该管理局于 1994 年成为法定机构。1998 年 12 月根据《能源服务公司修正案》对该公司进行了公司化，正式更名为澳大利亚越网公司。

2015 年 12 月，NSW Electricity Network 集团以 103 亿美元成功竞标了澳大利亚越网公司 99 年租约。

2018 年，澳大利亚越网公司成为推出"能源宪章"计划的 17 家能源企业之一。该计划是一项全球计划，旨在将电力供应链的各个部分汇集在一起，为客户提供更实惠和更可靠的能源。

2018 年 10 月，澳大利亚越网公司与 HCL 科技公司签署了为期 5 年的托管服务协议，提供 IT 服务及外包支持。作为承诺的一部分，还将共同创立越网学院，用于文化协调和人才库的孵化。

2019 年 2 月，澳大利亚越网公司宣布从 2019 年 3 月 4 日起，Jason Conroy 将担任其新的首席财务官。

39.3.5.3　组织架构

董事会不直接参与公司日常管理，只负责监督和指导作用。执行委员会负责公司实际管理和运营工作，以及重大决策的落实。执行委员会下设有工程部、电网规划和运营执行部、战略创新技术部、业务部和法律事务部五个事业部。澳大利亚越网公司组织架构见图39-13。

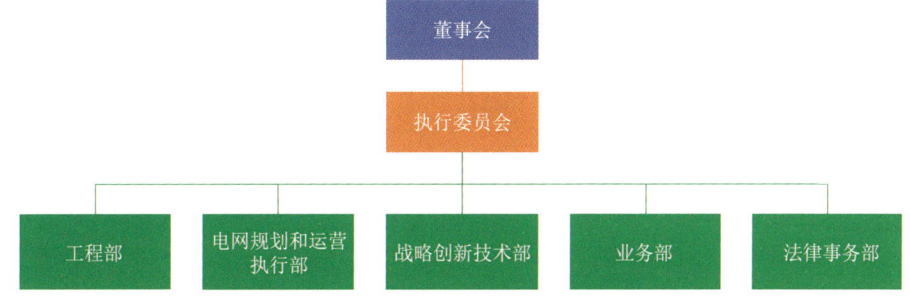

图39-13 澳大利亚越网公司组织架构

（1）工程部主要负责电力供应建设以及能源健康安全和环境保护等领域的工作。

（2）电网规划和运营执行部主要负责环境审批、网络以及非网络的解决方案、系统运营以及相关的能源业务方面的战略资产管理决策和投资决策。

（3）战略创新技术部主要负责采购和交付基础设施设备、建立新业务、推动增长和引领能源转型变革，并且负责项目管理运营、商业和战略的工作。

（4）业务部主要负责提高业务绩效、服务项目交付和新业务的拓展。

（5）法律事务部主要负责处理法律纠纷、协助企业职能部门办理相关法律事务并审查相关法律文件。

39.3.5.4 业务情况

1. 经营区域

澳大利亚越网公司主要为新南威尔士州、澳大利亚首都和国家电力市场提供安全、可靠、可持续和负担得起的输电服务。

2. 业务范围

澳大利亚越网公司拥有并经营着主要高压输电线路，连接着发电厂、电力分销商和主要终端用户。目前公司已经拥有超过12900km长的高压架空输电线路、330kV的78km长的地下电缆、100个变电站和37241个传输结构、89个无线电塔、52个连接点到发电机、400个分销商和直接客户连接点、20个直接连接客户，与维多利亚州和昆士兰州的输电网络有6个互联。新南威尔士州和澳大利亚首都地区约300万家庭以及27800家规模在20人以上的企业占公司总电力需求的70%。澳大利亚越网公司业务见图39-14。

39.3.5.5 科技创新

澳大利亚越网公司目前致力于能源创新，在技术上可行且具有成本效益的情况下探索和实施非网络解决方案，并将非网络解决方案的整合视为未来如何开展核心业务的重要部分。自2014年以来，公司开展了四项关键的需求管理创新活动：

（1）委托RMIT大学开展共同管理家庭能源需求的研究。通过这项研究，公司的目标是加强对家庭需求的理解，并为未来的需求管理举措提供更坚实的基础。

（2）2014年9月，举办需求管理创新论坛，以促进新兴需求管理和创新项目的合作。与会者包括来自澳大利亚能源市场运营公司、澳大利亚能源市场委员会、需求响应集合商、主要电力消费者、网络企业和学者的代表。

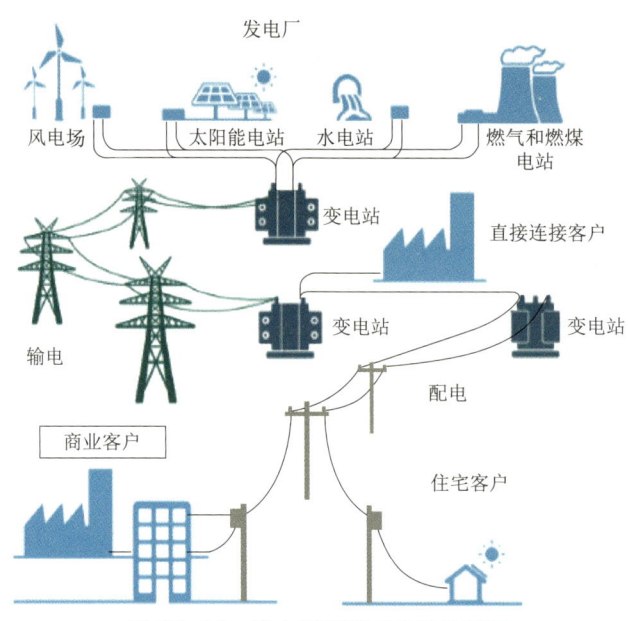

图 39-14　澳大利亚越网公司业务图

（3）调试 iDemand 管理系统。iDemand 管理系统促进对需求管理的研究，促进新南威尔士州需求管理的发展。该系统于 2014 年 10 月在悉尼西部工厂投入使用，并将该站点的峰值电力需求减少了 1/5。iDemand 管理系统是一个电力需求管理系统，包括电池、太阳能电池板和节能照明的需求管理，旨在减少澳大利亚越网公司在悉尼西部地区的用电量，在需求高峰时减少约 20%。

澳大利亚越网公司致力于使用需求管理来推迟或避免在可行且具有成本效益的网络中进行投资。通过这种方式，需求管理可以通过降低传输网络成本为消费者带来好处，并促进新南威尔士州需求管理的研究和商业开发。

第40章 新西兰

40.1 能源资源与电力工业

40.1.1 一次能源资源概况

新西兰矿产资源比较丰富，有600多种已识别矿物质，分布在25个不同的矿床。新西兰混合矿物年产量约2000万t，价值1.61亿美元，其中北岛每年消耗约1400万t。这一工业被为数不多的几个大公司所控制，但为满足当地市场的需求，也诞生了许多小企业。总体而言，混合矿物的供应是充足的。

石油和天然气是新西兰最重要的一次能源，但石油主要靠进口，天然气则均由国内生产。新西兰目前约有1000万t的剩余石油可采储量和约400亿m^3的天然气剩余可采储量。但目前所有的产量都集中在Taranaki一个盆地内，而该盆地的油气生产已经处于衰竭阶段，产量递减很快。近年来新西兰采取各种措施来提高采收率，延长老油田生产年限，并推行积极政策吸引新油田的勘探开发。

新西兰煤炭资源主要分布在北岛的Waikato和Taranaki地区以及南岛的Nelson、West Coast、Canterbury、Otago和Southland地区。截止到目前，新西兰煤炭储量为757500万t，近几年来新西兰煤炭产量增长很快，并成为出口创汇的一个来源。煤炭出口量由1990年的50万t增长到2018年的180万t油当量，主要出口到日本、印度、智利、中国、澳大利亚和比利时，向斐济、荷兰、沙特也有少量出口。

根据2019年《BP世界能源统计年鉴》，新西兰2018年一次能源总消费量为2170万t油当量，其中石油消费量为840万t油当量，天然气消费量为370万t油当量，煤炭消费量为130万t油当量，水电消费量为600万t油当量，可再生能源消费量为240万t油当量。

40.1.2 电力工业概况

40.1.2.1 发电装机容量

截至2018年12月31日，新西兰所有能源的发电装机容量为9237MW，包括水力发电、天然气发电、地热发电、风力发电、煤炭发电、石油发电和其他能源发电。其中水力发电装机容量为4987MW，占比为54%；其次是天然气发电装

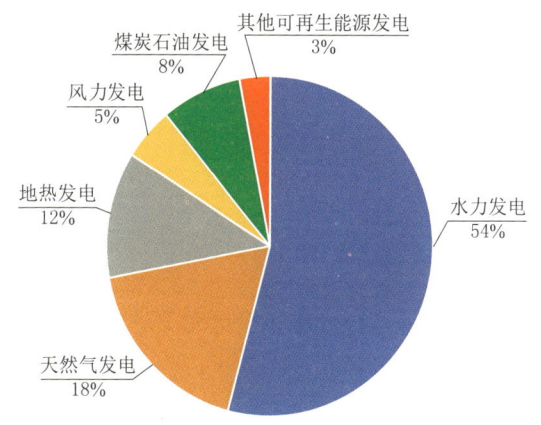

图40-1 新西兰2018年各类型发电装机容量占比

机容量为1662MW，占比为18%。新西兰2018年各类型发电装机容量占比见图40-1。

从历史发电装机容量来看，水力发电始终占新西兰发电装机容量首位。天然气和地热发电装机容量位居其后。从总发电装机容量来看，近年来并无太大提升。2014年总发电装机容量为9.89GW，而2018年仅为9.23GW。其中风力发电装机容量占比5%，比2014年的7%略有降低，而地热发电装机容量占比略微提升。新西兰近年来各类发电装机容量见图40-2。

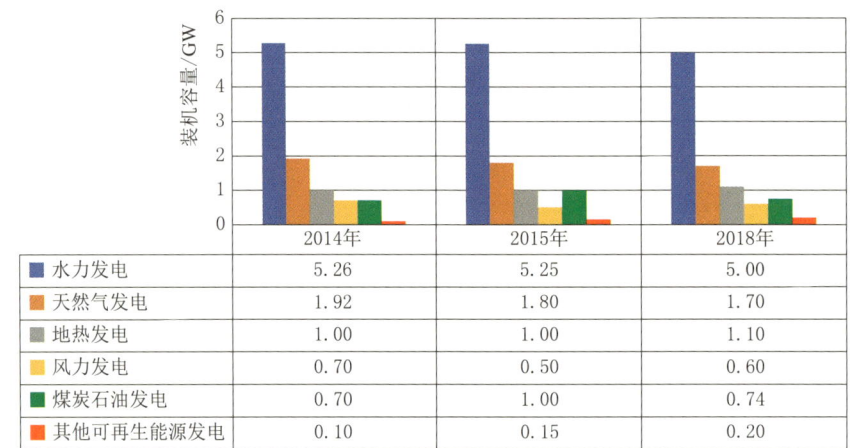

图40-2 新西兰近年各类发电装机容量

40.1.2.2 发电量及构成

据统计，截至2018年年底，新西兰全年发电量约42911GWh，较2015年减少了1089GWh，其中水力发电发电量占比超过50%。2018年风力发电提供了5%的电力供应，比2016年的7%和2015年的6%有所下降。据了解，由于水力发电发电量占比较高，新西兰冬季雨水不足，供电不稳定情况较为严重。新西兰近年主要能源发电量见图40-3。

图40-3 新西兰近年主要能源发电量

40.1.2.3 电网结构

新西兰国家电网由新西兰输电公司（Transpower New Zealand Limited，TPNZ）拥有和运营。TPNZ构建并维护传输网络，还充当系统操作员。TPNZ每年向新西兰的居民和商业实体提供电力大约40GWh。

TPNZ 的输电线路总长约 12000km。现有 1180 座变电站，包括 1000 多台变压器、开关设备、母线以及无功支撑设备。交流输电系统的超高压部分在 220kV 和 110kV 两种电压下运行，共有 2300 条线路。此外，Transpower 还有一条 610km 长的高压直流（HVDC）线路连接南北岛的交流输电网络。

40.1.3 电力管理体制

40.1.3.1 特点

新西兰电力局（管理局）是一个独立的实体，负责监督和管理新西兰电力市场。通过制定市场规则、实施和管理市场规则以及监控市场表现来规范电力市场。

新西兰电力部门的监管机构被称为电力局。作为一个独立的官方实体，电力局可以自由采用自己的工作计划，前提是它可以促进竞争、提升可靠性和效率，从而为消费者带来长期利益。

根据 2010 年《电力行业法》，电力局于 2010 年 11 月 1 日成立，职责是在长时间的干燥天气中更好地管理水力储存，改善电力市场，特别是零售市场的竞争。

40.1.3.2 机构设置及职能分工

新西兰的电力部门分为六部分，新西兰电力监管结构见图 40-4。

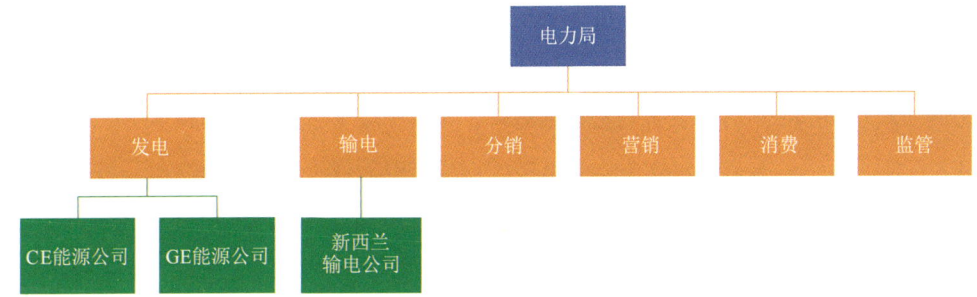

图 40-4　新西兰电力监管结构

（1）发电。发电公司在发电站发电，将产生的电力通过批发市场出售给零售商，同时将电力注入输电线路（并网发电）或配电线路（嵌入式发电）。发电公司虽然有很多，但 92% 的发电由以下五家公司主导：CE 能源公司（Contact Energy）、GE 能源公司（Genesis Energy）、ME 能源公司（Mercury Energy）、ME 能源公司（Meridian Energy）和 TP 电力公司（Trust Power）。

（2）输电。新西兰输电公司运营国家输电网络，包括 12000km 长的高压线路，将发电站与电网出口点互联，为新西兰两个主要岛屿提供配电网络和大型工业消费者（直接消费者）。610km 的高压直流电网将两个岛屿的交流输电网络连接在一起。

（3）分销。分销公司运营着 150000km 长的中低压线路，将电网出口点与消费者和嵌入式发电机连接起来。共有 29 家分销公司，每家公司服务于一定的地理区域。

（4）营销（零售）。零售公司从发电厂购买电力并将其出售给消费者。许多公司零售电力，包括许多发电公司，但 95% 的零售由以下五家公司主导：CE 能源公司、GE 能源公司、ME 能源公司（Mercury Energy）、ME 能源公司（Meridian Energy）和 TP 电力公司。

（5）消费。近 200 万消费者从配电网或输电网获取电力，并从零售商处购买电力。消费者的范围从平均每年消耗 8~9MWh 的典型家庭到每年消耗 5400GWh 的 Tiwai Point 铝冶炼厂。

（6）监管。新西兰电力局负责电力行业的管理，而新西兰输电公司作为系统操作员实时管理电力系统，以确保发电量符合需求。

40.1.4 电力调度机制

新西兰的国家输电网将发电设施连接到需求中心，这些中心通常相距超过150km（93英里）。国家电网由新西兰输电公司拥有、运营和维护。

新西兰输电公司（TPNZ）是负责新西兰电力传输的国有企业。它在新西兰电力市场中发挥着两大作用。作为国家电网的所有者，它提供电力传输基础设施，使消费者能够从各种来源获得发电，并在批发电力市场中实现竞争；作为系统操作员，它管理电网的实时操作和电力市场的物理操作。

40.2 电力市场概况

40.2.1 电力市场运营模式

40.2.1.1 市场构成

直到1987年新西兰才拥有一个集中运行的发电、输电、配电和零售供应商体系。从那以后，改革导致了垄断因素与可竞争因素的分离，在能源零售和发电方面创造了竞争性市场，对输配电的自然垄断也实行了监管。目前市场分为以下几个方面：监管、管理、发电、市场清算、传输、分配、计量和零售。

电力批发市场根据《电力行业参与法规》运营，并由市场监管机构电力局监管。交易发生在新西兰200多个定价节点。发电机可以提供在电网注入点供电的报价，而零售商和一些主要工业用户则要求在电网出口点取消"接收"电力。市场使用位置边际定价拍卖，该拍卖采用发电机报价和零售商的报价，并计算每个节点的最终价格和数量。这些拍卖每半小时举行一次，每天共进行48个交易期。

除核心批发现货市场外，还有两个相关市场。一个是由澳大利亚证券交易所运营的对冲金融市场，另一个是由能源市场对点对点金融输电权市场（FTR市场）。这些市场与特定地区的批发市场价格挂钩，允许市场参与者管理其基准风险。

新西兰市场的一个重要特征是所有主要发电公司也拥有零售职能。因此，这些公司通常被称为发电厂零售商。零售商从批发市场购买电力，并将其出售给消费者。零售客户的竞争在全国各地不同，但自1999年推出全面零售竞争以来，客户每年的转换率在9%~14%。

新西兰电力消费者的范围从大型工业场所（最重要的Tiwai Point铝冶炼厂）到个别家庭。新西兰的年度电力消耗接近40TWh，几乎2/3的国家电力需求位于北岛。

需求每年都有所不同，但近年来电力需求平均每年减少约0.2%。如果需求与预期不同，则可能会影响供应安全。

40.2.1.2 消费类型

新西兰电价的结算模式可分为工业消费、农业消费、商业消费、住宅消费。2017年，新西兰共消耗了39.442TWh的电力，其中工业消费占37%、农业消费占6%、商业消费占24%、住宅消费占31%。

40.2.1.3 价格机制

低电力消费用户计划收取较高费率。虽然看起来不公平，但低电力消费用户计划客户只需支付标准用户必须支付的每日固定供应费用的小部分。每日固定费用是连接电网成本相关的费用，无论使用多少电量，都需要支付这笔费用。虽然标准用户支付每日固定费用从每天 1.20 美元到 3 美元不等，但低电力消费用户通常每天只需支付 30~40 美分。对于南岛每年消耗电量低于 9MWh 且北岛低于 8MWh 的家庭，电力公司建议采用低电力消费用户计划。大多数客户都采用低电力消费用户计划，尤其 1~2 人家庭。所有其他能源客户应遵守标准用户计划。新西兰 2018 年电价见表 40-1。

表 40-1　　　　　　　　　　　新西兰 2018 年电价　　　　　　　　　　单位：美元 /kWh

区　域	低电力消费用户	标准电力消费用户
奥克兰	0.27	0.21
怀卡托	0.31	0.22
岛湾	0.29	0.23
惠灵顿	0.28	0.20
坎特伯雷	0.28	0.26
奥塔哥	0.27	0.24

40.2.2　电力市场监管模式

新西兰电力部门的监管机构被称为电力局（The Authority），是根据 2010 年《电力行业法案》（The Act）的法规设立的。该法案要求电力局为了消费者的长期利益，促进电力行业的竞争、可靠供应和高效运行。

电力局主要是作为一个经济监管者。监管对象包括 5 家主要发电公司、配输电公司和其他相关部门。五个主要的发电公司：Contact Energy、Genesis Energy、Mercury Energy、Meridian Energy 和 Trust Power。输配电公司为新西兰输电公司。

电力局的基本职能包括但不限于如下内容：

（1）注册行业参与者。

（2）制定和管理电力行业参与准则。

（3）监控并强制遵守本准则。

（4）担任市场运营服务的市场管理员和承包提供商。

（5）通过信息、最佳做法指南和相关服务促进市场表现。

（6）进行部门审查。

40.3　主要电力机构

40.3.1　新西兰输电公司

40.3.1.1　公司概况

1. 总体情况

新西兰输电公司是负责新西兰电力传输的国有企业。它在新西兰电力市场中发挥着两大作用。作为国家电网的所有者，它提供电力传输基础设施，使消费者能够从各种来源获得发电，并在批发电力市场中实现竞争；作为系统操作员，它管理电网的实时操作和电力市场的物理操作。

2. 经营业绩

据年报显示，2018年净利润为2.39亿美元，比2017年的2.66亿美元低0.27亿美元。其中2017年经营所得为10.61亿美元，2018年经营所得收入为10.84亿美元。其中包括：高压交流电（HVAC）互联收入为6.87亿美元、高压交流电连接1.27亿美元、电动车充电（高压交流电）为1360万美元、高压直流电（HVDC）收入为1.34亿美元、电动车充电（高压直流电）收入为1640万美元、系统运营收入为4080万美元、其他主营收入为5080万美元、其他非主营业务收入约1440万美元。

40.3.1.2 历史沿革

在1987年之前，新西兰电力部门（NZED）是一个政府部门，控制和运营几乎所有发电企业并运营输电网。

1987年4月，新西兰政府组织了新西兰经济联盟，并组建了一家国有企业——新西兰电力公司（ECNZ）。

1993年4月，电力市场公司成立，为多家新西兰电力公司合资创立，重点聚焦于电力批发市场的相关业务。

1994年4月，新西兰输电公司与ECNZ分离，成立独立的国有企业。

40.3.1.3 组织架构

新西兰输电公司组织架构见图40-5。

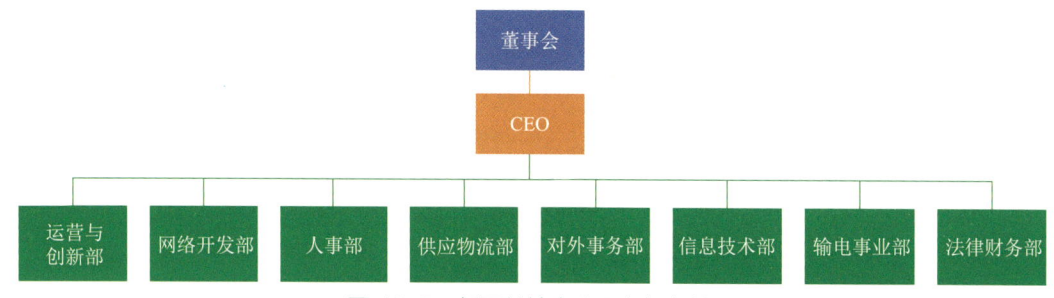

图40-5 新西兰输电公司组织架构

40.3.1.4 业务情况

新西兰输电公司提供将大量电力从其产生的地方（Meridian Energy和Mercury Energy等公司）运送到城市、城镇和一些主要工业用户（如Tiwai Point的铝冶炼厂）的输电网。国家电网的大部分电力由Vector和Orion等配电公司运送到新西兰的家庭和企业，一些大型工业用户直接连接到国家电网。

新西兰输电公司拥有并运营11238km长的高压输电线路，60km长的地下和海底传输电线，共有169座变电站，包含1093台变压器，总容量为14500MVA。另外新西兰输电公司还拥有并运营高压直流线路，这是一条位于两个岛屿之间的610km长的±350kV高压直流输电线路。

40.3.1.5 科技创新

新西兰输电公司主要对电网运输、电池存储、太阳能技术等方面提供创新策略。

1. 电网传输

高压直流线路的性能直接影响新西兰的电网和电力批发市场，输电线路的高效率和稳定性可以有效减少传输损耗，为消费者提供更多有效电力。通过高压直流线路可以确定如何最好地保护脆弱的电网免受极端太阳活动造成的毁灭性破坏；与梅西大学合作开发了一种变电站机器人服务，可以在一些最偏远的地区提供快速、实时的态势感知;正在使用"最小可行产品"方法来降低风险;通过低功耗、低带宽物联网(IoT)设备的小型轻量级探测器提供简单、可靠的探测,可以快速响应在爬升检测中的攀爬事故。

2. 电池储能

该公司预测电池储能将改变国家电网的运作和作用,在新西兰的未来能源中发挥重要作用。预计电池技术的进步将在实现限制气候变化的目标这一方面发挥重要作用。公司研究了这些分布式储能系统对于整体电网运行的具体影响,同时大规模采用光伏充电,并确定了实现成功整合所需的条件并确保为可靠地适用于电力系统。

3. 太阳能技术

目前,太阳能技术正在快速发展,并且随着太阳能技术的价格持续下降,预计这种技术将变得更容易获取。

公司已经开展了一系列研究课题,旨在了解太阳能发电及储能技术在未来的机遇及挑战、其可能带来的一系列社会影响(特别是对小型企业和居民住宅来说)以及该技术对整体电力系统结构的影响。